中央民族大学“985工程”中国少数民族语言文化教育与边疆史地研究创新基地
中国少数民族非物质文化遗产研究中心项目

藏学图籍录

ZANGXUE TUJILU

◎ 徐丽华 编著

GUANGXI NORMAL UNIVERSITY PRESS
广西师范大学出版社
·桂林·

中央民族大学“985 工程”中国少数民族语言文化教育与边疆史地研究创新基地
中国少数民族非物质文化遗产研究中心项目

图书在版编目（CIP）数据

藏学图籍录 / 徐丽华编著. —桂林：广西师范大学出版社，2010.6
ISBN 978-7-5633-8251-4

Ⅰ. 藏… Ⅱ. 徐… Ⅲ. 藏学—专题目录 Ⅳ. Z88：K281.4

中国版本图书馆 CIP 数据核字（2009）第 008916 号

广西师范大学出版社出版发行
（广西桂林市中华路 22 号　邮政编码：541001
网址：http://www.bbtpress.com）
出版人：何林夏
全国新华书店经销
广西师范大学印刷厂印刷
（广西桂林市临桂县金山路 168 号　邮政编码：541100）
开本：787 mm × 1 092 mm　1/16
印张：45　　字数：636 千字
2010 年 6 月第 1 版　　2010 年 6 月第 1 次印刷
印数：0 001~1 500 册　　定价：318.00 元

凡　例

《藏学图籍录》主要收录清末以来出版的有关藏学研究方面的各类著述，是一部对研究藏族哲学、宗教、政治、经济、历史、民俗、文献、科技等方面极具参考价值的专业工具书。

一、著录格式

每个条目按照著者(编译者、整理者)、文种(仅标明汉文以外文种)、版本、作者介绍、内容简介的顺序著录。

二、收录范围

1. 清朝以前的汉文文献略有收录，如《新唐书・吐蕃传》等；藏文文献以高僧大德之文集、宗教学和医学著作居多。

2. 清朝时期的藏学著述较前几个朝代有所增加，本书尽量作了收录。

3. 民国时期的藏学著述超过历代历朝，重要著述基本收录。

4. 1950年至1965年出版的藏学著述数量有限；1966年至1979年期间，除了少量政治性文献外其余著述大部分停止出版；1980年后出版的藏学著述一年比一年多，图书种类和数量空前高涨，大有雨后春笋之势。由于著述量增大，增加了搜集的困难，但本书仍作了最大努力去搜集新书，为读者尽可能多地提供藏学文献及其相关线索。

5. 因原书无法找到等原因，故个别套书中有缺本情况。

三、说明

1. 某些著者名、书名有多种译名的原因：1950年后出版的藏译汉图书和藏文图书，一般都有著者名和书名的译名。本书著录时按原书译名著录，但由于不同编译者使用方言的不同，故同一藏语词汇的汉译文会出现多种译法，如“居米旁”又可译为“局迷旁”、“居迷旁”，“巴协”又可译为“拔协”等，为此本书附录《藏族人名表》《书名异名表》，以便读者查阅。

2. 编排方法：每一类下的条目均按书名音序编排。其中“十三、综合”中的“工具书”类又分别按照检索性工具书、语文性辞典、专科辞典、参考性工具书分类，之后再按音序编排。

3. 一书可以归为两类的情况采用各立条目、内容互见的著录方式，即在一处详细介绍，另一处为“参见第××页××”。

4. 分类：(1)本书参考“中图分类法”，根据本书具体情况进行归类。(2)许多属于地理文化及游记性质的纪实性散文，都安排在地理游记类。(3)宗教源流和寺院志均属历史类，但有学者建议将其集中于宗教类中，从之。

5. 书名音序索引：按汉语拼音顺序将所收著述进行编排，便于按音检索。

目　录

六、语言、文字 …… 127

九、历史 …… 239

（一）总论 …… 239

一、哲学、宗教

(一)总论

苯布论世 扎西江才著。藏文。西藏人民出版社1987年6月出版,32开,135页。本书主要记述世界和万物的起源、东巴辛饶的生平、苯教的发展及传播。

本初佛与立体曼荼罗之研究 (日)尾祥云著,不著译者。民国二十八年(1939)出版,32开,25页,铅印本。《威音》第59期载全书。本书着重于对印度爪哇岛喀多县的立体曼荼罗的研究和叙述曼荼罗的产生、发展过程。对研究藏传佛教的曼荼罗有一定参考价值。

苯教与东巴教的比较研究 拉巴次仁著。藏文。民族出版社2003年出版,32开,378页。本书主要论述苯教与东巴教的历史与现状,苯教祖师与东巴教祖师,宇宙观比较研究,苯教《甘珠尔》与《东巴经》关系的比较研究,苯教护法神与东巴教神祇的比较研究,苯教跳神与东巴舞的比较研究,宗教活动与礼仪的比较研究,神饰、僧服与法器的比较研究等。是迄今为止第一部对苯教与东巴教进行比较研究与评说的藏文专著,具有较高的学术价值与参考价值。

辩证法新探 平措旺杰著。西藏人民出版社1990年出版,32开,948页。本书23章,主要以逻辑公式和图表的特有方式,提出了一系列对唯物辩证法的新体会和新见解,论述了主体的社会辩证法与次体的自然辩证法。主体部分运用辩证法原理阐述得较为详尽,次体部分则简略些。但不论是前者还是后者,都有一个共同的特征,那就是作者研究社会与自然科学各学科的辩证关系,探讨和论述它们各自的结构规律与运动规律时,根据对象的特点,从哲学的角度相应地创造了各种新的概念、范畴,设计了一系列说明运动规律的示意图,并通过这些示意图,力图比较简练地揭示出客观事物内在的有机联系及其运动规律。书中提出的辩证法结构规律的逻辑公式与运动规律的周期定律,与以往的辩证法基本原理的表述有一定差异。同时,本书中的一些概念和提法也是前所未有的。

答关于前弘期密乘的争论 罗珠江泽著。藏文。四川民族出版社1996

年出版，32 开，216 页。作者是 16 世纪佛学家。本书根据当时各派之间的争论，用问答的形式深入浅出地讲解了前弘期密乘的来源、观点、方法和戒律，并介绍了一些护法的名称及其启用方法等。

当代中国宗教禁忌 朱越得著。民族出版社 2001 年 4 月出版，32 开，282 页。本书分为佛教（藏传佛教）、道教、伊斯兰教、天主教、基督教 5 章，分别介绍了这五大宗教的历史概况和各种禁忌，特别阐述了社会各界应该如何正确对待、自觉尊重宗教禁忌，维护人际关系和谐与民族团结的基本准则和一般常识。本书还简要介绍了中国宗教禁忌的历史背景、发展变化、神学依据和基本特点，着重讲述了当代中国宗教信徒身体力行的宗教禁忌。

迪庆藏族自治州宗教志 迪庆藏族自治州民族宗教事务委员会编著。中国藏学出版社 1994 年 7 月出版，32 开，216 页。本书较详细地介绍了云南省迪庆藏族自治州中甸县（今香格里拉县）、德钦县和维西县境内的藏族苯教、藏传佛教，以及纳西族东巴教的历史、寺院、法会和教义等情况，亦述及此 3 县境内基督教、伊斯兰教的传播情况，是第一部叙述云南藏区宗教的著作。

地藏信仰研究 张总著。宗教文化出版社 2003 年 3 月出版，32 开，462 页。地藏菩萨是佛教中最重要而影响深远的菩萨之一。本书首次系统介绍了地藏经典，并集中石窟造像、绘卷画轴，全面展示地藏菩萨信仰状况。所记文献从原始佛典到西夏文、回鹘语诸本均无遗漏。

佛光西渐——藏传佛教大趋势 黄维忠著。青海人民出版社 1997 年出版，32 开，215 页。本书结合时代的发展对藏传佛教及其僧人的现状进行了分析，对居住于国外的西藏僧人和他们在西方的传教活动也作了论述。

佛教常识答问 赵朴初著。中国佛教协会 1985 年出版，32 开，168 页。另有北京出版社 2003 年出版，32 开，139 页，“大家小书丛书”之一；外语教学与研究出版社 2001 年出版汉英对照本，赵桐译，32 开，375 页。本书分 5 章，共 247 问，简明扼要地介绍了佛陀和佛教的创立，佛法的基本内容和佛教经籍，僧伽和佛的弟子，佛教在印度的发展、衰灭和复兴，佛教在中国的传播、发展和演变等问题，其中在少数民族地区的佛教一节中介绍了藏经佛教和宗喀巴等著名人物。是一部理想的佛学基础读物。

佛教密宗百问 李冀诚、丁明夷著。中国建设出版社 1989 年出版，32 开，137 页。“宗教文化丛书”之一。本书分 3 篇，共 100 问。上篇：印度佛教密宗。论述密宗在印度的产生、发展、教义和教法等。中篇：藏传佛教密宗。

对密宗在西藏的发展、西藏9个教派的密宗法要、藏密典籍、藏密义理、主要藏密神祇、修习组织与次第等论述较详。下篇:中国汉地佛教密宗。回答了中国汉地密宗的产生与发展,各种密宗的造像、典籍、密法等问题,对日本东密和台密亦有论述。本书与《西藏佛教密宗》(约翰·布洛菲尔德著,耿昇译)、《佛教气功百问》(陈兵著)、《藏密气功》(中国气功科学研究会编)等书参阅,可较全面了解藏密及其修炼的理论和实践概况。

佛教气功百问 陈兵著。中国建设出版社1989年出版,32开,189页。"宗教文化丛书"之一。本书分6部分,共100问。主要内容为:1.佛教与气功的关系。回答了佛教禅定与气功的种种关系。2.佛教定学。讲述了定学的产生、发展及与道儒的关系等。3.小乘、大乘佛教禅法。对大、小乘佛教修禅定的各种情况作了详释。4.密宗瑜伽。简述了西藏密宗中的各种法要、名词。5.禅定与医疗。讲了禅定治病的条件、方法及修禅延寿等问题。6.禅定与神通异能。简答了六通、三明、五眼、悉地等内容,对如何修神通亦有说明。

佛界 周炜著。光明日报出版社2000年11月出版,32开,483页。"西藏文化丛书"之一。本书分6部分,详细介绍了藏传佛教活佛转世的文化观念、活佛圆寂与寻访仪轨、藏族著名的转世灵童、活佛的认定和坐床仪轨、转世活佛的培养教育,以及九世与十世班禅的转世灵童寻访、认定、坐床的情况。附《论清朝金瓶掣签制度》一文及《钦定西藏章程二十九条》。

佛学概论 更登著。藏文。中国藏学出版社1997年12月出版,32开,256页。本书简要介绍了古印度文明发展史,释迦牟尼生平及其教义、证法、佛教典籍,以及佛教哲学内明学的发展史和大小乘佛教4部宗论等内容。

佛学原理研究:论藏传佛教显宗五部大论 洲塔著。青海人民出版社2001年出版,32开,354页。本书主要论述了《释量论》、《中观论》和《俱舍论》的佛学原理,以及藏传佛教格鲁派寺院教育的基本特点等内容。

噶玛噶举师徒与八邦寺 噶玛坚参著。藏文。四川民族出版社1993年出版,32开,213页。本书分3章:1.噶玛噶举师徒传记。按年代排名记述。2.司徒·曲吉穷乃传及其与八邦寺的关系。3.八邦寺历史状况、寺内转世活佛、供养的菩萨、文物精品,以及该寺培养的高僧、学者名录。

观音观想修法 顾法严译。(台中)菩提树杂志社1980年出版,32开,156页。"台湾菩提树丛书"之第29种。西藏传统密宗法本。西藏檀汤·嘎尔波尊者传授,珍纳·嘎梭译为英文,顾法严又将其英文版译为中文版。本书3

章，着重介绍了观音观想修法的准备阶段、正式修持阶段和注意事项。是较完整的法本，可作参考。

关于西藏佛教史的十篇资料 又名《西藏佛教发展史略》。王森著，中国科学院民族研究所少数民族社会历史研究室编印。1965年印行，16开，186页。本书着重论述了吐蕃时期的西藏佛教、佛教在西藏的再度传播、宁玛噶丹萨迦噶举等派的产生与发展、格鲁派的发展、元朝时期卫藏十三万户、明代卫藏地方政教情况等，并附萨迦世系、帕竹世系和元帝师考。为研究西藏佛教的重要参考书。

关于西藏佛教问题 王沂暖著。西藏民族学院1978年印行，32开，17页。本书是西藏民族学院根据王沂暖的报告记录整理并印发的，主要记述了西藏佛教各教派的产生和发展、西藏佛教为何称喇嘛教、西藏佛教的思想、藏密、西藏佛教与汉地的关系、政教合一等方面的问题。

关于西藏喇嘛教的几个问题 不著撰人。中央民族学院历史系1964年2月编印，16开，129页，油印本。中央民族学院历史系“中国少数民族志专题研究参考资料”之一。本书主要记述了佛教在西藏的传播、发展，以及藏传佛教各派系的产生、寺院特权等。

关于西藏喇嘛教黄教(格鲁派)寺庙集团的几个问题 王辅仁著。中央民族学院历史系1964年1月编印，16开，229页，油印本。中央民族学院历史系“中国少数民族志专题研究参考资料”之一。本书着重记述了15世纪宗喀巴大师创立格鲁派的经过、宗教改革的特点、格鲁派掌握西藏地方政权的经过等。

虹化之光——藏传佛教密宗奇观 东主才让著。青海人民出版社1999年出版，32开，383页。“藏传佛教文化现象丛书”之一。本书主要内容有：1.密宗源流。介绍了藏传佛教前后弘法期的密法传承。2.密宗的教法和思想。3.坛城仪式、灌顶、受戒和瑜伽等。附密修加行、汉藏文对照咒文、赞词索引等。

活佛转世 蔡志纯、黄颢编著。中国社会科学出版社1992年出版，32开，255页。本书全面、系统地介绍了活佛转世制度的由来、程序、方式，活佛的学习、生活、地位等级、世系、圆寂塔葬，阐明了中央政府与活佛转世的关系。为第一部专论活佛转世的学术著作。

活佛转世揭秘 周炜著。中国藏学出版社1994年11月出版，32开，296页。本书分护身符中的转世遗嘱、400年前的转世预言、知晓达赖转世于何地的活佛和十世班禅寻访秘史等16章，分别叙述了藏传佛教活佛转世制度的产生、发展及转世仪轨。

康藏佛光 杨健吾著。巴蜀书社2004年出版，32开，275页。本书介绍了藏传佛教传入康巴地区的历史和现状。

喇嘛庙——佛的世界 金申著。四川民族出版社1992年5月出版，32开，194页。本书着重介绍藏传佛教的各种佛像、法器的名称、作用和特点，并对藏传佛教的历史、艺术、文化等方面的知识作了简要介绍。

论赤松德赞时期汉地佛教在吐蕃的传播和影响 晋美著。中央民族学院科研处1981年6月编印，16开，89页，油印本。本书分6节论述了赤松德赞在位期间(755—797)吐蕃王朝(7—9世纪)吸收外族文化，尤其是学习和吸收汉地佛教文化的全过程，并描述了当时的吐蕃社会。

论藏传佛教的特点 堪布贡白、丹白尼玛著。藏文。四川民族出版社1996年3月出版，32开，300页。本书主要叙述：1.佛教和其他宗教流派的区别。2.佛教内部之大小乘佛教及其区别。3.藏传佛教及其萨迦(花教)、格鲁(黄教)、噶举(白教)、宁玛(红教)等教派源流及各教派的共性与区别。并且明确地阐述了这些教派的宗师大德之特殊主张等。

弥漫在雪域的藏传佛教 姜安著。甘肃民族出版社1992年8月出版，32开，290页。本书分24章，前10章主要讲述藏传佛教的教义、教规、教派、神灵、祈祷、礼仪、仪制、活佛转世及肉身塔等，后14章介绍寺院艺术、法器、法舞、法乐、学位学院、经卷典籍、寺院机构、僧尼生活、寺院经济、法会、藏密、藏传佛教在海外的传播等内容。本书对藏传佛教的介绍，不带任何偏见，也不因袭旧说，较客观地反映了其全貌。书首有多识·洛桑图丹琼排序。是一部能深入浅出地论述藏传佛教及其文化的理论专著。

密宗秘法 邱陵编撰。北京工业大学出版社1990年出版，32开，152页。又有台北新智出版社1995年出版，32开，236页。本书着重介绍了15种西藏密法、静坐、东密法和4种印度古代瑜伽。本书是根据中国港台地区有关藏密著作编写的，文字通俗易懂，可作为了解藏密的普及性读物。

木里政教史 阿旺钦饶著，鲁绒格丁等译。四川民族出版社1993年3月出版，32开，173页。本书根据藏文旧抄本整理，主要记述了1580年至1735年间四川省木里藏区的宗教状况，以及木里土司与西藏地方政府、清朝政府之间的关系，也有部分云南藏区宗教资料。是研究木里藏区的重要史料。

普贤上师言教讲义 白玛勒哲著。藏文。四川民族出版社1989出版，32开，218页。作者是19世纪宁玛派著名的学者、大活佛，一生著述颇丰。本书是作者学习《普贤上师言教》一书的心得体会，他根据《普贤上师言教》来讲述佛学知识，在讲义中穿插了不少藏族历史、地理、文学、艺术、宗教、哲学、民间故事和神话传说。该书内容生动有趣，语言通俗易懂，文笔流畅。

青海佛教史　蒲文成著。青海人民出版社2001年出版，32开，390页。本书分上下篇。上篇为藏传佛教篇，系统论述了藏传佛教各教派在青海的传播发展历史，并介绍了主要的寺院、人物、历史事件和藏传佛教文化。下篇介绍了汉地佛教在青海地区的传播和相关的人物、寺院、团体等。附大事记和主要参考资料。

清政府与喇嘛教　张羽新编著。西藏人民出版社1988年1月出版，32开，510页。本书介绍了清朝政府统治时期所推行的喇嘛教（藏传佛教）政策及其演变过程，并对清朝政府既尊崇与扶植藏传佛教，又以不同方式加以管理和限制的情况及清朝对藏传佛教政策的历史影响等作了论述。附《清代喇嘛碑刻录》，收录西藏和藏传佛教从清太祖至嘉庆帝间近200年来的碑文140件，其中后金（清）时期5件、顺治朝4件、康熙朝42件、雍正朝12件、乾隆朝75件、嘉庆朝3件（附咸丰朝1件）。是研究清朝统治蒙藏民族政策及藏传佛教发展变化的重要资料。

人类奥秘大开放——藏传佛教密宗　尕藏加著。中国社会科学出版社1994年10月出版，32开，262页。本书在收集有关藏传佛教密宗密法资料的基础上，对藏传佛教密宗作了比较全面的介绍，并对主要的大圆满法、大手印法、纳若六法和藏密仪轨等作了介绍。是当代新作中学术水平较高的藏密专著。

荣格心理学与西藏佛教　（美）拉·莫阿卡宁著，江亦丽、罗照辉译。商务印书馆1994年1月出版，32开，164页。本书介绍了荣格心理学和有关藏传佛教密宗修炼及相关教义（心理学），通过对比研究，探讨了藏传佛教密宗与荣格心理学之间联系的理论基础。

神秘的雪域达摩　原名《弥漫在雪域的藏传佛教》。姜安著。中国藏学出版社1995年6月再版，32开，304页。再版时内容略有改动。

生死智慧：道家生命观研究　李霞著。人民出版社2004年出版，32开，411页。本书是研究藏传佛教密宗及其“中有”理论的辅助资料。

世界十大宗教源流　曲甘·班玛多杰编著。藏文。中国藏学出版社1998年6月出版，32开，165页。本书摘译自汉文版《世界十大宗教》一书，主要简述了十大宗教的产生、发展和部分宗教的消亡及教义。

思辨之花　中国马克思主义哲学

史学会编。民族出版社 1991 年出版，32 开，137 页。本书为“平措旺杰《辩证法新探》座谈会”(1990 年 11 月 30 日召开)的会议纪要。书中收录宋任穷、彭冲、费孝通、严济慈等人的讲话、贺信、贺词、新闻报道等 23 篇，还附录《辩证法新探》一书的目录、作者的话、后记和总结，以及唐源昌、降边嘉措的文章。到会的 60 多位哲学界、理论界的专家对《辩证法新探》给予了肯定，认为本书的出版对于推动和深化唯物辩证法的研究工作大有裨益。

死亡心理探秘 汤笑著。中国城市出版社 2003 年出版，32 开，351 页。“汤笑大众心理学丛书”之一。本书结合“中有”理论，叙述了濒临死亡的体验等内容。

吐蕃佛教 尕藏加著。宗教文化出版社 2002 年出版，32 开，317 页。中国社会科学院基础研究课题之一。本书主要记述了吐蕃佛教的历史沿革与教法仪轨，佛教何时传入并立足于吐蕃，佛苯之间的排斥与融合，汉印佛教对吐蕃佛教的影响，吐蕃时期的译经制度和法典，外籍僧人与本土僧众的组织类型，宁玛派的教义、仪轨和修炼等。并对藏传佛教后弘期宁玛派的发展线索和密法中的难点问题作了全面系统地梳理和研究，提出了一系列独到的学术见解。

吐蕃僧诤记 (法)戴密微著，耿昇译。甘肃人民出版社 1984 年 10 月出版，32 开，549 页。作者为法国著名汉学家和藏学家，著述有《西藏古代史》、《佛教学研究现状》、《汉藏关系》、《中国佛教》等数十种。本书分两章。1.有关吐蕃僧诤会的汉文史料译注。着重记述了吐蕃时期藏汉佛教徒辩论佛法修习的内容及过程，并有摩诃衍那的 3 道表疏。2.史料疏义。主要记载了王锡呈奏吐蕃赞普的两道表章、吐蕃时期一位汉族节度使的档案文书、大蕃尚书令赐大瑟瑟告身尚起律心儿圣光寺功德颂、吐蕃统治期间的汉文诗词等。对各种记载都有详细、深刻的注释和说明。附有关吐蕃僧诤会的印度档案、莲花戒的第 1 与第 3 部《修习次第》等。为藏学研究名著之一。

西康诺那呼图克图法语开示录 又名《诺那呼图克图法语开示录》。金刚乘弟子贝嘛把藏唵记录整理，何叔达、郭语一校对。武昌楮华楼民国二十七年(1938)七月出版，铅印本。本书着重记述了莲花生大师到西藏传法的过程、莲花生大师圣迹功德感应记和诺那上师法语开示录。开示录以问答的形式回答了近百个有关佛教史、藏传密宗修持中应注意的问题、如何修炼藏密功法、藏族历史简况、汉藏关系等问题。是了解宁玛派及藏密修持方法的重要著作。

西藏的神灵和鬼怪 (奥地利)勒

内·德·内贝斯基·沃杰科维茨著，谢继胜译。西藏人民出版社1993年5月出版，32开，966页，上下册。本书是作者根据自己在喜马拉雅山东部地区收集的大量宗教文献资料写成的。全书分《保护神的形貌》和《保护神的崇拜》两册，主要介绍了藏传佛教、苯教和民间有关各种保护神的名称、作用、仪式、图像等内容。

西藏的宗教　又名《西藏宗教之旅》。(意)杜奇著。32开，280页。本书有德、法、英文本(1980年版)。作者为世界著名藏学家，关于藏学的论著颇丰。本书共分7章，着重记述了：1.佛教在西藏的传播和藏传佛教的发展史。2.藏传佛教的一般特点和重要教派的教义。3.寺院里的僧侣生活、宗教节日，各种法事活动、寺院的管理。4.关于藏族民间的鬼神、灵魂、吉凶福祸等情况。5.有关苯教的基本情况。并附有历史年表、参考书目等。是一部有一定参考价值的西藏宗教论著。

西藏的宗教　(德)赫尔穆特·霍夫曼著。1956年出版，32开，206页。本书是有关西藏宗教的一般性读物。

西藏的宗教和政治　(印度)比纳·罗伊·伯曼著。1979年出版。作者是印度尼赫鲁大学的博士，在加尔各答大学任教，主要研究部落及其家庭生活。写此书时，作者对印度的西藏人和达兰萨拉藏族聚居区进行调查研究，获得大量资料，并得到一些寺院和僧人的帮助。本书主要内容有：1.西藏佛教的历史背景。2.1951年以前西藏的社会结构和政治结构。3.僧侣和寺院在西藏政治权力和政务管理中的作用。4.1950年的西藏政治变革。5.十四世达赖外逃时期的西藏社会及其离藏后的西藏新模式。6.1965年以后的西藏。

西藏佛教发展史略　又名《关于西藏佛教史的十篇资料》。王森著。中国社会科学出版社1981年6月出版，32开，318页。

西藏佛教密宗　(英)约翰·布洛菲尔德著，耿昇译。西藏人民出版社1990年第1版，32开，249页；1992年10月第2版，32开，262页；2003年5月第3版，32开，254页。“西藏文明之旅书系”之一。本书分两篇：上篇为西藏密教的背景和理论，论述金刚乘、大乘的范畴，密教修持法要、心理和有形象征等。下篇为西藏密教修持法，详细论述了修持藏密前的皈依、发愿、寻找上师、灌顶等前行和加行，以及基本修持、成就修持、高级修持等内容。附名词诠释、图解等。

西藏佛教史　李翊灼述。中华书局民国二十二年(1933)出版，32开，74页。“新文化丛书”之一。本书分3编，简要介绍了佛教由印度传入藏区的历史，以及藏传佛教宁玛派(红衣派)、格鲁派(黄衣派)、康藏寺院的一般情况。

附宗教理趣比较图和宗教形式比较图。

西藏佛学原理 吕澂著。商务印书馆民国二十三年(1934)出版,32开,136页。本书依据12种藏文要籍,分渊源、传播、文献、学说4项,先叙述印度晚期大乘学说的极盛与分化,以及密乘的产生,然后记述西藏佛学的传播及译经,最后附藏文经典目录。是研究藏传佛教的参考书。

西藏格西多杰觉拔尊者开示录 格西多杰觉拔述,郭又生等编。民国二十年(1931)三月出版,16开,128页,铅印竖排本。作者为格鲁派密宗院格西,曾获殊胜成就,应内地金刚弟子之请到内地传法,本书即为其在内地传法时的讲演。本书主要记述了佛教的基本教义、藏传佛教的历史、密宗概况、格鲁派所传密法等。附格西多杰觉拔尊者小传。是了解藏传佛教、藏密在内地传播情况不可缺少的著作。

西藏古代佛教史 刘锐之编译。香港金刚乘学会1985年6月出版,32开,465页。本书的第1部分记述了般若乘缘起、金刚乘缘起、西藏佛教传播概况、无上瑜伽密传播史略、西藏密宗传播史略、伏藏历史等,对西藏旧密法的记载尤为详尽。第2部分为西藏密宗编年,以宁玛派密法传承为主,记事时间起自公元前962年,终于1902年。书中所附数十幅西藏早期寺院的照片和塘噶画均为珍贵资料。

西藏喇嘛教的寺庙和僧侣组织 柳升祺著,中国科学院民族研究所编印。1964年印行,16开,123页。本书着重记述了藏传佛教发展的3个阶段,格鲁派三大寺的寺院组织、学经制度、财务管理、考辩制度、僧人生活等。附44条注和相关的汉藏名词对照表。

西藏喇嘛教与国外关系概述 柳升祺著。中国科学院民族研究所少数民族社会历史研究室1964年编印,32开,145页。本书记述了吐蕃时期的国外传法师、藏传佛教传入蒙古、耶稣会教士进藏传教的经过和帝国主义对西藏的入侵等情况。附50条详注。

西藏生死之书 索甲仁波切著,郑振煌译。中国社会科学出版社1999年6月出版,32开,494页。本书是在藏传佛教“往生”理论及其实践的基础上结合当代心理学理论写成的关于生与死的学术巨著。在美国、中国台湾等地此书被当作临终关怀手册使用,备受读者欢迎。本书用浅显的语言对藏传佛教的“中阴”、“往生”和修炼等内容作了详细介绍,不仅给读者讲述了有关死亡和临终的理论,还提供了具体的修炼方法。

西藏政教史 法尊法师著。四川汉藏教理院民国三十年(1941)出版,7卷,2册,线装。近有西藏社会科学院影印本问世。本书依据《青史》等藏文史籍编写而成,内容分两部分:1.古代史。叙述佛教传入前的吐蕃，松赞干布至达玛赞普时期的佛教和教理，佛教被摧残时期、佛教后弘期藏传佛教的派别及其教义等。2.近代史。记述宗喀巴、黄教（格鲁派）及其教义、各教派状况、达赖和班禅世系等。本书为西藏佛教史，对黄教记述较详，很少提及西藏政治。后世学习和研究西藏宗教、历史和文化的学者，多以此书为必读本，并据此书撰文。

西藏宗教　尕藏加著。五洲传播出版社2002年1月出版，32开，149页。本书主要介绍藏区的苯教、藏传佛教的一般情况，也论及流传于藏区的伊斯兰教、天主教等。附寺院、宗教活动等图片数十幅。

西藏宗教概说　彭英全主编。西藏人民出版社1983年1月初版，32开，146页。1999年重印。2002年再版，32开，128页。本书简要介绍了藏族本土宗教苯教及其在藏区的传播，藏传佛教及其主要教派的产生和发展，其中着重介绍了格鲁派的情况，并阐述了佛教对西藏经济、政治、文化和社会生活的影响。附西藏远古时期赞普世系表等12个表。

西藏宗教和萨满教的象征意义　（德）赫尔穆特·霍夫曼著。1967年出版。本书是关于藏传佛教、苯教和萨满教的研究著作。本书共分3部分：1.喇嘛教的象征意义。2.苯教的象征意义。3.萨满教的象征意义。对研究藏传佛教、苯教和萨满教有一定参考价值。

西藏宗教喇嘛考　刘赞廷著。民族文化宫图书馆1961年印行，16开，113页，油印本。作者系河北人，清末任川滇边务大臣，民国初年任川边军分统，后任蒙藏委员会调查室主任。本书根据刘赞廷家藏资料和重庆市图书馆藏刘赞廷藏稿编辑而成，内容有西康建省、西藏历史概要、赵尔丰奏议、康藏地区方志等，对康藏地区的山川河流、历史沿革、政治经济、风土人情、古迹寺院，以及改土归流的经过等，均有记述。为研究康藏地区近代藏族史的参考资料。

西藏宗教源流　（清）张其勤撰。清旧抄本。西藏人民出版社1982年铅印出版。张氏，字慎庵，祥符（今河南开封）人。他于光绪末年随驻藏大臣联豫进藏，熟悉西藏情况，著有《清代藏事辑要》、《入藏道里最新考》。本书根据西藏地区汉藏文档案和调查资料编写而成，分古佛世系、达赖喇嘛世系、班禅额尔德尼世系、众呼图克图世系、西藏寺庙概况总表等5个部分，记述了清代西藏宗教史。从神话传说开始，终于清朝末年，对西藏宗教各教派的源流和代表人物的生平事迹进行了记述，内容有详有略。附《藏事纪略》。

西藏宗教之旅　原名《西藏的宗教》。（意）图齐（又译杜齐，Giuseppe

Tucci,1894—1984)著,耿昇译。天津古籍出版社1989年出版。中国藏学出版社1999年9月再版,32开,394页。另有法、英、意等文本。图齐是世界著名藏学家,著有多部藏学著作,曾多次前往西藏及其毗邻地区考察。主要著作有《印度—西藏》(7卷)、《西藏画卷》(3卷)、《拉萨和喇嘛教》、《西藏的寺院》、《藏王陵墓》、《江孜和西藏西部藏族民歌》、《翻越喜马拉雅山》、《图齐西部藏区学术考察报告》、《雪域西藏》等。本书共7章:1.松赞干布到郎达玛灭法期间的吐蕃宗教史。2.郎达玛到元代的西藏宗教史。3.藏传佛教及其基本特点。4.藏传佛教主要教派的形成及其教义。5.寺院组织和管理、僧侣的日常生活与节日等。6.藏族民间的鬼神、灵魂、吉凶祸福等信仰。7.藏区固有的苯教及其各种宗教仪轨。书中有僧侣生活和民间宗教插图若干。附历史年表、参考书目。是研究藏学不可不读的名著。

喜马拉雅山南麓的宗教和文化 (印度)雷格胡维尔·辛哈著,伍昆明、李坚尚译。中国社会科学院民族研究所1984年印行,32开,181页。“印度东北部”即喜玛拉雅山南麓,亦即西藏之门隅、珞渝、察隅一带。这一地区约有9万平方公里被印度所控制,称为所谓的“麦克马洪线”以南地区。本书以现代西方人类学的观点,对所谓的“麦克马洪线”以南地区的门巴族、珞巴族、阿卡人、阿迪人的宗教、文化生活进行调查研究后,认为这一地区的宗教可划分为两个基本体系,即佛教的和非佛教的体系。同时,作者还运用了大量材料对这个地区的原始宗教进行比较研究。

信念论注疏 局·迷旁著,贡松巴登注释。藏文。四川民族出版社1997年出版,32开,260页。本书分两部分:1.康区著名佛学家局·迷旁的《信念论》。2.局·迷旁的大弟子贡松巴登为《信念论》一书所写的释文。局·迷旁《信念论》以问答的方式,从7个方面阐述了佛学中最深奥的中观论,用中观理论阐述了“四大皆空”的道理,指明了观、修、行的正道。有3种注疏,其中贡松巴登的注疏在佛学界影响最大。

雪域沉思录 仲布·次仁多吉(又作仲布·才让多吉)著。民族出版社1995年7月出版,32开,219页。作者1964年出生于青海尖扎。现任西藏社会科学院宗教研究所副所长、研究员。他以敏锐的哲学思维对人类哲学思想,尤其是藏族传统哲学思想进行了新的思考,并结合藏区的实际情况对环境等问题作了预测和警示。本书由《雪域沉思录》(即《雪域沉思集》)和《二十一世纪的警钟》组成。前者引用古今中外思想家或哲学家的有关哲学观点,对人类哲学思想,特别是藏族传统哲学思想进行了现代条件下的思考和评述。

后者以这种思想作为理论基础，对现实中的诸多现象和数据进行了分析，对日益威胁人类生存的环境问题和21世纪的诸多方面进行了预测和警示。

雪域的宗教 尕藏加著。宗教文化出版社2003年出版，32开，上册527页、下册475页。上册书名为《雪域的宗教：宗教与文明传承，宗派与教法仪轨》，下册书名为《雪域的宗教：密宗与修持，信仰与人生》。本书论述的内容主要有：1. 苯教文化源流、吐蕃时期苯教文化和苯教重要典籍。2. 佛教传入西藏和藏传佛教的形成。3. 宁玛、噶当、萨迦、噶举、觉囊、格鲁等教派传承的教义教法和主要寺院。4. 密宗密法源流、密宗原理及其注释、密宗艺术、密法智慧。5. 活佛转世，寺院文化，僧人的学习、衣食住行等。

雪域东部神秘的喇嘛教 邢林著。南海出版公司1998年出版，32开，188页。本书分3篇，上篇对西藏东部的甘肃、四川和云南藏区的藏传佛教作了一般性介绍，中篇对塔尔寺等25座寺院作了介绍，下篇则重点介绍了贡嘎山等16座神山。

雪域梵音——藏传佛教概览 姜安著。中国藏学出版社2002年出版，32开，288页。本书从文化角度对寺院、活佛转世、供奉的神灵、仪轨、法器、学位、典籍、寺院机构、大型宗教活动和民间节日等作了一般性介绍。

因明论·证明论之海 噶玛巴·曲札嘉措著。四川成都藏文文化社1986年出版，上册329页、下册368页，梵夹装。成书于1505年。本书主要介绍因明七论的内容及部分学者对因明学的研究成果，是因明学论著中较为详明的一种。

因明述要 石村著。中华书局1981年3月出版，32开，148页。本书共6章，讲述了因明与佛学的关系、因明的体系、真能立和似能立、真现量和似现量、真比量和似比量、真能破和似能破等内容，从不同侧面论述了因明的对象、性质、作用和成就等。

因明学入门 毛尔盖·桑木旦著。藏文。青海民族出版社1981年10月第1版、1989年6月第2版，32开，182页。作者深入浅出地讲解了事物的分类、原因和结果、个体和整体、抽象和具体、矛盾和联系、消极和积极、主观和客观等的定义及其相互间的辩证关系。是一本通俗易懂的逻辑学著作。

印度—西藏 （意）杜齐著。1932年、1940年出版，4卷7册。本书卷一为西藏宗教艺术研究，卷二为仁钦桑布和公元1000年左右佛教在西藏的复兴，卷三为西藏寺庙及其艺术象征，卷四为江孜及其寺庙。是研究藏传佛教艺术的要籍。

印度—西藏的佛教密宗 （法）罗伯尔·萨耶（Robert Sailley）著，耿昇译。中国藏学出版社 2000 年出版，32 开，329 页。“发现西藏书系：关于西藏的名著”之一。本书着重介绍了古印度和藏传佛教密宗的发展、教义、密法典籍等内容。附梵文名词对照表。

藏传佛教出家女性研究 德吉卓玛著。社会科学文献出版社 2003 年出版，32 开，426 页。“中国社会科学院青年学者文库”之一。本书详细地介绍了藏传佛教出家女性的产生、发展过程，尤其是对僧尼集团的形成、演变、现状、组织结构、修持仪轨、教法传承、活佛转世、寺院分布等问题作了深入研究。附彩照。是第一部由藏族女学者撰写的有关藏族出家女性的学术著作。

藏传佛教各教派教义及密宗漫谈 刘立千著。民族出版社 2000 年 2 月出版，32 开，125 页。本书简要介绍了藏传佛教宁玛、噶举、萨迦等教派的传承历史及其教义，并重点介绍了各教派密宗密法方面的观点。本书对各教派密宗密法的论述系统而翔实，有较高的参考价值。

藏传佛教礼俗百问 姜安著。今日中国出版社 1994 年 2 月出版，32 开，141 页。本书以问答的形式介绍了藏传佛教在礼仪、规章禁忌、饮食服饰、宗教习俗、宗教节日、信仰心理等方面的知识。

藏传佛教僧侣生活 张世文著。西藏人民出版社 2003 年出版，32 开，211 页。“西藏文化旅游丛书”之一。本书主要介绍了藏传佛教僧人的产生、发展，以及僧尼集团的形成、演变、组织机构、修持仪轨、教法传承、日常生活等内容。

藏传佛教世界 第十四世达赖喇嘛著，陈琴富译。（台北）立绪文化事业有限公司 1997 年出版，32 开，173 页。本书简要记述了藏传佛教在国外的传播情况。

藏传佛教探秘 原名《藏传佛教概论》。徐丽华著。巴蜀书社 2001 年 5 月出版，32 开，384 页。本书分 8 章，各章主要内容为：1. 简述西藏远古历史。2. 论述佛教传入吐蕃的过程，以及佛苯两教经过长期斗争融合之后，最终产生了具有藏族特点的藏传佛教。3. 藏传佛教主要教派的产生及其教义。4. 藏传佛教寺院教育历史、特点和作用。5. 活佛转世制度的产生、发展和活佛丧葬制度。6. 依据《普贤上师言教》，论述如何依止上师、如何考察上师、上师如何考察弟子等。7. 藏族各类传统的象征符号及其注释。8. 西藏各个时期的重要宗教历史人物介绍。书中还编译了结合修炼进行补养的十分珍贵的藏密药方。本书书首有著名学者东噶·洛桑赤列活佛为本书所写的序诗。

藏传佛教信仰与民俗 才让著。民族出版社 1999 年 9 月出版，32 开，278 页。本书介绍了藏传佛教及其教法仪轨、教法特点、民众信仰、民风习俗、各种祭礼、节日民俗、丧葬民俗、伦理道德、审美情趣等内容。

藏传佛教——雪域高原独特神秘的文化现象 姜安著。海南出版社2003年出版，32开，258页。本书对藏传佛教的活佛转世、供奉的神灵、仪轨、法器、学位、典籍、寺院机构、大型宗教法事等作了介绍。

藏传佛教疑问解答120题 多识·洛桑图丹琼排著。四川民族出版社2000年出版，32开，190页。"西藏妙音丛书"之一。本书讲解和回答了"藏传佛教和汉传佛教有什么不同"、"禅宗是密宗还是显宗"、"佛教徒可以经商吗"等120个有关藏传佛教的问题。

藏传佛教因明史略 剧宗林著。民族出版社1994年12月出版，32开，173页。本书简要介绍了因明学在藏区的传播和发展过程，以及各个时期的因明学代表人物，并详细论述了藏传佛教因明学的特点。

藏传佛教源流及社会影响 原名《西藏佛教述略》。丁汉儒、温华、唐景福等编著。1978年12月本书曾以"未定稿"名义排印，供内部流通。民族出版社1991年出版，32开，144页。本书分9章，主要内容有：1. 佛教传入吐蕃及佛苯之争。2. 佛教在西藏的发展。记述了宁玛、噶当、萨迦、噶举及希解、觉宇、觉囊、夏鲁、格鲁等教派的产生和发展。3. 格鲁派的寺院组织、活佛转世制度、政教合一制度。4. 藏区的寺庙经济、教育及佛教对社会和文化的影响。5. 藏传佛教在内蒙古等地区的传播。6. 民主改革后的藏传佛教的基本情况。

藏传佛教哲学思想史 干木滚著。藏文。中国藏学出版社2004年出版，32开，492页。本书论述了藏传佛教哲学的发展历史和哲学的基本理论。

藏传因明学 杨化群著译。西藏人民出版社1990年出版，32开，348页。作者自1944年至1953年在拉萨色拉寺学习藏文，专攻因明学，此书为其力作。本书分8部分，比较翔实地介绍了藏传因明学的产生、发展和传播等问题。其中《藏传因明学提纲》、《藏族学者的因明著作初探》、《因明七论入门简介》、《藏传因明学发展概况》为作者自著，《因明七论入门》、《因明学启蒙》、《因明学名义略集》、《量学》、《正理滴论》等5篇为译文，并有注释。

藏密金刚禅 林淑华、何晓新编著。中国青年出版社1993年6月出版，32开，118页。本书分6章介绍了藏密金刚禅功法的源流、特点、修持方法等。

藏密宁玛派探秘 久美、蒲文成著。民族出版社1998年12月出版，32开，218页。本书介绍了宁玛派所传密宗、教义、修法仪轨，并全面介绍了九乘教法、彻却、脱噶等主要修持方法和各乘的基本内容。此外，还记述了宁玛派居家活动的特点，包括法器、服饰、修炼、法会、放咒、卜卦及其组织形式在民间的盛行情况。

藏密溯源：藏传佛教宁玛派 蒲文成、参看加编著。青海民族出版社2006年出版，32开，289页。本书详细介绍了藏传佛教宁玛派的发展历史、寺院概况、宗教艺术、重要典籍等情况。

藏密修法精粹 邱陵编。北京工业大学出版社1991年出版，32开，288页。又有台北新智出版社1994年版（附《藏密修法问答》一文），32开，278页。本书共两篇：上篇为藏密大手印诠释，包括大手印法的前行、正修、恒河大手印、椎击三要诀法等；下篇是藏密修法精粹，介绍了光明大圆满禅定法要、大圆满心髓、大手印技法、六成就法等30余种修炼方法，并对藏密修法中的一些重要问题和疑难问题以问答的形式作了阐述。

藏密瑜伽的奥秘与传奇 王春华编著。中国国际广播出版社1992年出版，32开，268页；西藏人民出版社2001年出版第2版，32开，215页；2005年出版第3版，32开，218页。本书主要内容有：1.记述了部分西藏瑜伽修炼者的神通、虹化等奇异现象。2.收录了金刚诵、九节佛风、大圆满等藏密功法。3.通过对藏密瑜伽的概述，介绍了藏密瑜伽的奥秘，对藏密瑜伽实修的理论根据和有关形象、色彩的象征意义等作了探索，并以现代人的眼光，运用现代科研成果对其进行比较分析。

藏族、纳西族、普米族的藏传佛教：地域民族宗教研究 杨学政著。云南人民出版社1994年8月出版，32开，235页。本书分3编介绍了川、滇、藏交界地区的藏族、纳西族、普米族所信仰的藏传佛教及其基本情况，并对藏传佛教的传入、教派、典籍等作了论述。

藏族原始宗教 周锡银等著。四川人民出版社1999年2月出版，32开，454页。本书7章，分别论述了：1.藏族原始宗教存在的社会背景及其与苯教的区别。2.天地水崇拜，动植物崇拜等自然崇拜。3.灵魂崇拜。藏族的寄魂物及祖先崇拜。4.巫师的名称、传承、服饰、法器，以及祈求、诅咒、驱鬼等巫术形式。5.藏族的各种征兆和占卜形式。6.煨桑、血祭、祀神舞蹈等藏族原始宗教的3种活动方式。7.苯教的产生、发展及其与藏族原始宗教的关系。是一部关于藏族原始宗教的学术专著。

藏族哲学的理智 仲布·次仁多吉著。藏文。民族出版社1996年6月出版，32开，438页。本书是作者关于藏族哲学方面的论文集。

藏族宗教史之实地研究 李安宅著。中国藏学出版社1989年9月出版，32开，234页。20世纪30年代末期，作者深入甘肃甘南藏族地区进行社会调查，历时3载，获得大量材料。作者根据这些材料写成此书。本书分15章，介绍了藏族的文化背景、历史概况及其早期宗教和佛教的传入，并以拉卜楞寺为重点论述了藏传佛教格鲁派的产生与发展及寺院组织、宗教制度和代表人物等。书前有雷洁琼序和作者前言，书后附王辅仁校订后记、索引和彩照。

中观辩证逻辑新探 干木滚著。藏文。民族出版社1997年12月出版，32开，568页。本书以龙树论师所著《中观论》等诸多史料为理论依据，对中观学说的形成过程和理论体系等问题作了精辟的论述。

中国佛教基础知识 杨曾文主编，中国社会科学院世界宗教研究所佛教研究室编。宗教文化出版社1999年第1版，32开，293页；2005年7月第2版，32开，230页。本书全面系统地介绍了中国佛教基础知识，以及佛教传入西藏地区和藏传佛教的形成、宗喀巴对以往藏传佛教的改革和格鲁派、藏传佛教主流宗派——格鲁派的基本教义、藏传佛教寺院的僧职、清代西藏地区的政教合一体制、藏传佛教的“金瓶掣签”制及其意义、布达拉宫、藏传佛教格鲁派的六大寺、藏文大藏经和中国藏传佛教传入俄国等内容。

宗教知识简明读本 李德洙主编。华文出版社2003年出版，32开，164页。“民族宗教丛书”之一。本书主要介绍了我国宗教的基本情况，包括宗教基本理论、宗教现状、我国的宗教政策及基本观点、世界宗教现状，以及汉传佛教、藏传佛教、道教、伊斯兰教等教派的情况。是广大干部了解宗教基本情况，掌握党的宗教政策，做好宗教工作的基础读本。

走过佛国 朱龙华主编，赵伯乐、陈黎著。云南人民出版社2001年出版，32开，367页。“文化探索之旅丛书”之一。本书第7章简要介绍了苯教、藏传佛教和密宗的一般性知识。

（二）宗教源流

苯教源流 白崔著。藏文。西藏人民出版社1988年11月出版，16开，521页。本书全面详细地介绍了苯教的宇宙观、苯教东巴辛饶的生平事迹、苯教的教义及其演变、苯教寺院的分布及现状等。是一部研究苯教的重要学术著作。

苯教源流弘扬明灯 芭·丹杰桑布著。藏文。中国藏学出版社1991年12月出版，32开，251页。“苯教文献丛书”之一。本书约成书于11至12世纪，是现存较早的一部苯教历史著作。本书详细叙述了苯教的起源、发展及教义，对苯教在吐蕃的发展和苯教史上五大伏藏的形成和发掘过程等记述尤详。

本书对苯教史上源流体史书的撰写、编排体例都产生过很大的影响，后世许多苯教史家对苯教史上一些主要事件的描述都参考此书。它为藏族古代文化与苯教史等方面的研究提供了许多珍贵的材料。

布顿佛教史　全名《佛教史大宝藏论》，又名《善逝教法源流》，但在文章的引用和授课中人们习惯使用《布顿佛教史》一名。布顿·仁钦主（全名绰普巴·布顿·仁饮主，1290—1364）著。藏文。拉萨、德格木刻版，1函，212叶。中国藏学出版社1989年9月出版，16开，374页。“雪域文化精要丛书”之一。作者是元代藏传佛教高僧，本书是其代表作之一。成书于藏历第五饶迥水狗年（1322）。本书分3部分：1.佛教理论和印度佛教历史。2.西藏佛教史及其藏传佛教的形成。3.纳塘版《甘珠尔》、《丹珠尔》总目录。书中对教法、闻、修等有详细论述。本书是研究西藏的宗教、历史、文化的重要参考资料，也是研究印度佛教、西藏佛教、佛经的重要史籍，为中外学者所推崇。

达龙教史　达龙·阿旺朗杰著。藏文。西藏藏文古籍出版社1992年12月出版，32开，934页。成书于1609年。本书记述了藏传佛教噶举派达龙噶举教派的发展历史、密法传承体系、主要代表人物、教义、寺院，以及在各地的传播和发展情况。

底吾史记　又名《大智第吾之宗教源流》。克巴底吾著。西藏人民出版社1987年6月出版，32开，393页。作者是11世纪人。本书主要内容有：1.简要介绍佛教在印度的发展和传入吐蕃的过程。2.着重记述松赞干布执政时期至吐蕃王朝灭亡之前的政治、军事、法律和百姓起义等情况。是成书时间较早、版本十分稀少的藏族古代史料，也是研究古代藏族历史和宗教不可缺少的史籍。

底吾宗教源流　又名《底吾史记》，全名《大佛教源流·佛幢·底吾·觉色之作》（*chos vbyung chen mo bstan pvi rgyal mtshan ldevu jo sras kyis mdzad*，简称*ldevu chos vbyung*）。底吾·觉色著。以手抄本传世。西藏人民出版社1987年9月出版，32开，163页。本书简称与克巴底吾所作《底吾史记》同为一个书名，即*ldevu chos vbyung*，且两书的基本观点一致，成书时间也大致相同。本书根据旧抄本整理，分3篇，上篇记述释迦牟尼的诞生、传法、集结等；中篇记载佛法传入吐蕃的经过；下篇为布杰王朝和吐蕃王朝历史，比较详细地记述了天座七王、中丁二王、地烈六王、八德王、五赞王、下部二丁王，以及南日松赞、松赞干布、赤松德赞、赤·热巴巾、达玛王、维松、永丹等藏王的历史，对建造桑耶寺和后弘期西藏情况也有详细记载。历史名著《智者喜宴》中的许多重要资料都来源于本书。为研究西藏早期历史和宗教的要籍。

佛教法像真言宝典 本书编辑组编。民族出版社1993年12月出版，16开，207页。本书从藏传佛教密宗的格鲁、宁玛、噶举、萨迦等教派的著名庙宇及全国显宗知名寺院中珍藏的佛尊的法像、坛城、塘噶中精选了108幅，对每尊法像、坛城的具体情况都作了简明扼要的阐述。

佛教史大宝藏论 简称《布顿佛教史》。布顿·仁钦主著，郭和卿译。民族出版社1986年3月出版，32开，453页，精装本。译文分章注释。附出版说明、译后记和彩照。

格鲁派教法史—黄琉璃宝鉴 又名《第司·黄琉璃》。第司·桑杰嘉措(1653—1705)著。藏文。中国藏学出版社1989年11月出版，16开，524页。"雪域文化精要丛书"之一。作者是五世达赖喇嘛时期的著名学者和政治活动家，本书是其代表作之一。本书根据拉萨木刻版整理，详细记述了藏传佛教格鲁派创始人宗喀巴大师的经历和格鲁派的产生、发展及各大寺院的组织机构、寺院建筑、经济状态等。本书自问世以来因其资料真实可信而被学界所推崇，是研究藏传佛教发展史不可缺少的参考书。

郭扎佛教史 郭日扎西(又名阿旺罗追)著。藏文。中国藏学出版社1990年8月出版，16开，1076页。成书于藏历第十五饶迥水鸡年(1873)。本书根据森宗维色珠德寺木刻版整理，共8章，主要介绍宁玛派教法源流：1.佛的诞生及传法。2.佛教在印度和西藏的流传情况。3.新旧密乘的产生及伏藏的发掘。4.按承嗣关系及年代顺序系统地叙述100多位伏藏大师和大德的生平，并对宁玛派的主要寺院的历史法嗣作了较为详细的记述。5.旧密乘的主要教诫经典和其他教派大德接受宁玛教法宗见的情况。6.大小五明的内容及发展史。是一部比较完整的大型旧译密乘教法史，也是研究西藏佛教历史的重要参考书。

教派广论 全称《宗轮详论·最极详明论述自他请宗甚深妙义普贤刹日教理大海能满众愿》。嘉木样·协巴多杰著，多识校订。藏文。甘肃民族出版社1992年8月出版，32开，966页。藏传佛教志书、教义经论。本书根据拉萨、德格等木刻版整理，分13章，讲述了破斥古印度6种外道的见解、佛教小乘有部和经部两部的见解、大乘唯识宗的见解、大乘中纲宗的自续派的见解、中观宗应成派的见解和果位金刚乘之释疑。对藏传佛教各派的历史传承均有叙述，尤详于格鲁派的产生、发展、教义等。为研究格鲁派的重要参考资料。

教派广论注释 洛桑多吉著。藏文。青海民族出版社1989年12月出版，32 开，360 页。本书是对嘉木样·协巴多杰所著《教派广论》的详细诠释。本书结合各教派的理论特点，用通俗浅显的语言阐述了各教派的观点，并介绍了各教派产生的时间。是研究藏传佛教和藏文化的历史资料，也是藏族僧侣学习教理的重要书籍。

教派源流·花蕊 娘·尼玛维色著。西藏古籍出版社 1988 年出版，32 开，356 页。本书记述了印藏佛教的产生、流传及古代西藏的政治、经济、文化等情况，同时也论述了藏文的起源。

教派源流综述 白马根桑（又名穆桑卡林）著。抄本。成书于 1957 年。藏传佛教史籍。本书分 4 章，着重记述了佛教的产生及其在西藏的传播，以及藏传佛教各教派的形成与发展等。

觉囊派教法史 阿旺洛珠扎巴著，赞拉·阿旺楚臣、佘万志整理。藏文。中国藏学出版社 1993 年 5 月出版，16 开，591 页。另有西藏人民出版社 1993 年出版的许得存汉译本，32 开，245 页。本书包括正文和补遗两部分。正文记述了觉囊派最初在西藏形成的情况及其后来逐渐传播到青海、四川等省藏区的历史。其中，对为该教派的创立和发展作出重大贡献的著名僧人优摩·弥觉多杰、土杰尊珠、堆波瓦·喜饶坚赞等的介绍尤为详细。补遗部分对正文遗漏的重要问题作了详细的补充。对印度显密两宗、上座下座两部的形成等亦有记述。是研究觉囊派的权威史籍。

觉囊派通论 蒲文成、拉毛扎西著。青海人民出版社 1993 年 12 月出版，32 开，328 页。本书分 8 章，全面讲述了觉囊派的教法源流、教派的形成、传播历史、寺院组织、修学制度、法事活动及现状。本书在编写过程中不仅参阅了大量藏汉文史料，还进行了实地考察。

苦行与乐趣:藏传佛教僧侣生活 宁世群著。青海人民出版社 1998 年出版，32 开，229 页。本书分 6 章，主要内容有：1. 僧人融入现代社会生活现况。2. 僧人在民间的法事活动。3. 活佛转世方式和活佛塔葬。4. 宗教神舞、修炼和观想等。

刘立千藏学著译文集 刘立千著。民族出版社 2000 年 6 月出版。其中包括《刘立千藏学著译文集·杂集》（32 开，222 页）、《藏传佛教各派教义及密宗漫谈》（32 开，224 页）、《藏传佛教各派教义及密宗漫谈》、《藏密漫谈》（32 开，268 页）、《大圆满法语浅解》（32 开，224 页）、《大圆满虚幻休息论车释、大圆满禅定休息论清净车释、深法寂静忿怒尊密意自解之直指觉性赤见自解（合编）》（32 开，221 页）、《大圆胜慧本觉心要修证次第》（32 开，330 页）、《格萨尔王传·天界篇》（32 开，148 页）、《米拉日巴传》（32 开，215 页）、《实相宝藏论详释》(32开,167页)、《土观宗派源流》(32开,356页)、《卫藏道场胜迹志》(32开,251页)、《西藏王臣记》(32开,356页)、《西藏王统记》(32开,250页)。这些是作者的部分著作和译著,但涵盖了作者在藏族历史、藏族文学、藏传佛教教义和哲学等领域所取得的突出成就。

龙钦教史 隆钦绕降·直墨兀色著。藏文。西藏藏文古籍出版社1991年8月出版,32开,502页。《龙钦教史》的"龙钦"一般都被译为"隆钦"。成书于1362年。本书分10章,全面介绍了宁玛派的发展历程,也介绍了其他教派的基本情况,并对部分典籍的注释之作和作者作了介绍,阐述了大小乘佛教、显密两教、早期译经与后期译经的特点和相互间的区别等内容。

洛绒史籍 又名《达察教法源流》。达察·次旺杰(又名达察德巴·次旺杰)著,林温·白玛格桑、马冲·明久多吉编。藏文。西藏藏文古籍出版社1994年9月出版,32开,848页。成书于公元1447年。为藏传佛教噶举派的人物志。本书以噶举派主要历史人物为线索,详细记述了噶举派祖师和各噶举派历史人物的师徒传承关系。其中对历代人物小传中的历史年代的记述真实可信,是研究噶举派的重要史籍。

蒙古佛教史 又名《蒙古佛教源流》。固始噶居巴·洛桑泽培著。木刻本,1函。另有陈庆英、乌力吉译注本,天津古籍出版社1990年12月出版,32开,218页。又有青海民族出版社1993年12月藏文版。此外,还有德、日文本。成书于藏历十四饶迥土兔年(1819)。本书记述了藏传佛教在蒙古传播发展的历史,八思巴、宗喀巴及历辈达赖喇嘛、班禅大师等高僧的事迹。其主要内容有:1.印度、吐蕃、蒙古、元、明、清王统史略。2.藏传佛教在蒙族地方的早期传播。3.元代藏传佛教及八思巴的贡献。4.格鲁派在蒙族地区的传播和发展。5.清代蒙古各地佛教概况。6.清代蒙译藏文佛经及寺院。7.藏蒙著名高僧传略及七世达赖喇嘛格言等。为研究蒙族地区藏传佛教及藏蒙关系的重要史籍

娘氏宗教源流 娘·尼玛维色著。藏文。西藏人民出版社1988年3月出版,32开,504页。"雪域文库"之五。本书根据在不丹发现的藏文旧抄本和西藏古籍出版社抄本整理,重点记述了藏传佛教前弘期至后弘期的历史。是研究元代以前藏族历史、宗教的要籍。

宁玛教派源流 土登维色旦白尼玛著。藏文。西藏人民出版社1992年3月出版,32开,880页。本书介绍了藏传佛教宁玛派的教法源流、传播历史、寺院组织、修炼制度、法事活动、历代著名人物传记和寺庙分布等情况。

毗奈耶经广因缘集 第一世达赖喇嘛根敦珠巴著，青海省民族宗教委员会少数民族古籍办公室整理。藏文。青海民族出版社 1990 年 12 月出版，16 开，408 页。“毗奈耶”是梵语的音译，意为“戒律”或“调伏”，是佛祖释迦牟尼为出家僧人规定的戒律。本书共 40 卷，分作“四教部”。作者根敦珠巴根据藏传佛教的需要，从这些戒律中择编汇集成此书。本书主要内容有不杀生、不偷盗、不奸淫、不谎骗等戒律，以及言语、行动、起居、颂经、礼佛等其他方面的戒律。本书不仅有戒律的条文，而且有大量的篇幅记述了释迦牟尼之后的诸佛对“有情”的前世、本世和来世等 3 世的洞察而创作的生动故事，通过这些饶有趣味的故事，阐述了严守戒律必然得到善果、违犯戒律一定得到恶报，劝导出家人莫因善小而不为，莫因恶小而不弃，严格遵守戒律，人人可达圆满正果等道理。书中故事生动感人，语言通俗流畅，文笔精练优美，词汇丰富，题材广泛。后世许多藏族文学作品都取材于这部不朽著作，因此，本书对研究佛学和藏学有重要参考价值。

松巴佛教史 全称《印藏汉蒙佛教史·如意宝树》，亦简称《如意宝树》。松巴·益西班觉著，贡却才旦校订。藏文。甘肃民族出版社 1992 年 12 月出版，32 开，1021 页。本书简要介绍了印度、汉地和蒙古族地区的佛教历史，对藏区佛教的传入、历代藏王的弘法、历代弘法高僧及各教派的历史作了全面细致的介绍。

土观宗派源流 全称《土观宗派源流：讲述一切宗派源流和教义善说晶镜史》，简称《土观教法史》等。土观·罗桑却吉尼玛（又译土观·洛桑却吉尼玛，1737—1802）著。拉萨、德格木刻版，1 函。又有西藏人民出版社 1984 年出版，32 开，353 页；1985 年出版，32 开，343 页；1999 年出版的刘立千汉译本，32 开，343 页。还有民族出版社 2000 年出版，32 开，356 页，收入《刘立千藏学著译文集》汉译本。本书是有关藏传佛教历史、教义的著作，共 5 章：1. 天竺宗教源流。记述了印度内外道的观点、发展。2. 西藏宗教。叙述佛教在吐蕃的传播、前弘后弘期、宁玛等教派的产生和发展、各派教义、苯教历史和法要等。3. 汉地儒、释、道的源流。4. 蒙古、于阗和苫婆罗等地的佛教情况。书中突出格鲁派的教义教规和发展情况，尤其是详尽介绍了宗喀巴大师与中观应成派缘起性空学说。为研究西藏宗教的重要参考书。

西藏苯教源流 夏察·扎西坚赞著。藏文。民族出版社 1985 年 9 月出版，32 开，324 页。苯教是西藏的本土宗教，历史悠久，对藏族历史、文化及藏传佛教的形成有一定影响。本书据康区旧版本整理，详细叙述了苯教的起源、演变和发展过程，也着重介绍了有关的重大历史事件。

协庆加查教史 居美·白玛朗杰著。藏文。四川民族出版社 1994 年出版，32 开，419 页。本书介绍了宁玛派（红教）及其密宗在雪域西藏的发展和数十位宁玛派圣贤的生平。此外，还简要介绍了噶当、道果、香巴噶举、希杰、金刚瑜伽等教派的情况。是研究藏传佛教八大教派的珍贵资料。

印度佛教史 多罗那他（1575—1634）著。以德格印经院木刻版传世，1 函。又有民族出版社 2001 年 5 月藏文版，32 开，184 页。另有张建木 1963 年汉译本和 1979 年据拉萨、德格二版校译本，又有刘立千汉译本。成书于藏历第十饶迴土猴年（1608）。本书共 44 章，着重叙述了印度佛教中晚期各教派的形成、发展及演变情况。对印度佛教史上的一些重大事件和传说，如付法传承、历次集结、阿育王的传说、十事非法、大天五事等都有独到见解，持论与现存汉文、巴利文等记述有别。其中一些印度佛教晚期资料，如玄奘、义净访印后的人物、学说、教团、寺院、施主、教敌等方面的史料十分珍贵，为其他著作所罕见。是研究印度佛教历史的权威性著作，已译为英、日、德、俄等文广布于世。

印度佛教史 （英）渥德尔著，王世安译。商务印书馆 1987 年 4 月出版，32 开，600 页。本书共 12 章，分别叙述了佛陀之前的印度文化、佛陀时代的印度、佛陀的生平、佛陀的教义、因缘集合学、佛教与社会、三藏传集、佛教的通俗化、十八部、大乘和中观派、唯心主义和知识论、佛教大学和密教金刚等。本书因取材精练适当、叙述简明扼要，在国际学术界颇有好评，可作为研究西藏佛教的参考资料。

印藏佛教史 刘立千编著。民族出版社 2000 年 5 月出版，32 开，184 页。藏学著译文集。本书分两编：1. 叙述印度佛教史，包括小乘分派及发展、大乘始兴及发展、小大乘教诸学说及密宗弘扬。2. 叙述西藏佛教史，包括佛教的传入、前后时期显密各派之源流、各系传承法要等。

涌莲藏真·藏传佛教前译派传承源流 仁增·吉美林巴（1728—1798）著，洛珠加措、肖干田译。鹭江出版社、西藏人民出版社 2001 年出版，32 开，478 页。仁增·吉美林巴，藏传佛教宁玛派密宗大师、著名学者。本书全面记述了佛陀出世、佛教在印度的流行状况、佛学家二殊胜六庄严列传、佛教出入吐蕃、赤松德赞时期的密乘等内容。

藏传佛教大圆满传承史 旦增·龙多尼玛著。藏文。中国藏学出版社 2004 年出版，32 开，878 页。本书介绍了藏传佛教大圆满法的传承和发展情况。

藏传佛教格鲁派史略 赛仓·洛桑贝丹著，王世镇译。宗教文化出版社2002年出版，32开，210页。本书原为“中国藏语系高级佛学院教材”之十，又被收入“雪域知识百科金锁丛书”。本书2章，比较详细地论述了宗喀巴建立格鲁派的前因后果，格鲁派密宗与显宗理论的传承和实践。

章嘉教派论 全称《教派建立·能仁圣教妙高庄严》，简称《宗教流派论》，惯称《章嘉教派论》。章嘉·若白多吉(1717—?)著。藏文。中国藏学出版社1989年6月出版，16开，605页。本书是第三世章嘉活佛若白多吉的传世之作，叙述了佛教在西藏的传播、藏传佛教各教派的产生和发展，驳斥了与佛教相对立的异教理论，详尽论述了格鲁派教义及大乘教义。附五部论典及大小五明学科的名词术语解释。为研究藏传佛教及格鲁派教义的参考书。

直贡法嗣 全称《了义佛法心要怙主大直贡传承法源》，简称《直贡噶举派源流》。本书书名根据1989年7月藏文版翻译。直贡·丹增白玛坚参著，克珠群佩译。西藏人民出版社1995年9月出版，32开，275页。本书主要记述了直贡噶举派的教法源流、发展历史、寺院组织、修炼制度、法事活动、历代著名人物等。

竹巴教史 又名《竹巴宗派源流》。竹巴·白马噶波(1526—1592)著。藏文。西藏藏文古籍出版社1992年8月出版，32开，464页。成书于1581年。本书主要内容有：1. 印度佛教在新疆于田和中原的传播过程及发展。2. 印度密宗的传播情况。3. 吐蕃历代赞普和著名学者传记。4. 藏传佛教派系历史等。本书前半部分记述了佛教在印度的发展及传入西藏的情况，以及前弘期的佛教发展状况和灭法期的情形；后半部分记述了10世纪末叶以来藏传佛教的再度弘传和各大译师的生平事迹，并简述了噶举等教派的产生和发展。书后收录了一部分信函，对于研究竹巴噶举派的发展有重要参考价值。

(三)寺院志

安多古刹禅定寺 觉乃·洛桑丹珠、冰角·婆帕次仁著。藏文。甘肃民族出版社1995年1月出版，32开，304页。本书详细介绍了禅定寺的历史、建筑、管理机构、历任大法台的传承情况、活佛及其转世系统等。

昂仁寺简介 西绕多吉编。藏文。西藏人民出版社1994年8月出版，32开，112页。本书根据有关藏文资料记述了昂仁寺的建寺缘起、寺院建筑、主要活佛世系等。

巴协 又名《桑耶寺详志》。巴色

朗著。藏文。以抄本传世。民族出版社1980年6月出版，32开，82页。成书于8世纪。本书对吐蕃王赤松德赞时期的历史作了较详尽的记载。除主要讲述桑耶寺建寺经过、建成后佛教在西藏的弘扬情况外，对唐蕃关系、藏印交往、藏王王诰和建立译场翻译佛经等当时的政治、文化方面的情况也有详略不一的记载。是藏史典籍中较早的史籍之一。

《拔协》译注　拔塞囊（即巴色朗）著，佟锦华、黄布凡译注。四川民族出版社1990年10月出版，32开，284页。《拔协》即《巴协》。《拔协》有广中略3种版本，本书是依据中央民族大学少数民族语言文学系藏语文研究室油印的广本《拔协》译注。附《拔协》藏文原文。

楚普寺志　仁青白桑著。藏文。民族出版社1995年8月出版，32开，365页。楚普寺是西藏名寺之一，为藏传佛教噶玛噶举派主寺。本书详细介绍了已有800多年历史的楚普寺历代活佛的事迹、寺庙组织机构、噶玛噶举派的教理教义、宗教仪轨、学位制度、宗教活动、主寺子寺分支情况、僧人来源等。

德尔隆寺与历辈赛仓活佛　洲塔、陈小强编著。中国藏学出版社1994年12月出版，32开，319页。本书详细介绍了甘肃省甘南藏族自治州的藏传佛教寺院德尔隆寺的历史、历代高僧、活佛世系及寺主赛仓活佛的历史。

噶陀金刚寺志　土登嘉央列学丹贝坚参北绒波著，刘勇、贡保扎西译。民族出版社2002年11月出版，32开，121页。噶陀寺是后弘期宁玛派六大名寺的主寺。本书介绍了佛教在印度的产生和在吐蕃的传播，重点记述了噶陀寺的发展史，尤其是详尽地记述了该寺的历代上师、堪布、仲巴及诸活佛世系的功业、所修法脉、所习经典及噶陀寺的子寺等。

噶妥寺志　江央吉泽著。藏文。四川民族出版社1996年出版，32开，240页。噶妥寺属宁玛派，创建于12世纪，是康区最早的寺庙之一。本书主要阐述了建寺缘起、寺院的发展情况和在康区佛教界的作用，并介绍了该寺历代活佛和100多位有成就的人士及当地的佛教圣地。

甘青藏传佛教寺院　蒲文成主编。青海人民出版社1990年出版，32开，566页。本书介绍了青海和甘肃地区近800座藏传佛教各派寺院的名称、位置、沿革、派属、规模、组织、经济、僧人数、文物、现状等，对一些重要寺院的活佛传承、学经制度、宗教法事活动等作了简要介绍，并附有青海省苯教寺院介绍。为汇集甘青藏传佛教寺院资料的巨著，价值极高。

甘肃藏传佛教寺院录　旺谦、丹曲编著。甘肃民族出版社2000年出版，32开，207页。本书介绍了甘肃各藏传佛教寺院的名称、位置、沿革、派属、规模、组织、经济、文化和现状等。可参照《甘青藏传佛教寺院》一书。

冈底斯山志 贡觉旦增著。藏文。西藏人民出版社1992年4月出版，32开，115页。本书从佛教的角度对冈底斯山的自然环境及其在宗教上的神圣意义作了简要介绍。

郭玛尔寺志 洛桑格登著。藏文。青海民族出版社1991年出版，32开，369页。郭玛尔寺是著名藏族学者格丹嘉措创建的格鲁派寺院，已有340多年的历史。本书详细介绍了格丹嘉措创建寺院的历史，寺院的兴衰情况，该寺历代学者的成就及生卒年月，寺内的佛像、佛经、佛塔等，并且记述了寺院周围的山脉、河流、村庄、部落等。

果洛龙恩寺简志 诺尔德著。藏文。民族出版社1993年7月出版，32开，80页。本书简要地记述了该寺历代活佛和高僧的历史，寺庙的修建和信教民众的变迁，青海省果洛地区的基本概况及佛教在当地的影响等。

康藏名寺：噶丹松赞林寺 勒咱·扎拉著。云南民族出版社1997年出版，32开，71页。本书介绍了云南省香格里拉县松赞林寺的建寺过程、发展历史、寺院组织、八大康参、松谋和更觉活佛系统、佛学经典等内容。附图。另有《松赞林寺志》（连载于《迪庆方志》）一文可资参考。

拉卜楞史话 丹曲著。民族出版社1998年7月出版，32开，170页。拉卜楞寺是藏传佛教六大名寺之一。本书简要介绍了拉卜楞寺的建寺史、寺院各经院的特点、著名僧人等内容。

拉卜楞寺佛教文化 索代编著。甘肃民族出版社1992年6月出版，32开，146页。本书主要内容有：1.甘肃省甘南藏族自治州拉卜楞寺的概况、地理环境和主要大事记。2.嘉木样活佛和“赛赤”系列活佛等拉卜楞寺主要活佛系统。3.拉卜楞寺六大学院。4.拉卜楞寺的寺院经济、政教合一制度、僧人生活及重要法会。5.寺院建筑、雕塑、壁画、塘噶、音乐、文学、藏戏、民间艺术。6.文学艺术领域的成果。7.拉卜楞寺周边的民俗风情。8.藏族文化和宗教文化。并附与藏传佛教格鲁派和拉卜楞寺寺主嘉木样活佛有关的5篇文章，介绍了拉卜楞寺的概况、六大僧院、典籍、高僧大德、活佛世系、学经制度、寺院艺术、法会、政教合一制度、民俗和现状等。

拉卜楞寺概况 苗滋庶等编。甘肃民族出版社1990年出版，32开，289页。本书分14章，介绍了拉卜楞寺的建筑、沿革、组织、僧院、节日、文物、经济、艺术和习俗等。为介绍拉卜楞寺的综合性资料。

拉卜楞寺旅游指南 尕藏才旦

著，甘南藏族自治州旅游局编。四川民族出版社 1993 年 2 月出版，32 开，107 页。本书简要介绍了拉卜楞寺的建筑、内部组织、节日法会、寺藏珍宝及所在地的风俗等方面的情况。

拉卜楞寺志 衮却坚赞（又名阿芒班智达，1764—1853）著。藏文。甘肃人民出版社 1987 年出版，32 开，432 页，铅印本；1997 年出版，32 开，596 页。成书于 1800 年。本书据拉卜楞寺木刻版整理，共 6 部分：1. 拉卜楞寺建寺缘起及建寺者传记。2. 拉卜楞寺早期活佛传。3. 拉卜楞寺下密院 21 位活佛传。4. 爱旺曲科林的 10 位活佛传。5. 医学利众院活佛传。6. 佛像及其他。

敏竹林寺志 丹贝卓美著。藏文。中国藏学出版社 1992 年 10 月出版，32 开，387 页。敏竹林寺在西藏山南地区境内，1676 年由五世达赖喇嘛的经师德达岭巴创建，是南传宁玛派的祖庙。以前康青各地较大的宁玛派寺庙僧徒多在此寺研习藏文、医学、历算等。本书分解放前和解放后两个部分，详细叙述了敏竹林寺的创建过程、寺内供奉的各种神像、寺规戒律、念诵仪轨和重大佛事活动，以及解放后的发展变化情况等。附有寺庙创建者的小传和经堂志等。

青海寺庙塔窟 彭启胜主编，谢佐、蒲文成副主编。青海人民出版社 1998 年出版，32 开，44 页。本书依据 1840 年以前青海 200 余处寺院、庙宇、佛塔和洞窟，以及此后修建的有影响的寺庙塔窟的历史资料，论述了青海历史上藏传佛教、汉传佛教、伊斯兰教和道教的发展轨迹。本书图文并茂，涵盖了青海地区宗教文化历史的基本内容，并介绍了寺庙塔窟内的建筑艺术、绘画艺术、雕塑艺术、金石艺术等。是了解青海宗教文化发展的要籍之一。

青海藏传佛教寺院 谢君·官太才让主编。青海民族出版社 2005 年出版，32 开，235 页。本书介绍了青海省 736 座藏传佛教寺院的名称、位置、沿革、派属、规模、组织、经济、文化、现状，以及塘噶、壁画、堆绣、药泥油塑等内容。

瞿昙寺 谢佐编著。青海人民出版社 1982 年 7 月第 1 版、1984 年 1 月第 2 版，32 开，105 页。瞿昙寺坐落于青海乐都县城近郊。“瞿昙”是梵文借词，为印度姓氏名；藏语称“瞿昙寺”为“果乌当（vgovutam）”，为梵文译音；在藏文典籍中称该寺为“持金刚佛寺”，而藏族群众则习惯称之为“角仓寺”，即“乐都寺”。本书对该寺的建寺历史、著名高僧大德、历史文物、寺庙经济、瞿昙寺地区汉藏人民的文化交流与团结斗争等作了较详细的介绍。并附录汉藏文对照的《皇帝敕谕碑》（永乐六年[1408]）、《御制瞿昙寺金佛像碑》、《御制瞿昙寺碑》和《瞿昙药台二寺持讼判案》等8件有关该寺的历史资料。本书对该寺多方面的介绍不但详细，而且在该寺的社会影响，如促进民族团结等问题亦有较精辟的论述。

热振寺志 伦珠曲培著。藏文。四川民族出版社1994年6月出版，32开，212页。本书详细介绍了热振寺的建寺缘起、阿底峡事迹、仲敦巴事迹、寺院殿堂建筑、珍贵佛像，以及该寺的发展史和现状。

萨迦寺简介 扎寺历史编写小组编。西藏人民出版社1987年第1版、1992年7月第2版，32开，76页。本书简要介绍了萨迦寺的历史、建筑和主要人物。

桑耶寺简志 何周德、索朗旺堆编著。西藏人民出版社1987年5月出版，32开，64页。桑耶寺为西藏第一寺，迄今已有1200余年的历史。本书对该寺的建寺缘起、建筑群、开光典礼、绚丽多彩的壁画、寺内主要文物等作了简明扼要的介绍。本书最有价值的是所附照片、白描壁画、瓦当统计表。其中48幅照片基本反映了桑耶寺的外貌、内部主要殿宇、佛像、文物、建筑风格；而白描的牦牛舞图、杂技图、抱石图、摔跤图、赛马图、长跑图，则展现了桑耶寺古老壁画的丰富内容，以及在1000多年前藏族人民的体育活动之丰富和传统牦牛舞历史之悠久。附图61幅。对研究古代藏族寺院建筑、体育、历史等方面具有一定参考价值。

桑耶寺志 噶伦协札·旺秋杰波著。德格、拉萨木刻版，1函，247页。成书于藏历第十四饶木虎年(1854)。本书专记桑耶寺兴建、扩建、维修的史实。记述其主要建筑佛像、佛塔的史料翔实，可与《桑耶寺详志》(即《巴协》)比勘。从书中所列捐献者名单可以看出当时各大家族的分布。为研究藏传佛教史及西藏社会的重要参考资料。

圣地清凉山志 章嘉·若必多吉著。青海民族出版社1993年2月出版，32开，208页。本书描述了五台山、普陀山、峨眉山、九华山、布达拉宫等名胜古迹，并记述了大德高僧弘扬佛道的情况及其传承世系。

四大寺及上下密院史 普觉·阿旺强巴著。民国拉萨木刻本。成书于1804年。本书6章，记述甘丹寺、哲蚌寺、色拉寺、扎什伦布寺等4座西藏最大佛教寺院的历史，以及著名的拉萨上下两密院的历史。对各康村、佛堂的佛像来源和名称及大小活佛世系均有记载。

塔尔寺概况 青海省社会科学院塔尔寺藏族历史文献研究所编著。青海人民出版社1987年11月出版，32开，174页。塔尔寺为格鲁派六大寺院之一，拥有大量艺术珍品、历史文物。本书着重介绍了塔尔寺的历史、寺内主要建筑、文物、寺院组织、学经制度、法事活动、主要活佛世系、寺院经济等。附有塔尔寺历代法台、密宗院、时轮院和因明学院的历任堪布传承，塔尔寺大事年表，藏汉文参考书目等。为研究该寺及藏传佛教格鲁派的要籍之一。

塔尔寺简介　蔡大光编著。青海人民出版社1994年8月出版，32开，128页。本书介绍了青海塔尔寺的概况，历史沿革，主要建筑物、文物与艺术3绝，寺院组织，四大法会等。

塔尔寺史话　拉科·益西多杰著。藏文。民族出版社2001年6月出版，32开，170页。塔尔寺位于青海省湟中县，是藏传佛教格鲁派六大寺院之一，具有悠久的历史和灿烂的文化。本书用史话的形式记述了塔尔寺的创建、发展、壮大的历史过程，也介绍了该寺的建筑艺术和珍藏的文物。

塔尔寺志　又名《佛塔弥勒寺志·梵天妙音》。色朵·罗桑初称嘉措（又名米旁札央协白多杰、色朵呼图克图达钦额尔德尼诺门汗）著。塔尔寺木刻本。又有青海民族出版社1982年出版，32开，322页。格鲁派寺院志书。成书于藏历十五饶迥水兔年（1903）。本书着重记述了持律法师卫色嘉措遵照第三世达赖索南嘉措的倡议，于藏历第十饶迥土鼠年（1588）兴建保护宗喀巴大师降生地的塔尔寺的经过，以及历代高僧大德建立密宗院、医学院、时轮院、傩舞院等的过程，并对该寺的著名人物、寺内珍贵佛像和文物等作了详尽记述。为研究该寺历史和文物的重要参考资料。

卫藏圣地简介　又名《卫藏道场胜迹志》。钦泽旺布编著。藏文。西藏人民出版社1992年12月出版，32开，69页。本书根据拉萨雪印经院刻本整理，简要介绍了西藏前后藏的拉萨三大寺和日喀则的扎什伦布寺等主要寺院的历史。

文都寺志　巍巴·嘉央扎巴著。藏文。青海民族出版社1990年出版，16开，316页。作者为文都寺高僧，知识渊博。本书详细记述了该寺的建造、发展，寺内的各种设置、规模，以及该寺历代主持的生卒年月和成就等。资料丰富，文笔流畅，为研究青海文都寺历史的专著。

文殊道场五台山志　迦那赫曼著。藏文。青海民族出版社1994年7月出版，32开，224页。本书引用清朝康熙皇帝对五台山的有关论述、章嘉·若比多杰（即章嘉·若必多吉）大师的《圣地清凉山志》、泽阿·华旦智华大师的论著等，从经典预言、地貌景观、殿宇建设、著名人物、圣迹妙物、君臣参供和信士布施等方面，对五台山的过去和现在作了详细的记述。

西藏苯教寺院历史与现状　平措次仁著。藏文。民族出版社1998年出版，32开，260页。本书是作者在西藏各地进行实地考察后编写的。着重论述了苯教的起源、发展和衰落的历史，以及苯教寺院在西藏的分布和现状，还论述了苯教对西藏社会和文化发展的影响，对研究藏族史、苯教具有一定参考价值。

西藏布达拉宫修缮工程报告 姜怀英等编著。文物出版社 1994 年 7 月出版，16 开，296 页。本书是一部系统记录布达拉宫维修工程的科学档案，分序篇、研究篇、维修篇和附录 4 部分，主要介绍了布达拉宫的修建历史、建筑艺术特色和维修工程的主要方法等情况。

西藏的寺庙和僧侣 曹自强等编著。中国藏学出版社 1995 年 9 月出版，32 开，164 页。本书分上下两篇，介绍了西藏著名寺院的历史、建筑艺术、学经制度和僧侣生活等。

西藏地区的寺院与佛塔 全佛编辑部编。中国社会科学出版社 2003 年出版，32 开，276 页。本书全面介绍了西藏地区著名寺院佛塔的历史源流、建筑特色，展现了布达拉宫、大小昭寺、色拉寺等著名的寺院及甘肃、青海、北京等处著名的藏式佛塔，是了解藏传佛教寺院和佛塔知识的工具书。

西藏名胜录 青海省民族宗教委员会少数民族古籍办公室整理。藏文。青海民族出版社 1993 年出版，32 开，56 页。本书简述了西藏地区藏传佛教重要寺院的地理位置、历史沿革，各寺院历代活佛简介，以及寺院中供奉的佛像、佛经、佛塔等情况。

夏琼寺文殊殿志 夏日东·洛桑遐智嘉木措著。藏文。青海民族出版社 1989 年 10 月出版，32 开，149 页。作者用优美精练、淳朴无华的诗歌语言记述了闻名遐迩的黄教圣地夏琼寺之主殿、宗喀巴大师修法之处——文殊殿及其殿堂内的珍贵供品装饰的建造和修复过程，再现了藏民族灿烂的古文化与古建筑艺术。是研究藏族文化的珍贵史料。

心灵的火焰——苯教文化之旅 杨学政、萧霁虹著。四川文艺出版社 2003 年 9 月出版，32 开，204 页。"中国原始宗教文化图文丛书"之一。杨学政，藏族，云南宁浪县人，云南省社会科学院宗教研究所研究员，有《原始宗教论》、《藏族纳西族普米族的藏传佛教》、《衍生的秘律——生殖崇拜论》等专著。萧霁虹，云南曲靖人，云南省图书馆副研究馆员。本书介绍了苯教的历史、一般教义和一些重要的苯教寺院。

雪域佛光 王晓松著。云南人民出版社 2000 年 1 月出版，32 开，165 页。"中国·香格里拉丛书"之一。本书介绍了云南藏区最大的松赞林寺与东竹林寺的历史和僧人的生活，还介绍了一些藏传佛教中常用的名词和理论等。附相关照片。作者为熟悉当地的学者，所述有根有据。

雍和宫志略 金梁编纂，牛力耕校订。中国藏学出版社 1994 年 11 月出版，32 开，434 页。本书详细介绍了雍和宫的创建、建筑、佛像等方面的情况，重点记述了雍和宫的 3 个特别典礼及开放经过。是系统介绍雍和宫的第一部志书。

佑宁寺志 全称《佑宁寺志·智者悦心之使者》，又名《郭隆弥勒洲寺志》、《郭隆寺志》。土观·罗桑却吉尼玛(1737—1802)著。木刻版，1 函。又有青海人民出版社 1990 年出版，32 开，235 页。"青海少数民族古籍丛书"之一。青海互助县藏传佛教寺庙志书。本书主要记述了三世达赖喇嘛索南嘉措授记信徒建寺的经过与建佑宁寺的过程，以及该寺院的发展。其中对三世达赖到青海、蒙古地方传法，四世班禅和四世达赖派人到青海主持建寺，以及固始汗献土地、百姓，寺院增设显、密、时轮、医学等四大学院的经过，寺院被清军烧毁、雍正十年(1732)敕令重修并赐额"佑宁寺"等的记述，颇为详细。为研究青海近代佛教史的参考书。

藏传佛教古寺雍和宫 常少如主编。北京燕山出版社 1996 年出版，32 开，169 页。本书介绍了雍和宫的历史、主要殿宇和佛像等内容。

扎什伦布寺简介 扎什伦布寺历史编写小组编。藏文。西藏人民出版社 1992 年 7 月第 2 版，32 开，159 页。本书介绍了扎什伦布寺的寺院历史、创建者生平、僧院、学经制度、建筑艺术和佛像等。

哲蚌寺史 根登罗卓著。藏德文对照本。1974 年在德国出版，32 开，369 页。作者 8 岁进哲蚌寺，34 岁时赴印度，1961 年获格西学位，1967 年被德国汉堡大学聘为藏文教员，1968 年着手编写此书。本书主要内容有：1. 古代至 1959 年的西藏政教史。2. 哲蚌寺志。包括建寺、创建者传略、历任堪布、施主、主要殿堂、寺内组织、宗教日程、僧人生活、宗教仪式等。3. 格西考核制度、上下密院和甘丹赤巴。4. 经典及其他。包括格鲁派史略、护法神、僧人来源、地方重要寺院、拉萨岁时宗教集会、色拉寺和甘丹寺介绍等内容。是记述哲蚌寺历史的最为详尽的著作。

支扎寺志 夏智嘉措著。藏文。青海民族出版社 1995 年 5 月出版，32 开，180 页。本书介绍了青海省境内支扎寺的创建过程、讲修制度、历代高僧业绩、建筑和佛像等方面的情况。

中甸归化寺概况 中央访问团第二分团编印。1951 年内部印行，32 开，219 页。本书详细介绍了归化寺(即松赞林寺)的历史、内部情况、组织系统、僧人与度牒、各活佛系统、归北寺行政管理制度、寺院经济与政治等。

中甸源流 全称《略论中甸地方暨寺院胜迹源流·明慧项鬘饰》。江热格西著，徐丽华译。写本，16开，216页。曾连载于云南省内刊物《迪庆方志》(1992—1993)。本书主要记述云南省中甸县(今香格里拉县)噶丹松赞林寺(简称松赞林寺)的历史、历代高僧、学习制度、主要建筑、八大康参文物等内容，其中也涉及一些清末民国和民主改革相关的中甸历史。是唯一一部由中甸藏族学者以藏文撰写的本地历史著作。

中国藏传佛教寺院 冉光荣著。中国藏学出版社1994年8月出版，32开，349页。本书分上下两编，分别介绍了藏传佛教的形成、发展，寺院的建筑与分布，寺院活动、宗教活动、组织体系与社会影响。

竹庆寺志 佳翁·确吉尼玛著。藏文。四川民族出版社1992年5月出版，32开，139页。本书简要介绍了竹庆寺历代法台、收徒传教、佛法传承及珍贵的藏文典籍等方面的情况。

走出雪域——藏传佛教圣迹录 王璐著。青海人民出版社1998年出版，32开，234页。本书以讲故事的笔调，运用以事系人的手法，以祖国内地的藏传佛教古迹和文物为轴线，将我国汉、蒙古、回、维吾尔、哈萨克、裕固等民族及其地区主要的藏传佛教寺院、塔窟、珍贵文物，高僧大德和有关重大历史事件及其历史渊源、现状、影响等作了详细记述。

走进藏传佛教圣地——塔尔寺 卢方主编。青海民族出版社2005年出版，32开，65页。本书介绍了塔尔寺的四大扎仓、时轮塔城、塔尔寺羌姆、酥油花及寺院壁画等内容。

(四)宗教文献

阿底峡百法录 阿底峡著。藏文。民族出版社2003年出版，32开，368页。本书精选了阿底峡大师的100篇蕴含哲理、内涵丰富的佛教经典著作，深刻地反映了他的思想和学说及其对西藏文化的全面影响。

昂仁《丹珠尔》写本 本书是在纳塘寺《丹珠尔》和夏鲁寺《丹珠尔》的基础上增补各类新译经典形成的。本书由富豪朗卡丹比坚参母子出资，延请布东学烈朗加、丹贝坚参、益希贝桑波、释迦坚参等大学者作为导师，增补了部分纳塘本和夏鲁本没有的经典。于1353年至1354年在昂仁寺抄写完成，并被收藏于昂仁寺，因而被称为“昂仁《丹珠尔》”。本书共有3116品，210多函。布东学烈朗加依据布顿《丹珠尔目录如意宝鬘》编纂昂仁《丹珠尔》写本目录，即《所译论典目录·无垢光鬘》。

八千颂 全称《般若波罗蜜多经·八千颂》。有拉萨、德格、拉卜楞、后藏等多种版本传世，24卷，32品。本书为释迦牟尼佛语，由印度释迦森纳、加纳悉地和藏族译师达磨等将其从梵文译成藏文。为藏族信教群众做法事时的必读佛经。

白话讲解地藏本愿经及地藏法门　黄老师著。民族出版社2001年7月出版，32开，413页。本书从自力法门和他力法门、俗谛和真谛、显教和密意等角度，对经文作了深入精辟的阐述，作者祈望一切众生都得到地藏经法的惠利。本书是作者继《地藏本愿经经法研探及标注》之后再次对《地藏本愿经》进行研究的结果。

宝性论详解　弥勒著，绒敦·西恰衮司（又名绒顿玛威旺波·西恰衮司）注疏。藏文。四川民族出版社1997年5月出版，32开，264页。《宝性论》为"慈氏五论"之一。《宝性论》全称《究竟一乘宝性论》，又名《大乘无上续论》。本书是《佛说如来藏诸甚深大乘根本经》的注释本。印度论师萨杂纳与西藏译师洛丹协绕将其从梵文译成藏文，西藏著名译师绒顿玛威旺波·西恰衮司对其加以注释，在注疏的同时还提出了一系列独到的见解。本书的注释准确无误、通俗易懂。是藏传佛教十三大重要佛经理论著述之一。

北京版《丹珠尔》刻本　本书于藏历第十二饶迥末、清雍正二年（1724）开始刊刻，乾隆三年（1738）完成，此后供奉在北京皇宫内。本书目录和正文都参照第司·桑杰嘉措于第十二饶迥火兔年（1687）主持缮写的写本《丹珠尔》刊刻而成，是最早的藏文《丹珠尔》刻本。本书含目录共有225函，77511叶。本书与纳塘版的文句体裁和正字使用等方面都极为相似。但是这两种版本在法品衍阙和数量方面有些差异。清光绪二十六年（1900）八国联军入侵中国时，全部印版都遭到彻底破坏。日本人把康熙版《甘珠尔》和北京版《丹珠尔》全套藏文大藏经运到日本，珍藏在大谷大学图书馆内。1955年至1958年，大谷大学和日本藏文大藏经研究所将此套藏文大藏经影印发行，全套影印本连同目录共151册，其中第1至45册为《甘珠尔》，第46册至151册为《丹珠尔》。

比丘尼德母类大悲十一面观音成就仪轨　七世达赖喇嘛格桑嘉措造，古洗里·袁却多杰传授。民国年间北京密藏院版，16开，31页。本书主要介绍了有关格鲁派十一面观音修炼方法的仪轨。

避谷采补术·平安如意　宿喀·娘尼多吉（1439—1475）著。有抄本、木刻版，1函。本书着重叙述了修炼避谷术的方法、医治衰老的药物治疗术等。本书是关于修炼藏密气功方面的著作，也是研究人体与药物及修炼方法关系的重要参考书。

避谷详论·无漏乐源　杜玛格西·丹增彭措著。以抄本传世，极为罕见，1

函。作者是17世纪人。本书详细论述了佛书中所说8种共通成就之一，即避谷术。对如何采用花中精华和明咒等补益寿元、肉身及资生具，以求延年益寿、留住童颜、点铁成金等作了细致记述。是藏传佛教有关修持方面的著作。

辨了不了义论 宗喀巴·罗桑扎巴(1357—1419)著。以拉萨、塔尔寺木刻版本传世，1函。本书分两部分：1.诱导寻常徒众，以世俗之现象为主，指出补特伽罗、有情和蕴、界处等，以及生灭往还，能渐次以言说思议称量而增益等，并作了注释。2.记佛对珠胜化机，所说诸法法性远离生灭戏论之甚深空性，及实有事性自然光明，超出一切思议言说境界之究竟义等，并有详细解释。为研究了不了义论的重要参考著作。

辨了不了义论释难 久美丹曲嘉措著。藏文。中国藏学出版社1999年5月出版，16开，664页。本书是久美丹曲嘉措对宗喀巴大师从了义和不了义两方面解释经典的名著《辨了不了义论》的诠释论著。本书对宗喀巴大师关于龙树和无著等的中观思想及唯识思想的精辟论述和发展的介绍，对学习和研究佛学理论及正确理解宗喀巴大师的了不了义思想有重要作用，同时具有重要的学术价值。

辨中边论与辨法法性论详解 绒顿西恰贡色注疏。藏文。四川民族出版社2001年出版，32开，359页。本书是弥勒菩萨为圣师无著讲授的大乘经典《慈氏五论》中的两部，主要阐述大乘佛教的唯识观。《辨中边论》的主要内容是区分万事万物的中和边即普遍分别能取和所取，分别正确与否及其主动、被动性，识别有无、中边虚实等。《辨法法性论》主要讲转法和法尽之间的细微分别。这两本书同为藏传佛教的根本理论著述十三大论的组成部分，具有很高的理论价值。

驳词汇集 根据拉萨木刻版翻印。本书汇集了历史上各大教派批判黄教的观点，又收录了黄教大师们针对这些观点进行反驳的文章。他们各自阐述自己的观点，双方针锋相对，引经据典，批驳激烈，引人入胜。经过激烈辩驳，明确了是非曲直，后人可以从中获益。

乘道总论及注疏 德谢·谢绕森格著，尼西坚赞注释。藏文。四川民族出版社1997年出版，32开，289页。本书属首次正式出版。作者是11世纪人，是噶妥寺倡建者、首任治台，著有19部书，可惜大部分失传。本书由其弟子尼西坚赞注释，主要是讲佛教的三藏四续。先是总述佛教的乘道，把乘道分为常持法轮乘、显现神变乘和胜义乘3种，又将胜义乘分成内外胜义乘，再从内胜义乘中分成九乘，并对其中每一乘都分别从定义、性质、区别等方面详细叙述。

慈氏五论　又名《弥勒五论》。弥勒佛著。藏文。四川民族出版社1992年12月出版，32开，283页。本书根据德格印经院刻本整理，是弥勒佛所著《现观庄严论》、《大乘庄严经论》、《宝性论》、《辨法法性论》、《辨中边论》5部著作的合称。汉传佛教的《慈氏五论》指《瑜伽师地论》、《大乘庄严经论》、《中边分别论》、《分别瑜伽论》和《金刚般若波罗蜜经论》。

大宝伏藏　工珠·云丹嘉措（1813—1899）编。德格木刻本，62函。本书收录了当时编者所见有关历史、地理、宗教、医学、畜牧兽医等方面的文章、著作、摘录文章等数千篇，堪称为一部百科全书。其中部分著作、文章仅见于本书。书中关于密宗仪轨、密咒、密法等方面的资料极为珍贵。是关于藏传佛教、西藏史地、医学等方面的大型丛书。

大手印法·了义海　噶玛巴·旺曲多吉（1556—1603）著。以抄本和木刻版传世，版本稀少，极为珍贵，1函。本书记述了大手印法的产生发展、要义与注释、传承世系、修炼次第、修炼实践、修炼理论与秘咒等。对当时噶举派的政治、历史，以及西藏社会状况均有涉及。为研究大手印法和噶举派不可缺少的典籍。

大手印法·月光　塔布拉杰（本名索南仁青，又名岗布巴，1079—1153）著。以抄本、八邦寺木刻版传世，1函。本书记述了大手印法在印度的传承、玛尔巴和米拉日巴师徒传承、大手印要义、大手印法的修炼次第和修炼实践、秘咒等，对所证得的高级境界、如何传授于弟子、如何传授灌顶、所创“大印”观点的理论与实践等，亦有详尽叙述。是藏传佛教噶举派（塔布噶举）修持方面的重要密典，也是研究噶举派密宗的重要典籍。

大手印·了义炬　工珠·云丹嘉措（1813—1899）著。以德格八邦寺木刻版传世，1函。本书根据噶举派请贤有关论著及作者亲身实践写成，着重介绍了大手印法的产生、发展、传承、秘诀、修炼方法、修炼次第等，对密乘瑜伽部所说业印、三昧印、法印、大印，以及清除阿赖耶识客尘迷乱，现见自性大圆镜智等方面，亦有精辟论述。本书是藏传佛教噶举派要籍，备受噶举派高僧所推崇，也是研究噶举派教义、密法等问题不可缺少的著作。

大圆满法悟境精义加行导引·普贤上师言教　简称《普贤上师言教》。巴竹·吉美却旺（1808—1887）著。以木刻本传世，1函。另有四川民族出版社1989年7月出版，32开，469页，铅印本。又有四川色达喇荣五明佛学院1992年出版的索达吉堪布汉译本，32开，116页；西藏人民出版社2006

年出版的佐钦熙日森五明佛学院编译组汉译本，32开，252页。本书共4编，主要内容有：1.共同加行。讲述暇满难得、生命无常、轮回过失、因果报应、解脱之益和寻师投师。2.不共加行。讲述护佑救渡、发菩提心、金刚勇识的修习和念诵、曼陀罗、善土资粮和上师瑜伽。3.往生次第。讲述上往生、中往生、下往生、护灵往生和三想往生等。最后告诫人们要弃恶从善、互相帮助、和平友爱。是一部西藏佛学基础理论著作，也是研究藏传佛学必备的参考书。

大圆满空行心髓导言·解脱之舟　丹增桑布著。藏文。四川民族出版社1996年出版，32开，350页。本书是一部比较详细讲述宁玛派大乘密宗心法的密宗典籍，由共同前行和不共前行两部分组成。共同前行部分以7个章节阐述了人生暇满、因果报应和生死轮回等佛教所讲的规律与特点，同时讲述了佛教显宗的观念和思想道德。不共前行部分是本书的主要部分，用11个章节分别讲述了皈依三宝法、发菩提心法、修诵金刚法、曼扎供法、上师瑜伽法等密宗心法的修炼法。

大圆胜慧本觉心要修证次　萨迦呼图克图智悲光尊者述，根桑泽程译。都觉文社1950年出版，32开，137页。本书讲述了有关修炼密法的步骤，如四加行、密咒的念颂和修炼的具体方法。

丹珠尔佛经故事选　谢后芳整理。民族出版社1993年12月出版，32开，131页。本书收录古印度马鸣论师的《三十四本生传》和桑格夏珍哇论师的《佛本生传》两部著作。

道果三现分庄严宝论　恭秋伦竹著，钟力新译。萨迦派2002年内部印行，32开，308页。本书分4篇，讲述了萨迦派关于道果的理论和实践，主要包括如何产生信心与如何皈依佛门、轮回理论、暇满人身、因果报应学说、如何实修，以及身口义的证悟等。是介绍萨迦派理论和实修的比较理想的汉文读本。

德格版《大藏经》　藏文《大藏经》是《甘珠尔》和《丹珠尔》两套书的总称，刻本较多。德格版《大藏经》因由德格更庆寺吉祥殊胜慧经院（简称德格印经院，亦称德格印经宗教宝库）刻印而得名。本书是德格第四十二世土司却吉·丹巴次仁于清雍正七年（1729）出资并主持刊刻的。校审聘请了德格八邦寺噶举派高僧司徒·却吉迥乃。先刻《甘珠尔》，共103函，33050叶；后刻《丹珠尔》，共213函，64512叶，加上《阿底峡小品集》103品，就有214函，3459品，64731叶。德格土司历代掌权人都热心于文化事业，《丹珠尔》仅刻成7函时，却吉·丹巴次仁去世，其子贡嘎·次乃嘉措继续主持该书的刻印工作，先后持续8年才刻完。本书规格、行款及字体少于一般藏文大藏经，比一般长条书稍大;字体工整、清秀,但所用纸张太粗糙,影响美观。有司徒·噶玛·却吉囊瓦编纂的《德格甘珠尔目录》和楚称仁钦编纂的《德格丹珠尔目录》,两书均有刻本经过和著书缘起的记述。本书的印版至今完好无损,仍可印刷出版,印版现藏德格印经院。

德格版《丹珠尔》刻本 藏历第十二饶迥火蛇年(1737)开始刊刻,于藏历木鼠年(1744)完成。本书的主校者是博通五明的大学者楚称仁钦。他在完成刻版时撰写了目录,目录全名为《解释遍智日亲教敕密意之论藏,译成雪域语之所有论典·从充满法施无有间断之稀有神变本源,圆满贤劫福德广盛云之境界中而撰写之海盛新月善说》,其内容包括8个部分:为生起正信而讲述佛教之来源、为增长喜乐而介绍诸善巧者所作弘扬佛法之事迹、所诠胜妙佛法之论述、能诠论典之论述、为佛法长久住世而敦请作刊刻藏经之事业、按所敦请而刊刻藏经之经过、为便于查阅编写法品目录、为使所作之善功成为有利而回向菩提等。此目录是《丹珠尔》诸版本目录中最详细的。目录中记载“德格版《丹珠尔》共计208函”。杂部之最后4函连同目录1函是后来补刻的。本书共计213函,3356品,64512叶,如加上《阿底峡小品集》103品,则有214函,3459品,64731叶。此全套木刻原版至今藏德格印经院。

第司《丹珠尔》写本 第十二饶迥火狗年(1687)第五世达赖喇嘛圆寂后,第司·桑结嘉措12年密不发丧。其间,借为使达赖喇嘛长寿之名,以夏鲁《丹珠尔》为蓝本,搜集哲蚌、色拉、大昭寺、琼结等地所存的多种写本,以及自布顿上师起至那时所译论典,经部及密续部、各其他明处之可信的先前未收集的论典等,共计增加约780品,225函,在琼结钦瓦达孜宫写造两套《丹珠尔》,此即为“第司《丹珠尔》”。此《丹珠尔》以郎岭班禅贡确曲扎为首的通晓声明及其他明处者为主校。《丹珠尔目录·开启三界幸福莲苑之日》,书跋中虽说其著者系五世达赖喇嘛,但实际上应系第司·桑结嘉措本人。《德格丹珠尔目录》说此《丹珠尔》法品数为4209品,乃东《丹珠尔》系在夏鲁《丹珠尔》的3392品上加38品,共为3409品。第司《丹珠尔》则在此基础上又加780品,共为4209品。但是,纳塘版《丹珠尔》写本有2350品,夏鲁《丹珠尔》则在其上加1042品,共3392品。乃东《丹珠尔》则又在此上加38品,共计3430品。以第司《丹珠尔》为蓝本刊刻的北京《丹珠尔》有3962品,纳塘版《丹珠尔》有3972品。这主要是因为计算方法不同,有的1品被当作数品,有的则仅算1品。此外,在制作纳塘版《丹珠尔》木刻版时,据说其蓝本出自布达拉宫。而第司所造两套《丹珠尔》,一套被请到北京,一套存于布达拉宫。后者是否即纳塘版《丹珠尔》的蓝本，尚有待研究。

顿悟大乘正理诀叙 又名《顿悟大乘正理诀》。（唐）王锡撰。敦煌汉文写卷之一，现藏法国巴黎国立图书馆。约成书于8世纪末叶。本书主要记述了唐建中二年（781）吐蕃占据沙州（今甘肃敦煌）后，摩诃衍那（亦作大乘和尚）奉吐蕃赞普赤松德赞之命赴吐蕃，在拉萨及山南等地传播汉地佛教，提倡"顿悟"，以及其返回沙州继续传教的情况。部分内容与藏文史籍所载略有出入，可与《吐蕃僧诤记》及有关藏史对照研究。是了解敦煌和汉族佛教"顿悟"派在西藏传法的重要资料。

法行明 司徒·曲吉迥乃（1700—1774）编。德格八邦寺木刻版。成书于藏历第十二饶迥铁猴年（1740）。本书主要收入皈依论、百字明、度母经等数十篇经文。是藏传佛教噶举派支系噶玛噶举派僧人和信徒的必读经书，也是研究噶玛噶举派的参考书。

放生之功德·有情乐园 丹增嘉措著。藏汉文对照本。民族出版社1998年8月出版，32开，129页。本书介绍了藏族社会中的放生习俗及放生的益处和方法，提醒人类保护动物、保护环境。

《佛子行》诠释 土丹确吉扎巴注释。藏文。四川民族出版社1992年12月出版，32开，202页。又有台湾汉译本。本书分3部分对修世俗菩提心法、胜义菩提心法、六波罗蜜多经、大乘四法经等内容作了较详细注释。

噶当六书 又名《噶当派六部大论》、《噶当六书论》、《噶当六论》。拉萨雪经院刻本。本书介绍了藏传佛教噶当派实地修学的6部主要经论，即1.《本生经》，别称《菩萨本生鬘论》。记述释迦牟尼佛生平事迹。2.《集法句经》，别称《因缘品》或《法集要颂经》。主要内容为阿罗汉法护所集零星佛语。3.《菩萨地》，别称《菩萨地论》、《大乘十地》或《大乘菩萨十地》。主要论述欢喜地、离垢地、发光地、焰慧地、极难胜地、现前地、远行地、不动地、善慧地、法云地。4.《大乘庄严经论》，别称《庄严经论》。为确定了不了义诸经部之义的论著。5.《入菩萨行论》，简称《入行论》。共10章，第1至3章叙述菩提心功德、忏罪、受菩提心，以求世俗、胜义两菩提心，未发令生；第4至6章叙述不放逸、正如、忍辱，以求生已不退；第7至9章，叙述精进、禅定、智慧，以求辗转增长；第10章，以此后果为利众生发愿回向。6.《集菩萨学论》，别称《大乘集菩萨学论》，简称《集学论》。为论述菩萨学处及道果的著作。

《功德藏》根本注疏 吉美领巴（1729—1798）著，吉美·成来威色注释。藏文。四川民族出版社1998年出版，32开，260页，2函。《功德藏》全名

《功德宝藏·欢喜霖雨》。吉美领巴是19世纪宁玛派第三代宗师、佛学家、持明法师。注释者吉美·成来威色是其亲传弟子。本书分为本文、前卷“二谛车”和后卷“一切种智车”3部分，主要论述了暇满难得、生死无常、业报因果、轮回皆苦、四大车轮、皈依、四无量心、持菩提心、愿行学处、持明藏、基位自有、道位不共大圆满、果位身智等。本书对《功德藏》作了全面详细的注释解说。

汉藏佛教关系史料集 成都华西协合大学中国文化研究所编辑，吕澂编校。成都华西协合大学中国文化研究所民国三十一年(1942)印行，16开，136页。本书主要内容有：1.《道果语录金刚句》、《大手印金璎珞要门》和《成就八十五师祷祝》3书的汉译和书中的人名地名的汉藏文索引。2.土观·罗桑却吉尼玛的《土观宗派源流：讲述一切宗派源流和教义善说晶镜史》一书中关于汉地佛教源流的节译。附录工布佛教史摄颂。

慧宝 居·迷旁著。藏文。四川民族出版社1994年10月出版，32开，579页。本书收录《〈智慧品〉释难》等3部佛学著作。

吉祥金刚怖 夏河县编译局整理。藏文。甘肃民族出版社1993年11月出版，32开，25页。本书主要介绍了藏传佛教密宗吉祥金刚修习本尊的仪轨。

祭祀颂词集 索南本编。藏文。民族出版社1993年出版，32开，216页。本书是流传于民间的藏族传统焚香祭祀颂词集。作者用近4年时间搜集整理而成，是研究藏族民间宗教的宝贵资料。

解脱道庄严论 塔布拉杰·索南仁青(1079—1153)著。以抄本和木刻版传世。本书着重记述了噶举派基本理论的产生和发展，对融合噶当教法于米拉日巴密法，形成“大印”教义，以及传授“方便道”和“大印”等方面，均有详细记载。本书是藏传佛教噶举派(塔布噶举)的主要理论著作和噶举派僧人的必修之书，也是研究该派理论不可或缺的史籍。

金鬘疏 又名《般若波罗蜜多教授论现观庄严本注详解金鬘疏》。宗喀巴·罗桑札巴(1357—1419)著。拉萨与塔尔寺木刻本，1函。本书是对《般若波罗蜜多经》的详细注释，是藏传佛教格鲁派高僧的必修之书。

金鬘疏略义 宗喀巴著，罗桑尊珠编辑、注释。藏文。民族出版社1999年出版，32开，267页。本书是对宗喀巴大师所著《般若波罗蜜多教授论现观庄严本注详解·金鬘疏》一书的简要介绍和注释。

究竟一乘宝性论注 又名《宝性论注疏》。弥勒著，堆波瓦·喜饶坚赞

(1292—1361)注。以抄本传世，极为珍贵，1函。藏传佛教经论。本书是对弥勒所著《究竟一乘宝性论》的详释。为研究《慈氏五论》不可或缺的参考书。

旧续目录　又名《旧译密乘经集宝志·赡部全洲庄严》。仁增·吉美岭巴著。木刻版，1函。作者是18世纪人。本书分9章，分别叙述了释迦牟尼佛出世、佛学家二胜六庄严列传、佛教流行于印度、佛教在西藏的传播、赤松德赞年间密乘内经流传情形、宁玛派通人证士列传与传承、佛法总论别论、事业行状、宁玛派密乘经典名目和回向等。本书为藏传佛教有关旧密经论，是藏传佛教各派研习密乘的必修经典，也是研究藏传佛教密宗与宁玛派教法和历史的重要著作。

《俱舍论》详解　绛阳·洛德旺波注释。藏文。四川民族出版社1996年出版，32开，539页。《俱舍论》是由世亲著藏传佛教基本理论十三大论之一，全面地介绍了大小乘各教派及其文献。本书分为分别界品、分别根品、分别世间品、分别业品、分别随眠品、分别道及补特伽罗品、分别智品和分别定品等8卷。本书作者对此8卷作了详细注释，文字言简意赅、通俗易懂。

《俱舍论》注释　又名《阿毗达摩俱舍论注疏》。钦氏·降白央著。藏文。中国藏学出版社1990年出版，16开，768页。《俱舍论》是显教的著名5部大论之一，为5世纪印度佛学家世亲的代表作。本书共分8品，系统地阐述佛教的宇宙观，故被视为佛教显宗的根本论著之一，成为必读经典。本书是清代藏族大佛学家钦氏·降白央对这部佛典的注释，着重对分别界品、分别根品、分别世间品、分别业品、分别随眠品、分别道及补特伽罗品、分别智品和分别定品作了详尽注释。是格鲁派高僧推崇的显宗根本论著注疏之一，也是研究佛教宇宙观与教理的重要参考书。

空行要旨　作者不详。相传为由莲花生大师将此书要诀亲授给其空行母益西措杰(8世纪时人)，而后藏于伏藏之中。后由白玛楞哲子从伏藏中掘出，以抄本流传于世。本书为藏传佛教宁玛派的密法要诀，主要记述大圆满、五部空行和宁玛派独有的密法要诀。只有经过严格灌顶、修习的僧人才得见此书。为研习宁玛教法的要籍，极少在社会上流传。

丽江版《甘珠尔》刻本　又名《丽江理塘版〈甘珠尔〉刻本》。在云南刊刻的唯一一部大藏经《甘珠尔》，108函。丽江土司木增自幼受藏传佛教影响，成人后崇尚藏传佛教，皈依噶举派，取法名噶玛米旁才旺索南饶丹。1608年木增请噶举派红帽系第六世活佛曲吉旺秋(1584—1630)主持刊刻《甘珠尔》，1623年完成，以朱砂印刷，故称朱印本。有曲吉旺秋1614年所写题记。

《量抉择论》释难 鄂·洛丹西饶(1059—1109)著。藏文。中国藏学出版社1994年12月出版,32开,511页。《量抉择论》是古印度佛学家法称所著"量学七论"中属于主干的广、中、略3本中之中本。本书有现前、自利、他利等3品。鄂·洛丹西饶是早期的大译师,尤其对于因明学有很深的造诣。本书运用严密的逻辑推理方法,对原著中的各类疑难问题逐一作了阐释,是藏传佛教因明学著作中问世较早的一部。

量理宝藏 萨迦班智达·贡噶坚赞(1182—1251)编著。拉萨、德格木刻版,1函。另有民族出版社1989年出版,多吉杰博编,32开,554页,铅印本。"藏传因明学丛书"之一。本书汇总7部量论要义,依全、偏论断所知事物及训释能知量之本性两面立论,分为论外境、论联系、论内心、论总别、论直观分辨、论所诠能诠、论矛盾、论定义、论现前、论为自、论为他等11章。是藏传佛教各派高僧一致推崇的因明经典著作,也是研究藏传因明学的重要著作。

《量理宝藏》本注 萨迦班智达·贡噶坚赞编著,遍知郭然巴·索朗森格注释。藏文。四川民族出版社1998年出版,32开,589页。本书是13世纪萨迦班智达·贡噶坚赞汇集印度因明学大师陈那著的《集量论》和因明学家法称著的《因明七论》于一体,并作详细注疏的著作。本书从两个方面立论,即按照全偏的论断知道事物及训释能知量的本性立论。全书分为论外境、论内心、论总别、论直观分辨、论所诠能诠、论联系、论矛盾、论定义、论现前、论为自、论为他等11章。附绛阳·洛德旺波所著《〈量理宝藏〉释名》。本书是量理学,属于西藏大五明学之一。

量理宝藏注疏·教理曦轮 堪钦·索朗伦珠著。藏文。中国藏学出版社1988年8月出版,16开,336页。本书是对贡噶坚赞的《量理宝藏论》所作的详细注疏,分4部11章,分别详解了论外境、论内心、论总别、论直观分辨、论所诠能诠、论联系、论矛盾、论定义、论现前、论为自、论为他等。附萨班《量理宝藏论》及作者撰写有关短文《量理宝藏论常用二边明解》和《量理宝藏论所破宗明释》。为研究因明学的重要参考书。

量理海论 凯珠杰·格勒白桑(又名克珠杰·格勒白桑、克珠杰,1385—1438)著,多吉杰博编。民族出版社1990年5月出版,32开,112页。"藏传因明学丛书"之一。作者为格鲁派第一世班禅额尔德尼,是宗喀巴大师的高徒,任甘丹寺第3任法台8年。有《无垢光释大疏》、《因明七论除暗庄严注》、《宗喀巴传》等著述。本书分4章,论述了为自比量、量成立、现量篇、为他比量等内容。是对《释量论》一书的详细注释。

《隆钦心髓前行》及注释 晋美赤列威色等著。藏文。四川民族出版社1997年出版，32开，389页。本书收录的晋美赤列威色《隆钦心髓前行》，是宁玛派最常用的一部密乘修炼法。它以诗文相间的韵文形式讲述了身、语、意的除障法和修持法。本书还收录了乾则旺波的《隆钦心髓前行》注释和曲吉扎巴的《隆钦心髓前行》详注等。本书以简明扼要、通俗易懂的语言注释了《隆钦心髓前行》。

律藏详释 罗桑塔巴著。藏文。民族出版社1998年出版，32开，384页。本书对藏传佛教律经的基本知识作了较为详细的介绍和解释，可作为格鲁派学习律经的辅助性参考读物。

律藏注释 措那巴·西热桑布著，多吉杰博编。藏文。中国藏学出版社1993年8月出版，16开，1067页。"律藏"亦称"律经"。其主要内容为阐述8事，即谓五篇堕罪、犯堕原因、出堕、离堕、依何制戒补特伽罗、所制学处本体、所处名目、抉择犯和未犯等8事，以灭三业罪过，故名为"律"。本书全面而深刻地阐释了佛教律经的基本知识、理论原理，并运用量学理论探究律经中的一系列疑难问题。本书对每条戒律都作了详细论述，是藏传佛教各派公认的律藏注疏佳作。为研究西藏律藏的重要著作之一。

罗沃《丹珠尔》写本 俄青贡嘎桑波(1382—1456)主校。早期写本，144函，其中法相乘99函，礼赞部1函，密续部44函。藏历第七饶迥末年(148年前后)，阿里阿玛坚参邀请俄青贡嘎桑波至罗沃地区，将其他所译之《甘珠尔》、《丹珠尔》论典及以往散失的论典搜集起来，以俄青贡嘎桑波为主校，先后编写《所译金刚乘论典目录——密法兴盛》、《所译论典目录——佛法兴盛之光》两部目录。这两部目录收入《俄青贡嘎桑波全集》之第30函。依据所编《丹珠尔目录》抄写了一部《丹珠尔》，因在罗沃地区抄写，故名《罗沃〈丹珠尔〉》。本书不属于迥丹日热所编《丹珠尔》之传承，但其总的体例与其他《丹珠尔》相同。

密宗道次第广论 全名《胜遍主大金刚持道次第开显一切密要论》，亦简称《密宗道次第》。宗喀巴著。拉萨和拉卜楞寺等刻版。又有青海民族出版社藏文版，1995年3月出版，16开，621页。又有法尊法师(1902—1980)汉译本。本书是宗喀巴大师最重要的两种论著之一，详细论述了佛教密宗的事部、行部、瑜伽部和无上瑜伽部4部教法。是格鲁派修习密宗的必读典籍和研究密宗的重要著作，也是拉萨上下密院和其他格鲁派高僧研习密宗的主要教材。

密宗经典精华 林世田点校。宗

教文化出版社1999年出版,32开,356页。本书自佛教典籍中编辑整理而成,主要收入《大日经》、《金刚经》、《苏悉地经》、《显密圆通成佛心要集》等。

明成道六成就法 珀玛噶尔波喇嘛(pad ma dkar po)原著,达瓦桑杜英文译传,伊文思温慈纂,张妙定译。文达印刷社民国三十五年(1946)出版,32开,47页。本书简要介绍了修炼拙火、光明、幻身、双运、往生和夺舍的密法。"六成就法"亦称"纳若六法"。附颇哇心要。

纳若六法导引论 班觉顿珠著。以手写本传世,极为珍贵,1函。成书于15世纪。本书分6章,分别记述了脐火瑜伽、光明、幻身、中有、往生和夺舍的修炼方法,以及各种密咒、亲身体验等。对六法的传承、纳若巴生平、秘密口诀等方面也有详略不一的记载。为研究噶举派密宗及六法传承等方面的重要著作。

纳塘版《丹珠尔》刻本 藏历第十二饶迥金鸡年(1741)三月二十七日,由总管藏政的郡王颇罗鼐·索朗多杰主持开始刊刻,于藏历水狗年(1742)二月二十五日圆满完成。本书共225函,76883叶。普布觉山间修行者阿旺向巴为本书编写了目录,目录名为《刊刻所译一切论典之目录·梵天妙间》。

纳塘版《丹珠尔》写本 即纳塘寺《甘珠尔》、《丹珠尔》写本。洛色绛曲益希(又名卫巴洛色)编。这部大型丛书是在纳塘寺大堪布迥丹日热(迥丹日贝热智)的支持下编纂并收藏于纳塘寺的,故称《纳塘〈甘丹〉写本》。洛色绛曲益希在迥丹日热所编目录和搜集的《甘珠尔》、《丹珠尔》的基础上,补充了他自己搜集的《甘珠尔》、《丹珠尔》资料,经过对这些资料的校订整理,编纂出了一套新的《甘珠尔》和《丹珠尔》目录,并照此目录抄写了这套完整的《甘珠尔》和《丹珠尔》。这是首次将《甘珠尔》和《丹珠尔》编在一起的写本,成为一套完整的藏文大藏经,史称"纳塘甘丹",即纳塘寺的《甘珠尔》和《丹珠尔》。其中,《丹珠尔》写本共154函,21大类,即1.礼赞,163品,3函,其中k函为《殊胜赞》等、kh函为《佛本生传及注释》、g函为《如意宝树》。2.吉祥喜金刚,70余品。3.摄胜乐轮,60品。4.吉祥大幻化等,其中大幻化15品,佛平等合4品,佛颅骨5品,吉祥四座8品。5.大瑜伽续部吉祥密集,120品。6.吉祥时轮等,其中时轮18品,续部幻化网解说3品,佛相礼赞法20余品。7.瑜伽部,24品。8.行部及事部,270品。9.诸本尊现证,380品。10.密乘道次第,150品。11.大乘经藏,71品。12.大乘中观,69品。13.大乘唯识,51品。14.小乘,41品。15.菩提道,230品。16.因明,43品。17.医学、声明等,30品。18.杞愿及吉祥等,约180品。19.曾巴所获密咒珍本，180 品。20. 藏族智者所作珍本，21 品。21. 降若瓦所获珍品，218 品。本书字迹清晰，书法精美，现藏于民族出版社。书中对著跋、译跋中所涉及的译师、班智达的姓名，凡是藏文的用梵文作注，凡是梵文的用藏文作注。《甘珠尔》共 108 函。

乃东版《丹珠尔》写本 本书为夏鲁寺《丹珠尔》写本的增补本。由于本书在乃东抄写，故称为“乃东《丹珠尔》”。3430 品，共 202 函。1362 年大司徒绛曲坚参出资，延请诸学者指导，以夏鲁寺《丹珠尔》为底本，增补新获得的论典和新译论典共 38 品，用 1 年多的时间完成。本书的目录《丹珠尔目录·如意宝箧》由布顿亲传弟子译仁青朗加所编纂，可参阅东噶·洛桑赤列所著《藏族目录学》。

颇罗鼐《丹珠尔》写本 颇罗鼐·索郎多杰主持编纂。225 函。另有中国民族图书馆整理，天津古籍出版社 1988 年出版，16 开，100 册，影印本。颇罗鼐·索郎多杰为施主，召集卫藏缮写者在磁青纸上以纯金粉写造的《丹珠尔》。据朵卡夏仲泽仁旺杰于第十二饶迥水牛年(1773)所著《颇罗鼐传》考证，本书可能于公元 1733 年至 1741 年之间完成。据第司·桑结嘉措所造《丹珠尔》抄写。本书为金粉写本，字体美观，金字凸现，护书板、捆书带、书带扣等十分精美，共耗资白银 18621 两，相当于纳塘《丹珠尔》木刻版费用的四分之一。本书于 1959 年运抵北京，存放于民族文化宫，1987 年在第十世班禅额尔德尼的要求下将其送回拉萨，现存哲蚌寺。

菩提道次第论 宗喀巴·罗桑扎巴(1357—1419)著。青海民族出版社 1985 年出版，16 开，814 页。又有青海民族出版社 2004 年出版的法尊汉译本，32 开，361 页。作者生于青海湟中县(今塔尔寺所在地)，是藏传佛教格鲁派的创始人。7 岁出家，16 岁入藏，修习五论五明。1409 年创大愿法会于拉萨大昭寺，同年倡建甘丹寺。著有《密宗道次第》和《文集》(19 函)等。本书成书于 1403 年，有广中略 3 种版本，内容相同。本书总摄三藏经论要义，依据龙树、无著两位大师的教授及阿底峡的《菩提道灯论》，吸收噶当派的要点，色摄最初学法到将来成佛的整个过程中要修的、要学的教义，讲述了胜义谛的空性、戈俗谛及修证次第等。是格鲁派的主要经典之一，也是高级僧人及考取学位必读之书。

菩提道次第修法笔记 善慧次教增广大师(又名释·增广)造，法尊译，观空讲授，朱杨寿梅笔记。民国三十六年(1947)出版，16 开，36 页，排印本。另有方广文化事业有限公司 2006 年出版，32 开，210 页。“方广密宗系列丛书”之一。本书简要记述了菩提道次第的修炼方法。

菩提净地详释 海云著。藏文。民族出版社1997年3月出版，32开，316页。《藏文文选》第25辑。本书是根据梵文本翻译成藏文。书中讲述了修行净地次序，并对如何修行、修行的方式等作了较为详尽的介绍。

菩提净地与因缘品 益西德等译。藏文。民族出版社1997年2月出版，32开，316页。《藏文文选》第24辑。本书是根据梵文翻译而成。《菩提净地》对菩提所要修行的净地的次序与内容进行了深刻的阐述，并对修行的方式等有关修行法的程序作了较为详尽的介绍，充分表明了慈悲为怀、和睦相处的佛教处世哲学。《因缘品》则为阿罗汉法护所集零星佛语，以藏族传统的修饰方法，阐述了自无常品至波罗门品(即32品)的内容。

七宝藏论 隆钦绕绛巴(全名隆钦绕绛巴·直墨维色，1308—1363)著。作者为宁玛派著名高僧。《七宝藏》又叫《隆钦七藏》，共7部著作：1.《如意藏》，以木刻版传世，1函。共22章，详细论述了因乘、果乘，并有要义方面的自注。为研究宁玛派教义的参考书。2.《词义藏》，以木刻版传世，1函，11品。主要内容是以基位本性自有，道位逐一串修及窍诀。为了解宁玛派教义和修持的重要参考书。3.《诀窍藏》，以木刻版传世，1函。以六句偈形式写成，着重论述了宁玛派所修行诀窍方面的言教，尤其重视亲身体验的证悟与以此传授修持要义。为研究宁玛派教义、诀窍等方面的重要史籍。4.《本性藏》，以木刻版传世，1函。共5章，主要内容是：依自性大圆满续部经中用语，分别解释无性、平等、任远、唯一等4要义，抉译归纳诸法本性，总结本来解脱超出心外，论断其为不待艰辛，不待因果。各节难点均有自注。为了解宁玛派教义的重要经典。5.《妙乘藏》，以木刻版传世，1函。共25章，依《大密决定十七密乘经》详细阐明一百十九教言要旨。为了解宁玛派教义不可缺少的要籍之一。6.《法界藏》，以木刻版传世，1函。共13章，以空界部要旨为主，论述旧派密乘大圆满之基位、道位及果位。是研究宁玛派教义及修持方法的重要著作。7.《宗轮藏》，以木刻版传世，1函。卷首记述了释迦牟尼出世的经历和成佛过程，继而批判教外各宗，依诸圣贤之法分别讲述共同和不共显密乘，并依八次第分析注释。为研究宁玛派教法不可缺少的著作。本书是藏传佛教宁玛派重要经典、宁玛派僧人的必修经论，也是研究宁玛派教法不可或缺的著作。

乾隆大藏经《甘珠尔》写本 本书为乾隆皇帝为庆祝生母皇太后八十大寿和为增寿、积功德而特意精抄之本。现藏故宫博物院，108函。全书使用特制的加厚磁青纸，以赤金汁(亦称泥金)

书写，有雕刻精美华丽的护书板，护书板分外护书板和内护书板，都雕刻有精美的图案。尤其是内护书板，不但雕刻精美，而且镶嵌有14364颗珠宝；包书巾、丝带、书绳、多层锦缎书签等都十分精致。序文和目录为蒙、满、藏、汉四体对照，首卷冠有“乾隆三十五年七月二十五日御制金书甘珠尔大藏经文序”。

如幻安息论 隆钦绕绛巴·直墨维色(1308—1363)著。以抄本、木刻版传世，1函。本书分正文、释文，共8章，着重以8种如幻的譬喻解释一切事物。是宁玛派高僧必修经典，也是研究藏传佛教宁玛派教义的重要著作。

入菩萨行论 又名《入行论》。喜瓦拉(译名寂天)著。藏文。旧时各类刻本、抄本较多。青海民族出版社1989年9月出版，32开，122页。本书10章，第1至3章叙述菩提心功德、忏罪、受菩提心，以求世俗、胜义两菩提心，未发可令其生发；第4至6章叙述不放逸、正知、忍辱，以求生已不退；第7至9章，叙述精进、禅定、智慧，以求辗转增长；第10章，以此后果为利众生发愿回向。本书是印度佛教史上一部颇有影响的佛学论著，曾对藏传佛教理论的完善和发展起了积极作用。类似劝说篇，也可谓佛教箴言录。是初入寺院的必修课，也是研究佛教哲学的珍贵资料。

《入菩萨行论》注疏 又名《入行论注疏》。土登曲吉扎巴著。藏文。中国藏学出版社1990年出版，16开，880页。本书分3部分，上编详释菩提心功德、忏罪、受菩提心、世俗和胜义两菩提心等，中编解释不放逸、正知、忍辱等，末尾注释精进、禅定、智慧等。特别对属于“行”(行为)方面的六度等作了详尽的阐述，是各教派一致推崇的经典著作。对《入菩萨行论》的注疏有30多种，其中比较著名的是达玛仁钦、土登曲吉扎巴、竹青堪布·贡桑贝丹等人的注释。

入行论本注 喜瓦拉著，达玛仁钦注释。藏文。青海民族出版社1995年3月出版，32开，474页。本书对《入菩萨行论》及其理论作了详细而精辟的注释。是众多注释本中为学界所推崇的一种。

入行论详释 竹青堪布·贡桑贝丹(又名贡桑曲扎)著。以俄主贝巴林寺木刻版传世，1函。现有四川民族出版社1990年铅印本，32开，298页。成书于19世纪。本书分别对菩提心功德、忏罪、受菩提心、世俗和胜义菩提心、不放逸、正知、忍辱、精进、禅定、智慧等作了详尽注释。本书是数种《入菩萨行论》注疏中的佳作，为藏传佛教各派所推崇。

赛米 章杰增巴著。藏文。中国藏学出版社1990年12月出版，32开，812页。苯教是藏族古老的宗教之一，一度参与吐蕃王朝的朝政，对藏族社会产生过很大的影响。本书分上下两卷，上卷10章，下卷8章。比较系统地介绍了苯教的开山祖兴饶的世系、故乡、降生、成婚、出家、传教、十八业绩、圆寂，以及他的继承人等，并且记载了兴饶祖师用问答形式阐述苯教的教义宗旨、哲学等。是研究苯教必不可少的著作。

三律仪论说旁注 萨班·贡噶坚赞著。清刻本。又有西藏藏文古籍出版社1986年根据刻本出版，32开，168页。成书于1232年。本书是作者对自己所撰《三律仪论说》的注释，主要讲述了别解脱戒、菩萨戒和密乘戒的戒律。旁注，即字体小于正文的释文。

桑堆文集 阿旺罗桑、群培达杰编。藏文。甘肃民族出版社1995年6月出版，32开，326页。本书收录了关于藏传佛教显密经典中的陀罗尼咒等常诵经文52篇。

摄类学论 格勒朗杰著。藏文。中国藏学出版社1990年出版，16开，571页。摄类学是对因明学（亦称量学）的要义进行分门别类、归纳概括的专门学科，是打开因明学大门的钥匙，是引导读者进入因明学学术堂奥的向导，为初学法相理论者的必修课本。本书是《因明七论》的提要，文字简约，条理清楚，是系统学习因明学的入门书。

摄类学论·悟道宝灯 土登格勒嘉措著。有木刻版，1函。中国藏学出版社1990年出版，16开，571页，铅印本。藏传因明学入门读物。本书着重论述了应成详论、遣余、遣除趋入、成立趋入、因果详论等。为初学法相理论者的必修经典。

时轮金刚无垢光疏释及摄义 堆波瓦·喜饶坚赞（1292—1361）著。以抄本、木刻版传世。藏传佛教时轮金刚即无上密乘典籍。作者为觉囊派著名大师，初奉萨迦兼学噶当教法，后于藏历第五饶迥铁猴年（1320）至觉囊寺，师从该寺高僧克尊·云丹嘉措（1206—1327）学法，4年后命弟子萨桑麻迪班青及洛追贝译师校订《时轮金刚》藏文译本，并依此书作注释。著述有阐述觉囊教义的《了义海》、《第四结集》、《究竟一乘宝性论注》、《现观庄严论注》、《佛教总释》，以及灌顶仪轨、修法、历算等多种著作，曾使觉囊派兴盛一时。本书对内、外、别3种时轮作了详尽注释，为藏传佛教各派所推崇。

时轮经总义·无垢光释庄严篇 克珠·农桑嘉措著。以抄本、木刻版本传世，1函。成书于藏历第八饶迥土狗年（1478）。本书主要内容为：1.外时轮，即须弥山、四大洲、八小洲等器世间。2.内时轮，即五敬界、六敬天、十六色界、四无色处边等三十一有情世间。3.别时轮，即生起次第的能依、所依坛场和圆满次第的风、脉、明点等地道。本书是藏传佛教《时轮金刚经》注疏，也是了解西藏无上密乘的重要经典之一。

释迦教言选注 中国高级佛学院教材组编。藏文。民族出版社1998年9月出版，32开，468页。中国高级佛学院教材之一，《藏文文选》第26种。本书是阿罗汉法护所集零星佛语的详解，书中详细解释了自无常品至波罗门品的内容。

释量论解说·雪域庄严 尊巴郭雄著。藏文。中国藏学出版社1993年12月出版，16开，496页。本书应用古印度因明论著和萨迦·班智达为代表的西藏佛学家们的有关论著，以作者自己的深刻理解，对古印度佛学家法称所著《释量论》中有关自利、量成立、现前和利他等4品的2000余颂条进行了逐一解说。

释量论略义及其注释·无道明照解脱道简介 罗桑尊珠著。藏文。民族出版社2001年4月出版，32开，406页。本书简要介绍了《释量论》和《释量论注·明照解脱道论》两部因明学论注的全部内容。

释量论·释难明意 班钦·索朗扎巴著。藏文。中国藏学出版社1998年3月出版，16开，526页。《释量论》为古印度佛学家法称（约7世纪时人）所著，是藏传因明学的经典论著之一。本书有自利、量成立、现前和利他等4品。注疏者尊巴郭雄是十二三世纪的学者，他对原著2000多颂条逐句作了详细的解说。

释量论释难·善说宝藏 局·迷旁·嘉央朗杰嘉措著，四川省少数民族古籍整理办公室整理。藏文。中国藏学出版社1995年12月出版，16开，559页。本书依据古印度因明论著和萨迦·班智达为代表的西藏佛学家的有关论著，对《释量论》中的自利、量成立、现前和利他4项主要内容作了逐字逐句的注释。

释量论新注 朗仁·阿旺平措著。藏文。西藏人民出版社1997年12月出版，32开，1213页。作者为西藏拉萨哲蚌寺高僧，有很高的显宗理论造诣和密法实践。本书根据杰擦·达玛仁钦所著《明照解脱道》及有关重要注释，加之个人数十年的理论研究成果和密法修行实践经验，对《广本量学》的主要内容，即自利、量成立、现前和利他等4品逐一进行了全面系统的注疏。本书言简意赅，通俗易懂，是一部以深入浅出的语言讲述深奥佛教哲学的著述。

释量论注释 格西·益西旺久著。藏文。西藏人民出版社1992年12月出版，32开，270页。本书是西藏人民出版社1989年版《释量论注释》的续编，补充了若干对自利、量成立、现前和利他等4品的注释。

疏要庄严论 杰擦·达玛仁钦(1364—1431)著。以木刻版本传世。又有甘肃民族出版社2000年出版，32

开，785页。藏传佛教格鲁派僧人必修经论之一。本书为作者依宗喀巴大师讲授《般若波罗蜜多优波提舍论现观庄严》时所说教言而写成，并对该书作了详尽的注释。是格鲁派报考格西学位者必读经典，也是研究佛学理论的重要参考书。

四宗概述浅释　晋美旺布著，钦饶旺久注释。藏文。民族出版社1996年6月出版，32开，331页。本书是对晋美旺布所著《四宗概述》一书的注释，简述大小乘宗派即有部与经部、唯识宗与中观宗。但内容过于简略，无佛学功底者难以领会其中内涵。

颂词汇编　宗喀巴等著。藏文。青海民族出版社1989年8月出版，32开，284页。“颂词”在藏语中称为“zhal vdon”，即“常诵”，因其为常常念诵之经而得名，一般被译为“吉祥颂”或“颂词”。藏传佛教有共与不共两种经典，所谓“共”是四大派信众共同学习的经典，“不共”则是仅限于各派自己学习的经典。常诵经中的皈依颂、度母经、忏悔经、祈祷经等是共同经典，其余部分是各派独自的经典。本书收录了40多篇常诵经典，均为以格鲁派僧众为主的常诵经典，主要有皈依颂、忏悔经、祈祷经文，以及高僧大德们对释迦牟尼和度母所著的颂词等。

颂词汇编　青海民族出版社编辑。藏文。青海民族出版社1989年第1版、1993年9月第2版，24开，355页。本书再版时作了增补。本书收录了一些藏传佛教显密常诵咒文、经文和祈祷文等。

颂词汇编续集　青海民族出版社编辑。藏文。青海民族出版社1995年7月出版，32开，395页。本书收录了17篇常诵颂词、咒文和祈祷文等。

文殊别名释义　又名《文殊名释注》。比拉米札所著。藏文。四川民族出版社1997年出版，32开，195页。作者是8世纪印度大师。本书在西藏历来为学者所熟诵，影响较大。书中除《文殊名释注》之外，还收录了将竹庆堪布晋美·云丹贡布的释文，以便于读者领悟其意。

五蕴品注释　久美彭措注释。藏文。甘肃民族出版社1992年5月出版，32开，180页。本书分5章，主要对五蕴(色蕴、受蕴、想蕴、行蕴和识蕴)逐一作了讲解，并对其中疑难作了详细注释。

西藏的观世音　原名为《吐蕃赞普松赞干布传——遗训金鬘》，意译为《松赞干布遗训》或《大悲观世音菩萨别记——遗训净金》，又因本书是从大昭寺宝瓶柱头发掘而得，故又称《柱间史——松赞干布遗训》，简称《柱间史》。有甘肃人民出版社1989年出版的藏文版，32开，321页；甘肃人民出版社2001年出版的卢亚军汉译本，32开，325页。

汉译本有著名学者赛仓·罗桑贝丹·却吉多杰和多识·洛桑图丹琼排两位教授的序言。本书作者传为松赞干布，写完后藏于大昭寺，由阿底峡尊者从大昭寺宝瓶柱头发掘出来。阿底峡(982—1054)出生于东印度萨霍尔王室，精通显密、修行次第，著有《菩提道炬论》等20多种佛学著作，是一位伟大的佛学家。阿底峡被吐蕃王室后裔古格之绛曲沃用自己赎命的重金礼聘进藏弘法，成为藏传佛教史上后弘期的奠基人，也是藏传佛教噶当派的创始人。因其一生对古代印度与藏传佛教、西藏文化的交流贡献巨大，藏族尊称他为“觉沃杰”，意为“尊者”。本书是阿底峡在驻锡聂塘期间，受“绿度母化身——智慧空行母‘拉萨疯婆’的授记”，从拉萨大昭寺释迦佛殿前宝瓶柱的顶端发掘“伏藏”而得。本书16章，主要讲述了吐蕃赞普松赞干布弘扬佛法的事迹，其主要章节有报身教化众生、示现身形神变、化身教化众生、布施摄持众生、氏族与王统史、初启正法之门、南日松赞传略、诸佛授权赞普、圣僧迎请本尊、迎娶赤尊公主、迎请文成公主、文成公主堪舆、造圣像伏妖魔、修建拉萨神殿、赞普善业圆满和赞普遗训与圣地志。是研究吐蕃政治、经济、文化、宗教等诸多方面史实的重要资料。

夏鲁《丹珠尔》写本 布顿上师校订。本书是卫巴洛色纳塘《丹珠尔》写本的增补本。1334年贡噶顿珠为施主(出自萨迦世系，为扎巴坚参之子)，布顿上师为校订，以纳塘寺《丹珠尔》为底本，并增补了许多底本没有的经典与新译经典后抄写而成。本书196函，3392品，书法俊秀。因被收藏于夏鲁寺而称为“夏鲁《丹珠尔》”。布顿编纂《丹珠尔目录如意宝鬘》，并收入《布顿文集》。郭和卿先生译《佛教史大宝藏论》中收录《丹珠尔目录如意宝鬘》，共241页，其中《甘珠尔目录》37页，《丹珠尔目录》204页。本书的编辑特点有：1.著录格式为：论著名称、数目(卷数)、著译者(姓名)。2.注释有：卷数缺漏与原因，不同记述，著译者的缺漏等。3.分类编目：每类下有注释文。其类目分显教、密宗两大类：其一，显教下分佛经、论典。佛经下分初转法轮、中转法轮、末转法轮、大方广佛经类、大宝积经法门、大乘诸经、回向发愿吉祥颂和其他8类；论典下分个别密意、总密意、零散3类。其二，密宗下分密宗经典、密宗论典。密宗经典下分事续部、行续部、瑜伽部、大瑜伽部、大瑜伽续部5类；密宗论典下分密经释论与共通释论两大类。

贤劫经 释迦牟尼著。藏文。青海民族出版社1988年1月第1版、1991年1月第2版，16开，600页。本书传为释迦牟尼佛作，收入《甘珠尔》，是大乘佛教的基础理论著作。本书详细叙述了贤劫出世千佛族姓、父母、眷众、星寿、敬法住世期和发菩提心等情节。本书作为人类历史上宝贵的佛学思想文化遗产，是研究佛学理论与实践的第一手史料。

贤愚经　有拉萨、德格、拉卜楞寺木刻版，219 页。元魏时代凉州沙门慧觉等在高昌郡译成汉文，共 62 品。郭法成又据汉梵两版本译成藏文，共 12 卷 51 品。郭法成是 9 世纪时西藏后藏人，出身于吐蕃时期的郭氏家族，精通藏、梵、汉文，曾将藏文经译为汉文，将 10 余部汉文经译为藏文，并将其收入《大藏经》，《贤愚经》即为其中 1 部。本书以释迦牟尼佛向其弟子阿难等讲述自身和其他弟子、信徒等今生前世的故事，来阐述佛学真谛。

显密藏　龙青・曲影多丹著。清刻本。西藏古籍出版社 1988 年出版，32 开，469 页，铅印本。成书于 1838 年。本书主要讲述显密两教的理论，并有详细注释。

现观庄严论明义释　贡唐・罗哲嘉措著，中国藏语系高级佛学院藏传佛教研究室整理。藏文。青海民族出版社 1992 年 5 月出版，16 开，1068 页，上下册。成书于 1926 年。本书是作者晚年的精心之作，是对古印度弥勒所著 5 论文之一的《现观庄严论》的注释。《现观庄严论》，全名《般若波罗蜜多教言・现观庄严论》。

现观庄严论详解　弥勒著，雅楚・桑杰拜注释。藏文。四川民族出版社 1994 年 1 月出版，32 开，692 页。本书是对古印度弥勒所著 5 部论文之一的《现观庄严论》的解释。

现观庄严论注疏　全名《般若波罗蜜多教言・现观庄严论注疏》。弥勒著，确吉坚赞注释。藏文。中国藏学出版社 1989 年 1 月出版，16 开，上册 642 页、下册 660 页。本书有一切种智、道智、一切智、一切正等现观、顶现观、次第现观、刹那正等现观和法身等 8 品，分两大章节重点对遍智 10 法和道智 11 法进行了详解。为研究现观论的要籍之一。

现观庄严论总义　弥勒著，巴珠大师注释。藏文。四川民族出版社 1997 年出版，32 开，628 页。《现观庄严论》或译为《现证庄严论》，全称《般若波罗蜜多教授现观庄严论》，弥勒菩萨著。无著菩萨入山观修弥勒菩萨 12 年，于是得以亲见，并听受《般若波罗蜜多教授现观庄严论》等慈氏 5 部论著。由于《般若经》深奥，难以理解，故有许多注释本，如宗喀巴大师的《现观庄严论・金鬘疏》、贾曹杰的《现观庄严论・心要疏》、索南扎巴的《现观庄严论・善说佛母义明灯》、曲吉坚赞的《现观总义游戏海》、央坚洁白的《现观辨析》、蒋央协贝洛追的《现观庄严论辨析・宝灯》等等。本书包括 3 部分：现观庄严论总义、现观庄严论评注和现观庄严般若经密诀。本书不是着重于批驳，而是按照佛教理论系统进行详细阐述佛教理论的著作。

雪域文库 西藏科学院藏文古籍出版社编辑出版。由《朗氏家族史》、《修饰论·妙音语游戏海》、《藏印宗教源流广论》、《教历·明日》和《教派源流·花蕊》、《世界广论》、《历算论·月宫》、《三律仪论说旁注》、《因明论·证明论之海》组成，内容包括历史、文学、医学、历算、佛学等学科。

因明论证规律 祺吉·更登桑木旦著。藏文。甘肃民族出版社1995年3月出版，32开，241页。本书是论述藏传因明中的心识部分的专著。

因明难解注释 贾曹杰著，甘肃省夏河县编译局整理，久美腾却乎校订。藏文。甘肃民族出版社1995年3月出版，32开，111页。本书主要介绍现量、为自比量、为他比量3品，是研究因明学的入门之书。

因明七论入门 又名《因明七论入门除暗论》、《七部量理概论》。宗喀巴·罗桑札巴著。拉萨、拉卜楞寺刻本，1函。成书于14世纪末。本书共7章，分别对注释曲吉扎巴(法称)《集量论》的7部著作即"三本四支"作了详细介绍和注释。所谓"三本四支"，即《释量论》、《定量论》、《理滴论》、《因滴论》、《关系论》、《悟他论》和《诤理论》7部书。前3者为释因明之本体，后4者为释因明的组成部分。本书是藏传佛教格鲁派僧人考取格西学位的必修著作之一，也是研究藏传因明学的重要参考书。

因明七论庄严华释 炯丹·日比热直著。藏文。以抄本和木刻版传世。中国藏学出版社1991年10月出版，16开，521页。成书于13世纪30年代。作者炯丹·日比热直是西藏后宏期因明学发端的著名学者，也是藏文《大藏经》编纂的主要组织者。本书包括《因明七论庄严华释》和《量决定论庄严华释》。《因明七论庄严华释》综论了别自境、外境、量果3部分，概括了七论的全部旨要，分作13品加以论述。《量决定论庄严华释》则详细诠释正文之含义，大部分以笺注的方式，就正文添加词句以使其意义明显，其中也阐明了作者自己的见解。是研究西藏后期因明学的重要典籍。

因明学的起源及其理论探讨 吉美桑珠著。藏文。中国藏学出版社1996年7月出版，32开，443页。本书内容分4讲：1.古印度因明学的传入及其观点。2.印度学者对因明学理论的注释及其观点。3.因明学传入西藏的过程，以及鄂·洛丹西饶对藏族因明学的讲解和注释；恰巴·却吉僧格对藏族因明学的创新；后世藏族学者对因明学理论注释与学习因明学方法的见解。4.对因明学理论各方面的注释等。

因明学说史纲要 姚南强编著。三联书店2000年8月出版,32开,476页。本书对因明学的产生和发展史进行了较为系统、全面的论述,主要内容有:1.印度因明学的发端、佛家古因明的著述和思想、新因明的创立和发展。2.藏传因明的形成、发展和特点。3.《量理藏论》、《因明七论入门》的因明思想。4.藏传因明的逻辑论和"摄类"范畴。5.汉传因明的流传和发展。6.20世纪国内外因明研究概况。附汉梵因明译名对照表。

因明中论详解 贾曹杰著,久美、三木旦校订。藏文。甘肃民族出版社1993年11月出版,32开,1147页,上下册。本书是对现量、为自比量、为他比量3品的详注。

永乐版《甘珠尔》刻本 现藏西藏色拉寺,108函,每页8行,朱版(亦称朱砂版),有明永乐八年(1410)三月初九所作的《御制后序》(汉藏合璧)。

藏传佛教典籍精选精译 万果编译。民族出版社2001年10月出版,32开,175页。本书辑录了藏传佛教噶举派著名典籍《大手印俱生和合》和部分有关藏传佛教仪轨的代表性著述。

藏传因明学教程 更登三木旦著。藏文。中央民族大学出版社1995年3月出版,32开,308页。本书全面介绍了藏传因明学的基础知识。可作为大学教材。

藏密法汇 吐登利嘛传授,孙景风编译。河南佛学社民国二十六年(1937)出版,16开,85页,石印本。本书收集了多种有关宁玛等法统的密宗修炼功法。

藏密气功 中国气功科学研究会藏密气功研究会编。求实出版社1989年出版,32开,147页。又有老古文化事业公司1991年出版,32开,212页。本书共4部分:1.佛家功法综述。简明扼要地论述了佛家功法源流、大小乘禅功等。2.藏密气功及其溯源。记述了藏密气功中的功象、藏密传入内地的情况、藏密主要名词解释等。3.藏密气功研究。对藏密功法中的一些现象,用人体生物场、量子场、声波等进行研究作了介绍。对虹化、手印经络等亦有解释。4.藏密气功修持方法。主要介绍了10种藏密功法,有宝瓶气、大圆满等。为研究藏密的重要参考书。

藏密气功 土登彭措整理。藏文。四川民族出版社1995年12月出版,32开,316页。本书收录了玛尔巴大师传纳若六法,纳若六法要领和密诀、修炼步骤、要达到的效果及注意事项。书内附有80余幅示意图,以帮助读者理解。

藏密气功日月合和 比卢遮那著,南卡诺布注释。藏文。民族出版社1993年11月出版,32开,256页。又有民族出版社1997年8月出版的万果汉译本，32开，126页。南卡诺布在古印度瑜伽功的基础上，根据自己多年的研究成果和实践经验，写成此书。本书详细介绍了藏密日月合和功的30多种功法，每种功法均附有图示。具有一定实用和研究价值。

藏密真言宝典 李舞阳、曾芳编译。藏汉文对照本。宗教文化出版社2001年出版，32开，476页。本书收入"常诵真言"50篇、《密答惹百法》诸本尊真言42篇、《金刚鬘法》诸本尊真言54篇、《修法宝源》诸本尊真言427篇、《纳塘百法》诸本尊真言32篇，并附藏文真言索引和汉文真言索引。是目前收录藏传佛教真言最多的著作，具有重要参考价值。本书所收录的真言密咒，全部采用藏汉文对照的形式，注音采用现代汉语标准音。

正理宝藏注释 又名《正理宝藏注解·七论明灯》。绛阳洛迭旺波著。德格木刻版，1函。作者是德格佛学家。成书于19世纪中叶。本书比较详细地讲述了因明学基础理论与龙树等人的佛学理论。是近代藏族佛学家所推崇的论典之一。

正理滴论注 又名《善说藏正理滴论注》。杰擦·达玛仁钦（1364—1431）著。以拉萨木刻版传世，1函。藏传佛教格鲁派僧人必修因明学著作。作者为宗喀巴大师两大弟子中之长者，1419年继宗喀巴主讲噶丹寺法座，为第一任噶丹赤巴，在藏传因明学方面有很大贡献。本书对法称所著《正理滴论》作了全面细致的注释。

祇敬词汇编 青海民族出版社编。藏文。青海民族出版社1993年9月出版，24开，150页。祇敬词，又称"吉祥颂"，也译作"颂词"。经典中有赞颂山川湖泊，并用丰富的想像将那些名山大湖人格化，作为祈求幸福的一种偶像。每逢佳节吉日，伴着煨桑，用极为优美的语言加以赞美，以表达自己对家乡的热爱，同时也表达了对美好生活的追求和向往。本书汇集了8篇在藏区流传很广、最有代表性的祇敬词。

智慧的窗扉 十四世达赖喇嘛丹增嘉措著。有印度达兰萨拉1963年藏文版、英译本。又有陈永国译、司树森校汉译本，西藏社会科学院西藏学汉文文献编辑室1985年编印，32开，119页。"西藏学参考丛书"第5辑。本书共9章，简要论述了佛教在西藏的传播与发展、佛教的基本教义与金刚乘的修习之法。书中对部分传统教义，尽量用一些现代语言表述，使之简明。本书英译者指出："此书的撰写旨在介绍西藏佛教的一些基本教义。此外，想继续沿着修习之路而进者，可从中得到实际的要点。同时，人们对西藏佛教形式的误解与古怪看法也将得以矫正。"

中观大纲 克珠·格列白桑（1385—1438）著。以木刻版传世，1

函。作者为宗喀巴三师弟中的两大弟子之一，为第三代噶丹赤巴，后被人追认为第一代班禅额尔德尼。本书着重论述了远离二边的中观道理。为格鲁派考取格西学位者必修之书。

中观论本注 郭让巴·索朗森格注释。藏文。四川民族出版社 1998 年出版，32 开，368 页。龙树大师从佛祖亲自口授的 8 万 4 千佛法中，将“了义经”和“不了义经”原原本本地整理出来，突出地阐述了中观论。他将全书分为“中观五论”，共 27 章，故亦名《根本中观廿七章》。“中观五论”即根本中观般若论、迴诤论、七十空性论、六十正理论和细研磨论。《中观论》是藏传佛教根本理论——十三大论之一，具有很高的理论价值。本书即是对龙树大师所著《中观论》的注释，郭让巴·索朗森格对龙树《中观论》作了详细的注释，并将原书和注释合并出版。

中观论问答 永增·罗桑白丹(1881—1944)著。以木刻本传世，1 函。作者对文法、佛学、星算、声明、诗学、密乘续部、美术等学科有较高造诣，为藏传佛教哲学的发展做出了极大贡献，曾得到十三世达赖喇嘛的赞赏。其著述有《密乘大纲》、《正见歌长短》、《书信诗歌集》、《星算千人论》、《上呈下授文》、《藏之得绳》等。本书以问答形式详细论述了中观论中的难题，通俗易懂，备受学僧推崇。

中观四百颂本注 循努洛珠(1347—1412)注释。藏文。四川民族出版社 1999 年出版，32 开，468 页。作者是宗喀巴大师的经师，学识渊博。本书是对圣天论师(即帕巴拉)所著《中观四百颂》的注释。书中根据世俗谛论述成熟之道，从而引申到修习菩提善行；根据胜义谛论述解脱之道；最后得出结论，即欲得解脱必须彻底修习空性论。

中观庄严论详解 局·迷旁·嘉央朗杰嘉措著。四川民族出版社 1992 年 5 月出版，32 开，563 页。本书阐述了深观、广行两种方法修学中的中观论点，并对《中观庄严论》作了详细的注释。

中华大藏经·丹珠尔(对勘本) 中国藏学研究中心《大藏经》对勘局对勘。藏文。中国藏学出版社 1995 年至 2003 年出版，16 开，120 部。藏文《大藏经》是藏族传统文化的重要典籍，堪称“藏族百科全书”，是藏学研究最重要、最基本的资料。藏文《大藏经》由《甘珠尔》和《丹珠尔》组成。《甘珠尔》即佛语部，包括三藏四续部，分为律部、般若、华严、宝积、经部、续部和目录等 7 类。《丹珠尔》主要是印度历代佛教大师和藏族学者、译师对《甘珠尔》的注疏和论著的集成，包括哲学、逻辑、天文、历算、文学、艺术、语言、医药、工艺、建筑等，分礼赞部、续部、般若、中观、经疏、唯识、俱舍、律部、本生、书翰、因明、声明、医方明、工巧明、修身部、杂部、阿底峡小部和总目录等18类。佛教的《大藏经》在我国有汉、藏、满、蒙、西夏等文字的多种写本和刻本。本书以德格本为底本，以北京版、纳塘版、卓尼版为参校本，对勘出文字异同与字句错漏。

朱批菩提道次第广论 巴索·拉旺曲吉坚赞著。以木刻本传世，1函。本书着重对宗喀巴大师所著《菩提道次第广论》中难度较大的问题作了详细注释。为研究格鲁派佛学的要籍之一。

祝词集 噶玛洽美等著。藏文。四川民族出版社1994年5月出版，32开，1258页，上下册。本书上册收录了62篇不同作者创作的以往生净土誓愿为内容的文章；下册是正文的注释，并收录有关誓愿等方面的7篇文章。

卓尼版《丹珠尔》刻本 藏历第十三饶迥水鸡年(1753)由卓尼土司隆央洛布之妻仁钦巴仲及其子第十四世土司登松泽仁母子为施主，组织人力物力以德格版《丹珠尔》为蓝本开始刊刻，经过20年的努力，于藏历十三饶迥水龙年(1772)完成。本书连同目录共209函，63396叶。第二世嘉木样协巴·贡确吉麦旺布活佛为本书编写了目录，名为《完成刊刻所译善逝教敕密意之论疏时而作目录·正确善说如意宝鬘》。本书中之礼赞部原未刊刻，藏历第十四饶迥土鸡年(1749)经项确丹贝卓麦活佛倡议，并经阿芒·贡确坚参活佛一再敦促，由觉若巴本·贡确丹增负责，以纳塘写本《丹珠尔》之礼赞部为蓝本刻了礼赞部1函。补刻的礼赞部共有64品，比德格版礼赞部少8品。本书以字形美观而著称。

自性大圆满道支分三律仪论 简称《三律仪抉择论》。阿里·班禅·白玛旺杰(1487—1543)著。以抄本和刻本传世，1函。戒律经典。本书分5章，分别论述了三律仪总论、毗奈耶别解脱戒、菩萨发心戒、密乘持明律仪次第和总论三律仪次第，尤其详细讲述了九乘、别解脱、密乘等3种律仪。是一部研究藏传律仪的重要著作。

宗喀巴大师集 宗喀巴著，法尊法师译，中国佛教文化研究所主编。民族出版社2001年出版。本书共5卷：第1卷，《菩提道次第广论》，32开，530页。论述显教的著作。第2卷，《密宗道次第广论》，32开，500页。论述密宗的著作。第3卷，《菩提道次第略论入中论善显密意疏》，32开，529页。论述中观正见的著作。第4卷，《辨了不了义善说藏论胜集密教王五次第教授善显炬论》，32开，480页。论述中观正见的著作。第5卷，《苾刍学处、菩萨戒品释、密宗道次第论、宗喀巴大师传》，32开，480页。论述大小乘佛教戒律、密宗、宗喀巴生平事迹的著作。

作怖金刚源流 嘉木样·协巴多

吉著。有木刻版传世，1 函。成书于藏历第十二饶迥木马年(1714)。本书着重记述无上密乘大威德的来源，及其降伏魔障的仪轨等。另有达罗那他著《怖金刚源流》等多种同名书，其内容大同小异。本书是研究藏传佛教密宗不可缺少的参考书。为修习密宗僧人必读之书。

二、社会科学

百万翻身农奴的榜样 西藏自治区农牧厅、西藏日报社记者编著。农业出版社 1966 年出版，32 开，31 页。本文主要介绍了西藏自治区乃东县结巴乡朗生（农奴）互助组自力更生、艰苦奋斗改造土地的经过。对这个从缺少农具、耕牛、粮种，经过几年努力之后，一跃成为西藏自治区内的富裕互助组，本书除叙述其奋斗经过外，也给予了赞扬，并将这个互助组推崇为西藏农业的典范。

边疆述闻 许公武编。正中书局民国三十二年（1943）出版，32 开，124 页。“中国边疆学会丛书”之第 1 辑。本书记述黑龙江、吉林、宁古塔、新疆、西藏等地的历史、地理、宗教、习俗、物产、经济等概况，并简要叙述了西藏的历史、僧俗官名、达赖喇嘛和班禅世系等内容。

边疆屯垦员手册 黄奋生著。青年出版社民国三十五年（1946）出版，32 开，226 页。本书共 5 章，分别介绍了边疆的自然地理、人文制度、边疆政策、边疆屯垦之意义等。其中记述了西藏的政教制度、藏族的生活状况、风土人情和宗教文化等内容。附蒋介石关于开发西北的方针之训词、边疆从政人员奖励条例、推进全国垦殖事业纲领等。

变革中的西藏 靳周编。英文。外文出版社 1981 年 1 月出版，16 开，176 页。还有法、德、印地和西班牙等译文版本。本书以图文并茂的形式，重点介绍了民主改革后西藏在社会、政治、经济、文化教育和医药卫生等方面的变化，并以大量图片资料展示了西藏和内地其他地区的紧密联系，简要介绍了藏族的传统文化、社会生活等。

筹藏刍言 又名《西藏改设行省之计划》。粲汇东撰。清宣统元年（1909）竖排铅印线装本。“筹边丛议丛书”之一。本书简要介绍了西藏的历史、文化和宗教，并将清前期统治者治理蒙藏地区的政策归纳为几个要点：“一、尊崇喇嘛教以坚其信仰，家有五子者一人相续，余为喇嘛，僧不准娶妻，此人口之所以日少也。二、不奖励教育，人智闭塞，文物制度日就陵夷，至不能语其先祖创霸欧亚之历史，用尽习于偷惰，此竞争力所以全无也。三、不提倡开垦及奖励殖民，人无贮蓄之观念，且互市有禁，因之工商事业无大表现，此经济所以不能独立也……中国坐是无边警者百余年，其收效不可谓不巨也。”本书根据历史经验提出了治理西藏和建立西藏行省的建议。

筹藏刍议 （清）姚锡光编纂。宣统三年（1911）竖排铅印线装本。成书于光绪三十四年（1908）。又有文海出版社1969年出版，16开，12页，影印本。收入《近代中国史料丛刊》第39辑。本书主要记述川藏规划、达赖喇嘛去藏缘由、赵尔丰边务办法、联豫奏书、川滇青藏里程与海拔、青藏山口等内容。附程站表格5幅。

川康边务宣传辑要 国民革命军第二十四军编。协昌公司代印，民国三十六年（1947）竖排铅印线装本。本书共14章，分别叙述了边地在历史上的地位、边民风俗、民主革命前的治边不能解除边民痛苦的原因、二十四军的治边政策、统一边地军政的措施、提高边民政治地位与解决边民经济困难的财政措施等。

川康边政资料辑要（二十九种） 国民政府军事委员会长成都行营边政设计委员会编，军事委员会委员长行营补校。民国二十九年（1940）印行，16开，竖排铅印线装本，29种：第1种，《康定》，96页，地图1幅；第2、3种，《冕宁、越嶲》，87页，地图2幅；第4、5、6、7种，《会理、宁南、昭觉、盐边》，87页，地图4幅；第8种，《盐源》，91页，地图1幅；第9、10、11种，《雅江、理化、巴安》，103页，地图3幅；第12、13、14、15种，《炉霍、甘孜、瞻化、德格》，112页，地图4幅；第16种，《峨边》，54页，地图1幅；第17、18、19种，《雷波、马边、屏山》，123页，地图3幅；第20、21种，《松藩、理番》，86页，地图2幅；第22、23、24种，《汶川、茂县、懋功》，128页；第25种，《泸定》89页，地图1幅；第26、27、28种，《九龙、丹巴、道孚》，124页，地图3幅；第29种，《西昌》，89页，地图1幅。本书收录了西昌、冕宁、越嶲、会理、宁南、昭觉、盐边、盐源、雷波、马边、屏山、峨边、松藩、理番、汶川、茂县、懋功、康定、泸定、九龙、丹巴、道孚、炉霍、甘孜、瞻化、德格、雅江、理化、巴安等29县的政治、经济与文化资料，分疆域、沿革、山脉、河流、气候、建置、建设、种族、户口、官制、交通、民政、司法、行政、教育、警团、军备、储恤、垦务、产业、物产、机谷、生活情形、语文、宗教、名胜、古物、古迹、人物和大事记等30门类。但对各个县的记载多寡不一，多者20余门，少者10多门。此书资料价值较高，是研究川康地区不可缺少的历史资料。但遗憾的是此书全部以小五号字印成，字迹不太清楚。

川康嘉绒的家族与婚姻 林耀华著。民国三十七年（1948）《燕京社会科学》第1卷抽印本，16开，线装本。本书是作者前往嘉绒地区调研家族与婚姻状况的田野调查。

川康一般宁属问题 王拱璧著。正中书局民国初年出版。“中国边疆学会丛书”之一。本书着重介绍了四川西康边区的一般社会状况、民族风情、文化习俗和疆域等。

川青边境果洛诸部之探讨 吴景敖著。中华书局民国三十七年(1948)出版,32开,94页,铅印本。被收入《西陲史地研究》一书,为《史地研究丛刊》第1辑。本书主要记述果洛地区藏族部落在川青一带的历史和现况。

大纪录·西藏卷 1949—1999 江村罗布主编。红旗出版社1999年9月出版,16开,1156页。“辉煌的二十世纪新中国大纪录丛书”之一。本书分绪论篇、历程篇、经济成就篇、社会成就篇、机构篇、文献篇、人物篇、企业篇、大事记等9部分,全面客观地反映了西藏各族人民在中国共产党领导下从黑暗走向光明,从落后走向进步,从贫困走向富裕的光辉历程;充分展示了西藏和平解放后,特别是进行民主改革、废除政教合一的封建农奴制以来,在实行民族区域自治、改革开放和社会主义建设等方面取得的举世瞩目的成就。本书以邓小平理论为指导,站在世纪之交的时代高度,回顾历史,总结经验,涵盖面广,并首次公布了一批人们关注的文献材料和图片。是一部展现20世纪下半叶西藏变革的著作。

待解放的西藏 新华时事丛刊社编。新华书店1950年3月出版,32开,65页。刊于《新华时事丛刊》0399期。本书收录《西藏人民渴望解放》、《决不容许外国侵略者吞并中国的领土——西藏》、《朱德副主席关于西藏问题的谈话》、《中央人民政府外交部发言人谈话斥责西藏拉萨当局将派出所谓“亲善使团”》、《西藏班禅堪布会议厅要求解放西藏致毛主席、朱总司令电》、《西藏全体同胞,准备迎接胜利的解放》、《帝国主义侵略西藏的史实》等11篇文章和社论。附录《访问藏族区——拉卜楞》等4篇通讯。

当代藏学研究的几个理论问题 拉巴平措、格勒主编。中国藏学出版社2002年出版,32开,455页。“藏学前沿问题研究丛书”之一。本书对藏区的现代化建设、教育、环境保护等问题作了较深入的探讨。

当代中国的西藏 丹增、张向明主编。当代中国出版社1991年出版,32开,1202页,上下册。“当代中国丛书”地方卷之一。本书分4部分:1.绪论。概述西藏地理、自然资源、区划和历史。2.西藏革命和建设历程。较详细叙述了西藏和平解放、十七条协议的签订、平叛改革、民主改革、自治区成立、“文化大革命”中的西藏、拨乱反正恢复生产、反对分裂等重大事件。3.经济建设成就。分别对农业、畜牧业、林业、交通运输、工业、财政金融、邮电、气象水文和城镇建设等作了详细介绍。4.思想文化建设。详细记述了民主改革以来的教育、文化艺术、藏学研究、新闻出版、医疗卫生和体育运动的发展情况。本书详今略古，对近 40 年的西藏变化叙述全面，资料翔实，为了解当代西藏的重要著作。附西藏大事记、西藏自治区历届领导人名录、重要文件汇编及图片 300 余张。

当西藏农奴站起来的时候　（美）安娜·路易斯·斯特朗著。外文出版社 2003 年出版，32 开，221 页。又有西藏人民出版社 1991 年孟黎莎汉译本（书名为《西藏农奴站起来》），32 开，223 页。作者是美国著名记者、进步作家，是中国人民的好朋友。1959 年，中华人民共和国国庆 10 周年前夕，她以 73 高龄访问了西藏，写了两本有关西藏的著作。本书主要记述了在中国共产党的领导下，西藏百万农奴翻身得解放，过上幸福生活的情景，以及西藏建设取得的成就等。

滇藏文化带考察　云南田野考察群编。云南人民出版社 2000 年出版，32 开，266 页。在美国哥伦比亚大学美中艺术交流中心、美国福特基金会、云南学术基金、云南省社会科学院、山茶学术基金、云南人民出版社、云南省社会科学联合会项目资金、林克彬先生、陈澄声先生的资助下，有关单位组织学者对云南省西北部与西藏等省的结合部地区，进行了综合科学考察。本书以图文并茂的形式记述了这次考察的结果，介绍了滇藏区域性和多民族的边地文化，以及当地的物质生活和精神生活状况。

访问西藏　（美）安娜·路易斯·斯特朗著。1959 年出版。本书为作者 1959 年访问西藏时所写的报道。书中报道了藏族人民翻身得解放的喜悦心情，以及在党中央领导下进行建设西藏、扩大农牧业生产等情况。

赴康日记　唐柯三著。新亚细亚学会民国二十三年（1934）出版，32 开，112 页。《新亚细亚边疆丛书》第 14 册。民国十九年至二十年（1930—1931）间，西康甘孜县大金寺与白利土司发生纠纷，引起川藏两军之间的冲突。作者奉蒙藏委员会之命，赴康区调解。本书为其赴西康的日记，记述了其交涉、调解的经过，也介绍了西康藏族的语言、文字、宗教、风俗习惯，并涉及历史、政治、经济、地理、风景名胜等。附《大金白利肇事原因及康藏西军启衅之经过》一文和西康康定县各学校一览表。

富饶的西藏　李璞著，青海人民出版社翻译。藏文。青海人民出版社 1956 年 4 月出版，32 开，30 页。本书记述了 1956 年前中央人民政府政务院文化教育委员会科学工作队入藏考察的结果，主要介绍了西藏的一般自然情况、资源情况和农牧业生产情况，以及青藏高原的有关情况。

改革开放中的青海(1976—1986) 青海省统计局编写。青海人民出版社1989年2月出版，32开，85页。本书共分10部分，包括序论、农业生产、工交邮电、城乡市场、财政金融、基本建设、科教文卫、职工队伍、人民生活等方面的内容，全面系统地反映了粉碎"四人帮"以来青海省经济建设和社会发展各项事业所取得的成就。本书除文字叙述外，还有大量形式多样的统计图表。是一部介绍、宣传青海的通俗读物和资料书。

甘青藏边区考察记 马鹤天著。商务印书馆民国三十六年(1947)出版，3册。另有甘肃人民出版社2003年出版胡大浚点校本，32开，462页。"西北行记丛萃丛书"之一。"中国边疆学会丛书"之一。本书的上册记述拉卜楞地区僧俗人民的生活状况、风俗、宗教势力与政教合一、寺院组织与活佛等方面的内容。中册着重叙述青海塔尔寺邻近藏区和玉树地区的政治、文化、经济情况，附有玉树二十五族牧地所属头目一览表。下册论述西藏的政教合一制度和地方组织机构、宗教文化与寺院组织、社会等级和僧俗人民的生活习俗等，对九世班禅在玉树圆寂的前后情况、回民在青海的状况等，都有较详细记载。为了解20世纪初甘青藏边区藏族社会的较好资料，书中所载大多为作者亲自考察的结果，具有较强的真实性。

甘肃藏族人口 甘肃省人口普查办公室编著。中国统计出版社1994年8月出版，32开，229页。本书运用1990年全国第4次人口普查资料，主要记述了甘肃藏族人口的历史变迁、地域分布、自然条件、性别、年龄、文化及未来人口等。

甘行日记 杨德慧著。民国二十五年(1936)印本。本书主要记述了卓尼杨土司辖地的土官组织与藏民生活、拉卜楞寺院的教权与活佛、普通僧人与喇嘛及风俗习惯等。附拉卜楞地区的藏族部落户口和头人简表。

高原丰碑——105项援藏工程巡礼 西藏日报社编辑。西藏人民出版社2001年出版，32开，208页。本书以图文并茂的形式介绍了"43项工程"和"62项工程"的由来、概况、实施、效益等情况，体现了国家对西藏的关怀，全面反映了工程承建单位和西藏各族各界群众在这105项浩大的工程建设中团结一致、艰苦奋斗、保质保量地完成任务的"老西藏精神"，热情歌颂了全国各兄弟省市人民对西藏人民的深情厚谊和西藏人民建设家园的豪情壮志。

格尔木西藏基地 本书编写组编写。西藏人民出版社1993年7月出版，32开，508页。本书分4篇，详细介绍了格尔木西藏基地的建立、组织机构变迁、大事记和与基地有关的文献资料等，反映了西藏驻青海格尔木基地40年来的发展变化。

各民族共创中华·西南卷——珞巴、羌、藏、门巴的贡献 尹伟光著。甘肃文化出版社1999年出版，32开，330页，上中下3册。“各民族共创中华丛书”之一。本书为“西南卷”之上册，主要介绍了珞巴族、羌族、藏族、门巴族在文化、历史、农牧业和科技等方面的贡献。

更敦群培文集精要 更敦群培著，格桑曲批译，周季文校阅。中国藏学出版社1996年12月出版，32开，194页。作者学识渊博，才华横溢，对藏族的历史、佛教哲学、美术、逻辑学、语言学及地理学的研究均颇有造诣。其著作《智游列国漫记》、《论喜马拉雅山》和《印度诸圣地旅游纪实》通过游览印度等地对诸多领域进行了深入细致的考察，以游记与考证相结合的形式，既对印度等国的佛教、历史、文化、名胜和藏传佛教、藏族历史文化等进行了分析和研究，又结合藏区实际，对藏民族的历史、宗教及文化进行了重新审视和评判，以犀利的笔触，对一些被视为正统、神圣的旧观念大胆地提出了质疑和批判，并澄清了许多历史误传。尤其难能可贵的是，作者身为佛教徒和出家人，却能用朴素的唯物主义观点去认识事物、分析事物，不怕激怒权贵和守旧势力，力排众议，大胆地向传统进行挑战，以实事求是的态度，写出了藏族历史上第一部没有宗教神话色彩的历史著作《白史》。本书从更敦群培文集中择录了《智游列国漫记》、《白史》、《论喜马拉雅山》和《印度诸圣地旅游纪实》4部（篇）论著。

古老的西藏面对新生的中国 （法）亚历山大·达维·耐尔（1868—1969）著，李凡斌、张道安译。西藏社会科学院西藏学汉文文献编辑室1986年出版，32开，173页，铅印本。作者为法国女藏学家，1918年至1944年间曾多次赴藏考察，著有《一个巴黎女子在拉萨》、《五明喇嘛》、《西藏的神修学和巫师》、《喇嘛教奥义传授仪式》等20余部书。本书写于1951年至1952年间，1953年出版。共8章，主要记述了作者在西藏各地的所见所闻，并通过考察和研究，证明西藏是中国的领土，藏民是中国人。书首附作者简介和介绍藏学专家两位。本书因能公正、科学地分析和看待西藏问题而为学术界所推崇。

和平解放的西藏 林溥伦著。南方通俗读物联合出版社1951年7月出版，32开，48页。本书简要介绍了西藏的历史、政治、文化、宗教、城市、社会生活及帝国主义侵略西藏的历史等方面的情况。

活在喜马拉雅 徐平著。云南人民出版社1999年出版,32开,346页。作者经过多年的蹲点调查和研究,记录了西藏一个典型村庄50年变迁的情况,是一部社会学调查著作。本书根据定量研究体现西藏农村的整体文化和社会进步,具有一定的理论和现实意义。

建设新西藏的任务和方针 国家民族事务委员会政策研究室编。民族出版社1980年9月出版,32开,60页。另有民族出版社1980年出版藏文民族出版社藏译本,32开,134页。本书是1980年中央领导和西藏自治区领导关于发展西藏经济、文化等方面重要讲话的摘编。其中有《西藏工作情况会议纪要》、胡耀邦关于建设西藏要做好6件大事的讲话、万里在西藏县以上干部座谈会上的讲话、阿沛·阿旺晋美的《立即行动起来,为建设团结富裕文明新西藏而努力奋斗》和赵振清在西藏干部会议上的讲话。

解放了的西藏 钱今昔著。上海劳动出版社1951年出版,32开,98页。本书主要论述了西藏的地形、物产资源、贵族统治下的西藏人民和藏族人民的未来。

今日的西藏 李有义著。知识书店1951年出版,32开,156页。本书分西藏民族发展简史、西藏的社会政治、西藏的经济、帝国主义对西藏的侵略等4部分,对西藏政治、经济的论述较详。

今日的西藏 董之学著。上海生活出版社民国二十二年(1933)出版,32开,46页。本书着重记述了民国时期西藏的社会状况、经济状态、宗教等问题。

今日西藏牧民——美国人眼中的西藏 (美)戈尔茨坦、(美)比尔著,肃文译。上海翻译出版公司1991年9月出版,32开,127页。戈尔茨坦于1974年、1976年曾到尼泊尔北部一个藏族地区进行实地考察。1986年6月至1988年6月又到西藏北部高原牧区,进行了为期16个月的实地考察,本书即为此次调查的结果。本书为小型画册,共有212幅彩照,每幅彩照均有说明文字。除图片说明文字外,其正文共16节,内容包括羌塘牧业概况、牧民一年四季的放牧和生活实情、1959年平叛后的牧民生活、1966—1981年间的牧民公社及生活、"文化大革命"后中央的西藏政策、新政策下的牧区、环境保护及西藏牧民的前景等。书中对任何事物均如实记述,无政治偏见,也无人类学方面的术语。作者指出在羌塘牧区保留着传统的生活方式,这与斯文·赫丁的考察记述相吻合。并认为今天帕拉的生活要比自1959年中央对西藏实行直接管辖和改造以来的任何时候都更接近传统时代。由于牧民不必同汉族官员打交道,与政府的一切书面、口头交往也只用藏语，因此日常生活中不存在民族从属与民族冲突的迹象。本书是一份真实记录藏北牧民生活的实地调查资料，参考价值较高。

康藏随军行 苏岚著。新疆克孜勒苏柯尔克孜文出版社1953年8月出版，32开，78页。本书是作者1951年随中国人民解放军进藏时所写的长篇通讯，分为由新当至甘孜、由甘孜至昌都、由昌都至拉萨和拉萨见闻录4部分，记述了人民解放军入藏过程中的事迹和沿途所见所闻。

拉萨见闻记 朱少逸著。商务印书馆民国三十六年(1947)出版，16开，127页。本书着重记载了"噶厦政府"的组织机构和拉萨的经济、金融、教育方法、等级制度、风俗习惯等，并对西藏的政教、经济和文化中心拉萨的状况作了论述。

旅藏二十年 (英)麦克唐纳著，孙梅生、黄次书译。商务印书馆民国二十五年(1936)出版，32开，279页。本书共31章，对1904年英军入侵拉萨、十三世达赖逃亡至内地和印度与班禅会晤及班禅赴印、清朝驻藏官吏、中华民国成立对西藏的影响、川军入藏和撤退、驻藏大臣的倒台等方面的记载较详，也有不少他书不载的珍贵资料。对西藏的风土人情、宗教信仰、趣闻轶事等亦有记述，所记多系作者亲身经历。本书自问世以来备受藏学研究者的重视。

蒙藏状况 马福祥编。南京蒙藏委员会民国二十年(1931)出版，32开，202页。本书除记述了蒙藏关系和蒙族政治、经济、文化外，对西藏和青海玉树等地区的政教组织、宗教信仰、风俗习惯、经济物产等也作了论述。

民族之光:隆重庆祝西藏自治区成立三十周年 杨水利主编，西藏自治区党委宣传部编。西藏人民出版社1995年7月出版，16开，269页。本书用各个时期的大量珍贵照片和文字资料展示了西藏自治区成立30年来在各个方面取得的巨大成就。

明日之康藏滇桂问题 方秋苇著。世界书局民国二十五年(1936)出版，32开，48页。"内外政治经济编译丛书"之一。本书着重论述了康藏各省的社会状况、农牧业生产、交通及西藏政教合一的封建集权制度、西藏人民所承受的差役捐税等问题。

难忘高原岁月:新华社记者在西藏 新华社西藏分社50年编委会编。西藏人民出版社2001年出版，32开，304页。本书详细记录了新华社西藏分社建社50年来的历史变迁及期间发生的许多动人故事。

青海省计划生育工作的回顾与思考 班玛丹增著，青海省政府办公厅四处译。藏文。青海民族出版社1993年1月出版，32开，296页。本书运用科学的理论阐述了国内外过去和现在人口发展的趋势，特别对青海省人口发展状况作了缜密的分析。本书是一部探讨人口学的著作，也是迄今为止第一部以藏文反映人口知识方面的书籍。

青海藏族人口 青海省人口普查办公室编。中国统计出版社1994年8月出版，32开，150页。本书记录了青海省藏族人口的分布、各行业人口比例及其知识结构等情况。

庆祝昌都解放50周年书系 本收编委会编。四川民族出版社2000年出版。本书系1套4册，即《曙光从东方升起》(32开，420页)、《为和平解放西藏而战——昌都战役回忆录》(32开，665页)、《昌都战役文献资料汇编》(32开，418页)和《在昌都的日子》(32开，323页)。其中，《曙光从东方升起》31万字，为纪实文学，作者郝桂尧不辞辛苦采访数月，奔波于十八军老战士之中，收集到了大量第一手资料，故该书素材丰富，内容可信；《为和平解放西藏而战——昌都战役回忆录》47.5万字，共收录有48篇稿件，都是由当年参加过昌都战役和昌都建设的战士、护士和军官所记述的亲历事件，内容真实、事例突出、清晰；《昌都战役文献资料汇编》是从大量原始资料中遴选集成，包括文件、电报、布告、书信等，涉及战前政治形势、战略决策与战役部署、政治工作与民族宗教政策、后勤保障、战役经过、外交斗争、地方工作、争取和平解放西藏与和平进军等方面。本书系由曾经参加过昌都战役的十八军老战士阴法唐作序。

全国生育节育抽样调查报告集·西藏卷 常崇煊主编。中国人口出版社1993年3月出版，32开，158页。本书全面反映了1988年在西藏自治区全区范围内进行的以生育节育、妇幼保健为主要内容的大规模专业性调查的成果，内容包括数据和分析报告。

塞外杂记 (清)冯鹏撰。刻印本。冯鹏，字止圆，钱塘(今杭州市)人，康熙五十九年(1720)同将军宗查布出师西宁口外。当时，准噶尔部侵扰西藏，清廷连续派兵征讨。又有西藏策零敦多布之乱，冯鹏随同进剿。本书即是此次远征的记录，有关甘青等地的游记。书中着重记述青海、新疆、甘肃、河西4郡及绥远各地的风土与物产等，对康熙征讨准噶尔部、年羹尧平定青海等事件均有记述。

散杂居少数民族统计与分析 沈林、和佳、王云新著。民族出版社2003年出版，32开，235页。杨侯第主编“中国散杂居民族工作丛书”之一。本书记述了夏尔巴族、珞巴族、门巴族等西藏境内的少数民族的情况。

事实与真相——十四世达赖喇嘛丹增嘉措其人其事 唐家卫编著。中国藏学出版社2003年出版，32开，

685页。本书主要内容有:1.藏传佛教简况、达赖喇嘛转世制度沿革、西藏政教合一制度。2.历世达赖喇嘛简介、民国政府对十四世达赖喇嘛的准认、十四世达赖喇嘛在和平解放西藏中的情况。3.十四世达赖喇嘛和“西藏流亡政府”在国外的所作所为、十四世达赖喇嘛集团在国外的现状和“西藏独立”企图的破灭等。

丝路文化·吐蕃卷 张云著。浙江人民出版社1995年12月出版,32开,374页。本书共分8章,论述吐蕃的地理、历史、经济、文化、宗教、社会及其与周围各地区各民族之间的关系,展现了古代沟通东方与西方、中国文化与世界文化的丝绸之路的一个重要组成部分——吐蕃丝路。

四川少数民族 本书编辑组编。四川民族出版社1982年8月出版,32开,108页。通俗性知识读物。本书分别介绍了四川境内的藏族、彝族、羌族、苗族、纳西族、傈僳族等13个少数民族的历史、地理环境、语言文字、气候、农作物、畜牧业、服饰、婚姻、风俗习惯、文学艺术等。附四川省少数民族人口分布简表、四川省民族自治地方简表和四川省少数民族分布图。

四川少数民族人口研究 四川省民族研究所编。四川民族出版社1991年出版,32开,511页。本书所收文章从不同角度探讨了四川少数民族人口发展变化的规律和当前存在的问题,内容包括人口与民族繁荣、少数民族人口政策、少数民族人口再生产类型的特点及其转变,宗教、婚姻家庭对人口的影响,人口的自然构成与社会构成,生育与死亡的民族因素分析等。本书具有一定的学术价值和决策参考价值,其中对甘孜州、阿坝州藏族人口的分析研究具有全面性和科学性。

四川藏族人口 四川省人口普查办公室编。中国统计出版社1994年8月出版,32开,219页。本书主要记录了四川省甘孜州、阿坝州和其他地县藏族人口的分布、人口增长等情况。

田野调查实录 郝时远主编。社会科学文献出版社1999年9月出版,32开,588页。本书是中国20世纪50年代大规模民族地区田野调查的记录和民族研究文集,共43篇,其中7篇是关于西藏和藏区内容的田野调查。本书是对民族地区50多年前的真实记录,具有较高的参考价值和研究价值。

外蒙与西藏概况 马鹤天著。中国边疆学会民国三十年(1914)印行。本书对外蒙与西藏的关系、西藏政府组织、僧俗等级与刑法等有较详论述。附《蒙古行》、《康藏行》、《伊盟杂咏》等游记和诗。

稳步前进中的西藏 民族出版社编。民族出版社1958年7月出版,32开,120页。本书辑录了《富饶美丽的西藏》、《稳步前进中的西藏》、《藏族干部在成长中》、《进步繁荣的拉萨》、《拉萨农村》、《富庶的日喀则地区》、《藏毯的故乡——江孜》、《在喜马拉雅山区里》、《雪山怀抱的阿里》、《世界上最高的公路——新藏公路》等19篇文章，介绍了西藏的风土人情和西藏和平解放后的新变化。

西防纪实 邱怀瑾编。南京电讯社民国二十二年(1933)印行，铅印本。本书为国西电讯社记者赴康区的调查集，着重记述了康区的宗教、风俗、产业、垦殖、财务、交通、教育、法制等。

西康纪要 杨仲华著。商务印书馆民国二十六年(1937)出版，32开，第1册236页、第2册338页。作者为四川康定县人。本书写于民国十八年(1929)，翌年以《西康概况》为题发表于《新亚细亚》，民国二十四年(1935)增补内容，改今名出版。本书共10章，主要内容有有：1.西康历史。记述康区从远古至唐宋元明清各朝历史及外交史。2.西康地理。详载了康区交通、疆域等。3.经济。记述民国期间的西康财政、工商和农牧业情况。4.民族社会。记述康区社会组织、家族制度、道德观念等。5.政治。记述改土归流前后的军政及法律。6.教育。记述学校教育和社会教育等。7.宗教。记述佛、儒、回和基督教概况。8.风俗。记述历法岁时和婚丧嫁娶等，还记述了西康人的生活状况和地方物产。附照片39张。为研究康区的参考书之一。

西宁市人口问题研究论文集 张访才主编。青海人民出版社1993年8月出版，32开，392页。本书对西宁市人口发展现状、特点、未来趋势、婚姻生育、家庭规模、民族(藏族、回族)、人口素质、人口老龄化、人口与经济社会发展等问题进行了分析研究，探讨了控制人口的对策和途径。

希望之光——青海经济在改革中崛起 田源主编，中共青海省委宣传部编。青海人民出版社1992年12月出版，32开，336页。本书通过总结青海省一些企业和地区在党的基本路线和省委制定的“改革开放、治穷致富、开发资源、振兴青海”战略方针指导下，勇于改革、大胆创新的历程和成功经验，生动地揭示了青海崛起的希望所在，为各地区、各单位深入贯彻党的十四大精神，加快改革开放步伐，推动青海的开发建设再上一个新台阶，树立了现实的榜样。其中也介绍了藏区农牧业、个体商业等方面的发展情况和经验。

西藏 (日)太田保一郎纂述，四川西藏调查会译。四川西藏调查会光绪三十三年(1907)九月十五日根据日本秀光社日文本翻译印刷，32开，107页，铅印本。成书于清末。本书共16章，主要内容有：西藏阿里、卫藏等地的地理、气候和农作物，拉达克首府简况，拉萨的一般情况及宗教，西藏商业，藏族的风土人情，西藏的政治和区域划分，著名寺院介绍，藏文经典和语言文字，交通，西藏法律，藏传佛教的发展及其在西藏的势力，西藏的教育等。附《青海地方风俗及喇嘛》一文，介绍了青海藏族地方的生活习俗、服装、僧人生活、活佛转世、婚姻爱情、语言、气候、家族情况等。

西藏　陈舜华编著。中华书局1977年8月出版，32开，126页。“中国知识丛书”之一。本书共18章，以通俗流畅的文笔，介绍了西藏高原的地形、河流湖泊、矿藏、野生动物、林牧资源、气候、农业、工业、手工业、交通运输、教育、卫生、体育、文艺、风俗、重要城镇、布达拉宫、名山秀水、珠穆朗玛峰地区的科学考察、西藏江南——察隅等方面的情况。本书着重介绍1959年以后西藏各地发生的变化，尤其是农牧民生活的变化和城镇、工业等方面的发展变化。本书中有些描述过于夸大，但从总体上看，本书对1959年至1976年间西藏基本情况的介绍还是客观的。

西藏　杨瑞才著。文物出版社1951年8月出版，32开，38页。通俗读物。本书主要介绍了：1.西藏的自然环境、宗教信仰、政治制度、社会生活、文化教育等情况。2.西藏的重要城市与交通、自然资源，以及历史上帝国主义对西藏的侵略与西藏和平解放的过程。

西藏春潮：一个记者关于西藏民主改革的日记　林田著。中国藏学出版社1990年12月出版，32开，214页。作者是新华通讯社高级记者。作者于1959年5月赴藏，在山南改革试点凯松庄园采访调查达3个月之久，本书即为此次社会调查期间所写的日记和各种采访报道。书中记述了1959年夏秋间废除封建农奴制度的经过，客观地叙述、分析了西藏农奴制度，真实记录了这场伟大的民主革命。附《拉萨叛乱真相纪实》一文，此文为首次发表。本书对研究西藏农奴制、西藏民主改革运动等有重要参考价值。

西藏的人口变迁　张天路著。中国藏学出版社1989年3月出版，32开，110页。西藏社会学著作。本书共7章，分别叙述了西藏人口的总数、分布、婚姻生育、年龄构成、身体状况、文化素质，以及在业人口的行业和职业构成。书末有关于西藏人口的讨论文章。本书可作为西藏人口的普通读物。若要深入研究，可以参阅《中国人口：西藏分册》。

西藏的人类学　包奇等著。1965年在法国出版。《法兰西远东学报》人类学集刊之一。本书由“西藏的人类学”和“西藏东部的人类学”两部分组成。从人类学角度对藏族进行了较全面的研究。附有藏族男女的正面、侧面头像10余张、示意图4幅。对研究西藏人类学有一定参考价值。

西藏的文化遗产 （英）麦克唐纳著。1978年出版。作者在西藏15年，对藏文化有较深刻了解。本书主要内容：1.关于西藏地理、历史的一般性介绍。2.宗教和寺院状况。3.社会结构、风俗礼仪和衣着饮食。4.医药、神咒和犯罪。5.集市和节日。6.圣地。7.语言和文学等。附照片44张。

西藏的文明 （法）石泰安著，耿昇译，王尧审订。1962年在巴黎出版，在国际藏学界引起了极大反响；1971年，日本山口瑞凤和定方晟在东京出版日译本；1972年，英国德赖弗在伦敦出版英译本；1982年，巴黎出版修订版；西藏社会科学院西藏学汉文文献编辑室1985年内部出版耿昇译、王尧审订汉译本，32开，458页，为“西藏学参考丛书”之六；1992年英国出版了修订版；中国藏学出版社1999年出版耿昇汉译本，32开，398页；2005年出版，32开，354页。石泰安是当代法国最有权威的藏学家，长期从事西藏文化史的研究。本书是作者的精心之作，共5章，分别介绍了西藏的地理环境与居民、历史概况、社会、宗教与习俗、文学（民间文学）与艺术等内容。本书是在对敦煌藏文写本及大量的藏文历史资料进行研究的基础上写成，资料丰富，详略得当。在国际藏学界具有很高地位和学术价值。

西藏的新生 学文化文库编委会编。上海人民出版社1960年1月出版，32开，41页。本书简要介绍了西藏的自然环境、西藏的过去与和平解放后的人民生活。

西藏的跃进 郗长豪、高元美编。人民交通出版社1977年1月出版，32开，116页。另有英、西班牙、印地、日等文字的版本。本书通过作者对西藏的实地考察，记述了西藏和平解放后的政治、经济、医疗、交通等方面所发生的巨大变化。

西藏的转变 爱泼斯坦著。新世界出版社1983年1月出版，32开，566页。作者是有着外国血统的中国籍人，他于1955年、1965年和1976年3次到西藏采访，本书是在其采访基础上写成的。本书通过对不同时期的拉萨、日喀则、江孜、昌都、林芝、藏北当雄和藏南地区的几百名西藏人的采访，真实地描述了庄园主的财产如何归互助组和公社所有，农牧业技术的改进，西藏现代工业的诞生，西藏的新老年革命者，西藏的统一战线，教育、文化、宗教生活等各方面的变革等。其中也有涉及国际上有关西藏历史、政治、社会等方面情况的论述。

西藏风情 格桑梅朵编，廖东凡撰文，车刚等摄影。五洲传播出版社2004年出版，16开，166页。本书用大量西藏独特风情的图片，介绍了西藏的雪山胜境、民俗风情、节日文化、民间艺术和宗教信仰等内容。

西藏高原上的不朽丰碑 王华主编。河海大学出版社 1995 年 8 月出版,32 开,309 页。本书记述了改革开放以来内地对西藏的 8 项援藏工程及其建设过程,其中还包括媒体报道、领导讲话、回忆录和有关材料。

西藏今昔 国家民族事务委员会政策研究室、政治司合编。山东大学出版社 1988 年出版,32 开,262 页。本书分 3 编:1. 介绍藏族传统文化、藏传佛教的历史及影响,并分析了旧西藏农奴的经济情况。2. 记述了西藏与中原的交往历史,西藏归属元朝以来西藏人民维护祖国统一的光辉历程。3. 叙述了西藏和平解放后,藏族人民在政治上获得民主、自由,生活上享有国家特殊照顾及逐步得到改善的事实。本书是进行爱国主义教育、加强民族团结的好教材。

西藏境内的门巴族、珞巴族和回族 吴从众著。中国藏学出版社 1989 年出版,36 开,120 页。本书主要介绍了西藏自治区境内的门巴族、珞巴族、回族、僜人、夏尔巴人的分布、历史沿革、宗教信仰、生产方式、风俗习惯及其在封建农奴制下的悲惨生活,以及解放后的发展变化等情况。

西藏巨变 外文出版社编。共民交通出版社 1972 年 1 月出版,32 开,53 页。另有英、法、俄、德、日等文字的版本。本书收录了《西藏高原新貌》、《昔日的奴隶成了国家的主人》、《藏族干部在成长》、《拉萨新貌》、《新兴的工业基地林芝》等 11 篇文章,反映了西藏和平解放后在政治、经济、人民生活等方面所发生的深刻变化。

西藏历史的新篇章 牙含章著。四川民族出版社 1979 年出版,32 开,173 页。本书分 6 篇,分别叙述了西藏是我国领土不可分割的一部分,文成公主与汉藏友谊,达赖喇嘛的封号、地位、职权和“噶厦”的由来,原西藏地方政府,西藏人民的新生,喇嘛教浅说等内容。为普及知识性读物。

西藏农奴的怒吼 民族出版社编辑。民族出版社 1960 年出版,32 开,101 页。本书收录了 24 篇翻译文章和发言稿,内容为西藏翻身农奴控诉“噶厦政府”、“卫教军”和反动上层等分裂祖国、奴役人民的罪恶。附山南展览会和原西藏地方政府刑具展览会介绍。

西藏农奴主的血腥罪行 民族出版社编辑。民族出版社 1959 年出版,32 开,92 页。本书共收录了 25 篇记录性翻译文章,内容是西藏人民对原西藏地方政府、贵族、牧主、管家的剥削、压榨、迫害、蹂躏行为的控诉,以及西藏人民要求推翻农奴制度当家作主的强烈愿望。

西藏人眼中的西藏——五人五

话 刘东平采写整理。新星出版社1995年出版，32开，19页。本书用洛桑顿珠、绕拉坚争、洛桑坚赞、白珍和江村罗布5位西藏人士的亲身经历，讲述西藏在城市、经济、农牧业等方面发生的巨大变化。

西藏社会的飞跃 王辅仁等编著。西藏人民出版社1978年出版，32开，162页。本书主要介绍了西藏与祖国的关系、西藏人民反对外来侵略维护祖国统一的斗争史、封建农奴制度残酷剥削人民的血泪史，以及民主改革后西藏发生的变化，歌颂了社会主义制度和共产党的民族政策在西藏取得的成就。为普通读物。

西藏实践与理论探索 李维伦著。西藏人民出版社1990年出版，32开，159页。本书收入作者在西藏工作期间撰写的政治理论文章26篇。有丹增序。

西藏视点丛书 华文出版社1996年出版，32开，4册。本书由牙含章的《达赖喇嘛传》、《班禅额尔德尼传》，赵志忠的《清王朝与西藏》，蔡志纯、黄颢的《活佛转世》4书合编而成。书中分别介绍了达赖、班禅两活佛制度的形成、定制，历代达赖、班禅，重大历史事件，活佛转世制度的由来、程序、方式、圆寂，清朝时的西藏及清政府的西藏政策，驻藏大臣制度的建立，金瓶掣签定制的初始，达赖、班禅北京行等历史事件。

西藏：新的援建项目 今日中国杂志社编。新星出版社2002年出版，32开，130页。本书内容包括：中央第4次西藏工作会议、第4次西藏工作会议确定的援建项目、前3次中央西藏工作会议及确立的援藏项目对西藏发展的贡献等。

西藏学研究在俄国和苏联 房建昌编。中国社会科学院中国边疆史地研究中心办公室1987年4月出版，32开，252页，铅印本。本书对藏学在俄国的兴起、俄国藏学的形成与发展、苏维埃人民政权后的藏学等作了较详细记述，对自1750年至1980年间研究藏学的学者也有详略不一的介绍。是了解前苏联及俄国藏学动态的重要参考书。

西藏与西藏人 沈宗濂、柳升祺著。1953年在美国出版英文版。中国藏学出版社2006年出版柳晓青汉译本，32开，256页。沈宗濂自1944年至西藏和平解放前夕，任中国国民党驻西藏官员，柳升祺任英文秘书。本书是两人在西藏时编写的，主要记述了僧人与寺院、政教合一政府的机构与官员、拉萨人民的生活、西藏简史等。附录有1953年5月23日签订的《中央人民政府和西藏地方政府关于和平解放西藏办法的协议》、参考书目、寺院与艺术品的照片等。

西藏在前进 林安波著。解放军画报社1956年9月出版,32开,70页。本书辑录照片80余幅,反映了西藏和平解放后的城市新貌、经济成就、农业生产、文化教育及西藏自治区筹备委员会成立等方面的情况。

西藏自治区第四次人口普查手工汇总资料 西藏自治区人口普查办公室统计、编辑。中国统计出版社1990年12月出版,16开,348页,精装本。本书汇编了1990年第4次全国人口普查时西藏自治区人口普查登记的全部资料,包括普查总人口及其增长情况和人口密度,普查总户数、总人口和性别比,普查常住人口的户口登记状况,家庭户与集体户的总户数和总人口,1989年和1990年上半年人口自然变动,各民族人口增长状况,各民族人口的地区分布,各种文化程度人口,市、镇人口,城乡人口,区县属镇按人口数分组,全区分地市各乡按人口数分组,全区市镇、居委会按人口数分组,全区人口年龄状况,第1、第2、第3、第4次全国人口普查西藏地区重要数据等。附1990年普查全区和分地区各年龄组人口分布状况等4个表。

西藏自治区概况 本书编写组编。西藏人民出版社1984年12月出版,32开,657页。"国家民委民族问题五种丛书"之"中国少数民族自治地方概况丛书"之一。本书共13章,详细介绍了西藏自治区的地理、物产、以藏族为主的各民族、行政区划、名胜古迹、西藏简史、帝国主义侵略和西藏人民反侵略斗争史、文化与生活、文学艺术、科技、宗教、封建农奴制,以及民主改革后西藏在农业、牧业、交通、工业、商业、教育、卫生、出版、科技等方面发生的巨大变化。书中有数十幅插图,并附有16个重要文件、世系表等。是了解西藏今昔各方面的重要著作。

西藏自治区概况 本书编写组编,次仁顿珠等译。藏文。西藏人民出版社1991年5月出版,32开,上册763页、下册798页。本书根据西藏人民出版社1984年版《西藏自治区概况》翻译,译者在翻译过程中作了修订。

西藏宗教与社会发展关系研究 次旺俊美主编。西藏人民出版社2001年出版,32开,533页。本书主要内容有:1.西藏各历史时期的宗教与政治,藏传佛教的社会历史作用,藏传佛教与社会主义社会。2.历史上的宗教和社会经济发展,寺院经济。3.宗教与文化的发展,宗教与其他文化形态的关系,宗教与教育,宗教与西藏社会主义新文化建设。本书以清晰的线索、翔实的史料对西藏宗教与西藏社会发展的关系作了精辟的论述。

现代西藏的诞生 (加拿大)谭·戈伦夫著,伍昆明、王宝玉译。原著于1987年出版。中国藏学出版社1990年

8月出版，32开，374页。作者为美国纽约州立大学教授。本书共11章，前3章论述了西藏的早期历史、社会结构、宗教文化、生活习俗、英国入侵西藏等，自第4章起便详述1949年以来的西藏历史，略古详今，注重现实。作者查阅了百余种论著，搜集了大量可靠资料，包括英、美诸国有关档案，还拜访了十四世达赖喇嘛、夏格巴、黎吉生等人，获得第一手资料，然后客观地论述历史，用确凿的证据批驳错误观点。还把达赖喇嘛、中国政府、美国英国等其他国家关于"西藏独立"问题的观点排列出来，用事实证明西藏是中国不可分割的一部分。本书问世后即以其客观公道、资料丰富、文直事核而博得世界许多学者和我国藏学界的好评。为研究现代西藏、国外藏胞的要籍。

新中国的新西藏 龚思雪著。中国青年出版社1955年出版，32开，140页。本书内容有：1.西藏地区。包括藏族的历史概况和自然资源简况。2.西藏和平解放以来在各行各业取得的重大成果。其中对西藏是中国不可分割的一部分、藏汉人民在政治和经济及文化方面的关系、民主改革后的文化教育等叙述较详。为一般知识性读物。

雅砻江上游考察报告 李绍明、童恩正主编，中国西南民族研究学会、甘孜州人民政府编印。1986年5月内部流通，16开，108页，铅印本。《六江流域民族综合科学考察报告》之二。六江流域的考察工作于1982年5月开始，1984年9月结束。雅砻江上游包括石渠、德格、甘孜、新龙、雅江、康定、九龙等县，均在甘孜州境内。本书的考察点仅在康定、九龙、炉霍、道孚、雅江等县，未及边远地区。书中共收《甘孜州经济发展战略调查报告》、《甘孜州民族经济增长模型问题》、《明正土司考察记》、《九龙藏族社会的历史考察》、《明正土司属地的民族语言概况》、《木雅语研究》和《炉霍的打制石器》7篇调查研究报告。其中有关经济的报告，较科学地分析、研究了甘孜州经济发展方向的问题；有关明正土司的考察报告，较详细地叙述了该土司的世系、统辖地域、48家锅庄、明正土司与嘉绒和木雅及蒙古族的关系、经济状况等问题；《木雅语研究》一文，系作者两次实地调查研究的成果，介绍了该语言的分布、语音、语法和词汇等。本书对了解和研究甘孜州的经济、语言、历史有一定参考价值。

亚洲风景 （德）威廉·菲尔切尼尔著。1924年出版。本书共14章，主要记述了十三世达赖喇嘛在拉萨和内蒙古的活动，以及英、俄、日等国在西藏相互勾结、争夺的阴谋等内容。

云南藏族人口 张传富主编。中国统计出版社1994年8月出版，32开，192页。本书详细记录了云南省藏族人口的历史变化、分布、婚姻家庭、生育水平、死亡率、性别年龄构成等情况。

在西藏的一位挪威旅行家 （挪威）珀·克瓦尼尔著。1973年出版。被收入"喜马拉雅丛书"第1辑第13卷。作者为挪威科学院院士，奥斯陆大学宗教史教授，主要研究苯教，著有《苯教编年史》、《西藏苯教经典》等书。本书主要记述了挪威东方学家索伦森在西藏的旅行及其对搜集藏文文献的贡献等。

藏学在中国 钟藏文著。五洲传播出版社1995年出版，32开，155页。有汉、藏、英3种文字的版本。本书对中国藏学研究的规模、发展情况作了简要介绍，并着重论述了藏学研究的中心和研究主力在中国的情况。

藏族道德 刘俊哲等著。民族出版社2003年出版，32开，385页。"藏族道德"是国家民族事务委员会重点课题，课题组主持人为刘俊哲，组员有余仕哲、李元光、德吉草、魏新春、白玛措、尕藏才旦等。本书分10章，记述了藏族的各个时期不同的传统道德，并对其作了必要评论。

中国国情丛书——百县市经济社会调查：格尔木卷 格尔木市情调查组编。中国大百科全书出版社1992年2月出版，32开，484页。本书主要介绍了格尔木市在经济、社会、文化、教育、科学技术、思想观念及生活方式等方面发展的历史和现状，重点介绍了改革开放以来的成就。

中国国情丛书——百县市经济社会调查：拉萨卷 拉萨市情调查组编。中国大百科全书出版社1995年8月出版，32开，690页。本书详细叙述了拉萨市的地理环境与自然资源、历史沿革、人口与民族、商业、工业、乡镇企业、宗教信仰、教育、科技、医疗卫生等方面的现状。

中国简况：西藏人口的过去、现状与未来趋势 张天路著。新星出版社1994年出版，32开，24页。本书介绍了西藏人口历史上的变化、人口分布与民族构成的变化、婚姻家庭的特点、妇女生育水平的提高、人口死亡率的下降、性别年龄构成的变化等，反映了西藏40多年来的巨大变化。

中国人口：西藏分册 刘瑞主编。中国财政经济出版社1988年6月出版，32开，400页。本书以《西藏自治区第三次人口普查资料汇编》为依据，分14章，分别记述了影响西藏人口的自然环境与社会经济条件、历史人口状况、1949年至1985年西藏人口的变化、出生率和生育率及死亡率、迁移与流动、人口分布和人口城镇化、性别和年龄、劳动人口、婚姻与家庭、人口素质、计划生育、人口发展趋势预测等内容。其中重点叙述西藏人口现状，并对其进行了科学分析研究。本书是了解、研究西藏人口的重要著作，也是研究西藏人口的重要参考资料。

中国西藏 钟藏文著。五洲传播出版社1995年出版，32开，79页。本书对西藏的地理、自然资源、经济、人民生活、教育等方面作了简要介绍。是普及性读物。

中国西藏基本情况丛书 本书编委会编辑。五洲传播出版社出版。每册都附有80至100幅图片。除中文版外，还有英、法、德、藏文版。中文版一套10册，分别是：1.《西藏历史》。陈庆英著，五洲传播出版社2002年出版，32开，161页。本书内容包括：吐蕃王朝建立时期的西藏，分裂割据时期的历史；元、明、清、民国时期的西藏，西藏的和平解放和西藏自治区的建立。2.《西藏地理》。杨勤业、郑度著，五洲传播出版社2002年出版，32开，147页。本书阐明了青藏高原是独特的地域单元，介绍了西藏高原的地貌轮廓、复杂多样的气候，冰川与冻土、江河湖泊等，分析了自然资源的开发与利用、环境与自然保护等问题。3.《西藏宗教》。尕藏加著，五洲传播出版社2004年出版，32开，152页。本书从苯教讲起，详细介绍了藏传佛教的历史、沿革及各教派，还有伊斯兰教、天主教等外来教派。4.《西藏旅游》。安才旦著，五洲传播出版社2002年出版，32开，181页。本书介绍了西藏的自然保护区、自然旅游资源和人文旅游资源。5.《西藏的故事》。张晓明著，五洲传播出版社2002年出版，32开，153页。本书介绍了西藏的地理环境、民族、历史、藏传佛教、政教合一、民主改革、民族区域自治，以及改革开放以来各行各业的发展状况。6.《西藏教育》。周爱明著，五洲传播出版社2002年出版，32开，167页。本书介绍了西藏的寺院教育，以及民主改革以来的现代教育情况。7.《西藏民俗》。李涛著，五洲传播出版社2002年出版，32开，123页。本书依次介绍了西藏的居住民俗、饮食民俗、服饰民俗、婚姻民俗、节庆民俗、信仰民俗、娱乐民俗和丧葬民俗。8.《西藏艺术》。熊文彬著，黎阳译，英文版，五洲传播出版社2005年出版，32开，105页。本书分别对西藏的建筑艺术、西藏的雕塑艺术、西藏的绘画艺术和西藏的民间工艺进行了介绍。9.《西藏文学》，吴伟、耿予方著，五洲传播出版社2002年出版，32开，117页。本书介绍了《格萨尔王传》、《米拉日巴传》、《萨迦格言》等有代表性的优秀文学作品。10.《西藏经济》。王文长、拉灿著，五洲传播出版社2002年出版，32开，121页。本书简要介绍了西藏的传统经济、家庭经济、传统贸易，以及民主改革以来的现代经济、对外贸易等西藏经济的基本情况。

中国西藏旅游指南 安才旦撰。五洲传播出版社2003年出版，32开，

204 页。本书以图文并茂的形式简要介绍了西藏的地质、地貌、水体、自然保护区等自然旅游资源，以及西藏独特的人文旅游资源。附旅游线路。

中国西藏：事实与数字　王国振编。新星出版社 2002 年出版，32 开，128 页。本书用大量的统计数字，从西藏的地理、资源、历史、经济、环境、教育、文化、卫生、体育等方面介绍了西藏 50 余年的巨大成就和发展变化。

中国藏族人口　孙兢新主编。中国统计出版社 1994 年 8 月出版，32 开，194 页。本书根据 1990 年第 4 次全国人口普查汇总资料和历次人口普查结果及其他调查资料，对藏族人口的分布、男女比例、知识构成、婚姻状况、人员结构等问题进行了全面系统的阐述和广泛深入的研究。

中国藏族人口与社会　孙怀阳、程贤敏主编。中国藏学出版社 1999 年 12 月出版，32 开，317 页。本书主要论述：1. 藏区自然环境、藏族人口分布及自然环境对藏族人口分布的影响。2. 近代藏族农奴制社会人口及农奴制对藏族人口发展的影响。3. 藏族的宗教信仰及对藏族人口的影响。4. 藏族婚姻习俗的演进、当前藏族妇女的婚姻状况及家庭结构。5. 藏族人口的出生与死亡状况、藏族人口的发展问题、藏族妇女生育转变和发展途径及计划生育与藏族人口发展的关系。6. 近 40 年藏族人口规模的变动及地区差异。7. 藏族人口再生产类型的变迁、藏族人口性别构成及年龄构成。8. 藏区人口民族职业构成。9. 藏族人口的文化素质和身体素质。10. 藏区人口、资源与环境协调发展问题及其可持续发展战略。

中国之边疆　何新吾编著。南京边疆研究社民国三十七年（1948）印行，32 开，192 页。本书着重记述了西藏等边省的社会状况，并对西藏的政治、宗教、地方教育，以及甘、青、川藏区的土司制度等。

《中华大藏经·丹珠尔》对勘纪实　吴伟著。五洲传播出版社 1996 年 9 月出版，32 开，98 页。本书介绍了在中央统战部等部委的关心支持下，由中国藏学研究中心实施的一项旨在弘扬和保护藏族传统文化的"《中华大藏经·丹珠尔》对勘"的巨大工程。中国藏学研究中心在四川郫县成立"《中华大藏经》对勘局"，组织近百名藏文专家和藏文工作者，集中国内多种藏文《大藏经》版本进行对勘，计算机录入排版，现已完成《丹珠尔》部的对勘和出版工作。

走近西藏　闻毅著。五洲传播出版社 1995 年出版，32 开，46 页。本书对西藏的历史及民主改革后在政治、经济、文化等方面的进步与发展作了简要介绍。

走向二十一世纪的西藏　张小平主编。中国藏学出版社 1997 年出版，

32开，782页。本书对西藏第9个国民经济计划和西藏社会主义建设所取得的成就作了详细介绍，并分析和探讨了取得成就的原因。

祖国的西藏 陈恩炎著。河北人民出版社1959年8月出版，32开，61页。本书简要介绍了西藏的地理与历史、帝国主义对西藏的侵略活动、西藏和平解放、1959年西藏上层统治集团发动的武装叛乱，以及平息叛乱后西藏民主改革等方面的情况。

三、政治、法律

(一)政治

边疆政教之研究 黄奋生著。商务印书馆民国三十六年(1947)出版,32开,136页。"中国边疆学会丛书"之一。为研究少数民族政治、宗教的专著。本书分4章,论述了宗教的起源、性质、作用及政教的关系,边政主管机构的沿革、现状,以及蒙古、西藏、新疆土司政教制度沿革,并介绍了蒙古族、藏族和回族的宗教教义。

达赖喇嘛:分裂者的流亡生涯 直云边吉著。海南出版社1997年7月出版,32开,346页。作者为北京大学教授。本书共有15章,介绍达赖喇嘛转世制度、1959年叛乱、外国对西藏的干涉、中央历届领导对西藏地方政府的讲话和政策等。

达赖喇嘛与《十七条协议》 原杉著。新星出版社1991年出版,32开,130页。另有英、法、德文版。"漫话西藏"之三。本书论述了1951年5月23日在北京签订的《关于和平解放西藏的十七条协议》及十四世达赖喇嘛当年对《十七条协议》所持的态度,根据大量历史事实揭穿了流亡国外的少数西藏分裂主义分子至今还在制造和散布的种种谣言。

达赖喇嘛转世及历史定制 陈庆英著。五洲出版社2003年出版,32开,147页。本书主要论述了藏传佛教活佛转世的产生、达赖喇嘛活佛转世的历史及其发展过程,尤其对达赖喇嘛转世制度在清朝中央政府参与下发展成为一种定制的历史作了全面叙述。这一定制的形成是西藏当时社会稳定的需要,对避免在认定达赖喇嘛转世灵童过程中出现冲突和矛盾起了积极作用。这种定制形成后基本上得到了贯彻执行,即使是在1912年至1949年国民党执政时期,西藏地方政府和中央的关系处于非正常的情况下,十四世达赖喇嘛的寻访、认定和坐床仍然基本遵照了历史定制。

当代中国民族问题解析 王希恩主编。民族出版社2002年3月出版,32开,447页。本书以党的社会主义初级阶段理论为指导思想,详尽地展示了当代中国民族问题的表现形式、性质特征和解决途径,提出了一系列有关民族问题的理论观点。既有对新中国民族问题发展进程的纵向叙述,又有对经济发展、政治法制、民族关系、民族意识、国家统一和民族凝聚力等方面的横向研究。

法座下的较量:十四世达赖喇嘛寻访认定与坐床纪实 黄维忠著。中国藏学出版社2002年9月出版,32开,172页。"西藏近现代史丛书"之一。本书论述了十四世达赖喇嘛的寻访、认定及坐床活动,以及国民政府、西藏地方政府和英印政府之间围绕西藏问题展开的斗争。

封建农奴制度在迪庆的覆灭 中共迪庆藏族自治州委党史征集研究室编印。1993年11月内部印行,32开,224页。《中共迪庆藏族自治州地方党史资料》之一。本书共分7部分:1.序。2.概述。简述了云南省迪庆藏族自治州民主改革前后的历史。3.大事记。起于1950年,迄于1958年,较详细地记载了该地区发生过的重大事件。4.文献。共收录30篇党中央、云南省委和丽江地委关于藏区土地改革的文件和各种重要报告等。5.回忆录。收录关于迪庆和平解放前后及土地改革方面的文章8篇。6.附录。收录6篇关于松赞林寺、迪庆州的第1个高级合社、土改后的调查等文章。是了解云南藏区土地改革前后历史的重要著作之一。

甘孜县两种封建势力统治下的农奴制 西南师范学院历史系少数民族历史考察组编印。1961年2月内部印行,16开,45页。本书对甘孜县土司的历史、制度、土司制度下的农奴、甘孜县境内藏传佛教寺院的分布、寺院制度及其统治下的农奴、两种封建势力的对峙等作了较详细的论述和分析。有一定学术价值和参考价值。

高原的震荡——拉萨骚乱前后 格桑等著。中国政法大学出版社1989年9月出版,32开,366页。本书主要内容有:1.民族问题专家和法律工作者以翔实的资料披露了1987年10月和1988年3月发生在西藏拉萨市的两次骚乱。2.介绍西藏历史、宗教、传统文化,以及古城拉萨的灿烂文化和文物古迹。附照片。

关于西藏问题:1949年—1958年的文件、资料 人民出版社编。人民出版社1959年12月出版,32开,253页。本书辑录了1949年至1958年有关西藏问题的文件、资料共87篇。是了解西藏和平解放前后中央对西藏方针的重要资料。

关于西藏问题:一九五九年三月—五月的文件、资料 人民出版社编。人民出版社1959年7月出版,32开,220页。本书着重叙述了1953年3月原西藏"噶厦政府"发动武装叛乱的经过和中国人民解放军进行平叛的情况。对西藏地区贯彻执行在中央人民政府统一领导下的民族区域自治和民主改革的方针等均有较详细记述。附1959年3月至5月间印度总理尼赫鲁发表的一系列讲话、声明。为研究近代西藏问题的参考要籍之一。

国际关系与西藏问题 张植荣著。旅游教育出版社1994年9月出版,32开,359页。本书依据中国藏学历史研究的成果及社会主义时期西藏的巨大变化,揭示了西藏问题的主要特点,驳斥了国外反华组织在这一问题上制造的谬论和谎言。

黑暗落后残酷的西藏农奴制度 山西人民出版社编。山西人民出版社1959年8月出版,32开,56页。本书收录了1959年发表在各大报刊上有关西藏的文章16篇,主要揭露了原西藏农奴制度的残酷,反映了西藏人民坚决要求改革的强烈愿望。

画说"三个代表" 本书编委会编绘。藏文。民族出版社1996年出版,32开,156页。本书以图文并茂的形式讲述"三个代表"的内涵及其在政治、经济、文化等各个领域的实践。

坚持毛泽东思想、发展毛泽东思想:纪念毛泽东同志100周年诞辰论文选辑 西藏自治区党校编。西藏人民出版社1993年11月出版,32开,223页。本书是西藏全区党校系统纪念毛泽东诞辰100周年理论研讨会论文选辑,收录了26篇有关西藏社会主义建设等方面的论文。

坚决废除喇嘛寺庙的封建特权和封建剥削 民族出版社编。民族出版社1960年5月出版,32开,56页。本书收录了《哲蚌寺真相》、《大昭寺小昭寺喇嘛愤怒控诉寺庙反动上层叛国罪行》、《必须废除喇嘛寺庙的封建特权和剥削制度——记哲蚌寺结巴堪苏·坚白慈列的谈话》等9篇揭露喇嘛寺庙封建特权和封建剥削的文章。

跨越新世纪的金桥:第三次西藏工作座谈会精神宣传材料 中共西藏自治区党委宣传部编。西藏人民出版社1994年10月出版,32开,50页。本书全面介绍了中央第3次西藏工作座谈会的情况,指出要从战略全局的高度去充分认识西藏工作的重要性。

拉萨:骚乱与戒严 秦光龙著。解放军文艺出版社1990年3月出版,32开,157页。"西南军事文艺丛书"之一。作者根据实地采访的大量资料,以报告文学的形式再现了西藏拉萨骚乱的背景、原因和经过,描述了中国人民解放军戒严部队和拉萨人民为维护祖国统一和民族团结而进行的斗争,并对西藏分裂与反分裂斗争的现状和前景作了分析。附照片。

毛泽东西藏工作文选 中共中央文献研究室、中共西藏自治区委员会、中国藏学研究中心合编。中央文献出版社、中国藏学出版社2001年出版，32开，221页。本书辑录了1949年至1961年间毛泽东关于西藏工作的讲话、谈话、电报、书信、批示等101篇，其中有相当多的文稿是第一次公开发表。编入本书的文稿都保持原貌。对手稿及电报、书信的抄件只订正有误的文字和标点，讲话记录稿只作技术性的整理。本书对研究毛泽东关于西藏工作的思想和党对西藏工作的方针政策具有重要参考价值。

毛泽东藏民族文稿 卓玛辑录，中国藏学研究中心科研处编印。1994年内部印行，16开，28页。为《藏学研究通讯》1994年3月特刊。本书收录1949年至1961年的文稿共191篇，是从《建国以来毛泽东文稿》、《建国以来重要文献选编》、《毛泽东选集》、《毛泽东》、《西藏大事辑录(1949—1985)》、《中共西藏党史大事记(1949—1966)》、《西藏地方是中国不可分割的一部分》等著作和部分报纸摘录而成的。书中文稿内容涉及西藏和平解放、统战工作、平息叛乱、民主改革、西藏经济建设等。为研究西藏民主改革前后的重要资料之一。

民族政策的伟大胜利:庆祝西藏自治区筹备委员会成立 民族出版社编。民族出版社1956年7月出版，32开，98页。本书是为"庆祝西藏自治区筹备委员会成立"而编写的，收入社论、贺电7篇，达赖、陈毅、张经武等人在西藏自治区筹备委员会成立大会上的讲话15篇，其他文章9篇。附筹备委员会各级领导人名单。

民族、宗教、统战理论和政策 格桑培杰主编。西藏人民出版社1995年3月出版，32开，278页。本书是西藏自治区党校结合西藏实际，对广大干部进行民族、宗教、统战理论和政策教育所编的教材，分民族理论和政策、马克思主义宗教理论和党的宗教政策、统一战线理论和政策等3编。

入党教材 中共中央组织部组织局编，扎喜拉旦、史学礼、李成文、格桑娜姆、索南才让译。藏文。青海民族出版社1990年10月出版，32开，392页。本书分5讲:1.中国共产党的性质。2.党的最终目标和现阶段任务。3.共产党员的基本条件。4.共产党员的义务和权利。5.以实际行动争取做一名光荣的共产党员。本书是要求入党的同志学习党的基础知识和社会主义初级阶段基本理论的基本教材，也可作为申请入党的同志的自学读物。书前有《中国共产党章程》和《中国共产党章程部分条文修正案》。译文通顺流畅。

三藏防务考 原名《热肠冷官译记》。不著撰人。清刻本。本书简要介绍了西藏等地的军事防务。

社会主义的新西藏在胜利前进——西藏情况简介 王辅仁、索文清编著，中央民族学院研究部编印。1977年4月印行，32开，32页，铅印本。本书主要简述了西藏历史、民主改革以来西藏取得的各项成就。由于成书于1976年，故书内口号式论述较多，是了解“文化大革命”后期的资料。

所谓“西藏独立”活动的由来 杨公素编著。中国藏学出版社1990年6月出版，36开，126页。江平主编“西藏知识小丛书”之一。杨公素为北京大学国际政治系教授，著有《清季英国侵略西藏史》、《中国西藏地方的涉外问题》、《中国土司制度》等论著。本书分8章，分别简述了西藏属于中国版图的历史、英国两次入侵西藏及有关条约、英国企图将西藏置于英印政府“保护”之下的过程、英国煽动“西藏独立”活动、所谓的“麦克马洪线”、印度干涉解放西藏的活动、1956年至1959年间西藏分裂主义分子的活动等。为普及性读物。

万恶的西藏农奴制度 民族出版社编。民族出版社1960年出版，32开，114页。本书共13篇文章，着重论述西藏农奴制社会广大农奴的人权、各种税赋、凯松等4个庄院的调查及原西藏地方政府的法典、军队等问题。

西北土司制度研究 高士荣著。民族出版社1999年12月出版，32开，243页。土司制度是元、明、清封建王朝在中国西北、西南少数民族地区实行的特殊行政制度，是在汉唐时代羁縻政策基础上发展、演进而来的。西北土司制度延续时期最长，从蒙古帝国一直延续到20世纪中叶，长达700余年。本书分6章，分别记述了西北土司制度产生的基础、蒙古帝国与元朝时期的西北土官、明代西北土司制度、清代西北土司制度、明代以来西北地区的僧职土司和民国时期的西北土司，也论述了西北藏区土司制的起源、形成、发展及其衰落的历史。

西北问题·康藏专号 西北问题研究会编。西北问题研究会民国二十五年(1936)七月印行，32开，136页。本书收录了有关康藏问题的论文25篇，内容涉及赵尔丰治康的得失、西康改土归流沿革、西康教育、西康宗教、西康东部矿产、土司考、西藏政教现状、清末的西藏社会、康藏人的理想与生活及风俗习惯等。其中对西康问题的论述比较详细。

西康省政之基本动向 刘文辉著。西康省政府秘书处民国二十八年(1939)印行，16开，76页，石印本。本书记述西康省建省后有关政治、经济、教育等方面的情况。

西域遗闻 (清)陈克绳编著。禹贡学会民国二十五年(1936)出版，16开，铅印本。本书收入华文书局股份有限公司1969年出版的《西域遗闻、南诏野史》(32开，344页)一书。又有中国藏学出版社1995年出版的影印本。本书记述了西藏的概况、政教、风俗等。

西藏的民族区域自治 江平等著。中国藏学出版社1991年8月出版，32开，98页。“西藏知识小丛书”之一。本书系统论述了西藏实行民族区域自治是藏汉民族关系历史发展的必然结果，并记述了西藏民族区域自治中的统一战线工作、西藏自治区筹备委员会、自治区成立，以及充实、完善民族区域自治制度的措施和对西藏民族分裂主义分子种种谬论的批判等。附照片。

西藏的土地与政体 (美)皮德罗·卡拉斯科著，陈永国译，周秋有校。西藏社会科学院西藏学汉文文献编辑室1985年编印，32开，322页。“西藏学参考丛书”之四。本书主要论述了6个问题：1.关于西藏的土地制度。认为西藏土地问题具有威特弗格尔所提出的东方社会简单类型的基本特点。2.贸易与工业。提出西藏的工业、贸易、高利贷业未能形成一个强大的中产阶级，政府控制贸易，获利最多的是教主与官员。3.关于统治阶级。认为统治阶级既是国家官员又是土地占有者，西藏统治阶级由拥有土地、享有税收股份的贵族和教主组成，最高统治者为达赖。4.寺院的作用。认为大部分寺主是封地头人，而僧官则是拉萨政府的重要官员。5.关于不同地区的社会差异。6.关于西藏社会的历史发展。本书根据英、藏、汉等文字的220余种资料写成，是一部有关西藏社会问题的理论著作，为美国民族学协会的专著，在国外有很大影响。但书中也有不少谬误，使用时需加以鉴别。

西藏的主权归属与人权状况 国务院新闻办公室编。民族出版社1992年9月出版，32开，64页。中国国务院新闻办公室发表的白皮书。本书内容包括西藏的主权归属、“西藏独立”的由来等12个方面的情况，根据历史事实驳斥了达赖集团和国际反华势力在西藏主权归属和人权状况问题上所制造的种种谎言和谬论。

西藏改革纵横谈 肖怀远主编。西藏人民出版社1994年8月出版，32开，142页。本书收录19篇有关西藏经济体制改革的成就、经验、方向等内容的论文。

西藏民主改革的胜利 民族出版社编。民族出版社1960年6月出版，32开，234页。本书辑录了67篇关于1959年3月至1960年4月间的西藏民主改革运动取得成果的报道文章。这些文章反映了西藏人民在民主改革愿望实现后的喜悦心情，以及有关“三反双减”运动、民主改革中的大丰收、大生产运动等各方面的情况。

西藏民族问题论文选 西藏人民出版社编。西藏人民出版社1984年出版，32开，343页。“庆祝西藏自治区成立20周年丛书”之一。本书收录了21

篇有关西藏民族区域自治、民族团结、经济文化建设、统一战线和宗教等方面的论文。

西藏内情及对外关系 不著撰人。民国抄本，16开，61页。又有1960年油印本。本书简要记述了西藏内部的政治、宗教和对外关系等情况。

西藏农民的生活——帕拉村半个世纪的变迁 徐平、郑堆著。中国藏学出版社2000年10月出版，32开，360页。本书记述了西藏江孜班觉伦布村50年来的变化，主要内容有：1.帕拉家族及其庄园。2.班觉伦布村从旧西藏到改革开放以来的社会变迁。3.现在的班觉伦布村百姓的物质生活、宗教信仰、政治生活等。4.江孜地区藏族人民的衣食住行、宗教活动、风俗、礼仪。附班觉伦布村典型人物自述和藏汉名词对照表。

西藏人民的生活 （英）查理士·贝尔著，刘光炎译。民智书局民国十八年(1929)出版，32开，324页。本书共27章，着重论述西藏的牧人、农民、贵族、商人、乞丐、妇女等不同阶层人士的社会地位、劳作方式和思想状况，还对藏族的婚姻、丧葬习俗、各种仪式、礼节、娱乐等作了较详细记载。

西藏人民的自治权利 罗群著。新星出版社1991年出版，32开，110页。另有英、法、德文版。“漫话西藏丛书”之五。本书介绍了西藏自治区享有的自治权利，内容包括：国家赋予的地方性立法权；根据西藏实际情况贯彻执行国家法律和政策，制定和实施特殊政策和措施的权利；以保障藏族人民使用和发展本民族语言自由的权利；以藏族为主的干部队伍在西藏各级人民代表大会、政府及司法机关中担负着主要责任；管理和自主安排本地经济建设的权利；自主管理教育、文化、卫生事业和发展繁荣本民族文化的权利；自主保护、开发和利用本地自然资源的权利；开展对外贸易活动的自治权利等等。

西藏人权研究 史金波、姚兆麟、李坚尚等著。中国藏学出版社、中国社会科学出版社1999年10月出版，32开，244页。本书主要内容有：1.分析了西藏的人权和主权归属、西藏社会的立法历史和现状，着重介绍了西藏的社会变革及人权状况的根本改善。2.从西藏的经济、人口、教育、社会保障、妇女问题、宗教信仰和现代化建设等方面的发展，说明西藏人权事业取得的进步。同时也提出了西藏环境制约西藏经济和社会发展这一客观原因。

西藏是我国领土不可分割的一部分:关于西藏问题参考资料 辽宁人民出版社编。辽宁人民出版社1959年5月出版，32开，53页。本书辑录《西藏是我国领土不可分割的一部分》、《文成公主入藏记》、《文成公主》、“《达赖喇嘛的封号、地位、职权和噶厦的由来》”、《黑暗、落后、残酷的西藏农奴制度》、《西藏反动政权的印鉴、军队和法鞭》等6篇资料。

西藏是中国的一部分 国家民族事务委员会政策研究室编。民族出版社1981年9月出版，32开，49页。本书收录《中央人民政府和西藏地方政府关于和平解放西藏办法的协议》、《西藏是中国领土不可分割的一部分》、《历史事实给予外国干涉者严重的教训》、《关于达赖喇嘛的封号、地位、职权等的考证》等文章，证明西藏是中国领土不可分割的一部分。附照片。

西藏问题 陈健夫著。商务印书馆民国二十六年（1937）出版，32开，251页。本书分上下两篇，上篇论述西藏地理，清代统治西藏，民国以来中央与西藏的关系，英国侵藏史研究，西藏政治制度、经济情况、宗教、人民生活等问题。下篇为解决西藏问题的方案，分为解决西藏问题的先决条件、推行新政策的两种原动力、如何行使中央在西藏的统治权、达赖与班禅的安置、应如何处理康藏划界问题、解决西藏问题后的政策等6项。附23个有关于西藏的条约。

西藏问题 秦墨晒著。南京印刷局民国二十年（1931）印行。本书着重论述西藏的政治、宗教、僧俗的等级划分等问题。

西藏问题 华企云编。大东书局民国二十七年（1938）出版，32开，258页。本书分3篇，分别记述了西藏之地理、西藏的社会状况、政治变化、经济和“西藏的外交”等内容。

西藏问题 中华民国外交部编。中华民国外交部1919年印行，16开，140页，线装竖排铅印本。本书分两部分。第一部分简述西藏完全为中国领土、西藏与英之关系、西藏与俄之关系、中央与俄之关系，并记述民国以来中国驻藏官兵被逐、川滇内讧、藏人受英国笼络、在国际议和大会上不宜涉及西藏问题、“中藏之关系日疏，英藏之关系日密”。第一部分虽分5章，但仅有7000余言。第二部分为附录。收录《中英会议藏印条约》、《中英会议藏印续约》、《中英续订藏印条约》、《中英修订藏印通商章程》、《中英烟台另议专条》5项条约，藏案说帖4件，藏案附件8篇。其中的藏案说帖为他书不载。附件之五《重译中英藏英文约稿》中，原译稿的修改文字，均印于眉批处，有一定参考价值。此外，附件中7篇有关于西藏问题的电文、修改条约的意见等，都是有价值的参考资料。

西藏自治区重要文件选编 中共西藏自治区委员会政策研究室编印。1983年印行，32开，573页。本书收录了71篇1980年至1982年有关西藏政治、经济、文化等方面的文件，其中有5篇中共中央文件和中央领导同志有关西藏问题的谈话。这些文件真实记录了“拨乱反正”中西藏各条战线贯彻落实中央各项方针、政策的情况。

学习坚持发展——青海省纪念毛泽东诞辰一百周年优秀论文集 田源主编。青海人民出版社1993年12月出版，32开，452页。本书收录40篇“青海省纪念毛泽东诞辰100周年理论研讨会”的重要约稿、征文，内容涉及哲学、政治经济学、科学社会主义等多个学科和政治、经济、文化等领域，坚持理论联系实际，具有一定的理论深度和新意。

1904—1937年西藏的政体 全名《1904—1937年西藏的政体：十三世达赖喇嘛和九世班禅之间的矛盾的个案研究》。帕肖坦·梅拉（又译梅赫拉）著。英文。作者是印度旁遮普大学史学教授、中亚研究系主任，主要研究西藏近代史和中印关系史。其著述有《荣赫鹏游记注释》等书。本书主要内容有：1.十三世达赖访问北京。2.九世班禅赴印及其后果。3.达赖与班禅之间矛盾的加剧及各种调解。4.九世班禅靠近国民党。5.有关班禅回藏问题及班禅圆寂。是研究十三世达赖喇嘛和九世班禅之间矛盾的史学专著。

有关西藏情况的若干参考资料 宁夏人民出版社编。宁夏人民出版社1959年4月出版，32开，36页。本书收录了《关于和平解放西藏的谈判经过》、《中央人民政府和西藏地方政府关于和平解放西藏办法的协议》、《拥护关于和平解放西藏办法的协议》、《西藏地区1958年工农业生产和交通运输业的巨大成就》、《巩固成绩稳定前进》、《西藏的封建农奴制度》等6篇有关西藏情况的资料。

元代吐蕃地方行政体制研究 张云著。中国社会科学出版社1998年7月出版，32开，388页。“中国社会科学博士论文文库”之一。本书系统而深入地探讨了元代吐蕃地方的行政体制，具体内容包括：1.元代宗王、帝师和白兰王在吐蕃地方施政的地位与作用。2.元代总制院、功德使司和宣政院的建立、沿革、职能和历任长使的事迹。3.乌思藏、朵甘思和脱思麻三道宣慰司的建立年代、管辖范围、治地及其下辖机构。4.吐蕃周边诸地的相关机构及其与吐蕃的关系。附译名表、大事纪年表。

藏案纪略 中华民国外交部政务司编。62页，线装竖排铅印本。本书5章：1.概述了英国入侵西藏的经过和因西藏问题清廷与英国订立多种条约的过程及条约的内容要点。2.对康藏各地改土归流、川边西康建省事宜、川军入藏及达赖出逃等均有简述。3.叙述西姆拉会议争执要点。4.康藏战事及停战合同简况。5.中英关于西藏界务的磋商。本书文字精练，记事虽简略，但对于了解民国七年(1918)以前中央对西藏问题的政策有一定参考价值。从书中内容看,其出版年限当在民国八年至十年(1919—1921)之间。

藏事举要 胡炳熊著。清风桥文茂印局清宣统年间(约1909—1911)印行,16开,线装竖排铅印本。另有1954年出版,16开,58页,铅印本。为西谛藏书。本书包括“西藏沿革及隶属中国始末”“西藏与英之交涉”“西藏形势、民族教派、政俗生业形势”“西藏善后和议”等4部分内容。

治康纲要 著者佚名。民国初年稿本。据学者考证,此书作者可能是理塘县长张朝鉴。约成书于1936年。本书共两篇,上篇论述西康的政治、经济、宗教与文化、生产力与人民生活。下篇论述对西康的土地和差徭、垦务、习惯法、寺院与社会、土司头人与社会、财务、牧业、交通、教育实况等问题。

中国共产党主要领导人论民族问题 刘光照主编,次罗、扎旺译。藏文。民族出版社1994年出版,32开,274页。本书收录了从中国共产党建党初期到2000年的70多年来中国共产党主要领导人关于民族问题的重要论述,以全面反映中国共产党和中华人民共和国在各个历史时期对民族问题的主要观点和主张。

中国共产主义青年团章程 共青团青海省委组织部翻译。藏文。青海民族出版社1991年6月出版,32开,48页。本书共8章33条,有团员、共青团的组织制度、共青团的中央组织、共青团的地方组织和军队组织、共青团的基层组织、共青团的干部、共青团和少年先锋队的关系、团旗和团徽等8章。本书于1982年12月24日中国共产主义青年团第十一次全国代表大会通过。附1988年5月8日通过的《中国共产主义青年团章程部分条文修正案》。

中国历代民族政策研究 田继周等著。青海人民出版社1993年8月出版,32开,453页。本书收论文12篇:《夏商周王朝和“诸夏”的民族政策》《秦汉王朝的民族政策》《魏晋南北朝时期的民族政策》《隋唐两朝对北方少数民族的政策》《隋唐两朝对南方民族地区的政策》《宋辽金时期的民族政策》《元代的民族政策》《明代的民族政策》《清代的民族政策》《中华民国时期的民族政策》《中国历代民族政策略论》《孙中山的民族主义思想》。是研究我国历代封建王朝民族政策的学术著作。

中国领导人及有关方面负责人论西藏问题 国家教委高等学校社会科学发展研究中心编。1992年9月内部印行,16开,52页,油印本。参加本书编写工作的有格桑达吉、喜饶尼玛等。本书资料来源于国内各大报刊和藏区报刊(均为汉文)。书分7章:1.西藏的历史地位问题。摘录李维汉、乌兰夫、十世班禅、李鹏等人的讲话及文章。2.西藏的人权问题。毛泽东、杨静仁等人关于人权的重要论述。3.西藏的政策问题。摘录周恩来、邓小平等关于和平解放西藏、民主改革等问题的讲话。4.西藏的宗教问题。毛泽东、张国华、十世班禅等人有关处理宗教各种问题的论述。5.民族团结问题。收入十世班禅1988年关于民族团结的长篇讲话和其他人的谈话。6.西藏的经济问题。江泽民、李铁映等人关于建设西藏、“一江两河”开发计划等方面的5篇讲话。7.西藏的文化教育问题。收入李铁映等人关于发展西藏教育、培养藏族人才等方面的10篇讲话。附1953年2月至1958年10月十四世达赖喇嘛有关拥护祖国统一、民族团结等方面的讲话10余篇。本书是为回击国内外敌对势力提出的“西藏人权问题”和搞“西藏独立”活动而编的,同时亦为研究者提供资料。

中国少数民族革命运动史 本书编写组编。四川民族出版社1990年2月出版,32开,250页。本书主要记述了1919年至1949年间中国少数民族的革命运动史,其中与藏族有关的章节主要有:西藏人民1923年反英斗争、红军过藏区、川康藏族人民反抗国民党的军事进攻、帝国主义分裂西藏阴谋的破产、西藏的和平解放等。此外,在各章节的概论中都有涉及西藏人民革命斗争的内容。

中国西藏的历史地位 王家伟、尼玛坚赞著。五洲传播出版社1997年出版,32开,273页。本书介绍了历代中央政府与西藏地方政府的关系。

中华民国时期中央政府与西藏地方的关系 祝启源、喜饶尼玛著。中国藏学出版社1991年8月出版,36开,174页。“西藏知识小丛书”之一。本书介绍了辛亥革命前的西藏政局、民国元年至1949年间民国政府与西藏地方政府对中印边界问题的态度、民国政府的治藏措施、有关十三世达赖和九世班禅圆寂及转世灵童、国民政府驻藏官员被迫离藏等问题,较全面地叙述了30余年民国政府与西藏地方政府的关系。附国民党驻西藏官员名单、西藏驻京办事处代表名单、中华民国国会中的西藏地方代表名单等。为普及性读物。

宗教信仰自由在西藏 肃加著。新星出版社1991年出版,32开,109页。另有英、法、德文版。“漫话西藏丛书”之八。本书简要介绍了《十七条协议》中所确定的宗教信仰自由、尊重西藏人民的宗教信仰和风俗习惯、保护喇嘛寺庙的政策,以及1951年以来西藏的宗教活动情况。

(二)法律

大清会典理藩院事例 清理藩院编。中国藏学出版社2005年4月出版,16开,2函18册,布套装。本书辑自《大清会典事例》。是研究清代的治藏政策和清代中央政权与西藏地方的关系等问题的必读历史文献。

法律选编 乔公保、宁吾加、尼玛太等编译。藏文。青海民族出版社1994年4月出版,32开,584页。本书收录1983年至1993年间全国人民代表大会颁布的《中华人民共和国宪法》、《中华人民共和国民事诉讼法》和《刑事诉讼法》等13种重要法律。

关于和平解放西藏办法的协议 简称《十七条协议》。人民出版社编。汉藏文对照本。人民出版社1951年5月出版,32开,43页。本书除前言部分外,正文共17条。书中有中央人民政府和西藏代表的讲话、声明等重要文献,以及毛泽东等中央领导接见西藏代表和签字仪式的珍贵照片。

历代法典选编 中央民族学院古籍整理小组编。西藏人民出版社1987年12月出版,32开,278页。本书是在《西藏历代法典选》和西藏档案馆藏的《法规十二条·是非明辨之直线》两书基础上编辑而成,内容包括松赞干布时期的《法规梵天尺度》和噶玛·丹迥汪波的《法律十六条》、《法律十三条》等7种法典。

民国时期西藏法制研究 孙镇平、王立艳著。知识产权出版社2006年出版,32开,323页。本书在剖析民国时期各类法制建设成果的基础上,对民国治藏法制的特点、经验和教训进行了客观评价,揭示出民国治藏法律的历史继承性和创新性,可给中国西藏法制建设以启迪。

民国治藏行政法规 中国藏学研究中心、中国第二历史档案馆编。五洲传播出版社1999年9月出版,32开,121页。本书辑录了55种民国时期中央政府有关治理西藏的法规,以及具有法规性质的相关规章制度。这些民国时期历届中央政府对西藏地方行使主权和施政的官方文件充分证明中国政府对西藏拥有主权。本书与《清朝治藏行政法规》一书的内容基本包括了清朝至1949年中央政府对西藏行使主权和施政的重要文件。

民族法律文化散论 吴大华著。民族出版社2004年出版,32开,527页。本书论述了1950年以来有关制定、实施民族法律方面的情况。

民族工作文献选编(1990—2002) 国家民族事务委员会、中共中央文献研究室编。中央文献出版社2003年出版,32开,474页。本书收录了1990年至2002年间国家发布的有关我国民族问题、民族政策等方面的文献。

民族区域自治与宗教实用核心法规　本书编写组编。中国方正出版社2003年出版，32开，86页。“实用核心法规系列”之一。本书着重论述了民族法律和宗教法规。

木里藏族自治县自治条例　木里县人大制定，戴作民译。藏文。四川民族出版社1992年2月出版，32开，88页。本书收录《四川省人民代表大会民族事务委员会〈木里藏族自治县自治条例〉审议结果的报告》等6份关于自治条例方面的文献资料。

钦定理藩部则例　松森、荣铮等编纂。中国藏学出版社1987年据光绪三十四年（1908）刻本出版，16开，18册，影印本。又有天津古籍出版社1998年12月出版，32开，471页。“上海大学法学院上海市政法管理干部学院法学系列丛书”之一。本书为清代综合性民族法律著作，其中与西藏有关的是第61、62卷，其中汇集清中央政府有关西藏地方的政治、宗教、财政、军事及司法等方面的行政法规，是西藏历史上最重要的法律；第56卷至60卷是喇嘛教（藏传佛教）法规，律文128条，条例231条；另外还有农业、邮政等方面的规定。

清朝治藏典章研究　张羽新编著。中国藏学出版社2002年出版，32开，1513页，3册，上册383页、中册567页、下册560页。“现代中国藏学文库”之一。被列入“十五”国家出版规划重点图书。本书内容有：清朝关于行政区划、驻藏办事大臣、达赖与班禅、藏传佛教管理、金瓶掣签、地方官员任免、朝贡与赏赐、藏军、台站交通、经济等方面的治藏典章和措施，以及其历史意义和有关历史文献摘要汇编。附照片。

清朝治藏行政法规　本书编委会编。五洲传播出版社1999年9月出版，32开，123页。本书辑录清朝1793年颁布的《钦定西藏善后章程》，光绪年间（1875—1908）经皇帝和中央政府批准纂修的《大清会典》、《大清会典事例》，以及《理藩部则例》中有关西藏的部分。这些法规确定了西藏地方与清朝中央政府的隶属关系，是清朝中央政府在当时特定历史条件下，根据西藏特殊情况，在总结元、明朝治藏经验教训基础之上制定的，从而使清朝的治藏政策法律化、制度化。这些资料说明了西藏是中国领土不可分割的一部分。

清代西藏法制研究　孙镇平著。知识产权出版社2004年出版，32开，426页。本书以历史唯物主义观点为指导，坚持严谨求实的态度，发掘关于西藏法制建设的历史资料，从清代治藏的前期、中期、末期3个阶段法制发展的脉络出发，探究了清代西藏法制建设的发展历程、发展规律、法制特色、经验教训及其借鉴意义，较全面介绍了清代西藏的法律制度。

清代治藏政策研究 苏发祥著。民族出版社 2001 年 3 月出版，32 开，253 页。本书对清王朝在西藏地方施行的噶伦制度、驻藏大臣制度、金瓶掣签制度、扶植格鲁派、通过达赖班禅两活佛管理西藏等诸多政策措施作了全面系统的分析探讨，尤其是清朝治理西藏的宗教政策和经济政策，是清王朝管理西藏的重要环节。认为这些举措不仅在当时产生过重要作用与影响，而且对今天的藏事工作也有重要的参考意义。

清国行政法 （日）织田万撰，李秀清、王沛点校。中国政法大学出版社 2003 年出版，32 开，507 页。何勤华主编"中国近代法学译丛"之一。本书内容涉及西藏、青海、甘肃、四川和云南藏区的政策。

青海省地方性法规汇编(1980—2002) 青海省人大常委会法制工作委员会编。青海人民出版社 2003 年出版，32 开，968 页。本书收录 1980 年至 2002 年间青海省人民代表大会及其常委会制定的地方性法规 117 件，批准的地方性法规、自治条例和单行条例 115 件，作出法规性的决议和决定 101 件。

青海藏区部落习惯法资料集 张济民主编，青海省检察学会和青海民族研究所撰。青海人民出版社 1993 年 12 月出版，32 开，300 页。本书分为上中下 3 篇和注释共 4 部分。上篇记录了 10 余个曾使用于千百户部落的习惯法；中篇兼顾了邻近青海藏区的四川、甘肃、西藏等部分地区的部落习惯法；下篇搜集了 50 余个在今天司法实践中，习惯法同现行法规相悖，困扰司法实践的案例；注释部分对习惯法中出现的术语、疑难艰涩词汇予以注释。本书以 20 世纪 50 年代初期民族社会历史调查等档案文献和实地调查记录为依据，在行文表述和体例结构上尊重习惯法的风格，保持资料原貌，不加斧凿。本书资料丰富，具有较高的学术价值、文献价值和重要的现实意义，是解放后第一部系统描述安多地区藏族部落习惯法的资料文献，适合民族地区司法工作者阅读参考。

我国民族区域自治文献资料汇编 中国社会科学院民族研究所民族问题理论研究室编印。1981 年印行，16 开，277 页。本书共 3 辑，收入 1956 年至 1980 年间，有关我国民族区域自治的政策、法令，中央的有关文件，毛泽东、刘少奇、周恩来及其他中央领导同志的讲话，自治地方机关的组织条例和有关法规，建立自治地方的资料，人员任命等内容。是全面了解我国民族区域自治地区的重要参考资料。

西康法制汇编 不著撰人。以手写本、晒兰本传世。民国西康史料。本书主要内容有：康区民团编练法，核定赔偿因公倒毙乌拉办法，康定夷民差役调查,西康各属旧有土司、土职调查表,呈军部查报西康各县治所疆界地粮性畜一案文,雅州府志序,康藏交涉,边疆武职人员授叙官衔条例。为研究清末民初西康法制的重要资料。

西康高等法院工作报告 西康省高等法院编。西康省高等法院民国三十六年(1947)印行,16 开,25 页。本书收录 1944 年 9 月至 1947 年 8 月间西康省高等法院发表的《西康高等法院工作报告》。

西康省单行法规汇编 西康省政府秘书处编。西康省政府秘书处民国二十八年(1939)十月印行第 1 辑,32 开,394 页,附表;西康省政府秘书处庶务股民国二十九年(1940)九月印行第 2 辑,32 开,2 册,第 1 册 380 页,第 2 册 374 页,附图表;西康省政府秘书处庶务股民国三十一年(1942)六月印行第 3 辑,32 开, 566 页,2 册,附图表。第 1 辑收录 1935 年 7 月至 1938 年 12 月间西康省制定并颁布的法规,共分为官制、官规、民政、财政、教育、建设、保安和附录 8 类,书前有刘文辉序。第 2 辑收录 1939 年 1 月 1 日至 1940 年 5 月间西康省政府颁布的各种法规,共分官制、官规等 8 类,书前有刘文辉序。第 3 辑收录 1940 年 1 月 1 日至 1940 年 5 月间西康省政府颁布的各种法规,共分官制、官规、民政、财政、教育、建设、保安、粮政、交通等类。

西康省现行法规汇编 西康省政府秘书处编审室编。西康省政府秘书处编审室民国三十七年(1948)五月印行,16 开,386 页。本书收录了西康省政府颁布的现行法律法规。附图表。

西藏的宗教和中国共产党的宗教政策 江平等著。中国藏学出版社 1996 年出版,32 开,112 页。本书介绍了藏传佛教的历史简况、西藏佛教界爱国爱教的传统和中国共产党的宗教政策等。

西藏古代法典选编 周润年、喜饶尼玛译注。中央民族大学出版社 1994 年 4 月出版,32 开,132 页。本书收录藏巴第悉噶玛丹迥旺布时期制定的《十六法典》和五世达赖喇嘛时期制定的《十三法典》,对难以理解的字句和条目作了比较详细的注释。

西藏历代法规选编 本书编委会编。藏文。西藏人民出版社 1989 年 3 月出版,32 开,406 页。被收入《雪域文库》。本书收录吐蕃王朝至噶丹颇章时期的古代法规 14 部,其中有松赞干布时期、萨迦派时期、五世达赖时期的法规,以及第司·桑杰嘉措与锡金朗杰有关法规的问答、清代乾隆年间(1736—1795)有关西藏事的规定和一些寺庙的寺规等。

西藏税法咨询手册 王学林、高闻中编著。西藏人民出版社 1991 年 7 月出版,32 开,185 页。又有西藏人民出版社1992年7月出版的藏文版，32开，407页。本书依据1990年10月底以前的西藏工商税收制度的主要规定编写而成，主要介绍西藏税收的基础知识。其中包括西藏现行开征的各个税种的基本政策，纳税的基本规定、程序和手续；并且分别回答了各类不同的纳税单位和个人所关心的采购、生产、销售、利润分配等环节中有关税收的规定，计算缴纳方法及会计如何处理等具体问题。附税收常用名词注释、工商税、所得税税率表。

喜马拉雅山情结——中印关系研究 王宏纬著。中国藏学出版社1998年出版，32开，397页。国家社会科学"七五"计划重点项目。本书分12章，详细介绍了历史上的中印交往、英帝国主义对西藏的干涉和侵略，以及中印友好关系与冲突事件等。

修订蒙藏委员会法规汇编 蒙藏委员会编印。民国三十一年（1942）七月印行，16开，328页。本书收录了国民政府和蒙藏委员会关于蒙古旗、藏族地区和一些边疆地区的一系列文件、法规。是研究民国初期中央政府对蒙藏等少数民族的政策的参考文献。

雪域高原的法律变迁 娄云生著。西藏人民出版社2001年出版，32开，327页。本书主要内容有：1.西藏由古到今与法律相关的社会政治生活、经济生活和文化生活的轨迹。2.回顾了发生在西藏的法律变迁和文化内涵及思想走向。3.深刻批判了西藏古代法规的反动本质，歌颂了和平解放后西藏的社会主义法制建设，从法律的角度论证了西藏是中国领土不可分割的一部分。

以案说法——刑事诉讼法 罗桑坚赞译。藏文。民族出版社1996年4月出版，32开，168页。本书根据全国普及法律常识通俗系列教材翻译出版。

云南省迪庆藏族自治州自治条例 迪庆州人大常委会编印。1990年1月出版，16开，72页。本书收入《迪庆藏族自治州自治条例》及关于自治条例的说明和省政府的批准文件等，共分9章：1.总则。2.自治州的自治机关。3.自治州的人民法院和人民检察院。4.自治州的经济建设。5.自治州的财政管理。6.教育科学文化卫生体育事业。7.干部职工队伍建设。8.自治州的民族关系。9.附则。其中有关经济建设、财政管理、教育等项为本书的重点，既突出民族地区的特点，又符合宪法的规定。

藏内善后章程 又名《钦定藏内善后章程二十九条》。折页装。有乾隆五十八年（1793）《水牛年文书》藏文本和西藏自治区档案馆藏藏文本，收入《元以来西藏地方与中央政府关系档案史料汇编》的汉文本则都是根据藏文本翻译的。清政府批准颁行的管理西藏地方军政事务的章程。藏文记载有29条。乾隆五十七年(1792)清军击败入侵西藏的廓尔喀军之后,乾隆命入藏清军统帅福康安"妥立章程,以期永远遵循"。乾隆五十八年(1793),福康安会同西藏地方政府官员制订《藏内善后章程》并上奏清朝政府批准,从而确定了清廷派驻西藏办事大臣的地位及其全面督办西藏事务的职权,规定了达赖、班禅及各地格鲁派大活佛转世时使用金瓶掣签的办法,对西藏的官制、军制、司法、财政、边防、差役及对外事宜等,均有明文规定。

藏族法制史研究 徐晓光著。法律出版社2001年出版,32开,417页。"新世纪法学丛书"之一。本书对西藏古代的《十六法典》、《十三法典》、《十二法典》等作了深入细致的研究,从法学的角度深刻揭示了这些封建法典的反动本质。

中国历代民族法律典籍 方慧编。民族出版社2004年出版,16开,809页。本书有关少数民族法律史料根据《二十五史》辑录。本书分先秦两汉时期、三国两晋南北朝时期、隋唐五代时期、宋辽金夏时期和元明清时期5篇,主要内容有:其一,介绍了历代中央王朝对少数民族地区的治理;其二,辑录《二十五史》中所载各少数民族政权及群体的法制状况。如唐代的吐蕃、清代的治藏政策等。

中华人民共和国道路交通管理条例 青海民族出版社译。藏文。青海民族出版社1989年9月出版,64开,317页。本书共10章93条,包括总则、交通信号、交通标志、交通路线、车辆、车辆驾驶员、车辆装载、车辆行驶、行人和乘车人、道路、处罚、附则等内容。附中华人民共和国治安管理处罚条例(节录)、道路交通标志和标线(节录)、交通指挥棒式样和使用办法、《中华人民共和国道路交通管理条例》青海省实施办法等。

中华人民共和国国务院关于西藏工作的几项决定 民族出版社编辑。民族出版社1955年出版,32开,38页。本书收录1955年3月9日国务院全体会议第七次会议通过的有关西藏的文件,主要包括《国务院关于成立西藏自治区筹备委员会的决定》、《西藏地方政府的报告》、《西藏地方工作报告》、《班禅堪布会议厅的报告》,以及达赖喇嘛和班禅大师的讲话。

中华人民共和国水土保持法 索南才让、扎加译。藏文。青海民族出版社1991年9月出版,32开,26页。本书共6章42条,分别为总则、预防、治理、监督、法律责任、附则。附《水土保持法》与《刑法》有关的条款和《水土保持法》与《治安管理处罚条例》有关的条款。

中央人民政府和西藏地方政府关于和平解放西藏办法的协议 简称

《十七条协议》。人民出版社编辑部编。藏汉文对照本。人民出版社 1951 年 9 月 1 日出版,32 开,43 页。中国中央人民政府全权代表李维汉等和西藏地方政府全权代表阿沛·阿旺普美等于 1951 年 5 月 23 日在北京签订。本书明确提出要驱逐帝国主义在西藏的侵略势力,实现祖国领土和主权的统一;协助解放军进藏;实行民族区域自治;外交事务由中央政府处理;尊重西藏人民的宗教信仰和风俗习惯,发展藏语文教育,改善西藏人民的生活。其中就中央人民政府在西藏设立军事委员会和军区司令部、达赖喇嘛和班禅额尔德尼的固有地位及职权等事项作了规定。

总理对于蒙藏之遗训及中央对于蒙藏之法令 蒙藏委员会编。蒙藏委员会民国二十三年(1934)印行,32 开,324 页。“边政丛书”第 4 种。本书汇编了孙中山和民国政府有关蒙藏等少数民族的政策、措施、法令。是研究民国政府对少数民族政策的文献。民国二十五年(1936),蒙藏委员会对本书作了修订出版,并改书名为《修订蒙藏委员会法规汇编》。

四、经济

阿坝藏族羌族自治州发展研究 黄代华、李克驹主编。四川民族出版社1991年出版，32开，474页。本书从回顾和总结阿坝州建州40年来的经济建设、科技投入、社会经济发展、失败教训入手，用发展的观点预测分析了1990年阿坝州在四川省的地位和在区域经济格局中的基本坐标。在此基础上，运用数字模型对"八五"计划期间和2000年的主要目标进行多方案预测和优化选择，提出了较科学、系统、全面的发展目标和措施。为了解阿坝州改革开放以来的经济建设的重要资料。

阿坝藏族羌族自治州经济社会发展40年:1950—1990 阿坝藏族羌族自治州计划经济委员会编。四川民族出版社1993年8月出版，32开，290页。本书简要记录了1950年至1990年间四川省阿坝藏族羌族自治州在工农业生产、社会事业和人民物质文化生活等方面的发展情况，是建州40年的总结。

充满希望的高原:西藏"一江两河"开发工程 人民画报社编。新星出版社1994年10月出版，32开，90页。本书介绍雅鲁藏布江及其支流拉萨河、年楚河中部地区开发工程的概况。

迪庆藏族自治州商业志 迪庆藏族自治州商业局、迪庆藏族自治州供销合作社、迪庆藏族自治州烟草专卖局编。云南民族出版社1996年出版，16开，299页。本书较全面地记述了迪庆藏族自治州中甸县、德钦县和维西县的商业经济的发展过程。附彩照。

福贡贸易情况、经济生活与贡山阶级划分 中央访问团第二分团编印。1951年印行，16开，90页。本书除记述福贡、贡山的怒族、傈僳族的各种情况外，还对贡山丙中洛一带所居住的藏民的生产状况、生活情形作了较详细记载。丙中洛的藏民长期与藏族文化发达地区无交往，他们的生活、语言等值得研究。本书是民主改革时的调查材料，内容可信。

甘南夏阿县甘家牧区生产概况 《中国民族研究集刊》第3辑。1955年出版，32开，150页。本书记述了夏阿县甘家牧区民主改革以前的生产状况和民主改革后的牧业发展情况，以及人民生活水平不断提高的实情。

甘南藏族自治州金融志 本书编委会编。兰州大学出版社 1993 年 6 月出版，32 开，212 页。本书详细记述了民主改革以前甘南地区的货币、金融与借贷活动，历代流通的货币及其流入的渠道，商品交换与经济兴衰的概况；新中国成立后甘南地区金融工作的发展情况。并重点介绍了十一届三中全会以来甘南地区金融工作的新发展和金融体制改革的成就。

甘南藏族自治州畜牧志 马江主编，本书编委会、甘南藏族自治州畜牧局编纂。甘肃民族出版社 1993 年 8 月出版，32 开，458 页。本书分 10 章，详细记述了甘南藏族自治州有史以来关于畜牧业生产、畜牧业经济、畜牧业管理和畜牧业人物等方面的情况，尤其着重叙述了民主改革以来的畜牧业发展状况。可参阅《甘南州志》。

甘肃省西南部边区考察记 王志文著。甘肃省银行经济研究室民国三十一年(1942)印，32 开，106 页。本书分 9 章即自然环境、民族历史与宗教、各县人口与藏民之分布、藏民之习俗及其经济生活、农业与农村经济之剖视、林牧现状及其前途、雏型工业及其展望、商业经济与金融之趋势、结论。

甘孜州稳定与发展研究 康定民族师专课题组编。四川大学出版社 1995 年 4 月出版，32 开，250 页。本书根据对四川省甘孜藏族自治州的政治、经济、文化、社会等方面的研究，提出了促进该自治州保持社会稳定与发展的措施。

海南藏族自治州社会经济发展仿真模型 段樊华等编著。兰州大学出版社 1993 年 1 月出版，32 开，143 页。本书根据对青海省海南藏族自治州 1988 年的经济状况和统计数据的分析研究，较全面地论述了海南州的社会经济概况、仿真模型和模拟结果。

后发地区的发展路径选择：云南藏区案例研究 王洛林、朱玲主编。经济管理出版社 2002 年出版，32 开，268 页。本书分 10 章，分别对云南迪庆藏族自治州的历史与文化、财政增长与经济发展的互动模式、民族文化保护与旅游经济增长等社会经济发展问题作了论述。

建设西北甘青宁三省刍议 杨劲支著。京华印书馆民国二十一年(1932)出版，32 开，234 页，铅印本。本书分 10 章，分别记述了西北青海等省的地理、区划、各种政治设施、3 省对于国防的重要性、西北交通、邮电、水利、农牧业、军事现况和设想等。其中第 9 章详细记述了玉树二十五族、青海各千百户、果洛女族长，以及青海主要著名活佛、寺院状况、藏族服饰、饮食习俗、宗教活动等。本书通过记述西北各省的地理、经济现状、农牧生产实况，从而论证了对西北的开发策略，提出了农业、牧业、林业、水利、商贸、实业等方面的具体开发计划。附《南京青海间记事》，记述了青海民和、乐都等地的风情等；数十张有关照片。

建设新西康十讲 又名《刘自乾先生建设新西康十讲》。刘文辉著。西康省建康书局民国三十二年（1943）出版，32开，648页。本书着重论述建设西康的3项基本问题，即西康建省和调整疆界、补助财政、改进西康交通。其中对“化边地为腹地、融边民为一体、增强国力、巩固国防”等问题论述较详。是西康政治、经济、文化建设的纲要。

九十年代西藏发展战略与规划 西藏自治区经济社会发展研究中心编。西藏人民出版社1992年4月出版，16开，681页。本书分总体篇、地（市）篇、县（市）篇、行业篇、专题篇和探索篇，详细论述了西藏社会经济、文化等方面的发展计划。有江村罗布序。

开发西北实业计划 张人鉴著。北平著者书店民国二十三年（1934）出版，32开，342页。作者曾任美国科罗拉度矿务大学矿师，旅居西北多年，并从事西北矿务调查研究。本书叙述范围为陕西、绥远、甘肃、宁夏、青海、新疆6省，着重论述了西北各省的矿藏资源、开发的理由、交通建设计划、开矿冶炼计划、水利整理计划、农林改良计划、工厂设计、移民垦殖计划、教育设施计划等内容。附西北矿业商业邮政工业概况、绥远垦务水利概况、西北风俗及西北每年输入货物表等14种，西北交通建设计划图和西北矿产分布图。

牧场经营 李之千著。商务印书馆民国三十二年（1943）出版，32开，126页。藏区畜牧业专著。本书着重记述了作者根据外国人办牧场的经验和自己深入甘肃拉卜楞藏族牧区的多年实践结果，讲述有关牧场经营的条件、办法、技术、管理等一系列问题。对当前的经济建设有一定参考价值。

青海省土地资源及其利用 向理平主编。青海人民出版社1989年11月出版，16开，198页。本书主要是介绍青海省的土地资源及其利用途径。分9章叙述了土地要素、土地资源评价、土地利用的历史与现状、合理利用土地、土地利用分区、宜农土地与评价、土地退化及其防治等。本书的内容丰富，结构严谨，图文并茂，资料准确实用，是研究青海土地资源问题的参考读物。

青海省玉树藏族自治州东部三县农业综合开发研究 李高泉等主编。青海人民出版社1992年12月出版，32开，150页。本书由青海省玉树藏族自治州东部囊慊、称多和玉树3县的农业综合开发研究、农业开发规划、科技兴农对策研究等方面的内容组成。

青海省中部荒区调查报告 陈恩

凤、李宗可、冯秀藻著。国民政府农林部垦务总局民国三十一年(1942)十二月印行,32开,268页。本书系由民国三十年(1941)调查资料编辑而成,共分9章,着重记述了青海省中部的共和、都兰、兴海、大坝河、湟源等地可开垦荒区的情况,并对该地区的地形、气候、土壤、土地价格、荒地地权、农作物、森林、牲畜,以及乡村、民族、人口、风俗、教育、治安、经济、市场、物价等作了较详细记载,还提出了对该地区垦荒的办法。是了解青海中部地区的重要资料,对今天的西北开发有一定参考价值。

青海在前进 青海省统计局编。青海人民出版社1984年9月出版,32开,124页。本书分地理环境与自然资源、行政区划与人口状况、国民经济与社会发展概况、基本建设成就、农牧业生产、工业生产、运输邮电事业、商业经济、地方财政收入、职工队伍、人民生活、多项社会事业等12章,以各种准确数据、科学分析和调查研究,记述了1949年至1984年青海全省方方面面的发展变化。是了解青海省情和制定经济政策和建设规划不可缺少的参考资料。附各类图表23幅。

青藏高原产业布局 张可云著。中国藏学出版社1997年7月出版,32开,318页。"青藏高原环境与发展丛书"之一。本书内容有:1.对青藏高原产业布局的历史与现状分析,着重追溯产业演化过程,分析与评价产业布局的现状。2.对产业发展的条件与环境分析,并重点分析了影响产业布局的各种因素,一方面揭示产业发展的历史与现状的成因,另一方面为确定未来产业布局的战略与重点提供依据。3.未来产业布局的战略目标与模式和产业发展的重点与空间布局的研究。4.在未来产业发展与布局进行预测的基础上,提出了未来产业布局的框架与战略措施。本书所涉及的是一个全新的领域,其研究结果对多学科的研究有一定参考价值。

青藏高原的草业发展与生态环境 胡自治等主编,甘肃农业大学草业学院、甘肃草原生态研究所编。中国藏学出版社2000年9月出版,32开,224页。"青藏高原环境与发展丛书"之一。本书主要内容有:1.分析青藏高原的生产、环境现状和草原资源的潜力,介绍饲用植物,以及草原的利用、培育、保护和人工草地。2.从认识和重视环境的观点出发,提出了在发展传统草原畜牧业的基础上,发展新型产业——草业的理论和设想。指出草业是以天然草原和人工草地为生产资料,具有多层次、多功能、多效益、可综合开发利用的现代化产业,是传统的草原畜牧业的延伸、发展和提高,有利于治理国土、保护环境和推动青藏高原草原牧区现代化的商品经济产业。

青藏高原人口与环境承载力 王天津著。中国藏学出版社 1998 年出版，32 开，320 页。“青藏高原环境与发展丛书”之一。国家科学技术委员会、中国藏学研究中心、中国社会科学院社会经济研究所重点课题。本书系统论述和探讨了青藏高原人口与环境及与农牧业生产的关系，深入分析了青藏高原的承载力问题。

青藏高原未来经济社会发展假说——喜马拉雅模式 丁穷夫著。西藏人民出版社 1993 年 9 月出版，32 开，301 页。本书论述了西藏经济社会发展战略的基本思路，提出了青藏高原未来经济社会发展假说——喜马拉雅模式，并对西藏经济发展作了抽样分析。

市场经济简明读本 达娃、肖云主编。西藏人民出版社 1993 年 12 月出版，32 开，284 页。本书主要内容有：1. 资本主义市场经济、社会主义市场经济的基本理论。2. 西藏产业结构的现状和问题。3. 优化西藏产业结构的对策。4. 西藏农牧业的现状及发展对策。5. 发展西藏乡镇企业的问题。6. 西藏自治区的经济发展战略。

思与路 齐扎拉著。民族出版社 2003 年 12 月出版，32 开，286 页。本书指出：1. 西藏、四川的甘孜阿坝州、甘肃的甘南州和云南的迪庆州在自然环境、经济发展、宗教文化、民情风俗方面类似的特点居多。2. 在研究区域经济时，应当针对藏族居住区的特点提出藏区的经济文化发展思路。3. 打造香格里拉品牌涉及面广、内容复杂，是一项艰巨而漫长，同时又是充满希望的系统工程，需要广泛调查、集思广益、充分论证和统筹规划。

西北农业考察 安汉、李自发撰。国立西北农林专科学校民国二十五年(1936)印行，32 开，202 页。民国二十三年(1934)夏，国立西北农林专科学校特派作者和李林海、李伯瑜等人，赴西北各省考察农业，并筹建甘宁青 3 省农场。通过对各省的考察，选定农场地址 6 处，并编辑本书。本书分自然环境调查、农田水利、农业经济、农作物、园艺、畜牧、肥料、垦务、结论及筹办甘宁青农业试验场计划等内容。按省分述。书首附图片 50 张、农场设计图 6 幅、天水渠等十大水渠图 10 幅。对研究西北农业经济史有一定参考价值。

西北视察记 陈庚雅著。申报馆民国二十五年(1936)出版，32 开，上册 501 页、下册 88 页。作者于民国二十三年(1934)前往甘肃、陕西、青海等省考察，本书即此次考察的记录。本书收游记 110 篇，其中对各省的记述项目不尽相同。如甘肃省，记民政概况、教育情形、建设状况；青海省，记概况、民政、生产事业、西宁教育、青海湖风光、藏族生活等。本书属游记一类，记载所见所闻，但着重于各省政治、教育、军事、经济建设等内容。附《江河灾情视察记》。

西北问题论丛 兰州东校场中央训练委员会西北干部训练团西北问题研究室编印。民国三十年(1941)印行,16开,370页,1册。本书为西北问题的研究论文集,共收22篇,内容涉及青海民族分布状况、甘肃的民族问题、西北各省的交通、西北农业、边疆教育、西北文化建设、西北工业等。附部分调查数据和甘肃各种统计汇编。有一定参考价值。

西部大开发战略的理论基础和实施对策 徐国弟、陈玉莲主编。中国计划出版社2002年出版,32开,416页。本书主要论述国家对西部大开发的计划及理论等内容。

锡金:出访锡金和西藏边境的报告 麦考利著。1885年初版、1977年再版。被收入"喜马拉雅丛书"第1辑第16卷。作者1884年到锡金和西藏边境考察,将考察结果写成此书,向孟加拉代理总督报告。本书主要记述了锡金和西藏的边境状况及当地人民的生活等。有照片和地图可供参考。

西康茶叶 钟毓著。建国书店民国三十一年(1942)十二月出版,32开,362页。作者在西康创办西康省立雅安模范林场时,工作之余对关系西康民生的茶叶进行了深入研究,并著成此书。本书共9章,着重论述了茶叶对西康的重要性、西康茶叶的分布和推广问题、西康茶叶种类、茶树栽培、制茶技术、西康茶叶的运销与发展、关于西康茶业的革新等。对扩大茶树种植、抵制印度茶、调整茶叶市场、换取外汇等问题,论述详尽。本书是一本不可多得的茶叶专著,亦为当今经济开发的重要参考资料。

西藏:边贸市场建设与个体私营经济发展 肖怀远、卓扎多基主编。西藏人民出版社1994年3月出版,32开,300页。本书收录了《加快西藏边境贸易市场建设调研报告》、《西藏个体私营经济的超越式发展》两篇调研报告及其评审意见、研究梗概、相关的课题研究报告和政策文献。

西藏产业论 俞允贵、文德明、金巴杨培著。中国藏学出版社1994年3月出版,32开,327页。"西藏经济研究丛书"之一。本书采用实证分析研究方法,从社会分工及自然、历史、人口、文化、制度等方面,系统分析了西藏古代和西藏和平解放以来,西藏产业及其结构演变的轨迹、动因和趋势,提出了西藏产业发展的对策和建议。

西藏产业政策研究 肖怀远主编。中国藏学出版社1994年6月出版,32开,364页。本书辑录《西藏产业政策研究报告》、《西藏战略产业选择》、《西藏教育结构与对策研究报告》和《关于加快西藏第三产业发展的研究》等32篇有关西藏产业的研究报告和论文,从不同角度探索和研究了西藏自治区的产业发展问题。

西藏昌都地区土地资源 西藏自治区昌都地区农牧局编著。中国农业科技出版社1993年9月出版，16开，533页。本书详细介绍了昌都地区11个县的社会经济概况、土地形成条件、土地资源分类、土地资源的开发利用等内容。附昌都地区主要土种、昌都地区草地植物名录。

西藏的黄金和银币：历史、传说与演变 （法）布尔努瓦著，耿昇译。中国藏学出版社1999年9月出版，32开，397页。“发现西藏书系·关于西藏的名著系列丛书”之一。作者系法国著名汉学家。本书内容有：1.西藏生产黄金的资料与传说，并考证了西藏古今金矿的矿址、黄金的开采和流通问题、金与银的兑率、与世界价格的比较、政治牵涉、黄金的用途、有关金属和矿藏的信仰、寺院聚财、财宝的分散等一系列问题。2.17至18世纪的西藏银币，以及尼、藏、汉之间的关系与相关条约。3.沙皇彼得大帝在抢夺叶儿羌和西域黄金的同时，还向准噶尔汗遣使，甚至还想夺取西藏的金矿。本书资料丰富、观点新颖、论述清楚，填补了这项学术研究的空白。

西藏的开发与保护 今日中国杂志社编。新星出版社2002年出版，32开，142页。本书主要介绍了西藏的经济开发前景及生态保护计划，内容涉及旅游业、藏医药、能源开发与利用、交通、农业等方面。

西藏的贫困与反贫困问题研究 罗绒战堆著。中国藏学出版社2002年1月出版，32开，269页。本书通过对西藏农村的实地调研和科学分析，针对西藏农村贫困问题提出了具有西藏特色的扶贫思路。是第一部系统研究西藏农村相对贫困问题的学术著作。

西藏地方货币史 肖怀远编著。民族出版社1987年9月出版，32开，140页，精装本。本书分8章，分别论述了西藏古代币制的演变、尼泊尔与西藏铸币关系、币制的建立、英印卢比侵入、藏币发行始末、和平解放前货币流通情况，并对西藏地方币制的统一等问题进行了分析与研究。附数十幅西藏货币图片、西藏货币简表、钱法、西藏银币考、康藏货币流通史、西藏铸币、西藏银币、西藏钱币考等资料。

西藏：非典型二元结构下的发展改革——新视角讨论与报告 孙勇主编。中国藏学出版社2000年11月出版，32开，366页。本书指出西藏经济不仅与沿海和内地的差距大，而且与西部各省区相比也存在差距：改革开放以来，沿海地区已进入经济结构调整的起飞阶段，而西藏尚处于经济积累时期。本书运用全新的理论，并提供了一些可资借鉴的现代经济学方法。附《二元经济理论简介》、有关经济数据和主要参考书目。

西藏经济 王文长、拉灿著。五洲传播出版社2002年出版,32开,121页。“中国西藏基本情况丛书”之一。本书简要论述了西藏的农业生产、林业生产、工业生产、交通运输和商品流通等方面的问题。

西藏经济的发展与对策 李竹青著。民族出版社1990年5月出版,32开,309页。本书主要内容有:1.西藏自治区概况。2.西藏经济社会的发展战略。3.农业、畜牧业、林业、渔业、工业、商业、能源、交通运输与邮电通信、财政与金融、旅游、自然生态环境及经济发展与对策。

西藏经济概论 黄万纶编著。西藏人民出版社1986年4月出版,32开,628页。本书对西藏经济进行了较为系统的研究,介绍了西藏和平解放前的社会经济发展过程,着重论述了西藏的社会改革、农业生产、林业生产、工业生产、交通运输及商品流通等方面的问题,提出了在现代化建设进程中西藏经济发展的战略。

西藏经济概述 吴健礼著。中国藏学出版社1995年12月出版,32开,142页。本书简要介绍了西藏的农牧业、交通、能源、邮电、工业、商业贸易、城镇建设等情况。

西藏经济简史 多杰才旦、江村罗布主编。中国藏学出版社1995年8月出版,32开,887页。本书分10章,分别论述了农业、交通、邮电、工业等经济部门的发展历史和取得的成就,同时对西藏解放后的流通与市场、西藏改革开放后的新兴产业、西藏的人口与消费等方面的情况进行了介绍。

西藏经济学 狄方耀主编。陕西师范大学出版社1993年8月出版,32开,303页。本书分12章,分别对西藏地区社会主义经济制度的确立、生产力结构的现状与发展对策、和平解放后经济体制的沿革与社会主义市场经济体制的建立、第一至第三产业现状与对策、金融财政、分配与消费、对外开放与经济交流、地区国民经济宏观调控与管理、地区经济与发展战略、各民族在振兴西藏地区经济社会过程中的地位与作用等问题作了论述。以社会主义市场经济理论为主线,重点研究西藏的经济发展问题,探索西藏地区特殊的经济运动规律。

西藏开拓南亚市场及其特殊性研究 陈继东著。巴蜀书社2003年出版,32开,237页。本书论述了西藏开拓南亚市场的有利条件和对策。

西藏拉萨土地资源 王浩清、王敬轩主编,西藏自治区拉萨市农牧局编。中国农业科技出版社1993年7月出版,16开,446页。本书是1985年至1990年间拉萨市以县为单位统一开展土壤普查、草地资源调查、土地利用现状调查和土地评价 4 项专业成果的汇总。附拉萨土种志选编、拉萨草地植物名录。

西藏林芝地区土地资源 西藏自治区林芝地区农牧局编著。中国农业科技出版社 1992 年 8 月出版，16 开，441 页。本书分 4 篇，详细介绍了西藏林芝地区的社会经济状况、土壤特点、土地资源的合理利用等问题。

西藏那曲地区土地资源 西藏自治区那曲地区农牧局编著。中国农业科技出版社 1992 年 5 月出版，16 开，467 页。本书详细介绍了西藏那曲地区的土地资源、地质地貌、气候特征，以及西藏土地资源的开发利用等内容。

西藏农牧林自然经济概要 苟灵编。西藏人民出版社 1986 年 7 月出版，32 开，138 页。本书简述了西藏自治区的地理位置、地貌、气候、土壤、河流、湖泊、植被、草场、畜牧业、耕地（作物）、森林（资源）、行政区划与民族、人口等情况。附表。

西藏农牧区：改革与发展 肖怀远主编。中国藏学出版社 1994 年 5 月出版，32 开，411 页。本书分 10 章对西藏农牧区的经营体制、服务体系、基本建设等问题进行了系统研究，从理论和实践两方面总结了西藏农村经济体制改革与发展的经验，并对下一步的改革与发展前景进行了探索。

西藏农业地理 程鸿等著，中国科学院青藏高原综合科学考察队编。科学出版社 1984 年 4 月出版，16 开，162 页。“青藏高原科学考察丛书”之一。本书内容有：1. 着重论述西藏社会经济条件和自然条件对农业生产的影响，土地资源评价，以及畜牧业、种植业、林业的生产特征、地理分布和发展前景。2. 综合讨论西藏农业类型和农业区域的划分原则、方法，以及农业区的生产条件、生产现状、发展方向和增产途径。附西藏土地利用现状图。

西藏农业结构与粮食流通 白涛主编。中国藏学出版社 1995 年 3 月出版，32 开，195 页。本书通过对西藏农业、农村形势和粮食形势的基本评估，以及粮食流通体制改革等方面的研究，较系统地论述了西藏农业结构和粮食流通问题。

西藏人口的变迁 张天路著。中国藏学出版社 1989 年 3 月出版，32 开，110 页。“西藏知识小丛书”之一。本书比较全面地介绍了西藏人口的分布、婚姻、生育、性别、年龄构成、身体、文化素质的变化、在业人口的行业、职业构成，并对西藏人口问题作了系统深入的分析，论述了在社会主义条件下西藏人口的发展及素质的提高等问题。

西藏日喀则地区土地资源 西藏自治区日喀则地区农牧局编著。中国农业科技出版社 1993 年 3 月出版，16

开,504页。本书分4篇,详细介绍了日喀则地区土壤形成的特点、分类,土地利用的历史沿革,土地资源的评价方法、系统等问题。

西藏山南土地资源评价 西藏山南地区土地资源调查队编著。中国农业科技出版社1993年4月出版,32开,330页。本书详细介绍了西藏山南地区的社会经济概况、土地形成条件、土地资源适宜类型评价分类、土地资源开发利用、后备耕地资源与开发、土地资源分区等问题。

西藏社会发展研究 北京大学社会学人类学研究所、中国藏学研究中心编。中国藏学出版社1997年3月出版,32开,468页。"社会与发展研究丛书"之一。本书是北京大学社会学人类学研究所和中国藏学研究中心社会文化研究所进藏调查、研究的论文集,本书辑录了《西藏的经济形态及其变迁》、《西藏工业企业发展状况》、《拉萨水泥厂承包实践分析》、《西藏商贸调查》,以及与西藏人口、社会发展有关的论文16篇。

西藏50年·经济卷 罗莉、拉灿著。民族出版社2001年5月出版,32开,297页。"西藏50年丛书"之一。该丛书由历史卷、经济卷、文学卷、生态卷、旅游卷等组成,是为西藏自治区和平解放50年而编写。本书全面反映了和平解放50年来西藏自治区在经济领域所取得的成就和西藏各行各业发展的基本情况,也反映了党对少数民族地区经济建设的关心、支持和照顾。

西藏畜牧业:走向市场的问题与对策 肖怀远主编。西藏人民出版社1994年3月出版,32开,219页。又有西藏人民出版社1995年10月出版的多吉欧珠、其美多吉藏译本,32开,433页。本书总结了西藏畜牧业15年来的改革与发展的经验,并根据建立社会主义市场经济的目标,探索了西藏畜牧业今后的发展道路。

西藏雅鲁藏布江中游地区土地系统 刘燕华著。科学出版社1992年6月出版,16开,130页。本书以雅鲁藏布江中游地区为实例,应用系统理论探讨了高原山地地区土地系统的整体性和综合性特征,分析了土地类型、土地结构、土地分区等主要子系统及它们之间的联系和作用。

西藏"一江两河"农业区域开发潜力与模式及其理论研究 杨改河著。陕西科学技术出版社1994年6月出版,16开,178页。本书以西藏"一江两河"(即雅鲁藏布江及其支流拉萨河、年楚河)中部流域地区农业综合开发为例,系统地论述了农业区域开发的背景、开发潜力、开发模式、开发程度、规模与市场容量潜力的关系及开发理论等。

西藏自治区草地资源 西藏自治

区土地管理局、西藏自治区畜牧局编著。科学出版社 1994 年 6 月出版，16 开，518 页。本书详细介绍了西藏自治区的自然条件、社会经济概况、草地植物、草地分类原则、草地地理分布的规律性等内容。

西藏自治区土地利用 西藏自治区土地管理局编著。科学出版社 1992 年 6 月出版，16 开，463 页。1985 年至 1990 年西藏自治区对全区进行了一次大规模土地资源调查和评估，自治区和每个地区行署和直辖市都组织专业人员进行了调查和评估，并出版了有关土地资源调查和评估的调研报告和介绍。本书全面系统地论述了西藏自治区土地的基本状况和利用土地的实际情况，由西藏自治区土地利用调查成果报告和西藏自治区土地利用现状调查技术成果报告组成。

西藏自治区土地资源评价 西藏自治区土地管理局编著。科学出版社 1994 年 11 月出版，16 开，349 页。本书是《西藏自治区土地利用》一书的姊妹篇。书中较全面地论述了西藏的地理条件、社会经济情况，以及西藏土地资源的地质、地貌、气候等组成要素，西藏土地资源开发，土地利用方向和土地开发战略等内容。

西藏最后的驮队 加央西热著。北京十月文艺出版社 2004 年 1 月出版，32 开，264 页。驮队在西藏的历史已有千余年，他们贩运的盐有生盐和熟盐。1957 年后，汽车运输增加，这种马帮驮盐贩运逐年减少，大多数人食用国家生产的食盐，但在部分地区仍然有零星的驮盐贩运者，专门驮运喂牲畜的盐。本书记述了西藏北部牧民赶着牦牛历经数月在外找盐、采盐、驮盐的过程，还涉及一些与驮盐有关的仪式、用语、文化习俗及驮盐牧民与农民间的盐粮交换等过程。附家庭个案介绍，驮盐队成员表，交换商队成员表，驮盐、盐粮交换行程图。

喜马拉雅山里的商人 （英）兹里斯托夫·费雷尔海门多尔夫著。1975 年出版。作者为人类学家，1952 年到尼泊尔旅行，此后多次到喜马拉雅山地区考察，从事喜马拉雅山区的民族、地理、历史和人类学方面问题的调查研究。著述有《赤裸的那加人》、《琴楚人》、《喜马拉雅的蒙昧民族》、《尼泊尔的夏尔巴人》、《一个喜马拉雅山区的部落》等。本书共 8 章，着重叙述了喜马拉雅山区的商业贸易活动，特别是夏尔巴人若干世纪以来一直在西藏、尼泊尔和印度边境从事商贸活动的情况和贡献。附 44 张照片、7 幅地图和书目等。对研究西藏边境商贸有一定参考价值。

在印度的西藏人 帕拉沙帕著。1978 年出版。本书着重记述了作者对印度喀拉拉邦蒙戈德的藏民进行实地调查的结果，内容包括传统的西藏社会、蒙戈德藏人和社会结构、生活的变迁、东道社会和调节模式等。是了解在印度的部分藏民的重要资料。

藏族风味美食 次仁曲培著，旺堆译。中国藏学出版社 2001 年出版，32 开，47 页。“西藏旅游小丛书”之一。本书介绍了核桃仁咖喱土豆、虫草蘑菇、虫草鱼丸子、虫草鸡脯、虫草蒸蛋、虫草里脊、酥油虫草、虫草蘑菇汤、虫草牛肉、酥油蘑菇、鸡蛋人参果、酥油人参果等藏族的各种奶酪制品、肉食的配制方法、烹饪技巧和食用方法。

中国第三产业普查资料:西藏自治区 西藏自治区第三产业普查办公室编。西藏人民出版社 1995 年 4 月出版，16 开，429 页。本书用大量数据全面反映了西藏自治区 1991 年度和 1992 年度第三产业发展概况。

中国企业承包实践——西藏 西藏自治区经济体制改革办公室、中国经济体制改革杂志社编。改革出版社 1991 年 5 月出版，16 开，340 页。本书从企业综合状况、各类企业、企业人物和企业文献资料 4 个方面，记述了西藏自治区企业改革的实践，介绍了部分承包企业的经验和改革情况及一些承包企业经营者的先进事迹。

中国西北部之经济状况 （前苏联）克拉米息夫著，王正旺译。商务印书馆民国二十二年(1933)出版，32 开，223 页。民国二十三年(1934)再版。另有天津古籍出版社 1987 年据民国二十三年(1934)商务印书馆“实业丛书”本影印，32 开，223 页，收入《西北开发史料丛编》。本书着重记述新疆、内蒙、甘肃 3 省的经济贸易及自然资源等，并根据各种统计数据，分析了 3 省的经济实力和今后的发展速度。对各省的经济和贸易状况，以及工业生产等，提出了批评和建议。

中国西藏钱币 朱进忠主编，西藏自治区钱币学会编。中华书局 2002 年出版，16 开，490 页。本书全面系统地介绍 1950 年以前中国西藏地方政府发行的钱币及其历史，内容有:1. 各种西藏钱币和藏币历史分期，以及与藏币相关的历史背景，并就其在流通中的一些常见问题进行了论述。2. 以大量的钱币和纸钞实物为资料论述了藏币的制造工艺、造币机器、钢模和钞版及新发现的藏币档案资料。3. 以大量图片资料展示钱币实物、砝码、模具、档案等相关材料，其中不乏藏币精品。4. 大事年表、藏币名称、藏币面值藏汉文对照表、藏历纪年与公元纪年对照表等。本书图片多而清晰，是研究藏币的重要参考资料。可参考《西藏地方货币史》一书。

中国西藏区域经济发展研究 赵曦著。中国社会科学出版社 2005 年出版，32 开，337 页。本书论述了西藏自治区经济发展战略途径、资源、经济发展的基本状况与制约因素，以及制度创新与市场经济制度建设等内容。

中英修订藏印通商章程 抄本。为光绪三十四年(1908)三月二十日中国和英国签订的通商条约。中国代表张荫堂、汪曲吉布，英国代表韦礼敦在章程上签字。本书共15款，主要规定了英国人在西藏租地建房、英国商务委员会有会审权并有来拉萨与藏官直接交涉权、英国在西藏举办电报和邮政权等。本书末尾载，该通商章程立于喀勒克塔。

走出香巴拉：西藏"一江两河"流域乡村城镇化研究 李涛著。西藏人民出版社1999年出版，32开，236页。本书内容有：1.论述了城市化的理论与现状。2.介绍了西藏堆龙德庆县城镇化的趋势，以及拉萨、泽当城镇的辐射功能，日喀则和姐德秀镇建制的田野调查。3.对西藏城市化与内地沿海城市化进行了比较，并进而探讨西藏城镇化的模式。

五、文化、教育

（一）总论

滇藏川“大三角”文化探秘 木霁弘、王晓松等著。云南大学出版社 1992 年 4 月初版，32 开，256 页。2003 年再版，32 开，286 页。云南大学和迪庆州藏学研究所联合组织对滇川藏交界地区（云南迪庆州的德钦县、维西县，西藏的芒康县、作贡县、扎雅县等，四川的理塘县、巴塘县、乡城县、德荣县等）进行文化综合考察，历时数月，本书即为此次考察的结果。本书通过作者对滇川藏交界地区的实地考察，论述了该地区的历史、人文地理、茶马古道、经济和文化交流等情况。

汉藏教理院之使命 释满智编。四川重庆民国二十一年（1932）印行。本书分 14 节，记载了民国十九年（1930）太虚法师到重庆弘法并创办汉藏教理院、迎聘汉藏教师、招收汉藏僧侣学生的经过，着重叙述了汉藏关系，佛教与西藏的政治、文化、地理，西藏的信仰，汉藏佛教关系，治理西藏政策，川藏关系等。附汉藏教理院的规章及课程表。

画说西藏：抚摸隐秘岁月 聂作平著，王建军摄影。西藏人民出版社 2001 年出版，32 开，221 页。本书通过《舞台：江山如此多娇》、《传说时代：神与人的杂居》、《半信史时代：真相可能是这样的》、《吐蕃：游荡在高原的魂》等游记，讲述了西藏的风光、历史和宗教。

画说西藏：生命长廊的神韵 索朗仁称著，吕玲珑摄影。西藏人民出版社 2001 年出版，32 开，219 页。本书以图文并茂的形式，通过《源自远古的彩色河流》、《红色袈裟的情与爱》、《经幡和佛塔》、《西藏的泥塑和灵性的石头》等游记，展示了西藏的神秘与美丽。

崛起在雪域高原：西藏三十年巨变 李凯、赵新兵著。五洲传播出版社 1995 年 7 月出版，32 开，71 页。本书简要介绍了西藏自治区成立以来（1965 年至 1995 年）在政治、经济、文化、卫生等各方面所取得的巨大成就。

李有义与藏学研究：李有义教授九十诞辰纪念文集 格勒、张江华编。中国藏学出版社 2003 年出版，32 开，752 页。本书详细记录了李有义教授 1944 年至 1947 年在西藏的经历，收录了李有义教授有关藏学的论著、译文和部分学生的论文、纪念文章。

蒙藏关系史大系:文化卷 陈庆英、丁守璞主编,丁守璞、杨恩洪著。外语教学与研究出版社2000出版,32开,369页。本书共8章,主要叙述了13世纪以来蒙藏两个民族在宗教、文学、语言、医药、艺术等方面的交流与吸纳,尤其着重叙述了蒙古族全方位吸纳藏传佛教、《格萨尔王传》、医学等情况。

蒙藏关系史大系:宗教卷 陈庆英、丁守璞主编,乌力吉巴雅尔著。外语教学与研究出版社2001年出版,32开,458页。本书分两篇,上篇论述佛教历史、佛教北传,以及佛陀、经典和僧人;下篇论述藏传佛教及其在蒙古族地区的传播、蒙古佛教的形成的内容。

目击西藏:涉藏新闻报道作品选 李建国主编,冀小峰等著。新星出版社2003年出版,32开,427页。本书收入《西藏放歌》、《西藏50年,有变有不变》、《走过一江两河》、《幸福之路》等15篇新闻报道。

凝望西藏 巴荒著。国际文化出版公司2001年出版,32开,176页。本书收录了作者4次进西藏的部分摄影、绘画作品和速写日记。本书分3部分,第1部分是作者出入西藏对地域景色和人物的心灵投射;第2部分是作者面对古文明的废墟的心灵感受;第3部分是作者离藏后对西藏的反观。

青藏高原游牧文化 尕藏才旦、格桑本编著。甘肃民族出版社2000年9月出版,32开,162页。"雪域藏民族文化博览丛书"之一。本书分5章,简要介绍了藏族游牧文化的成因,衣食住行等游牧生活方式,驯养(马、牦牛)技能,游牧部落的形成及政治、军事、法律制度(习惯法),以及藏族游牧社会的口头文学《格萨尔王传》等。

青藏文化 张云著。辽宁教育出版社1998年6月出版,32开,489页。"中国地域文化丛书"之一。本书16章,全面而系统地论述了以藏族文化为核心的青藏高原文化。具体从西藏的自然环境、民族来源、宗教发展轨迹,以及哲学成就、史学成就、文学成就、地方法律、传统艺术、物质生活、科技成就、文艺体育和风俗节日等方面进行论述,从而阐明了藏族文化发展的历史轨迹和民族特点。对居住在青藏高原,与藏族人民共同参与创造高原文化的羌、回、门巴、珞巴、蒙古、土、撒拉等族的人民和僜人、夏尔巴人的文化成就,也作了简要介绍。

麝香之路上的西藏宗教文化 常霞青著。浙江人民出版社1988年6月出版,32开,319页。本书共7章,分别对藏族族源、佛教文化、东西方文化交流等问题作了论述,指出藏族是由具有共同文化心理的不同种族集团凝聚而成,藏传佛教则是西藏固有文化与佛教文化交融的产物,并提出第4条东西文化交流之路即麝香之路的观点。附敦煌本吐鲁纪年、吐蕃王朝世系表、元代历任帝师表、丹萨替寺京俄、各大寺创建年代表、泽当寺座主表等文表。

神奇的藏族文化 赵永红著。民族出版社2003年9月出版,32开,318页。本书简要介绍了藏族的史前文化、语言文字、文学艺术、文献典籍、宗教信仰、风俗习惯等内容。

生长神灵的山水:写真西藏 周炜著。云南人民出版社1999年出版,32开,280页。本书分9章,以藏族有关神话传说、故事、历史记载等作为依据,论述了西藏神秘的地理文化、人神合一的宗教文化和神灵文化。

世界屋脊的文化 欧声明、覃远东著。人民教育出版社1994年3月出版,32开,248页。本书从西藏的远古文明、宗教文化、科学技术、文学、艺术、哲学、史籍与教育,以及藏族与其他民族的文化交流等方面介绍了藏族文化。附插图。

丝路·走廊的报告:甘青特有民族文化形态研究 郝苏民著。民族出版社1999年7月出版,32开,371页。本书通过对甘肃和青海等地区历史、文化、经济的分析,论述了丝绸古道对人类的贡献及文化大交流中民族的变动和民族关系的变迁。

吐蕃文化 王尧著。吉林教育出版社1989年9月出版,32开,215页。"中国少数民族文库丛书"之一。本书分6章,分别对吐蕃时期的政治制度、伦理纲常、苯教和原始信仰、佛教的传播、语言文字和科学、生活习俗、艺术文娱、历史文献等作了较细致的记述,并对吐蕃的文化、社会、历史进行了分析和研究。本书是目前国内论述吐蕃社会、政治、文化等方面的著述中较全面深刻的专著,为研究吐蕃社会必不可少的参考书。

西藏 孟作亭、莫宝文编著。山东画报出版社1998年出版,32开,87页。本书简要介绍了西藏的宗教、历史、艺术、建筑和文化等方面的知识。

西藏百题问答 今日中国杂志社编。新星出版社2001年出版,32开,140页。本书分"西藏是中国不可分割的一部分"、"民主改革和民族区域自治制度"、"经济发展、人民生活与环境保护"、"人口、医疗、文化、教育和旅游"、"宗教信仰与人权"、"中央政府对达赖的政策"6部分,回答了相关的100个问题。

西藏百题问答 经纬编。北京周报出版社1988年11月出版,32开,159页。本书从西藏的历史、人权问题、宗教信仰、对达赖喇嘛的政策、文化、经济、1987年和1988年的拉萨骚乱等10个方面,回答了有关西藏的种种问题。

西藏采访笔记 马晨明著。民族出版社2001年出版,32开,361页。本书汇集了作者赴藏采访期间的随笔和新闻稿件,反映了民主改革以来西藏的发展变化。

西藏的故事 张晓明著。五洲传播出版社 2002 年 1 月出版,32 开,153 页。本书以图文并茂的形式介绍了西藏的地理自然、藏人起源、藏传佛教与政教合一、民主改革与民族区域自治、改革开放及其成就、传统文化和现代化共同发展等内容。附近百幅图片。

西藏登山运动史 邵生林、成天亮著。北京体育大学出版社 2002 年出版,32 开,156 页。本书记述了西藏登山队 42 年来所完成的登山任务、科学考察、科学探险、国际交流合作、登山遇难救援等重大活动,再现了西藏登山运动艰难而又辉煌的历史。

西藏秘境 闫振中著。西藏人民出版社 2000 年出版,32 开,353 页。本书收录了《天葬之谜》、《天葬探源》、《土林世界》、《香巴拉极乐世界》、《西藏的围棋》等 10 余篇文章。

西藏审美文化 于乃昌著。西藏人民出版社 1989 年第 1 版,32 开,386 页;1999 年第 2 版,32 开,458 页;2000 年再版。本书共 5 篇 14 章,主要内容有:1. 论述了藏传佛教文化体系的形成、艺术表现,以及门巴族和珞巴族的宗教与文学艺术的关系。2. 通过藏族的建筑艺术、风土人情,论述了藏族风情与审美文化。对门巴族和珞巴族的各种民族风情也作了叙述和对比。3. 主要论述了藏传佛教艺术的审美价值、美学思想等。4. 记述了门巴族的语言艺术。5. 论述了珞巴族文学及其审美特性。第 2 版补充了作者 10 年来的一些新的研究成果和新的论述,如藏族文学审美、珞巴族史诗及审美、珞巴族艺术审美和门巴族艺术审美等,并对全书体例作了调整。附《藏密艺术》、《仓央嘉措》、《珞巴神话》等 4 篇专题研究论文。

西藏文化的个性 周炜著。中国藏学出版社 2000 年出版,32 开,268 页。本书对西藏的古典小说、史诗《格萨尔王传》、民间文学及藏戏剧本等进行比较细致、整体的研究,提出"西藏文化的个性"这一论题,并对其作了分析和论述。对西藏文化的宗教背景、地域文化及传统、民间文化源流及其方式,也提出了自己独到的见解。

西藏文物保护四十年 张羽新编。五洲传播出版社 1999 年 2 月出版,32 开,128 页。1951 年前的西藏文物考察工作主要是由外国人进行的少数地面文物的调查,而真正意义上的西藏文物考察和文物保护工作是 1951 年之后才开始的,经过 40 多年的努力,西藏的文物考察和文物保护工作取得了举世瞩目的成就。本书对这些成就作了详细记述。

西藏新闻传播史 周德仓著。中

央民族大学出版社2005年出版，32开，392页。本书介绍了西藏新闻传播发展的历史轨迹、规律和现况。

西藏之西：神山圣湖阿里行 徐平著。民族出版社2004年1月出版，32开，214页。本书通过实地考察情况，记述了西藏阿里地区的地理自然、风俗习惯、神山圣湖、古格王朝的扎达土林和日土岩画，以及孔雀河、象泉河、狮泉河等。

西藏之西：喜马拉雅 徐平著。民族出版社2004年1月出版，32开，239页。本书记述了居住在喜马拉雅山脉沿线居民的生产劳动、风俗习惯、民间文化等内容。

雪山·哨卡·军人 解放军西藏军区政治部编。西藏人民出版社1988年出版，32开，500页。本书是西藏军区为驻藏部队进行政治教育而编写的一本介绍有关藏区自然地理、风土人情、藏区常识、历史沿革等方面内容的普及性读物。书中还重点介绍了中央第一次西藏工作座谈会以来，国家在西藏实行的特殊的民族政策、经济政策、统战政策、宗教政策、边防政策和处理拉萨骚乱事件的方针，以及西藏军区从1950年入藏后的战斗历程和光荣传统、西藏边防军人应当具有的理想和职业道德等内容。

雪域藏民族文化博览丛书 尕藏才旦、格桑本编著。甘肃民族出版社2000年出版。现已面世4册：《青藏高原游牧文化》，32开，163页。本书论述了游牧文化、向“生命禁区”挑战的生活方式、游牧部落社会、游牧社会的口头文学等内容。《雪域气息的节日文化》，32开，190页。本书介绍了藏族的俗人节日、娱神节日、僧俗共有的节日、僧人专有的节日，并论述了藏族节日的产生和演变过程。《藏族丧葬文化》，32开，190页。本书论述了藏族的丧葬礼仪与原始民族部落和奴隶社会期间的政治关系、财产分配、经济能力、美学价值、思想意识、共同心理、宗教信仰、礼仪内容等。《史前社会与格萨尔时代》，2001年出版，32开，140页。本书介绍了高原人类早期活动足迹、墓葬和岩画、最早的藏人、神话中的藏族先民、英雄格萨尔王时代、游牧社会价值观、史前部落社会、神灵崇拜与巫术等内容。

藏人言藏：孔贝康藏闻见录 （英）孔贝著，邓小咏译。四川民族出版社与中国社会科学出版社2002年9月联合出版，32开，199页。“雪域旧旅丛书”之一。本书英文版于1890年出版，1976年再版，收入“喜马拉雅丛书”第3辑第4卷。本书中的“藏人”指西藏甘孜人谢国安（英文名是“智慧保罗”，又称“多吉佐巴”），其父是蒙古族人，其母为藏族人，但自称蒙古族。谢国安幼年入寺，后在锡金教会学校读书，信奉基督教，兼通藏文、汉文、梵文。20世纪

40年代曾应聘任华西协和大学边疆研究所研究员，50年代随解放军进藏并任西藏军区干校藏文教员，刘立千先生是其女婿。本书共15章，记述了西藏甘孜人谢国安所讲的故事，描述了20世纪初我国藏区民俗、宗教、文化、教育、历史故事等，对我们了解当时的社会风貌，尤其是了解20世纪初西方人眼中藏族的社会风貌，具有重要的参考价值。另外，本书还记录了谢国安近30年坎坷生涯中的旅行、经商、工作等情况。书首为佛教导论，书后附有关寺院面具宗教舞的内容。

藏族传统文化概述 佟锦华著。中国藏学出版社1990年2月出版，32开，150页。藏族传统文化是中华民族传统文化宝库中的瑰宝之一。本书分奴隶制社会文化、过渡时期文化和封建农奴制社会文化3个时期介绍了藏族传统文化的概况，并从语言文字、文献、文学、艺术、医药、天文历算和风俗习惯等方面对藏族传统文化作了论述。

藏族历史·文化 曾国庆编著。民族出版社2004年出版，32开，314页。曾国庆，中央民族大学藏学研究院教授，发表论著50余篇(部)。本书论述了西藏与祖国大家庭的关系，西藏历史的演进和西藏的民俗风情等内容。

藏族文化的新发展 嘉任著。新星出版社1991年1月出版，32开，90页。还有英、法、德文版。本书简要介绍了西藏和平解放40年来在民族教育、文物保护、出版事业、抢救和整理民间文化、藏学研究、藏医藏药的发展、广播电视电影事业、人民文化生活等方面取得的成就。

藏族文化发展史 丹珠昂奔著。甘肃教育出版社2001年出版，32开，1477页，上下册。本书是我国第一部较为完整地描述藏族文化发展史的学术专著。主要内容有：1.西藏高原的气候环境与原始部落，婚姻、丧葬、信仰、口头文学、建筑和艺术，以及藏民族的形成。2.苯教的产生和高原人的伦理思想、文学、科技、交流和典章制度，以及藏语文的形成、创制和运用。3.佛教的传入和藏传佛教的形成、发展、衰落及其文化的发展、变化。4.雕版印刷等人文、科技多领域文化现象的产生、发展及对推动社会进步的作用。5.社会主义新时期藏族文化发展的进程等。

藏族文化史纲 索代著。甘肃文化出版社1999年出版，32开，533页。本书比较全面系统地介绍了藏族文化的形成、发展和特点。主要论述了：1.远古时代的藏族、古代部落、苯教文化、吐蕃王朝时期的藏文化。2.藏传佛教各派的形成及其特点、宗喀巴的佛教思想、格鲁派的佛教文化、布达拉宫的建成、藏文化的极盛时期。3.《格萨尔王传》、藏戏、民间文艺及民俗风情。

藏族文化新探 同美著。四川民

族出版社 2004 年出版，32 开，302 页。本书通过分析藏族传统文化的发展历程，提出了藏族文化面临的危机、挑战和发展前景。

藏族文化与知识经济 仲布·次仁多杰著。藏文。民族出版社 2002 年出版，32 开，368 页。本书通过分析 21 世纪知识经济席卷全球的态势，指出藏族文化在 21 世纪面临着知识经济的挑战，而传统的文化体系无法适应新的挑战，必须建立新的文化体系。同时作者对藏族文化如何面对知识经济的挑战提出了自己的见解。

藏族文化志 丹珠昂奔著，中华文化通志编委会编。上海人民出版社 1998 年出版，32 开，531 页。本书介绍了藏族地区的人文地理、物质生产、科学技术、语言文字、藏文典籍、信仰文化、礼法制度、职官制度、军事组织、教育制度、文学艺术、节日民俗、文化交流等内容。

造福西藏人民的雅鲁藏布江中部流域开发工程 马丽华、兰志明著。五洲传播出版社 1999 年出版，32 开，35 页。本书介绍了雅鲁藏布江流域的水利水电和农业开发工程及其意义。

中国西部民族文化研究 2003 年卷 王继光著。民族出版社 2003 年 1 月出版，32 开，715 页。本书总结和介绍了西部地区藏族、回族等民族的宗教信仰和民俗文化的变迁，并述及民族文献与中国历史文献学的学科体系等内容，从而展示了西部少数民族的社会文明及风情，透析了这些文化现象的丰富内涵。

(二)教育

安多藏语会话选编 敏生智、耿显宗编。藏文。青海民族出版社 1989 年 6 月出版，32 开，488 页。本书分 4 个单元 85 课，用对话方式编写，课文和生词用国际音标注音和汉语注释。

安多藏语自学读本 青海民族学院少语系编。藏文。青海民族出版社 1989 年 6 月出版，32 开，488 页。本书是供在藏族地区工作的汉族干部和其他不懂藏语的同志学习藏语用的读本。本书分 4 个单元 85 课，用对话方式编写，每句藏语附有汉语注释、国际音标注音和汉字转写。课文后附有该课的生词，每个生词也用汉语注释、国际音标注音和汉字转写。

成长中的北京西藏中学 北京西藏中学编。北京教育出版社 2000 年 4 月出版，32 开，126 页。本书详细介绍了北京西藏中学的发展和学生在校学习的情况。

羔羊欢腾曲 青海民族出版社编。藏文。青海民族出版社 1994 年 4 月出版，32 开，108 页。本书共收编藏族中小学生在全国一些报刊中发表的优秀作文24篇，这些作品内容丰富，题材广泛，贴近中小学生的生活实际，对中小学生写好作文有参考价值。

国防教育教材 青海省军区政治部编。青海民族出版社1990年6月出版，32开，282页。本书是对藏族地区的群众和解放军指战员进行国防教育、增强国防观念、强化国防意识的教科书，主要论述国防基础理论知识，阐明国防教育的目的、任务、意义，以及国防教育在现代战争和未来战争中的重要地位和作用。是藏区民兵、预备役人员和现役军人学习国防知识的理想教材，也可作为民族院校和民族中学学生参加军训的辅助教材。

红卫小学六十年 本书编纂小组编辑出版。1996年9月内部发行，32开，298页。封面有藏文书名。本书主要介绍了学校的发展过程、历任校领导、学生名录、毕业生分布、纪念文章等。书中对云南省中甸县红卫小学自1936年秋成立至1996年整整60年的发展作了较详细的叙述。红卫小学是云南藏区较早的藏汉双语学校，至1996年已招生952个班，藏、汉、纳西、白、彝等民族的学生已达34805名，毕业生为6282名，分布于全国20个省、市、自治区。该校学生在云南藏区各个时期的建设中做出了积极贡献。中甸县红卫小学曾名云南省立中心镇小学、云南省立中心镇完全小学。

简编应用文 西藏人民出版社编。藏文。西藏人民出版社1973年11月出版，32开，56页。本书简要介绍了介绍信、慰问信、通知、请示报告及各种票据等常用应用文的写作方法。

金钥匙 《刚坚少年报》编辑部选编。藏文。青海民族出版社1994年5月出版，32开，144页。本书中的文章选自《刚坚少年报》，主要有《怎样取得好的学习成绩》、《修改文章的三个步骤》、《要注意学习方法》、《多读报纸能开阔眼界》、《怎样提高记忆力》等，这些文章从不同角度向中小学生介绍了学习、生活的方法和道德修养等方面的知识。

论十明学 贡珠·云丹嘉措（1813—1899）著，土登尼玛校订。藏文。四川民族出版社1981年6月出版，32开，184页。本书内容选自清代著名藏族高僧贡珠·云丹嘉措所著《知识总汇》一书。本书是关于藏族传统十明学（即工艺学、医学、声律学、理学、佛学、修辞学、辞藻学、韵律学、戏剧学和星象学）的简要介绍，是藏族传统文化的入门读物。

农村牧区基层干部培训教材 田源主编，祁正贤、何峰译，中共青海省委宣传部编。藏文。青海民族出版社1990年3月出版，32开，103页。本书分5讲：只有社会主义才能救中国，只有社会主义才能发展中国；以经济建设为中心,大力发展农村牧区的社会生产力;深化农村牧区改革,稳定和完善双层经营体制,强化社会化服务体系;广泛深入地进行社会主义思想教育,加强农村牧区的精神文明建设;加强以党支部为核心的基层组织建设,团结带领农牧民群众走共同富裕的道路。

青海藏族教育工作的回顾与思考 班玛丹增著,青海省政府办公厅译。藏文。青海民族出版社1992年12月出版,32开,154页。本书收录《青海民族教育工作的回顾与思考》和《努力发展青海藏族教育》两文,总结和介绍了青海民族教育和藏族教育的发展经验、成果和教训,并就民族教育发展过程中的问题和困难提出了一些解决思路。

书信常识 诺杰朗巴·旺堆次仁著。藏文。西藏人民出版社1990年6月出版,32开,90页。本书介绍了旧式书信常识,内容包括:1.致达赖喇嘛和班禅的书信格式。2.信纸封叠方法和称呼、行文、落款方式。旧时在各种书信来往中,由于写信人与收信人的级别、身份和地位不同,在称呼、行文、落款、信纸封叠方式中要根据自己的情况严格执行书信等级规定。书中有范例说明。

书信格式 卫巴·木彭达瓦著。藏文。青海民族出版社1983年10月出版,32开,104页。1833年前后成书。本书详细论述了藏族传统的书信格式,并逐一举例说明。

书信汇编 嘎玛降泽编。藏文。四川民族出版社1998年出版,32开,260页。本书3章,主要介绍:1.局·迷旁等学者的有关书信及论述。2.独具特色的书信。3.以赞颂内容为主的书信,并介绍了书信的体例和格式。书中对写信的格式:抬头、称谓、署名、格式、落款、贴封、包装等,均作了系统介绍。本书集传统的书信格式和现代书信实例为一体,种类齐全,内容丰富。

五明概论 尊巴·崔称仁青著。藏文。民族出版社1981年8月出版,32开,85页。作者是清代学者,于18世纪中叶编纂德格版《丹珠尔目录》,本书选自该书前言部分的第4章。本书简明扼要地介绍了藏族大五明学(工巧明、医方明、声明、因明和内明)的基本内容、范围和典籍等,并对一些有争议的学术问题发表了见解。

西北教育考察报告书 国立暨南大学西北教育考察团编。暨南大学民国二十五年(1936)印行,32开,158页。民国二十四年(1935)暨南大学教育系学生组织西北教育考察团赴西北各省考察,将考察经过和结果辑为此书。本书分西北教育的经济背景,西北教育的过去与现在,西北教育的初等教育、中等教育、师范教育、职业教育、社会教育、女子教育、童子军教育、蒙回藏教育，青海、宁夏的义务教育等内容进行叙述，最后有关于改进西北各省教育的意见。本书是了解西北近代教育状况的资料之一，有一定参考价值。

西南少数民族历史档案管理学 华林著。民族出版社2001年9月出版，32开，360页。“西南边疆民族文库·边疆文化研究丛书”之一。本书主要内容有：1.论述西南少数民族历史档案管理学的学科创建。2.介绍西南少数民族历史档案的概念、种类、价值、分布、收集、整理、鉴定和利用。

西藏的教育 多杰才旦著。中国藏学出版社1991年7月出版，32开，190页。“西藏知识小丛书”之一。本书简要介绍了藏区的教育历史、元明以来藏传佛教诸教派的教育、黄教的寺院教育及寺院教育评价、清代至1949年间的教育，并着重论述了西藏现代教育的特殊性、发展过程、新时期的教育措施、中等和高等专业教育、教育中存在的若干问题，以及1950年以来西藏教育所取得的成就。附彩照及表。

西藏教育 周爱明著。五洲传播出版社2002年出版，32开，156页。“中国西藏基本情况丛书”之一。本书主要内容有：1.简要介绍藏区历史上的寺院教育和一般教育。2.着重介绍西藏现代教育的发展过程、新时期的教育措施、中等和高等专业教育，以及1950年以来西藏教育所取得的成就。

西藏教育今昔 尚俊娥著。五洲传播出版社1996年9月出版，32开，39页。本书简要介绍了旧西藏封建农奴制时期的教育和1950年以来的西藏现代教育成就。

西藏教育五十年 周润年著。甘肃人民出版社2002年出版，32开，357页。作者从事民族教育工作多年，曾10多次进藏，在50多个市县进行调查，收集了大量藏族教育的第一手资料，本书就是在调查资料基础上编写而成的。并且作者近10年来一直讲授有关西藏教育方面的课程，收集整理了许多资料。本书介绍了西藏民主改革以来的教育成就，主要包括西藏教育事业概况、基础教育、中专教育、高等教育、成人教育、双语教育、内地西藏中学、内地高校西藏班和教育现代化的战略思考等。是了解西藏和平解放以后教育状况的专著。书中配有大量插图，可资参考。

西藏教育研究 耿金声、王锡宏主编。中央民族学院出版社1989年7月出版，32开，413页。“民族教育研究丛书”之一，国家哲学社会科学“七五”规划重点项目。本书辑录了《西藏教育结构与对策研究报告》、《西藏教育历史回顾》、《以社会主义初级阶段理论为指导对西藏教育特殊性进行再认识》、《西藏教育现状与对策——西藏教育调查报告》、《关于发展西藏教育问题之管见》、《西藏要振兴，教育要先行》、《西藏高等教育民族特色初探》、《西藏教育与西藏经济浅议》、《西藏的人口素质与教育改革》、《以藏语文为主，开展双语教育——西藏语言使用调查》、《黄教寺院教育》等36篇从不同角度反映西藏教育的论文。

西藏民间体育及游艺 金果次平著。藏文。西藏人民出版社1998年出版，32开，248页。本书较系统地介绍了西藏民间传统体育项目和游艺活动。其中体育项目有成年人项目和少儿项目，游艺部分以青少年智力游戏为主。

西藏知识简明读本 李德洙主编。华文出版社2003出版，32开，96页。“民族宗教丛书”之一。本书介绍了西藏的基本情况和党的民族政策、宗教政策。为便于广大干部了解西藏，掌握党的民族、宗教政策而编。

小学生国情十知道 《刚坚少年报》编辑部编译。藏文。青海民族出版社1994年5月出版，32开，88页。本书是“刚坚少年知识丛书”中的国情教育读物。本书以图文并茂的形式介绍了小学生必须知道的我国十大国情。

写作指南 《刚坚少年报》编辑部选编。藏文。青海民族出版社1994年5月出版，32开，112页。本书是“刚坚少年知识丛书”中的写作知识汇编本。本书由记叙文写作的基本概念、种类、人物、结构、材料等方面的知识与著名藏族学者才旦夏茸所著的《书信格式和各种日记的写法》等文章汇编成册。

学生作文精选 《刚坚少年报》编辑部选编。藏文。青海民族出版社1994年5月出版，32开，212页。本书是“刚坚少年知识丛书”中的优秀作文汇编本。本书所选文章均曾在《刚坚少年报》上刊载，其中有些文章是省级或地区级获奖的作品，全书共选67篇优秀作文，部分作文选自汉文版的中小学报刊，翻译后曾刊登在《刚坚少年报》上，还有一部分是民族中小学生的文章。为中小学生课外辅助读物。

英藏对照初级会话教材 万玛多杰编译。英藏对照本。青海民族出版社1993年8月出版，32开，468页。本书是以张道真编写的《初级英语》为蓝本编译而成的英藏对照初级会话教材。本书从英语字母的拼读开始，逐步深入到英语语法结构和动词时态的变化规律，并用英语单词组词造句，达到英语会话的目的，是藏族地区进行外语教学和英语入门的基础教材。其中有语音、课文和藏英语法比较研究。

幼儿园常识 扎西旺久著。藏文。民族出版社1998年出版，32开，6册。本丛书由《幼儿园智能》(32开，28页)、《幼儿园语言》(32开，31页)、《幼儿园德育》(32开，32页)、《幼儿园数学》(32开，29页)、《幼儿园美术》(32开，34页)、《幼儿园常识》(32开，33

页)6 书组成。本丛书根据《21 世纪人才素质教育与文化修养丛书》翻译，介绍幼儿园的管理、教学、生活、医疗等方面的常识。

与中小学生谈德 张如珍著，索南译。藏文。青海民族出版社 1993 年 9 月出版，32 开，128 页。“与中小学生谈德、智、体、美、劳丛书”之一。本书是藏族中小学生学习有关德育知识的读物。

与中小学生谈劳 张如珍著，黄秀措毛、爱智译。藏文。青海民族出版社 1993 年 9 月出版，32 开，128 页。“与中小学生谈德、智、体、美、劳丛书”之一。藏族中小学生进行劳动教育的通俗读物。本书通过几则典型的故事，用朴实感人的语言介绍了古今中外一些学者、名人的成长过程和创业史，教育青少年要从小养成热爱劳动、增长自己的才干，使自己成为祖国四化建设的栋梁之材。

与中小学生谈美 陈自仁著，李成文、卓玛吉译。藏文。青海民族出版社 1993 年 9 月出版，32 开，112 页。“与中小学生谈德、智、体、美、劳丛书”之一。藏族中小学学生美育通俗读物。本书内容有：识别美、感受美、追求美、创造美；“四美”即“心灵美、语言美、行为美、环境美”；培养健康的生活情趣，树立远大的革命理想；编者殷切希望藏族中小学生和青年朋友，从中能受到启发和教育，成为社会主义有理想、有道德、有文化、有纪律的一代新人。

与中小学生谈体 彭德华著，桑杰、旦正加译。藏文。青海民族出版社 1993 年 9 月出版，32 开，192 页。“与中小学生谈德、智、体、美、劳丛书”之一。本书是藏族中小学生加强体育锻炼的知识性读物。

与中小学生谈智 徐锡安著，扎加、喇海永译。藏文。青海民族出版社 1993 年 9 月出版，32 开，96 页。“与中小学生谈德、智、体、美、劳丛书”之一。本书是中小学生学习有关智育知识的读物。

藏族古代教育史略 谢佐、何波著。青海人民出版社 1994 年 12 月出版，32 开，394 页。本书对藏族古代教育的产生与发展、形式与内容及各个历史时期的教育特点进行了系统的总结与阐述，对藏传佛教的寺院教育也作了较为深入的探讨。

藏族教育的改革与发展 夏铸、刘文璞主编。青海民族出版社 1993 年 12 月出版，32 开，329 页。“西部教育文库”之一。本书客观、科学地对藏族历史上的寺院教育进行了评介；认真地总结了解放以来藏族教育发展的成就与经验；针对当前藏族教育的实际，对藏族的教师队伍建设、师范教育、办学形式、教育投资等重大问题，提出了切实可行的意见和建议；对藏族的双语教学问题，从理论和实践的角度进行了尽可能详尽地阐述，并提出了相应的实施办法，还对各级各类藏族学校教育提出了改革发展的思路。本书立题较为合理、资料翔实、逻辑严密、语言得体。藏族教育问题是关系着青海及整个藏族地区加快改革开放步伐、促进经济文化发展的大事。本书主要论述了青海藏区的藏族教育，对四川、甘肃、云南和西藏等地的藏族教育也作了简要介绍。

藏族近现代教育史略 朱解琳编著。青海人民出版社 1990 年 9 月出版，32 开，338 页。“民族教育研究丛书”之一。本书的主要内容有：1. 鸦片战争后的藏族社会和教育状况。2. 西藏和甘青藏区近代教育的产生和发展。3. 清朝末期的川西藏东藏族教育、新的教育行政机构“教育会”的建立和蒙藏学校章程的公布。4. 藏传佛教寺院教育，以及帝国主义对藏区文化侵略始末和藏族人民反对奴化教育的斗争等。5. 北洋政府和国民政府时期民族教育方针和藏区教育行政机构的沿革，以及编译教材、划拨经费、奖励优待师生员工等办法的实施和文化教育研究活动的开展等。6. 藏传佛教格鲁派（黄教）的衰败和现代新式教育的兴办及佛教对藏族文化教育的影响。7. 中国工农红军长征期间在藏区的教育活动和陕甘宁边区对藏族干部的培养教育等问题。有“四川藏文学堂章程”等 6 个附录。

藏文古籍文献概论 鲁仓·道尔杰仁青著。藏文。民族出版社 1992 年 8 月出版，32 开，206 页。本书主要内容有：藏文发展简况和古藏文的出版、版本、校订、注解，以及藏文古籍文献目录编制工作发展历程。

藏文书牍轨范 西陲宣化院于民国二十七年（1938）编印。本书共分 3 编：1. 谢托噶伦关于书牍的论著。2. 慧海喇嘛编著的书牍。3. 常用书牍实例等。

藏文图书分类法 桑旦等编著。藏汉文对照本。民族出版社 1995 年 7 月出版，32 开，210 页。本书参照中国图书馆图书分类法，结合藏民族的图书分类法，将各类图书按马列主义、毛泽东思想、宗教、社会科学和综合性图书等 5 个基本部分组成 23 个大类，用藏文拼音和阿拉伯数字作为分类序号和数目顺序。既与中国图书馆图书分类法基本上取得一致，又突出了藏文图书的特点。

藏族学生作文 西藏人民出版社编。藏文。西藏人民出版社 1984 年 2 月出版，32 开，95 页。本书收录了西藏地区中小学生的优秀作文 26 篇。这些作文反映了西藏高原藏族学生的校内外生活情况和用藏语文写作的能力。

知识总汇 贡珠·云丹嘉措（1813—1899）著。藏文。民族出版社

1990年出版，32开，3册，上册608页、中册214页、下册228页。贡珠·云丹嘉措是一位享誉藏区的学者，各类著述多达百余部。本书根据四川德格八邦寺藏文木刻版整理，是一套百科全书性质的著作，系统而简明地介绍了藏族传统十明学的内容，并对许多疑难问题作了深入浅出的阐释。

智慧老人信箱 《章恰尔》编辑部编。藏文。青海民族出版社1994年3月出版，32开，232页。本书汇集的100题知识问答，是以《章恰尔》期刊中的《智慧老人信箱》栏目中刊登的知识问答为主，由语文、历史、地理、民俗、文学、宗教等8类知识问答组成。这些短小精悍的文章融知识性、趣味性、可读性为一体，为中小学生课外读物。

智者入门 萨班·贡噶坚赞著。藏文。民族出版社1981年6月出版，32开，157页。本书主要内容有：1.对讲学。作为一个智者(学者)，在传授各类知识的过程中，要具有广博的学问、流利的口才和动听的声音，才能达到最佳的传授知识的效果。2.辩论。要具有哲学的思辨能力和丰富的抽象思维能力，在因明学和各类学科的探讨中，要能言善辩，而非诡辩、狡辩。3.写作。不论是撰写史学、诗歌，还是佛学论著，要广征博引、有根有据、条理清楚、用语文雅。这是旧时藏区对学者的传统要求。

智者入门 又名《智者启蒙》局·迷旁(全名局·迷旁降样南杰嘉措，1846—1912)著。藏文。有拉萨、德格木刻版。另有青海民族出版社1988年10月出版藏文版，32开，433页。四川民族出版社1990年10月根据四川德格木刻版整理出版，32开，519页。作者是康区著名学者，一生著述80多部。本书选入作者的《智者入门》等5篇著作，着重论述了一个学者应当掌握的蕴、界、处、缘起、处、非处、根、时、谛、乘、有为、无为等佛学理论和知识，对"四律"、"四无碍"等，作了详细论述。为研究藏传佛学必不可少的资料。著名藏族学者年叙·钦饶威色对原稿作了校订。

中国藏族教育史略 杨明、王岚著。成都科技大学出版社1993年11月出版，32开，494页。本书分10章，对藏族原始氏族社会的教育、吐蕃王朝时期的教育、吐蕃封建割据时期的教育、元明清时期的藏族教育、民国时期的藏族教育、中华人民共和国成立后的藏族教育等作了详略不一的记述。是一部简明中国藏族教育发展史。

(三)教材等

安多藏语常用虚词释例 敏生智著。汉藏文对照本。青海民族出版社1990年8月出版，32开，87页。本书系作者根据安多地区藏语方言的特点，为非藏族初学藏语口语者而编写的汉藏文对照虚词释例教材。可与《安多藏语会话选编》一书配套使用。

词藻与逻辑　四川省中等民族师范学校藏语文教材编写组编。四川民族出版社1985年11月出版，32开，96页。本书是四川省中等民族师范学校藏语文教材，内容主要由词藻学和形式逻辑学这两部分组成。

古代藏语教程　郭须·扎巴军乃著。藏文。民族出版社2001年出版，32开，446页。本书为大专院校藏文专业教材，主要分为：碑文类、歌谣类、传记类、教诲类、佛经故事类、译文类、法律类和医药类等。本书共分27课，每课有题解、词语注释、思考题、古文练习和参考文献介绍，适合中高等院校学生阅读。

古藏文详解　堪本著。甘肃民族出版社1993年6月出版，32开，129页。本书是一部基础梵文教程，书中对梵文词的构成及其种类、词句的范式等语法规律作了注解。梵文由南卡书写。

汉藏翻译教材　中央民族学院、西南民族学院等6所院校编印。1980年印行，32开，369页。本书着重讲述汉文译为藏文过程中的理解问题、表达方法、词和词组及复句的译法、句子成分的译法等。书中的例词例句仅限于政论文，不包括口语和文学等方面的内容。本书适合具有一定汉藏语文基础知识且学习过汉语语法和藏文文法的学生使用。

汉藏合璧　（清）吴树猷等撰。光绪三十三年（1907）印本。本书是赵尔丰经营川边时，延请四川文人吴树猷等数人到巴安（今四川巴塘）设立学务局编纂的汉藏对照教科书。本文以汉文编韵排列，如“天地人物，你去我来，日月星辰，云雨光明”。汉文后有藏文译文，但有些汉文无译文注释。赵尔丰败落后，此书停用。

汉藏合璧实用会话　蒙藏委员会民国三十一年（1942）印行。本书分日常生活、交际应酬、旅行交易等项，前列藏文，后加汉译。本书体例有序、译文准确、内容全面，是一本较好的汉藏会话手册。

拉萨口语读本　胡坦等编。民族出版社1989年5月出版，32开，404页。本书是学习拉萨口语的教材，每课由课文、生词、语法注释、练习、听读练习等5个部分组成，收入常用词汇约1800个。配有磁带。

拉萨口语会话本　土登旺布编。藏文。西藏人民出版社1996年出版，32开，389页。本书是一部有关行路（问路）、购物、礼节、民俗、名胜、文艺、教育、宗教等方面的日常用语教材，是外地进藏旅游、工作、学习、生活者学习拉萨口语和日常生活用语的读物。本书将知识性与趣味性融为一体，会话语言规范精练，用现代藏语拉萨话口语写成，实用易懂，便于学习掌握，并附有英文。

拉萨藏语初级教材 （美）艾伦·巴蒂、尼玛卓玛编著。藏英文对照本。中国藏学出版社2000年11月出版，16开，269页。本书是为英语国家的人学习藏语而编写的入门教材，主要内容为：1.讲述藏文30个字母、4个元音和前后及上下加字的认读及拼写方法。2.日常对话、生词、语法解释、练习及对藏文的基本常识和生活习惯等的简要介绍。附藏英词汇对照表、英藏词汇对照表。

拼读 四川省中等民族师范学校藏语文教材编写组编。藏文。四川民族出版社1985年11月出版，32开，63页。本书是"四川省中等民族师范学校藏语文教材（暂用本）"之一，包括藏文拼读和正字法口诀两部分。

轻轻松松学藏语 甘南藏族自治州古格信息技术有限公司开发。中国电子音像出版社2000年出版发行。为系列教材软件（光盘）。该系列教材分生活用语、旅游用语、宗教用语、文化艺术用语、公关用语等多方面。为目前藏汉英互动教材中最新的版本，专为初学者编写，适合懂汉语或英语的非藏族和已会藏语初学藏文者使用。本书侧重于拼读，讲解藏文字母间的区别和准确用法，并根据藏文拼读的次序，从字母发音到日常用语，发音为拉萨音和安多音兼重。

西康常识教科书 西康小学课程编订委员会编印。民国二十六(1937)印行，8册。本书包括社会、自然、卫生3类，其内容结合康区藏族生活编写而成，前为汉文，后附藏文译文，译文都采用意译。附插图。西康教育局曾通令西康所有藏区小学采用该教材。

西康常用国语教科书 川康边防军第一师第二旅编。民国二十二年(1933)印行。西康省小学课本。本书内容大都与藏族生活有关，均以叙述为主。民国二十五年(1936)，西康小学课程编订委员会将此教科书增删修订为汉藏对照的《西康国语教科书》，并同年出版，还通令全西康小学采用。

西康公民教科书 西康小学课程编订委员会编印。民国二十六年(1937)印行，8辑。本书分历史、文学、党义、公民等类，其内容结合藏族历史、藏传佛教、帝国主义侵略史等编写而成，每课都为汉藏文合璧。是专为康区藏族成年人扫盲所编写的教材。

西康国语教科书 西康小学课程编订委员会编印。民国二十六年(1937)印行，8册。本书包括公民、党义、文学、历史、地理、自然、卫生等，其内容均结合藏族文化、历史、地理、宗教等编成，每篇课文都有藏文译文附后。

西康省教育局曾通令西康藏区小学采用。

西康实用常识教科书 川康边防军第一师第二旅编印。民国二十二年(1933)印行。西康省小学课本。本书内容贴近藏族地区的生活,便于学生理解,如“喇嘛寺,修得很好看,里面供有佛像,又有喇嘛念经……”。民国二十五年(1936),西康小学课程编订委员会据此教材,经过增删,修订为汉藏对照的《西康常识教科书》出版,后由西康教育局通令西康各小学校采用。

西康实用三民主义教科书 川康边防军第一师第二旅编印。民国二十二年(1933)印行。专供西康省小学教学之用。本书内容完全结合康区藏人生活编制而成,课文通俗易懂,易记易诵,如“西藏人、西康人,都是中华民国的好国民”等。

小学毕业生藏文考试辅导读本 嘉样智华、才让多杰编著。藏文。中国藏学出版社2000年6月出版,32开,97页。本书是5省小学藏文语文教材的同步参考书,内容包括:名词解释、语法知识、基础练习、写作知识、短文、藏文文学知识、译文写作知识等。

写作基础知识 西藏大学藏语文系写作教研室。藏文。西藏人民出版社1990年6月出版,32开,212页。本书是藏文传统写作方法与现代写作方法相结合的写作基础知识读物,内容包括素材、构思、阐述、描写、情感、体裁等各个方面。

应用文写作 色多尔·多吉坚才编写。藏文。青海民族出版社1991年6月出版,32开,200页。本书共分3类,即书信、日常应用文和公文。书信部分包括私人书信写法的论述、具体的步骤、怎样写契约等。日常应用文部分包括应用文写法的论述,包括介绍信、慰问信、聘书、讣告及悼词等。公文部分包括公文的写法和常用公文范例等,如通知、通令、布告、公约等。本书内容广泛,古今兼之,所举例子很有代表性,实用性强,适用于中小学师生,州、县秘书,司法干部,一般职工和广大农牧民读者。

藏汉对照简易藏文读本 青海师范大学民族部编。青海民族出版社1990年出版,32开,260页。本书是《藏语简易拼音读本》的配套教材,适合于非藏族学生、成人初学藏语文用。内容分为3部分:第1部分是正文,采用对话形式,共32课;第2部分是语法知识;第3部分是附录,包括课堂用语、生字生词、动词时态表等。通过学习本书,读者可以掌握常用对话和基本的语法知识。

藏文读本 法尊法师编著。汉藏教理院民国二十九年(1940)印行,8册。本书每册40课,内容从藏文字母拼读法开始,一直到造句、作文、翻译,前有藏文，旁注汉义，课文后有练习。教材由浅入深，并附西藏习俗、宗教等内容，融趣味性、知识性于一体，是当时较好的藏汉合璧教材。

藏文简易拼音读本　青海师范大学民族部编。藏文。青海民族出版社1987年8月出版，32开，50页。本书是根据安多藏语语音编写的藏文拼读教材，适合于非藏族学生初学藏语文使用。

藏文扫盲课本　青海省教育厅成人教育处编。藏文。青海民族出版社1993年6月出版，32开，316页。本书共83课，主要以语言知识（包括藏文字母、藏文拼读、组词造句、词汇、顺口溜等）为主，还涉及政治思想教育、文法常识、农牧业生产常识、科学常识、文化生活常识、日常用语等方面的知识。

藏文扫盲速成读本　拉达编写。藏文。中国藏学出版社1995年6月出版，16开，200页。本书分3部分：1. 拼读法、常用词汇的认读与拼写。2. 散文、颂文、自由诗和嵌字诗及契约、执据、信函等应用文的写作知识。

藏语广播讲座（一）　西藏人民出版社编。西藏人民出版社1984年1月出版，32开，88页。非专业藏语教材。

藏语广播讲座（二）　旦增久美编著。西藏人民出版社1984年12月出版，32开，151页。非专业藏语教材。

藏语广播讲座（三）　旦增久美编著。西藏人民出版社1984年12月出版，32开，127页。非专业藏语教材。

藏语口语（西藏中部方言）读本　乔治·罗埃里奇、拉鲁·罗桑彭措合编。1957年印度初版，1972年再版。被收入"喜马拉雅丛书"第2辑第3卷。本书内容分3部分：1. 藏语语法。2. 会话练习。3. 词汇。

藏语（拉萨话）地名译音规则　国家测绘局、总参谋部测绘局制订。测绘出版社1986年2月出版，32开，51页。本书包括藏语（拉萨话）地名译音表和藏语（拉萨话）地理通名与地名常用词汇表两部分内容。

藏语文　黄希杰、看召本编。青海民族出版社1987年6月出版，16开，209页。本书是全国中等藏医学校试用教材，也是以古典藏文和诗歌为主的藏语专业教材。

中学藏语文教材教法　马月华编。四川民族出版社1993年6月出版，32开，149页。本书主要论述了教材编写和具体教学的基本方法与要求，根据中学藏语文的教学特点提出中学藏语文教师的教学必须符合时代特点和学生特点这一观点。

六、语言、文字

阿里藏语 瞿霭堂、谭克让著。中国社会科学出版社 1983 年 2 月出版，16 开，409 页。本书从语音、语法、词汇 3 方面对阿里藏语作了综合介绍，在说明一些语言现象的渊源时，也适当作了一些历史探讨。由于阿里藏语基本上属于卫藏方言，只有个别地方如改则话属于康方言，因而在介绍过程中，主要将其与拉萨话进行比较说明。书前有阿里藏语调查点示意图，书后附音系、声母韵母配合表、藏文和阿里藏语语音对照表、语法例句、语词。

安多话、嘉绒话对比分析 王建民等著。四川民族出版社 1992 年 10 月出版，32 开，267 页。本书分 4 章对安多话和嘉绒话的语音、词汇、语法、词义和文字依次进行了比较和分析。书后附词汇附录，共列出 1000 个基本词，在安多话和嘉绒话中进行比较。

安多藏语口语词典 华侃、龙博甲编著。甘肃民族出版社 1993 年 6 月出版，32 开，642 页。本书收录词和常用短语约 11000 条，词目以藏文正字为主，藏汉对照，词目后标有安多话拉丁文注音。

苯波文通二十七颂 显·奎诸、巴色仓著。四川民族出版社 1989 年 10 月出版，32 开，477 页。本书是显·奎诸所著《苯波文通二十七颂》和巴色仓所著《藏文正字法》的合订本。本书是文法中比较珍贵的版本。

初级美国英语教程 赖世雄编著，多杰扎西译。藏文。民族出版社 2001 年出版，32 开，689 页，上下册。本书根据外文出版社 1994 年第 1 版翻译。本书共 150 余课，每课包括阅读、词语注解、语法解释、替换练习等内容。

错那门巴语简志 陆绍尊著。民族出版社 1986 年 5 月出版，32 开，187 页。“国家民委民族问题五种丛书”之一。门巴族人使用两种不同的语言，本书介绍的是分布在西藏自治区错那县勒布区和墨脱县德兴区文浪公社及门达旺地区的门巴族使用较广的一种语言。本书以错那县勒布区麻玛公社的门巴话为代表，分别介绍其语言、词汇、语法的基本情况和方言的比较分析。附录词汇。

道孚语格什扎话研究 多尔吉著。中国藏学出版社 1998 年出版，32

开，298 页。作者是当地人，毕业于中央民族大学语言文学专业，有扎实的专业基础，多次回乡深入调查研究。本书研究的道孚语是四川藏区的藏语言之一。这种语言在语音上有着极为复杂的复辅音系统，在语法上有着十分丰富的形态变化，保留了较多的古藏文特征，是藏缅语历史比较研究的好对象。本书资料翔实，内容也很丰富，具有较高的学术价值。

丁香帐——藏文古今词语辨析 觉顿·仁钦扎西著。藏文。民族出版社 1981 年 1 月出版，32 开，69 页。成书于 1476 年。本书根据拉萨木刻版本整理，对藏王赤·热巴巾之前的近千条古词作了注释。附藏汉文对照表。

梵文五种拼合读本注释 尼玛著。藏文。中国藏学出版社 1995 年 7 月出版，32 开，100 页。本书是对《旃陀罗波声明论》一书中的《字母复合与名词用法》、《复合元音连拼法》、《特殊词的连拼法》、《辅音连拼法》和《涅槃点的连拼法》等内容所作的解释。

汉语和藏语同源体系的比较研究 施向东著。华语教学出版社 2000 年出版，32 开，294 页。本书对汉藏语同源词及其体系进行了全方位的研究和论述。主要内容有：1. 汉语和藏语比较研究的理论问题、研究方法。2. 汉藏同源词谱，藏文（拉丁转写）汉文对照，此为本书重点。3. 古代汉语语音、汉藏同源比较是汉语训诂学的新路子等。

汉语藏语同源字研究：语义比较法的证明 薛才德著。上海大学出版社 2001 年出版，16 开，167 页。本书对汉藏同源字进行了深入对比研究。

汉藏系语言和汉语方言比较研究 张惠英著。民族出版社 2002 年出版，32 开，345 页。“民族文化丛书”之一。本书主要论述汉藏语系及其方言的特点、差别等，并对南方少数民族语言与汉语方言进行了系统的比较研究。

汉藏语同源词研究：汉藏语研究的历史回顾 丁邦新、孙宏开主编。广西民族出版社 2000 年出版，32 开，498 页。本书是中国国家社会科学基金研究项目、中国社会科学院中国少数民族语言研究中心与香港科技大学人文社会科学学院合作项目，并列入国家“十五”重点图书出版规划、广西“十五”重点图书出版规划。本书主要论述了汉藏语研究的历史和汉藏语同源词的研究成果。附图表。

汉藏语言概论 P. K. 本尼迪克特著，乐赛月等译。中国社会科学出版社 1984 年 7 月出版，32 开，488 页。本书为《汉—藏语言学》的缩写本。书中以传统的历史比较语言学方法全面论述了汉藏语系，对该语系所包括语族的系属问题提出了新的观点；在对藏、缅语进行比较研究的基础上，进行了藏、缅语内部的语言分类研究；对有争议的语言学问题提供了丰富的材料和新的见解。是研究藏语的参考书之一。

汉藏语言研究的理论和方法 瞿霭堂、劲松著。中国藏学出版社 2000 年 7 月出版，32 开，760 页。本书为国家教委人文社会科学研究项目。本书分导论、系属、语音、语法、方言 5 篇。导论篇，叙述中国的民族和语言、藏语各方面的情况、汉藏语言的类型和共性、汉藏语言研究概况和理论贡献及研究方法；系属篇，介绍汉藏语言历史研究的新课题、汉藏语言的系属研究和关系研究；语音篇，论述汉藏语言语音、声调、藏语复辅音、复元音韵母、韵母的演变问题；语法篇，论述汉藏语言形态及虚词、藏语的语法体系、藏语动词演变、阿里藏语动词体构成等；方言篇，主要论述藏语方言的研究方法问题。

嘉绒语研究 林向荣著。四川民族出版社 1993 年 10 月出版，32 开，761 页。本书对嘉绒语进行了全面系统的研究，剖析了嘉绒语在语音、词汇、语法诸方面的特异现象，论述了近 40 年来语言间的相互影响及嘉绒语自身的演变轨迹。

简明词藻善说之金钥 参见第 476 页《简明词藻善说之金钥》。

简明声明学 冲尼绕吉、贡布扎巴著。藏文。四川民族出版社 1997 年 2 月第 1 版，32 开，246 页。本书讲述由古梵文转写成藏文的方法及拼读方法。

简明文法知识 阿旺平措著。藏文。西藏人民出版社 1994 年 9 月出版，32 开，57 页。本书以传统的藏文文法为依据，简明扼要地介绍了藏文文法的基本知识。

简明藏文文法 胡书津编著。云南民族出版社 1987 年第 1 版，1995 年 12 月出版修订本，32 开，323 页。本书用汉语对藏文文法进行了介绍和注释。

拉萨口语会话手册 土丹旺布等编。中央民族大学出版社 1995 年 8 月出版，32 开，242 页。本书分为情景对话和阅读课文两部分，内容涉及西藏的农业、牧业、工业、文化教育、宗教信仰、民间故事、历史传说等各方面。

良师益友 格尼索朗著。藏文。西藏人民出版社 1989 年 10 月出版，64 开，42 页。本书根据四川德格刻本整理，前两部分简要地介绍了藏文的基本结构、语音规律和发音方法，第 3 部分概括介绍了梵文咒语的基本读法。是学习藏文和梵文语音的入门读物。

玛曲藏语研究 周毛草著。民族出版社 2003 年出版，32 开，470 页。“中国少数民族语言方言研究丛书”之一。本书分 4 章，主要介绍：1. 玛曲地区的历史沿革、文化习俗等。2. 玛曲地区的语音、词汇和语法。附词汇材料、长篇语料和藏文与国际音标对照表。是近年来比较有分量的语言学研究著作。

门巴、珞巴、僜人的语言 孙宏开等著。中国社会科学出版社1980年12月出版，32开，389页。1976年中国社会科学院民族研究所组成西藏少数民族考察队，对居住在西藏东南部地区的门巴族、珞巴族、僜人进行了考察，本书就是对这几个少数民族语言的考察报告。书中对门巴语的错那门巴话、墨脱门巴话，珞巴语，僜语的达让僜语、格曼僜语等分别从语音、词汇、语法各方面进行了论述。附门巴语、珞巴语、僜语词汇表。

门巴语方言研究 陆绍尊著。民族出版社2002年11月出版，32开，405页。“中国少数民族语言方言研究丛书”之一。本书主要论述了门巴语方言的发音特点、演化过程、流行范围等。

《米拉日巴传》的语法特征及比较 周炜著。中国藏学出版社2000年6月出版，32开，410页。《米拉日巴传》是藏族文学名著，保留了大量15世纪的口语材料，对其语言学进行研究尚属首次。本书选取其中形态句法中的部分格助词、代词、助动词、动词语员、判断动词、存在动词、能愿动词、形容词、复合名词来进行重点研究。本书指出《米拉日巴传》是以当时卫藏方言为基础的作品，书中带有某些后藏方言词汇和语法的成分，可以说它既有卫藏方言的语法特征，又受到了后藏方言词汇和语法的影响；它继承和保留了9世纪前后的敦煌文献的基本语法特征，同时也失去了某些古老的语法特征。

妙音志明注释·微智 仓色杰白洛卓（又名绰茹次囊）著。西藏古籍出版社1988年出版，32开，368页。成书于1948年。本书是声明学注释，内容全面，条理清楚，释例详细。是一本深受学者欢迎的声明学著作。

评价古藏文词书《丁香帐》 安世兴著。民族出版社1982年6月出版，32开，40页。本书对藏文工具书《丁香帐》的内容分类、古今词汇的异同、对某些错误语词的纠正、存在的一些问题等作了论述，对翻译、整理后的《丁香帐》也作了介绍。

三十颂与音势论 原名《树王论和解难明镜》。央金珠白多吉著。西藏人民出版社1992年2月出版，32开，32页。本书中《树王论》是对《三十颂》的注释，《解难明镜》是对《音势论》的注释。目前的藏文文法由《三十颂》和《音势论》组成。

色都文法详解 色都·却吉穷乃著。藏文。有民族出版社1957年5月出版藏文版，32开，280页，书名译为《藏文文法根本颂色多氏大疏》。四川民族出版社1957年12月根据四川德格八邦寺刻版整理出版，32开，247页。另有青海民族出版社1982年11月和1986年重印藏文版，32开，265页，书名译为《司都文法详解》。本书成书于

1744年，是最著名的一部文法著作。书中对土弥桑布札所著《三十颂》和《音势论》作了详尽的解疏，同时，根据藏语的规律提出了许多独到的见解。是藏文文法书中的经典著作之一，成为后世文法的范本。

声明八品及其注释 堪布·白泽著。藏文。西藏人民出版社1988年11月出版，32开，39页。本书简明扼要地介绍了属于"世俗文化"的声明8品，即语言学方面的8个基本要素。

声明学论新注 措如·才郎著。藏文。中国藏学出版社1998年3月出版，16开，557页。本书是《妙音声明论》的详细诠释。梵文声明学是藏族传统文化中一个最主要的组成部分。凡研究、考释与古印度文化有关联的佛学、文学、历算、语言词汇等学者无不把梵语文献视为寻根源的根本经典，《妙音声明论》是古印度声明学者阿努菩提所著的十大声明论之一，17世纪时被译成藏文。本书为作者多年逐字逐句校勘、考释、讲授、修订的成果。

声明学论著注疏 堪布·才南木著，喇嘛才丹书写。藏文。民族出版社1995年7月出版，16开，562页。本书是藏传佛教噶玛噶举派活佛、著名学者堪布·才南木对《央坚扎多》、《赞扎巴》等古代语言学经典论著的注释。

声明学原理 扎西彭措编写。藏文。民族出版社1997年1月出版，32开，1128页，上下册。在众多声明学论著中《妙音论》一书的论述详略适中，方便读者使用。声明学中有很多口诀是口耳相传的，至今没有整理成文字材料，本书利用《妙音论》注解的传统造字、解词的次序，其他声明论的口诀，以及学者的讲授编写而成。

实用藏文文法教程 原名《实用藏文文法》。格桑居冕、格桑央京著。四川民族出版社1987年出版，32开，634页。另有四川出版集团、四川民族出版社2004年出版，32开，550页。此次为修订本，并增加一名作者。本书以汉文写成，而所有例句均为藏汉文对照，适合具有较高汉文水平者学习藏文文法使用。

书面藏语常用关联词语用法举要 胡书津著。云南民族出版社1993年7月出版，32开，182页。本书对藏语常用关联词语进行了系统的研究，将关联词语分为并列、连贯、递进、选择、条件、假设、因果、目的等8类，每一词条都有简要的语法说明和举例说明。

司都文法详解 嘎玛司都著。藏文。青海民族出版社1982年11月出版，32开，265页。本书根据四川德格木刻版本整理，对《三十颂》和《音势论》作了详尽的解释。

同音字辨认 西沙·罗哲嘉措著。藏文。青海民族出版社1981年11月第1版，32开，84页。1994年5月第2

版。本书为藏文同音字小字典。

文法释疑宝鉴 杰色著。藏文。青海民族出版社 1991 年 7 月出版，32 开，59 页。本书以《三十颂》、《音势论》和《司都文法》为依据，简要论述了文法理论、动词变化规律等内容。

文法要义 桑热嘉措著。藏文。青海人民出版社 1954 年 3 月出版，32 开，21 页。本书为简明藏文文法。

西番馆译语研究 封面题名《藏汉对照辞典研究》（藏文）。（日）西田龙雄著。京都松香堂 1970 年出版，32 开，339 页。为“华夷译语研究丛书”之一。书首有东洋文库本《西番馆杂字》、《西番馆译语来文》，天理图书馆本《西番译语》和羽田本《西番译语》的 6 张照片，均为藏汉对照。书中所用藏文为草书。本书分序论和本论两部分：序论共 4 章，其内容为华夷译语的研究法、明末汉语音韵体系、西番馆译语的种类、西藏三大方言；本论共 6 章，其内容有对藏语音素体系《西番馆杂字》和《西番馆译语来文》的介绍及研究、藏语文法形态和藏语方言研究。其中藏语方言研究为本书重点，共分藏语概况、西部藏语方言、现代诸方言、藏语声调体系的发展等 5 节，较详细论述了藏语的主要内容及其变化规律。语音、词汇等的变化情况，均以中央部方言（卫藏地区）、南部方言（山南等地区）、东部方言（昌都等地区）、西部方言（那曲等地区）、东北部方言（青海等地区）和 15—16 世纪与现代比较的格式加以论述，一目了然。本书是一部有较高参考价值的藏语研究论著。

西藏传统语言研究 罗依·安德鲁·米勒著。1976 年出版。作者为美国哥伦比亚大学汉文和日文博士，1950 年去印度北部调查藏语口语，后在东京国立基督教大学、华盛顿大学任教。著述有《藏文书写体系》、《日本语言》等。本书为藏文文法论文集，共收 7 篇，其内容有：1. 图弥及其文法。2. 藏语语音学。3. 西藏语法术语。4. 12 世纪藏文文法片断。5. 古藏文语法概述等。本书是阿姆斯特丹语言学科学理论和历史研究集刊第 3 辑、语言学史研究第 6 卷。

西藏的语言与社会 周炜著。中国藏学出版社 2003 年出版，32 开，458 页。“社会学人类学论丛”之 38 卷。本书主要以当今的西藏为实例来考察语言与社会之间的种种错综复杂的关系，如西藏人口结构与语言使用、西藏语言政策的变迁及发展、西藏农村居民的语言能力及语言使用、拉萨市藏语言调查、西藏农村基础教育、双语教育、西藏现代化过程中语言使用模式分析等。

西藏文法四种合编 图弥三菩札等著，黄明信编。藏文。民族出版社 1956 年 12 月出版，32 开，86 页。本书辑录藏文文法 4 种：图弥桑布扎所著

《藏文文法三十颂及音势论》、欧曲·达玛巴札所著《三十颂及音势论注》、央金珠白多杰所著《三十颂精华——树王论》和《音势论——解难释疑明镜》。《藏文文法三十颂及音势论》是藏文文法的理论依据，此书之后的藏文文法著作的文法理论均源于此书。第2种是根据图弥桑布扎的《藏文文法》和《司徒文法广释》写成的通俗文法。第3、第4种是分别按照《三十颂》和《音势论》用通俗易懂的词句、朗朗上口的诗歌形式、高度概括的手法写成的文法教材。

西藏小文法 李鉴铭编。民国年间稿本。作者为顾颉刚的门生，旅居西康4年，通蒙藏文和文法，在康定跑马山喇嘛寺学经时，编译藏文文法，写成此书。本书为简略文法，叙述简明。

现代藏文修辞学浅谈 桑杰著。藏文。青海民族出版社1983年3月出版，32开，200页。本书是作者1981年在青海民族学院藏文研究班攻读硕士学位的毕业论文。本书运用现代修辞学理论对藏族传统修辞学即《诗镜论》的理论体系作了新的探索，提出了一些独到的见解。

象雄语 （德）修美尔著。1968年出版德文版。2000年出版英文版。本文共4部分：1.象雄语的藏语分类。2.象雄语词汇的藏语分类和印度语言的关系。3.名词和复合动名词。4.象雄语藏英词汇对照。为研究象雄语的重要参考书之一。

新亚细亚月刊·康藏专号 《新亚细亚月刊》第2卷第5期，民国二十年(1931)八月一日出版。是较早的康藏研究论文集。本书分3部分：1.康藏历史文化与康藏问题。有九世班禅的《西藏之史略》、戴季陶的《中藏思想沟通之重要》、《西藏人民生活》，以及有关英人侵略西藏、康藏历史问题等文章。2.关于西康建设。有格桑泽仁的《西康建省之计划》、冯云仙的《西康各县实际调查》等论述。3.文学等类。其中有关于松赞干布和文成公主的故事、西藏情歌，以及《松赞干布与西藏法律之源流》等译文。

修辞学常识问答 日贡·多吉卡著。藏文。西藏人民出版社1987年8月出版，32开，422页。作者亦文亦诗，是当代知名学者之一。本书根据《诗镜论》中的修辞理论并结合作者自己的创作经验，用问答形式较为全面地论述了藏文修辞学的运用与发展等问题。本书是诗学爱好者的入门读物。

修辞学注例 楚臣丹贝坚参著。青海民族出版社1994年6月出版，32开，130页。本书对《诗镜》作了简明扼要的注解，是学习修辞的入门读物。

修辞学注例 旦白尖参著。藏文。青海民族出版社1994年6月出版，32开，144页。本书是一部较为通俗的藏文修辞学著作，对修辞的分类、定义有独到的见解。语言通俗明快，定义准确无误，例句规范生动，适合于本民族初学藏文修辞学者阅读和学习，也是藏文修辞学研究者必读的范本。

修辞学注疏 曲培著。藏文。中国藏学出版社 1995 年 4 月出版，32 开，408 页。本书对藏族传统修辞学著作《诗镜论》作了全面的注释，每种修辞法后都附有诗例。

央金阿旺文法 央金阿旺著。四川民族出版社 1989 年 5 月出版，32 开，183 页。作者是 19 世纪著名藏族学者央坚热白多吉的亲传弟子。本书依据藏族学者扎得、司都班钦的藏文文法理论，对《三十颂》和《音势论》的内容逐一进行讲解。

一河两江流域藏语方言汇要 杨士宏著。甘肃民族出版社 1995 年 5 月出版，32 开，286 页。本书记录了甘肃省甘南藏族自治州洮河、白龙江、白水江流域藏语方言的词汇读音，是对这一地区进行定点考察所取得的科研成果。

语法声明注释・明灯 仁增衮卓札巴著。藏文。民族出版社 1998 年 12 月出版，32 开，378 页。作者为苯教大师。成书于 1751 年。本书内容有：1.《十三颂》、《时态法》、《梵文拼读法》等。2. 吐蕃、印度、桑布札、三十颂等名称的由来。本书补充丰富了梵文拼读的内容和完善了藏语文教科书的不足。

语言学新探 德庆卓嘎著。藏文。民族出版社 2002 年出版，32 开，279 页。本书运用现代语言学中的语义学、符号学、语境学及模糊学等相关学科的交叉研究方法，对藏文的“能知”和“所知”的关系进行了全面细致的研究，提出了对字、词、句等语言要素的形成和发展的全新而系统的观点，可称为藏文语言学领域的具有奠基意义的科研成果。它跨越了传统藏文的语法学和语文学的范畴，从哲学、史学和语言学的角度论述了藏语文语言学的新概念，运用了现代语言学的各大理论成果，不仅填补了藏族整体文化中的这一领域的空白，还为其奠定了一个比较系统的理论基础。

原始佛教的语言问题 季羡林著。中国社会科学院出版社 1985 年 1 月出版，32 开，100 页。本书把佛教梵语的研究同印度佛教史的研究结合起来，从历史的角度对西方学者长期在研究原始佛教语言与印欧语系诸语言间的相互关系及其发展规律等问题上的一些偏颇观点作了认真分析，提出了一些颇有价值的意见。可作为研究藏传佛教早期语言的参考书。

藏汉对照简易藏文读本 青海师范大学民族部编。青海民族出版社 1990 年 12 月出版，32 开，248 页。书面语和口语对照教材。本书分成正文、语法知识和附录 3 部分，其中附录包括课堂用语、生字生词表、动词时态表。

藏汉翻译教程 贺文宣著。中央民族大学出版社1995年1月出版,32开,383页。高等民族院校藏语言文学专业教材。本书内容涉及藏汉翻译的标准、过程和方法,实词的翻译,句子的翻译等。

藏汉互译教程 周季文、傅同和著。民族出版社2005年6月出版,32开,391页。本书主要内容有:1.绪论部分。讲述有关翻译的一般知识,即翻译与翻译理论的定义、类型、性质等;介绍有关翻译标准的各种提法,讨论翻译标准的确立和运用,提出为达到翻译标准要注意正确处理的几个关系;还简单介绍了梵译藏、汉译藏、藏译汉的历史。2.汉译藏部分。讨论多义词、近义词、成语的译法和词的搭配等有关词语处理的问题;讨论管界问题和复句、多重复句、句群的译法等重点语法处理问题;讨论增补、省略和语序调动等翻译技巧问题。3.藏译汉部分。讨论翻译单位和管界及从词汇、语法、逻辑上对原文进行分析等有关理解的问题;词汇上的增减、改变,语法上的结构改变、语序调动等有关表达的问题;多义词、近义词、数量词和时间词、专有名词的译法及音译等有关词汇处理的问题;各种句子成分和各种复句的译法等有关语法处理的问题。4.文学翻译部分。探讨文学翻译标准,诗歌、成语的译法,比喻、用典、藻词、音饰等修辞手段的译法。

藏汉双语数学教育研究 曹纯著。民族出版社2001年3月出版,32开,264页。藏汉双语数学教育研究的专著。本书总结介绍了藏汉双语数学教学的经验。是一部较好的藏汉双语数学教学的参考书。

藏汉语法对比 王志敬著。民族出版社2002年10月出版,32开,348页。本书系统地介绍、分析、对比了藏汉语在语音、词汇、句法结构上的特点,还用专门章节论述藏语的语法特点、藏汉语语法的共同特点,以及“句子格式的变化对比”、“时间结对比”等。有一定的学术研究价值。

藏缅语十五种 戴庆厦、黄布凡、傅爱兰等著。北京燕山出版社1991年出版,32开,414页。本书收入道孚(四川)、却域(四川新龙、雅江和理塘3县交界处)、扎坝(四川道孚县扎坝区和雅江县扎麦区)、木雅(四川康定、九龙和雅安)、吕苏(四川九龙、冕宁、木里等县)、纳木兹(四川九龙、冕宁、西昌、木里)、史兴(四川木里)、独龙(云南贡山)、怒语(云南贡山、福贡、碧江、兰坪)、嘎卓(云南通海)、浪速(云南德宏州)、勒期(云南德宏州)、波拉(云南德宏州)、仙岛(云南德宏州)、克伦(缅甸)语,其中道孚、却域、扎坝、木雅、吕苏、纳木兹、史兴语为藏语支系,嘎卓语为云南蒙古族语,浪速、勒期、波拉语为景颇语支，克伦语为缅甸克伦族语等。每种语言均从语音、词汇、语法三方面来记述，并简介族属和语言区域。本书系调查材料，对研究汉藏语有较高参考价值。

藏文词藻及其注释 原名《〈藻词大海一滴〉正文及其注释》。罗布占堆、次仁朗杰编。藏文。西藏人民出版社1992年7月出版，32开，297页。本书主要解释了同义异名词语和命名的意义、由来。

藏文动词变化表 扎西旺堆著。西藏人民出版社1981年出版，32开，162页。本书把藏文动词的未来式、现在式、过去式和命令式4种变化规律用表格形式分类表示出来。

藏文动词释难 钦饶威色著。藏文。四川民族出版社1979年6月出版，32开，140页。《音势论》和《字音强弱集结》是有关藏文文法的重要著作，本书对其中的动词的难点作了全面详细的解释。附动词时态表。

藏文古词浅释 阿旺·却太尔整理。藏文。青海民族出版社1980年3月出版，32开，217页。本书资料来源于藏文《新旧词汇辨析》和多种《正字学》著作，收入词语3000余条，对阅读和研究藏文古籍有参考价值。

藏文基础知识 群培多杰编著。藏文。西藏人民出版社1981年5月出版，32开，66页。本书简要地介绍了藏文的构成、词及词组、格及其用法、时态及自动他动的区别等藏文基础知识。

藏文识字手册 青海人民出版社藏文编译组编译。藏文。青海人民出版社1975年10月出版，64开，211页。本书是专门为青海藏族农牧民学习藏文而编写的识字课本。

藏文文法 法尊著。汉藏教理院民国二十九年(1940)印行，铅印本。另有中国藏学出版社1995年10月依据民国版出版，32开，403页。成书于民国二十四(1935)年。本书根据藏文文法《三十颂》和《音势论》编译，书中介绍了藏文起源、文法著作、藏文与梵文比较、藏文读法、《三十颂》、字性组织法等内容。另有英人查理·贝尔著《藏文文法》。

藏文文法根本颂色多氏大疏 又名《色都文法详解》，简称《司都文法》。色多五世罗桑崔臣嘉措著，钟秀生整理，丹巴嘉错校订。藏文。民族出版社1957年5月出版，32开，280页。本书是对司都·曲吉迥乃所著《色都文法详解》的注释本。附《动词时态表》。

藏文文法简编 桑热嘉措著。藏文。青海民族出版社1955年3月第1版，32开，28页；1979年10月第2版有增补，32开，34页。本书用通俗易懂的语言以格律形式编写而成，内容包括“三十颂”和“入性颂”。第2版增加了一些新的例句。

藏文文法简要及动词的用法 贡噶(全名贡噶·夏珠却吉森格、噶玛·夏珠却吉森格)著。藏文。四川民族出版社 1957 年 6 月出版,32 开,45 页。贡噶即贡噶活佛。本书是根据《司都文法》撰写而成的文法,由动词的格与时态和文法纲要两部分组成。

藏文文法教材 四川省藏校教材编写组编。藏文。民族出版社 1997 年 3 月出版,32 开,360 页。本书是一部较为科学、规范并适合运用现代教学方式的藏文文法教材。

藏文文法口诀 吞米·桑布扎等著。藏文。四川民族出版社 1992 年 8 月出版,32 开,85 页。本书内容包括吞米·桑布扎的《藏文文法三十颂》、《字性添加法》、《字性论》等。本书适用于具有中小学藏文水平的读者。

藏文文法问答 青海民族出版社编。藏文。青海民族出版社 1994 年 6 月出版,32 开,121 页。藏文文法初级读物。本书以问答形式将藏文文法《三十颂》和《音势论》的基础知识归纳为 160 个问题进行解答。

藏文文法详解 才旦夏茸著。藏文。青海民族出版社 1954 年 5 月第 1 版,1994 年 3 月第 2 版,32 开,75 页。本书是作者关于《三十颂》和《音势论》方面的重要研究成果,也是其代表作之一。本书对《三十颂》和《音势论》作了简要注释和介绍,对文法及其研究领域的各种观点进行综合分析和归纳,并提出了许多独到的见解。

藏文藻词详释 日喀则师范学校教研组编。藏文。民族出版社 1991 年 10 月出版,32 开,183 页。本书根据《藻饰词论·智者耳饰》等藻词论著和诗学论著,对欧曲·达摩所著的《藻饰词论大海一滴》一书作了分章分节的详细解释。

藏文藻饰词释难 安世兴编。藏文。甘肃民族出版社 1991 年 6 月出版,32 开,553 页。本书共收藻饰词 13000 余条,选自多种经典藏文藻饰词词典和文学作品,并按藏文字母先后顺序、用现代辞书的编排方法编排,具有收词全面、查找方便的特点。附日、月、天地等部分自然物名和神佛名称的分类藻饰词目。

藏文字性配法 又名《音势论释难》。央坚朱白多吉(又名央金珠白多杰)著。藏文。西藏人民出版社 1978 年 8 月出版,32 开,9 页。本书是对土弥桑布札(即图弥桑布札或吞米·桑布扎)的《音势论》作了简明扼要的述说。

藏语汉语同源词研究——一种新型的、中西合璧的历史比较语言学 杨光荣著。民族出版社 2000 年出版,32 开,274 页。本书主要从汉藏语的词汇比较、语音比较等方面来论述汉藏语同源问题。

藏语简志 金鹏主编。民族出版

社1983年6月出版，32开，198页。"中国少数民族语言简志丛书"之一。本书分概况、语音、词汇、语法、方言、文字等6章，对藏语及其三大方言进行了较详细论述。本书所用语言调查材料是1956—1958年中国科学院的调查资料，涉及5省区藏族聚居区，拉萨话是编写本书的主要材料。书后有词汇附录。为了解藏语的重要参考书之一。

藏语口语手册　原名《藏语口语语法和英藏口语辞典》。(英)查尔斯·贝尔(又译为柏尔)著。1905年出版，此后多次再版。为"喜马拉雅丛书"之一。是一部小型工具书。本书上册为藏语语法，下册是英藏对照藏语口语辞典。

藏语拉萨话语法　周季文、谢后芳著。民族出版社2003年12月出版，32开，230页。本书比较系统地介绍了拉萨口语语法知识，是非藏族班学习拉萨话语法的教材。

藏语拉萨口语语法　王志敬著。中央民族大学出版社1994年6月出版，32开，586页。本书从词法、句法上分析了拉萨口语的特点。

藏语拉萨日喀则昌都话的比较研究　金鹏著。科学出版社1958年6月出版，16开，403页。本书根据藏区调查材料写成。内容包括：1.语音。对比了拉萨、日喀则、昌都3种地方音的音位系统和彼此间的异同，并将这3种地方音与西藏拼音文字作了全面的比较，说明藏语语音十声、韵、调三方面上的历史演变规律。2.语法。在方言比较的基础上阐明了现代藏语语法结构的特征和体系，指出3地方言在词法、形态及句子结构上的异同。

藏语文　黄希杰、看召本编。青海民族出版社1987年6月出版，32开，209页。本书是中等专科学校藏语文教材。

藏语文发展问题初探　东嘎·洛桑赤烈著。藏文。四川民族出版社1980年8月出版，32开，63页。本书从藏文字的性质、藏文的发展历史、藏文是否需要改革、方言和书面语言统一的关键、方言统一的出路等5个方面探讨了藏语文发展问题。

藏语言学概论　才旺拉姆著。藏文。中国藏学出版社1998年10月出版，32开，289页。本书在论述人类语言、文字的起源与发展的同时，简要介绍了中外学者有关语言文字方面的论著，用比较、推理、归纳的写作手法，论述了随着社会历史的发展，语言语法也在发展、变化，并举例说明藏语言的发展变化历史。

藏语语法及诗歌袖珍口诀　阿旺平措著。藏文。民族出版社1999年出版，32开，182页。本书收有土弥桑布扎所著《三十颂》、《音势论》和持杖论师所著《诗镜》。

藏语语法明灯 仁真贡卓札巴著。藏文。民族出版社1998年出版，32开，223页。作者是苯教大师。成书于1751年。本书内容包含了《十三颂》、时态法、梵文拼读法等；从苯教的角度讲解了"吐蕃""印度""桑布札""十三颂"等名称的由来，并对其作了较为深刻的剖析。梵文拼读是藏语言基础不可缺少的一门学问，本书补充和完善了藏语文教科书的这一不足。本书继承了古籍语言文学，学术价值较高，为语言研究和大专院校、寺庙的很好的语言学读物。

藏语语音研究 江荻著。民族出版社2002年10月出版，32开，289页。本书运用语言系统演化理论，全面讨论了以藏文为代表的古代藏语从吐蕃时期发展到现代的各种方言的历史演变过程。在本书出版前，国内尚未出版过一个关于藏语语音历史演变的论著，本书填补了这一问题研究的空白。

藏语韵母研究 瞿霭堂著。青海民族出版社1991年7月出版，32开，243页。本书利用藏语的方言材料，通过书面语言与方言及方言之间的比较，在介绍现代藏语韵母系统及其结构的基础上，追溯了其历史来源。同时，还以藏语书面语的韵类为纲，通过共时的横向比较，研究了藏语韵母的方言变异或地域变体，以及这些变异或变体间的关系；通过历史的纵向比较，探讨了藏语韵母发展演变的方式和规律。附略号表和藏文转变对照表。

智者语饰——藏文字词概述 阿旺丹达编。藏文。民族出版社1980年9月出版，32开，43页。本书根据青海塔尔寺刻版整理，对藏语文的字、词、句等作了简明的论述。

中国民族古文字 中国民族古文字研究会编印。1982年内部印行，32开，219页。本书分别介绍了藏、西夏、彝、东巴、白、八思巴文等20余种中国少数民族文字，对文字的创制、类型、解读、考译、文献典籍和史料价值等作了一般性介绍。附1960—1982年中国古代少数民族文字论著目录。

中国民族古文字研究 中国民族古文字研究会编。中国社会科学出版社1984年8月出版，32开，521页。本书收录论文33篇，提供了藏、满、东巴、八思巴、突厥等18种民族古文字的研究成果，内容包括文字的产生、发展、使用情况，国内外对某种文字的研究概况、考释，用古文字书写的文献资料等。

中国民族语文翻译散论 山夫旦著。民族出版社2002年出版，32开，589页。本书主要讲述近代翻译理论、民族语文翻译理论发展史、翻译实践和现代翻译理论等。

中国少数民族语言 中央民族学院少数民族语言研究所编。四川民族出版社1987年11月出版，32开，848

页。本书是一部介绍我国少数民族语言情况的知识性读物，是我国近30年来语言调查研究的成果之一。本书分别介绍了藏缅、壮侗、苗瑶等已经确定的语言共61种，各语言分概说、语音、语法、方言土语4部分进行介绍。

中小学藏文文法释难集 贡却才旦著。藏文。甘肃民族出版社1994年5月出版，32开，160页。本书用现代的通俗语言对传统藏文文法进行解释、说明，内容主要包括《三十颂》和《字性论》。

字性组织法 央金珠白多杰著，桑热嘉措（1897—1982）编。藏文。青海人民出版社筹备处1954年3月印行，32开，20页。1982年后多次再版。桑热嘉措是著名藏族学者，青海化隆县人。中央有关部门多次授予金质奖章，3次受到毛泽东的接见。在他主持下创办了全国第1张藏文报纸——《青海藏文报》，第1次译制了《金银滩》等16部藏语影片，并参与翻译《毛泽东选集》、搜集整理《格萨尔王传·霍岭大战》等。著有《正字学》、《藏文文法》、《字性组织法》，以及藏族第一部用藏文创作的不含宗教色彩的散文集《苏联、乌兹别克、吉尔吉斯、哈萨克加盟共和国访问散记》等。本书是对《音势论》及字性组织法的解释。

七、文学

（一）总论

佛教与藏族文学 丹珠昂奔著。中央民族学院出版社1988年12月出版，32开，172页。本书主要论述了佛教传入前的藏族文学、佛教浸入藏族文学的原因、印度文学对藏族文学的影响、藏族文学中的神与佛及宗教人物形象、藏族文学与寺院的关系、对藏族文学中佛教思想的评价，以及佛教与藏族当代文学等问题。附《藏族古代伦理思想初探》一文。

高地上的寓言 周政保著。青海人民出版社1992年9月出版，32开，326页。《中国西部文学论丛》之一。本书从文学存在的理由、文学传统、文学发展的不平衡关系，以及题材选择、文化背景、现实主义审美精神、小说境界、底层劳动者意识、寓意跨越观念、象征艺术、诗化倾向、寓言化特点、洞察世界的眼光、小说家素质等方面，全方位地论述了中国西部小说的演变及其可能性。本书并不拘泥于阐述西部小说发展的一般性现象，而是以特别的文学现象为契机，对小说的自身规律进行了充分的理论发挥，具有一定的理论深度及现代审美色彩。

歌者无悔——当代藏族作家作品选评 德吉草著。民族出版社2000年出版，32开，178页。本书对在藏族文坛上有一定影响且用藏汉两种文字写作的14位作家的作品，从思想性、艺术性、民族性三方面进行综合评述。作者评论精当，充满激情，是一部对藏族作家作品进行理论性探索的专著。

瀚海绿洲 丹确嘉等著，海西州文联编。民族出版社1994年6月出版，32开，305页。本书辑录了10多位藏族青年作者用藏文创作的20余篇文学作品，包括短篇小说、诗歌、散文等。

汉藏比较文学概论 周延良著。中央民族大学出版社1995年3月出版，32开，281页。本书分别从神话、爱情故事、寓言、民歌等方面对汉藏两族文学进行了研究，其中涉及比较文学理论。

康情杂感 哲斯撰。民国抄本，16开，49页。本书描写了康区藏族的风情和寺院文化。

民族文学论文选 刘俊田等编。中央民族学院出版社1987年11月出版,32 开,484 页。本书共收论文 42 篇,其中有耿予方的《试论〈萨迦格言〉》、佟锦华的《评藏族文学名著〈米拉日巴传〉》等。

民族文学散论　刘万庆、莫福山著。广西民族出版社 1993 年出版,32 开,186 页。本书收录关于当代藏族作家作品的评论 16 篇、关于民族文学界定和文学标准及少数民族古代文论等方面的论文 7 篇。有关藏族作家的评论,侧重于当代的文学新秀;对当代藏族文学作品的分析,则追踪新时期藏族文学前进的脚步,清楚展现了藏族文学发展的轨迹和在当代民族文学格局中的地位。

民族文学译丛(1—2)　中国社会科学院少数民族文学研究所编印。1983 年 7 月、1984 年 9 月印行。本书分两集,第 1 集收论文 25 篇,包括我国少数民族史诗和邻国少数民族史诗的研究论著及其相关资料,其中有法国学者石泰安的《藏族〈格萨尔王传〉的演唱与艺人研究》等名篇;第 2 集收论文 22 篇,内容以“江格尔研究”为主,也涉及藏族《格萨尔王传》等。为研究《格萨尔王传》的重要参考书。

社火词曲选注　罗耀南编著。青海人民出版社 1993 年 6 月出版,32 开,275 页。本书是作者对青海传统社火经过多年的搜集整理,在深入研究、认真考证的基础上编著而成。内容有社火小调、表说词、小戏和典型曲谱,论述了中国古老社火的形成、演变、发展等。本书融实用性、趣味性和资料性于一体,是城乡群艺馆、文化馆、社火团队及民间文艺文学研究者研究社火的参考资料。

文论总汇　吉明编。藏文。青海民族出版社 1993 年 10 月出版,32 开,520 页。本书是藏族当代文学丛书中的评论专集。本书共收集了在全国藏文报刊上发表的有较大影响的评论文章 22 篇,所选文章视角独特、视域开阔,对藏族当代文学的自身规律进行了深刻剖析和理论发挥,具有深厚的内涵和相应的理论深度及现代审美色彩,为进一步发展藏族当代文学奠定了坚实的基础,对于研究藏族当代文学有重要的参考价值。

文学概论　道吉仁钦编。藏文。民族出版社 1998 年 6 月出版,32 开,463 页。本书系藏语文学专业文学理论教材。另有索南航旦的《文学概论》(中国藏学出版社 1996 年 8 月出版)和多杰编《文学概论》(西藏大学内部出版,时间不详)。

文学概论　吴钰、索南航旦著。中国藏学出版社 1996 年 8 月出版,32 开,513 页。本书是第一部由藏族学者编写的藏文《文学概论》教材,内容分 6 讲:绪论、文学活动、文学创作、文学作品、文学鉴赏、文学的产生与发展。

文学作品的体裁 拉巴曲培编写。藏文。民族出版社1997年10月出版,32开,268页。本书分为文学体裁概况、诗歌、小说、散文、戏剧、文艺评论等6个章节。作者在藏文原有的传统写作基础上,借鉴汉文文学理论,对藏文文学体裁、文学内容、文学篇章结构、文学写作技巧及文学创作的必要性和作用等方面进行了论述。

西部大荒中的盛典 燎原著。青海人民出版社1992年9月出版,32开,366页。《中国西部文学论丛》之一。本书是一部关于西部诗歌的理论专著。作者从西部的地理、宗教、神话诸种背景元素,由阿尔泰语系与汉藏语系在西部大地上呈示的人文历史流程,以及诗人的个体生命品质,探讨了西部诗歌生成的文化动力法则。论者不时旁枝斜逸,在对有关艺术现象的申述中,将西部诗歌置于20世纪国内和国际的两个意识形态圈,对其整体形态和代表性诗人的成就与失误进行了网络结构般的分析指认。恣肆的形态描写和尖锐的理论,使本书兼具了理论的穿透力和阅读的快感,对当代诗歌界和理论界有重大的影响。

西部的象征 管卫中著。青海人民出版社1992年9月出版,32开,311页。《中国西部文学论丛》之一。中国西部文学犹如一条吸纳了许多支流的沉重而野性的河流,它的思想走向如何?它在"文化大革命"后中国大陆文学这盘棋中扮演了什么特殊角色?具有怎样的特殊价值?本书从文化人类学、文化社会学的研究角度出发,分析了中国大陆上呈阶梯状分布的3种文明形态,近10多年来在这3种文明运动、演变背景上发生的几股重要的文艺思潮,西部文学与这些中国性或世界性文艺思潮之间的血脉联系,以及它所昭示给中国文学的现代主义前景。本书视角独特、视域开阔,是今日中国文学的思考者所不可忽略的一部精短论著。

西方现代派文学500题 嗄贡译。藏文。中国藏学出版社2000年2月出版,32开,1504页,上下册。本书根据廖星桥著《西方现代派文学500题》(辽宁人民出版社1988年出版)翻译。本书简要介绍了20世纪西方现代派文学的主要流派象征主义、意识流、未来主义、表现主义、达达主义、超现实主义、存在主义、新小说派、荒诞派戏剧、垮掉一代及黑色幽默和魔幻现实主义等大小44个流派的概况,以及各流派的代表人物及其代表作的简况。

西藏文学 吴伟、耿予方著。五洲传播出版社2002年出版,32开,117页。"中国西藏基本情况丛书"之一。本书对藏族文学的发展历史作了简要论述。

西藏文艺评论选 李佳俊编选。西藏人民出版社1985年1月出版,32

开，445 页。本书辑录西藏自治区 30 名各族作者在西藏和平解放后 30 余年间发表在区内外报纸上的文学评论文章 43 篇，其中包括《植根于群众植根于生活》、《崇高孕育于平凡之中——谈〈我们播种爱情〉的新人形象塑造》、《评〈萨迦格言〉》、《西藏民歌初探》、《关于〈农奴〉的电影文学剧本及影片的主要成就和问题》等。内容涉及藏族文学的特点和一般理论问题，当代主要作家、作品的评论，藏族古典及民间文学研究，西藏戏剧、歌舞等艺术探讨，西藏当代重要作家创作经验等方面。

西藏 50 年·文学卷 耿予方著。民族出版社 2001 年 5 月出版，32 开，396 页。"西藏 50 年丛书"之一。由历史卷、经济卷、文学卷、生态卷和旅游卷组成。本书是民族出版社为纪念西藏和平解放 50 周年而组织编写的。文学卷全面反映了西藏和平解放 50 年来的西藏文学发展状况。

现代中国藏学文库 拉巴平措主编。中国藏学出版社编辑出版。主要内容有：中国藏学家（包括港澳台学者）的学术专著；具有重要价值的藏学文献（包括现代学者辑录的历史文献）；译成汉文的藏文学术名著；获得博士学位的藏学论文（酌情收录优秀硕士研究生论文）。收入的论著以学术价值为惟一衡量标准。已出版的著作有：《萨迦世系史》（阿旺贡噶索南著。2005 年 9 月出版，32 开，519 页。）、《唐代吐蕃史与西北民族史研究》（张云著。2005 年出版，32 开，550 页。）、《西北民族贸易研究：以茶马互市为中心》（魏明孔著。2003 年 6 月出版，32 开，329 页。）、《黄明信藏学文集：藏传佛教·因明·文献研究》（黄明信著。2007 年 12 月出版，32 开，580 页。）、《西藏经济简史》（多杰才旦、江村罗布主编。2002 年出版，32 开，967 页。）、《西藏文史探微集》（王尧著。2005 年出版，32 开，444 页。）、《中国治边机构史》（赵云田著。2002 年出版，32 开，425 页。）、《汉藏工艺美术交流史》（吴明娣著。2007 年出版，32 开，273 页。）、《清代治藏要论》（张羽新著。2004 年出版，32 开，513 页。）、《蒙藏文化关系研究》（乌力吉巴雅尔著。2004 年出版，32 开，409 页。）、《藏族部落制度研究》（青海省社会科学院藏学研究所编著。2002 年出版，32 开，518 页。）、《藏北牧民——西藏那曲地区社会历史调查》（格勒等编著。2004 年出版，32 开，469 页。）、《祝启源藏学研究文集》（祝启源著。2002 年出版，32 开，376 页。）。

藏汉文学名著比较研究 山夫旦著。藏文。民族出版社 1998 年出版，32 开，217 页。本书收集了有关《勋努达美的故事》和《红楼梦》这两部文学名著的比较研究论文 12 篇。有较高的学术价值。

藏族古典文学 佟锦华著。吉林教育出版社1989年4月出版，32开，252页。本书分诗歌、传记文学、历史文学和小说4个部分，分别阐述了藏族古典文学的特点和发展脉络，介绍了藏族古典文学与汉族文化、印度文化的关系，并对藏族古典文学与宗教的关系作了初步的探讨。

藏族历代文学作品选 祁顺来、何峰编。藏文。青海民族出版社1989年8月出版，32开，2219页，上中下册。本书收录了吐蕃王朝时期金石铭文、敦煌文献和当代著名作家才旦夏茸、拉门·益西次成等70多位作家的作品。作品有诗歌、散文、传记、格言、道歌、神话传说、书信等多种体裁。题材有对佛教大德、上师的颂扬，有对祖国大好河山的赞美，有对人际伦理道理的训言，有抒发个人胸怀情趣的歌词。内容丰富、体裁多样。每篇作品后都附有作者生平简介，较难理解的词汇有注释。为研究藏族文学史提供了宝贵的资料。

藏族民间文学 佟锦华著。西藏人民出版社1991年6月出版，32开，323页。本书是《藏族古典文学》一书的姐妹篇。本书系统地介绍了藏族神话、民歌与长篇诗歌、谚语与卜辞、传说与民间故事、史诗——《格萨尔传》、民间戏剧（藏戏）等内容，涉及藏族民间文学的各个领域。书后有作者之妻黄布凡教授写的《后记——兼悼念锦华》一文。

藏族文学发展史 丹珠昂奔著。甘肃民族出版社2001年出版，32开，上册660页、下册810页。本书全面详细地论述了藏族文学的整个发展过程，是继《藏族文学史》之后的又一部鸿篇巨制。可作为大学生和研究生的课本，也可作为科研人员的案头工具书。

藏族文学史 中央民族学院《藏族文学史》编写组编著。四川民族出版社1985年9月出版，32开，691页。本书分4编：1.远古和奴隶制时期的藏族文学。着重论述9世纪以前藏族文学概说、神话传说、史传文学、诗歌等。2.封建割据时期的藏族文学。记述9世纪40年代至13世纪50年代的文学作品及其发展过程，尤其是对《格萨尔王传》、《米拉日巴道歌》、《萨迦格言》等论述详细。3.封建农奴制社会前期的藏族文学。描述13世纪60年代至17世纪40年代产生的历史文学、传记文学、藏戏及《诗镜》的传入与影响。4.封建农奴制社会后期的藏族文学。叙述17世纪50年代至20世纪40年代产生的长篇小说、史传文学、诗歌寓言等。前言部分就藏族文学史的分期、藏族民间文学和藏族作家的评价、宗教和藏族文学的关系、作家与作品入史的标准、藏族同各民族的文化交流、藏族文学作品的汉译等诸多问题阐述了编者的看法。附人名地名汉藏对照索引和本书引用书名藏汉对照索引。是第一部全面论述藏族文学及其发展史的巨著。

藏族文学史略 王沂暖、唐景福著。青海民族出版社 1988 年 2 月出版，32 开，316 页。本书分 3 篇：1. 吐蕃时期的藏族文学。论述了这一时期的诗歌、散文、神话传说与故事，以及翻译文学。2. 元明时期的藏族文学。论述了这一时期的《诗镜论》及其注释、传达室记文学、历史文学、长篇史诗《格萨尔王传达室》、故事集、翻译文学，以及索南扎巴的《格丹格言》和“宁阿”体格律诗的形成。3. 清代民国时期的藏族文学。论述了这一时期的诗歌、传达室记文学《颇罗鼐传达室》、寓言故事、长篇小说、戏剧文学、《格丹格言注释》，以及民间歌曲和谚语。

章恰尔 20 年精品丛书 本书编委会编辑。藏文。青海民族出版社 2001 年出版。本书分 6 卷：小说卷（上下册）、诗歌卷（上下册）、散文卷、理论评论卷、翻译小说卷、名作欣赏卷。书中作品是《章恰尔》期刊 20 年间发表的 5000 多篇（首）作品中选编出来的上乘之作。《章恰尔》是青海民族出版社主办的藏文文学季刊，是当代藏族文学创作的主要窗口和园地之一。1981 年创刊，被广大藏族读者称为“藏文的《人民文学》”。《章恰尔》期刊曾 5 次荣获国家级、区级奖项，3 次获省级奖项。

中国南方民族文学关系史 刘亚虎著。民族出版社 2001 年 9 月出版，32 开，419 页。本书是中国社会科学院“九五”重点项目。本书是作者多次深入少数民族地区，搜集了大量珍贵的第一手资料并经过深入研究的成果，揭示了中国南方各民族文学之间的关系及其发展演变规律，说明了中国文学的历史是中国各民族文学相互交流、相互借鉴、相互影响、相互推动和不断发展变化的历史，汉族离不开少数民族，少数民族也离不开汉族。

中国西部文学纵观 余斌著。青海人民出版社 1992 年 9 月出版，32 开，323 页。《中国西部文学论丛》之一。本书作者以扎实的实证功底，廓清了多年来关于西部疆界的争执，描画了一张清晰的西部文学的版图，并勾勒出西部文学从其“史前期”到 20 世纪 80 年代崛起的曲线。作者还娴熟地运用神话原型和历史社会批评方法，独具慧眼地发掘了西部知识分子自古而今的流亡情结、忧患意识，以及在当代西部文学中的艺术表现，并分析了西部文学中日渐苏醒的现代意识。本书被看作是西部文学的第一部简史，包揽面广且有作者独到的发现、深邃的目光和轻松的笔调。

（二）小说

绊马之行 吉明编。藏文。青海

民族出版社 1991 年 2 月出版，32 开，525 页。“藏族当代文学丛书”中的第一部小说专集。本书选录了 1980—1983 年在藏区各主要报刊杂志中发表的 18 篇优秀短篇小说，其中有《花园里的争议》、《被霜摧残的花朵》等深受广大读者欢迎的作品。这些作品反映了中共十一届三中全会以来藏区日新月异的社会面貌和藏族人民在改革开放中追求美好生活的曲折道路及对祖国和民族未来的思考。

布达拉宫的枪声 单超著。陕西人民出版社 1982 年出版，32 开，391 页。本书是一部描写 1959 年中国人民解放军平息西藏叛乱战斗生活的长篇小说，情节曲折，反映了平叛战斗的艰难；内容生动，歌颂了解放军和藏族人民的鱼水之情；语言优美，具有青藏高原的乡土气息。

尘埃落定 阿来著。人民文学出版社 1998 年出版，32 开，407 页。此后多次再版。本书分 12 章，讲述一个家势显赫的康巴藏族土司，在酒后和汉族太太生了一个“傻瓜儿子”，这个人人都认定的傻子与现实生活格格不入，却有着超时代的预感和举止，成为土司制度兴衰的见证人的故事。本书故事精彩，情节曲折动人，以饱含激情的笔墨，超然物外的审视目光，展示了浓郁的民族风情和土司制度的浪漫神秘。

春到雅鲁藏布江：短篇小说集 中国人民解放军西藏军区政治部宣传处编。西藏人民出版社 1974 年出版，32 开，150 页。本书收入《林海炊烟》、《春到雅鲁藏布江》、《藏族女矿工》、《战士的歌》、《一架缝纫机》、《风雪雄鹰》、《温泉老人》、《女队长》、《飞雪迎春》、《雪山明珠》、《任务》、《演出途中》等 12 篇短篇小说。

达赖六世逃亡 多杰才旦著。青海人民出版社 1992 年 1 月出版，32 开，340 页。本书是中篇小说集，共收录反映藏族社会、人生哲学和爱情方面的 6 部中篇小说，其中包括《我和三个白度母》、《古城轶事》、《达赖六世逃亡》等。

当代藏族短篇小说选 陶立璠等编。民族出版社 1985 年 8 月出版，32 开，348 页。本书收录 1979—1983 年西藏、青海、甘肃、四川、云南藏区部分藏族作者的短篇小说，包括《朝佛》、《没有星光的夜》、《真金》、《并非阿口登巴的故事》、《美与丑》、《漫漫转经路》等。有玛拉沁夫序。

端智嘉短篇小说选 端智嘉著。藏文。民族出版社 1990 年 6 月出版，32 开，244 页。作者是西藏和平解放后成长起来的藏族优秀作家，著述较多，包括短篇小说、散文、诗歌、译文和学术论文等。本书收入《活佛》等短篇小说 8 篇。其作品内容健康、语言流畅，生动反映了藏族人民的新生活和思想面貌，富有浓郁的民族特色。在写作技巧方面，充分继承和发扬本民族的优秀传统，也吸收了其他民族的优秀表现手法。

短篇小说集 端智嘉编。藏文。青海民族出版社1984年7月出版，32开，336页。本书收录《三姐妹故事》、《难忘的往事》、《活佛》等12篇藏文短篇小说。

钢铁是怎样炼成的 （苏）奥斯特洛夫斯基著，祁继先译。四川民族出版社2002年出版，32开，348页。本书是国内第一部译为藏文的外国长篇小说。有降边嘉措序。

高山尖兵 青海省《高山尖兵》创作组集体创作。人民文学出版社1976年5月出版，32开，71页，剧本。本书反映了地质工作者在西藏寻找矿藏的经过及其生活，生动描写了主人公高铁山和广大地质工作者依靠藏族人民，克服千难万险，终于完成探寻“301矿”的任务的经过。

猴鸟传奇 青海民族出版社编。藏文。青海民族出版社1994年5月第2版，32开，48页。古老的传说故事。它讲述了猴子侵入鸟的乐土，使猴鸟间产生了纠纷，后来经过双方的再三谈判，鸟类将自己的三分之一土地割让给猴子，猴子也允许鸟类到森林中自由栖息，从此，猴鸟间和睦相处，过着自由自在的幸福生活。

花鬘 热贡·多吉卡著。藏文。民族出版社1988年2月出版，32开，244页。本书收录作者发表在《西藏文艺》、《章恰尔》、《达赛尔》等刊物上的小说11篇，这些小说反映了藏族人民的新生活。

活佛的故事 玛拉沁夫等著，直循等译。藏文。西藏人民出版社1982年9月出版，32开，77页。本书收入《活佛的故事》、《转经路上》、《朝佛》等3篇短篇小说。这些小说从不同侧面反映了当前藏族人民的生活风貌及蒙藏民族关系。

佳作汇萃 四川省藏文学校编。藏文。民族出版社1998年8月出版，32开，326页。本书收入脍炙人口的警言、颂赋祝词、诗歌、书信、散文及富有浪漫色彩的传记35篇。

江那边 吉明编。藏文。青海民族出版社1991年7月出版，32开，588页。“大型藏族当代文学丛书”中的第二部短篇小说专集。本书选入1984—1987年多位藏族青年作家在藏区各主要报刊中发表的26篇优秀短篇小说，其中有《江那边》、《路》、《通向遥远的路》、《在法律的天平上》等深受广大读者欢迎的佳作。

僵尸鬼的故事 又名《说不完的故事》、《金尸传奇》。达多、金一编。青海民族出版社1963年8月、1994年7月出版，32开，220页。又有民族出版社2004年1月出版，32开，126页。本书中故事源自古印度,但在吐蕃发育成为“说不完的故事”。此书版本较多,故事多少不一。每个故事都可单独成立,但又有联系,类似《十日谈》等书的写作方法。

解仇合密:藏族两个部落的故事 汤洛著。东北人民出版社 1951 年 12 月出版,32 开,86 页。本书描写了人民解放军帮助调解藏族巴扎部落和吉达部落间的矛盾,使分属两部落的青年人阿布扎和金曼的婚事最终得以完成的故事。

金川妖姬志 不著撰人。满清野史三编本。又有四川省金川县党史地方志办公室 2003 年编辑出版,32 开,86 页。本书主要记述了四川大金川安抚使莎罗奔之女阿扣嫁小金川泽旺而后悔,引起大小金川不和。岳钟琪也曾为阿扣的绝世姿色动心。阿扣离开泽旺后,莎罗奔劝她嫁明正土司,泽旺之弟良尔吉又插足此事,引发了明正土司攻打大金川的战事。清廷又派兵助莎罗奔,岳钟琪最后将阿扣、良尔吉斩首。本书富于文学色彩,其中事件多不见有关史籍,其真实性难以判断。

净土夕照 多杰才旦著。青海人民出版社 1993 年出版,32 开,187 页。本书反映了藏族人民的现实生活,刻画了许多鲜明的艺术形象,特别是着力刻画了西藏政教人物达赖六世、摄政王、拉藏汗及普通百姓。

九曲绿松石 查拉独几著。云南民族出版社 1994 年 2 月出版,32 开,141 页。本书为作者的小说集,共收入《九曲绿松石》、《口碑》和《不平静的小山村》3 篇中篇小说。第 1 篇讲述唐王李世民曾在试婚斗智中用过的九曲绿松石传入吐蕃,松赞干布和文成公主成婚后,此宝石失传,1000 年后落入文物倒卖者的手中,经公安人员的多方调查,宝石失而复得。此篇主要描写了以顿珠为代表的一批聪明能干的公安干警。第 2、第 3 篇反映了普通百姓在“文化大革命”中的悲欢离合故事和改革开放后的乡村变化。小说中的人物描写细腻、朴实,文笔通顺流畅,并有云南藏区的语言特点。为迪庆藏族自治州较有代表性的文学作品。

拉萨酒吧 马崧著。远方出版社 2005 年出版,32 开,237 页。长篇小说。本书通过主人公大学生本本在雪城高原拉萨办酒吧的经历,展现了西藏神秘宏大的自然风光和纯朴的民俗,以及紧紧追赶时代的西藏人。

来献哈达的人 吴雨初、马连义编。西藏人民出版社 1983 年 9 月出版,32 开,149 页。本书收录《来献哈达的人》、《迎神节之夜》、《小镇上,大路通向远方》、《靠山》、《野马脱缰之后》等 17 篇短篇小说。这些作品从不同侧面描绘了西藏牧区人民的生活,反映了牧区人民的精神风貌,展现出草原特有的生活画面和风俗画面。书前有李文珊序。

肋巴佛传 嘉措卓玛著。民族出版社1989年出版，32开，294页。肋巴活佛（1916—1947）是甘肃康多寺活佛，也是一位优秀的共产党员。本书详细记述了肋巴活佛被认定为康多寺活佛的经过、坐床典礼及其支持农民起义，以及毅然放弃活佛地位参加起义、加入中国共产党、赴延安等情况。本书有利于读者了解甘南藏族人民反抗国民党暴政的革命事迹。

聆听西藏：以小说的方式 龙冬选编。云南人民出版社1999年第2版，32开，548页。本书是一部描写西藏的短篇小说。

龙喜记 （印度）戒日王著，雄顿·多杰坚赞和印度大师罗克什弥迦罗译。有华宇出版社1988年出版吴晓铃译本，32开，32页。成书于7世纪，13世纪中叶由藏族译师将其译为藏文。本书主要内容有：1.讲述持明仙国云乘王子恋爱结婚。2.王子舍身救龙，自愿将自己的肉体喂食大鹏。3.王子降伏大鹏。主要宣扬佛教慈悲为怀、舍身救众生的菩萨行。

骡夫记 拉巴顿珠著。藏文。民族出版社1996年出版，32开，260页。本书描写了主人公达平一家在刚若溪卡当佣人时曲折而坎坷的生活经历，反映了印度和我国西藏地区的社会面貌、民俗、边贸景观。

梦中的世界 热贡·多吉卡著。藏文。民族出版社1997年6月出版，32开，259页。长篇小说。本书通过描写岗春在梦中进入的一个神奇而五彩缤纷的皮囊世界的所见所闻，叙述了岗春目睹神猴朝见藏王松赞干布的情景，从而反映主人公不畏艰险、扬善除恶的斗争精神及其对纯真爱情的追求。故事情节生动、曲折。

迷茫的大地 益希单增著。人民文学出版社1985年出版，32开，568页。本书主要讲述丹达背弃贵族生活、向往光明的故事。本书是一部反映了西藏和平解放前后的西藏贵族生活和广大藏族人民维护祖国统一，以及解放军和少数反对派之间的斗争生活的长篇小说。本书同时描写了西藏和平解放前后社会各阶层人士的心态、动人心魄的生活，以及西藏的自然风光。故事情节曲折、人物形象生动、语言通俗。

密月 周辉枝著。四川民族出版社1991年出版，32开，168页。短篇小说集。作者是土家族人，长期深入藏、羌族人村寨体验生活，了解和搜集了与藏、羌族地区的风土人情和社会变革有关的情况。本书所收12篇短篇小说，均以川西北藏、羌族地区的城镇、村寨和牧场为背景，描述了改革开放给藏、羌族地区所带来的巨大变化，以及该地区丰富多彩的社会生活。本书内容丰富、人物形象生动、文字流畅。

羌塘美景 丹巴亚尔杰著。西藏人民出版社 1995 年 7 月出版，32 开，301 页。本书收录了 39 篇短篇小说，从不同角度描写了西藏羌塘奇特的自然风光和人文景观。

琴弦上的魂 扎西班典著。藏文。民族出版社 1998 年 12 月出版，32 开，240 页。本书由《琴弦上的魂》等 3 部中篇小说汇编而成。

青梅卓玛 刘大为等著。青海人民出版社 1960 年 2 月出版，32 开，114 页。本书包括《青梅卓玛》、《古茜与德茜》、《巴莎》、《古堡上的烽烟》、《次仁拉姆》、《郎杰报矿》、《雅鲁藏布江畔的夜火》、《追》、《一只脚》和《流浪儿索郎》等 10 篇短篇小说。

青藏线上 王宗仁著。西藏人民出版社 1979 年 8 月出版，32 开，55 页。小说集。本书收入《高原狩猎》、《昆仑泉》、《昆仑泉湖》等 8 篇作品，反映了青藏高原运输线上藏汉族工作者的工作、生活和爱情等。

情绪 冯良著。民族出版社 1995 年 8 月出版，32 开，382 页。短篇小说集。本书收录了《情绪》、《行车》、《河边》等 20 余篇短篇小说。

燃烧的雪山 单超著。春风文艺出版社 1979 年 9 月出版，32 开，251 页。短篇小说集。本书主要收录《日月宝镜》、《燃烧的雪山》、《格桑梅朵》、《活祭》、《菩萨兵》等 20 篇短篇小说。

日出西藏 蔡英著。花山文艺出版社 2002 年出版，32 开，592 页。蔡英曾在西藏工作 17 年，于 1998 年出版长篇小说《雪域》。本书是一部反映西藏历史、藏族人民生活的长篇小说。

神火 胡奇著。人民文学出版社 1978 年 7 月出版，32 开，389 页。作者为儿童文学作家。小说集。本书收入作者在“文化大革命”前创作的 10 篇中短篇小说，其中《神火》、《小扎西》和《五彩路》是关于藏族少年儿童热爱党、热爱毛主席、热爱社会主义祖国、热爱人民解放军，追求革命理想的故事。故事生动，人物形象鲜明，生活气息浓郁，细腻地刻画了儿童心理，语言流畅优美。其中的《五彩路》在全国影响最大，还被拍成动画片。

失去的地平线 （英）詹姆斯·希尔顿著，中甸县人民政府外事办公室译。云南人民出版社 1999 年 5 月出版，32 开，206 页。“中国·香格里拉丛书”之一。本书描述了 20 世纪 30 年代初，南亚次大陆某国巴斯库市发生暴乱，英国领事馆领事康威、副领事马林逊、美国人巴纳德和传教士布琳克洛小姐乘机飞往巴基斯坦，途中由于偏离航线，飞机沿喜马拉雅山脉由西向东飞行，最后在夜里降落在一个叫“香格里拉”的藏族地方，他们和香格里拉各族人民和睦相处的经历。1944 年美国好莱坞将这部小说搬上银幕，其主题歌

《这美丽的香格里拉》从此传遍世界。《不列颠文学家辞典》把英语“香格里拉”解释为“世外桃源”。

十三世达赖喇嘛 降边嘉措、吴伟著。作家出版社2001年出版,32开,482页。历史小说。本书描写了1888年和1904年西藏人民在十三世达赖喇嘛率领下抗击英帝国主义侵略者的英雄事迹。书中塑造了28岁时的十三世达赖喇嘛,以及藏军代本拉丁赛、哲林和格勒等31个人物形象。

释迦牟尼故事集锦 降梓洛德旺布编译。藏文。民族出版社2000年出版,32开,389页。本书从多种经典中汇集了释迦牟尼成道前后为他人所做的善事,计有150篇。对佛学研究有一定的参考价值。

索朗爷爷 兰瑾著。少年儿童出版社1963年出版,32开,81页。短篇小说集。儿童生活的短篇记事文学。本书共收录5篇作品,即《国旗》、《索朗爷爷》、《回声》、《布谷鸟在叫》和《丰收》。前4篇描述了1959年西藏叛乱期间,该地区的少年儿童和他们的父兄热爱祖国的思想感情,以及积极支援解放军剿匪的事迹。最后一篇反映了民主改革后西藏人民的新生活和军民间的深情厚意。

吐蕃史演义 丹珠昂奔著。花山文艺出版社1987年出版,32开,333页。长篇历史小说。本书是以藏族古代历史为依据,并参考大量藏、汉文史料而创作的。作者以生动的笔墨再现了吐蕃王朝的灿烂历史,栩栩如生地塑造了松赞干布、噶尔·东赞宇松、赤松德赞等众多人物,描述了吐蕃王朝兴衰的全过程。本书虽属小说,但对一些史学界尚无定论的问题,提出了作者独到的见解,亦文亦史。为研究吐蕃史、古代文化和原始宗教的参考书。

团圆 吉明编。青海民族出版社1993年1月出版,32开,500页。本书是“大型藏族当代文学丛书”中的第3部短篇小说专集。本书精选了从1988年至1992年间在藏区各报刊中发表的17篇优秀短篇小说,其中《团圆》、《父亲死后》、《日罗外传》、《西藏,系在皮绳扣上的魂》、《草原日记》等均是深受广大读者欢迎的佳作。本书以独特角度和方位来透视新时期藏区日新月异的发展变化,反映了在改革开放时期藏民族瑰丽多姿的生活面貌,同时,通过本书我们将领略到藏族人民在新时期对美好生活的追求。

晚霞在草原上燃烧 土登吉美等著,四川省民族事务委员会编。四川民族出版社1987年8月出版,32开,258页。本书收入四川少数民族(包括藏、彝、羌、苗、土家等19个民族)作者的短篇小说22篇,小说反映了改革开放以来四川少数民族地区的巨大变化、人民的奋斗精神和风土人情,散发着淳朴的乡土气息。

文成公主 谭力(笔名雪米莉)、黄志龙著。作家出版社2001年出版,32开,530页。谭力,四川人,中国作家协会会员,著有《夏季欲望》、《怀念爱情》、《情商》、《下海女人》、《女子特警队》等40余部长篇小说。黄志龙,原西藏话剧团编剧,作品有话剧《松赞干布》、电视剧《西藏风云》,长篇历史小说《文成公主》等。本书通过描写文成公主远嫁吐蕃和在吐蕃的生活情节,展现了藏汉人民的友谊和藏汉文化交流的历史。

我们播种爱情 徐怀中著。解放军文艺出版社1959年第1版,1991年6月第2版,32开,300页。反映西藏和平解放前后历史的长篇小说。本书描写了解放初期,在中国共产党的领导下,一批生机勃勃、活泼可爱的青年来到西藏高原,在激烈的阶级斗争中,建立农业技术推广站,在战斗中建立起真挚的爱情。本书也对西藏地区的普通民众、贵族和宗教上层人物的生活作了深刻的描写,通过他们的变化和进步,歌颂了党的民族政策。

无形的绳索 拉巴顿珠著。西藏人民出版社1995年7月出版,32开,250页。本书是一部反映当代藏族生活的中篇小说,以主人公老藏医克确一家的变化为主线,反映了当代西藏人的生活和精神状况。

五智喇嘛弥伴传奇 云丹嘉措著,李安宅译。中国藏学出版社1992年3月出版,32开,313页。本书是上世纪30年代藏族风情的小说,描写了一对藏族青年弥伴和卓玛的爱情故事,展现了20世纪初西藏和青海藏族地区的社会面貌和风土人情,反映了藏族传统文化对人们的深刻影响。

西海无帆船:马原西藏小说选 马原著。西藏人民出版社1987年11月出版,32开,368页。本书收录《西海无帆船》、《冈底斯的诱惑》、《小扎西和他的一大堆美妙想法》、《台灯下的灵感》等16篇西藏题材小说。书前有吴亮《序——马原的叙述圈套》一文。

西康诡异录 任乃强著。民国印本。本书记载了康区历史上和民国年间发生的各种案件、奇闻、土司名流等。

西大佛地 李文珊著。文化艺术出版社1991年2月出版,32开,429页。作者是《西藏日报》社记者,其足迹几乎遍及整个西藏,写有报告文学、散文、通讯报告、小说等上百篇。本书选入小说9篇、散文17篇、通讯报告17篇等40余篇。本书反映了西藏民主改革以来的各种变化,是西藏社会变革的缩影。文中描述了上层社会的官员、贵族、僧侣的生活,以及基层干部、普通农牧民、邮电员、教员、售货员和铁匠等社会阶层如火如荼的战斗生活,对各种生活习俗、生活方式、农作情况等也有记叙。是一部文笔流畅、内容较详的了解西藏新旧交替时期的著作。

西行艳异记 陈重生著。上海时报社民国二十七年(1938)出版,32开,240页。作者原名陈策,后改名陈重生。本书主要论述西康的宗教、贵族与人民、生活与迷信、政教合一制度、风俗习惯等。任乃强译介此书时说:"按:此书多凿空语,可作参考资料,不可信其实然也……除一部剿袭西康建省记与坊间他书外,大都空中楼阁,似真似幻……所记路线地名,完全与实在地位不合;所记景物民风,不合者十之六七……知此人足迹未曾至康,但集多数西人游记连缀编纂而成此书,故其所记人物皆有实影……""又因文字特别优美,故风行一时。"

西藏的女儿 格央著。人民文学出版社2003年出版,32开,280页。本书收入《西藏的女儿》、《西藏的女护法神——班丹拉姆》、《格萨尔的王妃——珠姆》等短篇小说。

西藏短篇小说集 西藏文联、西藏人民出版社编选。藏文。西藏人民出版社1983年10月出版,32开,296页。本书选收9篇短篇小说,其中8篇选自《西藏文艺》,1篇选自《章恰尔》。这些小说从不同的侧面、以不同的艺术手法,比较深刻地反映了现代藏族地区的生产、生活情况,以及人们的精神面貌。

西藏短篇小说选 巴桑等著。藏文。西藏人民出版社1985年6月出版,32开,705页。现代小说。本书选录发表在西藏各种文学刊物上的优秀作品25篇,它们从不同侧面反映了西藏人民的精神面貌和生活、生产情况。

西藏短篇小说选 益希单增编选。西藏人民出版社1984年10月出版,32开,705页。本书辑录了28位藏、回、汉等民族的作家的32篇短篇小说,时间是从西藏和平解放至1984年,包括《吉祥的彩虹》、《十五棵向日葵》、《江山波涛》、《乞丐》、《央金》、《妮妮的婚礼》、《猎人的伤疤》、《真金》、《古堡上的水晶石》、《有罪的女人》、《故土》、《传向远方》等。有作者自序。

西藏,系在皮绳扣上的魂 扎西达娃著,关大维等译。中国文学出版社1992年出版,32开,234页。本书收录了作者的11篇短篇小说,从多个方面展示了西藏的社会生活。

西藏军旅文学选粹 李成春主编,成都军区政治部文化部编。四川民族出版社1991年出版,32开,687页。本书精选了西藏和平解放以来,解放军新老作家及文学爱好者在不同历史时期创作的优秀文学作品,包括小说、诗歌和散文。作品主题鲜明,思想性强,颂扬了驻藏部队英勇顽强、艰苦奋斗、无私奉献的"老西藏精神",展现了解放军在西藏的战斗生活和西藏的发展变化。

西藏新小说 扎西达娃等著。西藏人民出版社1989年6月出版，32开，470页。西藏短篇小说集。本书辑录了《西藏，系在皮绳扣上的魂》、《竹笛，啜泣的梦》、《梦，遗落在草原上》等33篇小说。书后有张军所撰《如魔的世界——论当代西藏小说》一文。

西藏战争 彭苏著。敦煌文艺出版社2006年出版，32开，271页。本书介绍了1903年12月12日，英属印度政府因西藏地方政权和沙俄接近，以其不执行中英双方签定的条约为名，派遣狂热的殖民主义分子悍然从印度攻入西藏。清王朝得知此消息后，命令驻藏大臣与英印军谈判求和，而西藏地方政权不顾清王朝反对，调动藏军和民兵进行奋勇抵抗，但由于寡不敌众西藏人民以失败而终的历史。

喜马拉雅 爱琴海著。人民文学出版社1998年出版，32开，357页。小说。本书充分反映了西藏的宗教、名胜、民俗、山川、历史的风情。

喜马拉雅之梦 黄绵瑾著。民族出版社2001年6月出版，32开，368页。本书是一部反映为西藏建设事业付出青春和热血的支边青年生活和工作的长篇小说。

幸存的人 益希单增著。人民文学出版社1981年5月出版，32开，494页。本书是一部描写西藏农奴为寻找出路而进行斗争的长篇小说，通过描写德吉桑姆和桑节普珠的坎坷遭遇，揭露了旧社会藏族人民深受领主剥削、压迫的事实。作品结构严谨，悬念丛生，情节跌宕起伏，富有故事性。

旋努达美传：一位王子的故事 藏语书名为《勋努达美》。多卡夏仲·策仁旺杰（本名次仁旺杰，全名多卡夏仲·次仁旺杰，又可简称为朵噶·次仁旺杰）著，汤池安译。青海人民出版社984年12月出版，32开，283页。另有宁晓嵇、萧蒂岩译本《勋努达美——无敌青年传奇》，朵噶·次仁旺杰著。西藏人民出版社1984年10月出版，32开，383页。全书分25回。本书有《勋努达美的故事》、《勋努达美传》等多种译法。“勋努”是青年，“达美”为无敌。译为《无敌青年》或《无敌青年传奇》较妥。本书是以《诗镜》体格律创作的一部诗歌体长篇小说，讲述了某国文武双全、体貌健壮、英俊无比，且名震四方的王子勋努达美与某国公主益翁玛相知相爱的爱情故事。

雪山魔笛 童恩正著，端智嘉译。藏文。青海民族出版社1981年6月出版，32开，84页。本书译自汉文本，选收了《雪山魔笛》和《追踪恐龙的人》两篇科幻小说。第1篇的故事发生在喜马拉雅山山区，通过一支魔笛讲述“山精”在高原的秘密。第2篇讲述了主人公根据大量古今地质资料，推测在青藏高原可能有恐龙生存下来；他到西藏后，又根据藏族民间传说，对“恐龙湖”进行了周密的考察，终于找到了恐龙这一过程。

雪线下 钱佩衡著。青海民族出版社1993年出版，32开，258页。本书以朴实的手法描写了一批工作生活在青藏高原的水文勘测队员、气象工作者、司机、编辑等人扎根高原、立志创业的生动感人的故事，凸现出一种阳刚之气，富有积极向上的精神气息。

雪域狂飙 张立人、张瑞莲著。西藏人民出版社2001年出版，32开，654页。本书通过描写主人公甫布次仁的苦难家史和他的遭遇，反映了年楚河畔古龙卡和农奴主的新旧罪行，以及广大农奴奋起与之进行斗争、开展民主改革并取得伟大胜利的全过程。作品热情讴歌了党和毛主席的英明领导，以及广大农奴高度的阶级觉悟和坚强不屈的斗争精神，无情地鞭笞了叛乱农奴主的滔天罪行，歌颂了西藏民主改革所取得的伟大胜利。

雪域情殇 乔萨著。大众文艺出版社2004年出版，32开，411页。本书是一部描写当代西藏军人情爱恩怨生活的小说。

雪域诗佛：六世达赖喇嘛传奇 高平著。中国藏学出版社2003年出版，32开，343页。长篇历史小说。本书运用生动、传神的文学语言，记述了主人公六世达赖喇嘛热爱诗歌、充满戏剧性的一生。

雪域卫士竞风流 陶昌廉著。长征出版社1993年3月出版，32开，382页。本书分戍边篇、创业篇、奉献篇、情爱篇、鱼水篇等5部分，反映了世界屋脊守卫者的生活和精神风貌。

勋努达美——无敌青年传奇 朵噶·次仁旺杰著，宁晓稆、萧蒂岩译。西藏人民出版社1984年10月出版，32开，383页。本书分25回。

央金 刘克著。解放军文艺出版社1962年12月出版，32开，192页。短篇小说集。本书收录《央金》、《曲嘎波人》、《嘎拉渡口》、《古茜和德茜》、《巴莎》、《古堡上的烽烟》、《丫丫》、《山南平叛札记》、《铁匠和他的女儿》、《看门人》等10篇，其内容主要反映了藏族人民在西藏反动上层统治下的悲惨命运和平定西藏反动势力叛乱后的愉快生活。本书通过各个主人公的悲惨遭遇和经历，控诉了反动统治者的罪恶，描写了西藏人民和中国人民解放军的深厚情谊，还写出了西藏人民在消灭叛匪、当家作主后的幸福生活和他们的崇高品质。作品文字清新，感情真挚，故事生动，塑造出了央金、巴莎、苍姆等善良、美丽、勇敢的藏族妇女形象。

遥远的地平线 李旭著。云南人民出版社1999年11月出版，32开，515页。本书是“写真西藏”之一种。由横断山脉东侧的云南和四川进入“世界屋脊”是不可思议的事情，然而从古至今这里一直有条茶马古道，古道上活跃着马帮。作者于1989、1990、1993、1998年先后4次徒步加搭便车、赶马帮和骑自行车沿当年的茶马古道的线路穿越“世界屋脊”，长期收集研究一切与西藏、马帮有关的材料，并走访当年的马帮成员。本书对茶马古道和那艰苦卓绝的马帮生涯进行了生动的描写。

一个普通家庭的岁月 扎西班丹著。西藏人民出版社1992年8月出版，32开，702页。长篇小说。本书生动地反映了从民主改革到改革开放后西藏农村在政治、经济、文化、人们的思想观念等方面发生的巨大变化。

永恒的山：金志国小说选 金志国著。西藏人民出版社1992年3月出版，32开，248页。本书收录了作者在西藏创作的《永恒的山》、《空旷》、《两个位置》等20篇短篇小说。

圆形日子 色波著。文化艺术出版社1991年5月出版，32开，198页。本书精选了藏族青年作家色波的11篇短篇小说，其中包括《永不止息的河》、《传向远方》等。

月光里的银匠 色波主编。四川文艺出版社2002年出版，32开370页。本书收集了7位藏族作家的中篇小说8篇，包括《野猫走过漫漫岁月》、《宝刀》、《小镇故事》等。

藏北凯歌 严克勤著。新疆人民出版社1979年3月出版，32开，745页。长篇小说。1950年中国人民解放军某部的一支骑兵先遣连，为配合部队完成进军西藏、保卫祖国西南边防的任务，开辟了一条通往西藏的道路。本书描写了这支先遣连骑兵侦察敌情、英勇战斗的故事。

郑宛达哇传奇 达普巴著。藏文。青海民族出版社1958年5月第1版，1993年12月第2版，32开，288页。佛教神话故事。本书主要内容是：阴险狡猾的侍从拉尕阿那为了篡夺王位，在一次郊游时设下圈套，诱惑王子却吉尕瓦用“夺舍法”（即把自己的灵魂附到别人或动物的躯体内）把自己的灵魂附到一只死杜鹃的躯体上，而将他自己的灵魂附到王子的躯体内，冒充王子回宫篡夺了王位。而王子却无法恢复原身，只能作为一只杜鹃鸟在林中徘徊，后经仙人指点修炼成道，飞回宫中揭穿了假王子的真面目，使假王子受到应有的报应。故事情节凄婉动人，语言通俗易懂。

智美更登 卓玛吉编。青海民族出版社1958年3月第1版，1981年5月第2版，1993年12月第3版，32开，72页。本书主要内容是：柏岱国忠厚善良的王子智美更登，为了营救属国君主的生命，冒着犯杀头之罪的风险，以镇国之宝相赠，结果上当受骗，被国王放逐到遥远的哈乡去经受苦难。王子携带王妃和3个儿女，历尽千辛万苦，一路做尽善事。往返途中，王子先后献出了自己的眼睛、妻子和3个儿女，终于感动了上苍，在诸神的帮助下，王子所有失去的东西又重新回到身边。在举国欢庆声中，老国王深受感动，将王位郑重地让给了智美更登王子。从此，柏岱国走上了国泰民安的幸福之路。

卓玛湖 杨增适著。云南民族出版社1994年2月出版，32开，224页。短篇小说集。作者长期生活在云南德钦县，有丰富的藏区生活经历。本书收录了19篇短篇小说，其中包括《镶牙记》、《在草原深处》、《卓玛湖》等。

走出西藏 益希单增著。河南文艺出版社1999年出版，32开，421页。本书写出了藏族人将要走出古老的高原，走向光明，走向现代化的理想和希望。

（三）散文

班禅大师的故乡 辛光武著。青海人民出版社1993年10月出版，32开，201页。散文集。本书分故乡人、故乡风和故乡情3部分，收录包括《班禅大师的故乡》、《开光盛典》、《青海温泉》等散文33篇。

草原花香 索朗著。民族出版社2003年出版，32开，320页。本书由文学评论、短篇小说、散文3部分组成，内容涉及改革开放、环境、教育与文化、政治与经济、自然与地理等方方面面，其中有部分获奖作品。

茶马古道考察纪事 木霁弘著。云南教育出版社2001年出版，32开，196页。本书收录《重塑茶马古道“金身”》、《茶马古道的咽喉——中甸》、《人神共居的乐园——丙中洛》等8篇纪实性散文。

当代藏族散文选 刘万庆等编。西藏人民出版社1986年4月出版，32开，201页。本书收录了《高原赛马会》、《祖国——母亲》、《藏族发祥地》、《年茶》、《心中的桥》等出自西藏、四川、甘肃、青海等省区30余名藏族作者之手的37篇作品。这些作品从多方面描绘了藏族人民的生活图景：有的反映高原现代化建设的蓬勃发展，有的歌颂吉祥如意的新生活，有的赞美民族团结，有的则介绍蒙古族的发祥史和当地的名胜古迹。

到黄河源头去：考察探险·游记见闻 朱奇著。新蕾出版社1984年12月第1版，1985年2月第2版，32开，146页。本书为中小学生读物。作者用散文、纪实文学的体裁，描述了黄河源头的部分动植物、自然风光、草原景色、藏族人民的普通生活、草原儿童等，从而展现了黄河源头的人文地理，能使读者宛如亲自举步黄河源头——

青藏高原。本书不但能使读者清楚了解黄河的发源地,还能得到黄河源头藏族人民生活的一些知识。

感念西藏:一个金珠玛米的回忆 凌行正著。解放军文艺出版社2000年出版,32开,348页。凌行正曾经参加抗美援朝,后于1959年进军西藏,1963年回内地。本书收录作者在西藏军旅生活的长篇纪实散文41篇。

虹粉天空:一个女人的西藏惊情 杨梅著。文汇出版社2003年出版,32开,185页。本书为改革开放之后的现代文学作品,收录《多多》、《鼠鸟同穴》、《聪明人的傻》、《茶香氤氲生死恋》、《彩虹》等西藏游记。附肖像照片。

记忆拉萨:历史民族文化宗教旅游新知 戴京著。时事出版社2004年出版,32开,351页。本书是作者在西藏各地采风之后所写的具有强烈时代感的散文集。作者在前言中说:只是想把有关西藏的东西,尽可能多地告诉那些还没有机会亲身到那里旅行的人们,因此本书内容抒情的少而写实的多一些。

苦难旅程:藏传佛教人生风景 马丽华著,韩书力绘画。中国社会科学出版社2002年出版,32开,164页。本书以图文并茂的形式,介绍了西藏的气候、地理、宗教、高僧米拉日巴、苦修僧人,以及藏传佛教在今日西藏等内容。

苦修者的圣地 温普林著。西藏人民出版社2000年1月出版,32开,260页。作者长期生活在西藏,从事藏学研究。本书记述了青藏地区部分修行者的真实情况,对于了解藏区的信仰、苦修的真谛有参考价值。附数十幅图片。

拉萨的秘密:西藏人讲述自己的故事 楞本才让·阿姆著。西藏人民出版社2001年出版,32开,233页。本书收录了《到达西藏》、《甜茶馆》、《酒馆以日》、《虚假的伫望》、《拉萨的秘密》和《亚东小记》等十几篇散文。

老房子:西藏寺庙和民居 马丽华撰文,李玉祥等摄影。江苏美术出版社2002年出版,32开,857页。本书简要地介绍了西藏的寺庙建筑和民居,并以大量的图片资料展示了西藏高原的建筑。

老拉萨:圣城暮色 马丽华著。江苏美术出版社2002年出版,32开,230页。本书以图文并茂的形式介绍了拉萨城的沧桑旧事,包括进入20世纪的拉萨、与过往时代相伴生、世俗百态八廓街、从驻藏大臣衙门到民国历史档案等内容。

灵魂像风 马丽华著。作家出版社1994年出版,32开,223页。又有中国社会科学出版社2002年出版,32开,246页。本书是一部纪实性的以散文笔触串缀而成的游记,记述了西藏的自然、历史与文化。

聆听西藏：以散文的方式　黄宾堂选编。云南人民出版社1999年第2版，32开，607页。散文集。本书收入了以汉文创作的描写藏区的自然景观、风俗民情和藏族艺术等方面具有时代感的现代散文。

母亲的恩情　次多著。西藏人民出版社1995年7月出版，32开，289页。本书收录作者的诗歌、散文、文学评论和学术论文等14篇作品。

难忘西藏　李文珊著。西藏人民出版社2001年出版，32开，284页。本书收入作者在西藏工作27年间所写的反映西藏真人真事的散文、特写和报告共43篇。书中从写一些寻常百姓家庭的生活经历入手，用简洁明了的手法描述了过去和现在的人民生活状况，使二者形成了鲜明的对比，充分反映了在封建农奴制下人民的疾苦、三大领主的残酷，歌颂了人民不堪压迫奋起反抗的不屈精神，最后描述了人民翻身当家作主后的精神面貌。

你知西藏的天有多蓝　凌仕江著。花城出版社2004年1月出版，32开，248页。散文集。本书是作者在西藏军旅生活体验的结果，体现出他对西藏独特的审美眼光。本书是从作者近年发表在全国各大报刊上的100多篇散文中精选出来的，其中《你知西藏的天有多蓝》入选2003年春季高考语文试卷（北京卷）。本书反映了西藏雪域神秘而美丽的景色和哨兵守望的爱情和命运及当代西藏人的生活情况。附《士官凌仕江文章怎样入选高考试卷?》、《从落榜生到军旅作家》。

飘过西藏上空的云朵　凌仕江著。暨南大学出版社2005年出版，32开，318页。本书是作者在西藏从军12年期间所写的散文，收录了20多篇反映作者童年记忆、乡村生活、西藏风光和西藏人民生活的散文。

青海风光　《青海湖》编辑部编。上海文艺出版社1959年12月出版，32开，132页。本书是有关青海各地风景名胜的散文集，收入特写、散文共10篇，着重描绘了青海高原的雪山、草原、湖泊和民风民情，对当地的社会主义建设也作了介绍。

散文选　扎西旺堆等著。藏文。西藏人民出版社1991年4月出版，32开，203页。本书是纪念西藏和平解放40周年特辑，共选编藏族作者创作的散文32篇。作者以饱满的热情、清新的笔调，歌颂了各民族的团结、广大农牧区脱贫致富的大好形势和西藏各地美不胜收的风光。

十年藏北　马丽华著。中国社会科学出版社2002年出版，32开，281页。藏北指西藏那曲地区，约45万平方公里，占全西藏面积的三分之一强。1987年作者写了《藏北游历》，间隔了10年后，作者于1997年再次遍访那曲地区，写下本书。本书共 7 章，分别记述了那曲地区草地畜牧业现状、藏北扶贫攻坚、生存与发展、宗教与现代化社会相适应、援藏、那曲地区人口素质和为了藏北当下及未来等内容。

王若飞在狱中　杨植霖、乔明甫著，山木旦译。藏文。青海民族出版社 1982 年 7 月出版，32 开，365 页。本书主要讲述了王若飞同志在绥远和太原监狱中同敌人英勇斗争的事迹。

我的山：阿里散记　林予一著。西藏人民出版社 1991 年 5 月出版，32 开，225 页。本书分美丽画卷、阿里人情、荒原流彩和雪野神话 4 辑，收录了介绍西藏西部地区自然风光和风土人情的散文 38 篇。

西行阿里　马丽华著。中国社会科学出版社 2002 年出版，32 开，266 页。本书作者以她出色的散文诗情之笔，介绍了西藏阿里社会的文化风俗，比较深刻地揭示了现代阿里生活的方方面面，书中既有形象生动的文学描写，又有富于哲理的议论；既有发前人难发之见的观想，又有知识性和趣味性；既有阿里不同地区的典型事例的介绍，又有人类学理论上的概括和描述。是一部了解阿里历史与现实、社会与文化、风俗与人情不可多得的佳作。

西藏笔记　夏婕著。香港乐府文化 1991 年出版，32 开，264 页。夏婕，香港报刊及杂志专栏写作人，现任香港乐府文化社主编，出版了《新娘变·扑朔迷离女人心》等 4 部长篇小说。本书是散文集，收录了作者赴西藏采风所写的随笔 20 多篇。

西藏东南角　杨辉麟著。西藏人民出版社 1993 年 10 月出版，32 开，408 页。本书分奇异藏东南、藏东南风物、民族风情录和默默奉献歌等 4 辑，收录 140 篇散文、游记，其中包括《美丽的冰川》、《墨脱温泉》、《司令员和士兵们》等。

西藏散记　宝音著。内蒙古人民出版社 1995 年出版，32 开，126 页。本书是作者赴西藏旅游考察时的随笔。

西藏散文选　藏文古典文学深造班等著。藏文。西藏人民出版社 1985 年 6 月出版，32 开，327 页。本书选编 36 篇散文，其中绝大多数出自西藏和平解放后成长起来的青年作者之笔。他们根据各自不同的生活经历和感受，深刻反映了现代西藏的进步与发展，以及广大藏族人民对光明未来的向往和追求。

西藏散文选　西藏人民出版社编。西藏人民出版社 1985 年出版，32 开，452 页。本书收入 50 余位作者的 79 篇散文，其中有著名作家冰心的《近在眼前的地平线》，以及汪承栋、益希单增、马丽华、李佳俊等人的代表作。作品反映了民主改革以来的西藏人民的生活、城市建设、风土人情、名胜古迹、历史重要人物，以及平息叛乱等方面的内容，具有独特的青藏高原气息。为近30年西藏散文精萃。

西藏：世纪末的探望　江浩著。云南人民出版社2000年出版，32开，355页。本书收录了《世界屋脊，生长梦想的地方》、《二郎山，向藏区云中漫步》、《雅江，陌生的门槛》、《拉孜，没有烛光的晚餐》、《别了，红白相间的布达拉宫》等散文20多篇。

西藏文化旅人　马丽华著。中国社会科学出版社2002年出版，32开，246页。本书内容包括韩氏黑画、西部大荒吕玲珑、驶向远古、古格历史的发掘者、人生流经的边缘风景等内容。

西藏文化之旅　闫振中著。民族出版社1995年8月出版，32开，372页。本书收录了11篇散文，包括《西藏的天葬》、《古格踏古》、《冈底斯之旅》、《西藏的围棋》等。

西藏游踪　柴焕波著。岳麓书社2004年出版，32开，164页。本书记录了作者在1990年至1992年在西藏工作期间对西藏山川、人文的认识和感悟。附大量人物、风光、建筑、艺术等方面的照片。

雪魂　吉明编。青海民族出版社1993年10月出版，32开，480页。“当代文学丛书”散文专集。本书所选的57篇文章是1981年至1992年间在全藏区各主要报刊上发表的具有代表性的优秀散文作品。这些作品中既有杂感式的议论散文，也有记叙散文和抒情散文，还有游记，呈现出不同的艺术特色。有的感情激越，粗犷豪放，如大江东去的气势；有的细腻婉约，如泣如诉，像一首首小夜曲；有的天南地北，谈笑风生，蕴含着深刻的哲理。作品充分体现了藏族作者们在艺术形式、风格和语言上广泛的探索和多方面的追求。

雪山红霞：特写、散文选　甘孜藏族自治州《雪山红霞》编写组编。四川民族出版社1978年10月出版，32开，128页。本书收录特写、散文16篇，其中有《松海颂》、《欢腾的洛尕草原》、《红军山》、《亲人解放军》、《金沙江上》、《哑巴的歌》等。

雪声集　钱佩衡著。青海人民出版社1989年9月出版，32开，286页。“西海文学丛书”之一。本书收入38篇散文，描写了西部高原的人文景观、人们的社会生活。内容和情感丰富，文笔洗练。

雪域军歌　西藏军区政治部编。西藏人民出版社1992年12月出版，32开，186页。本书分西进曲、边关魂、雪山恋、军旅颂、鱼水篇、故乡情6部分，反映了人民解放军建设西藏的英雄业绩。

雪域情　扎西次仁著。藏文。西藏人民出版社1995年5月出版，32开，166页。本书收录了作者关于藏族社会、生活的散文和杂文21篇。

雪域文化与西藏文学 马丽华著。湖南教育出版社1998年出版，32开，315页。本书分7章，分别论述了由源及流——西藏地域文化概说、金枝玉叶——古代西藏文学追求与当代藏文创作流变、他山之石——当代(汉)文学创作这片风景线、灵魂三叹——建构西藏新小说的青年作家群、浪漫人生——文学西藏众生相、论朝圣之旅——星汉璀灿的雪域诗坛和一种价值——当代西藏纪实性文化散文等内容。

寻找太阳城——走近西藏 陈云、季翔、张谦、章晓野等著。复旦大学出版社2003年出版，32开，345页。本书讲述了一批年轻的大学生满怀憧憬，跋山涉水去西藏寻找太阳城的故事。书中介绍了许多宗教、名胜、百姓人物、风光照片。

阳光与荒原的诱惑——巴荒的西藏心灵史 巴荒著。中国人民大学出版社2004年出版，32开，426页，修订本。巴荒，本名蔡蓉，画家，中国美术家协会会员，其油画《流》、《藏人肖像》、《穿彝装的肖像》、《风景》等作品为中国美术馆收藏。著有画册《西藏古文明之旅》、《废墟与辉煌》，散文集《阳光与荒原的诱惑》、《凝望西藏》等。本书收入有关西藏艺术、历史的散文20多篇。

遥远的莫斯科 丹珠昂奔著。中国文联出版社2001年出版，32开，269页。丹珠昂奔，出生于甘肃省天祝。现任中央民族语文翻译局局长。著有《吐蕃史演义》、《藏族文化志》、《藏族文化史》等10余部著作。本书收入《跳火堆》、《步赛》、《轮回图》、《朝天祭地——迪庆纪行》、《白虹——为母亲送行》、《初上兰州》等30篇散文。

阅读西藏 张永发编著。民族出版社2001年出版，32开，407页。本书内容分为《吉隆往事》、《雪域真情》和《高原如歌》3辑，共收录了作者在西藏期间创作的50多篇散文。

在西藏的日子 李长河著。中国社会出版社1999年出版，32开，365页。李长河，山西人。本书收录《走进西藏》、《生活从此开始》、《郊游雅鲁藏布江》、《放飞在高原的风筝》、《中秋之夜有感》、《赏雪》等39篇反映西藏生活的散文。

藏北游历 马丽华著。中国社会科学出版社2002年出版，32开，290页。马丽华，山东人，1976年至1994年，生活在西藏，作品有：诗集《我的太阳》，散文集《追你到高原》、《终极风景》、《西藏之旅》，长篇纪实散文《藏北游历》、《西行阿里》、《灵魂像风》、《走过西藏》(前3部长篇散文集的合集本)、《雪域文化与西藏文学》等。先后获西藏珠穆朗玛文艺奖、中华文学基金会文学奖和全国第4届少数民族文学研究优秀成果一等奖。担任策划、编导和撰稿人之一的影视作品有：电视专题片《西藏文化系列》(12集)、《西藏珍藏历史档案》(6集)、《江河诗篇》(5集)。本书是作者游历西藏北部的游记，记录了亲眼所见的无人区和长江源头等地区的难忘经历。

藏东红山脉 马丽华著。中国社会科学出版社2002年出版，32开，421页。本书主要记述了西藏东部昌都地区的横断山脉、茶马古道、昌都镇、通往青藏高原的阶梯和走出红山脉等内容。

终极风景 马丽华著。时代文艺出版社1997年出版，32开，377页。本书收录了《藏地制陶人》、《雪域之光》、《藏北牧民的自然崇拜》、《在西藏的山野中》、《倾听西藏高原的记忆之声》等30多篇散文。

走过西藏 马丽华著。作家出版社1994年出版，32开，733页。本书由《藏北游历》、《灵魂像风》和《西行阿里》3本书组成。

(四)诗歌、民歌等

1. 诗歌

爱的呼唤 年乃亥·哇热著。藏文。民族出版社1996年6月出版，32开，153页。本书收入作者近年创作的自由诗100余首。

爱的花瓣 饶阶巴桑著。人民文学出版社1984年出版，32开，177页。诗集。本书收入作者1950年以来所创作的90余首自由诗。大部分诗歌是反映作者参加解放西藏和在藏区的军旅生活的诗篇，部分诗篇赞美了改革开放以来的变化和祖国的大好河山。

白海螺的音韵 索南加著。青海人民出版社1992年1月出版，32开，111页。作者以敏感而细腻的心灵去体悟雪域高原的山姿水态、风物人情，从远古的遗踪去寻觅藏民族凝重而浓烈的历史、文化，以现代人的情怀去探索爱情与友谊的真义，他的诗厚重而蕴精思，沉郁中见深情，真切地展示了一个藏族诗人的民族特色和个人的独特人格。

百智论 又名《般若百论》。龙树著。拉萨雪印经院刻本，1函。作者是2世纪的一位印度佛教哲学家，是南印度的婆罗门族，通晓婆罗门经典，建立了中观宗，振兴了衰微的佛教，成为大乘佛教的重要代表人物。其著述有《宝鬘论》(别名《宝行王正论》)、《梦如意宝论》、《布施论》、《智慧树》、《益世格言》、《密友书》等。因其著述多而有“千部论主”之雅称。龙树的学说在藏族地区影响很大，他的著作被收进《大藏经》中的就有118种之多，受到印藏佛教界的尊崇。本书共98首格言诗。其论述既符合善良世风，亦不违佛说妙法，是龙树劝诫国王的箴言汇编之一，对后世藏族格言诗有一定的影响。吐蕃译师贝泽和印度论师萨尔伐将此书由梵文译成藏文。

仓洋嘉错情歌 青海民族出版社搜集、整理，王沂暖译。藏汉文对照本。青海民族出版社 1980 年 5 月第 1 版，1994 年 3 月第 2 版，32 开，92 页。对“仓洋嘉错情歌”这一书名及其作者历来有不同看法，像“仓洋嘉错情歌”一样的歌在三大藏区都十分普遍，此类民歌格式早在吐蕃时期就已经存在。康巴地区的年轻人，八九岁就开始唱“歌卦”，十四五岁能唱数十首、上百首“歌卦”是比较常见的。仓洋嘉错也生活在这一地域，从小就受到熏陶。因此，所谓“仓洋嘉错情歌”、所谓“著名诗人”，用词是否恰当，是否合乎当时实际，这是一个值得研究的学术课题。只有真正懂得“歌卦”等民歌的人才会对“仓洋嘉错情歌”和“著名诗人”作出合乎逻辑的判断。但是，多年来人们已习惯称“仓洋嘉错情歌”和“著名诗人”。将“仓洋嘉错情歌”的特点与“歌卦”等“谐体”民歌及仓洋嘉错的生活进行对比研究，不难发现“仓洋嘉错情歌”中保留着古歌的格式、比喻方法、比兴手法，以及许多歌词，但也不能否认其中有加工的痕迹。因此，把“仓洋嘉错情歌”称为被加工过的、和进行一定程度再创作的民歌可能是比较恰当的，把“仓洋嘉错”称为民歌整理者也是合理的。因为，那些能够唱数百首此类民歌的人也只能被叫做“民歌手”，而不能称为“诗人”。本书收录情歌 74 首。

出世法言·莲苑歌舞 又名《莲苑歌舞》。巴珠·吉美却吉旺波(1808—1887)著，祝维翰译。西藏人民出版社 1984 年 8 月出版，32 开，52 页。另有德格木刻版、四川省藏校铅印本。巴珠·吉美却吉旺波是巴格·桑旦平措的转世灵童，毕生讲法修行。祝维翰(1911—1982)是当代著名藏学家，精通藏文，汉文功底深厚。藏族寓言体长诗。本书讲述了这样一个故事：金蜂和玉蜂这对蜜蜂夫妻，不听隐士的劝告，不去修习佛法，双双在莲花丛中嬉戏。结果，当玉蜂在吸吮花浆时，天气突变，莲瓣合拢，把玉蜂困在花中，金蜂四处求救无效，玉蜂终于死去，金蜂追悔莫及，最终出家。本书以诗歌和散文相间的形式，先叙述修道次第，后辨真假佛法。修辞华丽，语言通俗易懂。本书既是讲说佛法的名著，也是西藏文坛上的优秀作品。汉文翻译忠实于原作，较好体现了原文的风格。

春雷 吉明编。藏文。青海民族出版社 1991 年 6 月出版，32 开，546 页。本书是一部诗歌专集，收入集子中的近 90 首诗篇是中共十一届三中全会以来，活跃在诗坛上的几十位藏族诗人用传统手法创作的优秀诗作，其中有大家熟悉的藏族著名诗人才旦夏茸、东嘎·洛桑赤列、伊丹才让、饶阶巴桑及青年诗人居·格桑、诺尔德等。诗人们以各自不同的角度、不同的节奏和语言，为我们描绘出藏族地区丰饶多姿的生活画面，表现出作者对故乡、生活、人民和民族火热的情爱，这组琳琅满目的诗篇，似用五彩丝线串起的珍珠和用玫瑰编织的花环芬芳、绚丽和光焰耀目。本书是“藏族当代文学丛书”这一大型文学丛书中的诗歌专集，其诗篇均为从全藏区各主要报刊中精选出来的佳品，内容新颖、时代感强，具有较高的思想性和艺术性。

迪庆征联集 迪庆藏族自治州总工会编印。1988 年 8 月印行，16 开，37 页。本书为迪庆州第一部由当地学者撰写的对联集子，其内容有通用联、风光名胜对联，其中以通用联为多，有一些是藏文对联佳作。本书共收当地各界人士的对联 600 余副。书首附风光照片和书法作品。

风华正茂 吉明编。藏文。青海民族出版社 1993 年 11 月出版，32 开，384 页。新诗集。本书是大型“藏族当代文学丛书”中的新诗集。本书收集了 62 位作者的 151 篇诗作，这些作品均是从全藏区 1985 年至 1992 年间各主要刊物上刊登的优秀作品中精选而来，其中有《风华正茂》、《枫叶》、《游出，在轻灵地飘行》等深受广大读者欢迎的作品。这些作品反映了中共十一届三中全会以来藏区日新月异的社会面貌和藏族人民在改革开放时期追求美好生活的愿望。本书按作品发表先后排序。

奉使纪行诗 （清）允礼撰。清刻本，2 卷。作者于清雍正十二年(1734)奉命赴藏，雍正十三年(1735)返回北京。清代咏藏诗集。本书多为七律、五言古诗，其内容描述了西藏的山川河流、风土人情、建筑艺术、宗教信仰等，并有注释。为清代咏藏诗文中的佳作之一。

噶丹嘉措道歌 噶丹嘉措(1607—1677)著。青海民族出版社 1994 年 2 月出版，32 开，368 页。作者于藏历第十饶迴火羊年(1607)生于青海黄南同仁地区，是藏传佛教格鲁派的高僧，6 岁出家，11 岁时随兄到拉萨，在甘丹寺拜见达隆札巴。达隆札巴给他取法号为噶丹嘉措，后拜四世班禅和五世达赖等 30 多位高僧为师，博学多闻，精通“五明”大论和“三藏典籍”。1627 年返回家乡，在河湟两岸和甘南一带讲学修法，著书立说。1630 年主持隆务寺，被认为是西绕尼玛的转世，称一世夏日仓活佛。本书记叙了作者在河湟两岸等地讲学修法的情景。本书内容丰富，既讲述了宗教哲理，也批评了某些宗教上层的欺诈行为，还赞美了藏区的自然景色和家乡的秀丽风光。

高原短歌:诗歌集 凌行正、杨泽明著。西藏人民出版社 1974 年 4 月出版，32 开，75 页。诗集。本书收录了

《我们放声歌唱》等38首短诗，反映了西藏人民在民主改革后的幸福生活，讴歌了人民子弟兵与西藏人民的深厚情谊，描绘了西藏高原的美丽风光。

高原放歌 汪承栋著。上海文艺出版社1961年出版，32开，89页。诗集。本书共收入作者1957年至1961年间在西藏时所写的短诗和小叙事诗共28首。这些作品通过描写生产劳动、修筑公路、建立人民医院和学校等，反映了青藏高原建设的步伐和西藏藏族人民对新生活的热爱之情。

革命烈士诗抄 萧三主编，桑杰选译。藏文。青海民族出版社1994年2月出版，32开，240页。本书收录89位优秀共产党员和革命志士充满革命英雄气概的遗作、绝笔，其中有李大钊、瞿秋白、蔡和森、邓中夏等同志在革命斗争中所写下的不朽诗篇。

孤独的旅程 列美平措著。四川民族出版社1993年6月出版，32开，181页。本书是藏族青年诗人列美平措的第2部诗集，分启程于太阳初升的时候、驮在牦牛背上的诗和圣地之旅3部分。

古藏文声律学注释 高瑞等编著。藏文。民族出版社2002年出版，16开，489页。声律学是为古印度文人所广泛使用的根据字母和字根的音形配搭成绝句的一种修辞方式，通用于诗歌和文章中的偈颂体的写作。本书收入多种有关声律学注释。

国王修身论 又名《王侯美德论》。居米旁·嘉央朗杰嘉措（又名局·米旁、巨·米旁嘉样南杰嘉措、菊米旁·将央囊杰嘉措、局米旁，1846—1912）著。德格印经院1940年刻本，79页。作者7岁投师学习拼读，12岁出家，18岁去西藏朝佛。经数十载勤奋攻读，投奔名师，终于成为通五明、兼通显密的著名学者。他不但佛学和五明造诣很深，对医学也是很精通的，民间说他有起死回生之术。因他乐于救助穷苦，极受群众尊敬。著有关于声明、因明、医药、历算、显密佛教、诗歌、议论、课诵仪轨等著述32函。本书成书于1875年，分21章论述了国君应有的谨言慎行、修身养性、分辨是非、区别智愚、取舍之法、用人之道、学法执法、对待百姓、攻读经典、处理政务、制定政策、弘扬佛法等修养问题。本书是教如何做君主的训诫，但也可以作为一部文学作品，书中探索了艺术创作规律、写作技巧和民族风格等。

黑痣英雄 汪承栋著。中国青年出版社1964年1月出版，32开，76页。长诗。本书分3章，描述了藏族英雄波乌赞丹和中国人民解放军的深情厚意和英勇的战斗故事。

回文诗蜜蜂乐园 伦珠朗杰著。藏文。西藏人民出版社1995年7月出版，32开，225页。本书收录了38首回文诗，作者用革命现实主义的创作手法从不同角度赞美了真善美，表达了自己爱憎分明的思想感情。

吉檀迦利 （印度）泰戈尔著，贡保杰译。藏文。民族出版社 1998 年出版，32 开，285 页。本书是 20 世纪印度伟大诗人泰戈尔的诗集，也是他的代表作之一。作品充分表现了诗人所渴望的宁静、美丽，同时也表达了他对现实世界的热爱和赞美之情。诗人在他的作品里所提示的生命的真谛和生活的真理，是 20 世纪人类宝贵的精神财富。

金色的骏马：庆祝甘南藏族自治州成立十周年诗集 甘肃民族出版社编。甘肃民族出版社 1963 年 9 月出版，32 开，125 页。本书选编了反映当地生活的诗作 45 首，它们都是甘肃省甘南藏族自治州成立 10 年来的新作，其中有《毛主席住在北京城》、《牧工的回答》、《李贡来了》、《念珠》等。

金色的拉萨河谷：康藏公路诗选 《西南文艺》编辑部编。长江文艺出版社 1956 年 6 月出版，32 开，101 页。本书选编了反映康藏公路修建工程的短诗 31 首，从不同侧面表现了修筑康藏公路的艰苦情况，热情歌颂了建设这一工程的伟大意义及其给藏族人民带来的美好生活。

金镯 吉明编。藏文。青海民族出版社 1992 年 10 月出版，32 开，362 页。本书是大型“藏族当代文学丛书”中的叙事诗专集，收入 8 首叙事诗，都是近 10 年来藏族叙事诗中最具代表性的优秀作品。

久美旦切嘉措书信集 久美旦切嘉措（又名央金固贝多杰）著。藏文。青海民族出版社 1993 年 12 月出版，32 开，268 页。作者是当代藏族著名学者才旦夏茸教授的老师，一代著名诗人，在安多地区早有盛名。他以诗歌的形式，向同窗好友、鸿学大儒写信，抒发思想感情。其诗风飘逸放旷、优美高雅，对藏族诗歌的发展起到了积极的推动作用，其诗作成为后辈学习的范例。本书既可作为大中专学校的极好教材，又可作为诗歌研究的重要参考资料。

卡其帕鲁 西藏人民出版社整理。藏文。刻本、抄本较多。西藏人民出版社 1992 年 6 月出版，32 开，35 页。本书是一部以佛教因果论为依据讲述世俗道德的诗体教言集，作者用通俗的语言讲述了如何服从因果规律、如何弃恶从善的办法。

旷野牧歌 久多著。藏文。民族出版社 1998 年出版，32 开，189 页。作者出身羊倌，多年生活在草原上，对家乡、民族和高原充满了真挚的感情。在其诗歌中以热情、饱满的文笔赞美生活，讴歌时代，痛斥世弊，从不同角度真实地反映了古老民族的精神风貌和内心世界。本书收入自由诗 100 余首。

诗歌语言优美、感情奔放、文笔流畅，具有浓郁的牧民文化特色。

拉萨河的性格 汪承栋著。西藏人民出版社 1978 年出版，32 开，106 页。诗集。本书共收入 44 首抒情诗和小叙事诗，这些诗是作者在 1960 年至 1965 年间的作品，主要描写和歌颂了建设西藏的道班工人、牧羊人等各行各业的劳动者，以及西藏的崇山峻岭、大江大河。

拉萨怨 尕藏才旦译著，诺悟更志审订。天津古籍出版社 1994 年 3 月出版，32 开，216 页。民间叙事长诗集。本书收录 9 篇以近代藏族社会生活为背景的在甘肃、青海藏区广为流传的叙事长诗，其中包括《拉萨怨》、《在康四堪道》、《奔仓姑娘》、《昂拉桑德》、《婚别歌》、《婚礼祝福歌》等。

乐僧放歌集 岭嘉·丹增嘉措著。藏文。民族出版社 1996 年 1 月出版，32 开，216 页。本书收入赞歌、教诫、字母诗、祈请文等 50 余首。

黎明前的呼唤 拉加才让著。藏文。民族出版社 1997 年 5 月出版，32 开，289 页。抒情诗集。作者在继承藏族诗歌手法的基础上结合现代自由体诗歌的手法，创造出自己独特的诗，表达作者对雪域高原和生活的热爱，以及对未来的希望。

历代咏青诗选 赵宗福选注。青海人民出版社 1986 年出版，32 开，322 页。本书选入 106 位诗人的 230 余首描写青海的山川地理、历史军事、民族风情的古体诗，其中有一部分是关于藏区的作品，如《奉和送金城公主适西蕃应制》、《平蕃曲》、《蕃中答退浑词》等，为珍贵史料。

历代咏藏诗选 赵宗福选注。西藏人民出版社 1987 年出版，32 开，226 页。诗歌集。本书收入历代诗人、进藏官员描述西藏山川河流、自然风光、民风民情、汉藏友谊等方面的诗歌 107 首，它们均为有较高思想性、艺术性的作品。诗歌还记录了一些藏族历史，对研究藏族史有参考价值。

聆听西藏：以诗歌的方式 顾建平选编。云南人民出版社 1999 年出版，32 开，381 页。本书包括当代描写西藏的新诗、散文诗，内容丰富，具有强烈的时代感。

洛桑单增颂 沈巧耕等著。解放军文艺出版社 1975 年 9 月出版，32 开，50 页。诗集。本书是歌颂“爱民模范”洛桑单增英雄事迹的长诗。洛桑单增曾先后 18 次奋不顾身地抢救战友和人民生命财产，最后为抢救溺水儿童而英勇献身。

平定金川诗 不著撰人。旧抄本。清代诗集。本书均为七律、五言古诗等，描述乾隆年间两次用兵大小金川之事。反映了当时战争的激烈、两金土司的顽固、清军的失败及其压服两金的事实。附西藏碑文。

青春泪 旺久旦次著。西藏人民出版社1993年5月出版，32开，165页。本书收录了描写西藏高原社会、生活方面的48首诗歌和5首散文诗。

青海之春 中国作家协会青海分会、青海人民出版社编。青海人民出版社1962年出版，32开，143页。诗集。本书收入1960年至1962年间在各报刊上发表的佳作75篇自由诗和古体诗等，着重描写了青海各族人民在社会主义建设事业中的奋斗精神，对青海藏区的各项建设作了充分肯定和歌颂。

秋阅吟 又名《镇抚事宜本》。（清）松筠著。道光三年（1823）精刻本。清代西藏诗集。乾隆末年，作者赴西藏江孜、阿里等地救济灾民，在西藏多年，熟悉藏情。本书是对江孜等地受灾、救灾、恢复农牧业生产及风情的描述。

全唐文全唐诗吐蕃史料 范学宗、吴建箴、王纯洁等编。西藏人民出版社1988年出版，32开，542页。“西藏学汉文文献丛书”第2辑。本书分两部分：1. 全唐文有关吐蕃资料。从《新旧唐书合钞》的本纪中摘出大事记1篇；从《全唐文》、《唐文拾遗》、《白氏长庆集》等文集中摘出185篇，内容包括唐蕃有关诏令、奏疏、和亲、会盟、划界、争战，以及吐蕃与回鹘、吐谷浑、党项、奚、羌、南诏等民族的关系；对所收文章的著者，除阙名者外，均有生平简介。2. 全唐诗有关吐蕃资料。收入《全唐诗》、《全唐诗外编》中的有关吐蕃诗204首，其中61首不著撰人，其余著者均附小传。本书对史料不加评论和改动，保持原貌。为了解和研究唐代吐蕃历史的重要资料。

劝言珠串 益西丹增著。藏文。西藏人民出版社1995年7月出版，32开，172页。格律诗集。本书收录了作者的34首格律诗，主要反映了改革开放以来西藏各行各业取得的巨大成就，也包括了对青少年一代的劝言和对一些重大节日的纪念等。

群山之中 贺中著。民族出版社1995年8月出版，32开，161页。本书收录作者的百余首新诗，按诗作内容分为4辑：我造就了祭司心肠、秋天里忧伤的海伦、在风中的小男孩和马头上的星辰。

如意藤 全名《菩萨本生如意藤》。格卫旺波著。藏文。有多种刻本，223页，108品。作者是古印度的一位国王，也是诗人。13世纪时，印度诗人拉喀米加罗和吐蕃译师雄·多杰坚赞将其由梵文的译成藏文，并进行了校订。本书用诗歌讲述释迦牟尼的本生故事，在其中把布施、持戒、忍辱、精进、禅定、智慧等佛教理论和实践进行了阐述。该书在诗学著作中影响较大，对文学研究有极大的价值。

萨迦格言 萨班·贡噶坚赞

(1182—1251)著。藏文。四川民族出版社1958年1月出版，32开，124页。作者是藏族历史上著名学者之一，被称为“班智达”(通晓大小五明的学者)。属哲理诗。成书于13世纪。本书共收录诗歌457首，分为论智者、论贤者、论愚者、论人品、论恶行、论本性、论失当、论行事和论教法等9类。作者通过这些哲理诗论述了为人处世、学习、修法、执政、教育等方面的内容。本书在藏文学史和藏文化史上占有重要地位，在国内外都有一定影响。

萨迦格言及注释　萨班·贡噶坚赞著，仁钦贝等注。藏文。有多种刻本和1979年铅印本。青海人民出版社1995年2月出版，32开，473页。本书正文部分包括了《萨迦格言》457首诗歌。本书中的“注释”，并非是对《萨迦格言》字句的注释，而是用寓言故事来解释其深刻含义，用历史典故来证明其所述均是论说有据、真实可信的。本书仅有54个寓言、典故，对《萨迦格言》的大部分内容未作注释。

萨迦格言及注释　萨班·贡噶坚赞著，仁钦贝注释。藏文。西藏人民出版社1982年7月出版，32开，209页。本书是对《萨迦格言》中的49个典故所作的注释。

萨迦格言新注释　萨班·贡噶坚赞著，唐仲译注。西藏人民出版社1992年4月出版，32开，264页。本书中注释语言简明通俗、繁简适当，适合民族中学学生和中小学藏文教师使用。

捎去的情歌　达尔基搜集整理。藏文。四川民族出版社1992年10月出版，32开，80页。本书收录了8篇在安多藏区广泛流传的藏族民间叙事诗，其中包括《捎去的情歌》、《我的身世》、《宫殿颂》等。

深情寄故乡　张玉林著。四川省江津市印制公司1997年印刷，内部流通，32开，348页。作者为四川省江津人，1958年毕业于江津师范，随即赴甘孜州巴塘县任教，后从事领导工作和编纂县志，在藏区工作了30年。本书收入诗词、短篇小说、散文特写、通讯报道、史志杂谈等，反映了作者对巴塘和江津的思念之情，记述了巴塘的发展变化及其风土人情等。附巴塘、康定照片数幅。

生命与热血　更登扎西著。藏文。民族出版社2002年出版，32开，216页。本书收录长篇叙事诗3首，传统格律诗23首，藏文字母(藏头)诗4首，谜语诗9首，现代自由诗8首等。

诗歌刍论　吉明编。藏文。青海民族出版社1990年8月出版，32开，352页。“藏族当代文学丛书”之一。本书收入青年诗人居·格桑和藏族学者多识的两篇有关诗歌理论的论文。前1篇论文介绍了藏族诗歌的分类，探讨了如何继承和发展藏族诗歌的问题；

后1篇论文论述了诗歌创作的基本知识，如诗歌创作的技巧、题材、格式、表现手法，以及诗思、诗情、诗风、诗艺、民族特色和时代特征等。

诗镜二章浅释 仓智·赤乃邓珠著。藏文。民族出版社1998年出版，32开，354页。本书着重解释《诗镜》的部分内容，并附有个人的诗例，行文通俗易懂。

诗镜:甘蔗树 嘎尔玛·泽旺班巴尔著，赵康整理。四川民族出版社1994年6月出版，32开，494页。《甘蔗树》是诗学中的名著之一，成书于1766年。本书对《甘蔗树》作了较为系统的注释。

《诗镜》注 措程仁钦著。藏文。青海民族出版社1957年12月出版，32开，497页。1981年后有多种版本。本书包括3篇：第1篇是旦志的《诗镜论》，由13世纪的藏族学者兼译师多杰绛村译成藏文，内容有诗的格律、修辞和音韵。后来几经校订和改译，成为藏族诗学的基础理论著作，是藏族文学创作者的必读之书。它对藏族文学的影响很大。第2、第3篇是第1篇的解释和诗例。

诗镜注无畏狮吼 仁蚌巴·阿旺久扎著。藏文。青海民族出版社1995年4月出版，32开，454页。成书于16世纪。本书是《诗镜》注释本中的代表作。

诗论明灯 多吉杰博著。藏文。民族出版社1983年9月出版，32开，612页。本书是以《诗镜》的基本理论为基础，全面系统地论述藏族诗学及修辞学的专著。前言部分简要介绍了藏族的大小五明，其主要内容包括《诗镜》中的诗体部分及意义修辞法、声韵修辞法、隐喻修辞法和正误法。附《诗镜》原文。

诗学明鉴 东嘎·罗桑赤列著。藏文。青海民族出版社1982年4月初版，32开，633页；2001年再版，32开，634页。作者为西藏大学教授。本书通篇按《诗镜》的顺序详细论述了诗学理论，内分论体裁及风格、诗的意义及诗的修辞3章。《诗镜》是学习藏族诗歌的入门读本，13世纪由梵文译成藏文，深受读者喜爱。历代学者撰写的例文、注释很多。随着时间的推移，前人写的例文不易理解，注译考证略显繁琐。本书以“剥剪冗繁留清瘦”的手法，撇开对个别字词的深入探讨，将《诗镜》的要义粗线条地呈现给读者，使初学者走出学习字和词的泥潭，能在较短的时间内掌握写诗填词的技巧，而且每个“词牌”都有例诗。本书注释深入浅出、文笔流畅、通俗易懂，是大学藏语文教学的主要参考著作。

诗学通论 才旦夏茸著。藏文。青海人民出版社1957年9月出版，32开，79页。本书简要介绍了《诗镜》的修辞法理论体系，并按藏语的特点和写作风格对其进行了补充。

诗学闻思智囊 桑达多吉编著。藏文。西藏人民出版社 1994 年 6 月出版，32 开，646 页。本书对《诗镜》作了深入探讨和详细注释，并论述了藏族传统修辞学的理论。

诗学修辞明钥 丹巴嘉措著。藏文。甘肃民族出版社 1980 年 7 月出版，32 开，92 页。本书简要介绍了《诗镜》的修辞法，并附有反映现代社会生活的诗例，简明易懂。

释迦牟尼赞 又名《殊胜赞及胜天赞》。（印度）脱尊主阶等著，仁青桑波译成藏文并校订。以拉萨、德格木刻版传世。本书分 4 章，前两章是对释迦牟尼佛的赞颂词，后两章为前两章的注释。译文诗句优美，广为流传。可参阅寒仓・洛桑毕丹的《殊胜详释》一书。

殊胜赞详释 赛仓・洛桑华丹注释。藏文。民族出版社 1996 年 6 月出版，32 开，260 页。本书是对古印度佛学家妥尊主杰所著《殊胜赞》（颂美佛祖释迦牟尼的赞歌）的注释。

双例诗注 扎西东主著。藏文。民族出版社 1998 年 10 月出版，32 开，268 页。本书是对《诗镜》的注释，文字流畅，诗例简明，每个"词牌"有两首诗，通俗易懂。

四季农活 克珠著。西藏人民出版社 1991 年 4 月出版，32 开，247 页。本书收录了作者新创作的 30 首诗歌，包括抒情诗和叙事诗。

颂藏 （印度）尼玛白巴著。有拉萨刻本传世。吐蕃译师白吉伦布德和耆那奈僧底将其由梵文译成藏文。作者是印度论师。本书有格言诗 141 首，内容为教导人们如何为人处世、修养道德、辨别真伪等。

肃北蒙古族英雄史诗 斯・窦步青搜集整理。民族出版社 1986 年出版，32 开，132 页。本书收入了《汗青格乐》、《格萨尔》（藏族英雄史诗在蒙古族地区的传播）、《英雄多勒斤海》3 部史诗，讲的是汗青格乐、格萨尔、多勒斤海等勇士用自己超人的智慧和非凡的才能历尽磨难降服妖魔蟒古思后过上美好生活的故事。史诗故事情节起伏跌宕、曲折动听；语言优美、流畅，极富地方特色；比喻、对偶、夸张等修辞手法的成功运用突出了史诗特点。

卫藏诗 （清）杨揆著。抄本，1 卷。本书为作者赴西藏时的诗集，均为五言、七言古诗，对藏区的自然景色、民俗风情等作了详略不一的描述。诗句精练，文采独特，除部分诗作带有作者个人偏见外，总体还称得上是有关西藏汉文诗作中的佳品。

西康纪事诗本事注 贺觉非著，林超校。史学书局民国三十年（1941）出版，32 开，156 页。又有西藏人民出版社 1988 年出版，林超校，西藏社会科学院编，32开，163页。“西藏学汉文文献丛书”第2辑。作者于1936年赴西康，驻西康期间留心考察康区山川要隘、民生疾苦和历史沿革等，数年后写成绝句百余首以记之，又于1941年经广征文献，编为本书，并印行。本书共88首诗，每首诗均有长篇考证、注释和意译，内容涉及西康历史、地理、政治、军事、民族关系、历史人物，以及资源、物产、货币、交通、教育、宗教、风俗、名胜古迹等方面。其中的考证注释等可作为研究川边历史、藏族史和藏汉关系史的重要资料，亦可供当前的藏区经济建设作参考。

西藏短诗集 王沂暖编译。作家出版社1958年6月出版，32开，176页。本书收录《从那东方山顶》、《整天在姑娘身边》、《领着你吧又害羞》等176首西藏的抒情短诗，其中大部分译自拉萨版藏文木刻本，其余为编译者所搜集。

西藏赋 （清）和宁撰。有旧抄本、嘉庆二年（1797）本和光绪壬午（1882）元尚居斠刊本传世。和宁，字太奄，蒙古镶黄旗人，乾隆年间中翰林，官至礼部尚书，嘉庆初年赴西藏任驻藏大臣，本书为作者在藏时之作。成书于嘉庆二年（1797）。本书以高深的文学艺术手法对西藏（包括康区）的佛教寺庙、官制、风俗、物产、地界、山川等作了生动描述，每一诗句均有较详细的注释。光绪壬午刻本，每页均刻印有该页的字数，此为版本学中之少见，极具版本价值。

西藏萨迦格言选 萨班·贡噶江村著，王尧译。青海人民出版社1958年5月出版，32开，54页。又有青海民族出版社1981年6月出版藏汉文对照本《萨迦格言》，萨班·贡噶坚参著，王尧泽，32开，226页。本书从《萨迦格言》中选译了212首，每首格言后都注明其在原文中的顺序。书前有译序，书后附录《谈西藏萨班·贡噶江村及其哲理诗》一文。

西藏诗选 西藏人民出版社编。西藏人民出版社1984年出版，32开，371页。诗集。本书收入40余位西藏各族诗人的诗歌400余首，它们均系西藏和平解放至1984年间发表的优秀作品。诗歌反映了民主改革、军民情谊、经济建设、自然风貌、乡土民情等内容，题材广泛、内容丰富，有雪域特色。

西招杂咏 马若虑著。刻本，1卷。作者为四川人，曾游历西藏拉萨和日喀则地区，对藏族的宗教、历史、风土人情等作过调查、了解。本书共收入七绝、词、五言、七言古诗等20余首，主要描写西藏高原风光、寺院殿堂、僧人、民众生活、风俗习惯等，其中有一些称得上是诗歌中的佳作。

西招杂咏 （清）查礼著。查礼，字恂叔，宛平人。乾隆十二年（1947）随军攻打金川土司莎罗奔，专司督运，曾任四川布政使、湖南巡抚。本书是作者参与金川之役后的作品，除有描述藏区风土人情的内容外，还有关于金川战役前后的一些情况。诗多为五言、七言古诗。其中对描写风物、高原雄姿的赞美和藏民族的英勇精神等方面的诗句，可称得上是成功之作。

香格里拉情歌　伊明举收集整理。云南人民出版社 2001 年出版，32 开，167 页。本书收入流传于云南迪庆藏族地区的弦子、卓、鲁体和央类民歌 200 多首。谈情说爱的情歌在各类民歌中都有，并不是只有四句六言体。本书作者把弦子歌词和部分歌卦词归在情歌之中，此外还把许多德钦弦子歌词和部分歌卦词记在“仓央嘉措情歌”之中，这些可能是整理者的疏漏。

象征与独白　张中著。文化艺术出版社 1991 年 5 月出版，32 开，129 页。本书收录了作者 1987 年以来发表的 60 首诗作。

新编藏族格言——肺腑之言　角巴东主编。藏文。民族出版社 1994 年出版，32 开，298 页。本中选入 500 余首格言，阐述了治学处世的道理，是对青少年进行品德教育的好教材，对热爱藏族文学、哲学者来说，也不失为一部较好的参考书。书中的格言基本上继承了藏族传统的写作特点，并针对实际生活中所存在的各种现象，用生动的比喻和寓教于谐的手法进行了论述。

修身论　（印度）摩苏罗刹著。吐蕃译师释迦洛卓和印度论师钵罗博伽罗室利弥多罗将其由梵文译成藏文。作者是印度论师。本书共分 7 章，内有格言诗 131 首，是一部劝诫人们讲道德、修佛行善的世俗道德论著。

修饰论·妙音语游戏诲　康追·丹增曲吉尼玛（1730—?）著。1987 年出版。成书于 1770 年。本书是印度诗人旦志所著《诗镜论》一书的注释。《诗镜论》对藏族文学的影响很大，因而对其注释的著作很多，其中以康追的这一注释本最为详明，尤为诗学界所推崇，是《诗镜论》教学中最好的辅助资料。

雪白的哈达　张永枚著。上海文艺出版社 1961 年出版，32 开，171 页。诗集。本书包括抒情短诗 27 首，叙事长诗 2 首。短诗表现了人民解放军保卫祖国边疆、建设新西藏的崇高品德，歌唱了西藏地区农奴解放以后的新生活。诗句清新隽永，文笔优美，耐人寻味。叙事长诗《乌拉牛淌下眼泪》，通过洛珠和他一家人的悲惨遭遇，控诉了西藏农奴制度的罪恶，表现了农奴要求从奴隶制度下解放出来的强烈愿望；《康巴人》则通过主人公顿巴曲折的道路，反映了在党的民族政策感召下西藏广大农奴的觉醒，揭露了西藏反动的农奴主背叛祖国、残害人民的事实。

雪山下的情思　居·格桑著。藏

文。青海民族出版社 1994 年 4 月出版，32 开，136 页。本书是藏族青年作家居·格桑近几年来创作的一部诗歌专集，共收集了 52 首诗，作者从不同的角度，以欢快活泼的节奏和语言，描绘出青藏高原富饶多姿的生活画面，表现出作者对故乡、生活、人民和民族的无比热爱。由于作者看得深，想得奇，诗的意境也曲折幽深，形象千姿百态，能给读者以艺术享受和思想启迪。

雪乡 寒风著。山西人民出版社 1978 年 9 月出版，32 开，332 页。本书为反映西藏平叛历史的叙事长诗，描写了人民解放军驻藏部队与西藏广大人民并肩战斗，彻底粉碎西藏上层反动分子在国外扩张势力的支持下发动的武装叛乱和制造民族分裂、妄图破坏祖国统一的罪恶阴谋，讴歌了中国共产党及中央人民政府的民族政策和我国各民族的大团结。

雪域集:伊丹才让七行诗选 伊丹才让著。四川民族出版社 1992 年 9 月出版，32 开，198 页。本书收录了作者近年来发表在全国各大报刊上的诗作 185 首。每首诗都是七行，为诗人的独创。

雪域，那闪光的星座 杨泽明著。解放军文艺出版社 1992 年 6 月出版，32 开，134 页。本书以独特的构思展示出雪域风情的绚丽画卷，表现了边关战士和藏族同胞博大的胸怀，收录了《绿色的边关》、《边疆为家》、《高原晨曲》等 83 首诗作。

雅鲁藏布江 汪承栋著。长江文艺出版社 1959 年 10 月出版，32 开，88 页。诗集。本书收入作者于 1959 年赴西藏山南地区做群众工作时创作的 15 首诗歌。作品揭露了西藏农奴制度的黑暗和农奴主的残酷无情，反映了西藏广大人民在中国共产党的领导下，为粉碎农奴制而进行的激烈斗争，讲述了人民解放军和西藏人民在平定叛乱中的英勇战斗故事。

益世格言 又名《养生篇》、《众生养育滴》。(古印度)龙树著。吐蕃译师班第·益西德和尸兰陀菩提将其由梵文译成藏文，并加以校订。作者为古印度佛学家。本书共有格言诗 86 首，主要内容是教诫人们讲道德，识别善恶，以及劝诫戍陀罗种姓皈依佛法、行善积德等。

益世格言注释 扎巴杰参(又名罗卓八巴)著。作者是宗喀巴大师的弟子。本书注释十分详细，每则格言都用一个故事来作解释，其文字精练，故事曲折，内容完备。

喻法论·聚宝 札噶瓦(又名喜饶多杰)著。成书于 12 世纪左右。本书是对博朵瓦所著《喻法论》的注释。书中除对用谚语譬喻佛法的噶当语录作了详细解释外，还收集了很多谚语，写了不少寓言故事。不仅是研究噶当派中的经典派源流的宝贵资料，也是吐蕃文学中的一部有艺术价值的优秀作品。

月亮姑娘 杨星火著。广西民族出版社1992年6月出版，32开，105页。本诗集分为两辑，包括叙事长诗《月亮姑娘》、《路》和《会说话的营房》等叙事小诗。

云界的雨滴 格桑多吉著，降边嘉措译。民族出版社1992年2月出版，32开，290页。本书共收录80余首诗作，抒发了作者对高原和藏族人民的依恋之情。

在心灵的天际 白玛娜珍著。民族出版社1995年8月出版，32开，85页。本书收录了70余首女诗人的诗作，包括《青春时刻》、《婚礼》、《画和诗》等。

藏文嵌字诗·妙音欢歌 嘎藏南真著。藏文。民族出版社1993年出版，32开，123页。本书是按30个藏文字母顺序并以字母开头写作而成的传统诗集，其内容分为赞颂、忠言、劝告、幽默、杂记等8个部分。

藏文诗词写作 扎西旺堆著，扎降编。藏文。西藏人民出版社1981年1月出版，32开，345页。本书以《诗镜论》作为理论基础，较全面地介绍了藏文诗词写作方面的基本知识，对35种传统的修辞法进行了新的论述，同时还介绍了部分汉文诗词的修辞法。

藏文诗集 旦志著，迷旁·格列朗杰等注释。藏文。青海民族出版社1981年2月出版，32开，497页。本书主要论述诗歌的源流、传统诗歌格律等内容。

藏族民间叙事诗集 甘南藏族自治州文化局编。藏文。青海民族出版社1988年10月出版，32开，467页。本书汇编了在甘肃、青海藏族地区广泛流传的民间叙事诗篇，其中有叙述藏族男女青年纯真爱情的故事，有无情地鞭挞买卖婚姻和黑暗统治的故事，有藏民族的道德规范和婚姻礼仪等等。这些诗篇感情真挚，语言优美，内容丰富，是一部了解风土人情的小百科书。

珍珠树格言 五世达赖喇嘛著。拉萨雪印经院刻本。1674年成书。本书被收入《五世达赖喇嘛文集》。本书以珍珠树为喻体，讲述学法修德、为人处事的道理。

智慧树 又名《修身论智慧树》。(古印度)龙树著，藏译者佚名。本书为论述世风为主的世俗道德论著，共有261首格言诗。

中国古代民族诗学初探 王佑夫著。民族出版社2002年1月出版，32开，217页。民族诗学论文集。本书收入作者数十年来研究藏、维吾尔、蒙古等民族诗歌的研究文章，如《格萨尔王传》、《江格尔在民间的影响》等。

宗喀巴三首诗作浅释 诺章吴坚

编著。藏文。民族出版社 1996 年 5 月出版，32 开，201 页。本书是对宗喀巴大师《巴娃赞》、《强曲传》和《扎巴强曲赞》3 部诗篇的注释。

宗喀巴诗选 李舞阳选编。四川民族出版社 1992 年 8 月出版，32 开，392 页。本书分赞颂、教言、书信、传记等 4 部分，收录了宗喀巴大师的 25 首诗歌作品。

2. 民歌、谚语

安多拉伊对唱集 桑旦多杰搜集。藏文。青海民族出版社 1994 年 4 月出版，32 开，224 页。拉伊是一种广泛流行于安多地区的男女对唱山歌，因其以恋爱内容为主，故称为“情歌”。拉伊的声调高亢舒长，有固定的调令，歌词多为即兴编词，内容多属青年男女表达爱慕之情。本书精选了 370 多首，其语言生动精练，情深意切。

安多拉伊选 尕藏当周搜集整理。藏文。甘肃民族出版社 1993 年 8 月出版，32 开，296 页。又有甘肃民族出版社 2000 年出版的藏文版《安多拉伊选集》，更尕坚参搜集整理，32 开，349 页。民歌集。本书收录了 521 首广泛流传于甘肃、青海藏区的对唱情歌。

安多藏族民歌选 俄日罗布搜集整理。藏文。甘肃民族出版社 1992 年 6 月出版，32 开，462 页。本书收录了 700 余首流传于安多藏区的民歌，其中大部分是在重大节日和庆典活动中演唱的具有代表性的民歌。

波密民歌汇集 普布多吉、扎西罗布收集。藏文。西藏人民出版社 1992 年 8 月出版，32 开，255 页。本书收录了 600 余首西藏波密地区民歌，分为生活赞歌、男女恋歌、传统歌谣、庆典歌、劳动歌、童谣和对唱 7 个部分。

常用藏族谚语词典 高炳辰编译，多吉杰博校订。藏文。甘肃民族出版社 1992 年 12 月出版，32 开，636 页。本书收录了 300 多条选自藏族谚语选本、报纸、杂志及相关辞书的谚语，包括正条和副条两类。附汉文译文。

从黑夜唱到天明：四川藏族民歌选 乐安等搜集整理。四川人民出版社 1956 年 11 月出版，32 开，40 页。本书收录四川甘孜州和阿坝州的藏族民歌 50 首，其中大部分是甘孜藏族自治州民歌。

德钦藏族情卦 泽仁尼玛、斯那农布整理。藏文。云南民族出版社 1991 年 8 月出版，32 开，44 页。本书收录六言三顿四行体的云南德钦藏族情卦。

东北藏古代民间文学 原名 *Ancient Folk-Literature from North-Eastern*。（英）托玛斯编辑，李有义、王青山译。柏林研究院 1957 年在柏林出版。四川民族出版社 1986 年 2 月出版，32 开，146 页。本书收敦煌藏文文献 6 篇，均为古代藏族民间文学作品。

作者对其中6篇(1.美好时代的结束与马和牦牛的悲剧;父亲登根聂巴的葬礼与金保牙寨新娘的故事。2.金保牙寨新娘的故事。3.美好时代的没落。4.没落的时代:“几”王国及其宗教。5.苏毗母亲的教谕。6.巫师“摩”的占卜术。)作品的有关背景、语言特点进行了专门论述。对原卷难解的词语作了注释和说明。译者在将本书译成汉文时,又对其英文本在解读方面的问题作了订正和注释。

福田之歌 索朗著。藏文。民族出版社2001年出版,32开,530页。本书共收录106首诗歌,其中也有少量“诗歌散文合体”的写作形式。作者采用传统的写作手法和通俗易懂的语言,描绘了改革开放以来西藏经济建设和社会生活方面发生的翻天覆地的变化,以及西藏的风土人情和自然美景。本书内容丰富,有浓厚的现代气息。

汉藏谚语手册 喜饶朗达、高炳辰编译。藏文。民族出版社1999年1月出版,32开,460页。本书共收谚语3300多条,分为学习篇、实践认识篇、修养篇、社会篇、生活篇、农事气象篇等。

加查地区民间歌谣集成 拉巴次仁编。藏文。西藏人民出版社1996年出版,32开,450页。本书收入经过整理的1500多首在加查地区广为流传的民间歌谣,其中有生活歌、劳动歌、牧歌、酒歌、情歌、仪式歌、果谐。

金沙江藏族歌谣选 中央民族歌舞团创作研究室编译。作者出版社1955年9月出版,32开,127页。本书收有193首藏族歌谣,共分4辑:1.表达藏族人民对西藏和平解放后新生活赞美的民歌24首。2.包括流浪、思乡、思亲、诉苦及对旧日苦难生活和压迫的诅咒和反抗的民歌42首。3.描写爱情和反映婚姻不自由的民歌91首。4.对乡土风物的赞颂的民歌36首。

康巴谚语精选 玉树州群众艺术馆搜集整理。藏文。青海民族出版社1991年7月出版,32开,671页。本书搜集自青海省玉树地区,共收谚语4100条。另外还收有玉树地区的谜语345个。本书文字流畅,语言精练,比喻形象生动,具有一定的地方民族特色。

康藏情歌 王铭琛辑译。民国三十一年(1942)出版。“康导丛书”之一,另连载于《康导月刊》第五、第六卷各期。译者驻康多年,精通藏文。本书共收康藏各地流行的情歌300余首,汉译文通顺流畅,每首歌之后都有分注诠释其意义、情节,从而考证康藏人民的心理、习俗、人情。是一部从民歌的角度来研究藏族民族学的著作,有较高参考价值。

庆典仪式歌:西藏歌谣集成 西藏歌谣编委会编,西藏文联民间歌谣三套集成编委会搜集整理而成。藏文。

民族出版社 1995 年 7 月出版，32 开，573 页。本书收录有近百首喜庆婚典、活佛坐床、节日及宗教仪式中说唱的长歌。

山南民间谚语集成 山南地区民间文学三套集成总编委会、山南地区民族文化遗产抢救领导小组办公室搜集整理。西藏人民出版社 1994 年 6 月出版，32 开，300 页。本书收录了 2300 余条西藏山南地区谚语，分为政治、生产、修养、生活、自然、社会交际、事理和其他等 8 类。

少数民族诗歌选 中央民族学院编。人民文学出版社 1975 年 9 月出版，32 开，393 页。本书收入我国 54 个少数民族的诗歌，内容多以赞颂社会主义、共产党、毛主席为主。是了解“文化大革命”期间民族文学的重要参考资料。

圣地儿歌 马阿鲁等搜集整理。西藏人民出版社 1992 年 5 月出版，32 开，124 页。本书收录 39 首西藏儿歌。

西藏儿歌 扎拉·达娃桑布、达瓦编，次旺扎西插图。西藏人民出版社 1992 年 8 月出版，32 开，101 页。本书中儿歌的歌词大多选自藏族民间积极上进的故事，此外还介绍了藏区传统游戏及其规则。

西藏民间歌谣选 西藏人民出版社编辑。西藏人民出版社 1985 年出版，32 开，410 页。本书收入西藏地区有代表性的民歌 300 余首，其中有传统民歌和新编民歌。其传统民歌以爱情、劳作、向往幸福为主要内容，新编民歌则以歌颂共产党、毛主席、民族团结、军民关系、社会主义新生活为主。歌词大都采用赋、比、兴的表现手法，内容朴实，词句优美，深受藏族群众喜爱。

西藏民间谚语集成 西藏自治区文联民间三套集成编委会。藏文。民族出版社 1998 年 11 月出版，32 开，609 页。本书收录除藏族谚语外，还包括门巴族、珞巴族、僜人、夏巴人等的谚语，共 1 万多条，分为事理、修养、社交、生活、风土、生产、自然、工商、文教等 10 类，其内容涉及社会、历史、地理、哲学、文化、宗教等领域。

西藏情歌 刘家驹译。新亚细亚学会民国二十三年（1934）出版。本书中所译藏族民歌，多为六言四句体的情歌，除流传的仓央嘉措情歌外，还有译者收集的其他情歌。译文准确流畅。书中情歌部分为弦子词，部分为歌卜词。为早期藏族民歌的译本。

西藏谚语汇编 扎巴贡觉搜集。藏文。西藏人民出版社 1987 年 8 月出版，32 开，225 页。本书所收均为卫藏地区民间谚语。谚语按藏文字母顺序编排。这些谚语集中反映了西藏和平解放前后在政治、经济、文化等方面的变化。

西藏谚语汇编 霍康·索朗边

巴、德格·格桑旺堆搜集。藏文。西藏人民出版社1987年8月出版，32开，301页。本书汇编了主要流行于卫藏地区的谚语2300余条，按藏文字母顺序排列。

新编诗体谜语选 青海民族出版社编。青海民族出版社1986年6月出版，32开，195页。本书谜语分成15种不同类型：人体类、自然现象类、山川地理类、名胜古迹类、机器类、动物类、植物类、动作类、文字类、图书类、生产工具类、生活用品类、格萨尔故事类、总称释义类和其他类等等。本书所编诗谜大部分是民间流传下来的，部分是近年来中青年作者新编写的。书中作品内容和形式丰富多彩，适合于中小学学生和农牧民群众阅读。

新编藏族格言 角巴东主著。藏文。民族出版社1995年12月出版，32开，124页。本书在1990年版的基础上，增加了根据中外名人名言编写的格言。

玉树藏族民歌选 王沂暖编译。作家出版社1956年5月出版，32开，111页。本书汇编了青海省玉树藏族自治州的部分藏族民歌200首，分3辑：1.歌唱新时代。收录的是1949年新中国成立后根据传统民歌改编的歌颂新社会、新生活的新民歌。2.情歌。收录的是新中国成立前的传统歌词。3.山歌和舞曲的歌词。

藏族对歌精选 俄金才让、扎西东智编。藏文。民族出版社1998年4月出版，32开，169页。本书汇集了安多地区民歌中的男女对唱歌词。对歌形式多样，内容丰富。

藏族民歌 苏岚编。新文艺出版社1954年11月出版，32开，139页。本书收入15首藏族民歌，分为两部分：1.西藏和平解放后的新民歌，主要歌唱藏族人民获得的幸福生活。2.西藏和平解放前的藏族民歌，其中大部分为情歌。

藏族民歌选 通俗读物出版社编。通俗读物出版社1955年8月出版，32开，43页。本书收集了藏族民歌49首。内容有两大类：1.西藏和平解放前的藏族民歌，内容有的是歌唱青年男女的纯洁爱情，有的是对过去被压迫生活的控诉和反抗。2.西藏和平解放后的藏族民歌，歌唱了和平解放给藏族人民带来的幸福生活。

藏族民间谚语典故·祖先口传 恰白·次旦平措著。藏文。民族出版社1997年6月出版，32开，370页。本书汇集藏区民间流传的谚语1700余条。

藏族民间谚语选 辛存文搜集整理。青海人民出版社1980年5月出版，32开，114页。本书收入安多地区的谚语750余条，分为歌颂、赞美、志向、勤奋、学习、进步、真理、实践、诚恳和团结等10个内容。译文通顺流畅，较好地保留了藏族谚语的韵味。

藏族谚语 佟锦华等搜集整理、翻译。藏汉文对照本。四川民族出版社1980年12月出版，32开，155页。本书是从丰富的藏族谚语中精选的一部分，按藏文字母顺序排列。

藏族谚语汇编 霍康·索朗边巴搜集整理。西藏人民出版社1990年出版，32开，520页。本书在1987年8月出版的《西藏谚语汇编》基础上新增选了300条。这些谚语源于民间典故、贤者箴言、社会生活等不同方面。文字简洁、通俗易懂，按照藏文30个字母顺序排列，归类清晰，查阅方便。

藏族谚语手册 李舞阳选编。民族出版社1992年10月出版，32开，517页。本书收录了6000余条各藏区的谚语，分为31章，129部分。

中甸县民间谚语 中甸县文化局、中甸县民族事务委员会编印。1991年内部印行，32开，131页。“中国民间文学集成·云南卷丛书”之一。本书共收1400余条民谚，包括时政、事理、修养、社交、生活、自然、生产劳动等7类。附藏文原文。

中国民间文学精选地方卷：山南民歌精选 山南地区抢救民族文化遗产领导小组办公室、民间文学精选总编委会编。藏文。西藏人民出版社1995年1月出版，32开，431页。本书收录的民歌分成生活歌、情歌、仪式歌、劳动歌、儿歌、牧歌等类别。

中国民间文学三套集成——日喀则卷 日喀则地区民间文学三套集成总编委会编。藏文。西藏人民出版社1994年出版，32开，1669页。本书由歌谣集、故事集、谚语集3部分组成，编辑出版的目的在于抢救、保存民间文学，弘扬优秀民族文化。《中国民间文学三套集成》是由文化部、国家民族事务委员会、中国民间文艺研究会组织编辑的全国性大型丛书。《日喀则卷》记录了上千年来由后藏劳动人民用方言创作的大量民间口头文学，内容十分丰富，是人类文化遗产的重要组成部分。

卓仓婚礼曲 索帮太尖措收集。青海民族出版社1985年3月出版，32开，99页。本书是根据卓仓地区藏族婚礼中的哭嫁歌、祝婚词等，按照当地婚礼习惯和顺序经过艺术加工编辑而成。

3. 格萨尔

阿里黄金宗 康区抄本。本书唱词共2835诗行。有四川民族出版社铅印本。

阿塞松石宗 西藏抄本。今藏印度达朗萨拉图书馆。

阿扎玛瑙宗 有青海果洛、甘孜、卫藏等抄本，400—476页。本书唱词共12804行诗。

昂岭之战 益西旺姆根据西藏那

曲抄本整理。藏文。西藏人民出版社1992年9月出版,32开,490页。本书主要描写了格萨尔王在岭国大臣甲察的大力支持下战胜妖魔和敌对势力,收复昂岭的故事。

霸嘎拉神奇王 扎巴讲述,西藏大学整理。藏文。民族出版社1997年6月出版,32开,268页。本书是根据扎巴老人说唱记录整理,为罕见孤本。本书主要内容是:霸嘎拉王国的嘎拉王是欠赤纳布魔王的化身,嗜杀成性,罪孽深重,企图消灭佛法,把人间引向黑暗之中。格萨尔遵循莲花生大师授意,为弘扬佛法,亲自统率大军,征服了霸嘎拉王域国。

白黑花台乌让魔鬼神 西藏抄本。今藏印度达朗萨拉图书馆。

白甲姆绒母牦牛宗 西藏抄本。今藏印度达朗萨拉图书馆。

白岭之战 青海省果洛州《格萨尔》抢救办公室供稿,金迈整理。藏文。青海民族出版社1989年1月出版,32开,386页。《格萨尔王传》之一部。本书讲述格萨尔王降伏妖魔王白哈拉,使白哈拉国的人民过上幸福和安定的生活的故事。

白惹绵羊宗 青海抄本。本书唱词共5381诗行。

北江玛水晶宗 西藏抄本。今藏印度达朗萨拉图书馆。

伯如 西藏贡觉抄本。

残暴七兄妹 益西旺姆根据昌都手抄本整理。藏文。西藏人民出版社1993年3月出版,32开,592页。本书讲述了格萨尔赛马称王后,其叔叔晁同心中不服,与木雅王玉泽和残暴七兄妹相勾结,欲推翻格萨尔王的王位,在战争中晁同又返回岭国,最后格萨尔王征服了敌人这个故事。

察器岭传奇 青海玉树抄本,45叶。

大食财宗 德格印经院刻本。又有四川民族出版社1986年据此版本出版,32开,226页,铅印本。本书唱词共11444诗行。

大食财宗 卫藏抄本。又有西藏人民出版社1987年据此版本出版,32开,219页,铅印本。本书唱词共1124诗行。

大食分牛 江达瓦热寺刻本2部。有西藏人民出版社铅印本。其中《地狱救母》被佛教学者加工整理后,注入了大量佛经内容,许多诗歌也被改用《诗镜》格式写成,使其变得艰涩难懂、冗长枯燥。本书唱词1124诗行。

大食分牛 康区抄本。

丹玛青稞宗 角巴东主等整理,青海省《格萨尔》史诗研究所供搞。藏文。青海民族出版社1989年6月出版,32开,116页。本书是格萨尔王传十八大宗中的一部,叙述了格萨尔9岁时根据天母的预言,用超人的勇气和智慧克服重重困难，跟晁同一道去征服丹玛青稞宗的故事。故事情节曲折，描写细致，语言通俗流畅，深受广大藏族群众的喜爱。

诞生 西藏大学《格萨尔王传》研究室整理。藏文。民族出版社 1996 年 6 月出版，32 开，267 页。本书内容包括：1. 格萨尔降生。2. 格萨尔扫除人间妖魔暴虐、拯救百姓，筑城开矿、为民造福的事迹。3. 格萨尔开始登基称王的动人故事。

地嘎尔 卫藏抄本。

地狱救母 江达瓦热寺刻本。又有抄本。本书 6220 诗行。

地狱救妻 藏文。青海同仁抄本。青海民族出版社 1993 年据此版本出版，32 开，186 页，铅印本。又有四川省《格萨尔》工作领导小组办公室 1989 年出版邓珠拉姆汉译本，32 开，155 页。本书唱词 2081 诗行。

东魔路尺虎面 西藏抄本。今藏印度达朗萨拉图书馆。

都巴七兄弟 康区抄本。

敦氏预言授记 格日尖参记述，曲江才让整理，果洛州《格萨尔》史诗研究所供稿。藏文。青海民族出版社 1991 年 9 月出版，32 开，396 页。本书以岭国的形成、岭国英雄的来历及岭国将来发生战事的预言为楔子，或工笔细描，或浓墨重彩地描述了岭国的茸察叉根、森隆、嘉洛、端巴尖参等十几位大将的来历。本书文笔流畅，描写生动，故事新颖，是研究和欣赏《格萨尔传奇》的入门钥匙。

嘎兑觉卧黄金宗 西藏抄本。今藏印度达朗萨拉图书馆。

嘎饶十八族 西藏抄本。今藏印度达朗萨拉图书馆。

歌唱好缘起 四川阿坝抄本，161 叶。

《格萨尔》初探 降边嘉措著。青海人民出版社 1986 年出版，32 开，405 页。本书从 18 个方面论述了藏族英雄史诗《格萨尔王传》的产生、演变、思想内容、艺术特色、国内外研究概况等内容，是对 1985 年以前关于《格萨尔王传》研究、搜集、整理工作的总结，为研究《格萨尔王传》的重要参考著作。

《格萨尔》考察纪实 徐国琼著。云南人民出版社 1993 年 8 月出版，32 开，385 页。本书记录了作者从长江、黄河源头到羊卓雍湖畔，从史诗诞生地安木多岭地到传播史诗的圣地拉萨，从内蒙古的巴林草原到云南的卡哇格博雪山考察《格萨尔》所获得的鲜为人知的民情，并探讨了《格萨尔》的产生、发展和传承情况。

格萨尔论 降边嘉措著。内蒙古大学出版社 1999 年出版，32 开，556 页。降边嘉措，藏族，四川巴塘县人，中国科学院少数民族文学研究所研究员。著有《格萨尔初探》、《格萨尔与藏族文化》等学术著作。本书论述了《格萨尔王传》的流传演变、文化背景、历史发展、结构艺术和语言艺术等。

《格萨尔》论要 王兴先著。甘肃民族出版社 1991 年出版，32 开，390 页。本书主要内容有：1.《格萨尔王传》的思想内涵.岭国英雄、王室及其部落。2.《格萨尔王传》中的民俗文化。3.《格萨尔王传》中的谚语和诗歌的分类、艺术特色。4.《格萨尔王传》在土族、裕固族、蒙古族地区的流传。5.藏族的《格萨尔王传》和流传在土族、裕固族、蒙古族地区的《格萨尔王传》之间的比较。附《艺人扎巴老人说唱之 43 部格萨尔王传目录》、《艺人玉梅说唱之 70 部格萨尔王传目录》、《艺人才让旺堆说唱之 147 部格萨尔王传目录》。

格萨尔密传 西藏抄本，100 叶。

格萨尔三界传 康区抄本。

格萨尔说唱本·贡堆阿穷穆扎 扎巴讲述，益西旺姆整理。藏文。中国藏学出版社 2001 年 1 月出版，32 开，906 页。本书是根据艺人桑珠老人的说唱记录整理而成，讲述格萨尔王派尼玛拉杰、西绕伟等 33 名侍者前往卫藏拉萨朝拜释迦牟尼，途中被阿穷穆扎杀死 23 人，并被抢走全部财宝，另外 10 人有幸得以逃脱。格萨尔王得知后亲自统率大军，降服了阿穷穆扎魔王，夺回所有财宝并将其分给将士和百姓，胜利返回岭国。

格萨尔王城颂 四川阿坝抄本。今藏西南民族大学。本书唱词 159 诗行。

格萨尔王帽颂 甘孜抄本。今藏西南民族大学。本书唱词 325 诗行。

格萨尔王全传 降边嘉措、吴伟编写。宝文堂书店 1987 年 9 月出版，32 开，1166 页，上中下册。本书以章回小说体裁和散韵结合的写作形式，叙述了格萨尔从降生到东讨西征，以超人的智慧和勇气消灭四方妖魔，使天下太平、百姓安宁的故事。书中穿插了格萨尔王与仙女化身珠牡、梅萨等 13 妃结合的爱情故事。本书情节神奇曲折，人物描写富于雪域特色，并有诸多关于古代藏族社会历史、宗教、文化方面的知识。

格萨尔王御帐颂 四川阿坝抄本。今藏西南民族大学。本书唱词 103 诗行。

《格萨尔王传》研究文集(一) 降边嘉措等编。四川民族出版社 1986 年出版，32 开，314 页。本书收入了 27 篇关于研究《格萨尔王传》的论文，它们从不同角度论述了《格萨尔王传》的时代背景、历史内涵、与宗教的关系、艺术特色等内容。本书与《格萨尔研究》、《格萨尔研究集刊》、《格萨尔初探》等书反映了当代对《格萨尔王传》研究的主要成果和水平。

格萨尔王传综述 洛珠加措著。

西藏人民出版社 1994 年 8 月出版，32 开，356 页。本书收录了论述《格萨尔王传》的流传、艺人、内容、版本等方面的 10 余篇文章。

格萨尔新探 角巴东主、恰嘎·旦正著。藏文。青海民族出版社 1994 年 12 月出版，32 开，544 页。藏文“格萨尔学”研究专著。本书运用辩证唯物主义观点，依据大量的藏文原始资料、口碑资料和有关研究成果，对《格萨尔王传》的产生、发展、主要人物、地域部落渊源、语言艺术特色、说唱艺人及翻译等，进行了多角度、多学科的研究，提出了许多合乎科学的新观点，对正确了解《格萨尔王传》和翻译、创作、改编这部长篇英雄史诗都有一定的理论指导意义，另外附有藏族历代名家对《格萨尔王传》的考述文集，这对研究《格萨尔王传》有着十分重要的学术价值。

格萨尔信札 青海同仁抄本，66 叶。

格萨尔研究集刊(第一辑) 中国社会科学院少数民族文学研究所编。中国民间文艺出版社 1985 年出版，32 开，256 页。本书收入 19 篇有关《格萨尔王传》的研究性论文。其中关于《格萨尔王传》的历史命运及其在藏族文学史上的地位、社会内容、与《罗摩衍那》的比较研究等方面的论述，提供了最新研究成果。是较早的关于《格萨尔王传》研究的论文集。

格萨尔研究集刊(第二辑) 中国社会科学院少数民族文学研究所编。中国民间文艺出版社 1986 年出版，32 开，289 页。本书收入 18 篇中外学者关于《格萨尔王传》、《格斯尔可汗传》的研究性论文和资料，其中藏文版《格萨尔王传》与蒙文版《格斯尔可汗传》的对比研究和源流研究，取材丰富、真实，论述亦属客观。书中的国外研究《格萨尔王传》论著目录、演唱家扎巴和玉珠的资料都很珍贵。

格萨尔研究集刊(第三辑) 全国《格萨(斯)尔》工作领导小组办公室编辑。中国民间文艺出版社 1988 年出版，32 开，439 页。本书收入《土族地区流传之〈格萨尔王传〉探微》、《枪手喇嘛——土族艺人寻访记》等 10 余篇论文。

格萨尔研究集刊(第四辑) 全国《格萨(斯)尔》工作领导小组办公室编辑。中国民间文艺出版社 1989 年出版，32 开，390 页。本书收入《抄本世家——记布特尕祖孙三代的贡献》等 10 余篇论文。

格萨尔研究集刊(第五辑) 全国《格萨(斯)尔》工作领导小组办公室编辑。民族出版社 2001 年 6 月出版，32 开，386 页。1985 年至 1989 年共出版《格萨尔研究集刊》4 辑，之后一度停止出版。为推动抢救、搜集、整理与研究《格萨尔王传》，在学术界同仁的建议下，全国《格萨尔》工作领导小组办公室商议决定，从2001年恢复《格萨尔研究集刊》的编辑、出版。本书收入论述《格萨尔王传》历史、艺术特色、说唱音乐等方面的论文10余篇。

格萨尔研究集刊(第六辑) 全国《格萨(斯)尔》工作领导小组办公室编辑。民族出版社2003年出版，32开，466页。本书收录了藏文和汉文关于《格萨尔王传》的论文30多篇。

格萨尔谚语选 李舞阳、刘大森选编。民族出版社1984年9月出版，32开，473页。本书是从当时国内出版的18种《格萨尔王传》中精选出来的谚语集，分为对敌篇、英风篇、歌颂篇、讽喻篇、规劝篇、事理篇、团结篇、杂言篇等，共2000余条。这些谚语富有哲理、生动活泼，在民间广为流传。

格萨尔遗迹传说·奇异之花鬘 角巴东主编著。藏文。青海民族出版社1989年6月出版，32开，245页。本书汇集了“格萨尔射箭脚印石”、“岭国的兵器库”、“格萨尔的饮马泉”、“格萨尔的棋盘”、“赛马称王滩”、“世界公桑台”、“珠牡的曲拉滩”、“格萨尔的马蹄印”、“格萨尔的寺院”、“晁同的石城”、“辛巴的石城”、“总管王的石城”等40多个传说故事。这些传说故事神奇生动，既有文学欣赏价值又有学术研究价值。

《格萨尔》与藏族部落 何峰著。青海民族出版社1995年12月出版，32开，356页。本书从藏族部落社会的政治、经济、军事、法律和部落的传统文化的角度研究《格萨尔王传》，用深度的对比分析说明其对研究古代藏族部落社会具有重要价值。

《格萨尔》与藏族文化 降边嘉措著。内蒙古大学出版社1994年5月出版，32开，331页。本书从文化学的角度对藏族史诗《格萨尔王传》作了详细的论述，包括其历史轨迹、佛苯之争与《格萨尔王传》的发展、《格萨尔王传》说唱家等内容。

果岭大战 有青海同仁本、甘孜康定抄本。抄本有3类：1.圆镜抄本。此是艺人根据自己“圆镜”的特殊能力，以“天眼视镜”，根据镜上出现文字记录成书者。2.现唱现记本。此是由他人根据艺人说唱现场记录成书者。3.自唱自记本。此为艺人自己说唱自己记录成书者。此类抄本并不多。

汉岭传奇 云南德钦抄本。本书唱词4672诗行。又有中国民间文艺出版社1984年出版，阿图、徐国琼、解世毅据德钦抄本翻译整理的汉译本《格萨尔加岭传奇》，32开，385页。

黑方天神罗刹八部 西藏抄本。今藏印度达朗萨拉图书馆。

红岩大鹏宗 四川阿坝抄本。

黄河水晶宗 有青海抄本。本书唱词共2352诗行。

霍岭大战 朵卡夏仲·策仁旺杰家抄本(也称拉萨抄本)。三大藏区都有以此为蓝本的各种抄本,此类传抄本大都有一些增删和错漏,极少抄录“后记”。但此抄本大都散失于“文化大革命”时期。

霍齐巴山羊宗 扎巴说唱,西藏大学《格萨尔王传》研究室编。藏文。民族出版社1996年11月出版,32开,146页。本书讲述霍尔白帐王与霍齐巴山羊宗相勾结,企图趁格萨尔离开岭国之际,袭击岭国,抢掠财宝,结果反被格萨尔大王所降服。本书只有艺人扎巴一人能够吟唱。

夹岭大战 强曲塞巴曲吉洛卓著。康区抄本。本书唱词5486诗行。

甲昂巴盔甲宗 西藏艺人勇珠说唱本。

甲擦猎鹿 有甘南录音本。

甲擦取盐 甘肃甘南抄本。

甲姆绒稻米宗 西藏抄本。今藏印度达朗萨拉图书馆。

姜岭大战 扎巴之录音本。又有西藏人民出版社1981年据此版本出版,32开,246页,铅印本。说唱者为西藏艺人。本书唱词共15923诗行。可参考徐国琼、王晓松根据多种抄本整理的译本《姜岭大战》。

姜门大战 康区抄本。

杰日珊瑚宗 青海抄本。本书唱词7355诗行。

局·迷旁论格萨尔 局迷旁·绛阳朗杰嘉措著。藏文。四川民族出版社1986年出版,32开,362页。康区著名佛学大师局迷旁·绛阳朗杰嘉措是古代藏学大师中论述《格萨尔王传》最多的学者。本书关于《格萨尔王传》的10篇祷祀文章是从其文集中搜集而成的,是古代研究《格萨尔王传》的宝贵资料。

卡切玉宗 八邦刻本。本书唱词5894诗行。西藏人民出版社1979年出版,32开,249页,铅印本。

卡容金子宗 康区抄本。

卡霞王山羊宗 西藏抄本。今藏印度达朗萨拉图书馆。

开天辟地 李加才旦整理,青海省民间文艺研究会收集。藏文。青海民族出版社1987年6月出版,32开,332页。本书开头部分叙述了藏族祖先的起源、早期社会风貌和历代王朝兴衰。接着讲述了格萨尔为了拯救众生,伴着万道金光从一个蛋壳中来到人间,战胜一切妖魔,与民同乐,共享天年的故事。故事结构别具匠心,情节跌宕起伏,语言妙趣横生,引人入胜。同时还有千古流芳的醒人警句及精美的插图。

拉堆 西藏昌都抄本,100叶。

朗茹金子宗 洛单整理。藏文。西藏人民出版社1998年4月出版,32开,317页。本书描写了格萨尔王降服朗茹之王达拉玉仲及其孙子白玛多吉统治的朗茹金子宗的故事——格萨尔遵照预言女神的旨意，率领岭国的军队去攻打朗茹，经过6个月的激烈战斗，格萨尔取得了辉煌的胜利，从此他被称为“诺布占堆(宝贝胜敌)”。

烈赤马宗 尼玛让夏抄写，诺尔德整理。藏文。四川民族出版社1990年10月出版，32开，254页。本书讲述了格萨尔王按玉珍神的旨意，率领岭国军队讨伐索地，与妖魔和敌对势力进行殊死搏斗，最后杀死烈赤南喀达夏，为民除害的故事。

临终教诫 巴如加洛说唱，慈成木整理。藏文。甘肃民族出版社1994年3月出版，32开，107页。本书讲述了格萨尔王一生征战，降妖伏魔，在自己即将升入天国时任命本巴多丹为岭国国王，扎拉孜杰为岭军统帅，并传授治国安邦之法的故事。

岭八十大将传 索黛、德古整理，贡却才旦校订。藏文。甘肃民族出版社1993年7月出版，32开，623页。本书主要讲述了姜国国王萨丹因独脚鬼托梦给他，于是发兵岭国夺取岭国的盐海，岭国80大将迎战并战胜了姜国的故事。

岭国歌舞 金迈、角巴东主整理。青海民族出版社1996年10月出版，32开，287页。本书由《格萨尔王传》中的《岭国歌舞》、《英雄贡瓦扎宗塔亚》、《阿赛凯甲宗》、《安定三界》等4部分组成。它们分别塑造了《格萨尔王传》中不同的人物形象，并以诗文合璧、散韵结合的形式，叙说了优美动人的格萨尔传奇故事。《岭国歌舞》叙述的是在鲜花盛开的季节，岭国青年男女跳起舞姿优美的欢庆舞和降魔舞，叙说着自己英雄的历史，国王与臣民同乐，整个岭国沉浸在一片欢乐的歌舞声中；《英雄贡瓦扎宗塔亚》描述了岭国王子贡瓦扎宗塔亚3岁出征北方，降服魔国的传奇故事；《阿赛凯甲宗》叙述了阿赛国国王和洛蕃木国国王的历史；《安定三界》叙述的是格萨尔王降服三界后圆寂归天的故事。

岭国六十战马名称由来 甘肃甘南抄本。

龙国 西藏抄本。今藏印度达朗萨拉图书馆。

玛岭大战 喜馀单增著。康区抄本。

麦岭 西藏艺人扎巴说唱本。

梅岭黄金宗 果洛抄本。有青海人民出版社1983年铅印本。本书唱词3428诗行。

梅日霹雳宗 布特尕、秋君扎西搜集整理。藏文。青海民族出版社1991年4月出版，32开，107页。本书讲述的是岭国征服梅日国的故事。世界雄狮大王格萨尔13岁时，依照天神预言，派岭国30员大将率领人马前去征服梅日国。岭国将士经过无数次浴血奋战，最后在格萨尔王指挥下攻克梅日国，使其臣民皈依佛教，岭国满载珍宝凯旋回国。本书语言优美，词汇丰富，情节曲折。

门岭大战　又名《征服闷城》、《岭国与门国》。又有康区抄本，全书唱词共4178诗行。扎巴之录音本。西藏人民出版社1980年据此版本出版藏文本，铅印本，全书唱词共9635诗行。又有四川民族出版社1982年出版的藏文本《格萨尔王传：门岭大战》，32开，519页，铅印本；甘肃人民出版社1986年4月出版的王沂暖、余希贤翻译《格萨尔王传：门岭大战之部》，32开，355页。另有民族出版社2002年出版的降边嘉措、单增平措编的格萨尔精选藏文本《门岭大战》，32开，531页。本书主要内容是：在格萨尔未诞生前，门国曾入侵岭国，抢走珍宝和大量牲畜，还杀害了许多岭国百姓和将士。为报仇雪恨，格萨尔起兵宣战，经多次大战，门国战败，门国国王企图登天虹梯逃走，结果被格萨尔一箭射断虹梯，门国国王辛尺从空中跌落到地上，被岭国将士纵火烧死。门国公主梅朵拉孜投诚岭国，并用箭打开白米宝库，岭国取得白米凯旋回国。

蒙古狗宗　西藏抄本。今藏印度达朗萨拉图书馆。

蒙古铠玉宗　青海玉树抄本。本书唱词8187诗行。

蒙古马宗　青海囊谦抄本。本书唱词8238诗行。

米努绸缎宗　抄本。本书唱词7248诗行。

民间诗神——格萨尔艺人研究　杨恩洪著。中国藏学出版社1995年6月出版，32开，376页。本书分两编，上编论述史诗说唱艺术的形式和说唱艺术，下编介绍了西藏、青海、内蒙古等地一些著名说唱艺人的生平及表演特点。

木古骡宗　塘丁·才旺多吉著。拉萨抄本，全书唱词共10013诗行。又有西藏人民出版社铅印本。另有甘肃人民出版社1988年8月出版王沂暖、何天慧汉译本《格萨尔王传：木古骡宗之部》，32开，578页。本书主要内容是：木国和岭国交战，在战斗中木古部落首领亲自上阵，杀死岭国百余名将士。正在危急关头，玛嘉奔热山神化作闪光耀眼的白人白马，在十名幻身侍从的护拥下，前来助战。最终岭国大获全胜，人们皈依佛法，安享生活。

木雅岗尺王　西藏抄本。今藏印度达朗萨拉图书馆。

木扎日宗　四川甘孜抄本，470叶。

尼泊尔阿乍王　西藏抄本。今藏印度达朗萨拉图书馆。

尼泊尔绵羊宗　西藏抄本。今藏印度达朗萨拉图书馆。

宁域　西藏抄本。今藏印度达朗

萨拉图书馆。

农布扎堆 西藏贡觉抄本。

恰给奔木惹宝藏宗 西藏抄本。今藏印度达朗萨拉图书馆。

琼察五兄弟 角巴东主整理。藏文。青海民族出版社 1990 年 7 月出版，32 开，166 页。本书讲述了以琼察 5 兄弟为首的 25 位天龙枭雄欲与格萨尔兵刃相见，决一雌雄。两军对阵，杀得天昏地暗，血流成河。岭国骁将嘎德被琼察王所擒，并即将被其投入毒海。晁同见状骇然，带上障眼法宝，投降琼察军，泄露军情。琼察军大兵压境，围剿岭国。在危急关头，格萨尔得到天神旨意，最终岭国获胜，人民安居乐业。

容岭 西藏抄本。今藏印度达朗萨拉图书馆。

塞巴财远宗 西藏抄本。今藏印度达朗萨拉图书馆。

赛马称王 甘孜岭仓土司清代家刻本，署名作者为牟尼霞萨。有四川民族出版社铅印本，全书唱词共 4270 诗行。有甘肃民族出版社 1981 年出版佚名撰的铅印本，全书唱词 4016 诗行。青海省民间文艺研究会、青海民族出版社整理，青海民族出版社 1981 年出版，32 开，275 页。另有民族出版社 1997 年出版多吉才郎、高宁编藏文本《赛马称王》，32 开，172 页；民族出版社 2000 年出版降边嘉措、单增平措编的格萨尔精选藏文本《赛马称王》，32 开，808 页。“藏族英雄史诗《格萨尔》儿童文学丛书”之一。本书主要讲述了格萨尔长大后在“部落赛马选王”中获胜，成为岭国国王，娶珠姆为王后的故事。珠姆是岭国最美丽、最贤惠的姑娘，格萨尔与珠姆青梅竹马，十分相爱。

三时预言 西藏抄本。

色岭阿宗 西藏索县抄本。

神马托梦 四川甘孜理塘抄本。

神奇的格萨尔艺人 角巴东主、恰嘎·多杰才让著。藏文。民族出版社 2000 年出版，32 开，238 页。本书生动详细地介绍了格萨尔艺人的成长过程、生活经历及他们在创作、传播《格萨尔》的过程中所起的作用等。

史前社会与格萨尔时代 尕藏才旦编著。甘肃民族出版社 2001 年出版，32 开，140 页。“雪域藏民族文化博览丛书”之一。本书主要介绍了高原人类早期活动足迹、墓葬和岩画、最早的藏人、神话中的藏族先民、英雄格萨尔王时代、游牧社会价值观、史前部落社会、神灵崇拜与巫术等内容。

世界公桑 衮却才丹整理。藏文。甘肃民族出版社 1980 年出版，32 开，196 页，铅印本，全书唱词共 3200 诗行。又有甘肃人民出版社 1983 年出版王沂暖汉译本《格萨尔王传：世界公桑之部》，32 开，177 页，铅印本。本书主要内容是：格萨尔纳妃后，安多等地的山神、土地神等因惧怕苯教师的咒术而未能保护岭国，故岭国举行煨桑祭祀仪式，祈祷神灵保佑岭国。魔国护法魔牛跑到煨桑仪式上捣乱，被格萨尔一箭射死，并击退入侵强马的霍国兵丁。

世界战争英雄凯歌 四川阿坝抄本。

司马 西藏贡觉抄本。

司钦 西藏墨竹工卡抄本。

松岭大战 康区抄本，全书唱词共 3015 诗行。有民族出版社 1985 年出版张积诚汉译本《格萨尔王传：松岭之战》，铅印本。又有西藏人民出版社 1988 年 7 月出版，32 开，175 页。另有敦煌文艺出版社 1991 年出版王沂暖，王兴先汉译本《格萨尔王传：松岭大战之部》，32 开，173 页。本书描写了松巴国因贪色而引发松岭之战，格萨尔王为捍卫本国尊严，率领大军打败松军。战争结束后以仁政护持领地，牧业得以迅速发展。

索古马宗 又名《索波马宗》、《上蒙古马宗》。西藏人民出版社整理。藏文。西藏人民出版社 1992 年 6 月出版，32 开，269 页。本书描写了格萨尔兴师讨伐上蒙古的故事。上蒙古娘尺拉朵王主张讲和，而王子拉加主张迎战。结果双方发生交战，王子拉加战死，国王投降，并献出名驹。

索岭之战 扎巴讲述，平措整理。藏文。民族出版社 1998 年 11 月出版，32 开，250 页。本书根据扎巴老人说唱记录整理，叙述了岭军与上中下索伦部落之间的战争，岭军英雄经过艰难曲折的斗争，终于降服了索伦部落。

塔岭生铁宗 西藏艺人玉梅说唱本。

特列箭宗 西藏抄本。今藏印度达朗萨拉图书馆。

陀岭之战 才让旺堆口述，曾达·布图尔尕、秋君扎西记录整理。藏文。青海民族出版社 1991 年 10 月出版，32 开，528 页。本书据著名民间说唱艺人才让旺堆先生的说唱词整理而成，叙述了陀国和岭国之间的战争。交战双方在一个名叫牛鼻子山的地区展开了史无前例的拉锯战。岭国的征北女将军所向披靡，陀国的战将拼死抵抗。令人更为惊奇的是，交战双方的两员战将竟意外地父子相认而团圆。岭国毕竟是正义之师，最后打败了陀国，出榜安民，另立新君。

外道恶咒九兄弟 西藏抄本。今藏印度达朗萨拉图书馆。

卫藏法王 西藏抄本。今藏印度达朗萨拉图书馆。

乌司茶宗 西藏艺人扎巴说唱本。

乌炎大战 康区抄本。

西宁马宗 青海抄本。本书唱词共 6922 诗行。

西藏史诗与说唱艺人的研究 石泰安著，耿昇译，陈庆英校。西藏人民出版社 1993 年出版，32 开，925 页，3 卷。作者是法国著名藏学家，他有多种藏学论著被公认为藏学研究的名著，本书即是其中之一。本书分 10 章，全面论述了《格萨尔王传》的历史渊源、有关《格萨尔王传》的文献及其分类、《格萨尔王传》中的地名及其历史、《格萨尔王传》说唱艺人的历史状况、艺人的社会组织和说唱规矩、宗教和《格萨尔王传》、各种道具等。本书是目前学术界公认的权威性学术著作。

夏堆夏哇如扎 西藏贡觉抄本。

仙界遣使 又名《天岭卜筮》、《天岭之部》。四川民族出版社整理。藏文。四川民族出版社 1980 年出版，32 开，152 页。有甘孜岭仓土司清代家刻本，全书唱词共 2185 诗行。另有四川民族出版社 1984 年出版梅定开绘画的藏文版连环画《格萨尔王传：仙界遣使》，60 开，268 页。本书主要内容是：观世音菩萨看到世间妖魔横行，百姓灾难深重，便恳请阿弥陀佛召集众天神商议庇佑凡间生灵之策，于是派天神之子推巴噶瓦（又译为顿珠，即格萨尔在天界的名字）降生人间，扫降暴虐，拯救百姓。为了给神子寻找生身之母，莲花生大师设计将龙王祖拉仁钦的女儿麦朵拉泽赐给郭部落的首领为妻，最后安排推巴噶瓦降临人间。

香香药宗 安多抄本，全书唱词共 8119 诗行。有甘肃民族出版社 1984 年铅印本。又有甘肃人民出版社 1989 年出版王沂暖、何天慧汉译本《格萨尔王传：香香药物宗之部》，32 开，484 页。本书主要记述了晁同盗走廷国马群后，途经霍尔国，廷国人怀疑马群为霍尔国所盗，便出兵霍尔。格萨尔为救霍尔，与廷国开战，经多次交锋，廷王战死，廷国公主香香献出药物库钥匙。从前落入大海的末尼宝，也由龙女献给了格萨尔。格萨尔打开宝库，取出各种名贵药物凯旋回国。

降伏夹日江村 康区抄本。今藏北京民族文化宫图书馆。本书唱词 1258 诗行。

降伏如扎魔王 四川石渠抄本，200 叶。

降妖伏魔 抄本。又有甘肃民族出版社 1994 年据此版本出版，32 开，168 页，铅印本。本书唱词 3385 诗行。

象雄珍珠宗 又名《征服象雄珍珠国》、《香雄珍珠宗》。卫藏和安多抄本，全书唱词共 4356 诗行。有西藏人民出版社 1982 年出版的藏文版《征服象雄珍珠宗》，32 开，148 页。本书主要内容是：晁同抢劫了象雄国商人的财物，为报复晁同的恶行，象雄王也派人到岭国达绒部落抢走牛羊和财物。晁同乘机挑拨格萨尔向象雄出兵。在双方交战过程中，晁同被俘，在严刑威逼之下，晁同泄露了岭国的军情，使岭军陷入被动。最后格萨尔率军攻破了珍珠城，用神箭射死象雄王伦珠扎巴而大获全胜。

辛巴与丹玛 又名《辛巴和典》。更登整理。藏文。有青海同仁、甘孜抄本。四川民族出版社 1982 年 12 月出版，32 开，244 页。本书唱词共 2557 诗行。

辛丹相争之部·丹玛抢马之部 王沂暖、贺文宣译。甘肃民族出版社 1993 年 7 月出版，32 开，227 页。本书分“辛丹相争之部”和“丹玛抢马之部”两部。

雪山金子宗 西藏贡觉抄本。

雪山水晶宗 又名《征服拉达克水晶国》、《贡日水晶宗》。王沂暖、余希贤译。有康区抄本，全书唱词共 6282 诗行。又有四川民族出版社 1982 年铅印本。敦煌文艺出版社 1994 年 12 月出版，32 开，296 页。另有甘肃民族出版社 2007 年出版格日尖参整理藏文本，32 开，230 页。本书叙述了格萨尔王降伏拉达克地区的故事。拉达克维雪山之国，国王呷沃依仗兵强将勇，肆意向外扩张，派兵侵占岭属国柏统和达玛。于是格萨尔王率军反击，砍死国王呷沃，打开冈底斯雪山宝库，取出了宝物水晶。

印度六妙药材宗 西藏抄本。今藏印度达朗萨拉图书馆。

印度沙砾宗 西藏抄本。今藏印度达朗萨拉图书馆。

英雄诞生 又名《格萨尔王传：诞生之部》。索南才让整理。藏文。有甘孜岭仓土司清代家刻本。甘肃人民出版社 1985 年出版王沂暖、何天慧汉译本《格萨尔王传·英雄诞生》，32 开，129 页；甘肃民族出版社 1989 年出版，32 开，160 页。本书主要内容是：岭国总管王之子被尕部落杀害，岭国起兵打败尕部落，首领顿巴坚赞逃离部落，其妻龙女尕姆被岭国夺走嫁给了岭国首领僧伦。此时正逢天神之子准备下凡，恰好选定僧伦和尕姆为天神的人间父母，于是天神降临人间，他就是拯救人民疾苦的格萨尔。

玉色曼扎宗 西藏抄本。

匝日药宗 昂亲多杰说唱并整理。藏文。青海民族出版社 1990 年 1 月出版，32 开，408 页。本书共分 22 章描写了格萨尔王为了拯救被疾病折磨的黑头凡人，率领手下将士勇征南方匝日药宗的故事。本书语言优美、文字流畅、通俗易懂，故事情节曲折、扣人心弦。

在十地区除十恶的英雄格萨尔汗的事迹 （沙俄）斯密特（又译为史莫迪特）译。译者为沙俄皇家科学院学者，据清康熙五十五年（1716）北京蒙文翻译《格萨尔王传》7 卷本译为德文，1839 年出版，是最早的德译本，今已极为罕见。

则格尔 四川阿坝抄本。

征服白帐魔王 四川民族出版社编辑,阿勒达色整理。藏文。四川民族出版社2000年出版,32开,268页。本书主要内容为:格萨尔征服北方龙魔以后返回岭地时,正遇到霍尔白帐魔王率大军攻打岭国,毁城夺堡,斩杀大将加查,抢走王后珠牡。格萨尔怒火冲天,只身直冲敌阵,使出各种法术,杀死白帐魔王,活捉辛巴等魔将,救回王后珠牡。

征服北方古热魔王 洛珠加措整理。藏文。四川民族出版社1994年2月出版,32开,248页。本书描写了格萨尔王率军征服古热魔王,给北方地区人民带来安定生活的故事。

征服北方魔王 西藏大学《格萨尔王传》研究室编。藏文。民族出版社1997年2月出版,32开,280页。本书根据扎巴老人说唱记录整理,讲述了这样一个故事:恶魔齐瓦纳布的化身北方魔王波致,滥杀无辜,无恶不作。少女梅萨普珍被其吞进腹中。波致回宫之后将腹中之物吐出来一看,原来是一个美人,打算强娶其为妻。格萨尔遵照天母的旨意营救梅萨,经过艰难曲折的斗争,终于降服了魔王,带着梅萨胜利返回岭国。

征服贝达 果洛囊南多吉著。果洛抄本。本书唱词2890诗行。

征服江国 喇嘛格饶著。果洛抄本。本书唱词4267诗行。

征服魔国 益西旺姆根据手抄本整理。藏文。西藏人民出版社1991年9月出版,32开,420页。本书记述了格萨尔为讨伐降都鲁赞等妖魔和敌对势力,自己化装成老僧去夏如南宗地方,与美萨一起射死鲁赞王的故事。

中国少数民族英雄史诗《格萨尔》 杨恩洪著。浙江教育出版社1995年3月出版,32开,201页。本书初版于1990年,再版时作者根据学术界最新的研究成果进行了适当的修改与补充。

珠堆玛 西藏贡觉抄本。

珠嘎代王大鹏宗 西藏抄本。今藏印度达朗萨拉图书馆。

珠古兵器宗 又名《格萨尔王传:朱古兵器宗》。西藏人民出版编。藏文。康区抄本,全书唱词共21528诗行。西藏人民出版1988年11月出版,32开,638页。本书讲述了珠古之王起兵入侵藏地,攻陷阿里,深入后藏腹地,于是格萨尔率领本国军队,并征调霍国、姜国、门国、蒙古、黎国、象雄等属国之军,合力反击珠古国的故事。经过多次大战,格萨尔击败珠古,开启武器宝库,并弘扬佛法。

珠乍熊朱砂宗 西藏抄本。今藏印度达朗萨拉图书馆。

(五)民间故事

阿凡提的故事 万科、扎西拉旦译。藏文。青海民族出版社1985年2月出版,32开,81页。本书选编翻译了关于阿凡提的79个故事。

阿克登巴传奇:藏族民间故事 何群英著。新蕾出版社1992年5月出版,32开,147页。本书收录了藏族民间传说中的机智人物阿克登巴的故事51篇,其中包括《命运》、《阳光遮不住》和《收获季节》等。

本生论 (印度)圣勇著。8世纪印度学者毗达耶伽罗悉达和吐蕃译师罗殊室利跋摩将其由梵文译成藏文。有拉萨刻本。作者为印度论师。本书共有12卷,讲述了34个故事,其中11个为动物故事。其内容是赞颂释迦牟尼成佛前的所作所为。

鞭打国王:藏族阿克登巴的故事 宋微笳编选。甘肃少年儿童出版社1994年3月出版,32开,157页。本书选编了61个有关阿克登巴的故事,包括《通晓鸟语》、《松耳石》和《鞭打国王》等。

波密民间故事 普布多吉搜集整理。西藏人民出版社1992年7月出版,32开,358页。本书收录了西藏波密地区的民间故事59个。

聪明的乌龟 强久群培、米玛搜集整理。藏文。西藏人民出版社1992年8月出版,32开,67页。"童话故事丛书"第1集。本书收录了动物寓言短篇故事21个。

迪庆藏族民间故事 迪庆藏族自治州文联编,祁继先等译。藏文。云南人民出版社1987年8月出版,32开,360页。本书收录了云南迪庆藏族民间故事60余个,其中包括神话、民间习俗、英雄传说、爱情故事、寓言等。

尔丹木与慈玛淳 王余整理。重庆人民出版社1956年8月出版,32开,30页。本书是根据藏族民间传说改写而成,描写了藏族青年尔丹木和他的恋人慈玛淳的爱情悲剧故事。

飞禽选王的故事 旦正才让整理,道周校订。甘肃民族出版社1993年3月出版,32开,168页。本书讲述了一群飞禽推选鸟王,因意见不同而请来南方的布谷鸟当鸟王。布谷鸟来到后大力弘扬佛法,并用佛法管理鸟群。

佛经故事选 罗秉芬、黄布凡、谢后芳、剧宗林、耿予方选译。江西人民出版社1985年出版,32开,276页。佛经故事是佛经的一个重要组成部分,由于它独立成篇、形象鲜明、故事曲折、生活气息浓厚,所以在人民大众中具有极大的吸引力。本书收录各类佛经中具有文学色彩的作品,这些作品涉及面十分广泛,包括如何待人接物、辨别善恶、学习佛法、崇尚佛法、积德行善、因果报应等。这些作品一般被归在佛学典籍中。

海西藏族民间故事 诺月仁青收集、整理、翻译,青海省海西蒙古族藏族自治州文化局编印。1985 年内部印行,32 开,100 页。本书为动物故事专辑,共收入 24 个藏族民间故事。除个别故事与西藏地区有相同之处外,大部分故事具有青海地方特色,反映了该地区的风土人情。

金佛像 阿罗·普布多吉、扎西平措搜集整理。西藏人民出版社 1993 年 4 月出版,32 开,82 页。“童话故事丛书”第 2 集。本书收录了《金佛像》、《三兄弟》和《大象与画眉鸟》等故事。

康区藏族民间故事选 程圣民编。四川民族出版社 1986 年出版,32 开,266 页。本书共收入 26 个在四川甘孜藏族自治州境内流传的藏族民间故事。故事内容、文学语言及其反映的民族风俗等方面,具有康巴地区鲜明的地方特色。

康藏民间故事 庄学本整理。时代书局 1950 年 2 月出版,32 开,182 页。本书收入康区的 78 个民间故事。

拉萨踏古 杜培华著。西藏人民出版社 1986 年出版,32 开,216 页。作者在拉萨结识一位世居拉萨的老人——洛桑曲扎,他为作者讲述了许多有关西藏的历史、寺庙、宗教等方面的知识和与之相关的传说故事。本书结合传说故事,对拉萨的起源、布达拉宫的修建、大昭寺和小昭寺的倡建、八角街的形成、哲蚌寺和甘丹寺的规模等,作了详略不一的介绍。

理县羌族藏族民间故事集 四川省阿坝藏族自治州理县文化馆搜集、整理、编印。1983 年 8 月内部印行,32 开,266 页。理县是羌、藏、汉等多民族杂居区,大多以乡寨聚居,共 8 镇 13 级,有“五屯、四土、九枯、十八寨”之称。本书共收羌藏故事 30 篇,反映了民族杂居区人民团结互助、勤劳勇敢、朴实善良、热爱生活、勇于反对暴力的特点,同时也可了解到该地的风俗习惯和山川河流的美景。

毛泽东的故事 才松、马生海译。藏文。青海民族出版社 1993 年 10 月出版,32 开,192 页。本书选译自《革命领袖故事》,共 25 个故事,其中有:6 岁开始劳动、热心帮助别人、刻苦地学习顽强地锻炼、理想和立志、确立对马克思主义的信仰、上井冈山、遵义会议等。

毛主席的队伍爱藏家 潘建之等著。四川人民出版社 1956 年 5 月出版,32 开,30 页。本书包括《毛主席的队伍爱藏家》等 5 个关于康藏公路的小故事。

木偶奇遇记 (意)科洛迪著,汪什代海·彭措译。藏文。民族出版社 1987 年出版,32 开,122 页。本书是根据中文版翻译而来,内容健康,译文流畅。

圣者义成太子经 著者、译者佚名。本书主要讲述释迦牟尼出家修行的情况和布施儿女、妻子的经历，详细描写了释迦牟尼如何将财产布施于百姓，如何以野果为食、树叶为衣、潜心修行，如何化敌为友等情况。这本释迦牟尼的本生故事后来被改编为藏戏《赤美滚登》。

狮子师本生鬘 （印度）僧格孝振巴著。8世纪，吐蕃译师次称迥乃将其由梵文译为藏文。本书共4章，叙述释迦牟尼的成佛经历，用35个故事概括了释迦牟尼的一生经历。

世界童话精选 桑达多吉译。西藏人民出版社1989年出版，32开，87页。本书根据中文版翻译而来，译文通俗易懂，语言生动，有较大的教育意义。

世界童话名著精选 《刚坚少年报》编辑部编译。藏文。青海民族出版社1994年5月出版，32开，156页。本书选译了安徒生、格林、普希金等世界著名童话家的部分名作。

谁的本领大 旦增平措译。藏文。民族出版社1988年出版，32开，121页。本书共8本，包括《谁的本领大》、《顽皮的驴子》、《谁偷了鸟蛋》、《海龟逃走了》、《好心的斑马》、《狮子往哪儿逃》、《兔宝宝不见了》和《三只傻猴子》。本书是通过动物故事来给小朋友们进行道德素质教育。

外国民间故事精选 元旦、格日草译。藏文。民族出版社2003年出版，32开，268页。本书选收亚洲、非洲、欧洲和美洲等世界各地的40多个国家的精彩民间故事100余则，插图40余幅。

五彩路 胡奇著。中国少年儿童出版社1957年4月初版，32开，127页。人民文学出版社1959年8月再版，32开，125页。又有民族出版社1981年2月出版喜饶朗达、降边嘉措的藏译本，32开，214页。本书讲述了3个家住雪山的藏族男孩，听说解放军修了一条五彩放光的路就偷偷离开家乡前去寻找的故事。他们一路上遇到很多困难，终于找到了这条路，也找到了幸福。再版时增加了陈斐琴的《勇敢者的道路（代序）》一文。

西藏的故事 （英）谢尔顿编，程万孚译。上海亚东图书馆民国二十年（1931）四月出版，32开，196页。本书收《聪明的蝙蝠》、《老虎和蛙儿》等49篇，其中有民歌1首。

西藏故事集 （英）薛尔登辑述，胡仲持译。开明书店民国十九年（1930）初版，32开，236页。1931年再版。本书共收《花匠和木匠》，《驴子和石头》、《哼姐利》、《秃头受愚》、《乌鸦救人》、《鬼中骗术》、《虱背上的黑痕》、《七个王子》、《聪明的妇人》、《骄者必败》等49篇故事，每篇故事前均有藏族谚语一则。故事内容以劝道人的行善、多做法事、讲究道德、追求真理为主。但书中谚语与故事内容联系不大，或根本无关，仅有数则与正文意义相联。本书还有4种译本（均有增删）：上海世界书局民国十九年（1930）出版远生编译本《西藏民间故事》，32开，200页。上海亚东图书馆民国二十年（1931）四月出版程万孚译本《西藏的故事》，32开，196页。商务印书馆民国二十二年（1933）出版甘棠译本《西藏民间故事》，2册。上海启明书局民国三十年（1941）出版李敬祥译本《七个王子：西藏故事集》，32开，236页。

西藏民间故事 （英）薛尔登辑述，远生译。世界书局民国十九年（1930）出版，32开，200页。该书是在胡仲持译《西藏故事集》的基础上删去部分故事，又增加了赖卫（英）所辑《尸语传奇》中的9篇故事编译而成。本书收入《秃头的故事》、《伪占者》、《亨得尔与小猫》、《妻子的智慧》、《拾得的钱袋》等19篇。

西藏民间故事（1—4集） 廖东凡等搜集整理。西藏人民出版社出版。第1集，廖东凡、次仁多吉、次仁卓嘎收集、翻译，1983年出版，32开，238页。收拉萨、日喀则地区的故事41则，每则故事均注明讲述人、搜集时间和地点，有的还详述了故事的形成、发展及流传情况，有较高学术价值。第2集，黎田等搜集整理，1986年出版，32开，210页。以日喀则地区故事为主。第3集，闫振中等收集整理，1988年1月出版，32开，276页。以墨竹工卡地区有关山川河流、名寺古刹、历史人物等方面的故事为主，共47则。第4集，贡桑坚参、达瓦扎西搜集，德庆卓嘎，赛里麦翻译，1989年6月出版，32开，188页。收西藏各地的故事39则。第1、2、4集的故事内容有传说、人物、动物故事、寓言、神话等，反映了藏族人民的历史变迁、风俗民情和反抗阶级压迫的斗争精神等。故事语言朴素、生动有趣，富有浓厚的地方色彩。

西藏民间故事 甘棠译。商务印书馆民国二十二年（1933）出版，2册。本书与胡仲持译《西藏故事集》为同一种，但本书将怪诞、残忍、奸谲的内容删去，编为33篇。

西藏民间故事 王尧整理。通俗读物出版社1955年11月出版，32开，38页。本书收录《茶和盐的故事》等13篇西藏民间故事，其中一部分为神话，一部分为讽刺故事和寓言。

西藏民间故事选 李文珊、悦登平措、廖东凡、贾湘云等编。西藏人民出版社1984年出版，32开，474页。“西藏自治区成立20周年丛书”之一。本书共收录122个故事，内容包括西藏各民族的神话故事、历史故事、风土故事、爱情故事、哲理故事、滑稽故事、动物故事等。通过各种故事，体现了西藏各民族的智慧和艺术创作才能，展现了西藏民间文学的魅力，并提供了许多有关西藏历史、文化、民俗、宗教等方面的知识。

小白兔历险记 诺日仁青编，金索南译。藏文。青海民族出版社1993年2月出版，32开，62页。本书主要内容为：兔子王国的成员过着幸福的生活，后来来了大灰狼、豹子、老虎、狐狸、豺狼、黑熊、狮子等猛兽，破坏了兔子们的安静生活。有一只机智、勇敢的兔子，奉兔王之命，用自己的聪明和智慧，巧妙地除掉了猛兽。本书故事生动，图文并茂。

小刺猬种庄稼 许润泉著，李成文译。藏文。青海人民出版社1991年11月出版，32开，104页。寓言故事集。本书从原著139篇故事中选译61篇故事，配有插图。适合藏族地区的少年儿童阅读。

雪域故事新译 王振华主编。甘肃少年儿童出版社1992年4月出版，32开，383页。本书收有80篇藏族民间故事，其中包括《长江和黄河的故事》、《九头妖魔的故事》等。

雪域西藏风情录 廖东凡著。北京燕山出版社1991年出版，32开，431页。本书分8部分：1.关于神、佛、地祇的传说，记述了12个故事。2.喇嘛、尼姑、女活佛。讲述僧尼的生活和各种传说。3.女巫、神汉、巫术。记述了达赖喇嘛的首席巫师及日喀则跳神大会等。4.农俗、猎俗、食俗。包括珞巴人的猎神、狩猎方法、仪轨等。5.茶、酒、木碗。讲述茶的历史及茶马互市等。6.新年、节日、歌舞。介绍有关节日的传说、渊源、节日仪式等。7.婚礼、葬礼、誓言。关于夏尔巴人的抢婚习俗、藏人葬俗和墨脱人的发誓习俗。8.艺人、乞丐、送鬼者。记述有关流浪艺人的传说和见闻、活人中的鬼和送鬼者、拉萨布达拉宫的杂技等。

一支动人的歌 张蕙改编。江苏人民出版社1956年5月出版，32开，72页。本书系藏族民间传说《尔丹木和慈玛淳的故事》的简写本。

因果论佛经故事集 谢钦·晋美白玛朗杰著，甘孜州编译局整理。藏文。中国藏学出版社1992年10月出版，32开，832页。本书辑录藏文《大藏经》等佛经中的有关宣扬佛教灵魂不灭、因果报应、轮回转世思想的265篇佛经故事。附《杂事品密意抉择》一文。

藏北民间故事 塔热·次仁玉珍搜集、整理、翻译。西藏人民出版社1993年10月出版，32开，363页。本书收入流传于西藏那曲等地的73篇民间故事，其中包括《山神的马夫和牧羊的姑娘》、《小姐和马夫》等。

藏族猎人阿木初 艾影著。少年儿童出版社1958年12月出版，32开，

23页。少儿故事。本书描写了藏族青年猎人阿木初猎取野兽以及同坏人作斗争的故事。

中国少数民族神话汇编 朱桂元、吴肃民、陶立璠等编。中央民族学院少数民族古籍整理出版规划领导小组、中央民族学院科研处1984年出版。第1辑《中国少数民族神话汇编:洪水篇》,32开,344页;第2辑《中国少数民族神话汇编:开天辟地篇》,32开,380页;第3辑《中国少数民族神话汇编:人类起源篇》,32开,259页。各篇均载相关藏族神话。本书是研究少数民族神话古籍的参考书。

(六)报告文学

把公路修到西藏 解放军通俗读物编辑部编著,孙翰春绘图。中国青年出版社1955年6月出版,32开,34页。本书通过发生在修筑康藏公路中的多篇故事,记述了许多英雄模范人物的动人事迹。

兵腾边关 覃艺、杨青编著。海潮出版社2001年出版,32开,504页。纪实性文学。本书主要记述了中国人民解放军进军西北,解放兰州、青海、新疆和西藏的经过。

查果拉的故事 杨星火著。解放军出版社1995年8月出版,32开,145页。本书介绍了查果拉边防官兵在人称“生命禁区”的查果拉高原保卫边疆的英雄事迹。

风从康巴来 胡庆和著。成都出版社1994年11月出版,32开,267页。本书收录了20篇反映了康巴(甘孜、迪庆、昌都、玉树等地)名人、大事的通讯报道。

风骚——刘郎电视艺术片解说词集 刘郎著。青海人民出版社1993年12月出版,32开,227页。本书是《西藏的诱惑》、《上下五千年》等电视作品解说词集。这些电视片注重文化色彩,着眼哲理诗情,选材独特,立意高远。

高天厚土 范向东著。中国藏学出版社1993年3月出版,32开,297页。本书为长篇传记作品,描述了西藏江孜县县委书记平措带领江孜人民战胜各种困难,走向富裕的事迹。

高原新歌:西藏通讯报告选集 西藏自治区文联筹委会编。西藏人民出版社1965年出版,32开,318页。本书收录1959年至1964年关于西藏自治区的各类通讯报告100多篇。

果洛,朝霞如火 李士才主编,果洛州文联编。青海人民出版社1993年12月出版,32开,398页。报告文学作品集。本书收录了19篇反映了青海省果洛藏族自治州改革开放和建设成就的报告文学。

红旗插上珠穆朗玛峰 郭超人

著。人民体育出版社 1960 年 12 月出版,32 开,71 页。本书详细报道了中国登山运动员于 1960 年 5 月 25 日 4 时 20 分登上世界最高峰珠穆朗玛峰的全过程。附风光、登山照片 24 幅。

金色的青稞架 和吉昌著。云南民族出版社 1996 年 6 月出版,32 开,186 页。本书是作者在云南省迪庆藏族自治州从事记者生涯 25 年中所写的通讯、散文、报告文学的精品,共收入 50 余篇,记叙了迪庆藏区的风情、人物、建设成就等,其中有数篇文章获国家级和省部级奖。

康巴吉祥地 章戈·尼玛著。四川民族出版社 1994 年 4 月出版,32 开,204 页。本书收录了 15 篇报告文学,包括《走向新草地》、《神奇的藏医》和《康巴吉祥地》等,从不同角度反映了改革开放以来康区发生的变化。

康藏高原的春天 陈斐琴著,西南文艺社、重庆人民出版社编辑。重庆人民出版社 1953 年 7 月出版,32 开,104 页。本书收录了《打通雀儿山》、《光荣的脚印》、《梅里雪山的日日夜夜》、《康藏高原的空投员》、《和寒流赛跑》、《前进在祖国的高原上》、《康藏高原的春天》、《康藏公路在胜利前进》等有关修筑康藏公路英雄事迹的报道 8 篇。

康藏公路和青藏公路 彭逢烨编著。通俗读物出版社 1955 年 7 月出版,32 开,36 页。中学生通俗读物。本书讲述了修筑康藏(四川雅安至拉萨)公路和青藏公路(青海格尔木至拉萨)过程中所遇到的各种困难、艰险,以及筑路的解放军战士和职工克服千难万险的事迹,并介绍了沿途的自然风光和康藏青藏这两条公路全线通车的盛况。附关于筑路、会师等方面的珍贵照片多幅。

昆仑圣火 格尔木炼油厂党委工作部编。青海人民出版社 1993 年 10 月出版,32 开,306 页。本书是青海省格尔木炼油厂建设者们自己创作的文学作品,集中反映了建设者们的情怀,弘扬了新时代柴达木的英勇精神。

聆听西藏:以纪实的方式 子文选编。云南人民出版社 1999 年出版,32 开,470 页。报告文学。本书记述了发生在青藏高原经济建设、人民生活中的各种事迹。

青藏风景线 王宗仁著。解放军文艺出版社 1993 年 3 月出版,32 开,179 页。本书是 3 部中篇报告文学作品合集,包括《青藏高原之脊》、《死亡线上的生命里程》和《女人:世界屋脊上新鲜的太阳》。

世界屋脊:猛士建造辉煌 田源等编。青海人民出版社 1993 年 12 月出版,32 开,402 页。本书收录了 18 篇报告文学作品,其中包括《世界屋脊:猛士建造辉煌——班玛采金脱贫纪实》、

《他们沉着地写历史——青海省湟源畜牧学校五十年掠影》、《震灾纪实——4·26塘河地区大震纪实》等。

守望西藏 杨坚斌著。青海人民出版社1998年出版，32开，298页。报告文学。本书记录了为建设西藏边疆而奉献力量的动人事迹。

踏破雪山进军西藏 西南人民出版社编。西南人民出版社1952年8月出版，32开，110页。本书收录了《走到哪里就建设到哪里》、《活跃在康藏高原上的女战士》、《康北草原上的故事》、《我们和藏胞成了一家人》、《恩深如海》等31篇通讯，记述了人民解放军的英雄事迹和藏族人民对人民军队的拥护、支援和信任。

探险大峡谷 马丽华著。辽宁少年儿童出版社1999年出版，32开，146页。报告文学。本书记述了20世纪70年代以来，中国科学家对世界第一大峡谷——雅鲁藏布大峡谷的发现过程。以地理学家杨逸畴为代表的科学家群体，20多年间多次进入大峡谷深处进行科学探险，揭开了大峡谷的面纱。

天殉——进藏先遣连 又名《天殉：一九五〇年英雄连进军西藏纪实》。公丕才著，旺拉译。藏文。西藏人民出版社1990年出版，32开，198页。

天殉：一九五〇年英雄连进军西藏纪实 又名《天殉——进藏先遣连》。公丕才著。新疆人民出版社1993年12月出版，32开，199页。本书记述了20世纪50年代初中国人民解放军根据毛主席的指示在新疆的南疆和田地区组建骑兵部队解放藏北的经过。7个民族136名官兵于1950年8月1日从新疆的于田出发，历尽千辛万苦于10月到达藏北。由于高寒缺氧、给养断绝和疾病，先后有60多人牺牲，但他们仍然坚持到次年5月28日与后续部队会师，并继续担任进军阿里腹地的先遣任务。西藏和平解放后，该连被西北军区授予"进藏先遣连"的光荣称号。

天祝——景泰6.2级地震资料汇编 天祝藏族自治县地震办公室编。地震出版社1992年4月出版，32开，193页。本书记录了甘肃省天祝藏族自治县人民抗震救灾的情况，讴歌了抗震救灾工作中涌现出的先进群体和先进个人的事迹。

透明的女性：走向青海可可西里无人区 东方竹子（又名毛竹、竹子、佚人）著。中国社会出版社1998年出版，32开，529页。作者是《中国石油报》女记者，作品有《透明的激情》、《透明的性感》等。本书是作者前往青海可可西里无人区探险考察的纪实文学作品。

我的堪卓玛 温普林著。西藏人民出版社2003年出版，32开，319页。温普林，东北满族，1985年毕业于中央美术学院。1986年开始进藏，1989年遁入西藏，开始他长达十几年的"盲流"

生涯，用摄影像机、相机和纸笔记录下了他在西藏十几年的奇遇、悲喜和“大彻大悟”，以及与西藏的不解之缘。本书是作者多次进藏所写的报告文学。

西藏当代报告文学选 西藏自治区文联编选。西藏人民出版社 1988 年出版，32 开，318 页。本书收入 22 篇作品，反映了西藏各条战线上的各族英雄人物的英雄事迹、崇高品德和奉献精神。

西藏记事 任华光著。河南人民出版社 1959 年 8 月出版，32 开，36 页。本书是作者据 1951 年至 1956 年进军西藏时的亲身经历和见闻写成的。书中共写了 10 个故事，反映了农奴制度下藏族人民的痛苦生活，同时，也生动地描写了人民渴望社会改革、消灭剥削制度的心情。此外，描写了中国人民解放军修建青藏公路的事迹及藏族广大人民热情支援的感人事迹。

西藏脚步声：刘伟新闻作品选 刘伟著。西藏人民出版社 1994 年 10 月出版，32 开，340 页。本书分广播专题稿选，通讯、特写选，散记选和报告文学 4 辑，内容涉及西藏的经济建设、教育、宗教等。

西藏通讯报告选(1965—1985) 西藏人民出版社编。西藏人民出版社 1984 年出版，32 开，375 页。“庆祝西藏自治区成立 20 周年丛书”之一。本书收入 1965 年至 1985 年在全国报刊上发表的新闻通讯、报告文学精品数十篇，记录了中国人民解放军进军西藏、平息叛乱、民主改革、建设边疆等伟大历史功绩，记录了各族英雄人物在西藏所做出的贡献，记录了西藏 20 年来的变化。

西藏在述说 旺堆著。中国广播电视出版社 1995 年 8 月出版，32 开，285 页。本书收入 53 篇关于西藏经济建设、宗教和社会生活方面的文章，其中包括《今日拉萨》、《西藏寺庙纪实》、《班禅大师在生命的最后日子里》、《女活佛与桑顶寺》等。

西藏之水救中国：大西线“再造中国”战略内幕详录 李伶著。中国长安出版社 2005 年出版，32 开，289 页。本书是作者经历多年时间，采访多人并实地考察西藏等地创作的一部关于中国水问题的前瞻性报告文学。介绍了南水北调新思路和实际考察情形，以大量第一手材料和专家论证介绍了“朔天大运河”的合理性和伟大意义。

喜马拉雅山之谜——二十一世纪人类的一次悲怆挺进 孙学明、邵兰生、杨志军著。人民文学出版社 1989 年 9 月出版，32 开，359 页。封面有藏文“生死的青藏公路”。本书共 16 章，以纪实性文学的笔调，较详细地叙述了修筑青藏公路的艰辛历程，歌颂了中国人民解放军官兵在筑路工程中的伟大贡献，同时对西藏上层叛乱及军民鱼水情等均有详略不一的记述。

向顶峰冲刺 郭超人著。新华出版社1983年10月出版，32开，220页。郭超人为新华社记者，曾随运动员到实地采写新闻报道。本书即为作者对1960年5月25日中国登山运动员首次从北坡登上世界最高峰珠穆朗玛峰和1964年5月2日中国运动员登上希夏邦马峰这两次登山运动的详细报道。书首有运动员登山照片。

修筑川藏公路亲历记 高平著。中国藏学出版社2001年4月出版，32开，143页。纪实文学。本书真实记录了作者参加修筑川藏公路的亲身经历，也介绍了一些鲜为人知的情况。

雪海潮汐：胡向泽报告文学集 胡向泽著。西藏人民出版社1994年9月出版，32开，225页。本书收录了22篇报告文学，其中包括《复活》、《高原橄榄枝》和《雪海潮汐》等。

雪域风云 西藏自治区教育委员会、西藏大学合编。西藏人民出版社1995年1月出版，32开，191页。“爱国主义教育丛书”之一。本书以叙事的方式记叙了中国人民解放军1950年进藏到1959年9月西藏地区进行民主改革的经过。内容简明扼要，文笔通畅，为大众读物。

雪域鸿雁 西藏自治区邮电管理局编。西藏人民出版社1995年12月出版，32开，179页。本书收录8篇报告文学，比较全面地反映了西藏邮电事业40多年来发展的基本情况。

雪域十年 沈世纫著。陕西人民教育出版社1994年8月出版，32开，268页。报告文学。本书作者结合自己的亲身经历，描写了人民解放军进驻西藏的历程及西藏和平解放后的新面貌，生动地反映了进藏干部和西藏人民之间的鱼水情。

雪域之魂：来自西藏阿里的报告 杨年华著。青海人民出版社1995年6月出版，32开，160页。本书收录了《屋脊英雄连》、《英雄的历程——阿里军分区贡布副司令员回忆录》和《当代焦裕禄——记援藏干部孔繁森》3篇文章，讴歌了英雄们为西藏阿里的发展呕心沥血、英勇献身的高尚品德。

印在世界屋脊的足迹 张安发、秦大章主编。解放军文艺出版社1994年12月出版，32开，360页。本书收录了25篇报告文学，讲述了人民解放军青藏兵站部部队的光辉业绩，再现了高原官兵40年的风雨历程和无私奉献的精神。

用胸膛行走西藏 党益民著。解放军文艺出版社2005年1月出版，32开，278页。本书是报告文学，以青藏、川藏公路上的武警交通部队护路官兵的可歌可泣的英雄事迹作为主要表现对象，讴歌了新一代军人艰苦奋斗、无私奉献的精神。

在雪原上 李佳俊著。民族出版社1995年8月出版，32开，246页。本书收录了17篇报告文学，其中包括《30余年高原梦》、《岁月往事细品味》、《夺取金牌的人》等。

藏客——茶马古道马帮生涯 李旭著。云南大学出版社2000年出版，32开，224页。"民族文化文库"之"田野考察丛书"之一。纪实探险文学。本书主要介绍了从中国云南、四川通往中国西藏、尼泊尔、缅甸、印度的古商道——茶马古道。认为这条商道自古有之。作者曾先后3次以徒步加搭便车、赶马帮、骑自行车等形式走过茶马古道，并长期收集、研究一切与马帮和西藏有关的材料，还多次前往丽江访问当年赶马帮进藏的藏客，如对赵鹤年老先生一人就有5次专程拜访，记录下了作为实施这种交通生活方式的他们当年的真实情况，包括旅途的艰辛、艰险及其生活中的酸甜苦辣。

战斗在世界屋脊上 新文艺出版社编著。新文艺出版社1955年6月出版，32开，110页。《康藏公路通讯选集》之一。本书选收《战斗在世界屋脊》、《让公路跨越世界屋脊》、《横渡怒江》、《修筑康藏公路的英雄部队》等通讯报道22篇，反映了康藏公路建设者们的精神面貌和英雄事迹。

走到西藏 陈永柱著。长征出版社2001年出版，32开，229页。作者是辎重团宣传股的军人，随军从云南进藏，亲身经历了人民解放军解放西藏的这一历史过程。本书是有关中国人民解放军第十四军进军西藏的纪实性文学，记录了十四军126团、125团共1800人和1000多匹驮畜组成第十四军辎重团，其任务是担任第四十二师进藏部队的后勤保障。

八、艺术

(一)绘画雕塑

阿古登巴的故事 柯建军、里果等绘画,原草改编,李成文译。藏文。青海民族出版社 1991 年 11 月出版,64 页,156 页。连环画。阿古登巴是藏族民间广泛流传的机智人物。他聪明、机智、勇敢、善良,同时又很幽默、诙谐,常常以自己的计谋惩治愚蠢的国王、残暴的领主、贪心的商人、伪善的喇嘛,教育那些自私自利、爱慕虚荣的人。

宝藏——中国西藏历史文物 甲央、王明星主编。朝华出版社 2000 年 1 月出版,16 开,5 册。本书通过 714 件(组)西藏历史珍贵文物图片,向读者展示了西藏自旧石器时代至 20 世纪 40 年代之间所形成的历史文化。本书按西藏社会历史发展阶段分为 5 册:第 1 册为史前时期、吐蕃时期、旧石器时期至 9 世纪中叶,225 页,收图 132 件(组)。第 2 册为分治时期,从 9 世纪中叶至 13 世纪,327 页,收图 201 件(组)。第 3 册为元明时期,从 1206 年至 1644 年,317 页,收图 118 件(组)。第 4 册为清朝时期,从 1644 年至 1911 年,276 页,收图 277 件(组)。第 5 册主要为中华民国时期,截至 1949 年,245 页,收图 138 件(组)。各册内分政治、军事、宗教、科学技术、文化、艺术、经贸交通、社会生活等专题,并附图版目录索引;此外,第 5 册还附全部图版的音序索引及西藏大事年表。具有较高收藏价值和学术研究价值。

布达拉宫壁画源流 中国西藏布达拉宫管理处编著。九洲图书出版社 2000 年 6 月出版,16 开,303 页。布达拉宫恢弘的建筑和精美的艺术是藏民族文化艺术宝库的重要组成部分。其中布达拉宫壁画总面积达 2500 余平方米,分布于布达拉宫各大殿,画面宏大,内容丰富,艺术地再现了藏民族社会生活的各个层面。本书通过实地拍摄收集了最具代表性的壁画作品 200 幅,共分为三大部分:第 1 部分为前言。第 2 部分介绍了布达拉宫白宫门廊、东西大殿"有寂圆满殿"、部分回廊、法王修行洞、药师佛殿、立体坛城殿、无量寿佛殿、朗杰扎仓经堂、东日光殿、十三世达赖喇嘛金光灵塔"妙善如愿殿"、寝宫"极乐世界"殿、西日光殿、立付定和布达拉宫各灵塔殿、佛堂廊道及屋檐等部分的壁画。第3部分概述了布达拉宫各殿壁画的艺术特点，并用藏、汉、英3种文字详尽地介绍了布达拉宫壁画的创作年代、画派及其内容。

第二届全国少数民族美术作品展获奖作品集　第二届全国少数民族美术作品展组委会编。天津人民美术出版社2004年出版，16开，325页。本书收有尼玛次仁等藏族画家的代表作。

佛像解说　（德）赫尔穆特·吴黎熙著，李雪涛译。社会科学文献出版社2003年出版，32开，301页。本书收入与藏传佛教有关的图像。

甘孜藏画　仁真朗加等编。四川民族出版社1986年出版，16开，54页。本书收入仁真朗加、益西泽仁、洛松向秋等人的作品数十幅，均为藏族传统塘噶画，其中有释迦牟尼、松赞干布、文成公主、和睦四兄弟、格萨尔、六长寿、八瑞相等人的画像。作品既保留传统技法，又进行了大胆创新，极受藏民欢迎。

古仰王抢亲　陆保绘，史学礼改编，卓玛吉译。藏文。青海人民出版社1990年出版，64开，148页。连环画。本书共146幅，是根据藏族英雄史诗《格萨尔传奇》中的《霍岭大战》（上部）改编翻译而来的。

观音菩萨的故事　（清）曼陀罗室主人著。陕西师范大学出版社2002年出版，16开，199页。“发现世界丛书”之一。本书用71幅佛教名画和世界各大博物馆珍藏的57种艺术品图释中国第一佛。

果洛唐卡：希热布唐卡画集　红格尔多吉编。中国大百科全书出版社2001年5月出版，16开，232页。青海果洛·希热布画师自小师从众多优秀的唐卡画师，同时作为一名比丘，能够深刻理解唐卡所反映的佛教哲学思想，有深厚的传统唐卡绘画功底。他还积极吸收本民族之外的优秀画风，使自己的唐卡绘画独具特色。龙恩寺唐卡画集。本书是作者的优秀作品集，其中有由作者特邀的唐卡佛画师绘制的，内容包括佛、菩萨及护法、财神神像，还有历代著名译师、班智达、大成就者和各派祖师，以及宁玛派大圆满法传承诸上师的画像。

鉴识藏传佛像　金申著。福建美术出版社2002年出版，16开，76页。金申，中国艺术研究院美术研究所研究员，专长于佛教文物研究。曾亲临尼泊尔、斯里兰卡、土耳其、韩国、美国、法国、英国、意大利、瑞士等国家，考察和鉴定各博物馆藏品。本书系统介绍了藏传佛像的渊源、流派与样式，其中对斯瓦特佛像、克什米尔佛像、尼泊尔佛像和东印度佛像作了较细致地解释。

康巴藏族民间美术　四川省甘孜藏族自治州文化局编。四川民族出版社1989年出版，12开，175页。本书主要介绍了以甘孜州为主的康巴地区的金银制品，分成宗教用品、乐器、日用器皿、装饰用品四大类。每件器物均有文字说明、实物彩照和根据实物绘制的图谱。器物上的图案以传统为主，但有一部分是在传统基础上创作的新图案。图谱线条流畅，保持了藏族传统工艺的特点。为了解藏族传统工艺美术的重要资料。

南诏和大理国宗教艺术 刘长久著。四川人民出版社 2001 年出版，16 开，116 页。本书收入的唐代佛教造像对于研究吐蕃统治云南时期的政治、宗教等方面的情况有一定参考价值。

清宫藏传佛教文物 故宫博物院编。汉英文对照本。紫禁城出版社 1998 年出版，16 开，279 页。本书介绍了故宫博物院收藏的部分藏传佛教的佛像、法器、塘噶等藏品。

青海湖的传说 陈龙、周若兰绘画，梁瑞林、卓玛吉译。藏文。青海人民出版社 1992 年 3 月出版，64 开，128 页。本书有连环画 130 幅，讲述了一个关于青海湖的神话故事。

神秘的热贡文化：金色的谷地热贡 马成俊主编。文化艺术出版社 2003 年出版，32 开，545 页。本书分 12 章从神话、宗教、建筑、绘画、雕塑、服饰、地方戏曲、语言等方面对热贡（青海东南部）地区民族文化进行阐述。配有彩图。

十相自在 久美绘。青海民族出版社 1992 年 10 月出版，4 开，1 页。本图由 7 个梵文字和 3 个图形联合组成，是表示密乘本尊及其坛城和合一体的一个图文。图中的底色为天蓝色，表示宇宙空间；7 个梵文字中的 ya ra wa la4 字依次标志所依无量宫基风、火、水、土 4 轮，ma 字标志须弥山及无量宫，kcha 字标志诸能依者身、语、意本尊，ha 字标志胸轮诸本尊；新月、圆点及竖笔形，依次标志顶轮本尊之身、语、意。本图文有吉祥之意。

四川少数民族画家画库尼玛泽仁 尼玛泽仁绘，何承纪主编。四川民族出版社 1994 年 9 月出版，16 开，48 页。画家尼玛泽仁因其绘画成就而被赐封为“十世班禅画师”。本书分为古艺新花、神话传说、雪域风情和极地的梦 4 部分。

图像与风格：故宫藏传佛教造像 故宫博物院编。紫禁城出版社 2002 年出版，16 开，504 页，上下册。本书收录北京故宫收藏的有关藏传佛教的各类造像，并有文字说明。

西夏藏传绘画：黑水城出土西夏唐卡研究 谢继胜著。河北教育出版社 2001 年出版，32 开，上册 477 页、下册 96 页。谢继胜，甘肃兰州人，中国社会科学院民族文学研究所研究员。译著有《风马考》、《西藏的神灵和鬼怪》等。本书介绍了黑水城唐卡的发现与研究、黑水城唐卡的图像内容与风格特征、黑水城唐卡的形制与唐卡的起源、西夏唐卡的双身图像与西藏绘画中密教双身图像的渊源等。

西藏阿里古格王国遗址壁画　金维诺主编。河北美术出版社2001年出版，16开，11页。本书介绍了部分西藏阿里札达县古格王国遗址壁画。古格王国时期的壁画是在继承吐蕃传统艺术的基础上，有选择的吸收了印度、尼泊尔、克什米尔等地区佛教艺术的精华，逐渐形成了自己独特的艺术风格。

西藏当代美术作品选　西藏自治区文学艺术界联合会中国协会西藏分会编辑。上海人民美术出版社1991年出版，12开，169页。本书收录1951年以来西藏各族美术工作者创作的169幅作品，其中包括藏画、油画、版画、水墨画、雕塑和民间美术作品。这些作品反映了西藏社会变革的历程，描绘了西藏美丽的山河，展示了当代西藏人民的精神面貌和内心的思考，体现了西藏民族的审美理想和情趣。附丹增序，邵大箴《弘扬传统，走向世界——西藏美术四十年评述》一文。

西藏·雕塑　廖东凡编。五洲传播出版社2002年出版，32开，20页。西藏的雕塑是举世闻名的，其品种很多，有泥塑、面塑、木雕、石雕，还有金属雕塑，内容也非常丰富，有神佛、法器、供品、生活用品，也有各种各样的装饰、首饰。本书以图文并茂的形式对西藏雕塑作了全面的介绍。

西藏非常视窗　韩书力著。广西师范大学出版社2003年出版，32开，256页。本书分雪域佛缘篇、藏地风情篇和画人艺事篇，分别介绍了西藏的宗教艺术和人文风情。

西藏风马旗　韩书力编著。人民美术出版社1995年5月出版，32开，152页。本书选编了156幅有关西藏风马旗的作品。

西藏佛教彩绘彩塑艺术　门拉顿珠、杜玛格西·丹增彭措(1725—?)著，罗秉芬译。中国藏学出版社1997年出版，32开，153页。西藏传统绘塑大师门拉顿珠所著《如来佛身量明析宝论》和藏族学者杜玛格西·丹增彭措所著《彩绘工序明鉴》两部艺术理论著作，由中央民族大学藏学系罗秉芬副教授译成汉文，并结集为本书。门拉顿珠是15世纪人，有关绘画、雕塑的技法论著多以手抄本流传于世，被认为是藏族民间画师的集大成者，他的著作是后世艺术匠师们必读的经典之一。《如来佛身量明析宝论》于1675年刊刻，它是西藏历史上两大画派之一——门氏画派立派之著。全书共分7章，即如来佛三十二相与八十微妙相、各家论述及批判、绘塑不符合标准佛像之罪过、显密宗诸名家有关佛身量的学说、绘塑符合标准佛像的功德、绘塑师及施主必备的条件、绘塑实践工序详述等。《彩绘工序明鉴》于公元1758年刻版成书，被称为西藏彩绘彩塑艺术理论的权威之作。全书共分32章，第1至第5章论述颜料的分类，色彩的类别、数目以及优劣的鉴别；第6至第9章论述颜料的炮制、辨析及调配；第10章介绍彩绘彩塑的历史由来；第11至第21章详述涂色的方法、步骤，颜色的和谐与否及妙用法和凹凸明暗的表现法；第22至第29章论述绘塑师应遵守的宗教仪轨与日常行为规范；第30章介绍西藏早期绘塑艺术的历史；第31章论述绘塑方面的过失；第32章论述塑像建塔的功德。杜玛格西·丹增彭措一生潜心考察和研究高原的植物、动物、矿物，用近20年的时间著成集藏区本草之大成的《晶珠晶贫论》，与此同时，他还观察了这些药物作为颜料时的重要作用及炮制的方法，并撰写了《彩绘工序明鉴》一书。本书向人们系统地介绍了西藏佛教彩绘彩塑艺术的基本理论、传统技法，以及西藏佛教艺术美学诸方面的源流，同时我们还可以从侧面看到西藏民间画师们的一些传统观念。因此，它有多学科的研究价值。

西藏宫殿寺庙史话 赵慧民著。中国大百科全书出版社2000年出版，32开，160页。本书介绍了西藏境内主要的宫殿、寺庙，如布达拉宫、大昭寺、色拉寺、哲蚌寺等的历史、建筑结构、壁画艺术、塘噶、文献及佛教造像。

西藏绘画 丹巴饶旦著，阿旺晋美译。藏汉文对照本。中国藏学出版社1996年7月出版，16开，137页。本书是一本美术教科书，分4讲：1.概述藏族绘画、雕塑史。2.论述传统绘画的比例尺度及图样。3.传统绘画的配色与实践，并阐述如何把传统画与中国画、西洋画等结合的途径和方法。4.塘噶画与壁画的画法及步骤。对藏区传统颜料配制也有介绍。

西藏历代藏印 欧朝贵、其美编著。西藏人民出版社1991年12月出版，16开，117页。本书分元代、明代、清代、民国、其他5部分内容，主要介绍了政府、官员、机构、活佛等的各种印。书中共收入205颗印，每颗印均附有规格、印文和释文。印有金、银、铜、象牙、玛瑙、水晶、铁、木等材料刻制的。规格大的为14厘米×14.3厘米，小的仅为1×1厘米。本书印章材料来源于布达拉宫、罗布林卡、扎什伦布寺和昌都地区文化局，205颗印均为现存，不存者未收入，并参考了西藏档案馆藏"《噶厦印谱》"、"《译仓印谱》"、《扎什伦布印谱》、《仁蚌印谱》等资料。为研究西藏印谱的重要参考书之一。

西藏·面具 张鹰编著。五洲传播出版社2002年11月出版，32开，20页。本书是根据作者的《西藏面具》一书改编的。本书简要介绍了西藏的宗教面具、藏戏面具和民间面具及其特点。

西藏面具 张鹰编著。人民美术出版社1995年12月出版,32开,117页。本画册收录了201幅有关藏族面具的图片,书前有专文介绍西藏面具艺术的基本情况。

西藏·手工艺品 熊文彬、陈宗烈编。五洲传播出版社2002年出版,32开,20页。本书简要介绍了西藏手工制品的种类和工艺技术。

西藏·唐卡 廖东凡著。五洲传播出版社2002年出版,32开,20页。本书简要介绍了西藏制作唐卡的材料、颜料、绘画技巧等。

西藏唐卡 西藏自治区文物管理委员会编。藏汉文对照本。文物出版社1985年1月出版,16开,200页。本书是西藏唐卡画册,共收彩色照片140幅。图版目次和图版说明为藏汉文对照,书后还有图版目次的英译文。

西藏脱模泥塑 张鹰编著。人民美术出版社1995年5月出版,32开,192页。本书为图片集,收录了200幅图片,介绍了西藏各时期的脱模泥塑。

西藏西部佛教艺术 霍巍、李永宪著。四川人民出版社2001年出版,16开,198页。本书介绍了西藏西部的佛教艺术,内容包括殿堂壁画、石窟壁画、寺院建筑、金铜佛像、泥塑艺术和模制泥像等。

西藏写生画集 董希文等绘。人民美术出版社1962年9月出版,32开,62页。本画集选编了董希文、吴冠中、邵晶坤、潘世勋、赵友萍、张丽、朱济、汪玉琳等画家1959年至1961年期间在西藏创作的油画、水彩画和素描作品31幅。

西藏写生集 李焕民等画。上海人民美术出版社1979年8月出版,32开,84页。本画集选编写生画84幅。

西藏艺术:雕刻卷 西藏自治区文联编。上海人民美术出版社1991年3月出版,16开,204页。本书收录了西藏民间雕刻作品204件,包括石雕、木雕、铜雕、泥陶雕等。书前有波米·强巴洛卓的前言《神秘的西藏雕刻艺术》,书后有韩书力的后记《圣山神湖之间——西藏雕刻艺术浅识》。

西藏艺术:绘画卷 西藏自治区文联编。上海人民美术出版社1991年3月出版,16开,202页。本书收录西藏壁画、布画、塘噶等方面的彩色图片202幅。书前有扎西次仁的前言《西藏绘画的缘起和流变》,书后有余珈的后记《西藏绘画名迹寻访实录》。

西藏艺术考古 柴焕波著。中国藏学出版社2002年4月出版,16开,392页。本书分导言、正文两大部分。导言部分对藏传佛教作了简介,从时、空两个角度,即西藏周边的艺术传统及西藏历史发展的不同时期,分析了其政治、经济、宗教各方面对西藏艺术的影响;正文分绘画、建筑、雕刻3部分。

西藏艺术史 西格伯特·赫梅尔著。1953年出版。本书主要内容有:1.西藏艺术发展史。其中包括史前时代、西藏和印度艺术、西藏艺术形式等内容。2.西藏艺术形式和西藏的艺人。论述各种绘画、雕刻塑像、建筑等艺术形式,以及艺人生活等。附124幅有关西藏各种艺术的图片。为研究西藏艺术的重要参考书。

西藏原始艺术 李永宪著。河北教育出版社2000年出版,32开,258页。"西藏艺术研究系列丛书"之一。本书研究西藏原始石器艺术、人体装饰艺术、陶器艺术、岩画艺术、大石遗迹、西藏原始艺术与原始宗教的关系等。本书正文共7章27节,内容依次为:导论,源于工具制造的形式美——石器艺术,高原部族的自身美化——人体装饰艺术,陶器艺术,高原猎牧部族的"原始语言"——岩画艺术,艺术化与宗教化的建筑——大石遗迹,西藏原始艺术与原始宗教。书中有彩色照片20幅、插图73幅,并附主要参考书目、英文提要及英文目录。

西藏宗教艺术 罗顿·夏普·达雅布编著。2册。第1册,除178页正文外,有8张图表和4幅折页插图;第2册,208页,均为照片和图版,其中有35张彩色图版、33张单色图版和4张插图。收入"亚洲研究丛书"第52卷。本书以图文并茂的形式介绍西藏的雕塑、绘画等宗教艺术。

雪域花朵:桑吉才让油画选 桑吉才让绘。民族出版社1992年11月出版,16开,25页。本画册收录了藏族第一代青年油画家桑吉才让的20余幅油画。

元代藏汉艺术交流 熊文彬著。河北教育出版社2003年出版,32开,321页。"西藏艺术研究系列丛书"之一。本书分11章,论述了北京于元代藏传佛教的2个塔、在江南的传播和飞来峰等遗迹、萨迦和夏鲁寺建筑吸收内地艺术的因素等内容。

藏传佛画度量经 尕藏编译。青海民族出版社1992年6月出版,16开,292页。藏传佛画艺术门类颇多,大致有绘画、建筑图案、刺绣、雕塑等,其高超的艺术表现手法和独特的艺术效果,无不令人神往和赞叹。本书由身、语、意度量经注疏花鬘,诸神、佛像300幅和常用藏汉美术词汇对照3部分组成。是研究藏传佛画艺术的工具书,也是研究藏族美术的要籍。

藏传佛教故事 褚亚丁编写,尼玛泽仁绘画。四川美术出版社1999年出版,32开,200页。本书以图文并茂的形式讲述了藏传佛教的发展过程。

藏传佛教护法神及眷属画像与供品图集 根秋登子古籍整理,熊文彬、陈观胜译。汉英藏文对照本。云南民族出版社 2002 年出版，16 开，93 叶，经折装。本书收入的 96 幅画是藏传佛教噶玛噶举派在云南藏区、纳西地区遗留下来的本尊念修仪轨、设坛、灌顶用的具善怙眷属诸神画片，以及与该念修仪轨相配套的供品图案等。本书所收录的具善怙眷属诸神画像，是纳西族东巴教在法事活动中沿用至今的图像，它们不仅是研究绘画艺术的宝贵资料，也为研究东巴教与藏传佛教、苯教的关系提供了资料。

藏传佛教喇嘛神像集 章嘉若必多杰（又名益西丹贝卓美，1717—1786）著，朵藏、卓永强整理。兰州古籍书店 1990 年出版，16 开，153 页。章嘉若必多杰是第三世章嘉活佛。本书收录了 100 多幅本尊、护法和祖师的木刻画。

藏传佛教神明大全 久美却吉多杰著，完玛多杰译。青海民族出版社 2004 年出版，32 开，上册 379 页、下册 450 页。本书共收 1200 余幅各类佛像和图画，全面介绍了藏传佛教主要供奉的佛像。本书资料来源于《神像五百帧》、《神像三百帧》和《神像一百五十帧》。

藏传佛教寺院艺术 张世文编著。西藏人民出版社 2003 年出版，32 开，210 页。本书介绍了藏传佛教的建筑、美术、工艺，以及藏传佛教的器物等，较全面展现了藏传佛教的寺院艺术特色。

藏传佛教唐卡绘画明鉴 噶庆·洛桑彭措著。民族出版社 1993 年 8 月出版，32 开，110 页。作者是现代著名的藏族传统绘画画师。本书依据藏族文化大五明中工艺明的有关经典编写而成，对佛教的佛、菩萨、护法诸神及其法器和装饰物等作了介绍。

藏传佛教造像 王家鹏主编。上海科学技术出版社、商务印书馆（香港）有限公司 2003 年出版，16 开，271 页。本书对北京故宫博物院所藏的藏传佛教佛像从分类、历史、艺术等方面作了介绍。附藏传佛教造像图片。

藏传佛教造像图集 陈振远主编。天津人民美术出版社 1995 年出版，16 开，123 页。本书介绍了藏传佛教传统的各类本尊、菩萨和护法等的造像。

藏传佛教尊像选 王磊义编绘，金申注释。文物出版社 1995 年出版，32 开，195 页。本书收入 170 多尊各类佛教造像、法器和手印图，并有说明文字。

藏画艺术概论 宗者拉杰、多杰仁青著。民族出版社 2002 年 1 月出版，32 开，318 页。作者 1951 年 12 月出生于青海省循化县一个普通农民家庭，少年时入文都寺学习，勤于绘画，1972 年正式从事绘画工作，1999 年完成载入吉尼斯世界纪录之最的大型塘噶画《中国藏族文化艺术彩绘大观》，主要有《藏画艺术源流》、《论藏族姓氏与取名》等论著和诗歌、散文、小说。本书分5章：藏族绘画史（古代藏族绘画艺术、佛教前弘期的绘画艺术、佛教后弘期的绘画艺术、多麦地区佛画艺术的兴起、古今藏族工艺美术）、藏画入门准备（专用术语、身像简介）、身语意度量（佛像度量、字体尺度、佛塔尺度、几种常见图案的绘制技法）、实践知识（配制绘画颜料和加工镶嵌宝石的方法，壁画、塘噶画、雕塑、彩沙图案的绘制，缎绣“堆绣”工艺）、绘画常识集锦（塘噶、藏画艺术的象征意义、绘画创作常识），是简便易学的藏画基础知识。本书继承和发扬了传统的藏画艺术，吸收和融合了中外优秀的绘画技法，为广大藏画爱好者提供了内容丰富。著名画家安多·强巴作序。

藏密观音造像　李翎编。宗教文化出版社2003年出版，32开，286页。本书是一部佛教图像学方面的专著，以在西藏的密教造像中流传最广的观音像为研究对象，探讨其造像的规律。

藏秘：唐卡奥义　隐尘著。重庆出版社2005年出版，32开，219页。本书介绍了唐卡的历史、唐卡的制作、颜料、绘画技巧等。

藏族传统绘画理论与技法　益西喜饶编写。四川人民出版社1990年出版，16开，160页。本书分两编，前编为文字，讲述了藏族传统绘画理论、佛像尺度标准口诀及技法；后编为线描佛像尺度范例，有释迦牟尼佛像、金刚像、大威德像等数十幅图谱。

藏族传统美术概论　根秋登子著。藏文。中国藏学出版社1994年出版，16开，521页。本书论述了造型艺术史、造型艺术分类、绘画基础、塑像分类及装饰、常用图案画法、塘噶艺术、艺术实践和方法等方面的内容。附部分照片、图案及画像比例插图。

藏族独特的艺术　尕藏才旦编著。甘肃民族出版社2001年9月出版，32开，207页。本书概述了藏族绘画、雕塑、纺织染色工艺、王宫建筑艺术等多种艺术形式。

藏族佛画艺术　青海民族出版社编。青海人民出版社1987出版，8开，124页。本书主要介绍了藏传佛教绘画技法、各类绘画精品。

藏族工艺典籍选编　底吾玛尔、丹增平措等著。藏文。西藏藏文古籍出版社1990年12月出版，32开，300页。本书汇集了珍贵的藏族工艺典籍7篇，比较系统地介绍了藏族传统的金属加工工艺、印染工艺、制香工艺、铁器工艺、纺织工艺、建筑工艺及绘画工艺等，反映了藏族建设物质文明的历史、藏族与周边民族的交往史，以及藏族在金属、植物、动物等方面的知识，对继承和发扬藏族手工艺艺术有特殊的意义。

藏族木刻佛画艺术　文金扬编。

人民美术出版社 1960 年 3 月出版，8 开，125 页。本书汇集了编者 1950 年参加中央民族访问团在康定甘孜一带工作时收集的藏族木刻佛画，其中主要是德格印经院的藏版，一部分是康定喇嘛寺藏版。本书根据题材内容和表现形式的不同将这些佛画编成五部分：第一部分为显教佛像，共 22 幅；第二部分为密教佛像，共 41 幅；第三部分为传承祖师像，共 34 幅；第四部分为象征吉祥劝善图像，共 7 幅；第五部分为其他佛画、佛塔、符咒、曼陀罗佛品及誓物等佛画，还有一些颂赞诗文及经典上的装饰花纹，共 15 幅。这些木刻佛画是藏族佛教文化的宝贵遗产，在艺术表现形式上有比较独特的民族风格。

藏族装饰图案艺术 阿旺格桑编著。江西美术出版社、西藏人民出版社 1999 年出版，16 开，247 页。本书介绍了藏族建筑、装饰的传统图案和现代图案。

早期汉藏艺术 (法)海瑟·噶尔美著，熊文彬译。中国藏学出版社 1994 年 2 月出版，32 开，260 页。本书分为 5 章，系统地论证和阐述了汉藏文化艺术领域中相互影响和渗透的历史，其中涉及了大量 7—15 世纪的藏、汉文献和艺术品。

中国当代西藏画选 巴玛扎西等编。五洲传播出版社 2001 年出版，16 开，168 页。本画册精选了 11 位藏族和 1 位纳西族优秀画家的 93 幅作品，其中包括新藏画、现代塘噶、版画及油画作品。这些作品题材多样，民族气息浓厚，创意新颖，富有诗意，代表了当代藏画的较高水平。

中国藏传佛教金铜造像艺术 陈庆英、孙国璋主编，中国文物流通协调中心编。人民美术出版社 2000 年出版，16 开，656 页。本书按照佛、本尊、菩萨、祖师、护法 5 个部分，介绍了 300 件藏传佛教金铜造像。

中国藏传佛教唐卡艺术 顾建华编。宗教文化出版社 1999 年出版，16 开，143 页，经折装。本书收入唐卡画 100 多幅。其画工考究，可以作为范本。

中国藏族文化艺术彩绘大观图说明镜 宗者拉杰著。民族出版社 2002 年 3 月出版，16 开，540 页。本书为《中国藏族文化艺术彩绘大观》的说明书。这幅画全长 618 米、宽 2.5 米，1998 年 12 月获“世界上最长的藏画”称号。本画内容包括藏族历史、文化、宗教、传统五明文化、民间文化及自然景观等。收入 35 位作者的 40 余篇关于藏族宇宙、历史、教派、文化、名胜等方面的文章。

中世纪藏传佛教艺术——白居寺壁画艺术研究 熊文彬著。中国藏学出版社 1996 年出版，32 开，240 页。本书详细介绍了西藏白居寺的壁画，并对其历史、艺术特色、种类、价值等作了深入研究。

走进喜马拉雅 韩书力著。福建美术出版社 2002 年出版，16 开，98 页。韩书力是西藏大学名誉教授，在藏工作 29 年，有《西藏玛尼石刻》等专著。本书分“藏传佛教艺术新观”“藏域民俗掠影”“边地人轶事”和“风格历程”4 个专题，介绍了西藏艺术、民族风情等内容。

(二)摄影

班禅大师在海南 中共海南藏族自治州委、海南藏族自治州人民政府、中国新闻社联合编辑。香港沙涛制作公司设计，1993 年印行，16 开，127 页。画册。本画册收入第十世班禅额尔德尼·确吉坚赞副委员长 4 次(1980 年、1987 年、1988 年、1989 年)视察青海省海南藏族自治州的主要活动照片。

班禅大师在青海 青海省接待归国藏胞办公室编。青海民族出版社 1989 年 2 月出版，16 开，25 页。画册。本画册主要反映班禅大师于 1987 年 9 月 24 日—10 月 22 日回到故乡青海的视察活动，包括视察了青海民族出版社、文都中学、医院、寺院、日月山、西宁市、海东行署、海南藏族自治州、循化撒拉族自治县、化隆回族自治县、海晏县及机关、工地、牧民居住区等，所到之处深受各族人民群众的热烈欢迎，他把党中央的温暖和政策带给了人民，对民族团结和各民族共同建设青海起到了很大作用。修订时封面换上班禅大师像，内容作了部分调整，美观大方，很有收藏价值。

北京名刹——雍和宫 雍和宫管理处编。中国连环画出版社 1995 年 7 月出版，32 开，60 页。本书以图文并茂的形式简要介绍了雍和宫的历史、主要佛像、建筑、塘噶和法器等。

布达拉宫 江道元编著，洛桑次仁译，陈宗烈摄影。藏文。西藏人民出版社 1982 年 7 月出版，32 开，42 页。本书简要介绍了举世闻名的拉萨布达拉宫的修建历史和建筑格局。书前附布达拉宫照片多幅。

布达拉宫 甲央主编。中国大百科全书出版社 1994 年 6 月出版，16 开，125 页。画册。本书为庆祝拉萨布达拉宫维修工程竣工而编辑出版，介绍了布达拉宫的历史、文物、艺术、建筑格局和雄姿。

布达拉宫 梅朵编。五洲传播出版社 1996 年 12 月出版，32 开，21 页。本书以图文并茂的形式简要介绍了布达拉宫和西藏概况。

布达拉宫 西藏自治区文物管理委员会编。文物出版社 1985 年 7 月出版，16 开，155 页。画册。布达拉宫是世界上海拔最高、现存规模最大的古建筑群，始建于 7 世纪，1961 年被国务院列为第一批全国重点文物保护单位，1994年被联合国教科文组织列入《世界文化遗产名录》。这个建筑群不管在布局、土木工程、金属冶炼，还是雕塑、壁画等方面，都集中体现了古代藏族人民在建筑艺术和美术方面的伟大成就。本书的155幅彩色图片，介绍了布达拉宫的部分经典建筑、陈设、木雕、塑像、壁画、灵塔和宫中所藏的塘噶、文物、图书经籍等。书前有洛桑土登的《布达拉宫》(藏汉文对照)一文。

布达拉宫 南卉编。德文本。中国世界语出版社1995年8月出版，16开，157页。本书收入百余幅布达拉宫建筑、灵塔佛塔、壁画、雕塑等图片，并有简要文字说明。

布达拉宫秘宝 刘鸿孝主编，卞志武、丁长征摄影。藏汉英文对照本。中国民族摄影艺术出版社1999年出版，8开，254页。画册。本书收图400余幅。以图文并茂的形式介绍了布达拉宫收藏的塘噶(包括壁画)、雕塑、图书、饰品、法器等珍藏品。

擦擦:藏传佛教模制泥佛像 刘栋编。天津人民美术出版社2000年9月出版，16开，156页。本书以图文并茂的形式比较全面地介绍了“擦擦”的制作、特点及其艺术价值。任继愈评价本书为“汉藏佛教交流津梁，中华民族艺术瑰宝”。阿沛·阿旺晋美称赞此书“为保存、研究和发展藏族传统文化的优秀成果，做出了新的重要贡献”。

昌都 扎嗄著。五洲传播出版社1999年12月出版，32开，60页。本书以图文并茂的形式简要介绍了昌都地区的历史、交通、经济、文化教育，重点介绍了风景名胜。附图70幅。

川西珍稀植物及花卉 刘照光、邱开蒲等、中国科学院成都生物研究所编。四川民族出版社1985年出版，16开，107页。画册。本书主要介绍四川省西部九寨沟、卧龙、大风顶、黄龙洞、贡嘎山等著名自然保护区中的各种珍稀植物和这一地区的名贵花卉。有较详的藏英汉文对照说明和优美的彩色图片。为研究四川西部藏区植物、花卉的要籍之一。

第十世班禅大师 人民画报社编辑。新星出版社1994年5月出版，16开，138页。画册。本画册介绍了第十世班禅大师热爱祖国和维护祖国统一的伟大的一生。

第十一世班禅确吉杰布 朱晓明主编。有藏汉、藏英两种版本。中国西藏杂志社2001年出版，16开，180页。画册。本书内容分转世坐床、受戒灌顶、修习与弘法、众生拥戴、进京活动、丰富多彩的日常生活等6个专题，真实记录了第十一世班禅额尔德尼的成长历程。有150余幅图片。中国佛教协会会长赵朴初在序言中说:这是一本具有“信史”意义的史册。

佛教法像真言宝典 刘宁、李玉玲等编。民族出版社 1994 年出版，16 开，218 页。画册。本书收入西藏各地格鲁派、宁玛派、噶举派、萨迦派寺院珍藏的佛尊、法像、坛城、藏密塘噶画 108 幅，其中上师、本尊、佛、菩萨、空行、护法等像近 600 尊。每尊法像、坛城、护法、法器，以及法力、功德、汉位、手印、传承加持、灌顶加持、修行仪轨、聚积资粮等均有藏、汉、英 3 种文字的简要介绍，每尊佛号、咒语、种子字也都以 3 种文字译音、解意。彩图精美，行文准确，是藏密修持者供奉、观想、持咒的要籍，对法像、佛学、藏族艺术研究有重要参考价值。

甘丹寺 熊文彬编。五洲传播出版社 1997 年 11 月出版，32 开，17 页。小画册。本书简要介绍了甘丹寺的建筑和历史。

高原的记忆：援藏干部摄影作品集 魏黎耕编撰，本画册编委会编。汉英文对照本。中国摄影出版社 2002 年出版，16 开，107 页。摄影集。本书收录援藏干部的近百幅摄影作品，它们反映了西藏改革开放以来在经济建设和人民生活方面取得的巨大成就，还展示了西藏独特的高原风光和民族风情。每幅照片都表现出援藏干部对雪域高原深深的眷恋和对西藏各族人民无限的爱。

贵德风光 贾洪、朱讽摄影。青海民族出版社 1989 年 12 月出版，1 套 12 张。明信片。这套明信片从不同的角度简要介绍了贵德的城镇建设、自然风光、名胜古迹等景观。图文并茂，图片色泽鲜艳，印工精致。

欢腾的西藏 本书编委会编。有藏汉、藏英两种版本。西藏人民出版社 1986 年 8 月出版，16 开，183 页。本书是一部反映西藏自治区成立 20 周年庆典活动的摄影集，内容包括中央代表团赴藏参加庆祝活动的情况、内地对西藏的援建、西藏的开放、西藏的古老文化、西藏各项事业所取得的成就等方面的情况。

解放青海画册 梁瑞林主编，中共青海省委党史资料征集委员会和青海省军区政治部共同编辑。青海人民出版社 1989 年 12 月出版，12 开，192 页。画册。本书收入 361 幅图片。分进军青海、保卫青海、建设青海、开拓青海 4 部分，系统、全面、真实地反映了 1949 年 7 月中国人民解放军第一野战军在彭德怀副总司令的指挥下，迅速西进，展开了解放大西北的战役的事件。

今日青海 田源、温桂芬主编，青海省人民政府办公厅、中共青海省委对外宣传小组办公室编。青海民族出版社 1993 年 10 月出版，16 开，140 页。本书以 192 幅彩色照片和近万字的中、英文文字介绍了青海独特的风景线、资源与投资环境、民族风情三大部分的内容。有时任青海省省长田成平的前言。

今日西藏 廖频编。有英、法、西班牙、德、乌尔都、印地、日、俄、阿拉伯、世界语等文字的版本。交通出版社1974年7月出版,16开,124页。本画册介绍了自1951年和平解放以来,特别是1959年民主改革后西藏在工业、农业、人民生活、城市建设、文教卫生等方面的巨大变化。

今日西藏 李国清、大丹增主编。中国藏学出版社1999年出版,16开,172页。画册。本书以图文并茂的形式介绍了西藏的政治、经济、科教、文化、宗教、风光等内容,尤其是对和平解放以来西藏社会的变化、进步和发展的轨迹作了重点介绍。

康巴撷珠 周廷铎主编。云南人民出版社1990年1月出版,16开,123页。画册。本画册介绍了云南迪庆藏区的市镇、经济等方面的发展状况及自然风光,并介绍了1986年第十世班禅大师视察康巴地区的情况。

拉卜楞寺 陈立健撰稿,吴卫平等摄影。五洲传播出版社1997年11月出版,32开,17页。画册。本画册以图文并茂的形式简要介绍了拉卜楞寺的建筑和寺院文化。

林芝 张晓明著。五洲传播出版社2000年1月出版,32开,76页。画册。本书中说明文字约3万,图片70余幅,以图文并茂的形式介绍了西藏自治区内林芝地区的自然地理、气候特征、交通、人口和民族构成、经济发展状况、宗教信仰、民俗风情、自然及人文景观等概况。

聆听西藏:以图片的方式 张维、张晓岚选编。云南人民出版社2000年出版,32开,220页。画册。本书收入500余幅图片,内容分为宗教、容颜、自然、器物、人生和另类时尚等6个专题,介绍了西藏的自然与人文景观。

罗布林卡 西藏工业建筑勘测设计院编。中国建筑工业出版社1985年5月出版,16开,176页。大型画册。本书有彩照120余幅,反映了整个罗布林卡的主要宫殿、景观、建筑规模等。对罗布林卡建筑的文字说明共34页,其中对罗布林卡主要建筑作了较详细研究,且大都绘有其立面图、平面图、剖面图、楼层平面图、建筑物位置图、绿化区布置图;有些建筑群还有鸟瞰图;对金色颇章宫殿和措吉颇章宫殿的主体建筑作了立面构图分析和研究。本书图文并茂,对达赖喇嘛的夏宫——罗布林卡,作了全面分析研究,认为罗布林卡是西藏高原园林艺术的代表作品,其规划布局、园林建筑、植物配置、道路设计等均具有鲜明的地方特色,独具一格。是研究西藏传统建筑艺术的重要参考书之一。

那曲 徐平著。五洲传播出版社2000年1月出版,32开,72页。画册。

本书说明文字 2.8 万,彩色图片 70 幅左右,介绍了西藏自治区那曲地区的自然地理、气候特征、交通、人口和民族构成、经济发展状况、宗教信仰、民俗风情、自然及人文景观等概况。

青海春色 青海省农林厅编。青海民族出版社 1993 年 5 月出版,16 开,142 页。画册。本书收集 20 多幅彩色摄影图片,内容分高原农业、青海林业、渔林、野生动物、农林科研、孟达自然保护区、鸟岛自然保护区、隆宅自然保护区等 8 个部分,分别介绍了青海农林业 40 年来的发展状况和丰富的资源。

青海地学风光 陈宜强摄影。青海民族出版社 1989 年 7 月出版,1 套 10 张。明信片。本明信片主要内容有:盐滩景观、湟水秋色、日月亭、昆仑冰瀑、沙海晚归、青海湖鸟岛、露鹭岛、盐湖夕照、小柴旦湖、珍珠盐钟乳、冰清玉洁等。

青藏高原 刘庆武摄影,李燃配诗。青海民族出版社 1989 年 7 月出版,1 套 10 张。明信片。青藏高原风光艺术摄影展示了其雄伟、壮观的气势。每张明信片都有诗人李燃的配诗,诗情画意,设计独具匠心,印工精良。

青藏线上 刘庆武主编。青海人民出版社 1989 年 5 月出版,16 开,138 页。本画册以其翔实的史料、丰富的图片资料、绚丽的风光、优美的文字让广大读者从中领略到青藏高原雄浑粗犷的神奇风貌和欣赏到 2000 公里青藏公路沿线的迷人美景。从 192 幅图片及其文字中可以了解青藏线开拓者艰苦创业的动人事迹,感受到广大官兵无私奉献的精神,展望青藏线建设如花似锦的美好未来。

日喀则 徐平著。五洲传播出版社 2000 年 1 月出版,32 开,91 页。画册。本画册说明文字约 3 万,彩色图片近 70 幅,全彩色印刷。本画册以图文并茂的形式介绍了西藏自治区日喀则地区的自然地理、气候特征、交通、人口和民族构成、经济发展状况、宗教信仰、民俗风情、自然及人文景观等概况。

萨迦寺 梅柴编。五洲传播出版社 1999 年 11 月出版,16 开,79 页。画册。本画册简要介绍了萨迦寺的历史、建筑、艺术、文物等。

萨迦寺 西藏自治区文物管理委员会编。文物出版社 1985 年出版,16 开,179 页。画册。书首有东噶·洛桑赤烈写的《萨迦寺史略》,图片按南寺建筑、南寺造像、佛塔、壁画、塘噶、法器和器物、经籍图书编排,共有 110 幅彩照。本画册简略介绍了萨迦寺的建筑艺术、绘画、雕刻,以及该寺所藏宋、元、明、清各代的珍贵文物。该寺有贝叶经 3193 页、塘噶 3000 余幅、经典 2 万余函、明瓷等 2000 余件、各朝佛像 2 万余尊,其他如封诰、诏书、印章、法器、供器、玉器等的数量也很多。

赛达寺 傅平、嘎玛图嘎摄影。青海民族出版社1993年7月出版,16开,13页。明信片。共13张。赛达寺是青海省玉树地区著名的萨迦派寺院之一,历史悠久。该寺原为苯教寺院,元朝帝师八思巴于1268年由萨迦返大都路过称多时,把该寺改宗为萨迦派,亲赐寺名"特却达杰楞",意为"大乘昌隆洲"。图片内容为:寺院全景、释迦牟尼(唐代)、莲花生十三尊、宝帐怙主、喜金刚、文殊菩萨(大明永乐)、善逝八塔、玛钦护法神、赛巴觉卧、八思巴金刚铃、赛巴噶钦十四世阿旺贡噶却吉尼玛、经堂内景、噶当塔。

色拉大乘洲 次旺仁钦编辑、摄影。民族出版社1995年10月出版,16开,191页。画册。本书收录了200多幅照片,详尽介绍了色拉寺的历史、僧院、壁画、佛像、密宗、塘噶、典籍、佛事活动,以及该寺的文化特色和收藏的文物。

色拉寺 熊文彬编。五洲传播出版社1997年12月出版,32开,17页。画册。"色拉寺"全名"色拉大乘洲"。本书简要介绍了色拉寺的情况。

山南 绒占堆著。五洲传播出版社2000年1月出版,32开,84页。画册。本书以图文并茂的形式介绍了西藏自治区山南地区的自然地理、气候特征、交通、人口和民族构成、经济发展状况、宗教信仰、民俗风情、自然及人文景观等概况。附图片70幅,全彩色印刷。

神奇的西藏 人民画报社画报研究中心编。中国画报出版社1994年1月出版,16开,196页。本画册介绍了西藏的自然景观、城市建设、藏传佛教现况、人民的衣食住行等内容。

"世界屋脊"上的西藏 孙明政等撰文,吐登等摄影。有汉、英、世界语文版。中国世界语出版社1987年1月出版,16开,132页。作者在西藏生活多年,热爱西藏文化。本画册有彩照140幅,简要介绍了西藏的历史、地理、历史遗址、传统文化、宗教信仰、生活习俗及西藏自和平解放30余年来所发生的巨大变化。

蜀山之王——贡嘎山自然保护区 四川民族出版社编辑。四川民族出版社1990年出版,16开,156页。画册。本画册介绍了四川贡嘎山及其周围的群峰、冰川奇观、各种珍稀动植物、湖泊、温泉及民族风土人情、名胜古迹等。

孙振华西藏风情摄影集 孙振华摄影。安徽美术出版社1988年3月出版,16开,118页。画册。本画册收录了118幅展现西藏风土人情的摄影作品。

塔尔寺 陈立健编。五洲传播出版社1997年11月出版,32开,17页。画册。本画册简要介绍了塔尔寺的历史、建筑和艺术。

塘河地震之后 青海省民政厅、青海省海南藏族自治州人民政府编。中国社会科学出版社 1993 年 5 月出版，16 开，102 页。画册。本画册用大量图片记录了青海海南塘河地震后重建家园的情况，包括震灾危及千家万户、亲切的关怀、人间自有真情在、奋发图强建家园、风景这边独好等 5 部分内容。

图说西藏百年 廖东凡、张晓明、周爱明、陈宗烈编著。云南民族出版社 1999 年 9 月出版，16 开，226 页。本书收藏汉两族摄影者在西藏各个历史时期拍摄的图片 439 幅，文字说明 10 万余言，比较详细地介绍了西藏百年来的政治 、经济、文化、宗教、军事、民俗等许多方面的历史情况，并以大量史料证明了西藏地方是中国不可分割的一部分，并突出宣传了以毛泽东、邓小平、江泽民为代表的中央三代领导人对西藏和西藏人民的关心、爱护。本书对西藏近百年来的历史作了客观、明晰的介绍。

托林寺 彭措朗杰编。汉英藏文对照本。中国大百科全书出版社 2001 年 1 月出版，16 开，153 页。画册。本画册详尽介绍了西藏阿里托林寺的历史、建筑、艺术和现况。

西北揽胜 邵元冲主编，许师慎摄影并编辑。正中书局民国二十五年(1936)出版，16 开，189 页。画册。民国二十四年(1935)，作者率团代表国民党中央委员会致祭黄陵，随后考察西北各省，并将这一历程编为此书。本书为摄影集，依陕、甘、青、宁、绥、晋 6 省次序排列，共 400 幅照片，反映了民族扫墓节、潼关、华清池、黄河上游水利、河西走廊、敦煌千佛洞、玉门关、西宁风景、青海藏民生活、蒙藏寺院打鬼活动、云冈石窟、天龙及太谷等内容，6 省著名景象基本包揽在内。

西部奇路 成都军区后勤部、解放军画报社编。长城出版社 1989 年 7 月出版，32 开，161 页。画册。本画册分奇景、奇俗和奇迹 3 部分，展示了川藏公路美丽的自然景观、沿途奇异的民族风俗及这条奇路的建设者们的风采。有百余幅照片。

西藏 龚威健主编。中英日文对照本。中国旅游出版社 1996 年出版，16 开，120 页。摄影集。本书反映了西藏的宗教、文化、建筑、绘画、生活等方面的内容。

西藏 西藏自治区旅游局、中国旅游出版社编。中国旅游出版社 1992 年 8 月出版，16 开，144 页。画册。本书分西藏民族生长的地方、释迦牟尼的信奉者、酿造生活的美酒和旅游者的乐园，介绍了西藏的风土人情、自然风光和民族文化。

西藏 江山多娇编辑部编。汉英文对照本。上海人民美术出版社 1985

年5月出版,16开,18页。画册。本书分世界屋脊沧海沉浮、古城拉萨气象万千、高山大河雄冠天下、古庙胜迹风雨千秋和民族风情绚丽多彩5章,并通过近百幅照片对西藏的古代建筑、自然风光等作了简要介绍。

西藏 邵宇主编,人民美术出版社等编。有汉、英、日文本。人民美术出版社1982年4月出版,8开,132页。画册。本书由中日两国艺术家、作家、出版家共同完成,收彩色图片500余幅,文字说明近3万字,比较全面地介绍了西藏的风光景物、寺院建筑、风土民俗、名胜古迹、文学艺术与地方物产等。有阿沛·阿旺晋美序。

西藏 扎西次登主编。民族出版社1985年6月出版,16开,182页。"中国少数民族地区画集丛刊"之一。画册。本书以图文并茂的形式介绍了西藏的壮丽山河、高原风情、灿烂文化、悠久历史,以及自和平解放30多年来西藏各项建设事业的发展和人民生活的变化。

西藏布达拉宫 张涵毅等摄影。上海人民出版社、生活·读书·新知三联书店香港分店1982年5月出版,16开,121页。画册。本书收录97幅彩色图片,介绍了布达拉宫的外景、宫殿、文物、壁画、塑像、图书、灵塔、金顶等。书前有东嘎·洛桑赤列的《布达拉宫筑造始末》和邓锐龄的《布达拉宫》两文,书后附布达拉宫大事记。

西藏风光摄影名家指导 初小青著。浙江摄影出版社2001年出版,32开,115页。西藏风光摄影集。本书中作品均附有拍摄时间、地点、使用器材、拍摄经过和摄影经验等。

西藏佛教密宗艺术 李冀诚、顾绶康编著。商务印书馆香港分馆、北京外文出版社1984年出版,16开,224页。外文出版社1991年、1999年再版。大型画册。本书简要介绍了西藏密宗的源流、经籍、修习和艺术流派,尤其着重介绍了藏密艺术。收入图片154幅,反映了密宗艺术的传统风格,有不少实物为历史文物和艺术珍品。

西藏佛像集萃 贾林主编。四川美术出版社2005年出版,32开,147页。本书以图文并茂的形式,对西藏部分重要佛像作了介绍。

西藏概况 丹增主编。藏汉文对照本。西藏人民出版社1987年9月出版,32开,191页。画册。本书简要介绍了西藏的历史、山川、植被、动物、能源、物产、文学、艺术、体育、医学、天文、宗教、民俗、教育、旅游、工农业等方面的情况。

西藏古迹 中国建筑工业出版社编。中国建筑工业出版社1984年8月出版,16开,222页。大型画册。本书近300幅彩色照片,分别介绍了雍布拉康、吐蕃王墓、江孜穷结城堡、大昭寺、桑耶寺、萨迦寺、白居寺、敏珠林寺、哲蚌寺、色拉寺、扎什伦布寺、塔尔寺、布达拉宫和罗布林卡等古代建筑，在每座建筑的图片之前都有该建筑的简介，对寺内壁画等也作了一些介绍。本书是西藏著名寺院及其建筑艺术的精粹，为读者了解西藏独特的建筑艺术提供了直观、宝贵的资料。

西藏历史档案荟萃 西藏自治区档案馆编。文物出版社 1995 年 9 月出版，16 开，432 页。本书收录了 107 件西藏自治区档案馆收藏的有关藏族的文献和文物，这些文献和文物的时间跨度为 600 多年(1277—1956)，其中有藏文、蒙文、汉文、满文等文种，绝大部分属于首次公开。

西藏秘境：成卫东专题摄影集 成卫东摄影、编辑。中国民族摄影艺术出版社 2002 年出版，12 开，181 页。画册。作者自 1987 年起曾 17 次进藏采访，跑遍了西藏 7 个地市的 70 个县，积累了大量图片和文字资料，本画册为摄影者多年之心血所集。本书分为闯进藏北无人区、感受珠穆朗玛、帕隆藏布东行、察隅——人居住的地方、穿越雅鲁藏布大峡谷、高原“孤岛”——墨脱、念古寺看岩羊、“古格王国”和它的守门人、转神山、初识东嘎壁画、班公湖看鸟、新藏公路行、哲蚌寺看展佛、天湖——纳木错等 14 个专题，图片共263 幅。

西藏山南 西藏山南地区旅游局、中国旅游出版社编。汉英文对照本。中国旅游出版社 2000 年 9 月出版，16 开，95 页。画册。本画册主要介绍了西藏山南的措美、洛扎、措那、隆子等雅砻河谷风景名胜区和以泽当为中心的旅行线路等。

西藏山南·雅砻 马宜刚主编，西藏自治区山南地区行政公署编。中国旅游出版社 1995 年 8 月出版，16 开，117 页。画册。本画册主要介绍了西藏山南雅砻壮丽的河山、悠久的历史、灿烂的文化、民俗风情及今日雅砻等方面的情况。

西藏：摄影集 程曦摄影。华艺出版社 1984 年 6 月出版，16 开，54 页。摄影集。本书收录 80 余幅彩色照片，简要介绍了西藏的自然风光、古代建筑、科学技术、文化、工业、农业、牧业、商业等各方面的情况。

西藏摄影纪事 柳成行著。石油工业出版社 1993 年 12 月出版，32 开，107 页。本书根据 1983 年作者在西藏采访时的日记整理而成，记述了作者的所见所闻，赞美了西藏地方悠久灿烂的文化、历史。

西藏——神秘的高原 王苗摄影。(台北)淑馨出版社 1990 出版，16 开，144 页。摄影集。本书收录了反映藏族文化、藏区风土人情等方面的百余幅照片。

西藏寺庙 陈履生编著。人民美术出版社 1995 年 5 月出版,32 开,156 页。画册。本画册选编了 145 幅有关西藏寺庙的黑白照片。

西藏寺庙 梅朵编。五洲传播出版社 1996 年 12 月出版,32 开,17 页。本画册简要介绍了西藏寺院的建筑。

西藏文化系列画册 郭长建主编。五洲传播出版社 1996 年出版,20 开,120 页,5 册。本画册简要介绍了藏族的壁画、塘噶、雕塑、面具和手工艺品。图册制作精美、清晰,并配有知识性介绍文字。

西藏印象:驾车进藏20 天——一个设计师的西藏印象 陈海安摄。五洲传播出版社 2004 年出版,16 开,86 页。作者是一名画家、摄影家。本书是作者进藏采风时的摄影集,记录了艺术家眼里的真实西藏。

雪线之州——果洛 果洛画册编辑室编。青海民族出版社 1989 年 7 月出版,16 开,118 页。本画册以其独特的藏族风格,集知识性、趣味性为一体。本书 205 幅图片,分别介绍了果洛地区的发展变化。具有一定的史料价值。

雪域神山 中国登山协会、中国西藏自治区登山协会编。西藏人民出版社 1995 年 7 月出版,16 开,237 页。本画册用大量彩色图片为读者展示了西藏自治区境内 100 余座山峰在不同季节的雄姿。

雪域藏家女 戴贤主编。民族出版社 1995 年出版,16 开,120 页。本画册主要介绍了当代藏族妇女及其现状。

1939 年:走进西康 孙明经摄影,张鸣撰述。山东画报出版社 2003 年出版,16 开,238 页。图册。摄影者于上个世纪 30 年代毕业于南京金陵大学,是中国电影教育的开创者之一,民国年间独立摄制记录片 49 部。本书收录黑白照片 240 幅,这些照片均拍摄于 1939 年,是年从各地撤退到重庆的几所大学联合对西南进行科学考察,本书即为作者此次在四川甘孜藏区考察时拍摄的图片资料。这批图片逃过“文化大革命”的劫难,实属大幸。其中有许多珍贵的图片,如《古老的雅安街巷》、《背炭的苦力》、《清兵驻扎过的营盘》、《念孙中山遗嘱的喇嘛和头人》等。

雍和宫唐喀瑰宝 雍和宫编委会编。汉英文对照本。中国民族摄影艺术出版社 1998 年 3 月出版,16 开,144 页。“唐喀”、“塘噶”、“塘嘎”、“唐卡”,均系藏语“thang-ka”之音译。画册。本画册所收的 63 幅唐喀画均是清代藏传佛教高僧大德送到雍和宫的贡品和礼品,分上师部、本尊部、佛部、护法部 4 部分介绍了,雍和宫收藏的藏族唐喀画精品。

玉树 玉树藏族自治州人民政府、玉树藏族自治州州委宣传部编。青海民族出版社 1991 年 12 月出版,8 开,

144页。巨型画册。本书分13章，以图文并茂的形式简要介绍了青海玉树藏族自治州的自然风光、自然资源、名胜古迹、生活习俗、服饰文化、宗教信仰等方面的情况。其中有关囊谦县发现的古代私家藏书及其报道十分珍贵。

在世界屋脊旅行：中国西藏旅游 西藏自治区旅游局、中国旅游出版社编。中国旅游出版社1995年出版，16开，186页。本书主要介绍了西藏全境主要的旅游景点和藏族文化。

扎什伦布寺 彭措朗杰主编，西藏自治区文物局、日喀则扎什伦布寺民管会编，宗同昌摄影。藏汉英文对照本。中国大百科全书出版社1998年出版，16开，190页。画册。扎什伦布寺，全名为“扎什伦布白吉德钦曲唐结勒南巴杰瓦林”，意为“吉祥须弥聚福殊胜诸方州”。扎什伦布寺是藏传佛教格鲁派六大寺院之一，为历世班禅驻锡地，坐落于西藏日喀则市尼玛山南麓，占地面积23万平方米，由格鲁派祖师宗喀巴的著名弟子根敦珠巴（第一世达赖喇嘛）主持兴建。该寺院由佛殿、经堂、僧舍等60多座建筑组成，重楼叠阁，气势磅礴，主要的建筑有措钦大殿、四大扎仓、班禅拉章、强巴大佛殿、班禅灵塔殿等。1961年被国务院公布为第1批全国重点文物保护单位。本画册介绍了扎会伦布寺的壁画、雕塑、珍宝、建筑等内容。

扎什伦布寺 郑堆编。五洲传播出版社1997年11月出版，32开，21页。本书简要介绍扎什伦布寺的小画册。

扎什伦布寺：班禅大师驻锡地 丹迥·冉纳班杂撰文，吕相友等摄影。民族出版社、外文出版社1993年9月出版，16开，176页。本画册收录了200余幅照片，反映了扎什伦布寺的建筑、佛像、壁画及寺僧生活和节日等方面的情况。

扎西次登作品集 扎西次登摄影。民族出版社1994年8月出版，16开，110页。摄影集。本书分高原风光、布达拉宫风采、高原生活、高原人和原色高原5个部分，通过照片介绍了西藏的建筑、风光、建设及人民的生活。

战斗在世界屋脊 成都军区政治部宣传部、解放军画报社编。长城出版社1986年10月出版，16开，126页。本书通过大量珍贵的摄影图片，展示了中国人民解放军在西藏的建设和边防保卫中的光辉形象。

哲蚌寺 余言主编。藏汉英文对照本。中国民族摄影艺术出版社1998年出版，16开，128页。画册。哲蚌寺位于拉萨市西郊的根培乌孜山下，始建于15世纪初，是藏传佛教格鲁派最大的寺院。寺内有四大讲经院，主要的措钦大殿有4层，183根柱子，共1850平方米，可同时容纳7700名僧人念经。

本画册介绍了该寺收藏的艺术品、宗教器具、塘噶、壁画、雕塑、文献典籍及寺院建筑。

中甸:藏珠露宝的地方　中共中甸县委、中甸县人民政府编印。1990年5月印行,32开,20页。小画册。本书主要以图片为主,分别介绍了中甸县(今香格里拉县)的牧业、林业、水电事业、乡镇企业、土特产、交通、卫生、文化教育和旅游胜地,为简明旅游手册。

中国边地民俗文化·西藏卷　李晓桦等著。解放军文艺出版社1997年出版,16开,124页。画册。本书分概说高原、原始宗教、藏传佛教、岁时节日、文化艺术、人生礼仪和衣食住行等7章介绍了西藏民俗文化。

中国西藏·阿里　西藏阿里地区旅游局、中国旅游出版社编。中国旅游出版社1997年出版,16开,118页。本书用百余幅照片介绍了阿里地区的风景名胜和人文地理。

中国西藏·山南　西藏山南地区行署编。中国旅游出版社1998年出版,16开,117页。本书用百余幅照片和简明的文字,介绍了山南地区的风景名胜和人文地理。

中国西藏寺庙　中国西藏自治区对外文化交流协会、中国西藏自治区台湾事务办公室编。外文出版社2001年4月出版,16开,119页。本画册简要介绍了西藏主要的寺庙建筑、历史、艺术等内容。

中国西藏文化大图集　曹自强、李书敏主编。汉英文对照本。重庆出版社2001年出版,16开,上册386页、中册381页、下册407页。大型画册。本画册收1600余幅图片,说明文字20万,是迄今为止规模最大的西藏历史文化图集。主要介绍了西藏的自然风光、文物历史、社会经济、宗教信仰、风俗习惯、科学技术、文学艺术等内容,部分图片是首次发表的。

中国藏传佛教寺庙　成卫东摄影、编辑,郁苓译。汉英文对照本。外文出版社2004年出版,32开,134页。本书收入布达拉宫等藏区的寺院24座,五台山等汉地的寺院5座,有简要的文字介绍。

中国藏戏艺术　刘志群、西藏民族艺术研究所编。西藏人民出版社、京华出版社1999年10月出版,16开,270页。图册。本书以大量图片和文字详细介绍了藏戏的历史、剧种流派、剧目作品、表演艺术、面具服饰、音乐唱腔、演出习俗、演艺家和传播等内容。

中国藏族石刻艺术　张超音著。中国藏学出版社1995年8月出版,16开,192页。本书是大型藏族石刻彩色摄影集,收录了作者在1989—1994年5年间10余次进入藏区所拍摄的大量藏族石刻照片。

(三)音乐、舞蹈

白云的故事——藏语广播歌曲精选 扎西编。藏文。青海民族出版社 1994 年 11 月出版,32 开,124 页。本歌曲集由《白云的故乡》、《草原小溪》、《洁白的哈达》等 55 首曲子组成,这些歌曲在保留了藏民族传统音乐特色的基础上,进行了很大的创新,具有旋律优美、时代感强、民族特色浓郁等特点。

当代西藏乐论 边多著。西藏人民出版社 1993 年 4 月出版,32 开,439 页。本书收录了 16 篇藏族音乐家边多的有关藏乐的论文,其中包括《藏民族文化艺术建设的基本工程》、《还藏戏的本来面目》、《西藏民间音乐品种介绍》等。

德钦藏族民间歌曲选 斯那农布、泽仁尼玛编。云南民族出版社 2000 年出版,32 开,352 页。本书收入云南藏区比较流行的弦子曲、卓曲、鲁曲、歌卦曲等百余首,并有词曲。编者泽仁尼玛是弦子舞专家,对德钦各类民歌十分熟悉,因此,本书入选的民歌都是具有代表性的,具有很高的学术和艺术价值。

哈达献给毛主席:藏族民歌选集 中国音乐研究所等合编。音乐出版社 1959 年 12 月出版,32 开,40 页。本书为藏族民歌简谱本,包括藏族人民用传统民族音乐形式表现自己的思想感情和内心世界的民歌 40 首。其中有歌唱共产党和毛主席的,有赞美新生活的,有诅咒和揭露旧社会的,也有描写爱情生活的。

吉祥的颂歌 阿金主编,甘孜藏族自治州文学艺术联合会编。四川民族出版社 1993 年 4 月出版,32 开,214 页。本书收录了《各族人民幸福的乐园》、《毛主席派来好门巴》、《美丽的康巴草原》等歌曲 100 余首。

迦陵频迦之声·甘南藏族民歌选 甘南藏族自治州文化局编。青海民族出版社 1989 年 8 月出版,32 开,409 页。本书收入甘肃省甘南藏区广泛流传的 220 多首民间歌曲,分曲类、舞类、舞蹈类、情歌类、儿歌类、号子类、弹唱类和嘛呢类,其内容反映了甘南藏区的风土人情、历史和传统文化。

拉卜楞寺文化与艺术 郝毅、张小莹著。甘肃文化出版社 2001 年出版,32 开,291 页。本书分 8 章,主要介绍:1. 拉卜楞寺的历史沿革、僧人生活、民众信仰等。2. 拉卜楞寺的佛殿音乐历史、音乐组织、嘉木样上殿曲、道得尔乐队,以及 17 首传统乐谱、20 多首法事音乐及其内涵。3. 苯教寺院法舞和音乐。4. 寺院壁画和塘噶中的乐舞艺术、藏戏及其音乐。5. 乐器。附龙头琴弹奏曲谱 7 首、拉卜楞寺乐器形制图 19 幅。本书是对寺院乐舞、音乐、乐器作全面介绍、研究的学术专著。

绿野探踪:岷山羌、藏族舞蹈采风录 蒋亚雄著。上海音乐出版社1990年2月出版,32开,230页。本书从民族学、民俗学、史学、舞蹈学等多个角度叙述了岷山羌、藏族的舞蹈文化,内容涉及歌舞艺术、风土人情及宗教信仰等方面。

祈祷:更嘎才旦广播电视歌曲选 更嘎才旦著,青海省音乐家协会编。青海民族出版社1995年10月出版,32开,220页。歌曲集。本书收录了68首由藏族青年作曲家更嘎才旦创作的广播电视歌曲。

圣地之歌 旺堆等作词,索玛尼等作曲。西藏人民出版社1992年7月出版,32开,125页。本书收录了37首西藏自治区音乐工作者创作的歌曲。

西藏传统音乐集粹:著名民间艺人穷布珍演唱集 田联韬、徐丽华等整理、编译。西藏人民出版社1997年出版,32开,464页。穷布珍(1920—1985)是当代西藏日喀则著名民间艺人,1956年参加日喀则文工队,1957—1959年曾任教于北京舞蹈学校和中央民族学院艺术系。本书根据穷布珍演唱的民歌记录整理、翻译而成。收入堆谐34首,囊玛17首,果谐18首,堆巴谐10首,热巴谐11首,其他民歌3首,共93首。本书是以简谱、藏文、音译、汉译文相对应编辑而成,对各类民歌也作了注释和介绍。本书资料主要是穷布珍当时在京时的记录和后来由田联韬到西藏补记的。

西藏革命歌曲选 西藏人民出版社编。西藏人民出版社1972年12月第1版、1973年5月第2版,32开,87页。本书收录了西藏和平解放至1972年间,西藏各地文艺工作者创作的优秀汉文歌曲33首,其中部分歌曲采用藏族民歌曲谱,配上汉文歌词,并保留原民歌的衬词,唱起来犹如民歌,通俗易懂,保留了优秀的民间艺术特点。如《毛主席的光辉》、《在北京的金山上》这些歌曲曾风靡全国,至今其艺术魅力未减。书中大部分歌曲的词曲均为原创,创作者置身于西藏的各行各业,汲取了藏族民歌的艺术特点,尽管歌词内容大部分局限于"文化大革命"时代的口号,但其中也有词曲优美、艺术水平很高的作品,如《洗衣歌》、《我心中的歌献给解放军》、《请你喝杯酥油茶》、《叫我们怎么不歌唱》、《美丽的西藏,可爱的家乡》、《逛新城》等,这些歌在全中国传唱了20余年,现在仍然是群众喜爱的歌曲。《叫我们怎么不歌唱》、《美丽的西藏,可爱的家乡》、《毛主席的光辉》、《在北京的金山上》等歌曲被译为藏语演唱后,在藏族群众中几乎家喻户晓,成为藏族群众最爱唱的歌。本书为简谱。

西藏舞蹈概说 何永才著。西藏人民出版社1988年出版,32开,106

页。作者在西藏从事文艺工作30余年，与藏族艺人亲如兄弟，其论著所用资料可信度较高，为研究藏舞艺术的要籍之一。本书分4章概述了传统藏舞的发展过程和种类、热巴舞和羌姆的源流及民族舞蹈的发展趋势等。其中对果谐、堆谐、郎玛、果卓、谐、谐青、博、卓谐、热巴、拉姆、噶尔、羌姆等舞种进行了详细的介绍和研究，尤其对歌舞的乐谱、舞蹈叙述完备。是目前全面介绍、分析、研究藏族传统歌舞、戏剧的重要著作。附录图片46张。

西藏舞蹈通史　阿旺克村编著。湖南文艺出版社1995年9月出版，32开，174页。本书按西藏远古舞蹈萌发开创时期、西藏中古近代舞蹈发展繁荣时期和1950—1994年西藏当代舞蹈兴旺发展新时期等3个时期，较详细地论述了西藏舞蹈发展的历史、特点和价值。

西藏音乐史　雪康·索南达杰著。西藏人民出版社1992年6月出版，32开，148页。本书通过对大量西藏古代文献、民间音乐资料的研究，并结合音乐理论介绍了西藏音乐的历史、特点等内容。

西藏音乐史略　更堆培杰著。西藏人民出版社2003年出版，32开，199页。本书从史学、文化人类学、考古学、民族学、文学等相关学科的角度，研究并系统地阐述了西藏历史上音乐与政治、经济、宗教文化等方面的关系，此外还系统地叙述了藏族音乐历史发展的基本轨迹。

校园歌曲一百首　夏吾才让编。青海民族出版社1995年3月出版，32开，275页。本书选录100首校园歌曲，其中大部分为作者自己的作品。

雪域少儿新歌精选　达瓦等选编。西藏人民出版社1994年9月出版，32开，121页。本书选编了25首反映藏族少年儿童生活、学习、兴趣的歌曲，内容健康，具有鲜明的民族特色。

雪域恋歌:阿金创作歌曲选　四川省甘孜州文化局、甘孜州文联编辑。四川省甘孜州文化局1995年5月内部印行，32开，88页。阿金出生于四川甘孜州乡城县，从小参加甘孜州歌舞团，创作了200余首具有藏族特色的歌曲，如《一个妈妈的女儿》曾获全国“五个一工程”奖，是在全国藏区有一定知名度的音乐家。本书为甘孜州著名作曲家阿金的创作歌曲集，共收入阿金30多年中创作的优秀歌曲50首。

乐理知识入门　桑德著。藏文。民族出版社1996年出版，32开，248页。本书由乐理知识和作者自己创作的二十几首藏语歌曲词谱组成，具有理论与实际相结合的特点。在乐理知识中对音名、音品、音长、音程、音型、和声等作了简明介绍。附音乐名词术语汉藏文对照。

藏族戏剧音乐选 甘南藏族自治州文化局编。藏文。青海民族出版社1990年6月出版,32开,56页。藏戏是古老的剧种,大约起源于13、14世纪,它是以歌舞形式表现文学内容的一种综合艺术。其演出形式及舞蹈、唱腔等都具有独特的民族色彩,近六七百年来在民间流传不衰。本书收集了流传于安多民间的部分藏戏唱腔、唱词、曲牌,还附有汉译唱词。是珍贵的民间戏剧研究资料。

扎西达杰玉树土风歌曲集 扎西达杰编。藏文。青海民族出版社1994年12月出版,32开,200页。歌曲集。扎西达杰利用玉树民歌素材,在保留其风格的基础上创作的60首歌曲,内容包括女声独唱和合唱、男声独唱和重唱、男女声混合唱等。这些歌曲具有旋律优美、民族特色鲜明等特点。

中国少数民族传统音乐 田联韬主编。中央民族大学出版社2001年出版,32开,上册991页、下册994页。本书收有藏区各地有一定代表性的民间歌曲。

中国少数民族声乐教材曲选 孟新洋主编,隆翔配伴奏。中央民族大学出版社2006年出版,16开,上册198页、下册202页。本书收入《华姆的祝福》、《飞翔》、《神往四姑娘》、《壮阔的北方》、《美丽的黄河姑娘》、《拉萨河》、《走进西藏》、《青藏铁路》、《祝福》、《彩霞·卓玛》等藏族歌曲。

中国少数民族乐器 乐声编。民族出版社1999年8月出版,16开,445页。本书详细介绍了我国各少数民族的体鸣乐器、膜鸣乐器、气鸣乐器、弦鸣乐器362种,其中涉及藏族乐器44种。第1章在体鸣乐器中介绍了藏族的双锣、铛铛、云锣、铁磬、引磬、大钟、木鱼、尕丁、钹、布哉、绕、司涅、镲、小镲、碰盅、碰铃、阿嘎、热巴铃、金刚铃、串铃和竹簧等21种乐器;第2章在膜鸣乐器中介绍大鼓、战鼓、扁鼓、达玛、神鼓、那额、拨浪鼓、夏尔巴鼓和杖鼓等9种藏族乐器;第3章则介绍了刚洞、海螺、筒钦、布巴、骨笛、雄林、其篥和嘉令等8种藏族的气鸣乐器;第4章介绍了藏族的6种弦鸣乐器,即扎木年、根卡、必汪、铁琴、藏京胡和扎尼。少数民族乐器是中华民族的文化瑰宝,但历史上缺乏对少数民族乐器的系统记载。

(四)戏剧

安多藏语相声集 普日哇著。藏文。青海民族出版社1993年9月出版,32开,136页。本书系用藏语安多方言写成,共收录14个相声节目,其中有歌颂家乡的《家乡的变化》和《故乡见闻》,有表现妇女当家的《女主人》,有教育人们不要娇惯孩子的《宠儿》,还有《悔恨》、《美》、《论家庭》等。这些相声因为都取材于日常生活，加上语言风趣、幽默，比喻形象、生动，读之使人捧腹。

八大藏戏汇编 赤列曲扎编。藏文。西藏人民出版社 1989 年 10 月出版，32 开，120 页。藏戏起源于 13、14 世纪，在其发展过程中形成了自己的特点，并演化成八大藏戏的剧目，为广大藏族群众所喜爱，并成为藏哎各剧团的保留节目。本书根据木刻版和手写本整理，汇编了八大藏戏的剧本，即《文成公主》、《朗萨雯波》、《赤美滚丹》、《卓娃桑姆》、《苏吉尼玛》、《顿月顿珠》、《白玛文巴》和《诺桑王子》。书前有著名学者罗桑多杰的《论藏戏艺术》一文。

白玛文巴 西藏人民出版社编。藏文。西藏人民出版社 1982 年 10 月出版，32 开，75 页。八大藏戏之一。本书根据西藏民族学校油印本整理，讲述了白玛文巴的父亲被贪财的国王杀害后，年纪虽小却智力超群的白玛文巴运用巧计摔死国王，最后登上了王位。

宝刀和珊瑚串 孙考等著。青海人民出版社 1981 年 2 月出版，32 开，117 页。电影文学剧本。本书反映的是藏族人民反抗奴隶主的一次起义，这次起义原为流传在青海西南部藏族人民中的一个故事，后经张训改编为叙事诗，并于 1958 年由青海人民出版社出版。本剧本即是根据该叙事诗改编而成。

不准出生的人：电影文学剧本 王颖执笔。中国电影出版社 1979 年 10 月出版，32 开，104 页。电影文学剧本。本剧本描写农奴扎西在农奴主的欺压之下，经受着没有土地、没有人身自由、不经农奴主同意不能结婚和孩子不准出生等遭遇，也描述了扎西翻身作主后的觉醒及其女儿成长的经过。

赤美滚丹 西藏人民出版社编。藏文。西藏人民出版社 1981 年 5 月出版，32 开，69 页。八大藏戏之一。本书根据木刻版整理，书中故事与佛说《太子须大拏经》中所说释迦牟尼生平相同，宣传佛教布施思想。主要讲述了王子赤美滚丹为了解除他人痛苦，把世代相传的宝物全部施舍给穷人，甚至敌人。国王得知后，作为惩罚把王子流放到荒无人烟的地方。但是王子仍然乐善好施，为了解救遭受痛苦的人，王子最后连自己的妻子和眼珠都施舍给了别人。

赤美衮登传记及其注释 诺章·伍坚著。藏文。西藏人民出版社 1991 年 9 月出版，32 开，625 页。本书由正文和注释两部分组成，正文题材来源于《释迦牟尼本生传》，注释部分用通俗易懂的语言对原文进行了详细的解释。

顿月顿珠 西藏人民出版社编。藏文。西藏人民出版社 1981 年 12 月出版，32 开，92 页。八大藏戏之一。本书讲述的是：顿珠是国王前妃死后留下的儿子，顿月是继妃所生之子，两位王子亲密无间。继妃因惟恐亲生子顿月得不到王位而欲将顿珠流放。但两位王子不忍离别，于是一起逃出，流落他乡。后来，顿珠做了另一国国王的女婿，并当上了国王。当他找到失散的弟弟并把他送回故国时，受到了国王的热烈欢迎，顿月最后也当上了自己国家的国王。此故事来源于《尸语故事》。

甲萨帕萨 西藏人民出版社编。藏文。西藏人民出版社1981年7月出版，32开，49页。“甲萨帕萨”即“汉妃尼妃”。本书根据藏戏剧本内容整理，主要讲述藏王松赞干布先后迎娶帕萨赤尊（尼泊尔公主）与甲萨文成公主为妃的故事。二位王妃远嫁吐蕃，都带来了本国的先进技术，对当时藏族社会的发展起到了很大的促进作用。

郎莎 蔡冬华改编。中国戏剧出版社1960年6月出版，32开，16页。本书主要内容为：藏族姑娘郎莎在庙会上被土司扎巴桑珠看中，他命人抢走，还打死她的父母；郎莎因不屈服被罚为奴隶，受到虐待。有一位青年出于正义，想救出姑娘，事败后被土司打死；郎莎也因刺杀土司不成自杀而死。

朗萨姑娘 青海人民出版社编。藏文。青海人民出版社1958年6月出版，32开，87页。八大藏戏之一。本书讲述的内容为：农家姑娘朗萨被当地土官扎钦巴看中，被逼与其子成婚，并惨遭打骂和侮辱，抱恨而死；朗萨死后还魂出家修行，感化土官父子，使其皈依佛门。

罗桑王传 青海人民出版社编。藏文。青海人民出版社1958年9月出版，32开，203页。八大藏戏之一。本书是一出人神恋爱的神话剧。故事主要是：北国额登巴的诺桑王子与仙女耶超娜姆十分恩爱，耶超娜姆也因此遭到其他嫔妃嫉恨，她们通过昏庸的老国王逼迫诺桑王子领兵远征异地，企图乘机谋害耶超娜姆，后来诺桑王子历尽千辛万苦，最后终于找回妃子。

南来的风 吉明编。青海民族出版社1992年5月出版，32开，581页。剧本专集。本书收录了1979年以来上演的剧本专集，分话剧、电影剧本和藏戏3部分。选入《南来的风》、《绿色的旋律》、《长碑》、《苏鲁梅朵》等8部剧本。

诺尔桑传 又名《诺桑王子传》。西藏人民出版社编。藏文。西藏人民出版社1979年5月出版，32开，184页。本书为青海人民出版社1958年9月以汉文“罗桑王传”为书名出版《诺桑王子传》的藏文版。本书系根据西藏自治区档案局所藏木刻本整理而成，描写的是民间传说中的诺桑王子和意乐仙女之间的爱情故事。本书情节曲折、环环相扣、引人入胜，书中人物性格突出，形象栩栩如生，语言生动流畅。是一曲在藏族民间久传不衰的歌。

平措扎西小品相声选 平措扎西著。藏文。西藏人民出版社 1989 年 5 月出版,32 开,124 页。相声、小品集。本书收入 8 篇小品剧和 5 段相声,其中小品《大学生女婿》在首届西藏话剧小品比赛中获一等奖,并被拍成电视小品剧。

神奇的绿宝石:电影文学剧本 梁上泉、宋清涛编。重庆出版社 1982 年 4 月出版,32 开,92 页。电影文学剧本。本书系以四川阿坝藏族自治州南坪县的九寨沟和相邻的松潘县黄龙风景区的湖光山色为背景,结合当地的神话传说创作而成。

圣地之恋:张平西藏题材剧作选 张平著。西藏人民出版社 1988 年 7 月出版, 32 开,338 页。本书收录《旺堆的哀乐梦》(3 幕 4 场话剧)、《生命变奏曲》(4 场话剧)、《唐白与白宗》(6 场歌舞剧)、《咆哮的海子》(8 场戏曲)、《对地之恋》(电影文学剧本)、《沉重的冰河》(电影文学剧本)等剧本。书前有曲六乙序。

松赞干布 次仁多吉、桑洛次仁著,黄志龙改编。中国戏剧出版社 1984 年 6 月出版,32 开,90 页。本剧为 8 场历史话剧,描写 7 世纪藏族吐蕃王朝松赞干布励精图治、奋发图强,为创立藏族文学、建立法典,同各种保守势力展开斗争的事迹,表现出他勇于吸收外来文化、促进藏汉联系加强的远见卓识。本剧系藏汉两族作者合作的汉文演出本。附李超的《赞〈松赞干布〉》、鲍黔明的《一幅真实生动的历史画卷——评话剧〈松赞干布〉》和王辅仁的《松赞干布的历史功绩》等 3 篇评论文章。

苏吉尼玛 西藏人民出版社编。藏文。西藏人民出版社 1982 年 8 月出版,32 开,117 页。八大藏戏之一。本书说的是美丽善良的苏吉尼玛成为达哇桑戈王子的妃子后,遭到前妃的嫉恨与迫害,被迫离开王宫,做了女修行者。当王子由于苏吉尼玛的别离而感到无比痛苦时,恰值她修行来到都城并被王宫侍从认出,遂被请进王宫,重新成为王妃。前妃等人受到了应有的惩罚。

西藏戏剧曲艺选 索次等著。西藏人民出版社 1988 年 7 月出版,32 开,465 页。本书收集了西藏和平解放以来广大藏族文艺工作者根据传统戏剧曲艺形式创作的反映西藏新面貌的作品 20 篇,同时也收入了少量反映传统内容的作品。这些作品具有鲜明的藏民族特色和强烈的时代气息。

西藏戏剧选 胡全安等编选。西藏人民出版社 1984 年 10 月出版,32 开,449 页。本书收录《松赞干布》、《朗萨雯波》、《英雄城》、《印度洋边漂泊人》、《冈底斯英雄》、《波姆达娃》、《还愿》、《弯弯的吉祥河》、《丹增的一天》、《昆仑草》、《边塞笛声》等 11 个剧本。

从不同侧面反映了西藏地区广阔的社会场景和藏族人民丰富多彩的生活。书前有大旺堆的序。

笑林春雷　克珠著。藏文。西藏人民出版社 1997 年出版，32 开，129 页。说唱、相声、小品集。本书收入说唱、相声、小品等曲艺作品 33 篇。这些作品具有明显的民族传统风格和特点，内容健康向上，语言幽默精彩，具有时代的思想性、艺术性。

笑林春使　索次著。西藏人民出版社 1994 年 1 月出版，32 开，282 页。说唱、相声、小品集。本书收录作者有关说、笑、谈、唱方面的作品 21 篇。

雪域热巴　欧米加参编著。藏汉文对照本。民族出版社 1998 年出版，32 开，364 页。热巴艺术在藏族传统歌舞艺术中占有重要位置，至今已有 900 多年的历史，广泛流传于西藏东部、藏北草原及康巴地区(甘孜、迪庆)。编著者欧米加参是一位杰出的热巴传人，他自幼学艺，解放初期调京工作，近几十年他多次到藏区采风，收集有关艺术资料。本书集作者一生之经验积累，其中汇集了大量热巴舞蹈动作、技巧和各时期流行的热巴歌曲等，给民间艺术研究工作者、藏学研究者提供了很好的资料。

易卜生和他的戏剧　茅于美著，卡那·德庆译。民族出版社 1998 年 6 月出版，32 开，238 页。本书据北京出版社 1984 年版翻译，介绍挪威著名作家亨利·易卜生和他的作品。

在康布尔草原上　甘肃省话剧团集体创作，汪钺等执笔。甘肃人民出版社 1979 年 10 月出版，32 开，104 页。本书为 4 幕话剧剧本，通过惊心动魄的斗争场面，反映了西藏和平解放初期康布尔草原藏族人民的斗争生活，塑造了栩栩如生的人物形象，歌颂了国家的民族政策。本剧创作于 20 世纪 50 年代初，此次再版时作者作了修订。

藏戏及乡人傩新识　刘凯著。中国戏剧出版社 1999 年出版，32 开，233 页。本书为有关藏戏、傩文化的论文选集，专门研究藏戏与傩文化的艺术形式，并侧重于安多、康巴的玉树地区的傩文化。

智美更登　又名《赤美滚丹》。若白坎尖改编。藏文。青海民族出版社 1993 年 12 月出版，32 开，68 页。八大藏戏之一。

卓娃桑姆　西藏人民出版社编。藏文。西藏人民出版社 1985 年 10 月出版，32 开，75 页。八大藏戏之一。本书是根据民间故事《俩姊弟》改编而成。主要内容为：妃子卓娃桑姆及其子女受王后哈江陷害而逃离王宫，背井离乡。后来在邻国帮助下杀死哈江，卓娃桑姆回到王宫，儿子得到王位。

(五)其他

德拉姆 嘉孚随影视家编辑部编著。民族出版社 2004 年出版,32 开,248 页。"田壮壮茶马古道"系列电影作品之一。此影片中的藏语多为擦瓦龙方言,由中央民族大学才旺拉姆副教授翻译。影片名称《德拉姆》则由徐丽华根据藏语发音"德拉姆"写成藏文的"bde lha mo",意即"幸福仙女"。本作品以纪实的手法记录了发生在滇藏茶马古道上的精彩故事。

东方霓裳:解读中国少数民族服饰 段梅著。民族出版社 2004 年出版,16 开,378 页。"民族文化研究系列丛书"之一。本书中有西藏、青海等地的藏族服饰和文字解释。

多种字帖·风化 卡普南卡坚赞书写。牟赤赞普文化研究所 1994 年印行,32 开,74 页。本书中有 20 多种藏文古文字的书法。本书是目前收入藏文古文字最多的一本字帖,不但可以用来习字,还是研究藏文古文字不可缺少的资料。

兰扎字帖 才旦夏茸编写。藏文。青海民族出版社 1984 年 7 月出版,16 开,16 页。本书为学习兰扎字的字帖。书法工整,适用于各类书法爱好者。

朗达书法选 喜饶朗达著。藏文。民族出版社 1995 年出版,16 开,74 页。本字帖介绍了藏文正楷、草体等 8 种书法,适用于中小学生。

书法字帖·聚全有据手册 贝多书写。内部印行,32 开,74 页。有主青、主琼、主擦、北曲、草书、楷书等字帖,对各种字体的书写方法有说明文字。

瓦德字帖 才旦夏茸书写。青海民族出版社 1981 年出版,16 开,40 页。本书中的瓦德书法都有藏文楷书、行书对照。

西藏民间艺术丛书 张鹰、李书敏主编。重庆出版社 2001 年出版。大型画册。本书共 8 卷:《面具艺术》,16 开,143 页,收录宗教面具和藏戏歌舞面具两类,其中包括"大威德金刚"、"贡布护法神"、"马头金刚"、"罗刹女王"、"木刻面具"等;《脱模泥塑》,16 开,143 页,收录百余幅泥塑,其中包括"供放擦擦的佛龛"、"释迦牟尼"、"长寿三尊"、"长寿佛"、"金刚不动佛"、"佛与菩萨"等;《绘画唐卡》,16 开,143 页,收入布达拉宫等寺院、博物馆收藏珍贵唐卡百余幅,并附文字说明;《服装佩饰》,16 开,143 页,收入藏区农民、牧区、宗教服饰,以及旧西藏贵族服饰,其中包括"绣花缎外袍"、"妇女服"、"节日牧民服饰"、"作法事的喇嘛"、"僧服"等;《玛尼石刻》,16 开,145 页,收入玛尼石刻与摩崖石刻图片近百余幅;《工艺雕刻》,16 开,143 页,收入藏区古代雕刻、彩塑和金属工艺品近百种;《器具编织》,16开,143页,收入藏区各地新旧编织器具数十种;《建筑装饰》,16开,143页,介绍了藏族寺院、民居的建筑及装饰艺术。

藏文书法通论 华瑞·桑杰著。藏文。民族出版社1996年6月出版,32开,69页。本书对藏文的起源、字体种类,纸笔、颜料等的制作方法,执笔法、临帖要领、书写技巧和藏文的缩写规律等诸方面都有简要介绍。

藏文书法字帖 藏文书名为《多种雪域波扎书法字帖·玉赤手书》。索朗嘉措书写。四川民族出版社1994年1月出版,16开,69页。本书中有主青、主琼、主擦、北曲、草书、缩写字、楷书的字帖,其中楷书的书写说明十分详细。

藏文书法字帖 喜饶朗达书写。云南民族出版社1994年1月出版,32开,62页。本书收入乌坚、主擦等人的字帖并介绍了藏文楷书和草书的基本笔画、训练步骤,从简到繁逐类举例。

藏文书法作品选 西藏人民出版社编。西藏人民出版社1991年3月出版,16开,92页。本书是1989年全国藏文书法比赛获奖作品集。

藏文写字帖 米南活佛书写。藏文。民族出版社2002年出版,16开,56页。本书主要介绍了流行于康区的以主匝体等为主的藏文书法,并论及其他地方的书法。

中国民族服饰研究 张永发主编,中国民族博物馆编。民族出版社2003年出版,16开,401页。本书介绍了西藏、青海、甘肃、云南、四川等省区藏族的各种男女服装和饰物,并对主要服装和饰物作了研究性论述。

中国藏族服饰 王勉之、林尚斌编。北京出版社和西藏人民出版社2002年7月出版,16开,186页。本书收图片500余幅,比较全面地介绍了西藏、青海、甘肃、云南、四川等省区藏族的各种男女服装和饰物。

九、历史

(一)总论

阿坝藏族自治州马尔康及绰斯甲地区社会调查材料汇辑 中国科学院民族研究所、四川少数民族社会历史调查组编印。1963年12月印行,16开,113页。本书为1958年至1959年的调查资料,收入民主改革前马尔康县内松岗、卓克基、党坎等四大土司辖区的社会状况调查材料10篇,其内容包括寺院、土司制度、民族、生产、交换、风俗、宗教、经济等方面。是实地调查资料,有参考价值。

阿坝藏族自治州若尔盖、阿坝、红原社会调查材料 中国科学院民族研究所、四川少数民族社会历史调查组编印。1963年12月印行,16开,117页。本书为1958年至1961年的调查材料,记录了若尔盖、阿坝和红原3县民主改革前的社会制度、宗教、部落、阶级划分、债务、剥削情况、土官制度等,其中以阶级剥削的材料居多。

阿坝藏族自治州小金、理县社会调查材料 中国科学院民族研究所、四川少数民族社会历史调查组编印。1963年12月印行,16开,54页。本书为1956年至1959年间的原始调查材料,记录了民主改革前小金县和理县的农牧业的生产、土司制度、剥削方式、债务、宗教、风俗习惯、重大事件等方面的情况。有参考价值。

阿里地区文物志 索朗旺堆主编,李永宪等编写。西藏人民出版社1993年5月出版,32开,144页。本书是根据1992年西藏阿里地区文物普查资料编写而成,详细介绍了分布于阿里地区各县的石器地点、古代岩画地点、古遗址、古建筑、古墓葬、石窟、近现代史迹及其分布、数量、性质、年代、类别、价值及保存情况。

安多藏区土司家族谱辑录研究 王继光编著。民族出版社2000年8月出版,32开,190页。本书由《李氏世袭宗谱》、《鲁氏家谱》、《湟南世德祁氏列祖家谱》组成。这3个土司家谱是安多地区使用汉姓土司中的典型代表。《李氏世袭宗谱》至今仍完好地保存在青海民和县档案馆。《湟南世德祁氏列祖家谱》则系西宁西祁土司家族的族谱,其原稿本保存在青海省图书馆。《鲁氏家谱》有两种,系甘肃连城(今兰州市永登县境内)鲁土司家族的文献,鲁土司为安多藏区最显赫的土司家族之一,曾雄踞一方,历500余年直至民国年间改土归流。这3个家谱从一个侧面反映了安多地区的经济、宗教、军事和民间文化,对研究这一地区的民族文化有重要参考价值。

安多藏族史略　黎宗华、李延恺著。青海民族出版社1992年8月出版,32开,241页。安多指居住于青海、甘肃和四川阿坝讲安多方言的藏族。本书论述了安多藏族的来源、奴隶社会和封建农奴社会时期的安多状况,以唃厮啰政权、八思巴的伟绩、清军镇压果洛藏族、马步芳家族对安多藏族的政策、九世班禅在玉树等内容,分析论述了安多藏族的政治、经济、文化、宗教的发展状况和这一地区藏、汉、蒙等诸多民族的族际关系状况。为研究甘青地区藏族历史的重要著作。

安多政教史　又名《脱思麻教法史》或《史书之海》。札贡巴·丹巴饶杰(1801—?)著。有拉卜楞寺木刻版本,1函。又有甘肃民族出版社1989年汉译本,智观巴·贡却乎丹巴绕吉著,吴均等译,16开,742页。"甘肃省少数民族古籍丛书"之一。成书于藏历第十四饶迥木牛年(1865)。本书分3卷12章,着重记述了包括甘肃陇南白龙江流域之武都、文县、迭部、舟曲等处,洮河流域的卓尼、临潭、岷县、临洮、和政、康乐、碌曲等处,大夏河流域之临复、永靖、夏河、合作等处,河西走廊,四川之松潘、阿坝、大小金川,云南中甸,青海之黄河、湟水、隆务、大通等处的大小寺院(主要为格鲁派寺院)的建立与发展过程,政教合一实体的形成,中央政府对这些地区主要寺院的历史作用,各地中心寺院的形成,主要历史人物及其作用,一些部落的发展,部分地区的宗教斗争,青海与卫藏的关系,寺院学经制度,寺院所属庄园等内容。史料真实可信,叙述全面,为研究格鲁派的要籍。

昂仁县文物志　索朗旺堆主编。西藏人民出版社1992年8月出版,32开,195页。本书以田野调查为基础,介绍了昂仁县的自然条件、历史沿革、文物分布及其特点,以及古遗址、古墓葬、古建筑、古寺庙、摩崖石刻与造像、名胜、寺院收藏的文物、流散的文物。对各类文物的情况也作了介绍。

白史　根敦群培著。藏文。民族出版社2002年出版,32开,117页。本书的藏文版本有:霍康.索朗边巴赞助刊刻拉萨刻本,1950年前后刻版;印度大吉岭自由出版社1960年出版,32开,92页,油印本;印度大吉岭自由出版社1964年出版,32开,103页;四川民族出版社1989年出版,32开,70页,铅印本;西藏藏文古籍出版社1990年出版,32开,71页,铅印本;中央民族学院少数民族语文系藏语教研组1964年油印本。汉译本有:法尊译本,1954 年以文言文翻译,1963 年王沂暖根据法尊译稿的抄本对照藏文原文作过校对;付师仲译本、浦文成译本,台湾大千出版社 2005 年 8 月出版;王沂暖校订本,西北民族学院 1981 年内部出版汉藏文对照本,16 开,174 页,油印本;格桑曲批译本,中国藏学出版社 1996 年出版;桑丹诺布英译本,达兰萨拉西藏文献档案图书馆 1978 年出版,32 开,103 页。作者先后到过印度等国,通晓英文、梵文等,并结识李有义(1949 年前在拉萨民国政府机构工作),得知部分古代汉文史料。历史专著。成书于 1946 年 4 月前后。本书首次利用敦煌古藏文写卷和汉文史料,系统考证和论述了藏族的族源、赞普生卒年代、藏文的产生、地名、服饰、风俗和与古代吐蕃时期社会、政治、经济、文化相关的问题。是研究藏族历史、文化不可不参考的历史经典著作。这种利用藏汉文及国际历史研究方法撰写藏族史的做法,为藏族史学开创了先河,对近现代藏学研究产生了深远的影响。

白雪:解放西藏纪实 吉柚权著。中国物资出版社 1993 年 2 月出版,32 开,500 页。作者为驻藏军人。本书根据采访当年入藏参战军人,真实地记录了中国人民解放军进驻西藏的历史事件,再现了当年入藏部队和藏族人民之间许多感人的故事。

遍显西藏政治历史·黄金镜 西藏自治区《西藏政治史》评注小组著。藏汉文对照本。民族出版社 1996 年 2 月出版,32 开,289 页。本书以翔实可靠的史料全面评注了夏格巴的《西藏政治史》,其中有夏格巴杜撰、错引漏引、篡改的重要词句等,并据原文还原史料之真实面目。具有极高的学术价值。

波密简述 林耀华、王辅仁编写。中央民族学院研究部内部印行,16 开,21 页,油印本。为《中国民族问题研究集刊》第 2 辑。本书主要记述了波密地区穹多宗、松宗和衣贡宗 3 县的地理、物产、人口、交通、历史沿革、波密战役、经济、区划、宗教等方面的内容。有一定参考价值。

沧桑三十年——庆祝西藏自治区第二人民医院建院三十周年 李成松主编。西藏人民出版社 1993 年 4 月出版,16 开,70 页。本书分 9 章,通过概况、大事记、人员名录、历年科技成果、论文论著等有关资料,介绍了西藏自治区第二人民医院的建院历史、历任领导、医学成果等。

草地藏族调查材料 西南民族学院民族研究所编印。1984 年 10 月印行,32 开,128 页。"民族研究丛刊"之一。本书为 1952 年的实地调查资料,记录了阿坝藏族自治州北部松潘、若尔盖、阿坎、南坪等地民主改革前的藏族社会情况,包括民族分布、地理环境、部落组织、部落内部关系、民族关系、经济状况、语言文教、宗教信仰、家庭婚姻及生活习俗。有一定参考价值。书首附7张服饰、景物照片。

昌都地区社会调查材料专册:初稿 中国科学院民族研究所、西藏少数民族社会历史调查组编印。1963年10月印行,16开,65页。本书为1957年的调查材料初稿,均系民主改革前的内容,包括地理、历史、人口、经济、寺院、交通、土地与作物、农业生产工具和技术、领主阶级对土地的经营管理情况、农奴阶级的土地关系、劳动分工和组合等。附录牧区生产、经营方式、牧场、剥削制度、债务、乌拉等方面的资料。该材料系据原始调查记录整理而成的,有参考价值。

长庆会盟碑与蕃唐关系的演变 高瑞著。甘肃民族出版社1986年10月出版,32开,211页。本书采用了大量汉藏文资料,论证了唐代长庆会盟碑的产生、意义,以及蕃唐关系的演变过程。

筹藏政策 李明矩著。北京正蒙印书局民国四年(1915)出版,32开,98页,铅印本。作者为西藏调查员,于民国三年(1914)奉蒙藏院政事堂之命,到西藏考察,写成此书。本书分6编:首编记程站、路线。第2编记西藏人种、社会阶级、交通、物产及风土人情。第3编记抚定边藏计划,提出严正军纪、减轻差役和酷刑等。第4编记官制,提出设立各种行政、军事、法院、邮政等机构。第5编记理财开源,提出各种经营商业、银行、运输等实业的措施。末编讲了财务管理的重要性。

川藏史地 吴藏沅编。民国十七年(1928)印本,3册。本书着重论述了西藏政治组织、制度、被剥削的西康人民、社会阶级、风俗、宗教等内容。

错那、隆子、加查、曲松县文物志 索朗旺堆主编。西藏人民出版社1993年5月出版,32开,223页。本书分别介绍了西藏错那县、隆子县、加查县、曲松县的县情、自然概况、历史沿革、文物分布及其特点,对古遗址、石刻、寺藏馆藏的分布、数量、时代、类别、价值及保存现状也作了重点介绍。

当雄宗调查报告 中国科学院民族研究所、西藏少数民族社会历史调查组编印。1964年印行,16开,32页。本书为1958年10月至1959年1月间的调查材料,记录了西藏当雄县民主改革前的牧业、宗(县)政府差税、高利贷、政治组织、部落头人的职权和武装、阶级划分、剥削方式等。附赛马会简介。

德格县八邦寺的科巴 西南师范学院历史系少数民族历史考察组编印。1961年2月印行,16开,14页。本书对噶玛噶举的著名寺院八邦寺的历史、组织、制度、寺院属民、寺院地租制度等作了较细致的记述。是实地考察资料,极有参考价值。书首附有塘拉次旺所绘德格八邦寺图。

德西迪利西藏纪行 （意）依波利多·德西迪利著，（意）费立比编，杨民译。西藏人民出版社2004年出版，32开，424页。本书叙述了西方传教士16世纪进藏传教的经历，是今天我们了解和研究西藏过去之真实面貌和实际情况的宝贵材料。

僜人社会历史调查报告 中国社会科学院民族研究所编印。1978年5月印行，16开，118页，铅印本。本书为1976年4月至1977年2月在西藏察隅县僜人居住区的原始调查报告。详细记录了民主改革前僜人的社会形态，内容包括僜人的人口分布、族源、迁徙、社会生产（农业、采集、狩猎、饲养、加工技术）、生产关系（所有制、借贷、交换、财产差别、劳力）、社会组织、婚姻家庭、丧葬等习俗、民主改革后的生活等，其中对族源、生产、婚姻习俗等记录尤详。为了解僜人的历史、生活的主要参考书。书首附僜人分布图。本书内有较多1973年的简体字。

滇考 （清）冯甦纂修。2卷。有清康熙（1662—1722）年间刻本。"台州丛书"、"昭代丛书"、《云南备征志》等均有收入。台北成文出版社1967年据清道光元年（1821）刊本出版，16开，400页，影印本。云南民族史书。康熙元年（1662）作者任云南永昌府（今云南保山市）推官，爱好研究历史，在任内考核云南历史，写下此书。本书所记，起自楚庄王时庄蹻定滇，下讫孙可望、李定国起义，其中涉及南诏、吐蕃、彝族，以及其他民族的史事。记述扼要简洁。《四库全书总目》称誉此书为"端绪分明"。是研究滇西各民族的史籍，对研究吐蕃在云南的经营和与南诏的关系等方面有一定参考价值。

滇略 （明）谢肇淛撰。明万历间刻本，2册，10卷。作者字在杭，福建长乐人，明万历年间在云南任右参政，喜欢研究、搜集史志。在云南任职期间，依据旧史和新事，撰成此书。本书分版略、胜略、产略、俗略、绩略、献略、事略、文略、夷略、杂略等10略。其中夷略记述云南各少数民族历史习俗较详，对研究云南藏族史有参考价值。本书在《四库全书总目》中有著录，并被评价为"是书引据有徵，叙述有法，较诸家地志体例特为雅洁"。

滇史 又名《滇事纪略》。（明）诸葛元声撰。明万历年间刻本，14卷。本书记自远古，迄于明初云南史事，取材甚为广博。本书问世以来，各史家以此为据，进行传抄、引用。其中对西洱河地区即南诏兼并五诏等方面的记载，是研究吐蕃与南诏关系的重要资料。本书为研究云南民族史的要籍之一。

滇系 （清）师范辑。有清嘉庆年间（1796－1820）的望江刻本。光绪十三年(1887)云南官书局重刻,40 册。本书分 12 系,包括疆域、土司、属夷、旅途等。其中土司、属夷等系专门记载云南少数民族土司和社会习俗。取材广泛。对研究云南民族史和云南藏族史有一定参考价值。

滇云历年传 (清)倪蜕撰,李埏校点。云南大学出版社 1992 年 6 月据清道光二十六年(1846)本校点出版,16开,642 页。本书共 12 卷,主要记述云南历史,起自远古,迄于清乾隆元年(1736)。作者于康熙末年随云南巡抚到云南,得见官署档案文牍,又据所见所闻,写成此书。书中有很多关于云南各少数民族的历史、风俗等方面的记载,对研究云南民族史有一定参考价值。

滇载记 又名《滇记》。(明)杨慎(1488—1559)撰。作者字用修,号升庵,四川新都县人。以明嘉靖二十二年(1543)陆粲刻本为最早,并有姜龙序,所述成书及传刻等情况较详,其余几种刻本均无姜序,有的甚至删却了书末总论。本书 1 卷,写于嘉靖(1522—1566)初年,主要记述唐时南诏蒙氏、宋代大理国至明初白族段氏史迹。其内容是根据汉译本《白古通记》、《玄峰年运志》和有关史籍编纂而成的。为研究云南各少数民族古代史的参考资料。

东北边境、印度、西藏和中原之间相互抗争之文献研究 (印度)帕肖坦梅拉著。1980 年出版,2 册。本书是一部从印度政府的角度和需要编辑出版的关于中印边界问题的文件资料集。本书广泛搜集了有关中印边界问题的文件资料,如各种会议的协定、条约条例、信件、报告等。第 1 册,分 17 部分,罗列 1906—1914 年的有关资料;第 2册,分 20 部分,是 1914—1954 年间的边界资料。是研究中印边界问题的要籍之一。

东噶宗调查材料 中国科学院民族研究所、西藏少数民族社会历史调查组编印。1963 年 9 月印行,16 开,44页。本书是 1956 年 11 月至 1957 年 1月 22 日在西藏东噶宗民主改革前的的实地调查材料。其内容包括东噶宗的自然概况、历史沿革、宗政府旧制、寺院、交通、商贸、生产力、土地经营方式、桑通庄园的全面调查材料、各种手工作坊等。调查全面,记录详细。有参考价值。

都兰吐蕃墓 北京大学考古文博学院、青海省文物考古研究所编著。科学出版社 2005 年出版,32 开,171 页。本书是对 1999 年在青海省都兰县抢救性发掘的吐蕃大墓所做的考古报告。书中详细介绍了此次发掘的 4 座墓葬的形制和随葬品,并就出土的梵文、道符、人骨、颜料等进行了专门论述。

都兰县风土记 梁炳麟著。民国二十一年(1932)自印本。都兰县位于青海之西，民国十九年(1930)设县，城址在西里河，县因都兰寺而得名，面积约67万平方公里，境内物产丰富，地广人稀。作者为该县县长，了解县情。本书除对风土方面记述详细外，对该县的历史、名流等亦有记载。

杜钧教史　杜钧·益西多吉著。藏文。四川民族出版社1996年出版，32开，661页。作者于1962年在印度写成此书。本书论述西藏佛教发展史，内容丰富，史料翔实，是研究藏族历史和佛学必不可少的工具书。

敦煌落蕃旧事　赵晓星著。民族出版社2004年出版，32开，214页。本书论述了吐蕃时期的军事势力和吐蕃与唐朝的联姻，以及吐蕃占领西北地区等内容。

敦煌西域古藏文社会历史文献　(英)F. W. 托马斯编著，刘忠译注。民族出版社2003年出版，32开，526页。本书收入有关吐蕃时期敦煌藏古代藏文历史文献，其中包括赞普传记等。

甘南藏区考古集萃　李振翼著。民族出版社2001年11月出版，32开，270页。本书介绍了甘南藏区的古遗址、古墓群、古城墙、碑碣石刻、寺庙、馆藏文物和考古情况。为甘南藏区的人类学、历史学、民族学和语言学研究提供了极为珍贵的史料。

甘南藏族自治州首府：德乌鲁市　中共德乌鲁人民公社委员会编。甘肃民族出版社1960年1月出版，32开，19页。1958年撤销甘肃省甘南藏族自治州的夏河县，改为德乌鲁市。1961年撤销德乌鲁市，恢复夏河县。本书介绍了解放后在藏区新建的第1座草原城市德乌鲁市的概况，以及该地的工业、农业、文教、卫生、交通、邮电等方面的情况。

甘宁青史略　慕寿祺编撰。兰州古籍书店1990年10月出版，16开，1068页，2册。另有天津古籍出版社1988年出版，16开，40册，影印本。收入《中国西北文献丛书》第3辑《西北史地文献》。编撰者字子介，号少堂，甘肃镇原人。甘肃、宁夏和青海的地方史专著。成书于1936年，并于同年由兰州俊华印书馆刊行。本书共40卷，卷首共3卷，记述建置、军备、交通、民政、教育、实业、民族、宗教(藏传佛教、伊斯兰教、道教)等；正编32卷72章，以年月系事，记述上古至民国初期的历史事件；副编5卷，分舆地、地质、山水等3门，借鉴西方地理学记述方法，便于参考。书中对回、满、蒙、藏等民族及古代白兰羌、岩昌羌、邓至羌、党项羌、铁勒、突厥、鲜卑等均有叙述，为研究西北民族史、地方史的重要参考书。

甘肃藏族部落的社会与历史研究　洲塔著。甘肃民族出版社1996年出版，32开，564页。作者深入甘肃、青海、四川藏区进行实地考察，搜集各种资料，运用多学科综合研究的方法，对甘肃地区藏族部落产生的历史背景及其演变、组织形式、生产方式、宗教信仰、文化教育、风俗习惯、军事制度等方面作了全面、深入、系统的研究。是了解甘肃藏族部落和历史文化的重要参考书。

甘肃藏族史 丹曲、谢建华著。民族出版社 2003 年 6 月出版，32 开，467 页。本书分绪论、正文、大事纪、附录及参考书目 5 个部分，详细论述了甘肃藏区、藏族在政治、军事、经济、文化、宗教、汉藏关系等方面的发展史。有陈庆英序。

甘孜藏区社会调查资料汇辑 全国人民代表大会民族委员会办公室编印。1957 年 6 月印行，16 开，48 页。本书是根据 1952 年至 1956 年的各类调查报告、座谈会记录及有关资料汇编而成。内容有：1. 甘孜藏区社会形态的初步考察。记述甘孜藏区民主改革前的土司制度、改流地区、农牧业生产关系、寺院概况等。2. 日库寺调查。对该寺的组织系统、经济、僧人生活、寺院与人民关系等均有记录。

甘孜藏族自治州德格地区社会调查报告 中国科学院民族研究所、四川少数民族社会历史调查组编印。1963 年 7 月印行，16 开，35 页。本书为 1958 年至 1959 年的实地调查报告，对德格县的自然地理、物产、区划、德格土司史、民主改革前的生产力状况、农业区生产关系、牧区生产关系、等级制度、旧行政机构、统治手段、寺院分布、农奴反抗、寺院教育、学校教育、德格印经院等均有较详细的记载。是一份参考价值较高的调查材料。

甘孜藏族自治州德格更庆、甘孜麻书社会调查材料 中国科学院民族研究所、四川少数民族社会历史调查组编印。1963 年 12 月印行，16 开，57 页。本书为 1958 年至 1959 年的调查材料，记录了民主改革前更庆、麻书两乡的历史、地理、资源、人口、生产、社会制度、人民生活、等级划分、剥削情况等方面的内容。

甘孜藏族自治州甘孜县麻书乡如西村调查报告 杨辛、张正明编写。1957 年 10 月印行，16 开，30 页，铅印本。本书为 1956 年 5 月的实地调查资料，如实记录了民主改革前麻书乡如西村的历史沿革、土地面积、户口、基本生产资料、生产交换、社会经济结构和阶级关系、政治制度、宗教势力等内容。

甘孜藏族自治州康定、道孚、丹巴调查材料 中国科学院民族研究所、四川少数民族社会历史调查组编印。1963 年 12 月印行，16 开，42 页。本书是 1958 年至 1959 年的调查材料，是关于康定县瓦泽乡、道孚县格西乡的西村、道孚县玉科牧区、丹巴县巴底乡邛山村、巴底土司、丹巴县巴旺乡的生产、阶级关系、土地关系、差役、赋税、剥削关系、风俗习惯等方面的史料。为了解民主改革前甘孜州部分地区社会的重要资料。

甘孜藏族自治州理塘寺、大金寺、甘孜寺、八邦寺调查材料 中国科学院民族研究所、四川少数民族社会历史调查组编印。1963年12月印行，16开，76页。本书为1958年至1959年的调查材料，记录了民主改革前甘孜州境内较著名的理塘寺、大金寺、甘孜寺和八邦寺的基本情况，内容包括建寺缘起、寺内组织、经济、政治活动等，其中以寺院剥削人民的材料居多。

甘孜藏族自治州理塘县毛垭牧区社会调查报告 中国科学院民族研究所、四川少数民族社会历史调查组编印。1963年8月印行，16开，46页。本书对理塘县毛垭牧区民主改革前的社会经济结构、阶级关系、政治制度、寺院、僧人内部关系、寺院的剥削等方面有较详细的记述。为实地调查资料，参考价值极高。

甘孜藏族自治州理塘县社会调查材料 中国科学院民族研究所、四川少数民族社会历史调查组编印。1963年12月印行，16开，43页。本书为1959年的实地调查材料，收入理塘县木拉区、濯桑区雄坝乡有关农业生产、手工业、副业、交换、生产资料、剥削关系、土司头人、政治机构、统治手段、军事组织等方面的内容，反映了民主改革前理塘部分地区的社会情况。

甘孜藏族自治州雅江县八角楼乡、恶古乡社会调查材料 中国科学院民族研究所、四川少数民族社会历史调查组编印。1963年12月印行，16开，29页。本书收入1959年夏季对雅江县八角楼乡、恶古乡的调查材料两篇，反映了民主改革前这两个乡的生产、交换、生产关系和政治制度，对出产、人口、地租、法律、军事组织、土地来源等均有详细记载。为实地调查资料，参考价值较高。

甘孜藏族自治州玉隆、色须、昌台、塔公、大塘坝、宗德等牧区材料 中国科学院民族研究所、四川少数民族社会历史调查组编印。1963年12月印行，16开，57页。本书记述了：1.德格县玉隆牧区的寺院、各村概况、德格夏克刀登的工匠和娃子的调查情况。2.石渠县色须部落在民主改革前的生产、生产资料占有、剥削方式、政治制度的调查材料。3.白玉县昌台牧区、康定县塔公牧区、甘孜县大塘坝牧区、石渠县蒙宜村、炉霍县牧区和宗德牧场的调查材料。以上材料均为民主改革时的调查资料，有参考价值。

高原红旗飘 中共中甸县委、中甸县人民政府编。中甸县人民政府1995年4月内部发行，420页，32开。本书收入4篇关于1956年至1957年平叛工作的文件和40余篇关于中甸地区3次平叛斗争的回忆录。本书由当年参战的老战士马正刊、赵嘉林等人编写，材料真实可靠，充分反映了云南中甸藏区平息叛乱的艰苦斗争史。是一部教育青少年的好教材。附萧克将军等人题词和30余幅有关革命文物、资料照片。

工贡麻部落历史变迁 又名《工贡麻部落历史变迁与习俗》。兰却加著。藏文。民族出版社2002年3月出版，32开，218页。本书详细介绍了工贡麻草原游牧部落的形成、变迁和现状。资料翔实，是了解安多藏族游牧部落发展史的参考资料。

共和县风土调查记 不著撰者和卷数。民国时期南京金陵大学图书馆有藏本。成书于民国二十一年(1932)。本书简要介绍了共和该县当时的社会状况、经济和宗教等内容。

古代西藏史研究 (日)佐藤长著。京都同朋舍1958年9月出版，32开，93页。本书2卷，内容包括统一前的西藏、吐蕃王国的建立、文成公主入藏、金城公主入藏、入侵长安与仆固怀恩之乱、建中会盟、长庆会盟等问题，最后是关于吐蕃制度与文化的总论。本书利用了藏文《吐蕃王朝编年史》、《吐蕃大事记》、汉文《慧超传》等许多汉藏文敦煌写本资料。是研究吐蕃史，特别是唐蕃关系史的参考资料。

古代象雄与吐蕃史 南喀诺布著。藏文。中国藏学出版社1996年5月出版，16开，588页。本书是研究古代象雄与吐蕃关系发展史的专著。书中分别叙述远古、中古、近古3个历史时期的象雄和吐蕃发展史，对藏族族源、苯教源流、王室历史、语言文字和古代文明等方面论述较为全面。是一部研究古代藏族史、苯教文化和古藏文等方面的重要参考资料。

古格古城 西藏自治区文物管理委员会编。文物出版社1990年10月出版，16开，409页，上下册。本书上册介绍了古格王国遗址的地理位置与环境、以前的调查与研究成果及古格王国的历史等，收图90幅。下册为古格王国遗址的各类图片160幅。是研究西藏古格王国的重要资料。

古格王国——西藏中世纪王朝的挽歌 霍巍著。四川人民出版社2002年出版，32开，156页。作者是四川大学历史文化学院考古学系教授、博士生导师，四川大学博物馆馆长，著有《西藏古代墓葬制度史》等。本书主要介绍了西藏阿里地区古格古城遗址及其对建筑、壁画等方面的考古成果。

唃厮啰——宋代藏族政权 祝启源著。青海人民出版社1988年出版，32开，327页。本书分8章，详细论述了唃厮啰政权的兴起、鼎盛、衰落及其经济、文化等内容，是第一部研究唃断啰政权的专著。内容翔实，考证、论述严谨，为研究西藏史的要籍。

关于吐蕃国家时期的社会性质问题 王静如著。1956年出版，16开，18页，铅印本。本书据资料研究认为吐蕃时期（6—9世纪）属于奴隶制社会，并用被征服的人民被作为奴隶赏赐给大臣、生产奴隶、产铁不多或很少、统治者可随意杀伤奴隶、刑法异常严苛等例子作为论据来证明这个观点中国社科院。

关于西藏珞巴族的几个调查材料 中国社会科学院民族研究所编。1978年5月印行，16开，81页，铅印本。本书为民族研究所1976年4月至1977年2月的调查报告，记录了珞巴族的不同称谓，以及隆子县、墨脱县和雅鲁藏布江下游希蒙珞巴族的历史沿革、农业生产、族内等级、婚姻制、生活习俗等方面的材料。资料翔实可信，为了解、研究珞巴族的重要资料。

国外西藏研究概况：1949—1978 冯蒸著。中国社会科学院出版社1979年7月出版，32开，389页。本书共5章：1.国外藏学概况。2.国外藏学研究及中印边境问题。3.国外藏学机构、会议、出版物等。4.十四世达赖喇嘛及流亡国外藏族的活动简况、研究机构与出版物、藏传佛教寺院分布情况等。5.结束语。本书较详细介绍了国外近30年藏学研究的成果及动态，是研究藏学的重要参考资料。

果洛藏乡纪事 王育英著。青海人民出版社1992年3月出版，32开，145页。作者于1952年参加"果洛工作团"，1952年至1957年间在青海省果洛县藏区工作。本书以朴实无华的笔触，记录了1952年中国共产党的民族工作团进军果洛、建立人民政权的过程。是宝贵的历史资料。

汉藏史集 全称《汉藏史集：贤者喜乐赡部洲明鉴》，简称《汉藏史集：贤者喜乐》、《汉藏史集》。达仓宗巴·班觉桑布著。藏文。以手抄本传世，极为罕见。西藏人民出版社1985年出版，32开，609页，铅印本。另有西藏人民出版社1986年出版陈庆英汉译本《汉藏史集：贤者喜乐赡部洲明鉴》，32开，373页。成书于藏历第七饶迥木虎年（1434）。本书分上下两篇。上篇共25章，主要记述了：1.赡部洲王统、地域、民族及吐蕃氏族。2.印度王统与佛法。3.汉地和木雅及吐蕃王统。4.佛法在西藏的传播和发展。5.吐蕃医学史。6.有关茶的记载。7.蒙古王统和吐蕃地区驿站的设置等。下篇共23章，其主要内容：1.萨迦、夏鲁万户、江孜法正、达那宗巴和南杰林巴等家族历史。2.无上密法在印度和西藏的传布、后弘期大德和寺院、下部戒律和噶当派的传承。3.吐蕃讲经院的情形和时轮教法在吐蕃的传布。4.达波噶举、希解、帕竹噶举、襄巴噶举、拉巴的教法和帕竹万户世系等。本书对萨迦派和元朝在西藏的军事、赋税、驿站设置、法律等记述详尽。为研究元代吐蕃的要籍。

红史 蔡巴·贡噶多吉著，东噶·洛桑赤列校注。藏文。以抄本传世，无刻本，故异本颇多。民族出版社1981年10月出版，32开，478页。另有西藏人民出版社2002年出版陈庆英、周润年汉译本，32开，328页。成书于元至正六年(1346)。本书分4章：印度古代王统及释迦世系、汉地历史王统、蒙古王统、吐蕃王朝至萨迦派掌权的藏族史和教派史。书中对吐蕃、分裂割据、萨迦等时代的历史有详略不一的记载，其中对噶当派、噶举派的历史记述颇为详尽。作者引用了汉文史料，对汉藏关系记述尤详。为研究西藏史、宗教史的要籍之一。

互助土族自治县志 互助土族自治县志编纂委员会编。青海人民出版社1993年12月出版，32开，631页。“青海省地方志丛书”之一。互助县有史以来的第一部县志。本书全面叙述了互助县自中华人民共和国成立至1985年在政治、经济、文化、社会、宗教、民族等方面的发展演变和兴衰沿革。

互助县风土调查记 不著撰人。民国二十一年(1932)编，抄本，不分卷。民国时期南京金陵大学图书馆有藏本。收入《乡土志抄稿本选编》第15卷《辽宁青海》卷。本书简要记述了互助县民国十九年(1930)以前的政治、经济、教育、藏转佛教、藏民生活等内容。

魂牵雪域：西藏最早的天主教传教会 （意）G. M. 托斯卡诺著，伍昆明、区易柄译。中国藏学出版社1998年出版，32开，477页。本书主要记述了17世纪初期，葡萄牙耶稣会安东尼奥·德·安东德神父为首的天主教传教士从印度北部进入我国西藏，企图在西藏建立天主教会，因遭到西藏地方政府和僧俗的反对而失败。

吉隆县文物志 索朗旺堆主编，霍巍等编写。西藏人民出版社1993年5月出版，32开，196页。本书详细介绍了吉隆县的古遗址、古寺庙、古建筑、摩崖造像、石刻、寺藏馆藏、流散文物、近现代重要史迹和其他重要史迹，并对主要文物作了细致的介绍。

纪古滇说集 又名《记古滇说》、《记古滇说原集》、《记古滇说集》等。张道宗撰。有明阮元声刊刻本、明杨慎校抄本。1卷。成书于元初。本书主要记述云南古代神话、佛教故事、南诏至元初史事，其中对南诏史记述尤详。为记云南古事较早的著作，可供南诏及吐蕃在云南西洱河经营史研究作参考。

嘉绒藏族调查材料 西南民族学院民族研究所编印。1984年10月印行，32开，140页。内部资料。本书为

1952 年 5 月的实地调查资料，记录了阿坝州嘉绒方言区藏族民主改革前的土司沿革、政治制度、民族关系、经济情况、文化、宗教、家庭、生活习俗等。1954 年 4 月曾打印作参考资料出版，但现已不多见。再版被列为《民族研究丛刊》之一。

嘉绒藏族史志 雀丹著。民族出版社 1995 年出版，32 开，806 页。本书详细记述了四川藏区嘉绒藏族的来源、迁徙历史、发展过程和现状。

简明西藏地方史 赵萍、续文辉编著。民族出版社 2000 年出版，32 开，334 页。本书对藏族的起源、文字的产生、吐蕃至民主改革之前的历史作了客观的论述。

见证百年西藏——西藏历史见证人访谈录 张晓明编。五洲传播出版社 2003 年出版，32 开，436 页，上下册。本书中被采访者或文章的作者，都是亲历过西藏历史变革的、八九十岁的老人，现在有的已经作古。本书收录了色新·洛桑顿珠的《我参加接待国民政府专使黄慕松的经过》、夏扎·甘登班久的《回忆吴忠信来藏主持十四世达赖坐床典礼片断》、李有义的《西藏，神秘的和不再神秘的》、陈锡璋的《西藏从政记》、拉鲁·次旺多吉的《拉萨英语学校破产记》、黄明信的《追忆十七条协议翻译工作二三事》、雪康·索朗塔杰的《迎接中央代表进藏记》、阿沛·阿旺晋美的《谈 1959 年“3 月 10 日事件”的真相》、林田的《在山南凯松庄园参加民主改革》和吉普·平措次登的《我亲身经历的西藏民主改革三十年》等文章，详细记录了 20 世纪发生在西藏的各类历史事件的前因后果，是十分难得的珍贵史料。

江孜专区下涅如地区调查报告 中国科学院民族研究所、西藏少数民族社会历史调查组编印。1963 年 12 月印行，16 开，92 页。本书为 1962 年 1 月至 3 月的原始调查材料，记录了民主改革前西藏江孜下涅如地区的农牧业状况、乌拉差役制度、阶级划分、统治阶级的组织形式、剥削方式、婚姻状况、民主改革运动等内容。附《仁布县贵族然巴草场》、《打隆县贵族拉鲁草场》和“《噶厦属根扎草场》”3 篇调查资料，对草场的管理组织、经营、差税、定期调整草场等均有较详记录。

艽野尘梦 陈渠珍著，任乃强校注。西藏人民出版社 1999 年出版，32 开，124 页。陈渠珍，字仲谋，号玉鍪，湖南人，清光绪末毕业于长沙军校，宣统元年(1909)随钟颖入藏，驻防西藏工布，在进攻波密时有战绩。清朝灭亡后，他率湘中兵百余人取道青藏线东归，仅有 7 人生还。返湘后著此书。本书详细记叙了工布、波密等战役，内容包括：1. 从军经过、与当地藏族居民的交往、娶藏族姑娘为妻。2. 取道返回内地时因迷路而误入大漠，在大漠中忍饥挨饿，最终仅7人生还于西安。3.沿途山川景色、风土人情和社会生活，同时记录了英俄帝国主义觊覦和争夺我国神圣领土西藏的罪恶和阴谋活动，清封疆大吏之间和军队内部争权夺利、钩心斗角的斗争等。

解放前那曲各部落简史 次仁多吉编写。西藏人民出版社1995年5月出版，32开，156页。本书简要叙述了1951年西藏和平解放前那曲宗谱部落的名称、户数、总部落长及下属各官员的职责，兵役差税制度，牧业和手工业的生产方式及服饰、节日、婚俗、民间文艺等方面的情况。

金川纪略 （清）程穆衡撰。抄本，136页。程氏为乾隆二年（1737）进士，著述颇多，卒年93岁。本书共4卷，主要记述乾隆年间四川大小金川土司莎罗奔、索诺木、僧格桑发动的两次反清斗争的全过程，以及清军先后两次用兵大小金川的实情。本书是研究金川之役及其社会背景的重要资料。

近代俄国与中国西藏 王远大著。生活·读书·新知三联书店1993年5月出版，32开，381页。本书较详细记述了从1870年到1917年间沙俄侵略中国西藏的历史。附图片和大事年表。

军事集要 中国人民解放军总参谋部政治部宣传部编。上海人民出版社1997年出版，32开，498页。中国人民解放军军史。本书收录了人民解放军第十八军进军西藏、平息地方上层反动集团武装叛乱，以及西藏、新疆边防部队取得中印边境自卫反击作战胜利等内容。

康藏 王维栋著。民国二十七年（1938）印本。本书简述了四川藏区和西藏拉萨等地的历史、宗教和地理等内容。

康藏 刘家驹著。新亚细亚月刊社民国二十一年（1932）出版，32开，110页，铅印本。本书着重记述了康区（四川甘孜、西藏昌都）和卫藏（拉萨、日喀则）的历史、宗教、寺院、民俗和地理等内容。

康藏概况报告 格桑泽仁著。民国二十一年（1932）出版，32开，89页，铅印本。本书主要简述了康区（巴塘、德格、康定、昌都）和拉萨的简史和现况。

康藏建省略 王禄昌撰。民国二十年（1931）印本。作者于清宣统元年（1909）随川军入藏，民国八年（1919）返回内地。本书分5章，每章又各分数节，记述西藏、西康的社会情况等。但书中空泛之词较多，非信实史料，在参考时需慎重引用。

康藏史地大纲 任乃强著。四川雅安建康日报社民国三十一年（1942）印行，32开，上册114页、下册134页。

另有西藏古藉出版社 2000 年出版西藏社会科学院整理本，32 开，211 页；学苑出版社 2003 年出版张羽新主编本，1 册，529 页，收入《中国西藏及甘青川滇藏区方志汇编》第 54 册。初稿成书于 1941 年。本书 3 卷，分 4 篇 21 章。首篇为康藏鸟瞰，内容有康藏地形、高原生物、交通、居民、商业；第 2 篇为康藏古代史，有西南夷与吐蕃、茶马互市与土司建置、藏传佛教的产生及发展、西藏主权、清代川边建置等；第 3 篇为康藏近代史，论述西藏问题之发生、康藏局面之重整、康藏之离立、康藏界务纠纷、西康建省等问题；第 4 篇为西康之现在与将来，述及西康省各县近况、政治建设、经济建设、文化建设、西康兵防、亟待解决之康藏问题。这是一部提纲挈领地论述西康、西藏历史、地理的著作。书中论述了自汉唐至 20 世纪 40 年代康藏地区的政治关系、民族风貌、社会状况、地理环境、产业分布、宗教源流和重大历史事件等内容。

康藏之过去与今后建设 刘家驹（藏名格桑群觉）著。南京建业印刷社民国二十一年（1932）印行。作者原籍巫山，世居四康巴塘。毕业于巴安华西学校，民国十二年（1923）任母校教员，后任校长。民国十八年（1929）赴南京，随任九世班禅汉文秘书长。民国二十四年（1935）任西康建省委员会委员，民国二十七年（1938）任蒙藏委员会委员。自任秘书长一直跟随班禅，班禅圆寂后回蒙藏委员会。本书写于民国二十一年，论述康藏过去之政治及今后之要点、康藏过去之教育及今后整理计划、关于西康民众武力之过去与今后等 4 个方面。所提改进方针均是为了开发物产、团结民族和巩固边疆。

抗战以来之西康 西康省政府编。稿本。本书内分西康的历史、地理、施政计划、施政概况等 7 章。部分章节载于《康导月刊》第 6 卷。

阔端与萨班凉州会谈 樊宝凉、水天长著。甘肃人民出版社 1997 年出版，32 开，279 页。本书分 4 章，详细论述了阔端与萨班（萨迦・班智达衮噶坚赞）1247 年在甘肃凉州的具有重大历史意义的会晤，以及与之相关的历史和宗教方面的内容。本书是目前对此次历史事件论述最全面的专著。

喇嘛王国的覆灭 全名为《西藏现代史（1913—1951）——喇嘛王国的覆灭》。（美）梅・戈尔斯坦著，杜永彬译。时事出版社 1994 年 6 月出版，32 开，890 页。作者是美国西藏研究中心理事长。本书详细论述了十三世达赖喇嘛、热振、达札、十四世达赖喇嘛执政时期的政治、军事、宗教、经济等方面的内容，以人系史，记述了 1913 年到 1951 年的西藏历史。

乐都县风土概况调查大纲 不著撰人。抄本。金陵大学图书馆有藏本。

收入《乡土志抄稿本选编》第15卷《辽宁青海》卷。成书于民国二十一年(1932)。本书简要记述该县当时的社会状况、经济和宗教等内容。

历史小知识 《刚坚少年报》编辑部编译。藏文。青海民族出版社1994年5月出版,32开,268页。"刚坚少年知识丛书"中的历史知识汇编本,选自《刚坚少年报》历史知识栏目。本书简要论述了爱国主义教育、中国近代史、中国共产党史、法定和传统节假日、鸦片战争、辛亥革命、重大会议、名胜古迹、民俗等内容。

留在雪域高原的脚印 魏克著。民族出版社2000年8月出版,32开,310页。本书为纪念西藏和平解放50周年的献礼之作。记叙了进军西藏、昌都战役等一系列发生在西藏的具有划时代意义的重大史实。

论热达事件及其性质 彭次编著。西藏人民出版社1992年6月出版,32开,144页。本书记述了1933年10月30日第十三世达赖喇嘛土登嘉措圆寂后西藏地方政府内部发生的重大历史事件,其中包括热振土登江白益西执政、龙夏事件、达扎集团篡权、热振被害、西藏僧俗民众坚决反对分裂主义的斗争等事件。

论西藏政教合一制度 东嘎·洛桑赤列著,郭冠忠等译。西藏人民出版社1985年7月出版,32开,134页。本书的藏文版于1981年1月由民族出版社出版,32开,140页。1983年再版。汉译文根据1983年藏文版翻译。本书论述了在西藏特殊的历史环境下政教合一制度的形成、发展直到消亡的历史过程及原因。其论点突出,观点正确,论据充分,受到国内外学术界的高度重视。汉译文附大事年表、《萨班致卫、藏、阿里僧俗同胞书》、《西藏善后章程二十九条》、《中央人民政府和西藏地方政府关于和平解放西藏办法的协议》。

论藏族文化的起源形成与周围民族的关系 格勒著。中山大学出版社1988年8月出版,32开,561页。本书为作者的博士论文。本书分7章,运用人类学理论和民族考古的综合研究方法,较系统地论证了藏族的起源、形成、发展,及其与国内外各民族的历史文化关系,包括藏、羌、汉的古代文化关系,对苯教文化、各种民间歌舞和藏戏、石棺墓、白马藏人的由来、嘉绒藏族的形成和分布、藏北高原上的"霍尔巴"、藏族与伊朗等国人民的文化交流等方面有细致、深刻的论述。是一部以青藏高原文化为依据的人类学著作,也是了解藏族历史、文化的重要著作之一。有梁钊韬序。

蛮书 又名《云南记》、《云南志》、《南蛮志》、《南蛮记》、《南夷志》等。(唐)樊绰撰。10卷。被收入《永乐大典》和《四库全书》,传世版本甚多。咸通三年(875)作者任安南经略使蔡袭幕僚时,研究南诏情况,并参考前人有关著述,写成本书。本书主要记述云南山川、城镇、里程交通、物产,特别对六诏的历史,南诏的政治、经济、军事制度及云南各少数民族的生产、生活习俗,作了比较系统扼要的阐述。是研究云南各少数民族历史地理的重要资料,尤其是对研究唐代吐蕃在西洱河地区的战争及与南诏的关系史有较高参考价值。

满蒙新藏述略 (清)金钟麟撰。清宣统年间(1909—1911)石印本,4卷。另有宣统元年(1909)刻本。又有台北文海出版社1988年出版,32开,240页,影印本。本书是作者根据清代京报、档册、公私著述和历代史乘、文献编写的,成书于光绪三十二年(1906年)。分述东北、内外蒙古、新疆、西藏历代建置沿革、自然地理、物产矿藏、清代所设职官、行政区划、中外界务交涉等内容。附有4地全图。所记中俄、中英勘界事宜和边疆形势等材料,尤为珍贵。曾被清学部定为教学参考书。

蒙藏关系史大系·政治卷 陈庆英、丁守璞主编。外语教学与研究出版社2002年出版,32开,490页。"蒙藏关系史大系丛书"之一。本书通过对大量藏文和蒙文资料的考察分析,论述了蒙藏两个民族在政治、经济、宗教、文化等方面的关系,以及这些关系对两个民族本身发展的影响,比较全面和准确地反映了蒙藏关系的历史全貌。其主要章节有:蒙藏接触前的社会状态、蒙藏民族关系的开端和早期发展、蒙藏上层交往的加深、萨迦派在元朝扶植下掌政、元朝对藏族地区的管理、明代蒙古土默特部鄂尔多斯部与藏族的关系、明代卫拉特4部与藏族的关系、清代的蒙藏民族关系等。附蒙藏关系史大事年表等。

蒙藏关系史研究 樊保良著。青海人民出版社1992年8月出版,32开,273页。本书主要论述蒙藏民族关系史,内容分:1.阔端与萨班时期正式建立蒙藏民族关系。2.忽必烈与八思巴时期蒙藏关系进一步发展。3.俺达汗与索南嘉措时期蒙藏关系进入新高潮。4.固始汗与五世达赖、四世班禅时期蒙藏关系进一步密切。5.察罕丹津亲王与一世嘉木样时期及其以后西北蒙藏关系的发展。作者在论述的过程中始终以宗教为经、政治为纬,把蒙藏两族自13世纪以来在政治、宗教、文化等方面的往来与相互影响一直叙述到清末,从而不仅论证了这两大民族之间的关系是历史悠久、源远流长的,而且这两大民族能够互相团结,友好往来,对共同缔造、发展中华民族的历史和文化起着不可低估的作用。有王沂暖序。

蒙藏民族关系史略:十三至十九世纪中叶 王辅仁、陈庆英编著。中国社会科学出版社1985年出版,32开,

280页。本书阐述了13至19世纪中叶即元、明、清时期，蒙古族与藏族在政治、经济、宗教、文化等方面的往来及相互影响，论述了蒙藏民族在历史上形成的密切关系。

蒙藏新志 黄奋生著。中华书局民国二十七年(1938)出版，32开，1108页，2册。本书分3篇。第1篇为蒙藏地方概述，内分疆域、地形、气候、人口、风俗等。第2篇为国民政府对蒙藏施政的根据，包括孙中山关于蒙藏之遗教、国民党最高会议关于蒙藏的决议等内容。第3篇为训政时代的蒙藏行政，内分政治、党务、教育、宗教、经济、交通等7项。作者曾在南京主办《蒙藏周报》，熟悉边情，因而书中关于国民政府对蒙藏地方所实施的计划、法令、规章等的记述详尽。将蒙藏两地进行横向研究的做法，亦属新颖，此后有关蒙藏关系的研究著述，多依此书为据。

民和县风土调查记 不著撰者。抄本。金陵大学图书馆有藏本。收入《乡土抄稿本选编》第15卷《辽宁青海》卷。成书于民国二十一年(1932)。本书简要记述该县当时的社会状况、经济和宗教等内容。

明代藏族史研究 尹伟先著。民族出版社2000年7月出版，32开，259页。本书分8章，分别论述了元末明初藏区的政教局势，帕木竹巴地方政权的建立及其行政体制，帕竹政权历任领导人的世系及政绩，帕竹政权统治下的乌思藏社会状况，仁蚌巴政权与藏巴汗政权的兴衰，明代安多、康区历史，明朝的治藏政策与在乌思藏的行政建制，明代藏族地区与中央王朝的经济联系。

明清治藏史要 顾祖成编。齐鲁书社1999年出版，32开，331页。本书主要内容为：1.中华多元一体格局及西藏归入元朝。2.明朝在西藏的机构、“多封众建，尚用僧徒”、贡赐关系、茶马互市。3.清朝遏制蒙古官员，封授藏族官员，以及驻藏大臣、金瓶掣签制度等规定的确立。附大事年表。

墨竹工卡宗甲马封建庄园调查报告 中国科学院民族研究所、西藏少数民族社会历史调查组编印。1964年印行，16开，53页。本书为1956年11月至12月的原始调查材料，记录了西藏墨竹工卡宗甲马庄园民主改革前的经营管理、庄园工地、等级、人身依附关系、高利贷剥削方式、劳役等内容，其中对庄园经济的记述较多。

木氏土司与丽江：大观书屋插图珍藏本 余海波、余嘉华著。云南民族出版社2002年出版，32开，343页。本书中有一部分是研究迪庆藏族的资料。附照片。

南诏大理国军事史略 邓承礼著。云南人民出版社1988年版，32开，53页。本书分上下两篇。上篇论述南诏国的兵制、兵器、南诏附吐蕃时期的军事概况、南诏后期的军事等，下篇记述大理国的发展变化、地域、兵制和兵器、段氏总管谱等。是了解唐代吐蕃与南诏关系的资料。

南诏国与唐代的西南边疆 （美）查尔斯·巴克斯著，林超民译。云南人民出版社 1988 年出版，32 开，321 页。本书共 6 章，着重记述了隋和唐代前期的中国西南边疆，唐和吐蕃的关系，南诏国的形成，南诏与吐蕃的联盟、南诏国的灭亡等内容，对吐蕃的兴起、吐蕃与唐争夺洱海地区、唐朝政权破坏吐蕃与南诏联盟等的论述较详。为研究吐蕃经营洱海地区的参考资料之一。

南诏通记 简称《南诏记》。（明）杨鼎撰。原书 16 卷，约成书于明中叶。收入《读史方舆纪要》。本书是作者根据《白古通记》、《玄峰年运志》等书及其他有关史籍编写而成。主要记述了唐南诏乌蛮蒙氏、宋大理国至元末洱海地区历史。对吐蕃与南诏的关系记载较详。原书已佚，其文散见于云南明清各种史籍和方志和《读史方舆纪要》。

南诏野史 （明）倪辂撰。有清代环碧山房抄本、清胡蔚订正清道光八年（1828）刻本、清光绪六年（1880）刻本，1 卷。原书已佚，今有阮元声改订本、胡蔚增订本及王崧刻本等多种。唯以王崧刻本与原书及史实较近，亦足征信，其他版本则多有随意增删之过，已失原貌。作者为云南昆明县人，曾任威远（今云南景谷）县令，对滇西历史有较深研究。本书为作者根据《白古通记》和有关南诏及洱海地区各种史籍编撰而成。较系统记述了六诏、南诏的兴起、南诏与唐和吐蕃的关系及大理的史事，并缀有元代及明初的一些史实。对研究吐蕃与南诏的关系及吐蕃在滇西北地区的经营有一定参考价值。

南诏源流纪要 （明）蒋彬撰。1 卷。成书于嘉靖十一年（1532）。本书简要记述了唐南诏王乌蛮蒙氏、宋大理国主段氏等事迹，上溯其古代渊源，下至明初。对吐蕃与南诏的关系亦有记述。本书以《白古通记》、《南诏通记》和有关史籍为据编纂而成。书末有“正误”、“补漏”、“折衷”、“存信”、“去怪”标题各考证若干事。为研究南诏、大理国以及南诏与吐蕃关系史的参考资料。

平定两金川述略 （清）赵翼撰。《小方壶斋舆地丛钞》本。清代史书。作者字耘松，一字云崧，号瓯北，常州人。乾隆年间进士，有诗文才能，还精于史学，著有《廿二史劄记》、《武功纪盛》等。本书记述乾隆十二年（1747）清朝派兵进攻金川和乾隆三十六年（1771）再次发兵大小金川的经过，对大小两金川藏民的反抗、清军损失惨重，以及最后压服两金土司、设立石屯等事，记述较详。

平定准噶尔方略 简称《平准方略》。（清）傅恒（？—1770）等撰。乾隆三十七年(1772)武英殿刊行,有满、汉文本。又有1983年全国图书馆文献缩微复制中心出版的缩印本。作者字春和,满族。清代史书。成书于乾隆三十五年(1770)记录了乾隆年间平定准噶尔部叛乱,统一新疆及善后措施。本书分前编54卷、正编85卷、纪略1卷、续编32卷,共172卷。卷首有乾隆序。前编记述自康熙三十九年(1700)至乾隆十七年(1752)间,噶尔丹灭亡、准噶尔部与清朝的关系、康熙征服青海和西藏的情况;正编起自乾隆十八年(1753)至二十五年(1760)止,详述准噶尔部叛乱的原因及平定准噶尔、统一新疆的经过;纪略和续编,起自乾隆二十五年(1760)至三十年(1765)止,记述乾隆统一新疆后的措施及对乌什暴动的镇压。本书内容丰富,卷帙浩繁,向来为研究清史、内蒙古、藏史和新疆史的史学者所珍视,是清代官修要籍之一。

泣血辑存 (清)罗长裿等撰,罗春驭辑。中国藏学出版社1995年出版,16开,62页。另有全国图书馆文献缩微复制中心1991年影印本,西藏社会科学院西藏学汉文文献编辑室编,2册,线装。作者于宣统元年(1909)入藏,任左参赞大臣,能文能武。率川军攻战波密,时辛亥革命爆发,清军兵变,被杀。其子将其遗稿整理印行。本书共4卷,记述了川军进藏、工布战役、波密战役等重要历史事件。

乾隆初定金川土司记 魏源撰。《圣武记》本,1卷1册。作者字默深,湖南邵阳(今隆回县金潭乡)人,道光年间进士。乾隆十一年(1746)大金川土司莎罗奔为土地纠纷进攻小金川,翌年又攻革布什札及明正两土司,与官兵交战。清廷调张广泗、岳钟琪率兵反击,又以大学士讷亲视师。结果清军大败,乾隆十三年(1748)冬清廷将张、讷两人处死,再派大学士傅恒为经略,发兵进攻。乾隆十四年(1749),莎罗奔投降,战争结束。清代史书。本书较完整地记载了这次事件的全过程,对大小金川的地势、源流也有记述。

乾隆再定金川土司记 魏源撰。《圣武记》本。清代史书。清乾隆十四年(1749)大金川土司莎罗奔归顺投降,至乾隆三十一年(1766),其兄子郎卞勾结小金川土司再次起兵抗清,子郎卞战死,其子索诺继续侵占邻地。乾隆三十六年(1771)清廷命大学士温福、尚书桂林率师镇压,未胜,又派阿桂、丰绅额等分6路进攻金川,几经胜负,于乾隆四十年(1775)攻克金川勒乌围和噶尔崖最后两个堡垒,完成平定两金的战事。此次用兵,清廷花费7000万两白银,死伤惨重,历时5年才算压服了两金川土司。本书对这次战争的全过程记述清楚,是了解第2次金川战役的重要史籍。

钦定廓尔喀纪略 清方略馆编。

清乾隆(1736—1795)年间武英殿刻本，14卷，首4卷，32册。另有中州古籍出版社1986年出版，16开，11813页，影印本；中国藏学出版社2006年出版季垣垣点校本，11820页。《西藏历史汉文文献丛刊》之一。本书汇集乾隆五十六年(1791)八月至五十八年(1793)十月的奏章上谕，记述廓尔喀两次入侵后藏日喀则和清政府派兵击退入侵者的全过程，以及清政府处理藏政事务的善后事宜，史料价值较高。

亲征平定朔漠方略　(清)温达等奉敕撰，故宫博物院编。海南出版社2000年出版，16开，962页，2册，影印本。清代军事史。成书于康熙四十七年(1708)。本书共48卷，着重记述康熙帝3次率军平定噶尔丹叛乱之事。内容始于康熙十六年(1677)厄鲁特·噶尔丹奉表入贡，及赐敕谕，与喀尔卡和好，后噶尔丹背信弃义，发动叛乱。玄烨遂于康熙三十五年(1696)亲率6师往征，九月再征塞北，翌年二月第3次出兵，十月结束战乱，平定边陲，策妄阿拉布坦献噶尔丹之尸，完成清朝统一大业。首载御制纪略1篇，后附告成太学及勒石记功碑文。对平乱之事记述详细，与《平定准噶尔方略》一书参照使用，就能更全面了解当时的西藏历史。

清代边政通考　边疆政教制度研究会编。南京边疆政教制度研究会民国三十三年(1934)七月印行，16开，416页。本书辑录了《清会典》中有关边政部分。分2编：首编为理藩院，只有1章；末编共20章，包括疆理、封爵、喇嘛封号、设官、户丁、耕牧、赋税、兵制、边务、会盟、朝觐、贡献、俸禄、廪饩、捐输、燕赉、优恤、仪制、禁令、刑法，以及西藏官兵制度、西藏租赋钱制等内容。

清代通史　肖一山著。商务印书馆民国十六年(1927)出版，32开，893页。本书是一部民国年间出版的比较完全的清代通史，分上中下3卷，全面论述了清代200多年的历史，其中也详细论述了清朝的治藏政策等。

青海出版志　本书编纂委员会编。青海民族出版社1993年12月出版，32开，602页。本书是青海历史上第一部出版志。本书分6章，分别叙述了青海出版业自产生至1997年的发展总概况，以及全面、具体地记述了青海书刊出版业诸方面的情况。

青海简史　王昱、聪喆主编。青海人民出版社1992年12月出版，32开，300页。本书反映了青海历史浓郁的地方特色和民族特色，介绍了青海的汉、藏、蒙古、回、土、撒拉和哈萨克等世居民族的形成、发展、迁徙与融合的历史过程，如实反映了青海各族人民在开发青海、建设青海中的历史功绩，以及其在维护祖国统一和民族团结方面所做出的巨大贡献。

青海金石录 谢佐、格桑本、袁复堂编著。青海人民出版社1993年7月出版，32开，332页。本书分岩画、摩崖石刻、金铭、印鉴、碑文、墓志铭等6个部分。每部分都作了简要概述，对重要金石文字作了必要的考释和一些新探索。

青海历史纪要 青海省志编辑委员会编。青海人民出版社1980年4月出版，16开，303页。本书记述了新石器时代至1949年间有关青海地区的历史大事，内容涉及青海各民族、各地区的政治、经济、文化、民族、宗教等。有关藏族、蒙古族的史料尤为翔实，为研究青海藏族的要籍之一。

青海民族史入门 芈一之编著。青海人民出版社1987年8月出版，32开，259页。为"中国民族史入门丛书"之一。本书除总论青海各民族历史概况外，分藏族、土族、蒙古族、撒拉族、回族历史。藏族部分中对吐蕃、唃厮啰、元明清民国时期的青海藏族社会状况，以及青海藏族的来源、各代政权和社会制度、历史专著等作了简要叙述，其中青海藏族史研究概况一章，学术性较强，参考价值较高。

青海省贵德县风土调查大纲 张祐周编著。民国年间(1911—1933)抄本，16开。金陵大学图书馆有藏本，抄本，不分卷。民国二十一年(1932)成书。本书记事截至民国十八年(1929)，简要记述贵德县当时的社会状况、经济和宗教等内容。

青海事宜论 （清）龚自珍撰。《小方壶斋舆地丛钞》本，12帙。清代藏事典籍。本书记述了青海一带藏族和蒙族信仰佛教，以及两族的关系问题，并建议朝廷利用佛教平息蒙藏矛盾，因为只要允许大造庙宇，大喇嘛就会出力维护团结，解除各族间的冲突。文字较简略。

青海通史 崔永红等。青海人民出版社1999年出版，32开，911页。本书详细论述了远古以来的整个青海地区的历史。

青海岩画——史前艺术中二元对立思维及其观念的研究 汤惠生、张文华著。科学出版社2001年7月出版，16开，280页，精装本。本书主要介绍了青海地区迄今发现的13处岩画，并运用二元对立理论对岩画中各种图形因素的文化原型及其意义进行了考证和分析，运用综合分析法和微腐蚀断代法对岩画进行了断代分析，涉及的范围不仅包括史前艺术和史前考古，而且包括整个原始文化。是一部系统介绍和研究青海岩画的著作。

青海藏族史 陈光国著。青海民族出版社1997年出版，32开，660页。本书根据大量藏汉文史料和近年来学术界在藏族史等方面的研究成果，比较细致地论述了青海地区藏族的历史。

清季英国侵略西藏史 余素著。世界知识出版社1959年5月出版，32开，182页。本书共分8章记述：1.17世纪天主教企图在藏设立教堂的经过和18世纪英国企图侵入西藏的活动。2.记述了18世纪西藏对外贸易情况、廓尔喀侵藏战争、英人在廓尔喀对藏战争中的活动、清朝巩固西藏边防的措施。3.英国侵略喜马拉雅地区及清廷的态度。4.清末外国人在藏地的游历和通商问题。5.英国首次侵略战争和《藏印条约》的谈判。6.有关划界、通商的纠纷。7.干坎会议、英国第2次侵藏战争的全过程。8.关于《拉萨条约》的谈判及《藏印通商章程》的签订。附录《英尼友好条约》、《西藏、廓尔喀条约》、《中英会议藏印条约、续约》、《英藏条约》、《英俄条约》、《中英修订藏印通商章程》等。本书旁征博引，在关于清季英国侵藏史的论著中属内容全面、论说有据之作。

青康藏新西人考察史略 徐尔灏著。中华书局民国三十四年(1945)七月出版，16开，40页。为“国立中央大学理科研究所地理学部丛刊”第8号。本书着重记述了1864年至1935年间外国人到藏区考察及测量的情况，对其中的146次考察测量活动作了详细叙述，列出考察测量西藏地理的外国人共计92人，并附100余种外文有关西藏地理测量的书籍。书末有一幅《青康藏西人参察路线测量地域图》。为研究外国人考察西藏历史的重要参考资料。

青史 廓诺·迅鲁伯(1392—1481)著。以拉萨、羊八井和安复噶丹部科芥寺木刻版传世，1函。另有四川民族出版社1985年出版，32开，1274页，2册，铅印本；西藏人民出版社1985年出版郭和卿汉译本，32开，718页；2003年再版，32开，657页。西藏史书。本书分15章，分别记述了教法来源、西藏历代王朝、西藏前后两次弘法期、密乘、道果、著名高僧大德生平事迹、时轮传承、大手印法等，尤其对噶举派的历史叙述详尽。被国内外史学家推崇为研究西藏历史、宗教的信实史籍。

萨迦、谢通门县文物志 索朗旺堆主编。西藏人民出版社1993年5月出版，32开，206页。本书根据实地调查资料，介绍了萨迦县和谢通门县的古遗址、古墓葬、古建筑、摩崖造像与石刻、寺藏馆藏、流散文物等。

山南地区扎囊县扎期区囊色林庄园调查资料 中国科学院民族研究所、西藏少数民族社会历史调查组编印。1964年印行，16开，56页。本书为1959年3月的原始调查材料，记录了民主改革前西藏山南扎囊县囊色林庄园的土地占有、经营、乌拉差役、高利贷剥削、阶级划分、婚姻等内容，其中对庄园经济记述较详。

山南专区调查报告　中国科学院民族研究所、西藏少数民族社会历史调查组编印。1964年印行，16开，64页。本书为1962年6月至1962年8月的原始调查材料，记录了民主改革前山南地区的历史沿革、地方政府、法律、剥削方式、乌拉差役、高利贷、阶级划分、风俗习惯、民主改革运动等内容，其中对土地占有、剥削方式等记述较多。

伸向雪域的魔爪——从波格尔使藏到英国第一次侵藏战争　苏发祥著。中国藏学出版社2002年9月出版，32开，170页。“西藏近现代史丛书”之一。本书介绍了英国从18世纪中叶开始谋求进入中国西藏的企图，以及采取包围手段逐步吞并喜马拉雅山南麓诸国，最终于1888年以武力打开西藏大门的历史。

圣武记　(清)魏源撰。道光二十二年(1842)刊行，二十四年(1844)、二十六年(1846)增订。本书版本较多，其中以道光二十六年(1846)第三次重订的左微堂藏本为最佳。另有中华书局1984年出版韩锡铎、孙文良点校本，32开，567页。本书共14卷，着重记述自清朝兴起至鸦片战争止200年间的主要用兵始末。前10卷记述开国、藩镇、外藩、土司、海寇、民变、兵变、教匪等，后4卷记载兵制、财政等，其中第3、4卷记述乾隆平定准噶尔、乾隆戡定回疆、道光重定回疆记等。

十八军先遣侦察科进藏纪实　王贵、黄道群著。中国藏学出版社2001年4月出版，32开，191页。1951年9月9日十八军先遣侦察科到达拉萨。本书是一部生动具体反映半个世纪前人民解放军进军西藏实况的书，两位作者都是当年战斗在侦察科的军人。本书首次披露了侦察科的同志们遵照上级指示，不畏千难万险，克服重重困难，认真执行党的民族、宗教、统战政策，在团结各阶层藏族同胞的基础上，逐步掌握了西藏地方政府和藏军的有关情况及康藏地区各条道路的重要地理资料，还积极参加了争取与西藏地方政府和平谈判的工作，出色地完成了各项革命任务。

十八世纪前期的中原和西藏　(意)伯戴克著，周秋有译。西藏人民出版社1987年8月内部发行，32开，333页。据1972年版译。伯戴克为杜齐的学生，著述有《拉达克历史研究》、《1728年到1959年西藏的贵族与政府》、《旅居西藏、尼泊尔的意大利传教士文献》等。本书是根据藏汉文史料写成的，共16章。首章介绍资料来源。第2章记述蒙古和硕特部在西藏的最后一个统治者拉藏汗与第巴桑结嘉措的斗争及其在清朝中央支持下掌权的过程。第3至第5章，记述清朝中央和西藏地方反对蒙古准噶尔部入侵西藏的斗争。第6至第15章，记述驻藏大臣在藏行使主权、达赖摄政及郡王,在清朝中央的支持保护下“噶厦政府”的行政管理。第16章为清朝中央在西藏的施政及汉藏文化交流的总结。每章之后均附有对文中涉及的重大事件、人物等方面的较详细注释。附18世纪前期(1705—1751)大事系年及参考书目。

世界屋脊的呻吟:拉萨条约 张蜀华著。中国人民大学出版社1993年3月出版,32开,154页。本书论述了《拉萨条约》签订的背景、经过及其产生的影响,说明《拉萨条约》从头至尾都是英国侵略者奴役和掠夺西藏人民的不平等条约。

谁是六二年的罪人 (印度)曼克卡尔著,杨双举、王鸿国译。西藏社会科学院1985年印行,32开,163页。本书共16章,着重记述所谓的“麦克马洪线”的由来,以及印度享有所谓的“麦克马洪线”以北和中印边境中段、西段大片领土的主权等,并详细记载了1962年中印边界的战事。附录《中国政府对中印自卫反击战的声明》、《印度国防部长关于东北特区的调查声明》和《六个不结盟国家会议的建议》。书中一再重弹印度扩张主义者的老调,为侵占中国领土制造舆论,为印度军队入侵中国领土开脱罪责。是一了解扩张主义立场的材料。

唐蕃古道 陈小平著。三秦出版社1989年出版,32开,196页。本书全面地论述了唐蕃古道的路线、走向问题,对古道沿途的文物古迹、风土人情、山川名胜作了考察和描述。

唐朝中央集权与民族关系:以北方区域为线索 李鸿宾著。民族出版社2003年2月出版,32开,270页。本书通过分析唐朝在处理中央与北方少数民族关系由前期开放到后期保守的变化过程,证明历史上的民族关系是复杂多变的。涉及吐蕃与唐朝的关系。

唐代吐蕃与西域诸族关系研究 杨铭著。黑龙江教育出版社2005年出版,32开,307页。本书论述了吐蕃与西域诸族的政治、军事、经济文化的交流,以及与南亚中亚一些国家的关系。

唐、吐蕃、大食政治关系史 王小甫著。北京大学出版社1992年12月出版,32开,357页。本书论述7、8世纪唐、吐蕃、大食(阿拉伯)在中亚地区的交往和它们之间的复杂关系,尤其对吐蕃王朝对西域历史发展的影响作了系统阐述。书前有季羡林、张广达序,书后附考证论文7篇及大事年表、帝王年表和将相年表等。

吐蕃史 安应民著。宁夏人民出版社1989年3月出版,32开,227页。本书分7章,分别论述了藏族的族源、远古社会的发展、吐蕃的兴衰,其中着重论述了松赞干布祖孙三代的统一事业和吐蕃政权的各项重要建制、噶氏家族的专权、墀德祖赞时期的改革措施、墀松德赞时期的重要措施，以及吐蕃与唐的关系等重要问题。有杨建新序。附吐蕃赞普世系、吐蕃史大事记和“唐蕃长庆会盟碑”碑文。

吐蕃统治敦煌研究 杨铭著。(台湾)新文丰出版公司 1997 年出版，32 开，360 页。本书主要论述了吐蕃政权在唐代统治敦煌地区的历史和期间发生的战争，以及文化交流等内容。

吐蕃王国成立史研究 (日)山口瑞凤著。岩波书店 1983 年 2 月出版，32 开，915 页。本书分 3 篇，分别论述了从雅隆王朝到吐蕃王国的发展，吐蕃王国与唐朝、吐谷浑、尼波罗的关系，以及吐蕃王国的法律、军事、行政制度等问题。书中引用了大量敦煌藏文写本《吐蕃王国编年史》、《大事记》、《王统表》、《宰相记》及其他藏、汉文资料。

吐蕃文明面面观 尕藏才旦编著。甘肃民族出版社 2002 年 12 月出版，32 开，130 页。本书从历史、政治制度、文化科技、社会组织、法律、经济、军事等方面，论述了吐蕃文明的产生、发展及衰亡的历史。

吐蕃赞普墀松德赞研究 林冠群著。台湾商务印书馆 1989 年 4 月出版，32 开，347 页，竖排本。“人文及社会科学文库”之一。本书共 7 章。首章是吐蕃史料的介绍和分析。第 2 至第 7 章，详细叙述了吐蕃赞普墀松德赞即位、执政、治世、与唐朝关系、晚年社会形势等内容，并对各项内外政策、功过是非等作了较细致的分析和研究。是第一部研究墀松德赞的专著。

吐蕃政教关系史 石硕著。四川人民出版社 2000 年 8 月出版，32 开，371 页，精装本。“西藏文明研究系列丛书”之一。本书分 8 章，分别论述了吐蕃王朝早期的政教关系及其发展、吐蕃王朝的建立与佛教文化的传入、墀德祖赞时期佛教在吐蕃的发展及其政治作用、吐蕃后期政治体制的佛教化运动、佛教与吐蕃政治体制的演变。尤其是比较深入地探讨了吐蕃王朝时期政治与宗教的关系。

吐蕃传 端智嘉、陈庆英译。藏文。青海民族出版社 1983 年 6 月出版，32 开，420 页。本书根据《新唐书》和《旧唐书》中的《吐蕃传》翻译而成，记载了唐贞观至咸通 200 多年间汉藏交往的历史。许多重要的藏文史著如《西藏王统记》和《白史》都引用过其中的资料，对研究汉藏往来和吐蕃历史有重要参考价值。

外国在西藏的扩张：1888—1919 (前苏联)列昂节夫著，张方廉译。民族出版社 1960 年 1 月出版，32 开，194 页。本书主要叙述了从 1888 年至 1919 年间，外国侵略势力在西藏的扩张活动，从而揭露外国侵略者的目的和伎俩，描述了藏族人民为争取自由所作的英勇斗争及其在斗争过程中与祖国人民团结一致的重要意义。

维西见闻录 亦作《维西见闻记》。(清)余庆远纂。有《艺海珠尘》本。作者(湖北安陆县人)之兄余庆长于乾隆三十四年(1769)任维西厅(今云南维西县)通判作者随其兄至丽江,又前往维西(今云南维西县,当时属丽江管辖),对当地民族进行调查,于翌年写成此书。清代云南藏族志书。本书卷首记述维西沿革,简述维西唐属吐蕃、明为土司盘踞、清初属四川管理、雍正七年(1729)划归云南的历史。继叙其气候、道路、夷人、器物4类。夷人一项记麽些、古宗(云南白族、纳西族、彝族、傈僳族对藏族的称谓)、那马、巴直、傈僳、怒族。对藏族的格鲁派、寺院、活佛、轮回转世记载较详。书中将噶举派误为"红教",自此在云南以讹传讹,近年来才得到纠正。但本书仍有极高学术价值,被列为研究云南藏族的必读史籍之一。

为了西藏的明天 祁继光、杨剑英执笔,中共迪庆藏族自治州委党史征集研究室编印。1997年内部印行,32开,84页。为《中共迪庆州地方党史资料》之一。本书主要记述了中国人民解放军进军西藏前后云南方面对进藏部队的支援和贡献。附录有进军西藏大事记、西南军政委员会布告、进藏部队政策等内容。并附有16幅有关进军西藏的珍贵照片。

五部遗教 欧坚朗巴(又称莲花生、乌坚岭巴)掘自雅隆石窟。藏文。以抄本流传,后有德格印经院刻版。民族出版社1986年12月出版,32开,539页。吐蕃王朝时期断代史。相传成书于8世纪。本书由鬼神篇、国王篇、后妃篇、传徒篇和大臣篇组成,记述从吐蕃王朝以藏王赤松德赞为首的历代藏王执政时期的历史,其中重点记载了赤松德赞执政时期吐蕃在政治、经济、文化和军事等方面的迅速发展,后来成为青藏高原上最强大的政权这一段吐蕃王朝鼎盛时期的历史。史料丰富珍贵,是研究藏族历史、宗教、文化的重要参考书。

西北解放战争纪实 袁德金、刘振华著。人民出版社2003年出版,32开,748页。本书记述了中国人民解放军解放西北地区(包括青海和甘肃的藏区)的战争历史。

西康建省记 傅嵩林著。南京中华印刷公司1932年出版,32开,254页。另有台北成文出版社1969年出版,32开,122页,影印本;中国藏学出版社1988年根据民国元年四川官书局铅印删节本及民国21年陈栋毛铅印本出版,3册,影印本;学苑出版社2003年出版,32开,467页,收入《中国西藏及甘青川滇藏区方志汇编》第5辑《川滇藏区及涉藏方志》第44册。本书收西康疆域记、西康山记、西康河记、西康土地记、西康户口记、西康粮税记、西康百工记、论西康省邑等75篇文章，所记大多是作者见闻。对川边改土归流、西康建设、疆界规划、人员配置、康区社会、民俗风物等均有详尽记述。书前有作者肖像、西康全省舆图序、西康建省记序、西康建省记叙。书后附西康全省图。是研究川边社会政治改革的重要史料。

西康沿革考 陈志明著。拔提书店民国二十二年(1933)出版，32开，142页。本书分8章，论述西康自古就属于中国，认为若水、白狼国均在西康境内；唐宋时期的黎州、雅州所领羁縻州与西康关系密切；元代宣政院管理康藏，划分朵甘斯、乌斯藏等，设官分治；明代沿袭旧制，并置长河西、鱼通、宁远等安抚司，与黎州、雅安等并列；清代康熙平定西藏，收复全康，编造户册等。

西宁等处军务纪略 又名《西宁等处军务节略》。奎顺撰。有石印本。又有光绪三十一年(1905)刊印本。另有海南出版社2000年出版，故宫博物院编，16开，538页。收入《西宁军务纪略东方兵事纪略》。本书着重叙述了清代在西宁等处的各种军事行动、军备、防务、军事编制等。循化、大通等县有藏族聚居区。附电报御旨20件、电奏32件、图10幅。对研究清代在青海等处的军事设置有一定参考价值。附图说10幅。

西宁县风土调查记 不著撰人。民国二十一年(1932)编，抄本，不分卷。收入《乡土志抄稿本选编》第15卷《辽宁青海》卷。民国时金陵大学图书馆有藏本。本书简记该县当时的社会状况、经济和宗教等内容。

西藏 蓝世钲著。民国二十五年(1936)晒蓝本。本书简述西藏历史、地理和宗教等。

西藏 王维栋著。民国二十五年(1936)晒蓝本。本书简述西藏历史和宗教的一般性著述。

西藏 (日)大田保一郎著，西藏日本研究会编，四川西藏研究会译。光绪三十二年(1906)排印线装本。本书介绍西藏历史、经济、文化、宗教和地理的一般性著述。附《青海地方之风俗及喇嘛》一文。

西藏错那县勒布区门巴族社会历史调查报告 中国社会科学院民族研究所编。1978年5月内部印行，16开，41页，铅印本。“门巴族调查材料”之二。本书为编者1976年4月至1977年2月的调查报告，记录了错那县门巴族的分布、农业生产、民主改革前的剥削制度、乌拉、文化生活、习俗、平叛、民主改革后的发展等情况。附错那县及其以南地区门巴族分布略图。为研究门巴族的重要资料。

西藏的贵族和政府：1728—1959年 (意)毕达克著，沈卫荣、宋黎明译。

中国藏学出版社1990年12月出版，32开，445页。本书对18—20世纪在西藏社会历史上起了重要作用的40余个贵族家族的历史及其家族成员的经历作了较详细论述。附达赖、班禅、摄政、首相、噶伦名录，《甲子案卷》、汉藏文贵族职官名称对照表。

西藏的和平解放 金晖等著。五洲传播出版社1999年2月出版，32开，96页。本书主要介绍了西藏和平解放的过程及西藏的经济建设。

西藏的和平解放 廖祖桂著。中国藏学出版社1991年7月出版，32开，113页。“西藏知识小丛书”之一。本书共4章，通过从元代以来中央政府对西藏一直行使有效管辖、和平解放前夕的西藏、和平解放西藏的前奏、关于和平解放西藏办法协议的谈判等章节，较详细介绍了西藏和平解放的全过程，其中对西藏和平谈判的过程记述尤详。附《中央人民政府和西藏地方政府关于和平解放西藏办法的协议》和《关于人民解放军进驻西藏的若干事项的规定》。是介绍西藏历史的普及性读物。

西藏的民主改革 姚兆麟著。五洲传播出版社1999年2月出版，32开，35页。另有西藏人民出版社1995年内部发行，西藏自治区党史资料征集委员会编，32开，405页，收入《中共西藏党史资料丛书》。本书概述了西藏1959年的民主改革，以及民主改革后西藏走向社会主义经济建设的历史过程。

西藏地方近代史 许广智主编。西藏人民出版社2003年出版，32开，366页。国家教育部人文社会科学百所重点研究基地西藏大学、中国藏学研究所承担的国家课题“西藏传统文化史研究”的子课题。本书用事实阐明“西藏独立”是帝国主义侵略中国的产物，西藏各族人民在反对帝国主义侵略的同时又担负起反对分裂、维护祖国统一的历史重任。书中引用了大量具有说服力的汉英资料与数据。是了解西藏地方近代史的重要著作。

西藏地方与中央政府关系简明教程 顾祖成、陈崇凯主编。西藏人民出版社2001年出版，32开，300页。本书论述了吐蕃与唐宋的关系、西藏与元朝明朝清朝的关系、中华民国时期西藏与中央的关系、民主改革时期的西藏等内容。

西藏地方与中央政府关系史 黄玉生等编著。西藏人民出版社1995年8月出版，32开，696页。本书分上下两篇，详细论述了西藏地方和中央政府的政治关系和经济关系。

西藏调查记 东方杂志社编纂。商务印书馆民国十三年(1924)出版，32开，84页。本书着重论述了西藏的宗教源流、社会等级、婚姻、医药、节日等。

西藏发展史 郑汕主编。云南民族出版社1992年12月出版，32开，363

页。本书分7章，分别论述了西藏地方的远古社会、奴隶制吐蕃王朝、元代西藏统一于祖国及封建农奴制的确立、明朝和清朝前期的西藏地方、西藏军民反对西方列强侵略的斗争、民国时期半殖民地状态下的西藏地方和西藏地方的和平解放与社会主义建设等内容，简明扼要地论述了西藏从古至今的历史发展进程。

西藏封建农奴制度　袁莎著。五洲传播出版社1995年9月出版，32开，43页。本书从旧西藏的政治制度和经济制度两方面阐述西藏的封建农奴制度，其中包括旧西藏的政府组织、法律、土地与庄园、乌拉差役、经济剥削和农奴的人身依附关系等。

西藏风雨纪实　师博主编。中国华侨出版社1993年5月出版，32开，452页。本书介绍了1951年西藏和平解放以来发生在西藏的重大历史事件和经济建设的巨大变化。附照片。

西藏革命史　中共西藏自治区委员会党史资料征集委员会编。西藏人民出版社1991年2月出版，32开，232页。本书简述了西藏的历史、社会、经济、文化、人民生活、宗教信仰等内容。附原西藏地方政府机构、官职名称注释。

西藏古代墓葬制度史　霍巍著。四川人民出版社1995年5月出版，32开，405页。本书以考古学材料为基础，结合藏汉文献典籍，系统地介绍了西藏高原古代墓葬制度史，即对西藏古代史籍中极为丰富的有关远古时期丧葬习俗的传说与记载进行了系统的历史考察，并结合考古学材料进行了大量的考证分析。

西藏黑河宗罗马让学部落调查材料　中国科学院民族研究所、西藏少数民族社会历史调查组编印。1964年内部印行，16开，33页。本书为1958年11月的原始调查材料，记录了罗马让学部落民主改革前的牧业生产、牧场管理、阶级关系、部落的政治组织、牧区的文化生活、风俗习惯等，其中对统治阶级的剥削记录较多。书首附罗马让学部落简图。

西藏纪要　杜道周著。1951年石印本。本书记述1950年以前西藏的历史、政治和宗教事件等。

西藏纪要　吴忠信著。“中央文物供应社”1953年出版，32开，116页，竖排本。本书分3章。首章记述民国元年(1912)至二十七年(1938)间中央与西藏的关系，并载有黄慕松和“噶厦政府”对西藏主权和自治问题的声明等。第2章叙述作者奉命入藏、十四世达赖坐床等事。第3章介绍西藏的现状。对其宗教、礼俗、政治、军事、财政金融、教育、交通、经济、对外关系等作了较详细记述。是了解十四世达赖喇嘛坐床经过的重要资料。

西藏简明历史　贵相巴·贡嘎朗杰讲述，扈石祥整理。西藏人民出版社1980年出版，32开，65页。本书分9讲：1.关于自然界、西藏人种的起源。2.布杰王朝时期及其王系。3.吐蕃王朝时代及各赞普世系。4.吐蕃王朝分裂时期。5.萨迦王朝与元朝中央政府。6.帕木竹巴王朝及噶玛巴的统治。7.宗喀巴及一世达赖至五世达赖，以及五世达赖时期在军事、政治、宗教方面的成就。8.噶丹颇章王朝的建立。9.七世达赖至十三世达赖间西藏的社会状况。是一部传统藏族通史。附噶丹颇章王朝、达赖和班禅世系表等。

西藏简史　（英）黎吉生著，李有义译。中国社会科学院民族研究所1979年内部印行，32开，218页，铅印本。作者于1936年至1950年担任英国驻西藏江孜、拉萨的商务代办，在藏10余年，是个西藏通。本书共15章，论述了630年至1959年的西藏历史状况，尤其注重对1912年以来西藏所发生的各种变化的记述。并附有20个条约、协议和联合国第十四届大会关于西藏问题的决议等，附录部分本书未译。该书著者向来鼓吹"西藏独立"，读者可从书中了解西方鼓吹"西藏独立"的"根据"和目的。

西藏见闻录　（清）萧腾麟著。清乾隆二十四年（1759）锡珀刻本，2卷。作者为康熙武举，乾隆二年（1737）统领川兵驻镇察木多（今西藏昌都），督理西藏台站，前后6年，熟悉西藏民情风俗。清代西藏志书。据本书见闻和档册记载，本书成书时间当在乾隆八年（1743）前后。本书2卷，卷首有7篇序文，下分事迹、疆域、山川、贡赋、时节、物产、居室、经营、兵戎、刑法、服制、饮食、宴会、嫁娶、医卜、丧葬、梵刹、喇嘛、方语、程途等20目。其中方语（汉语音译藏语，再转用汉语译注）一项，对研究汉、藏语言文字有重要参考价值。附地名、寺名索引。

西藏交涉略史　谢彬著。中华书局民国十七年（1928）一月出版，32开，57页。另有中华书局1933年出版，32开，90页，修订本。谢彬，湖南衡阳人，署名时惯用"衡阳谢彬"。本书共9章，主要介绍了中英有关西藏条约、清末川边康区政情、达赖两次离藏原因、西康沿革、西姆拉会议始末、康藏停战议约经过和对于西藏问题的意见等内容。为研究近代西藏史的参考书。

西藏经济社会发展简明史稿：文化进化个例探讨　孙勇等著。西藏人民出版社1994年4月出版，32开，187页。本书主要论述了西藏从古至今的经济社会的发展史及其环境。

西藏考　不著撰人。1卷。中华书局1985年出版，32开，47页。收入《清代西藏志书》。本书简要叙述了西藏的历史、宗教、地理等情况。

西藏考古 （意）杜齐著，向红笳译。西藏人民出版社 1987 年出版，32 开，238 页。为法国大学考古系教授马尔加第主编的“古代文明丛书”之一。本书根据詹姆斯·霍格思英译本翻译而成，分 3 章，着重记述西藏古代、近代史和西藏艺术起源。书中据实地考察、各种文物和文献的有关材料，总结了西藏文化艺术的发展和社会发展进程。附有 200 余幅珍贵的各代文物图。为研究西藏历史、艺术的重要参考书之一。

西藏考古 四川联合大学西藏考古与历史文化研究中心、西藏自治区文物管理委员会编。四川大学出版社 1994 年 12 月出版，16 开，206 页。《西藏考古》是以西藏及其周边地区考古发现与研究为主的学术季刊。本书收录《西藏贡嘎县昌果沟新石器时代遗存调查报告》、《西藏林芝雍珠则村的石刻碑》、《关于曲贡文化的几个问题》等 16 篇考古调查报告和论文。

西藏考古大纲 侯石柱编著。西藏人民出版社 1991 年出版，32 开，244 页。本书共 6 章，着重记述了西藏考古的概况、新旧石器考古、吐蕃时期考古、岩画、西藏考古工作的展望等内容，对西藏所有的遗址记载详细，考证亦属严谨、科学，并提出西藏高原为人类发祥地的假说，对西藏考古文化的分期、类型等亦有独到看法。为西藏考古学的重要著作。

西藏历史 陈庆英著。五洲传播出版社 2002 年 1 月出版，32 开，161 页。本书简明扼要地介绍了西藏历史，主要章节有：吐蕃王朝建立前的历史、吐蕃王朝时期的历史、分裂割据时期的历史、元代西藏历史、明代西藏历史、清代前期的西藏、清代后期的西藏、西藏人民反抗英军侵略的斗争、民国时期的西藏、西藏的和平解放。

西藏历史的新篇章 参见第 70 页《西藏历史的新篇章》。

西藏历史地位辨 又名《西藏历史地位辨：评夏格巴〈藏区政治史〉和范普拉赫〈西藏的地位〉》。王贵等著，民族出版社译。藏文。民族出版社 1998 年 12 月出版，32 开，867 页。

西藏历史地位辨：评夏格巴《藏区政治史》和范普拉赫《西藏的地位》 王贵、喜饶尼玛、唐家卫著。民族出版社 1995 年 9 月出版，1997 年重印，32 开，746 页。四川藏学研究所重点研究课题。本书依据史料全面、系统地剖析和批驳了夏格巴·汪秋德丹所著《藏区政治史》和范普拉赫的《西藏的地位》两书中鼓吹的“西藏独立”论。书中涉及唐宋时期汉藏关系、元代西藏归入祖国版图、清末民初英帝国主义入侵导致“西藏独立”论的产生及达赖“流亡政府”等很多问题。引用大量藏、汉文史料，论证了西藏地方与祖国的紧密关系，特别是自元代开始西藏成为中国领土不可分割的一部分，有力地否定了“西藏独立”论的整个思想体系，深刻地揭露了帝国主义者策动西藏分裂活动的险恶用心和罪恶目的。附90多幅图片。

西藏历史年表 才旦夏茸著。藏文。民族出版社1982年12月出版，32开，332页。本书为西藏史前10世纪至1950年共3000多年的西藏历史大事年表。附：1.《西藏王统记》、《青史》、《智者喜宴》、《白琉璃》等史书中所述的大事年代，特别是有关吐蕃诸王年代的考证。2.阿底峡、萨迦、旃檀佛像史、期迦湿弥罗大师及汉文史书中关于释迦牟尼诞生圆寂年代的不同说法。

西藏六十年大事记 朱绣撰。民国十四年（1925）出版，16开，60页，铅印本。另有青海人民出版社1996年出版，32开，145页。作者于民国八年（1919）赴藏，与达赖联络感情，商讨川藏两军停战等事宜，翌年返回，民国十一年（1922）成书。本书记事始自清同治二年（1863）至民国九年（1920）止，涉及西藏外交、界务、条约、英军进藏、达赖班禅离开西藏、川军进藏、康藏战争、英国策划西藏独立等重大事件，均有详载。对研究清末民初的西藏历史有一定参考价值。

西藏门隅地区的若干资料 中国社会科学院民族研究所编。中国社会科学院民族研究所1978年5月内部印行，16开，43页，铅印本。本书根据藏、英和汉文资料及编者1976年12月的调查记录合编而成。记录了西藏门隅地区的历史沿革、民主改革前的生产方式、各基层组织、武装、农奴制、门巴族习俗等内容。附《英印侵略门隅之经过》，内容有鸦片战争时期门隅边界问题、1872年至1873年划界问题、所谓的“麦克马洪线”、特务活动、西藏地方等。是了解门隅边界问题的重要资料。

西藏米林县珞巴族社会历史调查报告 中国社会科学院民族研究所编。中国社会科学院民族研究所1978年5月内部印行，16开，102页，铅印本。珞巴族调查材料之一。本书为编者1976年4月至1977年2月的调查材料。本书较全面地记录了米林县珞巴族的分布、沿革、地理环境农业生产（作物、工具、分工）、畜牧业、狩猎、手工业、父系氏族（名称、婚姻制度、连名制、族内义务、族长、仇杀）、等级状况、生产关系、婚姻家庭、生活习俗、民主改革后的人民生活等。附有萨及氏族谱系表、萨及氏族所属各村居民情况表、家史及其他典型材料、访问对象名单。是了解、研究珞巴族的重要资料。

西藏墨脱县门巴族社会历史调查报告 中国社会科学院民族研究所编。中国社会科学院民族研究所1978年5月内部印行，16开，75页，铅印本。

门巴族调查材料之一。本书为编者1976年4月至1977年2月间的实地调查报告。本书记录了墨脱县门巴族的族源、历史沿革、民主改革前的社会制度和生产状况、生产关系(差地划分、寺庙土地、剥削方式等)、人民的反抗斗争、宗教信仰、婚姻等习俗、民主改革后的情况。附《降措家史》、《差帐、户口册》等6篇。是研究门巴族不可缺少的资料。

西藏森巴战争 陈家琎主编。中国藏学出版社2000年出版,32开,231页。本书主要辑录了乌尔都文史料《查谟史》(陆水林译)和《西藏奏疏》卷一中的《剿办森巴生番》及有关此战争的研究性论文。19世纪中叶,拉达克的道格拉(即森巴)入侵西藏阿里,当时驻藏大臣和西藏地方政府率领全藏军民英勇奋战,在处于劣势的情况下最终击溃了侵略者,收复了失地,赢得了战争胜利,稳定了祖国西南边疆。这场战争史称"森巴战争"。

西藏社会发展研究 参见第105页《西藏社会发展研究》。

西藏十年间 郭超人著。新华出版社1985年出版,32开,361页。作者为记者,于1956年至1966年在西藏各地调查、采访,写了很多反映被压迫农奴的血泪史、西藏武装叛乱给藏族人民带来的痛苦等方面的文章。本书中文章除部分曾公开发表外,多数为首次发表。它们揭露了反动上层对农奴的残酷剥削和破坏祖国统一的罪行。为了解西藏解放初期历史的参考资料。

西藏史 又名《西藏之过去与现在》。(英)柏尔著,宫廷璋译。商务印书馆民国二十四年(1935),32开,288页,铅印本。"史地小丛书"之一。本书首先简要介绍了西藏的地理、古代历史,继而比较详细地叙述了近代中国中央政府、英国与西藏的交往、中英之间关于西藏的交涉等内容,最后还介绍了达赖喇嘛等重要人物。书末收录中英关于西藏的若干文件。

西藏史地大纲 洪涤尘著。正中书局民国二十五年(1936)出版,32开,318页。民国三十六年(1947)再版。本书分绪论、地理、历史3部分。地理部分记述地形、气候、物产、交通、贸易、人口、城镇、风俗、宗教,历史部分中论述了周之戎、汉时之西羌、晋时的氐羌、唐宋元明清时代的西藏、英俄入侵西藏、建立西康省、川军入藏、达赖流亡、民国成立后的西藏、西藏条约汇录等。本书关于康藏纠纷、达赖班禅互许、中英调处经过、达赖圆寂、黄慕松入藏册封、致祭等事件的记述尤为详尽,有他书不载的资料,极其珍贵。是研究西藏近代史的重要参考书。

西藏史籍五部 乃乌班智达·扎巴门兰洛珠追著。藏文。西藏藏文古籍出版社1990年4月出版,32开,397

页。藏文史籍。本书把《花鬘》、《心意明镜》、《化幻明镜》、《王朝历史金环》和《政教史》5部史籍合编为1册。其中《花鬘》为乃乌班智达·扎巴门兰洛追著，成书于1283年，主要内容包括西藏古代吐蕃历代藏王的生卒年代、执政时间，以及修复寺院、佛教流传情况等。《心意明镜》为噶托仁增次旺诺布著，成书于1745年，内容包括西藏古代吐蕃藏王松赞干布及其他历代藏王的生卒年代、执政时间。作者对佛教后弘期持有不同观点，在书中提出了自己的见解。《化幻明镜》由噶托仁增次旺诺布著，成书于1749年，内容包括阿里贡塘地区贡塘王族世系如何执掌政教大业，在当时发生的王家之间的矛盾和斗争，贡塘与萨迦间往来关系，以及西藏地方政府与元、明、清各中央政府间往来情况等。《王朝历史金环》(不著撰人)主要内容包括情器世间的形成、古印度众敬王至净饭王各代王朝、西藏古代吐蕃历代王朝、巴科赞之子吉代尼玛贡王族世系承袭情况。《政教史》又称《热拉政教史》，热拉阿旺丹贝坚赞著，内容包括汉地历代王朝、元朝与萨迦关系、明朝与帕竹关系、清朝与九世之前的历世达赖喇嘛关系、各世灵童转世与执掌，以及西藏地方政府历任"第巴"等情况，同时还概述了昌都、察雅、类乌齐等地各大活佛转世与住持等历史。

西藏通史 陈庆英、高淑芬主编。中州古籍出版社2002年出版，16开，598页。"中国边疆通史丛书"之一。本书全面论述了吐蕃王朝时代的西藏、割据时期的西藏、元朝时期的西藏、和平解放时期的西藏等。附地图、图表。

西藏通史简编 恰白·次旦平措、诺章·吴坚、平措次仁编著，陈庆英等汉译，廖祖桂等人缩编。五洲传播出版社2000年8月出版，32开，311页。本书是《西藏通史》的简编本，简要叙述了藏族的族源、西藏的历史沿革、藏区在13世纪归入中华版图、中央在西藏的施政等内容。书中运用了大量翔实的史料，并运用历史唯物主义的观点，对西藏历史的发展概况进行了比较深入而全面的介绍和研究。学术界给予了较高评价，1993年获得了中国国家图书奖。

西藏文明东向发展史 石硕著。四川人民出版社1994年3月出版，32开，529页。本书内容有：1.西藏本身历史发展的客观要求和趋势，说明西藏归属中国是其文明自身发展的一个必然结果。2.将西藏文明放在一个更广阔的地域范围和文化背景中，即将其放在与之交汇的南亚、中亚和中原这三大文明之中来探讨其文明的东向发展原因及与中原关系的形成问题。作者认为西藏文明东向发展及最终汇入中华文明体系既是由其自身的内涵及其地缘性所决定，也是由其与周边三大文明的关系所决定。

西藏50年·历史卷 黄颢、刘洪记著。民族出版社2001年5月出版，32开，288页。“西藏50年丛书”之一，该丛书由历史卷、经济卷、文学卷、生态卷、旅游卷组成，是民族出版社纪念西藏自治区和平解放50年的献礼书。本书分17章，详细记述了西藏自治区和平解放50年来在政治、经济、科技、文化、教育、社会福利、宗教等各个方面的发展，反映了我党的民族宗教政策和西藏发展的基本情况。

西藏在辛亥革命后变成了一个独立国家吗 刘慕燕、刘丽楣著。五洲传播出版社1994年1月出版，32开，35页。本书详细叙述了1911年辛亥革命后西藏地方与中国中央政府的关系史，以丰富的历史文献说明了生活在青藏高原上的藏民族早已是中华民族大家庭的成员之一，西藏自古以来就是中国领土不可分割的一部分，批驳了“911年以后西藏曾经脱离中国变成了一个独立国家”的谬论。

西藏政教史略 刘家驹著。中国边疆学会1932年出版，32开，25页。本书分8章，记述了西藏原始时期、佛教传入西藏及前后弘法期、清朝对西藏的统治、外国入侵西藏史、西藏自治时期和民国初期的西藏社会概况等。是一本简明西藏通史。

西藏中世纪史 原名为《十三至十八世纪中部西藏简史》。（意）杜齐著，李有义、邓锐龄译。中国社会科学院民族研究所1980年内部印行，32开，200页，铅印本。本书是《西藏画卷》中的一部分，共3卷，前两卷为文字，末卷为图片。本书为首卷译文，共9章，着重论述了吐蕃崩溃后至蒙古入侵时的西藏、萨迦政权、帕木竹巴政权、宁玛派与格鲁派的斗争、前后藏之争、格鲁派掌握西藏政教大权、第斯·桑杰嘉措的失败等历史事件，共500年的历史。书中有相当多根据汉藏文献所作的注释，价值极高。书中以前后藏地区历史（重点在后藏）为主，对其他藏区史论述不多。本书鼓吹“西藏独立”的论调应该给以否定。

西征纪略 尹昌衡撰。民国六年（1917）铅印本。作者字硕权、太昭，毕业于日本士官学校，在赵尔丰军中供职，辛亥武昌起义，川军响应，杀赵尔丰，推尹昌衡为都督。当时十三世达赖从印返藏，宣布独立，康区土司叛乱。民国元年（1912）七月，尹昌衡率军进攻康区，占领康南各县及昌都。十月英国大使抗议、要挟，袁世凯令停止西征。西征军总司令部被改为川边镇抚府后，尹昌衡任镇守使，继续经营西康各地。本书记述了此次西征的全过程。

新红史 班钦·索南查巴（1478—1554）著。刻本。成书于1538年。通史。本书分5章，主要内容有印度王统、香巴拉王统、汉地历朝帝王传承、西夏和蒙古王统、吐蕃王统和宋元明时期的吐蕃地方割据势力。本书首先叙述了藏族族源、5世纪前的40余位赞普传承、吐蕃王朝的统一和佛本之争及奴隶起义等,其次叙述了宋元时期吐蕃的社会情况和20个地方割据势力的兴亡。本书的珍贵之处在于提供了一般史书不载的十三万户的具体名称、辖区范围及每个万户的演变过程和十三宗的情况。是研究宋元明时期藏族社会及其与邻族关系的重要史籍。

新唐书吐蕃传笺证 王忠著。科学出版社1958年9月出版,32开,166页。本书以《新唐书·吐蕃传》为纲目,根据藏、汉文有关史料,对其所记的西藏吐蕃王朝(7—10世纪)的史实,包括时间、地点、人物、事件,加以增补或考证,对史实的出处加以笺注,对其讹误加以修正。

新亚细亚月刊·康藏专号 参见第133页《新亚细亚月刊·康藏专号》。

兴盛番族之光:红军长征过中甸 云南省迪庆军分区政治部、中共中甸县委党史办公室编印。1991年5月内部发行,32开,129页。本书分10章共30余篇文章,分别介绍了红军第二、第六军团长征过中甸的全部经过,真实地反映了红军渡金沙江、中甸各族人民支援红军、红军战胜艰难险阻、军民友情等,是了解红军过中甸、贺龙在中甸等方面历史的重要材料。附30余幅反映有关红军文物、纪念碑、题词等照片。

雪域文化与新世纪 罗布江村、蒋永志著。四川民族出版社2001年出版,32开,311页。本书分8章,前6章叙述了远古至1950年的藏族史和宗教史,后2章讲述了西藏的解放和新文化的大量涌入,以及藏族传统文化所面对的挑战、亟待更正的观念、历史重任等。平措旺杰在序言中对本书作了充分肯定,指出此书有以下特点:其一,科学地阐述了改革开放对于雪域文化的强烈影响与作用。其二,深刻论述了改革开放,虚心学习外来先进文化并且使之本土化,是雪域文化的合理内核和不断进步的强大动力。其三,敏锐地认识到雪域文化与新世纪人类文明间的巨大差别。

雅隆觉沃教史 释迦仁青岱著。以手抄本传世,为藏文史籍中之珍本,1函。成书于藏历第六饶迥火龙年(1376)前后。本书主要叙述了吐蕃王统世系,并引用了汉文史书《唐书·吐蕃传》中的部分材料,末尾还记述了鄂译师法统和萨迦派的法统等。为研究藏族古代史的重要著作。

亚东、康马、岗马、定结县文物志 索朗旺堆主编。西藏人民出版社1993年5月出版,32开,136页。本书根据1990年文物普查资料编写而成,主要介绍了亚东、康马、岗马、定结等4

县文物的分布、数量、时代、类别、价值和保存现状。附古遗址、古寺庙、古建筑、摩崖造像、石刻、寺藏馆藏一览表。

盐源九所土司概况 四川行营边政设计委员会编印。民国二十六年(1937)印行。本书着重介绍盐源土司源流、现况、世系、辖地等,其中以木里土司的记述最详,约占全书一半。是研究木里地方史的重要参考书。

彝族史稿 方国瑜著。四川民族出版社1984年出版,32开,592页。彝族史专著。本书分4章,详细叙述了彝族的渊源、居住环境、古代社会状况、封建制地区的彝族社会等内容。其中,有关彝族渊源、古羌人分布和南诏的论述都与藏族史有密切联系,书中对此作了深入研究。

阴谋与阳谋:实录近代美国对藏政策 张植荣、魏云鹏著。中国藏学出版社2002年9月出版,32开,182页。"西藏近现代史丛书"之一。本书对美国政府在不同历史时期、历史阶段的对藏政策进行了全面、系统的、深入的分析、研究和总结。

英国、俄国与中国西藏 周伟洲主编。中国藏学出版社2000年7月出版,32开,649页。外交关系史著作。本书根据中国第一、第二档案馆清代至民国时期的档案资料和旧西藏政府档案,以及中外学者的研究成果,详细叙述了英、俄侵略我国西藏的历史,并对与之有关系的历史人物和重大历史事件作出了客观、公允的评价。对17—18世纪在西藏活动的西方传教士,除指出他们具有西方殖民主义先遣队的性质之外,又肯定了他们向西方介绍中国西藏的自然地理及风土人情的客观成绩;对十三世达赖喇嘛、赵尔丰、张荫棠、联豫等历史人物的功与过也作了较为客观的评价。

英国和中国中亚:1767—1905年通往拉萨之路 (英)阿拉斯太尔·兰姆著。作者是1930年在我国哈尔滨出生的英籍学者,在剑桥大学学习后,1956年在马来亚大学讲授历史,1964年受聘为澳大利亚国立大学教授,1962年以后从事中印边界问题的调查研究工作,著有《中印边境》、《麦克马洪线》等著作。中英外交关系史著作。本书的主要章节有:1.最早的接触1767—1792。2.尼泊尔1792—1816。3.西藏西部1816—1886。4.锡金的开放1817—1861。5.锡金之旅1861—1874。6.烟台会议和麦考利使命1876—1886。7.锡金—西藏会议和贸易条例1886—1893。8.亚东1894—1898。9.寇松的西藏政策1899—1902。10.荣赫鹏的使命1903—1905。11.结论。附录《中印之间的贸易》一文及参考书目、索引等。是一部较全面叙述外国入侵西藏的重要史料集。

英国侵略西藏史 (英)荣赫鹏

著，孙熙初译。台湾学生书局1981年出版，32开，363页，影印本。清代西藏史书。本书共25章，主要记述了印度与西藏交往的历史，近100余年来英人窥伺西藏的种种尝试与企图，英国以有关西藏问题对中国的交涉始末，历次缔结条约的经过和条约内容，从哈斯汀士到荣赫鹏(1774年至1910年左右)英国殖民政府当局的更替和对藏政策的转变，清廷政府腐败及处理藏事失策，清廷在西藏的威信衰落，西藏因闭关锁国而导致经济和文化落后，宗教对西藏人民生活和政治经济的影响，西藏与锡金、尼泊尔、不丹的关系和作用等。对1904年入侵西藏拉萨及江孜之战等记载更详。附录《中英会议藏印条约》、《拉萨条约》等5项。为研究西藏近代历史的重要参考资料。

玉树乘槎记 著者阙名。刊载于《边声周报》各期。民国三年(1914)，青海玉树地区和四川甘孜地区争夺玉树的部分地方，周希武等人奉命赴玉树调查，本书著者也属调查人员之一。本书记述了玉树的历史沿革、疆域、民情等，尤其对青海与四川双方争夺的地段有详细论述。

元代西藏史研究 (意)伯戴克著，张云译。云南人民出版社2002年出版，32开，210页。“欧亚历史文化名著译丛”之一。本书全面论述了13世纪元朝与西藏地方政府在政治、军事、经济、文化、宗教等方面的关系。

元明两代中央与西藏地方的关系 邓锐龄著。中国藏学出版社1989年2月出版，32开，93页。“西藏知识小丛书”之一。本书简明记述了元朝中央与吐蕃和明代中央与乌斯藏的关系。其中对元明两朝在西藏及其他藏区的施政记述较详，论证了西藏自元代以来即是中国领土不可分割的一部分。

在北京的藏族文物 黄颢著。民族出版社1993年8月出版，16开，116页。本书介绍了近40种与藏族有关的珍贵文物。这些文物分布在北京各地，涉及元、明、清及民国4个时期，从各个方面生动地说明了藏族人民与北京的密切关系。

藏边人家：关于三代定日人的真实记述 (美)巴伯若·尼姆里·阿吉兹著，翟胜德译。西藏人民出版社1987年出版，32开，326页。本书共11章，主要内容有：1.定日藏区基本情况和历史沿革。2.内婚集团和社会层次及平民的3个阶层。3.社会组织和宗教仪式、教区。4.定日的经济、民族贸易中心、劳动力和经济等级制等。5.血统与居住、家庭内部。6.各种婚姻、结婚仪式、家庭生活、离婚习俗等。7.朋友关系、村落共同体。8.宗教领导人、宗教生活等。是一部西藏民族学的重要著作。

藏传佛教寺院考古 宿白著。文

物出版社 1996 年出版，16 开，398 页。本书收录了对西藏布达拉宫、阿里古格王朝遗址，以及拉萨、日喀则和山南等地区主要寺院的考古调查 9 篇。此外还收录了甘肃等地寺院考古报告 7 篇。

藏汉蒙历史概论 瓦芒·班智达·衮却坚参著。藏文。青海民族出版社 1990 年 4 月出版，32 开，116 页。本书简明阐述了藏、汉、蒙 3 个民族的形成及其发展过程，尤其是对清朝顺治至嘉庆年间蒙、藏、汉关系发展的内情作了比较细致的论述。本书在蒙藏地区寺院流传较广。

藏纪概 （清）李凤彩著。旧抄本。有中央民族学院图书馆 1978 年印行，2 册 3 卷，油印本。另有中国藏学出版社 1995 年出版，1 册 3 卷，影印本。原书不署作者姓名，仅署“修江铁船居士纪次，陵奎峰山读辑”。而自序中有“李凤彩书生从戎”等语，雍正五年(1727)唐肇序文称“李公”，所以作者当为李凤彩。本书自述康熙五十九年(1720)西藏策旺阿喇布坦造反，清廷命皇十四子允禵率军分 3 路进兵征讨，李凤彩在李麟军中，随其入藏。驻防拉萨期间，李凤彩考订西藏沿革，咨询旧闻，作成此书。对平藏前后及进兵情形的记载详细。

藏史纲要 全称《藏史纲要·红莲宝石》。土登彭措著。藏文。四川民族出版社 1979 年出版，32 开，上册 484 页、下册 567 页。本书 9 章：第 1 章讲述远古及文明历史，包括族姓等。第 2 章讲述十二王权时代和苯教文化。第 3 章是布杰王朝时代史。第 4 章为吐蕃王朝，讲述 629 年至 841 年的吐蕃王朝史。第 5 章记述分裂割据时期的政治、文化和藏传佛教的产生等。第 6 章讲述萨迦王朝时代西藏归属元朝及萨迦派宗教史。第 7 章为帕竹执政时期的法律、噶玛派“噶钦”法会、医药历法、工艺美术等的发展。第 8 章为藏巴王时期。第 9 章为噶丹颇章时期至民主改革前。本书有关远古和吐蕃早期的历史记载主要依据《五部遗教》等史书。本书在藏族史记载中的特点是作者利用藏文史料，论证吐蕃王朝之前的“玛桑惹古”等时期的存在及苯教文化的文明程度。

藏史明镜 平措次仁著。藏文。西藏人民出版社 1987 年 6 月初版，32 开，505 页。1992 年 11 月再版。本书较详细地论述了藏族族源、远古历史、布杰时代、吐蕃王朝及其分裂时期、萨迦帕竹等诸地方政权，以及噶丹颇章政权于 1951 年结束的整个西藏历史。

藏行纪实 林田著。中国藏学出版社 1997 年出版，32 开，634 页。作者于西藏民主改革前随解放军进藏，后又在西藏工作多年，本书是作者亲身见证西藏半个世纪变化的写照。本书收入作者《进军西藏日记》、《康藏公路筑路日记》、《羌塘阿里游记》、《西藏春潮》4部关于西藏的日记和游记。

藏语 何藻翔著。上海广智书局宣统二年(1910)二月出版,铅印本。作者为广东顺德人,清光绪三十年(1904)四月随张荫棠入藏,光绪三十三年(1907)在拉萨处理有泰等一批卖国求荣、办事不力的驻藏官员。本书记述此次西藏之行。本书叙述了作者协助张荫棠筹划与英通商、撤兵、查办藏事,与班禅谈话,达赖与班禅的矛盾,九世班禅的母亲等内容,对沿途的风土人情、程站、西藏的政治和物产及交通等亦有较细致描述。并有驻藏大臣衙门等17幅照片。为研究清末西藏政治的参考书,有一定价值。

藏族部落制度研究 陈庆英主编,青海省社会科学院藏学研究所编著。中国藏学出版社2002年出版,32开,518页。"现代中国藏学文库"之一。本书阐述了民主改革以前藏族部落制度的发展演变过程,以及作为保留着血缘部落组织形式但实质上早已进入封建社会成为地区部落的藏族部落在政治、法律、军事、经济、宗教信仰和社会文化方面的特点。

藏族传统文化及其现代化 星全成著。青海民族出版社2002年出版,32开,251页。本书从文化的角度,对藏族的历史、语言、宗教、艺术等传统文化的特征作了论述,并根据这些特征论述了传统文化走向现代化的设想。

藏族、傣族、维吾尔族农奴制调查研究情况 中国科学院民族研究所编印。1964年5月内部印行,16开,47页,油印本。为"少数民族社会历史调查研究工作座谈会参考资料"之三。本书中有关藏族部分的内容包括西藏农奴制、甘肃藏族、青海藏族,以及1963年以前关于藏族的书目、论文索引,并总结了1956年至1962年间的西藏调查组的工作。

藏族简史 本书编写组编。西藏人民出版社1985年12月出版,2002年再版,32开,465页。"中国少数民族简史丛书"之一。本书分奴隶社会、封建社会、半殖民地状态下的封建社会3篇,分别论述吐蕃王朝建立至1951年西藏和平解放的西藏历史。附大事年表。

藏族简史 周华著。藏文。民族出版社1995年10月出版,32开,470页。本书论述了藏族远古史、吐蕃王朝史、吐蕃王朝分裂时期、佛教后弘期,以及萨迦、帕竹、仁布、藏巴第司、噶丹颇章至1951年西藏和平解放的各个时期的历史。

藏族史 中央民族学院历史系编。中央民族学院历史系1965年9月内部印行,16开,117页,油印本。本书为《西藏地方历史资料选辑》的序言、章节说明及重要资料摘录,主要是唐代以来历届中央政权对西藏地方的历史关系和近100年来帝国主义侵略西藏的史实。本书是每个历史朝代对西藏地方的历史关系的概述，属于早期藏族史的教材。附《萨迦班智达致蕃人书》译文及注释。

藏族史要 王辅仁、索文清编著。四川民族出版社1981年出版，32开，270页。本书25节，首先简述了藏族族源、吐蕃王朝的兴衰，然后较详细地论述了汉藏两族友好往来、平民和奴隶起义的经过。对元朝以来的藏族史，尤其是元代、明代和清代对藏区的施政状况、西藏人民反侵略的斗争史，论述详尽。附有大事年表和重要条约、协议、赞普世系表等有一定参考价值。

藏族通史·吉祥宝瓶 得荣·泽仁邓珠著。西藏人民出版社2001年由福建省新闻出版局和鹭江出版社援藏出版，16开，879页。藏族史。本书分自然地理、社会历史、政治、经济、文化、宗教、教育、科学技术、文学艺术、军事外交、风俗习惯和交通、邮政、传统体育等12类，以史志合一的编写体例，详细论述了西藏远古、布杰、象雄、吐蕃、割据、萨迦、仁布、藏巴第司、噶丹颇章时期至1951年西藏和平解放为止的西藏通史。附彩图136幅。

藏族文史纪年表 东嘎·洛桑赤列、扎西旺堆编。藏文。四川民族出版社1994年出版，32开，169页。本书分两部分：1.叙述藏族历史，其中包括藏族的天文历算、地理。2.以纪年表（图表）的形式，介绍从印度早年的佛教到藏传佛教的形式、各教派的产生，以及各类法台的传承等。

藏族姓氏研究 东干仓·格西奇珠等著。藏文。民族出版社2001年出版，32开，247页。本书是一部着重研究藏族的活佛、大臣、将军、喇嘛、富豪、大学者等姓氏的专著，其研究深入，史料丰富，具有研究及参考价值，并填补了藏族姓氏研究方面的空缺。

藏族游牧部落及社会主义现代化 杨明编。成都电讯工程学院出版社1988年11月出版，32开，307页。本书分9章论述了藏族游牧部落的社会形态、经济形态、婚姻与家庭形态、宗教信仰、生活习俗、文化教育等问题，并介绍了游牧部落向社会主义初级阶段过渡情况，以及牧区的社会主义建设成就。

藏族族源与藏东古文明 石硕著。四川人民出版社2001年出版，32开，345页。普通高等学校人文社会科学重点研究基地资助项目、教育部人文社会科学重点研究基地和四川大学中国藏学研究所重点课题。“西藏文明研究系列丛书”之一。本书是系统探讨和研究藏族族源与藏东横断山区古文明渊源关系的学术著作，对两者的渊源关系进行了新的、更为深入的研究。

早期传教士进藏活动史 伍昆明著。中国藏学出版社1992年11月出版，32开，671页。本书分8章，分别记述了17世纪初以前西方对青藏高原及西藏的认识、早期耶稣会传教士赴藏的背景、鄂本笃寻找西藏和震旦的探险、安夺德等耶稣会传教士在西藏古格地区的活动、卡塞拉神父和卡布拉尔神父赴日喀则建立布道会、白乃心和吴尔铎神父探索北京经西藏至欧洲路线、卡普清修会在拉萨的活动、耶稣会传教士德西德里在拉萨等内容。此外，对5世纪至17世纪西方古希腊、罗马及中世纪的著作者对青藏高原山水系和西藏的认识发展过程等亦有较详细的论述。为了解国外传教士在藏区活动的较全面的资料和论述。

中甸解放战争史 中共中甸县委党史办公室编印。1993年7月内部印行，32开，300页。本书分专题资料、党史资料、回忆录、人物传略、文献资料、附录等6部分，详细介绍了中甸地区革命斗争的全过程和当年参战人员对重大事件的回忆，以及中甸革命斗争中的著名人物传。附录了关于中甸革命斗争的重要资料和地下党、自卫队、藏族骑兵大队人员名单等。本书是继《兴盛番族之光：红军长征过中甸》之后，一部全面反映中甸地方解放斗争历史的著作。

中甸尼西区、格咱区、哈姆谷村资料 中央访问团第二分团编印。1951年内部印行，32开，186页。本书分别介绍了尼西、格咱、哈姆谷3地区的民族关系、生产情况、藏族内部纠纷等调查所得到的情况。

中共西藏党史大事记(1949—1994) 西藏自治区党史资料征集委员会编。西藏人民出版社1995年7月出版，32开，476页。本书记述1949—1994年这46年间西藏主要方针政策制定过程中发生的重大事件。

中国的民族关系和民族发展 余振、达哇才仁主编。民族出版社2003年3月出版，32开，440页。本书所辑录的20余篇论文从历史学、经济学、人类学、社会学、政治学的视角探讨和论述了我国当前的民族关系和民族发展问题，有一定理论价值。

中国反对外国侵略干涉西藏地方斗争史 杨公素著。中国藏学出版社1992年出版，32开，334页。本书分3编：1. 清季英国侵略西藏史。详细记述17世纪天主教进入西藏及18世纪至清末外国侵略西藏的经过。2. 民国至民主改革以前的西藏政治和涉外关系。详述了英国支持十三世达赖反对祖国、西姆拉会议和所谓的“麦克马洪线”，英国煽动西藏“噶厦政府”成立“外交局”进行“独立”活动及“驱汉事件”等。3. 新中国成立后的西藏地方真正清除了外国势力的影响。记述了新中国排除外来干涉实现西藏的和平解放、收回外交权、与印度和尼泊尔的谈判、印度支持康藏叛乱、中印边境自卫反击战、中尼配合扫清尼泊尔境内康藏叛匪等。是一部较全面的西藏涉外史。

中国南方民族史研究 胡绍华著。民族出版社2004年出版，16开，374页。本书论及的彝族、纳西族、白族等民族，在历史上与藏族曾有过往来，如今又与藏族近邻，有的还杂居在一起。有一定参考价值。

中国人民解放军全国解放战争史 军事科学院军事历史研究部编著。军事科学出版社1997年出版，16开，652页。本书第6节收录了解放军挺进昌都、和平解放西藏的战斗经过，并附《中共中央、中央军委关于解放西藏的方针与部署》、《进军西藏的准备》等文件。

中国少数民族现状与发展调查研究丛书——堆龙德庆县藏族卷 张江华、李坚尚撰著，中国社会科学院民族研究所编。民族出版社2003年12月出版，32开，344页。“中国少数民族现状与发展调查研究丛书”之一。此丛书是中国社会科学院“八五”规划重点项目，由中国社会科学院民族研究所主持实施。它是集资料积累、学术研究和应用研究于一体的成果，按综合篇、典型篇和专题篇的统一体例撰写。本书详细记录了有关西藏堆龙德庆县的历史沿革、自然地理、经济建设、民族现状、宗教状况、人民生活等方面的调查资料。

中国藏学史：1949年前 王尧、王启龙著。民族出版社、清华大学出版社2003年出版，32开，348页。“20世纪人文学术史研究丛书”之一。本书是关于中国藏学研究史的一部学术专著，作者探讨了藏学研究的学科特点、对象范围等基本问题，并在收集大量文献的基础上，对1949年前中国藏学研究的学术成果进行了总结。

中印边界秘史 （印度）卡·古普塔著，王宏纬、王至亭译。中国藏学出版社1990年12月出版，32开，248页。卡·古普塔为经济学博士，著述有《印度外交政策》、《中印关系1945—52：K. M. 潘尼迦的作用》等。“西藏学参考丛书”第2辑。本书分两部分：1. 记关于中印边界争端的历史、所谓的“麦克马洪线”、奥拉夫·卡罗等篡改《艾奇逊条约集》、印度政府的外交政策等。2. 关于朝鲜战争。书中对中印边界东段的历史作了较为详尽的论述，认为所谓的“麦克马洪线”在国际法上缺乏牢靠的根据，并揭露了印度内政部和情报局擅自派印军巡逻队到空喀山口的事实。是一部较公正论述中印边界问题的著作。

中印边境 （英）阿拉斯太尔·兰姆著，民通（费孝通笔名）译。世界知识出版社1966年出版，32开，182页。作者根据大量发表和未公开的有关资料（英国挡案馆史料等），站在比较公正的立场来研究中印边界争端问题。在写书时，作者又咨询了贝利、尼维尔上尉等人，还得到了英国有关研究所和图书馆的协助。本书共10章，着重记述了中印争端的性质、历史上的中国和新疆及西藏、各种有关边界问题的文件和条约、拉达克和西藏边界、1875年的阿克赛钦边界、1912年的洪查和帕米尔及阿克赛钦、所谓的“麦克马洪线”的形成与行政管辖等内容。附参考地图16幅。为西南、西北地区边界问题研究的重要参考资料。

中印关系中的西藏　（印度）苏奇塔·高士著，张永超译。西藏人民出版社1987年出版，32开，231页。本书着重记述1899年至1914年中国西藏与印度的关系，其中对英俄干涉西藏、荣赫鹏侵藏、张荫棠查办藏事、赵尔丰在西康的改土归流、十三世达赖两次离开西藏、辛亥川军哗变及“驱汉事件”、达赖流亡时与英俄的联系等的叙述较详。对19世纪中叶以前的西藏历史和佛教发展情况等也有论及。对研究中印关系有一定参考价值。

中英西藏交涉始末　吕秋文著。台湾商务印书馆1974年出版，32开，292页。本书分5章论述藏案的缘起、英藏私订《拉萨条约》、中国恢复在藏势力之努力、西姆拉会议和本书的结论。其中第2、第3、第4章为重点，详细论述了：1.《拉萨条约》的起因、西藏人民抗击入侵者的战斗、条约的内容。2.中英新订藏印条约的经过、张荫棠整顿藏政、藏印通商章程的修订过程、川军入藏、达赖出逃。3.西姆拉会议的经过、英藏单独签约、中国代表在会议后的让步等。最后作者认为，从《拉萨条约》至西姆拉会议期间有关西藏的问题，研究者多侧重对有泰的谴责，而对清廷拒绝《拉萨条约》后唐绍仪、张荫棠争回许多权益这方面的情况都很少论及。川军不明大义而出现西姆拉会议，陈贻范的签字又将唐绍仪、张荫棠在新订中英藏印条约中所恢复的权益全部取消。如果川军在民国政府领导下继续致力于恢复在藏势力，则根本不会出现西姆拉会议、康藏划界之争。此说自成一家之言。本书为西藏近代史参考资料。

（二）方志

阿坝藏族自治州概况　本书编写组编。四川民族出版社1985年出版，32开，269页。“国家民委民族问题五种丛书”之一、“中国少数民族自治地方概况丛书”之一。本书共8章，简明扼要地介绍了阿坝藏族自治州的自然地理、历史沿革、宗教信仰、风土人情、名胜古迹、农牧业状况、文教卫生、工交邮电等。本书略古详今，对民主改革后各行各业的发展变化、人民生活水平的提高等方面的记述真实可信，较全面、客观地反映了该州的情况。附彩照38幅。

巴勒布纪略 清方略馆编纂，季垣垣点校。中国藏学出版社2006年出版，32开，377页。“西藏历史汉文文献丛刊”之一。清代藏族史。本书26卷，附录1卷，记述乾隆五十三年(1788)七月到五十四年(1789)十一月廓尔喀军侵入西藏的经过，汇集了当时驻藏官员的奏疏和清朝皇帝的谕旨，为研究廓尔喀入侵西藏的重要史料。本书的续编即为《廓尔喀纪略》。

打箭炉志略 不著撰人名氏。抄本，不分卷。故宫博物院图书馆、北京图书馆藏。另有中央民族学院图书馆1979年印行，油印本；学苑出版社2003年出版张羽新主编本，16开，546页，收入《中国藏学汉文历史文献集成：中国西藏及甘青川滇藏区方志汇编》第40册。清乾隆年间纂修。本书简要记述了康定等地的历史、宗教、地理等内容。

丹噶尔厅志 (清)张廷武、杨景昇等纂修。甘肃官报书局清宣统二年(1910)出版，8册8卷，铅印本。清代青海方志。成书于宣统二年(1910)。本书记述了丹噶尔(青海湟源县)地方的历史沿革、地理、民族风情、宗教信仰等。为湟源县最早的志书之一，有一定参考价值。

德格县志 四川省德格县志编纂委员会编。四川人民出版社1995年5月出版，16开，568页。本书分历史沿革、自然地理、农牧经济、政治、宗教、文化、教育、文物、古迹、社会等25篇，记述了德格县民主改革以前各方面的历史状况，并对民主改革以后的县情作了比较详细的记载。

德钦县志 德钦县地方志编纂委员会编。云南民族出版社1997年出版，16开，388页。本书简要记述了德钦县的历史沿革、自然地理、宗教文化和教育等，着重记录了民主改革以后该县的农牧经济、文化教育等方面的发展状况。

迪庆藏族社会史 王恒杰著。中国藏学出版社1995年8月出版，32开，321页。本书分远古和中古时期、6至16世纪、清代前期、清代后期、近代等几个历史时期，较为全面地论述了云南迪庆藏族的历史和社会发展情况。

迪庆藏族自治州概况 本书编写组编。云南民族出版社1986年出版，32开，248页。又有送审稿《迪庆藏族自治州概况》，杨铨、白崇高、西洛嘉初、何侃执笔，《迪庆藏族自治州概况》办公室编，丽江县印刷厂印制1985年4月内部出版，32开，364页。公开出版时有删节。“国家民委民族问题五种丛书”之一、“中国少数民族自治地方概况丛书”之一。本书分12章，着重介绍了迪庆藏族自治州的行政区划、自然资源、民族分布、历史发展、政权建设、社会变革、经济文化，以及名胜古迹、宗教信仰、风俗习惯等，对民主改革后各行业的发展记述详细、材料实际、数据准确。并附有57幅照片，可供参考。

迪庆藏族自治州工会志 迪庆藏自治州总工会编印。1991年12月内部发行，32开，137页。为《迪庆州志》的分志之一。本书记述了迪庆州工会运动的历史和现状。编写体例完备、资料翔实。内分组织沿革、工会代表大会、宣传教育工作、职工民主管理、职工福利、工会经费、附录等6章，书首有风光、民俗等方面的照片18幅，书后附有参考书目、大事记等。

迪庆藏族自治州志 勒安旺堆主编，云南省迪庆藏族自治州地方志编纂委员会编。云南民族出版社2003年出版，16开，上册768页、下册663页。“中华人民共和国地方志丛书”之一。本书详细记述了迪庆州3县(香格里拉县、德钦县和维西县)的历史沿革、行政区划、自然资源、民族分布、历史发展、政权建设、社会变革、经济文化，以及名胜古迹、宗教信仰、风俗习惯等。对1950年以来的各类情况都有比较细致的记述。是了解云南藏族的主要资料。

甘南藏族自治州概况 本书编写组编。甘肃民族出版社1987年6月出版，32开，271页。本书共12章，分别对甘南州的地理、物产、区划、风俗、宗教、历史沿革作了简要记述，而对1950年至1984年甘南地区的农牧林业、工交邮电事业、金融财政、文化教育和医疗卫生事业的发展作了详细记述。附录甘南藏族自治州大事记(1949—1984)、30余幅资料照片。本书是了解甘南州自解放以来所发生的变化的重要著作之一。

甘南州志 甘南藏族自治州地方史志编纂委员会编。民族出版社1999年出版，16开，2042页，2册。“四川省地方志丛书”之一。本书按民族设篇，分藏族、汉族、彝族、其他少数民族等4篇，另设民族关系和民族政策专篇，共5篇。详细介绍了甘肃甘南藏族自治州的地理、历史、经济、社会等各方面的发展情况。附图表和地图。是了解甘南藏族自治州的重要参考资料。

甘孜藏族自治州概况 本书编写组编。四川民族出版社1986年出版，32开，274页。“国家民委民族问题五种丛书”之一、“中国少数民族自治地方概况丛书”之一。本书共9章，以详今略古为编写原则，前4章简介了甘孜藏区的地理、沿革、宗教、风俗、农奴社会的政治和经济、反帝反封建斗争史等，后5章较详细记述了甘孜藏族自治州成立以来所取得的成就，包括民族干部的培养、统一战线的胜利、民主改革和社会主义改造的过程、农牧业和工业交通、财贸、教育、卫生、科技、文艺、体育、电讯等方面，材料翔实、数据全面，较真实地反映了甘孜州的方方面面。是了解甘孜州的重要资料。

甘孜藏族自治州民族志 康定民族师专编写组编纂。当代中国出版社1994年7月出版，16开，374页。本书详细介绍了四川甘孜藏族自治州藏族的产生、发展和现况，对居住在州内的其他民族也作了比较细致的介绍。有阿称和李绍明序，附《甘孜藏族自治州自治条例》、图表、地图等8篇。是了解四川甘孜藏族的重要参考资料。

甘孜藏族自治州史话 格勒著。四川民族出版社1984年出版，32开，293页。本书共14章，较详细地介绍了甘孜藏族地区的古代居民、自隋唐至1950年成立甘孜藏族自治州期间的西康历史。书中还记述了历史传说故事，并对其作了考证。对赵尔丰经营康区和国民党统治时期的西康政治、经济、人民起义等论述较详。

高山王国尼泊尔 王宏纬编著。中国社会科学出版社1980年出版，32开，253页。本书详细介绍了尼泊尔的自然概貌、历史沿革、政治态度、社会状况、经济发展及中尼友谊等，并附尼泊尔政党、政界人物介绍、历届内阁、国王、中尼关系、尼泊尔宪法等方面的资料。对了解藏族人民与尼泊尔人民的关系有一定参考价值。

古今图书集成·边裔典·吐蕃部汇考 （清）蒋廷锡等撰。见《古今图书集成·边裔典·吐蕃部汇考》卷六十八至卷七十一，凡4卷。古代志书。本书内容有：1.汇考。对唐高祖武德六年(623)四月吐蕃陷芳州、贞观八年(634)吐蕃始遣使来朝、两公主赴吐蕃、吐蕃进长安、郭子仪败吐蕃、吐蕃攻凉州与宣政院派兵反击、八思巴及元代治藏、蒙古族占据青海、西藏山川考、吐蕃与内地关系等的论述较详。2.总论、艺文、纪事各1篇。为研究西藏史的要籍。

贵德县志 姚钧修，赵万卿纂。民国二十九年(1940)抄本，16开，167页，4册。收入《青海地方旧志五种》。本书比较详细地记述了贵德县的历史沿革、民族、宗教、文化、经济等内容。

果洛史要 杨富华、诺尔德著。青海民族出版社1992年9月出版，32开，296页。本书分3章：1.果洛600多年的历史发展进程，内容涉及族源、地域、社会性质等方面。2.藏传佛教教派、所属寺院、部分主要宗教人士等情况。3.果洛人民保卫家乡、坚决抵御侵略、维护祖国统一的斗争。书中还介绍了果洛人民加强民族团结、发展经济、开展文化交流等方面的情况。

果洛四十年 桑杰快主编，中共果洛州委、果洛州人民政府编，贡保才旦、普哇加译。藏文。青海人民出版社1993年6月出版，16开，588页。汉文版于1993年9月出版，16开，370页。为回顾果洛藏族自治州建州40周年以来各项事业的光辉历程的纪念文集。本书分创业篇、发展篇、综合篇等几大部分，从不同的角度、不同的侧面反映了果洛人民在党和人民政府的领导下，在国民经济、文化教育、医疗卫生、草原建设等诸多方面取得的巨大成就。

果洛藏族社会　邢海宁著。中国藏学出版社1994年7月出版，32开，260页。本书对青海省果洛藏区的自然环境、历史、民主改革前藏族部落的分布及其组织系统、传统的游牧经济、婚姻制度、法律规范、宗教状况、衣食住行、葬俗、歌舞、节日等内容作了比较全面的介绍。有果洛州县乡行政区划一览表、1954—1990年果洛州户数、人口数、果洛主要部落名、寺院名、地名汉译对照等5个附录。为了解果洛牧区旧况的可读性著作。

果洛藏族自治州志　果洛藏族自治州地方志编纂委员会编纂。民族出版社2001年9月出版，32开，1349页，上下册。"青海省地方志丛书"之一。本书详细介绍了青海省果洛藏族自治州的自然地理、历史沿革、经济建设、人民生活等各方面的发展情况。附图表、地图。书中的各种数据精确可靠，论证有力，是了解果洛藏族自治州全貌的重要著作。

海北藏族自治州志　海北藏族自治州地方志编纂委员会编。甘肃人民出版社1999年出版，16开，1102页，2册。"青海省地方志丛书"之一。本书详细记述了青海海北藏族自治州的地理、历史沿革、经济建设、人民生活等情况。附图表、地图。数据精确，论证有力，是了解海北州的重要著作。

海南藏族自治州概况　才让东珠等译。藏文。青海民族出版社1990年8月出版，32开，304页。本书介绍了海南藏族自治州的地貌、地质和气候状况，马步芳政权时期的历史面貌，藏族历史、生活习惯和宗教信仰，湖光山色，古迹文化等。

海西蒙古族藏族自治州志　海西蒙古族藏族自治州地方志编纂委员会编。陕西人民出版社1995年5月出版，16开，501页。"青海省地方志丛书"之一。本书为《海西蒙古族藏族自治州志》上卷。内容有：1.总述。主要记述青海省海西蒙古族藏族自治州的山川风貌、物产资源、历史沿革、民族、宗教及解放以来取得的重大成就。2.大事记。记述了自上古时期至1990年底在海西发生的重要事件。3.第1编是地理部分，介绍了海西州的位置与地域、建置与区划、自然环境、自然资源、自然灾害及人口情况。

汉源县志　刘裕常修，王琢等纂。

巴蜀书社1992年8月据民国三十年(1941)年铅印本影印出版,16开,476页,影印本。收入《中国地方志集成:四川府县志辑》第65卷。本书4卷:卷一,土地类。记述建置沿革、山川古迹、城镇乡村、道路、物产。卷二,人民类。有户口、官员名流、选举表、烈女、仙释(宗教人物)、风俗习惯等8门。卷三,政事类。记载赋税、职官、仓储、水利、寺院、学校、兵制等7门。卷四,土司类。分疆域、世系、忠义、方言、官秩、贡赋、隶属、刑罚等14门。

后藏志 觉囊达热那特著,佘万治译,阿旺校订。西藏人民出版社1994年8月出版,32开,178页。本书是根据1988年西藏人民出版社出版的铅印藏文版汉译而来,书后有473条注释。主要记载了日喀则地区的政治史、宗教史和寺院情况。

皇朝藩部要略 祁韵士(1751—1815)撰。本书编纂后仅有抄本,到道光年间才刻印。台北文海出版社1965年据光绪十年(1884)浙江书局校刊本影印出版,16开,1288页,2册,影印本。为"中国边疆丛书"第1辑。祁韵士,汉族,字鹤皋,别号筠渌,山西寿阳人。清代民族史书。本书18卷,表4卷。仿照《资治通鉴》的编写体例,归纳、综合文献资料,分内蒙、喀尔喀、厄鲁特、回部、西藏5个部分,对清代蒙古、回部、西藏等诸部的建置、封袭、世系、事件等记载颇为详细。是研究清代民族历史的一部重要著作。

金川案 中国科学院民族研究所、四川少数民族社会历史调查组编。中国科学院民族研究所1963年6月内部印行,16开,182页,铅印本。原件共分元、亨、利、贞4册,其中贞字册遗失,其余3册存小金县人事局。原件系1953年抄本。为乾隆年间清王朝两次用兵金川(今四川金川县、小金县)的有关档案资料。本书共录360件奏折、上谕,对清王朝两次用兵大小金川所采取的战略、政策、用兵的具体步骤均有记述。附《乾隆初定金川土司记》和《再定金川土司记》两文。是研究乾隆年间金川之役的重要参考资料。

旧唐书·吐蕃传 《旧唐书》即《唐书》。赵莹、刘昫等监修,张昭远、贾纬等编纂。为有别于欧阳修等人的《新唐书》而称为《旧唐书》。本书修于天福五年(940),成书于开运二年(945),共200卷,为纪传体唐代历史。书中《吐蕃传》为该书之196卷、列传第146,共2.79万字。记事起于贞观八年(634),终于大中三年(849)。对吐蕃早期的政治、军事、经济、文化等方面的记述有较高参考价值。如有关文成公主、吐蕃军事制度、唐蕃会盟等方面的记载,均为重要史料。宋人欧阳修等所修《新唐书·吐蕃传》,其部分内容均依此书所纂。《新唐书》和《旧唐书》参照使用,其价值更高。是研究吐蕃社会不可缺少的资料。

康定县志 四川省康定县志编纂委员会编纂。四川辞书出版社1995年出版,16开,619页。本书全面介绍了康定县的历史沿革、地理、文教卫生、农牧业、社会经济生活、宗教、政权、军事等内容。

康定县志续编 康定县地方志编纂委员会编纂。巴蜀书社2000年出版,16开,521页。本书是1995年出版的《康定县志》的续编。本书对《康定县志》中已经记述和1980年以来变化不大的静态县情资料一律不再重复,重点记述了改革开放以来的县情发展变化,同时对《康定县志》中的遗漏和误差,给以了更正和补充。

拉萨史 傅崇兰主编。中国社会科学出版社1994年9月出版,32开,406页。本书较详细地介绍了吐蕃分裂时期的拉萨、元明清时期拉萨城市的发展、拉萨的和平解放与民主改革、拉萨商业贸易与工业的历史性变化、拉萨科教文卫事业的发展、拉萨城市规划与城市建设等方面的内容。

拉萨厅志 (清)李梦皋纂。以抄本传世,68页,2卷2册。成书于道光二十五年(1845)。作者在序中说:丸邑皆有志,拉萨者未有志也,盖缺典。余在拉萨数十年矣,阅西番地方颇知撰志之难也。本书分上下卷,上卷记述疆域图(附城池一幅)、沿革、疆域、城市、山川、寺庙、物产、风俗、道里等,下卷记述艺文、著述、杂记等。各类目字数很少,所述内容较简。为一般性著述。

理化县志稿 贺觉非撰。西康省政府民国三十四年(1945),铅印本。收入《中国边疆史志集成·西藏史志》第一部。作者为理化县县长,入康多年,对康藏问题有较深的研究,曾主办《戍声周报》,并撰《西康纪事诗本事注》。成书于民国三十二年(1943)。本书着重记述了理化县(今四川理塘)的沿革、社会现状、宗教现状、地理与县界、物产、交通等。在当时的西康省被称为西康志书中的上乘佳作。

理塘县志 四川省理塘县志编纂委员会编纂。四川人民出版社1996年出版,16开,563页。本书全面论述了理塘县的历史沿革、地理、文教卫生、经济、宗教、政权、军事等内容。

泸定县乡土志 王世瑀、張培恕纂修。西康省泸定县政府民国二十二年(1933)印行。收入《中国西藏及甘青川滇藏区方志汇编》第5辑《川滇藏区及涉藏方志》第40册。成书于民国九年(1920)。本书分历史、地理、格致三大类。

木里藏族自治县概况 边仕周、鲁绒格丁等编著。四川人民出版社1985年11月出版,32开,165页。本书分6章,对木里县的自然环境、建置沿革、地理、民主改革前的社会状况作了简要介绍，对1953年至1983年木里县的经济建设、文教卫生方面的发展记述较详。木里县虽系以藏族为主体的地区，但由于长期划归其他民族为主的县、州，所以该县藏族与其他藏区相互接触的机会较少，致使这一地区民族语言文字的发展受到阻碍。1978年经国务院批准木里成立自治县。本书除政治、经济、文化方面的介绍外，对木里三大寺的多种介绍材料，也是较为珍贵的。书中有30余幅照片。为了解木里县提供了素材。

恰嘎地方志　角巴东主著。藏文。民族出版社1997年出版，32开，218页。本书分6章，以大量翔实的资料记述了恰嘎地方的历史沿革、自然地理、文化教育、人文景观、民风民俗等内容。

秦边纪略　(清)梁份撰。作者为江西南丰人，康熙二十一年(1682)赴陕甘地区，于康熙二十七年(1688)写成此书。清代有关陕甘地区的史书。本书主要记述了河州及西宁、庄浪、凉州、甘州、肃州、靖远、宁夏等卫的地理，以及西宁等卫的边界状况、河流、河套部落、蒙古四十八部落、西域土地人物、对边疆的防守与攻剿等。末卷附《准噶尔噶尔丹传》。为研究清代甘青地方的重要著作。

秦陇羌蜀四省区志　白眉初著。北京师范大学史地系民国十五年(1926)印行，32开，778页。本书分陕西、甘肃、青海、四川部分地区4部分记述。甘肃部分主要是记述关于甘青蒙族的历史、旗辖区、地理环境等。青海部分分为6章：1.总说。分述蒙藏历史沿革、疆域、气象、地理、物产等。2.蒙藏史略。3.蒙藏地方志。4.山水湖泊。对柴达木盆地记述较详。5.政教民俗。6.实业。内分交通、物产两项，后有柴达木盆地的物产、工艺、交易等方面的记载。是一部较全面记述青海经济的著作，有一定参考价值。

青海　王慎余、邹国桂整理。中央政治学校所设蒙藏学校民国二十五年(1936)印行。青海各县社会调查资料。民国二十三年(1934)蒙藏学校组织边疆教育实业考察团，一行18人分赴青海各县调查，将调查结果编为本书。本书以乐都、民和、互助、大通、湟源、共和、贵德、循化、化隆等大县为主，记述了青海历史沿革、地理状况、现时行政区域、各县面积、气候、耕地面积、民族、人口、侨居民族、党务活动、政治组织、财政金融、交通、教育、实业等，对教育和实业记载较详，并有多种调查数据表供参考。

青海　周振鹤著。商务印书馆民国二十七年(1938)出版，32开，314页。另有台北南天书局1987年出版，32开，318页，影印本，收入《亚洲民族考古丛刊》第5辑。青海省史地丛书。本书主要内容:1. 地理,包括柴达木盆地内陆流域、蒙古内陆流域;2. 历史沿革、建置史、移民史;边务史;3. 政情,分党务、自治、军警、财政、司法、监察;4. 藏传佛教、回教、基督教;5. 交通邮政;6. 实业,分盐业、羊毛业、农作、畜牧、狩猎、药材、森林、矿产、工商等记述;7. 风俗,分服饰、饮食、建筑、婚姻、葬俗、工作、信仰、社交、卫生、道德等叙述。附作者对青海省建设的20条建议。书中各种照片,提供了民国时的青海风貌、民俗等方面的资料。

青海地方旧志五种 青海省民委少数民族古籍整理规划办公室编。青海人民出版社1989年5月出版,32开,839页。“青海少数民族古籍丛书”之一。本书包括《青唐录》、《丹噶尔厅志》、《碾伯新志》、《大通县志》和《贵德县志稿》。根据不同时代分别对有关各地区各民族的历史沿革、分布状况、民族关系、经济生活、政治制度、风俗习惯和封建伦理道德等,作了较详细的记载。

青海考略 (清)龚柴著。《小方壶斋舆地丛钞》本。清代青海史料。本书记述青海湖的面积和四界,继而记述青海历代沿革及清代平定青海的经过,并载雍正三年(1725)所编青海蒙旗二十九部、乾隆年间所定郡王、贝勒、贝子、辅国公、台吉、青海办事大臣等有关史料。

青海商业志 杨景福主编。青海人民出版社1989年6月出版,32开,658页。本书为记述青海省商业发展历史的专志,时间追溯到宋代,下限至1987年。正文为3编,附录大事记、统计表。1. 记述有文字记载以来青海商业产生、演变、发展的历史轮廓。2. 记述青海地区在古代、近代和民国时期的丝路贸易,互市贸易,茶马政策,商品、货币、度量衡、物价。3. 记述青海省在解放后的国营商业,供销合作社,民族贸易,集体和个体商业、集市贸易。4. 记述青海省商业在解放后的基本建设与商办工业、仓储与运输、教育与科技、行政管理。

青海少数民族 青海民族学院民族研究所编。青海人民出版社1987年7月出版,32开,168页。本书主要介绍了藏族、回族、土族、撒拉族、蒙古族和哈萨克族。有关藏族部分,主要介绍了青海境内藏族的古近代历史、部落、与马步芳军队的冲突、1949年9月西宁解放及民主改革后青海藏族的发展变化等。其中对历史记述较多,对近40年概况的叙述较简。

青海省果洛藏族自治州概况 本书编辑委员会编印。1963年12月内部印行,32开,63页,铅印本。为“少数民族自治地方概况丛书”之一。本书分6章。前2章简介果洛州地理、历史沿革等。后4章较详细介绍了果洛州民主改革后10年的巨大变化，其内容包括民族区域自治、民主改革的胜利、农牧业发展、工交、邮电、文化教育等方面所取得的成绩。附反映果洛州历史发展变化的图片24幅。

青海省海北藏族自治州概况　本书编辑委会会编印。1962年内部印行，32开，117页，铅印本。为"少数民族自治地方概况丛书"之一。本书分9章。前两章简述海北州的自然地理、物产、人口、历史沿革。后7章分述1949年9月海北解放以来的巨大变化，其内容包括自治政权的建立、合作化运动、人民公社、1950年至1960年间农牧业商贸及文化教育的发展、人民生活的改善等。其中对经济发展情况的记载较详。书中附有关海北州的建设、文化、民俗、教育、农牧业等方面的照片资料60幅。是了解海北州民主改革初期的重要资料。

青海省海南藏族自治州概况　本书编辑委员会编印。1963年内部印行，32开，130页，铅印本。为"少数民族自治地方概况丛书"之一。本书分7章。首章简述海南州的地理、历史沿革、人口等，第2章叙述民主改革前海南人民遭受统治阶级压迫及人民的反抗，第3至第7章较详细记述了民主改革10年来海南州在农牧业生产、交通、邮电、文化、教育、卫生、商贸等方面取得的成就。附录反映海南州各项事业发展的图片60幅、州地图1幅。

青海省黄南藏族自治州概况　本书编委会组编印。1963年11月内部印行，32开，121页，铅印本。为"少数民族自治地方概况丛书"之一。本书分6章，首章简述黄南州地理和历史，后5章较详细记载了1950年至1960年间黄南州在经济、交通、文化、教育等方面所取得的成就。附州地图1幅、民族分布图1幅、农牧业和文教等方面的照片28幅。详今略古，是了解民主改革初期黄南州建设的参考书。

青海省志·测绘志　青海省地方志编纂委员会编。青海人民出版社1993年10月出版，16开，188页。本书记述了青海的土地测量、地形测量、地图编印、资源勘查测量、工程测量、测绘管理、测绘科技及测绘机构等情况。

青海省志·地质矿产志　青海省地方志编纂委员会编。青海人民出版社1993年10月出版，16开，455页。本书系统记述了青海的地矿业活动、地质特征、基础地质调查、各类矿产资源、勘查工程及技术、地质科学研究、投资与管理、机构沿革与队伍等情况。

青海省志·工商行政管理志　青海省地方志编纂委员会编。青海人民出版社1993年10月出版，16开，132页。本书分市场管理、工商企业登记管理、个体私营企业管理、私营工商业的社会主义改造、经济合同管理、商标广告管理、经济检查等7章，记述了从汉朝至1985年这2000多年来青海省市场管理等方面的情况。

青海省志·粮食志 青海省地方志编纂委员会编。青海民族出版社1993年11月出版，16开，269页。本书分11章，较为详细地记述了青海省粮食工作的历史事实。其内容有农村收购、城乡供应、调拨运输、仓储检验、工业基建、食油管理、饲料经营、市场调节、科技教育等。

青海省志·林业志 青海省地方志编纂委员会编。青海人民出版社1993年8月出版，16开，260页。本书以详今略古原则，记述了从远古到1985年青海省的林业发展情况。其内容分为森林资源、调查设计、造林、种苗、森林保护、森林经营、森林利用、林业经济、林改、林业科技、林业宣传教育、野生动物资源管理等12章。

青海省志·农牧机械志 青海省地方志编纂委员会编。青海人民出版社1993年9月出版，16开，193页。本书分10章，较为详细地记述了1950年至1985年青海省农牧机械化事业的起源、发展及现状。书中资料翔实，数据确切，对有关部门决策和以后振兴青海农牧机械化事业有一定的实用价值。

青海省志·农业志、渔业志 青海省地方志编纂委员会编。青海民族出版社1993年8月出版，16开，456页。本书由农业志、渔业志两部分组成，农业志共12章，渔业志共4章。主要阐述了青海省农业、渔业的历史与现状及发展过程，体现了其发展的阶段性和科学性。资料翔实。不但为青海省农业、渔业的开发建设和进一步改革提供了大量基础资料和资源信息，而且能使广大国内外读者和青海各族人民更加了解青海、热爱青海，为振兴青海的农业、渔业而努力奋斗。

青海省志·商业志 青海省地方志编纂委员会编。青海人民出版社1993年9月出版，16开，295页。本书分别从商业机构、城市市场、民族贸易、商品收购、商品销售、商业管理、饮食服务、商办工业、商品储存与运输、商业教育等10个方面，全面而客观地论述了青海商业的历史和现状。

青海省志·物价志 青海省地方志编纂委员会编。青海人民出版社1993年8月出版，16开，192页。本书共有7章，47个表格，11幅图。本书以翔实的史料和准确的数据反映了上起1740年左右，下至1985年青海省的物价情况，突出了青海的地方特点和时代特点，体现了物价发展的阶段性和科学性，融思想性、资料性、科学性于一体。

青海省志·乡镇企业志 青海省地方志编纂委员会编。青海人民出版社1993年10月出版，16开，160页。

本书着重记述了1978年以后青海省乡镇企业的发展变化情况。

青海省志·邮电志 青海省地方志编纂委员会编。青海人民出版社1993年10月出版,16开,318页。本书分概述、机构沿革、邮政通信、电信通信、基本建设、企业管理、教育科技工业7部分,较为详尽而客观地记述了2000多年来青海邮电事业的发展过程,做到了思想性、科学性和资料性相统一,为青海邮电通信事业今后的发展提供了历史借鉴和科学依据。

青海玉树襄谦称多三县调查报告书 蒙藏委员会调查室编印。民国三十年(1941)印行,32开,54页。玉树、襄谦和称多3县原为玉树二十五族之地,民国元年(1912)以来,因其地处青康藏交通咽喉,成为海南政治中心,民国十七年(1928)青海改省,民国十八年(1929)设立玉树县,民国二十四年(1935)设襄谦县,民国二十六年(1937)设称多县。本书分5章,分别介绍上述各县的地理概况、地界、山川河流、气候、物产、建置、历史沿革、政治现状、农牧业、工商、交通、邮电、宗教各教派及其现况、风俗习惯等。书中材料均系实地调查得来,较信实可靠。为研究玉树地区近代社会的重要参考书之一。

青海志略 许公武编著。商务印书馆民国三十二年(1943)出版,32开,135页。民国青海志书。本书是作者根据新亚细亚学会会员多人的实地考察报告和有关青海政治、经济、文化等书籍,经反复研究编成的。本书对青海的地理环境、经济状况、民族分布、宗教对各民族的影响、寺院及建筑、人民生活、风土人情、道德观念、历史沿革等作了较细致的描述。

三番志略 著者佚名。有抄本和印本传世,6卷。清代民族史书。本书按古番、蛮部、新疆归类。记述自先秦至清乾隆年间我国少数民族的源流、分布、地理沿革、风俗习惯、地方政权等事。是一部民族史志合编。简明扼要,便于查阅。

士青全集·西藏纪略 钱文选编。商务印书馆民国二十八年(1939)出版,32开,1370页。清代志书。本书着重记述了西藏的历史、区域、工业、商务和政治。

四川通志 (清)常明等修,杨修灿等编。清嘉庆刊本。本书卷九六《西域杂志》载西藏刑法、税赋、乌拉差制度、贵族与平民的服饰、生活状况、婚葬礼俗等。

松潘县志 张典等修,徐湘等纂。民国十三年(1924)刻本,8卷,卷首1卷。另有台北学生书局1967年出版,16开,3册,影印本;巴蜀书社1992年8月出版,16开,316页,8卷8册,影印本,收入《中国地方志集成·四川府县志辑·民国松潘县志》第66卷。本书主要内容有:卷一,松潘县的历史沿革、疆域、城池、风俗、山川等。卷二,古迹、田赋、户口、学校教育、军事、盐政、茶法等。卷三,松潘县边防。卷四,松潘县历代各大土司源流、辖区。卷五,坊表、坟墓、宗教、官师。卷六,历代名流宦绩、选举、封荫、乡贤行谊、孝友、耆寿、烈女。卷七,忠节。卷八,文学、物产、奇闻趣谈等。本书对松潘历史的发展,72 土司和 749 寨的土司名称、土寨官职、世系、叛降时间、认纳贡赋等方面,记述尤为详尽。是资料价值较高、内容较全面的松潘县史籍。

松潘县志 四川省阿坝藏族羌族自治州松潘县志编纂委员会编纂。民族出版社 1999 年 8 月出版,32 开,1034 页。本书详细记述了松潘县的历史沿革、地理(自然资源)、政治、经济、文化教育、风土民情、城镇建设等内容,着重记述民主改革以来在各方面取得的巨大成就。

宋史·吐蕃传 (元)脱脱、阿鲁图主持修撰,铁木儿塔识、贺惟一等人任总裁官。修于元顺帝至正三年(1343),成书于至正五年(1345),共 496 卷。《吐蕃传》为其中之一卷,即第 492 卷、列传第 251。《宋史》中有关吐蕃 1 卷,题为《外国八》,下列吐蕃,以及唃厮啰、董毡、阿里骨、瞎征、赵思忠等 5 人传,共 1 万字。记事起于建隆三年间(约 962),终于元符年间(约 1098 年)。字数虽少,但对吐蕃王朝分裂后期的政治、军事、藏汉关系、藏地汉民等方面的记载有较高参考价值。

卫藏通志 松筠撰。以光绪二十一年(1895)袁昶刊《浙西村舍丛书》本传世。有西藏人民出版社于 1982 年出版了由吴丰培据旧本编的《西藏志·卫藏通志》合刊本,32 开,570 页,有校、注、序和提要,编排有序,极便查阅。清代志书。《卫藏通志》原书为旧抄本,不著撰人,袁氏刊入丛书时附记写道:"原书未著姓氏,疑即为和琳所辑云"。此后诸多著述不辨真伪,传为和琳撰写。吴丰培据《西陲纪事》等 10 余种资料考证,认为作者应为松筠。松筠,蒙古正蓝旗人,字湘浦,玛拉特氏。翻译生员,乾隆五十九年(1794)授工部尚书兼都统,充任驻藏大臣,在藏五年,后赴新疆为伊犁将军。松氏长期在民族地区任职,对边疆民族有较深的研究,著述有《新疆识略》、《西陲总统事略》等。本书共 16 卷,卷首 1 卷,约 50 万字,内容涉及西藏疆域考证、清代疆域、山川、内地至西藏程站、西藏僧人、寺院、西藏官员、兵制、驻藏大臣源流、货币、贸易、各种条例、乾隆年间西藏历史事件、清政府的政策、乾隆年间对西藏的援助、西藏部落等方面,并收入 700 余部藏文经典的书名。书中对廓尔喀侵藏、福康安入藏及善后事宜、福康安与和琳勘宝边界、官员章程、西藏货币、金瓶掣签制的设立等，记载尤详。本书为研究乾隆年间西藏社会的重要著作之一。

西康省通志撰修纲要 任乃强撰。西康省通志馆筹备委员会民国二十九年(1940)印行。本书主要论述编纂缘起、编纂纲目、体例、方法、征集材料等内容，其中以通志分类纲目最详。纲目分地理，包括沿革、地域、地势、地质、山脉、水道、水利、气象、城镇、道路、名胜古迹、卫藏等12类；史事，分为秦汉、蜀汉至隋唐、五代两宋、元明、清、民国6个部分；人民，分为民族、户口、语言、宗教、生活、礼俗、岁时、土司、人物等；产业，分农艺、森林、畜牧、药材、狩猎、养殖、矿冶、工业、商业等；政务，分政府机构、组织、民政财政、教育、建设、交通、司法、军事等；类纂，分为丛谈、表、目录等。

西宁府新志 (清)杨应琚纂修。青海人民出版社1988年6月出版，16开，1047页。另有台北文海出版社1966年出版，16开，1554页，3册，影印本。清代志书。乾隆十二年(1747)成书。本书根据清苏铣(西宁道陕西布政司右参议)撰《西宁志》等书编写，增加了体例，内容较《西宁志》详细。对青海回、藏等民族的历史、宗教、文化、经济等方面都有记述。

西宁卫志·西宁志 王继光辑注，王昱、马忠校注。青海人民出版社1993年6月出版，32开，366页。"青海少数民族古籍丛书"之一。清代志书。本书包括：1.《西宁卫志》，明刘敏宽、龙膺纂修，王继光辑注。2.《西宁志》，清苏铣纂修，王昱、马忠校注、编辑。为研究青海之史料。

西宁志 (清)苏铣撰。青海人民出版社1993年出版《西宁卫志·西宁志》合订本，32开，366页。清代史籍。作者为河北交河人，顺治时考为进士，由卫辉府推荐，任监察御史，曾巡抚山西等地，后至西宁道任职。本书写于顺治十二年(1655)，共7卷，记述了西宁和青海的历史沿革、建置、疆域、风土人情等。

西域遗闻 (清)陈克绳纂辑。禹贡学会民国二十五年(1936)出版，铅印本，"边疆丛书"之一。中国藏学出版社1995年据此本出版，影印本。作者字希范，归安人，进士，嘉定县知府。清代康藏志书。本书成书于乾隆时，分西藏事迹、疆域、佛教、政治组织、风俗、物产、蜀番、邻番、巴理二塘、昌道统辖土司等项叙述，其中对准噶尔侵藏及清军岳钟琪等进兵经过等，记述较详。

西藏昌都史地纲要 谢廷杰、洛桑群觉著。西藏人民出版社2000年出版，32开，370页。本书论述了昌都地区的自然地理、历史沿革、重大事件、宗教状况等内容。

西藏记 不著撰人。龙威秘书本，又有丛书集成初编重印本，2卷。

清代西藏志书。本书对西藏历史沿革的记述起自吐蕃时代，终于乾隆元年，故作者当系乾隆元年以后之人。本书上卷记述有关西藏的碑文、封爵、事迹、头目、兵制、边防、征调、赋役、天时、疆域、山川、寺庙、节日、历法、风俗等；下卷记载西藏的服饰、物产、饮食、婚嫁、家庭生活、医药、占卜、礼仪、市场、建筑、刑法、役台等项。附录成都至拉萨的程站里程，并夹注地理、沿革、物产、风俗等项。本书除极少字句之外均与《西藏志》同，仅类目前后顺序不同，完全是一书二名二版。有一定参考价值。

西藏记 不著撰人。商务印书馆民国二十五年(1936)据龙威秘书本出版，16 开，56 页，排印本。本书简要记载西藏的历史、宗教和政治人物等。

西藏考 不著撰人。清代刻本，48 页。另有商务印书馆民国二十五年(1936)据仰视千七百二十九鹤斋丛书本出版，16 开，47 页，排印本。本书共 1 卷，前 15 页收录《布颜罕奏书》、《库库木罕奏书》、《叶楞罕奏书》、《唐盟碑》、《御制平定西藏碑》和布鲁克巴一案，后 33 页为成都至拉萨、拉萨至西宁等处的程站里程和粮务、塘站、汛地、关隘等内容。

西藏小识 (清)单毓年著。抄本，4 册。成书于光绪三十四年(1908)。本书分 4 卷：卷一载述西藏险要考、论藏防之与国防、论西藏之危、译述英国与西藏之历史、论英国经营西藏之政略，卷二有论英藏私约之损害、译论俄国之谋西藏、译论俄人窥藏、译述西藏拒绝耶教之历史、读大秘密国探险记、论西藏不能自守之故、论西藏大势、整顿西藏条议，卷三为论中国对于达赖喇嘛之入觐、中国国民应当帮助政府经营西藏、论达赖喇嘛与西藏之关系、论外人干涉藏务之宜防、论西藏乱事，卷四为上驻藏大臣治藏条陈。本书分析了当时西藏形势、国外入侵、历朝治藏办法等，并提出多项治藏方案，有独到见解，有一定参考价值。

西藏志 陈观浔撰。巴蜀书社 1986 年 10 月据撰者稿本整理出版，32 开，228 页。陈观浔，字西生，成都人，清光绪十一年(1885)拔贡。工书法，有《敏求斋遗书》等数种著只得流传于世。民国十四年(1925)前后，四川督办杨森、刘湘和省长赖心辉等人筹划纂修《四川通杂》，委富顺县前清进士宋育仁为总裁，开局举事。宋氏延聘陈观浔编撰，陈氏完成《西藏志》初稿后去世。本书共分卫藏疆域考、卫藏山川考、卫藏名山考、支山名义考、西藏大川考、支水名义考、西藏湖池考、西藏海子考、西藏津梁考、西藏部邑考、西藏定郡考、西藏寺庙考、西藏寺院内部及礼拜考、西藏道路交通考、西藏关隘考、亚东关通商、西藏塘铺考、西藏种族及其沿革、西藏官制、西藏兵制、西藏人御敌之方法、汉兵行军康藏应有之准备、西藏礼俗、货币、贸易、矿产、西藏土宜考、西藏的度量衡等内容。整理者虽称“其中有关山川疆域方面的，重在考证；风土民情的，重于记实；货币物产的，详加考证，全书有记有述”，但大部分内容的论述极为简略。

西藏志(乾隆) 不著撰人。有乾隆五十七年(1792)和宁作序之刻本。有西藏人民出版社1982年出版由吴丰培旧本编的《西藏志·卫藏通志》合刊本，32开，570页。序中称“(《西藏志》)传为国朝果亲王允礼所撰，戊申得自成都抄本，受付剞劂”。近人著名版本学、文献学专家吴丰培考之，该志非果亲王撰，亦非弘瞻所著，资料欠缺，无从考证。有关西藏史志的著作中以《西藏志》为书名者，此书为第一。本书近5万言，分事迹、疆国、山川、寺庙、天时、物产、岁节、纪年、风俗、衣冠、饮食、婚嫁、夫妇、生育、丧葬、医药、占卜、礼仪、宴会、市肆、房舍、刑法、封爵、头目、兵制、边防、征调、赋役、朝贡、外番、碑文、唐碑、台站、粮台等类，书末附录川藏和西藏各大县及主要道路程站17项。类目虽然分得很细，但内容却十分简略，且有许多污蔑和不适之词。但该书毕竟成书年代较早，如事迹、边防、朝贡、碑文等类中的一些记述，就有较高参考价值。

西藏志、卫藏通志合刊 吴丰培整理。西藏人民出版社1982年出版，32开，570页，竖排铅印本。有吴氏对两书著者的考证、《西藏志》的地名人名索引、《卫藏通志》简明提要。

乡城县志 本书编委会编。四川大学出版社1997年出版，16开，412页。本书全面记录了四川乡城县的历史沿革、地理、文教、工业等情况。

新唐书·吐蕃传 《新唐书》为宋代欧阳修、宋祁等人所撰的纪传体唐代史书，编撰始于北宋庆历四年(1044)，成书于嘉祐五年(1060)，共225卷。《吐蕃传》是其中传记之一。为该书之216卷、列传第141，共2.1万字。记事起于吐蕃王朝之松赞干布前六代赞普(约为公元5世纪)，终于达磨赞普一朝(约为公元8世纪)。传中所述吐蕃族源、政治、军事、宫廷轶事等，有重要参考价值。部分内容与《旧唐书·吐蕃传》同。是研究吐蕃社会不可缺少的资料。

新修中甸厅志书 (清)吴自修校正，董良弼参阅，张翼夔纂集。抄本，3卷。此书以抄本传世，有《新修中甸厅志书》和《新修中甸县志稿本》两种抄本。有中甸县志编纂委员会1990年据抄本内部出版《清光绪新修中甸志书稿本》，和泰华、段志诚点校本，32开，107页，收入《中甸县志资料汇编》第2辑。本书上卷记述中甸县的地理、沿革、水利、户口、田赋、物产等23项内容，中卷记教育、寺庙、兵制、官制等12类，下卷载忠义、孝友、烈女、高僧、古迹等8类。本书虽沿用乾隆年间方志学家章学诚的“宜立三书”之说编写，但每类都十分简略，如地舆志仅123字、户口志才19字。本书为中甸方志之首创，并保存了若干史料，至今仍有参考、研究价值。

续云南通志 （清）王文韶等修、（清）唐炯等纂，四川岳池光绪二十七年（1901）刻本，194卷，卷首6卷，100册。另有台北文海出版社1966年出版，16开，11346页，14册，影印本，收入《中国边疆丛书》第2辑。本书卷一五九载云南藏族的游牧生活、宗教文化等内容。

循化厅志 （清）龚景瀚纂修。抄本，8卷。上海徐家汇天主教堂藏书楼有藏本。本书记述了循化厅（今青海循化县）的历史沿革、地理、民族、风土人情、宗教、寺院、名人，以及民族间的矛盾等。

循化志 （清）龚景瀚纂修，李本源校。青海人民出版社1981年9月根据清嘉庆刻本翻印出版，32开，324页，竖排铅印本。原书为8卷本，311页，今为合订本，卷次依旧。本书对循化的建置沿革、山川河流、营汛、官署、族寨工屯、官师、土司、祠庙、寺院、人物、水利、农业、风俗、物产、民族情况、国民起义等均有详略不一的记述，其中族寨工屯、土司、寺院等卷，对该县藏族的一般社会情况、日常生活、土司名流、寺院规模等叙述较详。为研究清代循化藏族的重要著作之一。

雅安县志 余良选等纂修。民国十七年（1928）印行，221页，6册，石印本。本书分6卷，比较详细地记述了雅安县的历史沿革、地理、政治、经济、文化教育、民风民情等。

盐茶厅志备遗 （清）朱享衍修，（清）刘统纂。清乾隆十七年（1752）抄本，16开，94页。本书是关于藏区盐茶贸易的历史记录。

玉树志略 曹瑞荣著。民国印本。收入《中国西北文献丛书》第4辑《西北民俗文献》第7册。本书与曹瑞荣著《青海旅行记》、杨钟健著《西北的剖面》合订为一本，16开，490页。本书简记青海玉树（结古）地方历史沿革等。

云南省迪庆藏族自治州概况 本书编写组编印。1960年9月内部印行，32开，132页。本书分10章，分别记述迪庆州的简史、自然地理、民主改革运动，以及1950年至1960年间各行各业的发展变化和人民生活的改变。对10年间开展的各种运动记述尤详。但书中不乏“一天等于二十年”之类的文词，对人民公社、“大跃进”运动中取得的成绩等吹得过高，许多数据不足为凭，只可以作为了解当时发生过什么运动、有过什么措施的参考书。

旃林纪略 （清）徐瀛著。《小方壶斋舆地丛钞》本。清代西藏史书。作者于道光四年(1824)赴藏,先任拉里粮务员,道光五年(1825)到拉萨。本书是作者在拉萨期间对所见所闻的杂记。主要内容有驻藏官兵情况、大小昭寺、十世达赖喇嘛楚臣嘉措、藏传佛教概况、西藏丧葬习俗、西藏地方政府的刑罚、西藏历史沿革、西藏节日等。除刑罚和沿革两项之外,其余门类记述较详,尤其是节日一项最详尽,后世之作引用甚多。

中甸调查报告 不著撰人,蒙藏委员会调查室编。民国稿本。有民国三十四年(1945)印行,32 开,15 页,铅印本。本书简要记述了中甸历史沿革。

中甸县志 段绶滋编纂。稿本。有中甸县志编纂委员会 1991 年 1 月内部印行和泰华、段志诚标点校注本,32 开,221 页。作者字润勋,云南剑川人,民国二十八年以前任中甸县县长。成书于民国二十八年(1939),民国三十年(1941)五月定稿。本书分 5 卷,卷首记述沿革、大事记和序文、总纲等。上卷载中甸地理、山川、民族、物产等。中卷为城镇、官制、税赋、地方武装组织、教育、经济等。下卷论述藏传佛教、回教、东巴教、语言文字、风俗习惯、农牧业、工矿等。其中对格鲁派松赞林寺的沿革、组织、建筑等记述详尽。末卷载名胜古迹、文学、歌谣等。本书较《新修中甸厅志书》完整,内容亦较丰富具体,材料较充分翔实,有许多珍贵资料。

卓尼记 (清)俞文绶撰。以抄本传世。本书与《红山碎叶》、《新疆纪略》、《乡饮习》3 本书合订为 1 册,收入《中国西北文献丛书》第 4 辑《西北民俗文献》第 2 卷。本书简要记述了卓尼历史沿革。

(三)档案资料

阿坝藏族羌族自治州文史资料选辑(第 3 辑) 政协四川省阿坝藏族自治州委员会文史资料委员会编印。1985 年内部印行,32 开,179 页。本书收录《简明日、月食运算法》、《毛尔盖·桑木旦回答关于安多地区藏族历史的几个问题》、《毛尔盖·桑木旦略论藏语方言:嘉戎语》、《尔康地名的由来》、《北京郊区的嘉戎藏寨》等文章。

阿坝藏族羌族自治州文史资料选辑(第 5 辑) 政协四川省阿坝藏族自治州委员会文史资料委员会编印。藏文。1986 年内部印行,32 开,316 页。本书比较详细地叙述了藏族历史和阿坝州藏族的历史。

阿坝藏族羌族自治州文史资料选辑(第 7 辑) 政协四川省阿坝藏族羌族自治州委员会文史资料研究委员会编印。藏文。1988 年内部印行,32 开,126 页。本书详细介绍了若尔盖辖曼历史、藏戏及其艺术等等史料。

阿坝藏族羌族自治州文史资料选

辑(第8辑) 政协四川省阿坝藏族羌族自治州委员会文史资料委员会编印。1993年内部印行,32开,227页,藏汉文合订本。本书为十世班禅班禅副委员长视察阿坝州专辑,收录《追忆班禅大师在阿坝州》、《泽萁同志在州、县机关干部欢迎班禅副委员长大会上的讲话》、《在阿坝藏族自治州职工大会上的讲话》、《班禅额尔德尼·确吉坚赞班禅副委员长对甘南、阿坝两藏族自治州群众的广播讲话》、《班禅副委员长视察若尔盖纪实》、《班禅副委员长前往金川县观音桥视察情况简结》等文章。

阿坝藏族羌族自治州文史资料选辑(第9辑) 政协四川省阿坝藏族羌族自治州委员会文史资料委员会编印。1993年8月内部印行,32开,325页。本书为阿坝州藏医药学资料专辑,主要介绍了藏医理论、医疗实践、药物图谱等内容。

阿坝藏族羌族自治州文史资料选辑(第10辑) 政协四川省阿坝藏族羌族自治州委员会文史资料委员会编印。1993年8月内部印行,32开,168页。

阿坝藏族羌族自治州文史资料选辑(第11辑) 政协四川省阿坝藏族羌族自治州委员会文史资料委员会编印。藏文。1993年8月内部印行,32开,268页。

阿坝藏族羌族自治州文史资料选辑(第12辑) 政协四川省阿坝藏族羌族自治州委员会文史资料委员会编印。1996年内部印行,32开,195页。本书收录《朱成源民族教育类"尼玛办学样式"与牧区办学经验探讨》、《纪念红军长征胜利六十周年》、《父亲安登榜参加红军始末》、《何廷禄传记》等文章。

阿坝藏族羌族自治州文史资料选辑(第13辑) 政协四川省阿坝藏族羌族自治州委员会文史资料委员会编印。1997年内部印行,32开,195页。本书为茂县中学教育专辑,详细介绍了茂县中学的历史沿革和现状。

阿坝藏族羌族自治州文史资料选辑(第14辑) 政协四川省阿坝藏族羌族自治州委员会文史资料委员会编印。1998年内部印行,32开,125页。本书详细记录了阿坝州知名人士欧尔孝当老民、抗日、迎接解放、接受教育、平叛擒凶等生平事迹。

阿坝藏族羌族自治州文史资料选辑(第15辑) 政协四川省阿坝藏族羌族自治州委员会文史资料委员会编印。1999年内部印行,32开,136页。本书为威州师范学校教育专辑,详细介绍了阿坝州威州师范学校的历史沿革和现状。

阿坝藏族羌族自治州文史资料选辑(第16辑) 中国人民政治协商会议阿坝藏族羌族自治州委员会文史学习委员会编印。2000年8月内部印行,32开,190页。本书为阿坝铝厂创业纪实专辑，收录《录山重水复疑无路，柳暗花明又一村—，磷肥滞销前景不妙，探准铝锭二次创业。》、《跋山涉水精选厂址，仔细推敲科学论证》、《栽得梧桐树，自有凤凰来》、《求质量严把施工监督关，为节省精算投资每一环》、《购置设备派人考察学技术》等文章，以及有关阿坝铝厂的管理体制、生产经营、产品质量管理、物资财务管理、安全管理等方面的制度建设。

阿坝藏族羌族自治州文史资料选辑(第18辑) 政协四川省阿坝藏族羌族自治州委员会文史资料委员会编印。2003年内部印行，32开，344页。本书为综合类史料选辑。

阿坝藏族自治州文史资料选辑(第1辑) 政协四川省阿坝藏族自治州委员会文史资料委员会编印。1984年内部印行，32开，164页。本书收录《索克藏部落》、《阿坝县格底寺概况》、《小黑水刺巴土官制度概况》、《原理县五屯守备、屯兵制度的兴废》、《小黑水的历史简介及风俗习惯》、《绰斯甲土司与国民党地方政府》、《近百年来黑水头人内部械斗简述》、《理县来苏沟的械斗》、《松岗土司彭错被杀经过》、《松潘大寨藏民反对土官的前后》、《理县各族人民的抗捐斗争》、《帝国主义在大小金川等地进行各种侵略活动的片段》、《四土地区解放前各阶层的婚姻概况》、《原理县种植鸦片的情况》、《我所知道的马尔康烟毒情况》、《大金广法寺的点滴情况》、《近五十年来松潘币制使用情况》、《小金别思满沟屯守备的生活点滴》、《漳腊金矿》、《小金县别思满屯有关衣食住方面的情况》等文章。

阿坝藏族自治州文史资料选辑(第2辑) 政协四川省阿坝藏族自治州委员会文史资料委员会编印。藏文。1985年内部印行，32开，172页。本书收录《略谈嘉戎语》、《羌族简史》、《小金历史概况》、《绰斯甲土司制度概况(民国时期)》、《靖化“寅江事件”始末》、《国宝大熊猫》、《雪梨与金川》、《九寨沟简介》、《红原奶粉厂简史》、《叠溪地震前后见闻》、《壤塘县错尔基寺院概况》、《夺尔基洛尔威部落概况》、《登县城小考》、《柳州城点滴》、《南坪史料选》、《药材生产起源》、《游鱼思故渊、欢愉度晚年:访从加拿大回国定居的藏胞述尔基夫妇》、《壤塘县南木达地区解放前社会及寺院制度》、《黑水县建制沿革初探》等文章。

阿坝藏族自治州文史资料选辑(第4辑) 政协四川省阿坝藏族自治州委员会文史资料委员会编印。1986年内部印行，32开，172页。本书收录《松潘商业史料》、《原理县藏族地区婚礼情况》、《理县通化乡佳山寨羌民抗税杀团总事件》、《苹果发展简史》、《茂汶羌族自治县建制沿革》、《三次进攻黑水惨遭失败》、《“麦洼万象大慈法轮贡巴”

概况》、《阿坝州古代碑刻资料拾零》、《金川教育史话》、《嘉戎十八土》、《三脑九坪十八关，一锣一鼓上松潘》、《马尔康地区的由来》、《胡宗南三十八军覆灭记》、《江岗回忆理县和平解放》、《日本飞机轰炸松潘县实况》、《民国三十五年靖化事变》等文章。

阿坝藏族自治州文史资料选辑(第6辑) 政协四川省阿坝藏族自治州委员会文史资料委员会编印。1987年内部印行，32开，165页。本书收录《三进懋功》、《雪山草地笑颜开》、《阿坝土官麦桑世袭溉况》、《寺院和学校：若尔盖县悠久的佛学教育》、《南坪中药材史话》、《杂谷脑寺院和塔子的简介》、《理县薛城筹边楼记》、《阿坝州藏族民间服饰、头饰资料》、《靖化县长秦汉初之死》、《壤塘县解放前商品交换情况》、《马尔康电力发展概况》、《一把杀人不见血的钢刀：记懋功烟毒泛滥史实》、《五屯、四土与上孟屯守备》、《关于原靖化县河东屯守备制度的调查》、《江防军进驻松潘的前后》、《小金县宅垄屯历史概况》、《解放前的阿坝地方藏军情况概要》、《解放前松潘工商业概况》、《金川县医药卫生史略》等文章。

册府元龟吐蕃史料校证 苏晋仁、萧链子校证。四川民族出版社1981年12月出版，32开，394页。本书分总论和编年两部分，总论包括民族来源、社会概况、王朝世系和唐蕃关系等内容，但史料不多；编年包括隋代、唐代、后梁代、后唐代、后晋代、后周代，年限起于隋开皇六年(586)至后周显德二年(955)止，其中有关吐蕃史料摘录齐全，并有1700余条校证。本书对《册府元龟》中所摘吐蕃史料做了3项工作：一是校勘每条资料，纠正错别字；二是考证有争议的资料；三是利用他书的史料补遗。本书史料考证严密，校勘准确，编排科学，便于查阅和引用。附吐蕃王朝世系表、唐蕃使者交往表、大事年表和引用书目。

川藏游踪汇编 吴丰培编。四川民族出版社1985年11月出版，32开，599页。本书共收29篇有关入藏使臣、驻藏大臣等官员所撰诗文、日记、程站、西藏风俗、物产、藏区重镇、山川河流、庙宇等方面的文章，除《使吐蕃经见纪略》一文系唐朝作者的作品外，其余文章的作者均为清的。本书以入藏纪程之作为主，有10余篇。对每种入藏路线、程站及沿途见闻等都有详略不一的记述，是研究清代西藏的重要资料。书末有长达86页的川藏游踪汇编二十种地名综合索引，便于查阅。

丹巴文史资料选集(第3辑) 全名《伏藏四土之一——东方嘉摩绒之圣地墨尔多雍忠崩资等六十座神山志》。中国人民政治协商会议甘南藏族自治州委员会文史资料委员会编。汉藏文参照本。四川民族出版社1992年7月出版，32 开，藏文 42 页，汉译文 48 页。本书即《墨尔多神山志》，抄本中作者无考，仅有“铁猪年四月廿四日祥秋多吉活佛从嘉绒王札铺岩洞发掘并译为藏文”等题记。墨尔多山脉位于大小金河之间，南北走向，山脉在马尔康、丹巴、大金、小金境内伸展，连绵数百公里，为嘉绒地区的一座名山，那里流传着无数动人的传说。这座苯教神山现在已是佛苯信徒共同的神山。本书用七言或九言偈体写成，文语较古，还有一些象雄文字。书中详细描绘和赞美了丹巴县境内的墨尔多等 60 座神山，反映了一定历史时期苯教和佛教在嘉绒地区的状况，对研究该地区的历史文化、苯教的发展和佛教的兴盛都有一定参考价值。

东华录 （清）蒋良骐创修。荣锦书坊清乾隆三十年（1765）刻本，11 册。本书 30 卷，主要收入天命、天聪、崇德、顺治、康熙、雍正五世六朝有关各种奏折、谕旨、边疆防务、民族纠纷、征讨、安抚等记载，但较简略。后王先谦重加纂修，并加进乾隆、嘉庆、道光三朝，称《东华续录》。接着又有潘颐福纂辑咸丰朝《东华录》、朱寿朋纂光绪朝《东华录》。金静盒把以上 4 种《东华录》编入《宣统政记》，共 1000 卷，约 3000 万字。其中有关边疆少数民族的材料，有 200 万字。所有资料按年编排，也有一事散见于各处的现象，检索较困难。为中国近代史的重要资料，也是研究我国各少数民族的要籍之一。

东华录西南界务土司及少数民族编 丁实存纂编。民国时期国立编译馆藏，稿本。本书着重于四川土司与藏族、甘青土司与藏族、云南土司与夷罗、贵州土司与苗民、湖南土司与苗徭、湖北土司、广西土司与苗徭、广东徭黎等方面的记述，并按年月日编排。所收资料较全面，对“大小金川之战役”、清代各朝的“剿抚”等的记述尤为详尽。

东华录西藏编 丁实存纂编。民国时期国立编译馆藏，稿本。本书是从《东华录》中摘编出来的有关藏族史料，内容分为军事、军务、朝贡、封爵、宗教、职官、政教纠纷、刑案、界务、商务、财务、交通、优恤、清末筹办康藏事实、英藏交涉及与属地关系等 16 门，并按年月排列，便于检索。为研究清代西藏历史的重要资料。

敦煌本吐蕃历史文书 王尧、陈践译注。民族出版社 1992 年 2 月出版，16 开，212 页。本书是根据《敦煌发现的吐蕃历史文书》整理后进行的译注，于 1980 年出版初稿，此次出版根据新的研究成果进行了修订和增补。

敦煌发现的吐蕃历史文书 （法）巴考、（英）托玛斯、（比利时）图散合作编著。1940 年、1946 年在巴黎出版，16 开，散页。本书收录《吐蕃编年史》、《小邦邦伯与家臣名表》、《吐蕃大事记》和

《赞普世系表》等吐蕃敦煌文献，并且分别作了转写、翻译和注释。附录名词、词汇索引。

敦煌汉文吐蕃史料辑校 杨富学、李吉和辑校。甘肃人民出版社1999年出版，32开，285页。杨富学，河南省邓州市人，兰州大学博士。李吉和，河南省社旗县人，兰州大学博士。本书对敦煌《大乘二十二问》、《法成经论目录》等12卷佛教典籍和吐蕃统治敦煌时期的《释门杂文》(其中有愿文、斋文、天王文等)63卷，作了整理和校注。

敦煌吐蕃文献选 王尧、陈践译注。四川民族出版社1983年8月出版，32开，209页。本书共收22件敦煌古藏文手卷，其内容为：1.吐蕃律例文献，收狩猎伤人、纵犬伤人和盗窃追赔律。2.社会经济文书，其中有关于部落纠纷、比丘尼诉状、赋税、借据、购马契约等内容。3.汉文译书，有《尚书》、《战国策》和《罗摩衍那》的藏译文。4.吐蕃周边民族史，有于田教法史、北方若干国君之王统叙记文书。5.藏医书，有关于杂疗、灸法的记载。以上资料为吐蕃王朝时期的写卷，反映了当时的实际情况，为第一手宝贵史料，价值极高。其中《狩猎伤人赔偿律》近2万言，对大尚论、俞石告身、金字告身、银告身、铜告身等不同阶层、地位的赔偿规定较详；社会经济文书17篇，篇幅均在千字以内，但涉及面较广，有部族纠纷、僧尼、禁掠汉户女子、田赋、契约等，有一定参考价值。每篇译文均有题解和部分注释，书末附《敦煌古藏文文献》第1辑(法文版)前言及其译文，对了解敦煌古藏文等方面的概况有参考价值。

抚远大将军奏议 (清)允禵撰。稿本，20卷。作者为清圣祖第十四子，康熙四十八年(1709)封贝子，康熙五十年(1711)赴塞外守边，康熙五十七年(1718)被封为抚远大将军，征讨策妄阿喇布坦。允禵驻青海西宁，指挥各路大军，打败准噶尔策妄阿喇布坦。本书收入作者此次在青海的各类奏议，内容包括作战计划、战况、《以夷攻夷》、分兵助战等。这类奏议《清实录》未载，较为珍贵。原奏议为满文，前喀喇沁亲王贡桑诺尔所藏，当他为蒙藏院官员时，命该院将其译为汉文，厘定了20卷。

甘南文史资料(第3辑) 中国人民政治协商会议甘南藏族自治州委员会文史资料研究委员会编印。1983年内部印行，32开，150页。本书收录《拉卜楞寺院与马麒斗争的经过》、《碌曲十二部落藏族同胞反抗国民党军阀鲁大昌的斗争》、《有关拉卜楞案件及藏民文化促进会的资料》、《插岗四旗藏族人民反抗国民党编制保甲》、《解放前甘南教育事业的发展概况》、《解放前舟曲教育概况回忆》、《夏河和平解放》、《回忆夏河解放》、《关于肋巴佛的副司令宋海林和宋堪布支持农民起义的有关史料》、

《卓尼起义前后》、《临潭县解放及建政支前情况》、《西固县解放后的接管建政》、《裴卷举甘南藏族自治州的成立》、《甘南州发现的红军布告》、《中国工农红军长征在甘南大事记》、《对十世班禅坐床时间的订正》等文章。

甘南文史资料(第4辑) 中国人民政治协商会议甘南藏族自治州委员会文史资料研究委员会编印。1985年8月内部印行,32开,187页。本书收录《追怀我的良师益友——宣侠父同志》、《俄拉草地的蹄迹》、《回忆亲人肋巴佛》、《解放初期碌曲发生的两起惨杀案》、《拉卜楞寺活佛》、《解放前甘南教育行政沿革和社会教育概况》、《解放前甘南卫生事业发展概况》、《甘南藏族自治州麻风病流行的历史概况》、《回忆我支援红军的一件往事》、《难忘的石门事件》、《临潭藏民学校和女子小学简况》、《甘南公路交通之今昔》、《解放前后甘南藏区家畜疫病概况》、《拉卜楞寺禅林》、《甘南卓尼卡车一带藏族的婚礼》等文章。

甘南文史资料(第5辑) 李振翼编,中国人民政治协商会议甘南藏族自治州委员会文史资料研究委员会编印。1986年内部印行,32开,207页。本辑为《甘南州简史》。

甘南文史资料(第6辑) 中国人民政治协商会议甘南藏族自治州委员会文史资料委员会编印。1989年内部印行,32开,170页,铅印本。本书共收文章20篇,其中《追忆卓尼设治局的十二年》、《临潭县土司》、《五世嘉木样大师与安多"南木特儿"戏的形成》、《安多藏戏的创始人之一——琅仓活佛》、《甘南森林植物考察》、《留居夏河的尼泊尔人》等有一定参考价值,《红军主力长征后中央苏区的斗争》、《郭如岳自述》为革命回忆录,《五世嘉木样生平简述》、《王佐卿调查札记》等为人物介绍。州县一级的地方史料中,有许多各类著作中不载的内容,故历来受学者青睐。但这类史料多数是非公开铅印本,很难买到,在此则注重于这类史料的搜集和介绍。

甘南文史资料(第7辑) 中国人民政治协商会议甘南藏族自治州委员会文史资料委员会编印。1990年内部印行,32开,136页。另有中国人民政治协商会议甘南藏族自治州委员会文史资料委员会编印藏文译本《甘南文史资料》第7辑,1990年内部印行,32开,139页。本辑为《喇嘛噶绕活佛传略》,共分6章,叙述了喇嘛噶绕活佛出家、学法、前往西藏弘扬佛法、在汉区和家乡弘法建寺、莅临蒙区弘法、重返伊犁地区、棍噶札拉参史料、喇嘛噶绕活佛年谱等内容。

甘南文史资料(第8辑) 中国人民政治协商会议甘南藏族自治州委员会文史资料委员会编印。1991年1月内部印行，32 开，197 页。本书收录《一世策满林阿旺楚臣》、《二世策满林阿旺姜贝慈臣嘉措》、《三世策满林阿旺罗桑丹白坚赞》、《四世策满林阿旺土登凯珠格勒嘉措》、《马奴寺述略》、《甘南藏族教育史略》、《清代以来甘南各县县志探微》、《也谈国民党保甲制度在插岗的破产经过》、《解放前夏河县地方教育发展简介》、《有关策满林史料摘录》、《甘南文物一瞥》等文章。

甘南文史资料(第 9 辑)　中国人民政治协商会议甘南藏族自治州委员会文史资料研究委员会编。1991 年内部印行，32 开，140 页。另有中国人民政治协商会议甘南藏族自治州委员会文史资料委员会编印藏文译本《甘南文史资料》第 9 辑，1991 年内部印行，32 开 181 页。本书为《甘南藏传佛教寺院概况》上集，主要介绍了《拉卜楞寺》、《合作寺》、《德尔隆寺》、《拉恰噶尔寺》、《岗察寺》、《科才寺》、《霍尔藏格底寺》、《曼隆寺》、《吉仓寺》、《乔典夏尔寺》、《卓尼禅定寺》、《录琼达合仓寺》、《沙冒寺》、《完科尔白石崖寺》、《马奴寺》、《郎木寺》、《拉仁关寺》、《阿万仓宁玛寺》、《赛塘寺》、《雅皇寺》、《除瓦寺》的历史和现况。

甘南文史资料(第 10 辑)　中国人民政治协商会议甘南藏族自治州委员会文史资料研究委员会编。1993 年内部印行，32 开，213 页。另有中国人民政治协商会议甘南藏族自治州委员会文史资料委员会编印藏文译本《甘南文史资料》第 10 辑，1993 年内部印行，32 开，247 页。本书为《甘南藏传佛教寺院概况》中集，主要介绍了《加茂贡寺》、《甘加白石崖寺》、《勒秀寺》、《甘加作海苯教寺》、《唐尕昂扎西寺》、《傲布唐寺》、《上塔哇尼姑寺》、《佐盖新寺》、《佐盖日多玛寺》、《麦秀塘赛尔寺》、《宏仓俄尼姑寺》、《德唐寺珍展寺》、《恰盖寺七步寺》、《齐哇贡吾昂寺》、《康多寺》、《康多多玛寺》、《勺哇寺》、《康木车桑俄敦督林寺》等 30 多座寺院的离婚现况。

甘南文史资料(第 11 辑)　中国人民政治协商会议甘南藏族自治州委员会文史资料委员会编印。1994 年内部印行，32 开，314 页。本书为《甘南藏族部落概述》专辑，主要介绍了舟曲县藏族部落、宕冒马土司统辖的“唐哇尔”部落、卓尼杨土司管辖的舟曲四旗迭部县藏族部落、卓尼杨土司统辖的迭部十四旗、岷县赵土司管辖的“多讷”部落、玛曲县藏族部落、黑峪僧纲司管辖的“赛卜”部落、乔科曼玛部落、齐卡玛部落、尼玛部落碌曲县藏族部落、垂巴寺僧纲及所辖部落夏河县藏族部落等 80 多个部落的历史沿革和分布情况。

甘南文史资料(第 12 辑)　中国人民政治协商会议甘南藏族自治州委员会文史资料委员会编印。1994 年内部印行，32 开，214 页。本书为《甘南藏传佛教寺院概况》下册。

甘南文史资料（第 13 辑） 甘南州政协文史资料和学习宣传委员会编印。藏文。32 开，249 页。本书为《甘南州政协历届代表大会简史》。

甘南文史资料（第 14 辑） 甘南州政协文史资料和学习宣传委员会编印。32 开，188 页。本书为《热旦加措活佛传略》。

甘南文史资料（第 17 辑） 甘南州政协文史资料和学习宣传委员会编印。2004 年内部印行，32 开，325 页。本书为《十世班禅》专辑，记录了十世班禅在甘南州视察的情况和活动照片。

甘南文史资料选辑（第 1 辑） 副标题为《拉卜楞寺概况》。罗发西著，中国人民政治协商会议甘南藏族自治州委员会文史资料研究委员会编印。1982 年内部印行，32 开，186 页。本书全面介绍了拉卜楞寺的建寺历史、寺院组织等内容。这套书的第 1、2 辑书名为《甘南文史资料选辑》，从第 3 辑书名改为《甘南文史资料》。

甘南文史资料选辑（第 2 辑） 中国人民政治协商会议甘南藏族自治州委员会文史资料委员会编印。1983 年 9 月内部印行，32 开，190 页，铅印本。本书共收录 19 篇文章，内容分 4 部分：1. 关于红军长征过甘南的调查、腊子口战役回忆等。2. 甘南地区农民起义调查、肋巴佛生平、卓尼北山事件等。3. 卓尼土司制度概况、解放前舟曲县简况。4. 甘南地区百年大事记（1840—1949）。本书中部分有关红军在腊子口战役的细节、甘南 1943 年起义、西固起义等均属首载，大事记则为了解甘南的历史、文化、宗教、经济提供了方便。

甘孜州文史资料（第 1 辑） 中国人民政治协商会议四川省甘孜藏族自治州委员会编印。1982 年印行，32 开，143 页。另有中国人民政治协商会议四川省甘孜藏族自治州委员会编印藏文版《甘孜州文史资料》第 2 辑，1987 年印行，32 开，188 页。本书收录《解放三十年来的原德格封建土司》、《德格土司家的由来发展及其社会制度》、《解放前巴塘县文化教育事业概述》、《解放前巴塘东南区冤家械斗概述》、《1932 年的“巴塘事变”概述》等 10 篇文章。

甘孜州文史资料（第 2 辑） 中国人民政治协商会议四川省甘孜藏族自治州委员会编印。1980 年印行，32 开。本书收录《诺那事件概述》、《诺那呼图克呼在西康》、《德格土司内部及其与下属头人之间的纷争械斗》等文章。

甘孜州文史资料（第 3 辑） 政协四川省甘孜藏族自治州委员会编。甘孜州报社印刷，1985 年 3 月内部发行，32 开，159 页。本书共收 9 篇文章，其中《新龙贡布郎结兴亡史》以 3 万余言较详细记述了贡布郎结（1799—1865）

这个康巴地区传奇人物的成长过程、势力扩张、抗击清军、统一新龙全境、宗教政策、差徭、兵制、法律,以及衰亡等方面的情况。贡布郎结本人立志"要当印度的王子、汉族的皇帝,要坐在汉、藏、蒙族的头上",野心勃勃,为实现愿望他四处征战、横征暴敛,成为康区不可一世的人物,但其历史未见于文字,多系口传,本文当属首篇。此外,其中的《边茶史话》、《四川藏洋始末》、《康定锅庄传闻录》等均为有参考价值的资料。

甘孜州文史资料(第4辑) 政协四川省甘孜藏族自治州委员会编。康定县印刷厂印,1985年3月内部发行,32开,111页。本书为《泸定县专辑》,由泸定县政协供稿。共收18篇回忆录、考证、资料等,其中有关泸定县历史的有《泸定建置沿革》、《任乃强教授对泸定古建置的考证》、《泸定土司历史》等,关于红军在泸定的有《回忆红军在石门坎的战斗》、《红军在化林坪的战斗》等,有关解放初期的《岗安事件回忆》等,此外还有《袁品文事略及其泸州起义回忆》、《清初化林、泰宁、阜和三协兵制演变考略》等均有较高参考价值。

甘孜州文史资料(第5辑) 政协四川省甘孜藏族自治州委员会编。甘孜州报社1986年9月内部印行,32开,146页。本书共收文15篇,附录1篇。其中《贡噶岭事件概述》、《康定居里事件始末》、《炉霍觉日、木娘两寺九十年械斗始末》、《忆创办〈西康日报〉副刊〈牦牛〉的经过》等文,均为首次刊载,部分为当事人口述的汉译文,资料价值较高。书后为《甘孜州文史资料征集参考题目》,共143个题目,基本包括了甘孜州各方面的内容。

甘孜州文史资料(第6辑) 中国人民政治协商会议四川省甘孜藏族自治州委员会编印。1987年11月印行,32开,150页。另有中国人民政治协商会议四川省甘孜藏族自治州委员会编印的藏文版《甘孜州文史资料》第3辑,1988年12月印行,32开,320页。本书为《阿旺嘉措专辑》,收录《我所认识的阿旺嘉措(1894—1968)》、《忆阿旺嘉措》、《对阿旺嘉措的点滴回忆》、《反帝爱国的阿旺嘉措》、《怀念阿旺嘉措堪布》、《〈从爱国喇嘛到革命同志〉——我所了解的阿旺嘉措》、《怀念爱国大师阿旺嘉措》、《回忆我的帅傅阿旺嘉措》和《我所知道阿旺嘉措堪布在重庆的情况》等回忆文章,以及《对〈西康省参议会始末记〉一文的校补》、《对〈西康省参议会始末记〉一文的订正》和《对〈雅江平西桥〉一文的校补》等文章。

甘孜州文史资料(第7辑) 中国人民政治协商会议四川省甘孜藏族自治州委员会编印。1988年印行,32开,263页。本书收录《西康的议会、议员》、《甘孜州高等教育概述》、《回忆开办初期的国民党中央政治学校康定分校》、《解放前的西康省立第一边疆师范学校》、《民国时期康区师范教育史略》、《霍尔章谷土司历史概况》、《泸定沈边土司兴衰史》、《康区花教寺庙：高日寺》、《前进与后退的较量：记巴塘县平息武装叛乱经过》、《西康风云片断实录：记张练庵与刘文辉交往的若干往事》、《解放前康区商业简述》、《康定锅庄与民族商业》、《回忆新龙县的民主改革》、《对第五辑文史资料〈贡噶岭事件概述〉一文的校正与补充》等文章。

甘孜州文史资料(第8辑) 中国人民政治协商会议四川省甘孜藏族自治州委员会编印。1989年印行，32开，196页。本书收录《康定军管制度的建立及作用》、《略谈民国时期康定地区医药概况》、《忆解放前西康财经工作二三事》、《解放前康定商业简述》、《解放前康区的邮路和“邮差”》、《一份维护祖国统一史料的由来》、《记著名藏画家通拉泽翁自述》、《朱倭土司与炉霍地方势力的械斗》、《鱼通“公嘛”经文目录调查记实》、《康定起义与解放纪实》、《对〈西康风云片断实录〉一文的校补》、《对〈西康风云片断实录〉和〈西康的议会、议员〉》二文的补充订正》、《对〈西康的议会、议员〉一文的补充订正》、《对〈解放前康区商业简述〉一文中关于“克昌”茶店的补正》、《对〈泸定县专辑〉资料的补充、订正、勘误》、《回忆刘文辉治康片断》、《解放前康区的民族教育》等文章。

甘孜州文史资料(第9辑) 中国人民政治协商会议四川省甘孜藏族自治州委员会编印。1990年印行，32开，343页。本书为《纪念甘孜藏族自治州建州四十周年专辑》上册，收录刘子寿、安珠多杰、邓珠拉姆等关于甘孜州政治、经济、文化、教育等方面的文章32篇。

甘孜州文史资料(第10辑) 中国人民政治协商会议四川省甘孜藏族自治州委员会编印。1990年印行，32开，263页。本书为《纪念甘孜藏族自治州建州四十周年专辑》之下册，收录《蓬勃发展的甘孜州气象事业》、《甘孜州四十年农业生产发展成就》、《甘孜州人民邮政四十年》、《四十个春秋：人民生活面貌焕然一新》、《甘孜州农科所四十年来的科研成就》、《四十年来泸定县经济文化建设成就》、《甘孜州金融事业的回顾与展望》、《甘孜州产业结构四十年来的变化》、《甘孜州四十年(1950—1990)科技纪事(理工农医类)》、《畜牧业科研工作四十年》、《白手起家的甘孜州民族工业》、《明珠撒高原，光热福万家：记甘孜州水电工业的发展》、《甘孜州矿产业的回顾》、《发展中的甘孜州商业》、《甘孜州四十年来林业建设的成就》、《甘孜州民族贸易四十载》等30多篇文章。

甘孜州文史资料(第11辑) 中国人民政治协商会议四川省甘孜藏族

自治州委员会编印。1990 年印行，32 开，233 页。本书收录《在川藏运输线上的甘孜军分区》、《甘孜州社会的伟大变革：记保卫康区民主改革、平息武装叛乱的经过》、《清末改土归流前后的雅江绒批土百户》、《三、四十年代康定城区“金融货币”“商品价格”的简述》、《解放前乡城县教育事业概述》、《康区邮戳演变简述》、《解放前西康省建设厅概况》、《甘孜州四十年科技纪事（1990 年续篇）》、《记四川省藏文学校建校十周年》、《康定毛纺织厂建厂三十七年来的回顾》、《巴塘农业技术发展的回顾》、《解放前后的雅江卫生状况》、《康定地区森林的历史变迁》、《鸦片烟毒的泛滥与根绝：记丹巴县解放前鸦片泛滥及解放后烟毒禁绝的概况》、《党的民族政策是促进民族团结进步的根本保证：记甘孜州彝族上层爱国人士罗洪则拉》、《清王朝在川边藏区的土司设置》等文章。

甘孜州文史资料（第 12 辑） 中国人民政治协商会议四川省甘孜藏族自治州委员会编印。1993 年印行，32 开，127 页。本书收录《近代帝国主义侵略川边的历史》、《“德格二土司”多吉僧格和昂翁降白仁青》、《丹巴“两雍”的由来及其他》、《整理贡嘎册的历史称谓及清代、民国时期的探险考察史》、《乡城桑披寺历史片断纪实》、《甘孜藏族自治州工会组织机构的建立和发展》、《康藏邮史二三事》、《回忆巴塘“东藏民主青年同盟”》、《康南理塘平息叛乱和民主改革情况概述》、《“西康人民革命干部学校”简介》《发展中的甘孜州农业中等教育：建校十七年来的甘孜州农牧学校》、《坚定不移的跟着共产党走社会主义道路：记丹巴藏族上层爱国人士王寿昌》、《留在雪山草地的足迹：忆康定解放后解子安同志二三事》、《忆“海子山兵站”》等文章。

甘孜州文史资料（第 13 辑） 中国人民政治协商会议四川省甘孜藏族自治州委员会编印。1993 年印行，32 开，215 页。本书收录《清末和民国时期康区九县黄金开采概况》、《藏洋（四川卢比）与清代银元的铸造》、《康区封建农奴制社会政治》、《清、民（国）时期西康东部林果栽培史考》、《解放前康区的商品交换》、《丹巴羌族的来历与演变》、《明正土司蛇蜡喳吧被戕年代小考》、《解放后甘孜藏区的商业》、《甘孜州解放初期支援解放军进军西藏简介》、《理塘县支援十八军进军西藏和开展抗美援朝运动的概况》、《军旅杂忆》等文章。附录公元、藏历、农历、历代纪年对照表。

甘孜州文史资料（第 14 辑） 李昆璧编辑，中国人民政治协商会议甘孜藏族自治州委员会编印。1996 年印行，32 开，211 页。本书收录《建州 45 年林业科研工作的发展与成就》、《独具特色的德格文化》、《忆康巴地区藏族人民支援抗战的几则片断》、《民族团结奏凯歌》、《长征时期格达活佛的部分诗歌》、《民国时期的藏洋铸造》、《清末民(国)初西康东部各县垦务概况》、《解放前甘孜藏区的黄金生产》、《甘孜县地震灾害概略》、《一所在党的关怀下发展起来的民族学校》、《抗洪抢险大事记》、《甘孜州40年(1950—1990)科技纪事(补编)》等文章。

甘孜州文史资料(第15辑) 李昆璧编辑,中国人民政治协商会议甘孜藏族自治州委员会编印。1997年印行,32开,196页。本书收录《吴忠将军在甘孜》、《甘孜州高原丘原云、冷杉更新技术研究推广情况记实》、《忆炉霍大地震》、《甘孜地区森林工业发展的艰辛历程》、《旧西康国民党青年党民社党及三青团》、《回忆叔父罗洪则拉二三事》、《格桑泽仁传略》、《甘孜县粮食生产概况》、《人物春秋:降央伯姆、夏克刀登》等文章。

甘孜州文史资料(第16辑) 李昆璧编辑,中国人民政治协商会议甘孜藏族自治州委员会编印。1998年印行,32开,244页。本书收录《巴塘支援十八军进藏工作回顾:正师级离休干部曾却扎谈当年支前工作》、《理塘县支援十八军进军西藏的概况》、《州属林业企业全面整顿记实》、《回顾我的成长历程》、《党麦秋吉俄日生平事迹片断》、《甘孜林区森林火灾》、《解放前夕甘孜县社会状况拾遗》、《清末以来康区行政区划的演变》、《藏传佛教在康区的传播》、《康市锅市调查报告书》等文章。

甘孜州文史资料(第17辑) 李昆璧、龙野编编辑,中国人民政治协商会议甘孜藏族自治州委员会编印。1999年印行,32开,631页。本书收录《难忘的岁月,永远的记忆:记甘孜藏区实现民族区域自治及培养民族干部的情况》、《从"谨慎稳进"到"保驾护航":回顾甘孜州人民公安工作发展历程》、《甘孜州经济建设中的工人阶级和工会:开展社会主义劳动竞赛活动的历史回顾》、《英雄多女性,巾帼何须让须眉:建国以来的甘孜州少数民族妇女》、《屹立在"世界屋脊"的丰碑:为纪念川藏公路通车四十周年而作》、《一步艰难而伟大的历史性跨越:四川甘孜藏区公路交通五十年巨变回眸》、《天堑变通途:二郎山隧道建设实录》、《筑路劲旅:记高原公路交通先行官》、《甘孜州公路管理局越走越宽的路:得荣县通车前后》等16篇文章。

甘孜州文史资料(第18辑) 李昆璧等编辑,中国人民政治协商会议甘孜藏族自治州委员会编印。2000年印行,32开,300页。本书收录《平叛突围斗争记事》、《军民联手平息普沙绒乡的武装叛乱》、《忆高原武工队美好的明天一定会到来》、《平息康巴叛乱》、《甘孜藏族自治州诞生记》、《7000人参加的斗争大会》、《团结治安、团结生产、团结建政:理塘县解放初期开展工作记略》、《关于甘孜飞机场的修建和通航典礼的回忆》、《动真情办实事,扶贫帮困谱新曲》、《舍己救人的光荣警士——周西平》、《甘孜州森林病虫害防治工作的发展与成就》、《"科学的春天"到来之后的甘孜州林科所昌台种畜场的筹建及生产建设之回顾》、《甘孜孔萨土司家族史略》、《川康公路雅康段修筑史话》、《明季丽江木氏土司统治势力向藏区扩张始末及其纳西族遗民踪迹概溯》、《白松乡纳西族社会历史调查报告》、《民国初年英国驻打箭炉领事馆分馆始末及近现代英国驻渝蓉滇领事官入康区考》等文章。

甘孜州文史资料(第19辑) 李昆璧等编辑,中国人民政治协商会议甘孜藏族自治州委员会编印。2002年印行,32开,419页。

甘孜州文史资料(第20辑) 李昆璧主编,桑吉巴姆翻译,中国人民政治协商会议甘孜藏族自治州委员会编印。藏汉文对照本。2003年印行,32开,373页。本书为《甘孜州藏族谚语》。

甘孜州文史资料(第21辑) 李昆璧主编,中国人民政治协商会议甘孜藏族自治州委员会编印。2004年印行,32开,344页。

甘孜州文史资料(第22辑) 李昆璧主编,中国人民政治协商会议甘孜藏族自治州委员会编印。2005年印行,32开,388页。本书为《纪念红军长征70周年专辑》。

贵德县文史资料(第一辑) 轩西明主编,贵德县政协文史资料编辑委员会编印。32开,280页。本书收录《四九年九月贵德民众喜迎解放》、《解放前夕贵德"平民社"的诞生及其活动》、《陆二师在贵德剿匪》、《解放前的贵德工商业》、《民国时期贵德的靴匠业》、《贵德县回族的变迁与"河阴清真大寺"兴建》、《铁瓦寺概况和各世活佛活动记事》、《青海省蒙藏文化促进会在贵德设立的蒙藏学校》、《贵德解放初期的中共建党概况》、《红军战士在贵德的悲惨遭遇》、《马步芳官僚资本的分支机构——贵德"生成商栈"与"德兴海"分号》《贵德县贡巴寺简介》、《马家军屠杀被俘红军目睹记》等新中国成立以前的政治、军事、经济、宗教、文化等方面的文章36篇。

贵德县文史资料(第二辑) 轩西明主编,贵德县政协文史资料编辑委员会编印。32开,303页。本书收录《贵德县治黄造田工程建设碑记》、《贵德县治黄造田工程大事记》、《贵德古城及旧街市钩沉》、《亦扎石历史探渊》、《回顾在贵德新华书店工作的岁月》、《贵德文工队历程》、《我们这家"哇塔啦"》、《有十一省二十八县移民的加莫台村》、《舍己救人的好民兵冶元仓》、《诗心墨情慰平生》、《北京比丘尼在贵德》、《父亲朱文辉旧时代教师生涯》、《张生寿小传》、《首张贵德县地图之诞生》、《四十三年土地情》等 36 篇文章。

黄慕松、吴忠信、赵守钰、戴传贤奉使办理藏事报告书 中国第二历史档案馆、中国藏学研究中心合编。中国藏学出版社 1993 年 4 月出版，32 开，561 页。为民国时期（1933—1942）西藏政治的重要史料。本书共辑录 7 种：《黄慕松奉使入藏册封并致祭达赖大师报告书》、《吴忠信奉使入藏主持第十四世达赖坐床典礼报告》、《吴忠信入藏日记》、《吴忠信奉使入藏主持十四世达赖喇嘛坐床大典出差工作日记》、《赵守钰护送班禅回藏工作报告书》、《戴传贤奉命前往甘孜致祭班禅经过报告及康行日记》和《赵守钰护送班禅灵榇回藏经过简要报告书》。前 4 种是关于十三世达赖圆寂致祭和十四世达赖转世坐床的史料，后 3 种为九世班禅在内地的活动及返藏受阻、圆寂、册封致祭和护送班禅灵榇回藏的资料。民国二十（1931）至三十年（1941）前后，是西藏社会、政治最复杂的年代，本书记载的就是关于这一段时期最敏感、最中心的政治问题的资料，为研究西藏近代史不可缺少的重要参考著作。

景纹驻藏奏稿 吴丰培编。四川民族出版社 1986 年 2 月出版，32 开，131 页。清代有关西藏的奏稿。景纹于咸丰十一年（1861）奉命任驻藏大臣，但他以“瞻对不靖”为由，留居四川 4 年之久，于同治四年（1865）七月才至西藏就职，在拉萨 4 年，于同治八年（1869）三月卸任。本书即为其在任时处理藏务的奏稿，共 67 项，其中重大事件有平定瞻对之案、布鲁克巴与披楞英印战争、吐多卜降巴之案、噶布伦之更替等 4 件。关于这些事件的记述较详，也是本书重要之处，史料价值不言而喻。原书为稿本，未曾发表，其中部分史料为他书不载。是藏族近代史、外交史研究的要籍之一。书首有编者序及作者小传，另附人名、地名索引，便于检索和了解全书内容。

九世班禅内地活动及返藏受阻档案选编 中国藏学研究中心、中国第二历史档案馆编。中国藏学出版社 1992 年 8 月出版，32 开，484 页。本书所辑史料从九世班禅离开西藏出走内地开始到返藏受阻，于玉树圆寂为止，即从 1924 年 5 月到 1937 年 12 月为止，包括中国第二历史档案馆馆藏民国中央政府官方档案中有关档案文件 434 件。其内容包括：九世班禅派代表出席北京民国政府召开的善后会议，向大会致送“消弭战祸实行五族共和”意见书；受段祺瑞之一“宣诚济世”封号；参加国民会议；受封“护国宣化广慧大师”名号；被派任西陲宣化使；参加追荐十三世达赖活动；选任国民政府委员；在各地进行讲经、说法、启建时轮金刚法会活动，以及准备、办理返藏事宜等。有关班禅圆寂于玉树、善后处理、寻访灵童等问题的资料，均已入《九世班禅圆寂致祭和十世班禅转世坐床档案选编》。以上两书和《班禅大师东来十五年大事记》、《班禅大师全集》、《班禅东来记》等书，可构成班禅大师资料大全。

九世班禅圆寂致祭和十世班禅转世坐床档案选编 中国藏学研究中心、中国第二历史档案馆合编。中国藏学出版社 1991 年出版，32 开，393 页。本书分两编，上编收入 167 篇有关九世班禅确吉尼玛的档案文件，其内容从九世班禅圆寂开始至十世班禅坐床为止，包括国民政府派专使致祭活动、班禅行辕、西陲宣化使公署、班禅驻京办事处、班禅灵柩回藏善后处理事宜等。下编共 208 篇有关十世班禅的档案文件，包括寻访九世班禅灵童、认定十世班禅及坐床典礼等内容。本书资料均系中国第二历史档案馆收藏的国民政府官方档案，即蒙藏委员会档案，仅限于汉文。本书不仅是研究九世班禅、十世班禅的要籍，对西藏现代史及民国时期“噶厦政府”的研究也有重要参考价值。

康藏纠纷档案选编 中国藏学研究中心、中国第二历史档案馆合编。中国藏学出版社 2000 年 7 月出版，32 开，498 页。本书收录了关于康藏纠纷的文电 535 件，主要内容有：报告大金、白利发生纠纷经过情形文件；有关藏军与川康边防军、青海军队交战情形文件；有关中央特派专员唐柯三等赴康调解经过情形文电；川康边防总指挥部、青海省军政当局代表分别与藏方进行谈判、交涉及签订有关条约、办法方面的文件等。这些档案属于民国中央政府、行政院、蒙藏委员会、达赖喇嘛、西藏驻京办事处、川康边防总指挥刘文辉、青海省西康政务委员会、西康民众团体、中央特派专员等在处理和交涉康藏纠纷事件中的来往文电。时间上为民国十九年（1930）六月，下至民国二十九年（1940）。“康藏纠纷”指西藏地方与西康地区之间在民国初年至 20 世纪 30 年代发生的 3 次纠纷。本书材料反映的是第 3 次康藏纠纷的情况。是研究康藏纠纷历史的第一手资料。

联豫驻藏文稿 （清）联豫撰。稿本，5 卷。作者于光绪三十二年（1906）至民国元年（1912）四月在西藏任帮办、驻藏大臣，是最后一任清代驻藏大臣，在藏时间最长。本书中涉及十三世达赖两次出逃和进京、九世班禅赴印、川军入藏、波密之战、张荫棠进藏等重大事件，对兴办教育、通商、电讯等亦有记述。吴丰培将该书中与藏事无关的例行公文等删除，并加以考订，编为《联豫驻藏奏稿》。

联豫驻藏奏稿 又名《乐真斋奏

稿》。联豫撰，吴丰培编。西藏人民出版社1979年12月出版，32开，203页。原稿名《驻藏文稿》，共5卷，为驻藏大臣联豫稿本。本书记述十三世达赖两次出逃、九世班禅赴印、川军入藏、波密之战等内容。

民国藏事史料汇编 张羽新、张双志编。学苑出版社2005年出版，16开，229页，繁体字竖排本。本书收录了民国期间有关藏事汉文文献120余种，文献类型有政府公文档案、专家论著、社会调查、报刊资料等，内容包括政治、经济、机构、职官、民族宗教、文化教育、涉外事宜、风土人情等各方面，是一部民国期间藏事问题研究的小型资料库。

民元藏事电稿、藏乱始末见闻记四种 《西藏研究》编辑部编，吴丰培辑。西藏人民出版社1983年2月出版，32开，164页。本书系编者据《西藏事件电稿》(4册，旧抄本，不著撰人)整理而成。本书为民国元年(1912)国务院所存的有关西藏、西康的来往电稿，记一年之事。其内容涉及：1.辛亥革命后，西藏混乱；联豫、钟颖士兵互相仇杀；袁世凯政府恢复达赖喇嘛封号的文件等。2.川军尹昌衡西征来往电稿。此稿为未加工之史料，较之尹昌衡自撰的《西征纪略》更为真实可信。滇川抢夺地盘等。3.川军打进巴塘一带，袁世凯政府惧怕英人干涉而命停止进军等。4.关心藏务人士的建议等。《藏乱始末见闻记四种》分别为：1.《藏乱始末见闻记》，忧患余生撰。作者在藏4年，目睹民国初年及清末之"藏乱始末"。该书系作者对民国二年(1912)四月离藏赴印时的追记，对宣统二年(1910)的波密事件、江孜藏兵围攻及驻拉萨清军救援、藏兵两次围攻拉萨及联豫和钟颖对战事的处理、民国初汉军离开拉萨赴印度的情况等均有详略不一的记述。2.《西藏篇》，尚秉和纂，是一篇简述钟颖入藏、尹昌衡进兵康区各县的资料。3.《藏事陈略》，是一篇由前驻防西藏陆军军官袁炼、何化南等20人所写的报告，概述钟颖、联豫等人的矛盾、用兵情况，达赖逃离拉萨等事。4.《藏乱纪略》，为驻防西藏陆军军官周恒昌、祥麟等46人的报告，简述了色拉寺之役、陈渠珍逃亡、拉萨街市之战等，对波密等事着墨较多。这4篇文章，均为当事人亲身经历的回忆，对研究清末民初西藏所发生的变化有一定参考价值。

明实录青海民族史料摘抄 青海民族学院民研所编印。1981年12月内部印行，32开，158页。本书收集15篇从洪武至崇祯年间有关明朝政府对青海地区的各项措施，内容涉及政治、经济、军事、宗教、民族、边关等。附明嘉靖二十六年(1547)张雨编著《边政考》中的有关资料和《明代青海民族概况简介》。书中有关藏族的史料极为丰富，不仅包括了青海藏区，还涉及甘肃、西藏等地的藏族。为研究明代藏族、藏族与蒙族关系的重要资料。

明实录藏族史料 《西藏研究》编辑部、顾祖成、季垣垣等编。西藏人民出版社1982年12月出版，32开，1324页，3册，竖排本。为“西藏研究丛刊”之八。本书据江苏国学图书馆和北平图书馆抄本辑录、汇编而成，计有3500多条，约40万字。第1集，记事起自洪武二年(1369)四月至天顺八年(1464)正月止。第2集，起自天顺八年(1464)正月至于崇祯十六年(1643)十二月止。第3集，主要为分类索引、人名族名地名索引和公元干支藏历对照纪年表。是研究明中央政权同朵甘、乌斯藏地方的历史关系，藏汉民族间的友好关系和明代西藏宗教、政治、经济史不可缺少的资料。以纪年、公元、内容、卷页为序排列。

清初五世达赖喇嘛档案史料选编 中国第一历史档案馆、中国藏学研究中心编。中国藏学出版社2000年4月出版，32开，208页。本书史料主要选自中国第一历史档案馆馆藏清内阁档案文件，其中包括满文、蒙文、汉文档案，起自崇德二年(1637)，下至康熙三十八年(1699)，共269件，其中满文档案史料155件，蒙文55件，汉文57件，藏文2件。同时还辑录了《清实录》、《亲征平定朔漠方略》、《三藩史料》、《亲征平定准噶尔方略》等官修史籍中的少量相关史料，以补档案之阙。本书主要内容包括：清朝初期(入关前后)与西藏上层频繁交往、贡赐档案；五世达赖喇嘛进京朝觐，顺治皇帝册封达赖喇嘛、固始汗等档案史料；康熙皇帝与达赖喇嘛及蒙古、青海各部来往的有关档案；以期平定吴三桂之乱，及确保青海等地的安宁的有关档案；五世达赖喇嘛圆寂后第巴桑结嘉措秘不发丧时期的档案。

清代西藏史料丛刊第一集 吴丰培辑。商务印书馆民国二十六年(1937)铅印本。本集收有两书：1.《藏印往来照会》。清代江潮奉有泰之命编撰而成，成书于光绪三十年(1904)四月。江潮曾随驻藏大臣赴藏，充任粮务委员。本书抄录光绪二十年(1894)九月至三十年(1904)十月前后10年间清朝与印度来往照会文件和有关信函。2.《班禅赴印纪略》。原名《西藏残牍》，为吴丰培家藏传抄本。内收47篇函件，主要涉及光绪三十一年(1905)英兵入藏、达赖喇嘛出逃、驻藏大臣请班禅留摄后藏兼管全藏、英军卧克纳入藏强迫九世班禅赴印会晤英太子、驻藏大臣有泰极力阻止、班禅赴印会晤英太子及返回西藏等内容。是研究清末西藏历史的重要参考资料。

清代藏事辑要 张其勤原稿，吴丰培增辑。西藏人民出版社1983年10月出版，32开，618页。张其勤，字慎庵，河南祥符县人，光绪年间以直隶知州分发四川候补，并加知府衔。1906年4月随联豫入藏，担任文案工作，曾编写《炉藏道里最新考》、《西藏宗教源流考》。本书大部分资料由《东华录》中辑出，小部分来自档案。全书共分8卷：卷一，记事，自崇德七年（1642）至雍正十三年（1735）；卷二至卷四，自乾隆元年（1736）至六十年（1795）；卷五，自嘉庆四年（1799）至二十四年（1819）；卷六，自道光元年（1821）至三十年（1850）；卷七，自咸丰元年（1851）至十一年（1861）；卷八，自同治元年（1862）至十三年（1874）。书末附《清代藏事辑要纲目》是一部大事记。原书仅存誊写本，共24卷，缺嘉庆十年（1805）五月丁亥以前10余年的记事。吴氏据原稿引用之书，一一为之复核，校误补漏，编为8卷，便于详查。该书为研究藏事的重要资料，并另有续编。

清代藏事辑要续编　吴丰培辑。西藏人民出版社1984年3月出版，16开，200页。《清代藏事辑要》为崇德七年（1642）至同治十三年（1874）的资料，本书为续编，增补光绪朝藏事资料。资料来源于朱寿朋编《光绪朝东华录》，该书仅记34年之事，却有320卷490余万言，有关藏事的记述颇详。本书分2卷，上卷自光绪元年（1875）至二十一年（1895）止。下卷自光绪二十二年（1896）至三十四年（1908）止，正文末附《清代藏事辑要续编纲目》，即大事年表。

清代藏事奏牍　吴丰培编。中国藏学出版社1994年10月出版，16开，1602页。本书辑录1804年到1911年间41名驻藏大臣和6名四川总督为西藏事务给清廷的奏折抄件，还收有部分上谕、驻藏大臣为达赖喇嘛代拟的给廓尔喀（尼泊尔）王的复信、驻藏大臣给廓尔喀王的谕示等。

青海事宜节略　（清）文孚著，魏明章标注。青海人民出版社1993年6月出版，32开，109页。本书原稿为抄本，尚未见著录。文孚于嘉庆时任西宁办事大臣，是书于嘉庆十五年（1810）所撰，记事起自雍正三年（1725）至嘉庆十五年（1810）止，共85年。对期间青海藏区的玉树、贵德、果洛、循化，以及章嘉呼图克图、六世班禅等的有关事件，均有记述，对该地区的蒙古族、回族、撒拉族的重大事件也有较详记述。是一部雍正、乾隆、嘉庆3朝的青海民族史纲，篇幅虽短，但有可参考之处。加上标注，便于对原著记述的事件、行文的理解。附录《青海衙门纪略》和《湟中杂记》。《青海衙门纪略》记述青海衙门（全称“钦差办理青海蒙古番子事务大臣署”，简称“青海办事大臣署”，自乾隆朝起，通称“西宁办事大臣衙门”）设置至乾隆四十一年（1776）间的有关事务，其中对阿尔布巴、平准噶尔、西藏官员调换等事情亦有记述。《湟中杂记》则系记述青海建置、山川、职官、兵防、寺院、民族、贡赋等方面的资料，属方志体裁。标注者李葆艺、魏明章据该资料内容考证《青海事宜节略》一书的作者应为文孚。文中对西宁、大通、贵德、循化等地多堡的兵防官兵人数、青海藏族部落首领和各部户数、西宁等县的贡赋钱粮数等有详细记载，有较高参考价值。本书所辑3篇资料均由标注者进行了严肃认真的对勘、校注、标点。

青海文史资料 中国人民政治协商会议青海省委员会文史资料研究委员会编。青海人民出版社从1983年开始编印，内部发行，现已发行20余辑。其主要内容是有关青海全省各民族的历史资料，其中以藏族、蒙古族、回族的资料居多，部分调查资料为各种文献所不载，参考价值较高。尤其是清末民初、红军长征、解放战争、民主改革、平息叛乱、解放初期的藏传佛教寺院等方面的资料翔实可信。

清季筹藏奏牍 吴丰培著。无刻本。以稿本存世。1936年吴丰培据稿本将10名驻藏大臣的奏牍编辑成册，冠以《清季筹藏奏牍》之名，铅印出版。国立北平研究院史学研究会1938年出版，973页，3册。1989年，吴丰培在本书基础上经多方搜集和精心校勘，共将40人的奏折、公牍共80余万言合为1本，题为《清代藏事奏牍》出版。内载驻藏大臣有关藏事的各种奏牍。本书自道光以来清代藏事奏牍多见于此书，为清代藏事重要资料之一。

清季民国康区藏族文献辑要 赵心愚、秦和平编著。四川民族出版社1987年出版，32开，1055页，上下册。康区俗称喀木（khams），指今四川甘孜、西藏昌都、云南迪庆、青海玉树等州的藏族及其居住地。由于其介于西藏与内地之间，历代中央王朝均有“治藏先治康，稳藏先稳康”之说，特别是清雍乾时期以来，先后设立西宁办事大臣、中甸厅、打箭炉厅及汛塘、川滇边务大臣等官署进行治理，国民政府则设西康省。由此产生了大量禀文、表册等资料，其中部分被辑为川边资料，而大部分却散佚，致使康区藏学研究较为薄弱。作者历时10余载辑成此书，并将其分为论著索引和文献辑录两部分。诚为治藏学者之必备。

清末川滇边务档案史料 四川省民族研究所本书编辑组编。中华书局1989年5月出版，32开，1173页，3册。本书记事时间起自1903年，迄于1911年，收录有关川边（甘孜州、昌都部分地区）政治、经济、文化、军事、交通等方面的奏折、电文、章程、措施、文告、计划等，是有关清末川边藏区较全面的官方档案资料。是研究清朝政府治藏政策、经营川边藏区的措施和效果、当时川边的社会状况等不可缺少的资料。本书辑自《川边历史资料汇编》、《赵尔丰奏议公牍全集》、《清末赵尔丰边务档案资料》、《赵季和电稿》、《西藏历史资料汇编》、《西藏建省记要》等书，按年月日编排，便于检索。附注释、大事记、专题索引、地区索引，利于查找。

清末十三世达赖喇嘛档案史料选编　中国第一历史档案馆、中国藏学研究中心合编。中国藏学出版社2002年出版，32开，326页。本书收入十三世达赖喇嘛在清末的有关档案史料334件，始于光绪三年（1877），止于宣统三年（1911）。以汉文档案为主，也有少量满文和藏文档案。

清实录青海民族史料辑录　青海民族学院民族研究所1983年编印。内部发行。分上下卷，每卷又有分册。本书将《清实录》有关青海省境内各少数民族的多方面记载收录成册，并按时间先后顺序排列，每则资料后均注明出处、页码。本书资料集中，但未分民族，不便查阅。

清实录藏族历史资料汇编　西藏民族学院历史系编印。1981年4月内部印行，32开，横排本，共6集。又有西藏人民出版社1982年出版的《清实录藏族史料》，竖排本，共10集。本书内容包括：第1至第5集为资料，共1896页，据《大清历朝实录》和《宣统政纪》影印本辑录、汇编而成。记事起自崇德二年（1637），迄于宣统三年（1911），历时270年。是研究清代藏族社会、藏蒙关系、外国入侵西藏的不可缺少的重要资料。第6集为索引部分，分别按照人名、族名、地名索引。

清实录藏族史料　顾祖成等编。西藏人民出版社1982年9月出版，32开，竖排本，共10集，约200万字。为"西藏研究丛刊"之九。史料起自崇德，迄于宣统，历时270余年。第1集，594页，记事起自崇德二年（1637）八月至乾隆十一年（1746）十二月止。第2集，499页，起自乾隆十二年（1747）至十四年（1749）七月止。第3集，532页，起自乾隆十四年（1749）八月至三十七年（1772）三月止。第4集，497页，起自乾隆三十七年（1772）四月至三十八年（1773）七月止。第5集，489页，起自乾隆三十八年（1773）八月至四十年（1775）五月止。第6集，503页，自乾隆四十年（1775）六月至五十三年（1788）八月止。第7集，532页，自乾隆五十三年（1788）九月至六十年（1795）十二月止。第8集，575页，自嘉庆元年（1796）正月至咸丰三年（1853）九月止。第9集，576页，自咸丰三年（1853）十一月至宣统三年（1911）十二月止。第10集，559页，为全书索引。是研究清代藏汉、藏蒙等民族关系和西藏社会及外国侵藏史不可缺少的汉文基础史料之一。

升恭勤公藏印边务录　（清）升泰

撰。排印本,2 卷。本书内容被收录在《升泰奏牍》之中。

升泰奏牍 (清)升泰撰。排印本,2 卷。作者于光绪十四年(1888)五月到西藏,替换文硕,任驻藏大臣。本书上卷为奏议,下卷为往来信函、电文。对劝令英藏双方撤兵停战、缔结《藏印条约》等,有详细记载。民国二十七年(1938),吴丰培将该书记事按年月重排编入《清季筹藏奏牍第一辑》,又收入《清代藏事奏牍汇编》一书。

使藏纪程、拉萨见闻记、西藏纪要合刊 西藏社会科学院西藏学汉文文献编辑室编。全国图书馆文献缩微复制中心 1991 年 10 月出版,32 开,830 页,复制本。《使藏纪程》为黄慕松 1934 年入藏致祭十三世达赖时的旅途日记。据写本复制。《拉萨见闻记》为朱少逸所撰,记述了他随吴忠信拉萨之行的见闻。据上海商务印书馆民国三十一年(1942 年)本复印。《西藏纪要》为吴忠信 1939 年入藏所记的关于十四世达赖坐床等重大事件。《西藏纪要》有南京中华印刷公司民国铅印本,1953 年 11 月又由台湾"中央文物供应社"重印,中国藏学出版社 1993 年 4 月将黄慕松和吴忠信所述入藏资料编为《黄慕松吴忠信赵守钰戴传贤奉使办理藏事报告书》出版。

宋代吐蕃史料集 汤开建、刘建丽辑校。四川民族出版社 1986 年 7 月出版,32 开,703 页。据《续资治通鉴长编》和《续资治通鉴长编拾补》两书辑录、汇编而成。本书主要包括:第 1 集,凡与吐蕃有关资料均采录。记事起自建隆二年(961)十月,迄于宣和元年(1119)正月,历时 158 年。史料按年系月排列,帝王纪年后为公元纪年。第 2 集,史料辑自宋代别史、杂史、政书、奏议、诏令、地方志等。第 3 集,史料辑自宋代类书、文集、笔记、小说、金石、考古等。本书是了解、研究宋代吐蕃社会的重要资料。

铁虎清册 格桑卓噶等编译。藏文。中国藏学出版社 1991 年 8 月出版,32 开,316 页。藏历铁虎年(清道光十年[1830]),西藏地方政府为增加财政收入,解决差赋负担不平衡问题,对西藏的卫藏塔工绒等地区部分宗和庄园的土地差赋进行清查,并将清查结果报"噶厦政府"审核,加盖印章,定名为《铁虎清册》,其全称为《噶丹颇章所属卫藏塔工绒等地区铁虎年普查清册》。本书收入档案共 60 件,原件存西藏自治区历史档案馆。本书中的档案,对卫藏塔工绒等地的政府、寺院、贵族、富户、差民的土地面积和应缴差赋有详细记载,为研究西藏封建农奴制度下的领主庄园制提供了极为详尽可靠的第一手材料。本书有汉译本。

通鉴吐蕃史料 苏晋仁辑注。西藏人民出版社 1982 年出版,32 开,301

页。本书是从司马光《资治通鉴》中摘录有关吐蕃资料编辑而成，所载内容起于唐高祖武德六年(623)，迄于后周太祖显德元年(954)，主要记述此 300 余年间吐蕃王朝的政治、军事、文化、经济等方面的发展、变化。是研究吐蕃社会及邻邦关系的重要史料。

图书集成羌部吐谷浑部吐蕃部汇考 (清)蒋廷锡等撰。有关古代诸羌和藏族史的著作。羌部见《边裔典》47 至 50 卷、吐谷浑部见 62 卷、吐蕃部见 68 至 71 卷。本书共 9 卷。3 部汇考都将正史纪传中有关羌、吐谷浑和吐蕃的记载按年编排。羌部分 3 个断代:1. 周至前汉。2. 后汉至萧梁。3. 北魏至宋仁宗时。即包括先令、烧当、罕迭、宕昌、邓至、白兰、党项诸羌，并记载历朝对诸羌的剿抚情况。吐谷浑部，记事起于晋怀帝永嘉吐谷浑之创国，迄于唐龙朔三年(663)吐蕃尽取吐谷浑之地，即吐谷浑兴起至灭亡的 350 年历史。吐蕃部记述:1. 唐高祖武德六年(623)四月吐蕃进攻芳州等事。其中引据“两唐书”，较详细地叙述了吐蕃兴起，贞观八年(634)吐蕃来朝，文成、金城两公主远嫁吐蕃的历史。2. 吐蕃进攻长安、郭子仪率兵反击、吐蕃与唐朝结盟、韦皋败吐蕃等事件。3. 自后梁太祖开平元年(1907)吐蕃攻陷凉州，历后唐、后晋、后汉、后周至元武宗至大四年(1311)六月吐蕃进攻永福镇，以及宣政院与枢密院派兵反击和八思巴事略等。4. 明太祖洪武三年(1370)吐蕃何锁南普等持元朝授印降明，以及明武宗正德四年(1509)青海藏族被蒙古族所袭击、蒙古人随之迁入青海等事。5. 据《明一统志》等书，记述吐蕃山川。本书为研究吐蕃历史的重要参考书。

吐蕃文献选读 高瑞著。中央民族大学出版社 1995 年 8 月出版，32 开，471 页。高等院校藏文教材。本书是在王尧、陈践的译注本《敦煌本吐蕃历史文书》和其他相关敦煌藏文文献研究成果的基础上整理、选编而成的。分吐蕃大事零散篇、完整篇、法律篇、歌谣和传记篇等 4 章。

吐谷浑资料辑录 周伟洲编。青海人民出版社 1992 年 1 月出版，32 开，460 页。本书资料年限起于西晋，迄于北宋，以“二十四史”有关资料为主，兼收史学论著、文集、文物考古资料，以及敦煌、新疆发现的汉藏文书、简牍等，按其性质共分 5 卷:专传，人物传志，散见资料编年录，敦煌、新疆发现的古藏文写本、简牍内的吐谷浑资料，其他散见资料。

西藏地方历史资料选辑 北京大学历史系等辑。生活·读书·新知三联书店 1963 年初版，1973 年再版，32 开，416 页。本书分 4 编:1. 13 世纪以前西藏地方和祖国内地的密切关系。辑录唐、五代、宋朝有关汉藏政治、经济、文化、商贸等史料。2. 西藏地方正式归入中国版图及元明清时西藏地方与中央关系的发展。即西藏归入中国版图的经过、明朝对西藏地方的管理、清朝对西藏管理的加强及各项制度的建立等史料。3. 英美等帝国主义对西藏的侵略及中国人民反侵略的斗争。即鸦片战争以来外国入侵西藏、缔结条约、西藏人民抗击侵略、英美支持西藏“独立”等方面的史料。4. 帝国主义侵略的失败和西藏和平解放的胜利。包括帝国主义策划的“驱汉事件”、“西藏独立”、中国人民解放军进藏、签订和平解放西藏协议及西藏和平解放的资料。本书是较全面的西藏历史资料集。

西藏工作文献选编 中共中央文献研究室、中共西藏自治区委员会编。中央文献出版社 2005 年出版，32 开，476 页。本书收入 1945 年以来中共中央、国务院，以及毛泽东、周恩来、邓小平、江泽民等关于西藏问题的电报、指示、文件、谈话等 160 余篇。

西藏历史资料汇编 中国科学院历史研究所第三所南京史料整理处选辑。1959 年 8 月出版，10 册。本书收录了清末至 1949 年间的西藏历史资料。第 1 册，收录 1900 年至 1910 年间有关英军侵犯西藏、达赖出走内地、订立条约等方面的文件。第 2 册，收录凤全和赵尔丰经营康边和清末在西藏的建设、达赖回藏及出逃印度等方面的文件。第 3 册，收录五族共和、满蒙回藏待遇条例、英国鼓动达赖驱赶驻藏陆军、达赖与北洋政府往来文件、汉兵被逐等方面的资料。第 4 册，收录 1913 年至 1925 年间九世班禅、西藏“国会议员”选举、康藏战事等方面的资料。第 5 册，收录 1929 年至 1931 年间民国政府西藏施政纲领和工作报告、藏民纠纷等方面的资料。第 6 册，收录 1929 年至 1938 年间 39 族反对达赖压迫、热振拥护中央等方面的资料。第 7 册，收录 1935 年至 1949 年间十四世达赖坐床、九世班禅回藏和圆寂等方面的资料。第 8 册，收录 1939 年至 1947 年间西藏人民反帝爱国、英国煽动“西藏独立”、热振被害等方面的资料。第 9 册，收录 1945 年至 1947 年间西藏“国民大会代表”、民国政府建设西藏计划等方面的资料。第 10 册，收录 1929 年至 1948 年间西藏一般情况的资料。本书中许多文件属首次公布。

西藏山南基巧和乃东琼结社会历史调查资料 “西藏封建农奴社会”课题组编。中国藏学出版社 1992 年 1 月出版，32 开，218 页。本书是中国藏学研究中心、西藏社会科学院和中国社会科学院民族研究所共同组织的“农奴制社会”课题的部分成果。本书以反映 1959 年民主改革前西藏山南基巧和乃东琼结的社会经济状况为主，收录了《乃东宗的历史沿革》、《山南基巧概况调查》、《泽当概况》、《西藏琼结县社会历史调查报告》等18份调查资料。

西藏社会历史藏文档案资料译文集 中国社会科学院民族研究所、西藏自治区档案馆合编。中国藏学出版社1997年出版,32开,368页。本书资料主要来源于西藏自治区档案馆馆藏藏文档案,另有部分国外藏学家的研究资料。内容包括敕封、法旨、封文、诉讼、化缘文、西藏地方政府和寺庙的规章制度、西藏人民抗英斗争等方面,对研究西藏与中央王朝的政治隶属关系、西藏地方与内地的经济文化联系、西藏的政教合一制度及封建农奴制社会形态等方面,具有较高的史料价值。

西藏文史资料选辑(第一辑) 西藏自治区政协文史资料研究委员会编。西藏人民出版社1981年12月出版,32开,218页。本书为《纪念西藏和平解放三十周年专辑》,共收19篇资料,包括李维汉、阿沛·阿旺晋美、班禅额尔德尼·确吉坚赞的文章,讲述了西藏和平解放及藏族人民走向繁荣的历史事实;《"关于和平解放西藏办法的协议"签订最后》一文,叙述了作者代表西藏地方政府参加签订《协议》的全过程;《和平解放西藏日记摘抄》、《进军察隅》、《进军西藏纪实》等文均为作者回忆录,记述了解放西藏的艰苦战斗历程;《回顾西线筑路》、《回忆川藏公路南线踏勘》两文,记述了在"世界屋脊"筑路的艰辛;牙含章、周世隆撰文回忆了护送十世班禅大师至西藏的经过。此外,还有《回忆周恩来总理的关心和教诲》、《我率部起义的经过》、《人民解放军进驻拉萨以后》等文,都是参考价值较高的回忆录。另附11幅照片,其中除签订《和平解放西藏十七条协议》期间的活动照片外,还有毛泽东给达赖喇嘛和班禅额尔德尼的亲笔信的照片。

西藏文史资料选辑(第二辑) 西藏自治区政协文史资料研究委员会编。西藏人民出版社1984年2月出版,32开,127页。本书共收14篇回忆录,除王贵《劝阻假班禅出国记》、张国华《十八军进藏纪实》和阴法唐《回忆进藏初期的一次访问活动》3文外,其余均为原西藏地方政府官员、名人等亲身经历的回忆文章,如《"西藏代表团"出席泛亚洲会议真相》、《西藏地方政府派"代表团慰问同盟国和出席南京国民代表大会"内幕》、《忆吴忠信来藏主持十四世达赖喇嘛坐床典礼片段》、《国民党中央政府代表——黄慕松来藏致祭十三世达赖喇嘛片段》、《我的家乡——门隅》等,对维护祖国统一、澄清历史事实有极高参考价值。此外,《回忆十三世达赖喇嘛的保健医生——强巴》、《当雄机场修建回忆录》、《我被劫持去印度的前后》等文,对研究民主改革前的西藏有一定参考价值。

西藏文史资料选辑(第三辑) 西

藏自治区政协文史资料研究委员会编。西藏人民出版社 1984 年 2 月出版，32 开，177 页。本书共收 16 篇回忆录，其中《十三世达赖喇嘛圆寂后的西藏政局》、《回顾我所走过的道路》、“《西藏噶厦政府与波密噶朗部落之间的纠纷》”、《我参与“龙夏事件”的经过》、《波密地区情况简介》、《热振摄政王在狱中被害经过》、《从宗秘书到边坝地区叛军司令》等文，是关于原西藏地方政府的历史事件的资料；《国民党特工人员在西藏》和《西藏从政纪略》两文，较全面地介绍了 1942 年至 1949 年间国民党驻拉萨特工组织及其人员、任务、活动的情况，作者均系驻拉萨特工要员，很多事件发生的经过都是首次发表；《忆阿里先遣部队“英雄连”连长——李狄三》、《记十八军接受进军西藏任务的时刻》两文，回忆了解放西藏、进军西藏的历程。此外还有《北京商人在拉萨经商略记》、《日喀则小学创建经过》、《山南加隅地区试种茶树见闻》等文章。

西藏文史资料选辑(第四辑) 西藏自治区政协文史资料研究委员会编。西藏人民出版社 1985 年 2 月出版，32 开，125 页。本书共收十几篇经历旧西藏上层人士的回忆录等。

西藏文史资料选辑(第五辑) 西藏自治区政协文史资料研究委员会编。西藏人民出版社 1985 年 4 月出版，32 开，125 页。本书共收 12 篇回忆录、简介等。其中由西藏知名人士拉鲁·次旺多杰写的《热达矛盾起因及我等受命于达扎摄政王“迎靖”热振活佛的经过》一文，以近二万言叙述五世热振活佛与达扎摄政王之间的矛盾，以及达扎派兵将五世热振活佛押至拉萨、抄没热振寺财产等事。《藏军洗劫热振寺》一文将没收寺产时的细节披露无遗。《我当过监禁前摄政——五世热振活佛的狱卒》一文，讲述了“热振事件”的全过程。《西藏的藏剧与觉木隆剧团》、《格西曲扎简史》、《国民党在拉萨办学简介》、《霍尔措三十九部族简介》等均为难得的史料。《黄慕松入藏纪实》对当时国民党政府的政策、西藏地方政府的情况等都有详略不一的记载。

西藏文史资料选辑(第六辑) 西藏自治区政协文史资料研究委员会编。西藏人民出版社 1985 年 6 月出版，32 开，130 页。本书共收 7 篇回忆录、日记摘抄。其中《回忆热振事件》一文，作者以自己的亲身经历较全面地记述了“热振事件”的全过程；“《噶厦政府和扎什伦布寺拉章之间矛盾的由来》”、《萨迦寺近代政教纪事》、《忆白若·格达活佛》、《格热喇嘛简历》等文，揭露了“噶厦政府”的内部矛盾和一些鲜为人知的秘密，为研究原西藏地方政府上层组织提供了宝贵资料；乐于泓的《进藏日记摘抄》(连载)，从 1951 年 9 月 11 日起至 12 月 30 日止，每天均有记事，该日记中对当时西藏上层人士与解放军领导的会谈、双方的意见、解决的办法等记述尤详，是了解和平解放西藏的一份有价值的资料。

西藏文史资料选辑（第七辑） 西藏自治区政协文史资料研究委员会编。西藏人民出版社1985年8月出版，32开，147页。本书为《西藏人民抗英斗争史料》专辑，分两部分：1.西藏人民抗英斗争史料。根据藏文史料和口碑文献，较详细记述了第一、二次抗英斗争的全过程，其中如“乃宁寺血战”、“柴金寺遭劫”等许多重大事件，都是鲜为人知的史料，为研究1888年和1903年两次抗英斗争提供了宝贵资料。每次重大事件的发生地均附有照片，这些更是难得的材料。这部分是西藏自治区政协和日喀则政协文史资料组共同编写的。2.附录。共收19条，其中《十三世达赖喇嘛在西藏同英国人谈判等问题上给宇妥噶曹的指令》、《关于战与和的指令》、《十三世达赖喇嘛的三道命令》、《藏历木龙年（1904）日喀则地区喇嘛军各班名折》、《甲辰年有功将士名单》、《木龙年藏英战争期间，英军在江孜地区践踏庄稼、火烧民房、抢劫财产的部分情况报告》、“《为奖赏土鼠年、木龙年两次抗英战争中立功的文武官员、前线总指挥部上报给噶厦的名单及事迹材料》”、《后藏百姓每年向驻江孜英军支应物资的有关文件》等都是极珍贵的史料。

西藏文史资料选辑（第八辑） 西藏自治区政协文史资料研究委员会编。西藏人民出版社1986年3月出版，32开，238页。本书共收18篇资料。其中《达赖喇嘛出行仪式》、《达赖喇嘛的膳食机构》和《罗布林卡内外马厩始末》3文，分别介绍了达赖喇嘛生活方面的规定，个人爱好，以及一些鲜为人知的内情；《我所知道的藏军情况》、《台吉穷让·顿珠杰布被贬官充军之原委》、《第穆活佛受害经过》、《丹吉林事件始末》等，反映了“噶厦政府”军队编制、内部的斗争、政策等方面的情况；《比如和索县两地农牧业生产概况》、《藏北牧民的经济生活状况》、《那仓六部落概述》等，是那曲地区农牧业生产及牧民生活的一般性社会调查。此外，还有《进藏日记》（之二）、《1954年江孜水灾及救灾简况》、《先父点燃了西藏第一盏电灯》和有关“热振事件”的3篇回忆录。

西藏文史资料选辑（第九辑） 西藏自治区政协文史资料研究委员会编。西藏人民出版社1986年11月出版，32开，149页。本书共收回忆录10篇，附录33件。其中张经武遗作《西藏民族和西藏人民走上光明和幸福的道路》、杨一真的《西藏军区成立初期与伪人民会议的斗争》、魏克的《记拉萨爱国青年文化联谊会的成立及其活动》、郝广福的《在张代表身边的日子里》、乐于泓的

《进藏日记》(之三),从不同角度记述了西藏和平解放的过程;《昌都解放前后》、《西藏地方政府为贯彻执行"十七条协议"成立的改革机构》、《迎接中央代表进藏记》等文,记述了西藏上层人士的亲身经历;《忆詹东·计晋美》、《寻访九世班禅转世灵童经过》叙述了九世班禅在内地的活动及其圆寂后寻访灵童的过程,均有一定参考价值。附录是毛泽东、朱德与达赖喇嘛、班禅之间的信函,以及部分"噶厦政府"的命令和达赖喇嘛给中央民族学院藏族学员的信件等。

西藏文史资料选辑(第十辑) 西藏自治区政协文史资料研究委员会编。民族出版社 1989 年 3 月出版,32 开,73 页。本书共收文 10 篇,其中《门隅地区自古属我国领土之历史佐证》、《印军侵占门隅达旺地区亲历记》、《面斥印度侵略军纪实》、《回忆我同印度侵略军之间的一场争论》、《白恰西饶地方是我国无可争议的领土》、《我任嘎尔恰庄园堆期间印度军队侵占白恰西饶地区真相》、《赶马果征税遇阻记》、《1962 年赴达旺地区见闻》等文章,从历史文献、征税、行政管理、宗教管理等方面,记述了印度侵占达旺一带中国领土的事实。此外,《德里秘密换文未曾得到原西藏地方政府的承认》、《君民世系起源明灯(门隅教史)》是研究边境问题的极好史料。本书史料大多涉及中印边界问题,参考价值很高。

西藏文史资料选辑(第十一辑) 西藏自治区政协文史资料研究委员会编。民族出版社 1989 年 10 月出版,32 开,182 页。本书为《第十三世达赖喇嘛年谱》专辑。该年谱根据《十三世达赖喇嘛全集》和部分高僧传略编写而成,对十三世达赖喇嘛一生中的重大事件、书信、各种活动等均有记述,是研究十三世达赖喇嘛的重要参考资料之一。

西藏文史资料选辑(第十二辑) 西藏自治区政协文史资料研究委员会编。民族出版社 1990 年 8 月出版,32 开,111 页。本书共收入 14 篇资料,其中《西藏地方政府要政见闻》、《夏尔巴头人被捕入狱的真实情况》、《我就任布达拉宫朗杰所仓第巴赤巴纪实》、《噶甲占纳率赫卓雪部队战败格结日部落之情况》、《色杰扎仓堪布阿旺嘉措经昌都地区逃跑的原因及经过》、《萨迦政府与加莫查仓家庭之间的土地纠纷》、《分裂主义分子在拉萨发动武装叛乱的情况》等文,均为作者的亲身见闻,是难得的史料。

西藏文史资料选辑(第十三辑) 西藏自治区政协文史资料研究委员会编。民族出版社 1991 年 6 月出版,32 开,89 页。本书收录协扎·噶丹班觉的《原西藏地方政府的行政体制》、扎什伦布寺拉章坚参吞波和萨迦政府组织机构等资料。

西藏文史资料选辑(第十四辑)

西藏自治区政协文史资料研究委员会编。民族出版社 1994 年 1 月出版,32 开,200 页。本书收录了 26 篇回忆录,如《四十年变迁,那曲地区旧貌换新颜》、《昌都的变迁》、《〈和平解放西藏办法的协议〉是西藏振兴的起点》、《山南地区的巨变》、《西藏文化事业发展的见证人》、《西藏登山运动的回顾与展望》、《进军路上驮骡队》、《和平解放西藏的宗教政策》、《毕生献给西藏民族艺术事业》、《我在拉萨中学任教期间的见闻》、《昌都解放亲历记》等。

西藏文史资料选辑(第十五辑)

西藏自治区政协文史资料委员会编。民族出版社 1995 年 8 月出版,32 开,120 页。本书收入夏札·甘丹班觉的《夏札家族史》、巴索·土丹曲配的《印度军队蚕食门达旺地区见闻》等文章。

西藏文史资料选辑(第十六辑)

西藏自治区政协文史资料委员会编。民族出版社 1995 年 8 月出版,32 开,120 页。本辑是尧西·拉鲁家族及拉鲁·次旺多吉本人的历史、传记资料,分《尧西、拉鲁家族史》和《本人的身世》两部分。

西藏文史资料选辑(第十七辑)

西藏自治区政协文史资料委员会编。民族出版社 1995 年 12 月出版,32 开,123 页。本书收有 26 篇文章,如《九世班禅法体从青海玉树迎至西藏的经过》、《和平解放西藏前的拉萨》、《英国人德国人到达山南地区的情况》、《叛匪迫害山南地区爱国人士的情况》、《近代藏军和藏军司令部——马基康的情况》、"《驱汉事件前后的见闻》"等。这些文章均为作者所见所闻,史料翔实,颇具参考价值。

西藏文史资料选辑(第十八辑)

西藏自治区政协文史资料研究委员会编。民族出版社 1996 年出版,32 开,170 页。本书中格朗的《进军途中办学校》记述了 20 世纪 50 年代初期解放军进藏时边进军、边做群众工作、边学藏语,因急需藏语翻译人才而创办了藏训队的情况。还有孔萨益多的《甘孜孔萨土司家族史略》、王以中(白族)的《随陈毅进藏日记》等。这些文章都是作者的亲身经历,具有一定的史料价值。

西藏文史资料选辑(第十九辑)

副标题为《在雪域高原的脚印》。西藏自治区政协文史资料研究委员会编。民族出版社 2000 年出版,32 开,310 页。本书为魏克的个人回忆录。本书收录了 33 篇回忆录,如《进藏任务下达前后》、《康藏高原大军行》、《历尽艰险为"和谈"》、《昌都战役纪实》、《昌都地区人民解放委员会成立》、《万头牦牛运输忙》、《大教授创办小学》、《驻防大昭的日子里》、《西藏爱国青年文化联谊会成立始末》、《进藏途中的宣传工作》、《初到拉萨》、《风雪欢歌五千里》、《生活在西藏人民的节日里》、“《噶厦政府派“和谈”代表赴京经过》”、《雪域高原的第一届运动会》、《欢庆康藏、青藏公路通车拉萨》、《记甘丹寺的民主改革》、《中印边境自卫反击战中的儿女》、《喜见亚东换新颜》、《西藏爱国人士的新贡献》等。

西藏文史资料选辑(第二十辑) 西藏自治区政协文史民族宗教法制委员会编。民族出版社 2002 年出版,32 开,152 页。本书收入《回忆我(拉乌达热)所走过的路》等回忆文章 10 多篇。

西藏文史资料选辑(第二十一辑) 西藏自治区政协文史民族宗教法制委员会编。民族出版社 2004 年出版,32 开,152 页。《西藏文史资料选辑》从第二十一辑起,编者改为“西藏自治区政协文史民族宗教法制委员会”。本书收录了 10 余篇介绍西藏民主改革前的政治、经济、宗教等方面的文章。

西藏文史资料选辑(第二十二辑) 西藏自治区政协文史民族宗教法制委员会编。民族出版社 2005 年出版,32 开,317 页。本书收入《回忆贺老总召谈解放西藏》、《争取和平谈判进军西藏的历史回顾》、《进藏先遣支队进军简录》等 21 篇西藏文史资料。

西藏文史资料选辑(第二十三辑) 西藏自治区政协法制民族宗教文史委员会编。民族出版社 2008 出版,32 开,188 页。本书收入《我和我的家庭情况》、《卫藏地区服饰及原地方政府雪仲的数量情况》、《森公医生次丹拉旺及我本人的一些情况》等 18 篇西藏文史资料。

西藏文史资料选辑(第二十四辑) 西藏自治区政协法制民族宗教文史委员会编。民族出版社 2008 年出版,32 开,330 页。本书收入《向昨天告别》、《清末以来西康地区的帝国主义各教会》、《1959 年前拉萨的私塾教育》等 20 篇西藏文史资料。

西藏文史资料选辑(第 1 辑) 西藏自治区政协文史资料研究委员会编印。藏文。1982 年 1 月内部印行,32 开,376 页。本书收录《解放昌都之战》等 10 多篇文章。

西藏文史资料选辑(第 2 辑) 西藏自治区政协文史资料研究委员会编印。藏文。1983 年 2 月内部印行,32 开,285 页。本书收录《拉萨英文学校概况》、《回忆十三世达赖喇嘛的御医》、《我被囚禁到印度的前后》等 13 篇文章。

西藏文史资料选辑(第 3 辑) 西藏自治区政协文史资料委员会编印。藏文。1984 年 3 月内部印行,32 开,393 页。本书收录《十三世达赖喇嘛圆寂后的西藏政治》、《拉鲁·才旺多杰回忆录》、《国民党在西藏的特务》、《北京商人在拉萨地情况》、《在山南卡俞地方种植茶树的历史》、《建立日喀则小学的情况》、《补窝简史》等16篇文章。

西藏文史资料选辑(第4辑) 西藏自治区政协文史资料委员会编印。藏文。1984年内部印行,32开,392页。本书收录《热振寺历代转世活佛》等文章。

西藏文史资料选辑(第5辑) 西藏自治区政协文史资料委员会编印。藏文。1985年4月内部印行,32开,125页。本书收录《黄慕松入藏》、《热振活佛》、《三十九族简介》、《藏军洗劫热振寺》等文章。

西藏文史资料选辑(第6辑) 西藏自治区政协文史资料委员会编印。藏文。1985年6月内部印行,32开,331页。本书收录《热振事件》、《西藏解放前夕三大寺代表与藏军暴行》、《萨迦寺近代政教纪事》、《格达活佛生平片断》等文章。

西藏文史资料选辑(第7辑) 西藏自治区政协文史资料委员会编印。藏文。1985年内部印行,32开,241页。本辑为西藏人民抗英斗争史料选编。

西藏文史资料选辑(第8辑) 西藏自治区政协文史资料委员会编印。藏文。1986年内部印行,32开,367页。本辑收录《热振的主要高参雍乃喇嘛》、《回忆热振与大札之间的纷争》、《热振事件中我奔赴祖国内地求援的经过》等12篇文章。

西藏文史资料选辑(第9辑) 西藏自治区政协文史研究委员会编印。藏文。1987年内部印行,32开,311页。本书收录回忆西藏解放、民主改革等方面的文章10多篇。

西藏文史资料选辑(第1辑) 西藏自治区政协法制民族宗教文史委员会编。藏文。民族出版社1988年6月出版,32开,68页。本书内容与汉文版《西藏文史资料选辑》第一辑相同。

西藏文史资料选辑(第2辑) 西藏自治区政协文史资料研究委员会编。藏文。民族出版社1989年9月出版,32开,154页。本书内容与汉文版《西藏文史资料选辑》第二辑相同。

西藏文史资料选辑(第3辑) 西藏自治区政协文史资料委员会编,民族出版社1990年4月出版,32开,247页。藏文版。本书收录《西藏地方政府政务亲历纪》、《九世班禅法体安放于扎什伦布寺的经过》、《萨迦政权与蒋姆扎仓间的隔阂》、《成立拉萨妇女协会和首次内地之行》等15篇文章。

西藏文史资料选辑(第4辑) 西藏自治区政协文史资料委员会编。藏文。民族出版社1991年5月出版,32开,106页。本书收录《热振寺历代转世活佛》等10多篇文章。

西藏文史资料选辑(第5辑) 西藏自治区政协文史资料研究委员会编。藏文。民族出版社1992年7月出版,

32开,208页。本书收录了《甘丹夏扎家族史概述》、《关于"多白"手工业局的建立及其编制》、《进藏途中了解的格达活佛的点滴情况》等6篇文史资料。

西藏文史资料选辑(第6辑) 西藏自治区政协文史资料研究委员会编。藏文。民族出版社1993年7月出版,32开,146页。又有民族出版社1994年1月出版汉译本,编为第十四辑,32开,200页。

西藏文史资料选辑(第7辑) 西藏自治区政协文史资料研究委员会编。藏文。民族出版社1993年12月出版,32开,324页。又有民族出版社1995年8月出版汉译本,编为第十六辑,32开,159页。

西藏文史资料选辑(第8辑) 西藏自治区政协文史资料研究委员会编。藏文。民族出版社1994年11月出版,32开,303页。本书收录了《和平解放前的拉萨》、《迎请九世班禅法体入藏和寻访转世灵童时遇到的几件事》、《近代藏军和马基康(藏军司令部)及有关情况略述》和《第五世热振·土登江白益西丹贝坚赞传略》等26篇文章。

西藏文史资料选辑(第9辑) 西藏自治区政协文史资料研究委员会编。藏文。民族出版社1995年10月出版,32开,150页。本书收录《昌都解放前后》、《西藏军区成立初期与伪人民会议的斗争》、《忆拉萨爱国青年文化联谊会的成立及其活动》等10篇文章。

西藏文史资料选辑(第10辑) 西藏自治区政协文史资料研究委员会编。藏文。民族出版社1996年7月出版,32开,150页。本书收录了《拉加日家族史》、《藏历水猴年川藏冲突片段》、《历代亚东总管及其美如加总管的传记》、《孜译仓勒空成立及其职责、范围和官员等问题》、《关于罗布林卡的各宫殿的设计和兴建新宫》等20篇文章。这些文章是作者亲身经历和耳闻目睹的真实情况,是一本了解和研究西藏历史的有价值的参考书。

西藏文史资料选辑(第11辑) 西藏自治区政协文史资料研究委员会编。藏文。民族出版社1998年10月出版,32开,150页。本书收录了《霍尔康家族及本人的经历》、《关于拉鲁拉任昌都总管期间的情况》、《拉乌达热·土丹旦达的历史》等27篇回忆录。

西藏文史资料选辑(第12辑) 西藏自治区政协文史资料研究委员会编。藏文。民族出版社1990年10月出版,32开,160页。本辑内容与汉文版《西藏文史资料选辑》第十二辑相同。

西藏文史资料选辑(第13辑) 西藏自治区政协文史资料研究委员会编。藏文。民族出版社1991年1月出版,32开,160页。本书收录《西藏历史发展的伟大转折》、《吸水不忘掘井人》、《西藏历史上的新时期》、《西藏经济发展的光辉道路与美好的前程》、《西藏统一战线工作的历程》、《五星红旗插上喜马拉雅山》、《西藏和平解放四十年和党的统一战线》、《西藏农牧业取得的可喜成果是有目共睹的》、《和平解放西藏先后见闻》、《没有共产党就没有社会主义新西藏、《新旧社会妇女的地位有天地之别》、《成长中的藏族干部队伍》、《党的民族与宗教政策在我区取得辉煌的成绩》、《西藏卫生事业发展迅速》、《发展中的教育事业》、《世界屋脊上的第一张报纸》等24篇文章。

西藏文史资料选辑(第14辑)

西藏自治区政协文史民族宗教法制委员会编。藏文。民族出版社1992年6月出版,32开,215页。本书收录《贵族噶典夏扎瓦家族史简介》、《"堆白勒空"的建立和组织》、《印军蚕食门达旺地区见闻》、《西藏地方政府从印度购进武器的交接情况》、《进军西藏时有关格达活佛情况的见闻》、《蒋介石重庆行辕研究藏事的回忆》等文章。

西藏文史资料选辑(第15辑)

西藏自治区政协文史民族宗教法制委员会编。藏文。民族出版社1993年7月出版,32开,215页。本书收录《藏事和谈的前前后后》、《十八军独立营进军西藏的情况》、《我与全国工商联的关系》、《贯彻党的宗教政策见闻》、《四十年变化使那曲出现新气象》、《雍仲杰瓦昌都的变迁》、《西藏和平解放协议的签定是西藏发展和人民幸福的开始》、《山南的巨变》、《西藏文化事业发展的证据》、《西藏登山运动的回顾与展望》、《进军路上的驮畜队》等24篇文章。

西藏文史资料选辑(第16辑)

西藏自治区政协文史民族宗教法制委员会编。藏文。民族出版社1995年8月出版,32开,159页。本辑是拉鲁·次旺多吉所著《拉鲁家族及本人经历》。

西藏文史资料选辑(第17辑)

恰白·次旦平措等著,西藏处自治区政协文史民族宗教法制委员会编。藏文。民族出版社1994年6月出版,32开,303页。本书收录《九世班禅法体运藏和转世灵童事宜》、《五世热振活佛图旦降贝益西丹贝坚赞传略》、《昂日宗简史》、《旧西藏地方政府阻挡解放西藏的行径》等26篇文章。

西藏文史资料选辑(第18辑)

西藏处自治区政协文史民族宗教法制委员会编。藏文。民族出版社1995年12月出版,32开,296页。本书主要介绍历代帕巴拉活佛及寺院情况。其内容分为一世至十一世历代帕巴拉活佛简介,历代西瓦、嘉让、衮朵三活佛世系,昌都拉章历史、寺院编制、寺院庄园、开支、所属寺院等三大部分。

西藏文史资料选辑(第19辑)

西藏处自治区政协文史民族宗教法制委员会编。藏文。民族出版社1996年7月出版,32开,265页。

西藏文史资料选辑(第 20 辑) 西藏处自治区政协文史民族宗教法制委员会编。藏文。民族出版社 1998 年出版,32 开,401 页。

西藏文史资料选辑(第 21 辑) 西藏处自治区政协文史民族宗教法制委员会编。藏文。民族出版社 1999 年出版,32 开,369 页。

西藏文史资料选辑(第 22 辑) 西藏处自治区政协文史民族宗教法制委员会编。藏文。民族出版社 2000 年 9 月出版,32 开,410 页。

西藏文史资料选辑(第 23 辑) 西藏处自治区政协文史民族宗教法制委员会编。藏文。民族出版社 2003 年出版,32 开,401 页。

西藏文史资料选辑(第 24 辑) 西藏处自治区政协文史民族宗教法制委员会编。藏文。民族出版社 2004 年 9 月出版,32 开,410 页。本书收录了格隆·罗桑旦增文章。

西藏文史资料选辑(第 25 辑) 西藏处自治区政协文史民族宗教法制委员会编。藏文。民族出版社 2005 年 11 月出版,32 开,259 页。

西藏文史资料选辑(第 26 辑) 西藏处自治区政协文史民族宗教法制委员会编。藏文。民族出版社 2006 年 11 月出版,32 开,257 页。本书收录《木龙年江孜抗英之战简史》、《解放前夕的琼波丁青简史》、《噶丹赤巴》、《回顾一心一意依靠共产党和同甘共苦的历程》等 10 篇文章。

西藏文史资料选辑(特辑) 西藏自治区政协文史资料研究委员会编。西藏人民出版社 1989 年 6 月内部发行,32 开,128 页。本辑是十世班禅大师纪念文集专辑,书前有彩色插页 11 页。

西藏文史资料选辑(特辑) 西藏自治区政协文史资料委员会编。民族出版社 1991 年,32 开,120 页。本辑为记念西藏和平解放 40 周年专辑,收录《西藏历史发展的伟大转折》、《吸水不忘掘井人》、《西藏历史上的新时期》、《西藏经济发展的光辉道路与美好的前程》、《西藏统一战线工作的历程》、《五星红旗插上喜马拉雅山》、《西藏和平解放四十年和党的统一战线》、《西藏农牧业取得的可喜成果是有目共睹的》、《和平解放西藏先后见闻》、《没有共产党就没有社会主义新西藏》、《新旧社会妇女的地位有天地之别》、《成长中的藏族干部队伍》、《党的民族与宗教政策在我区取得辉煌的成绩》、《西藏卫生事业发展迅速》、《发展中的教育事业》、《世界屋脊上的第一张报纸》等 24 篇文章。

西藏文史资料选辑(特辑) 西藏自治区政协文史资料委员会编。西藏人民出版社 1993 年 4 月出版,32 开,120 页。本辑为记念西藏和平解放 30 周年专辑,收录内容与《西藏文史资料选辑》第十六辑相同。

西藏亚东关档案选编 中国第二历史档案馆、中国藏学研究中心合编。中国藏学出版社 2000 年 4 月出版，32 开，1267 页，上下册。本书共辑录亚东关英文档案 1401 件。西藏亚东海关开关通商是英国第 2 次武装侵略西藏，中国清朝政府被迫与英国签订《中英藏印续约》的结果。光绪二十年三月二十六日（1894 年 5 月 1 日），亚东关正式开关通商。亚东设关通商后，历任税务司从戴乐尔到韩德森都是清一色的英国人，他们秉承总税务司的意志，直接或间接参预中国与英印政府的谈判，因此亚东关保存了大量有关英国的外交档案，对于研究中国外事史和西藏近代史具有重要的价值。本书由中国第二历史档案馆和中国藏学研究中心的学者群合作对这批档案进行选择、校勘、翻译、编辑。

西藏奏稿 又名《景纹驻藏奏稿》。（清）景纹著。旧抄本，原书不分卷，6 册。作者于同治四年（1865）七月到拉萨任驻藏大臣，同治八年（1869）三月离藏。本书为其任职期内所办要事的记录，其中对平定瞻对事件、布鲁克巴与英印战争、吐多卜降巴察、噶布伦更替实情等，记述详尽。

西藏奏疏 清代西藏史料。刻本，共 10 卷。本书以自刻本传世，极为珍贵，现有 1983 年西藏社会科学院编辑出版的印本。清道光年间驻藏大臣孟保、海朴的奏折汇集。本书较详细地记述了道光二十一年（1841）英国策动拉达克头人勾结森巴人武装入侵西藏阿里地区和西藏人民反击入侵者、收复失地、获取全胜的史实。对十世达赖喇嘛圆寂、十一世达赖喇嘛坐床、聂拉木和济龙的管理问题等重大事件，记载详尽。是研究清代中期西藏历史的宝贵资料。

雪域风云 西藏自治区教育委员会、西藏大学编。西藏人民出版社 1995 年 8 月出版，32 开，191 页。本书收录了 50 余篇文章，记述了有关西藏和平解放、平叛和民主改革的历史。

有关西域的藏文文献和文书 （英）托玛斯著。伦敦吕查克公司分别于 1935 年、1951 年、1955 年出版。本书共 3 卷包括：第 1 卷收录《甘珠尔》和《丹珠尔》中的 5 种与于阗有关的文献以及一些与西域有关的短文，并有解题和注释。第 2 卷收录斯坦因在敦煌、米兰、麻札塔格等地发现的藏文文书，包括阿豺（吐谷浑）、沙州地区、罗布泊地区、于阗地区、突厥、政府与社会状况、吐蕃军队等内容。第 3 卷是作者对前两卷的订正和补充，以及藏文词汇表、写本原编号和本书页码与图版号对照表，并附图版若干幅。

有泰驻藏日记 （清）有泰著，吴丰培整理。中国藏学出版社 1989 年 3

月出版，16 开，影印本。本书为稿本，是驻藏大臣有泰在藏期间亲笔逐日所记，时间起自光绪二十八年(1902)十一月迄于光绪三十四年(1908)，内容涉及藏政、外交、宗教、风俗、地理等方面。

裕刚奏牍电告 裕刚撰。清光绪年抄本。本书是清末西藏历史资料。

豫师青海奏稿 吴丰培编。青海人民出版社 1981 年 11 月内部发行，32 开，185 页。豫师，字锡之，清内务府汉军，咸丰二年(1852)任子科进士，补授内阁汉本堂中书，升内阁侍读，八年(1858)任四川乡试副考官，九年(1859)正月任西宁办事大臣，光绪四年(1878)任乌鲁木齐都统，著有《险异图略》。本书为豫师赴西北协助左宗棠镇压白彦虎等回民起义及任西宁办事大臣时的奏折，共百余件。记事起于同治九年(1870)正月，终于光绪四年(1878)十月。本书虽系回务奏稿，但其中也有关于藏族的记述，如汉蒙官员赴藏迎接哲布尊丹巴呼图克图、玉树番族会盟、藏差于托托水被抢、贵德野番拒捕、缉拿果洛克抢贼等，均对藏史研究有一定参考价值，是了解 1870 年至 1878 年西北史实的重要文献。

元以来西藏地方与中央政府关系档案史料汇编 中国藏学研究中心等编。中国藏学出版社 1994 年出版，32 开，3195 页，7 册。本书收入自元朝至民国之间有关西藏地方政府与中央政府的关系档案史料。

藏北牧民：西藏那曲地区社会历史调查报告 格勒等编著。中国藏学出版社 1993 年 6 月出版，32 开，467 页。本书是中国藏学研究中心等 3 个单位组成的“西藏封建农奴制社会”课题组对藏北那曲地区进行社会调查的成果。本书分 9 章，叙述了那曲地区的自然环境、历史概况，以及牧民的经济活动、社会组织、宗教习俗等，对藏北牧民的游牧生活作了全面而细致的描述。附那曲地区所属县区乡一览表等 10 个附录。

藏事稿本 陆兴祺等著。中国藏学出版社 1993 年 10 月出版，32 开，51 页。本书辑录了辛亥革命后一些内地官员、学者对西藏问题的分析和建议。由《解决藏事说帖》、《藏事略述》、《藏事说帖》、《定川保藏略》和《藏事纪略》5 篇文章组成。

藏族编年史料集一 陈乃文、陈燮章辑。民族出版社 1989 年 11 月出版，32 开，262 页。藏族历史资料集。资料主要从汉文史籍编年类中辑录、整理而成。本书为唐五代时期，从《资治通鉴》(中华书局 1976 年排印本)、《顺宗实录》(《丛书集成初编》本)、《稽古录》(《四部丛刊》本)、《唐鉴》(《金华丛书》本)、《五代春秋》(《丛书集成初编》本)、《通鉴地理通释》(《津逮秘书》本)、《通鉴释文辩误》(中华书局 1976 年排印本)、《通鉴注商》(《安徽丛书》本)、《通鉴隋唐纪比事质疑》(中华书局1964年排印本)中辑录。按各书原次序排列。

藏族编年史料集二 陈乃文、陈燮章辑。民族出版社1990年11月出版,32开,985页,上下册。本书辑录了宋代有关藏族的资料,有《稽古录》、《太宗皇帝实录》、《续资治通鉴长编》、《皇朝编年纲目备要》等20篇。原著分别采用《四部丛刊》本、浙江书局刻本、元建安朱氏与耕堂刻本、明修本等十几种版本。本书按各书的原次序辑录,并且加有标点。

藏族史料集 陈燮章、索文清、陈乃文编。四川民族出版社1982年5月(第1集)、1983年3月(第2集)、1987年6月(第3集)、1993年4月(第4集)出版,32开,1919页,4册。本书据正史辑录、汇编而成。第1集,569页,记事起自隋迄于唐。辑录了《隋书》、《北史》、《旧唐书》、《新唐书》、《旧五代史》、《新五代史》中有关藏族的资料,按相应各书的顺序和体例排列。校勘记随正文辑录。第2集,409页,记事起自宋迄于金。辑录了《宋史》、《辽史》、《金史》中有关藏族的史料。第3集,342页,记事起自元迄于明。辑录了《元史》、《明史》中有关藏族的史料。第4集,559页,记事起于清崇德迄于宣统。辑录了《清史稿》中有关藏族的史料。本书是汉文正史所载藏族史料,为研究隋代至清代藏族社会及民族关系不可缺少的史料之一。

赵尔丰川边奏牍 吴丰培编。四川民族出版社1984年8月出版,32开,509页。本书收入各种奏折、电文等共500余篇。赵尔丰于清末任川边大臣,一度兼任驻藏大臣。他在甘孜、昌都地区实行"改土归流"、"设官建制"等多项措施,同时杀害了不少藏族人民。本书记事起于光绪三十一年(1905)五月,迄于宣统三年(1911)八月,分10章。前两章为赵氏传略和川边任内大事记;后8章分巴塘平乱、川边经营、出关及筹划藏政、兼任驻藏大臣、改土归流、川军援藏、引退、西康建省等,分门别类按年月日排列赵氏在川边7年的全部事件、奏折、电文等。其中用兵巴塘、德荣、乡城、盐井、桑昂曲宗(察隅)、昌都、德格等县,以及设官分治、税收、统一度量衡、文教、交通、边务等方面的文件尤详,是研究清末川边藏区的重要参考资料。

中国共产党云南省迪庆藏族自治州组织史资料 中共迪庆州委组织部等编。云南民族出版社1993年1月出版,16开,182页。本书由中国共产党云南省迪庆藏族自治州组织史资料、政权系统组织史资料、军事系统组织史资料、统战系统组织史资料和群团系统组织史资料组成。时间上限为1949年

2月，下限为1987年10月。是了解迪庆州各类组织史资料的要籍。

中国海关与缅藏问题 中国近代经济史资料丛刊编辑委员会主编。中华书局1983年出版，32开，246页。本书分2章，即关于缅甸问题资料和西藏资料。西藏资料是赫德（英）在1889年1月至1894年1月间和其弟赫政的来往英文电报译文，共262件；还有部分清朝总理衙门和驻藏大臣让赫德兄弟传达的有关电文。本书是近代外国侵略者吞并缅甸、侵略西藏的资料。

中国西藏地方历史选辑 西藏社会科学院、中央民族学院藏族研究所编。藏文。西藏人民出版社1996年8月出版，32开，1097页。本书材料选自吐蕃时期的碑文、金石铭、敦煌文书，以及《萨迦世系》、《西藏王臣记》、《宗喀巴传》、《历代达赖喇嘛传》、《章嘉传》等史书。用大量历史事实证明了藏汉之间自古以来的亲密关系。

中国西藏社会历史资料 金晖等著。五洲传播出版社1994年11月出版，16开，123页。本书概略地介绍了西藏地方与中央的历史关系和1959年以前西藏封建农奴制社会状况。

驻藏奏稿 （清）文硕撰。抄本，8卷。并被收入吴丰培编《清季筹藏奏牍第一辑》（有删节，民国商务印书馆出版）。作者于光绪十一年（1885）至十四年（1888）任驻藏大臣，本书为其在任期间的奏议。其中对作者积极支持西藏人民抗英、清廷传令文硕命西藏撤除要卡等事件记载详尽。是了解隆吐山保卫战的重要资料。本书在一些著述中被称为《文硕驻藏奏稿》，并被收入最近出版的《清代藏事奏牍汇编》一书。

卓尼文史资料（第一辑） 中国人民政治协商会议甘南州卓尼县委员会文史资料委员会编印。1984年8月内部印行，32开，116页。本书主要内容为卓尼土司制度八、新民主主义革命时期卓尼大事记、卓尼县党史办公室二、卓尼卜峪事变的前后三、卓尼北山事变的前因后果四、保甲制度在插岗的破产五、安多藏区甘南卓尼之现况六、卓尼解放前后的杨复兴七、生活在卓尼喇嘛寺。

卓尼文史资料（第二辑） 中国人民政治协商会议甘南州卓尼县委员会文史资料委员会编印。1986年4月内部印行，32开，58页。本辑为班禅额尔德尼·却吉坚赞副委员长视察卓尼专辑，收录《班禅额尔德巴·却吉坚赞副委员长视察卓尼》、《班禅副委员长在汇报会上的讲话》、《杨积德县长向班禅副委员长汇报题纲》《班禅副委员长在宴会上的讲话》、《景丹珠副县长在欢迎班禅副委员长宴会上的讲话》、《班禅副委员长在禅定寺接见群众时的讲话》和活动照片。

卓尼文史资料（第三辑） 中国人

民政治协商会议甘南州卓尼县委员会文史资料委员会编印。1991年内部印行，32开，219页。本书收录《卓尼土司制度的历史及其演变》、《一九四四年杨复兴在迭部的武装禁烟活动》、《原洮岷路安司令部正式武装部队概况》、《卓尼禅定寺原有佛殿、佛像、经卷及其他》、《西藏五世策墨林活佛来卓朝拜前几世活佛出生圣地》、《一至四世策墨林简介》、《忆家父刘济清先生生前为卓尼面粉加工事业的贡献》、《解放前的纳浪学校》、《解放初期卓尼供销合作事业发展概况》、《清代卓尼五位武举》、《参加抗日青年远征军的卓尼籍人员》等17篇文章。

卓尼文史资料(第四辑)　中国人民政治协商会议甘南州卓尼县委员会文史资料委员会编印。1993年内部印行，32开，180页。本书收录《西陲第一桥——卓尼木耳桥》、《解放初洮河木材的采运及改进》、《卓尼县干校简况》、《卓尼师范学校的创建与发展》、《卓尼禅定寺寺藏文物考略》、《卓尼地区建政情况简述》、《一九五三年卓尼城区洪水灾害及防洪渠修建情况》、《卓尼县第一个农业生产合作社》、《一九五六年甘南工作团第一分团稳定迭部社会治安工作情况概述》、《卓尼大寺历任大法台传承纪略》、《纳浪村民习俗及其他》、《卓尼县政协机构设置及历届会议概况》等14篇文章。

卓尼文史资料(第五辑)　中国人民政治协商会议甘南州卓尼县委员会文史资料委员会编印。1997年印行，32开，140页。本书收录政协卓尼县委员会编的《卓尼县农牧业互助化合作经过》、《解放初期卓尼地区剿匪始末》、《卓尼农村人民公社化运动纪实》、《班禅副委员长视察卓尼后记》、《洮砚石门寺见闻》、《卓尼厦哇曲结·金巴达吉》、《持戒师杓哇·洛桑南吉》、《“沙冒宝座”概述》、《阿子塘大菩提宝塔》、《马奴寺》、《卓尼藏族“提提玛”初探》、《卓尼县文化馆馆藏文物概述》、《卓尼县柳林小学校发展史》等文章。

卓尼文史资料(第六辑)　中国人民政治协商会议甘南州卓尼县委员会文史资料委员会编印。1997年内部印行，32开，120页。本辑为卓尼县1949年至1997年的大事记，分基本完成社会主义改造时期(1949年—1956年12月)、开始全面建设社会主义时期(1957年1月—1966年5月)、无产阶级“文化大革命”运动时期(1966年5月—1976年1月)和社会主义现代化建设新时期(1976年10月—1997年12月)四个阶段。

卓尼文史资料(第七辑)　中国人民政治协商会议甘南州卓尼县委员会文史资料委员会编印。2003年内部印行，32开，158页。本书收录《卓尼土司》、《卓尼和平解放纪实》、《杨土司支援红军卓尼迭部》、《一个老藏民的回忆录——卓尼藏族支援红一方面军长征始末》、《我的少年时代》、《试论卓尼政教合一制》、《卓尼土司制度的特点及历史作用》、《卓尼与夏河在扎尕梁草山纠纷调解纪事》、《杨积庆从封建土司到"革命烈士"的果敢事迹》、《博峪事变之远因》、《军阀鲁大昌与土司杨积庆干戈相见之由来》、《卓尼禅定寺宋堪布及其教育活动》、《爱国活佛第四世热旦加措·尕藏图丹加措传略》、《略谈解放前卓尼的木商业》、《国民党卓尼贪官丑行记》、《卓尼洮河明珠——多架山水电站概况》、《清代名僧齐哇·洛藏程烈小传》、《清代卓尼多僧恰盖·洛卓嘉措及其著作》、《卓尼纳浪拉仁巴格西·阿旺丹巴生平简介》、《禅定寺牡丹源流记》等24篇文章。

(四)碑文

白塔寺碑　清代石碑。(清)宁完我撰汉文,希福译为满、蒙文,杨振麟书汉字。碑存北京北海公园琼华岛,于顺治八年(1651年)建白塔时立。碑文内容为:赞扬皇帝仁义,天下太平。此塔是清廷为使民众平安、风调雨顺而听从西藏喇嘛的建议,建于西苑。北海白塔高35.9米,有砖石台基,座为折角式须弥座,南面有壶式眼光门,门内有咒文"十相自在"。

册封五世达赖喇嘛金册文　清军入关前,五世达赖阿旺罗桑嘉措(1617—1682)曾派遣僧人使者与清政府联系,顺治元年(1644)清朝取得全国统治权,五世达赖等又派贡使至京贡献方物,表示臣服。清政府也派人至藏,敦请五世达赖进京。顺治九年(1652)五世达赖抵京,顺治皇帝亲至南苑迎接。清政府为五世达赖建造黄寺,作为诵经之所,并赏金银珠宝等。顺治十年(1653)五世达赖回藏,清政府册封五世达赖金册、金印。金册为汉、满、藏三体文字,共216字(汉文),正式册封五世达赖喇嘛为"西天大善自在佛所领天下释教普通瓦赤喇怛喇达赖喇嘛"。

册建护国寺塔记　清刚林撰于清崇德五年(1640)。有关清初西藏僧人在盛京的资料。收入《盛京通志》、《沈阳县志》。主要记述皇太极听从大喇嘛锡伯扎绰尔吉弼勒图朗苏的建议,在盛京(今辽宁省沈阳市)开东、南、西、北4门,并建4庙、4塔的情况。如西庙:东为永华寺,俗称东塔,祠宇35楹,钟鼓楼、碑亭各两座,额设大喇嘛1、喇嘛19;南为广慈寺,俗称南塔,祠宇45楹,钟鼓楼、碑亭各两座,额设大喇嘛1、喇嘛19;西为延寿寺,俗称西塔,祠宇45楹,钟鼓楼、碑亭各两座,额设大喇嘛1、喇嘛19;北为法轮寺,俗称北塔,祠宇42楹,钟鼓楼、碑亭各两座,额设大喇嘛1,喇嘛19。每寺各建白塔1座。其建寺塔的目的是为夺取全国政权作舆论准备。

储大文拟平定西藏碑　清代西藏碑。《西藏图考》有载。立碑地点不详。系为康熙五十九年(1720)清军平定准噶尔纪功之碑。碑文着重记述了康熙五十九年(1720)进藏的各路清军、将领及其在途中的大小战役,平定西藏准噶尔之乱,七世达赖坐床等事件。是记述平定准噶尔事件的碑文中较详细的一块。可与《平逆将军进藏纪功碑》、《噶尔弼平定西藏碑记》和康熙《平定西藏碑》参看。是研究西藏近代史的重要参考资料。

达扎路恭纪功碑　唐代吐蕃石碑。立于拉萨布达拉宫前。为吐蕃赞普赤松德赞为其部将达扎路恭(《新唐书》作"马重英")于唐广德元年(763)率兵攻入长安纪功而建。碑身呈方柱形,下宽上收,碑座为3层,上有顶盖。碑身东、南、北3面有字,均为藏文正楷,虽经千余年风雨剥蚀,字迹大多清晰可辨。是研究唐蕃关系的重要历史资料。

大金喇嘛法师宝记　后金(清)石碑。碑原存辽宁省辽阳市郊喇嘛园村,现移辽阳市文管所保存。系后金(清)政权为斡禄打儿罕囊素大喇嘛墓塔建立的碑记。碑高0.95米、宽0.66米,圆首方体,正面额题"敕建"。碑文用汉、满两种文字书写,撰刻于后金(清)天聪四年(1630)。囊素喇嘛为西藏(乌斯藏人)僧人,卓锡于内蒙科尔沁部,后金天命六年(1621)到沈阳,受到努尔哈赤隆重的礼遇。碑文着重记述了囊素精通佛学,为弘扬佛法,不远千里来到内蒙,阐扬圣教,受到太祖皇帝优待,他圆寂后,皇帝于天聪四年(1630年)命建塔立碑等内容。碑上还刻有门徒和建塔碑之工匠100余人的姓名。该碑是目前所发现的后金最早的有关西藏佛教的碑。

大喇嘛坟塔碑　清代石碑。碑存辽宁省辽阳市郊喇嘛园村。碑立于顺治十五年(1658)。该碑为整修大喇嘛(即西藏大喇嘛斡禄打儿罕囊素)坟墓之碑记。碑文兼汉、满、蒙三体文字,额题"敕建",以汉文计,共9行,每行56字。主要记述了清太祖时期大喇嘛囊素率百家,辞去蒙古贝子职,投靠清太祖,受礼遇等,以及努尔哈赤为其建塔,后因年久塔根剥落而重修等内容。可以与《大金喇嘛法师宝记》和《满文老档》相互参照。

梵香寺碑　清乾隆朝石碑。乾隆十四年(1749)立于北京西郊香山公园附近的梵香寺,碑文为汉、满、蒙、藏文四体合璧。碑文为清高宗弘历撰。主要记述了为众生利益而修建寺庙及永无刀枪之苦等。

封阿望丹进为静觉寺国师敕谕　康熙四十年(1701)颁发。原件藏北京故宫博物院。静觉寺在青海,为格鲁教寺院，阿望丹进为寺主。敕谕中赞扬阿望丹进精明戒律，不远千里来朝贡，因而赏以敕印、封为静觉寺国师。这类封文不多见，是研究清代宗教政策的重要参考资料之一。

噶尔弼平定西藏碑记　清刊本《西藏碑文》作“藏布达拉山东崖上第二碑文”。原刻于拉萨布达拉东边山崖之上。康熙五十九年(1720)十一月定西将军噶尔弼撰文并书。噶尔弼作为护军统领于康熙五十七年(1718)十月，随允禵西征准噶尔，五十九年(1720)八月抵拉萨，十一月彻底消灭了准噶尔军队，并使七世达赖格桑嘉措在布达拉宫坐床。该碑记较详细地记述了此次进藏平定准噶尔军的经过。碑末由定西将军噶尔弼、议政大臣伍格、议政云南鹤丽镇总兵官赵坤、议政四川永宁协副将岳钟琪共同具名。是研究西藏近代史的重要碑文，可以与噶尔弼奏议、《卫藏通志》、《西藏图考》相印证、参考。

格登山碑　清代碑刻。今存新疆伊犁哈萨克自治州昭苏西苏木拜河东岸的格登山上。乾隆二十五年(1760)立。为平定准噶尔达瓦齐叛乱所立纪功碑。碑体方形，高约3米、宽1米多，上刻汉、满、蒙、藏4种文字。正面为汉文，碑阴为少数民族文字。因年代久远，碑文已严重残损，仅在碑左下方有“乾隆二十岁次已亥年五月三吉笔”等字尚可认清。据史料载，乾隆二十年(1755)二月，清廷派班第、永常等，兵分两路进攻准噶尔部首领达瓦齐，五月中旬击败达瓦齐于格登山，并在乌什擒获达瓦齐。乾隆亲制碑文，记述此次战役，立碑以志胜利。

广惠寺碑　清雍正朝石碑。别称郭莽寺碑。广惠寺原名郭莽寺，在西宁府大通卫(今青海省大通县)境内。雍正初年，罗卜藏丹津反清，郭莽寺僧人聚兵附逆，清军在平乱中将寺焚毁。雍正十年(1732)，青海政局稳定，因郭莽寺在交通要道口，为藏族喇嘛进内地的住所点，影响较大，故雍正决定重建郭莽寺，并制碑文、赐“广惠寺”以为纪念。碑文主要记述了罗卜藏丹津反清和平定过程，以及重建寺庙、定额僧人为200等内容。

广仁寺碑　清代黄教(格鲁派)寺院石碑。广仁寺位于陕西省西安市，建于康熙四十四年(1705)，为西北和青、藏一带藏族僧人进京路过陕西时的住宿地，是西安一带唯一的黄教寺院，当地称其为喇嘛寺。建筑布局为汉式寺庙格局。庙内每年农历十月二十四、二十五日举行黄教始祖宗喀巴大师成道日灯会。碑文为康熙亲撰。主要内容是赞扬佛教。此碑反映了统治阶级利用宗教进行统治的政策。

惠远庙碑　清代碑。雍正八年(1730)立。是为惠远庙落成而立的石碑。碑文为雍正亲撰。惠远庙坐落于四川康定县境噶达地方，是雍正时期为安置七世达赖喇嘛而建造的。雍正五年(1727)，西藏噶隆阿尔布巴叛乱，康济鼎被杀，西藏局势混乱，新疆准噶尔乘机骚扰西藏。清廷为稳定西藏僧俗，于雍正六年(1728)将七世达赖移民川边，造惠远庙为达赖居住、诵经之所。碑文首叙满清与藏传佛教的关系，次叙建造惠远庙的经过。是研究藏传佛教的资料。

金刚宝座塔碑 清乾隆朝石碑。今存北京碧云寺左边一行宫内。乾隆十三年(1748)立。塔用汉白玉石砌成，高30多米，其上的佛像、天王、力士等浮雕图案均系藏式艺术。碑文为汉、满、蒙、藏四体合璧。碑文为乾隆亲撰。着重记述了西藏喇嘛入贡北京时，清廷应喇嘛所请，在碧云寺旁建造藏式金刚宝藏的经过。

景陵圣德神功碑 清雍正朝石碑。碑存河北省遵化县清东陵。雍正元年九月立。碑文着重记述了康熙皇帝一生的功德，尤其是对其征讨噶尔丹、驱逐准噶尔平定西藏等事件的记述详尽。

喇嘛说碑 清乾隆朝石碑。今存北京雍和宫。乾隆五十七年(1792)刻石立碑。碑文系汉、满、蒙、藏四体合璧。碑文由乾隆亲撰。记述了元代藏传佛教在朝中的情况，喇嘛一词考述，一至七世达赖及其历史，其他重要活佛系统的情况，西藏达赖喇嘛或班禅额尔德尼同驻藏大臣共同掣签确定呼必勒罕，蒙古地方大呼必勒罕要报清朝理藩院并在雍和宫的金瓶中掣签才能确认，以及清廷保护藏传佛教的一些重要政策。为研究清朝政府对蒙藏两地佛教政策的重要史料。

泸定桥碑记 清代石碑。碑存四川泸定桥。康熙四十七年(1708)清圣祖玄烨撰。碑文首叙康定、泸定等地沿革；次述康定明正土官被杀，清军发兵一事；最后详细记载了建造泸定桥的经过，铁索桥的规模，以及清朝皇帝赐桥名为“泸定”等。

岷州广仁禅院碑 北宋石碑。存甘肃省岷县西南的广福寺内。北宋神宗元丰七年(1084)张若纳立，荔非恭刻石。碑高2米，宽1米，碑额高宽均为0.6米。额题“敕赐岷州广仁禅院记”，碑文共26行，1061字。碑文由宋陕西路转运输使王钦臣撰，周氏字。主要记述了岷州广仁禅院修建的经过、岷州官员、岷州建置、海渊事迹、吐蕃首领赵醇忠和包顺及包城事迹、河陇吐蕃部落信奉佛教的状况等。其中有关广仁禅院修建时间可订《续资治通鉴长编》之误；职任一节可补宋代文献之阙；岷州建置可与《宋史》、《续资治通鉴长编》互为补证；海渊一事可补《宋史·方技传》之不足；赵醇忠(藏名巴毡角，又作巴珍觉，木征之弟、角厮罗之孙)及包氏等事可补《宋史·吐蕃传》之不详;寺碑西羌之俗一节可补正史之不足。为研究北宋时期安多藏族的重要资料。

南诏德化碑 唐代云南碑。现碑存今云南大理市旧县南十五里太和村西草帽街,但碑文残损严重。被列为全国重点文物。唐大历元年(766)亦即南诏赞普钟(吐蕃王朝所赐名号)十五年刻石。碑高3.02米,宽2.27米,厚5.80米。碑文40行,碑阴题名41行,共5000多字,均为正书。唐清平官王蛮盛撰文,杜光庭书。碑文主要内容为歌颂阁罗风功业,着重指出不得已而依附吐蕃的原因及经过。亦记述南诏疆域、军政措施、经济生产、与吐蕃等民族的关系以及与东南亚地区的交通等问题。其中多有《旧唐书》、《新唐书》及《蛮书》所不载者,为研究南诏史和吐蕃在云南经营情况的第一手资料。此碑明万历《云南通志》卷十有著录,后碑沉埋于土中。清乾隆五十三年(1788)为王昶访获。

奴儿干永宁寺碑 明代石碑。亦称"永宁寺碑",全称"敕修奴儿干永宁寺碑"。碑位于奴儿干都司衙署所在地特林(今俄罗斯境内)。明永乐十一年(1413)与永宁寺同时建造。碑高5.3尺,宽2.5尺。碑阳用汉文刻写,碑阴为蒙古文、女真文的对译,碑侧有汉、女真、藏、蒙4种文字刻写的"唵、玛、尼、白、美、哞"6字真言。额书"永宁寺记",下书碑文。其内容记载了奴儿干都司所辖地区(西起鄂嫩河、东至库页岛、北达乌第河、南濒日本海)受中央政权统辖和建寺立碑的情况。宣德八年(1433)重修寺院,再立"重建永宁寺碑",碑文内容相同,全用汉文刻写。是研究我国边界问题的重要碑文,对研究女真语言文字有很高参考价值。

平定金川告成太学碑 清乾隆朝石碑。碑存北京孔庙。于乾隆十四年(1749)年刻石立碑。乾隆撰文。主要记述了清政府第一次用兵四川金川之事。乾隆初年,大金川土司莎罗奔与小金川土司泽旺发生矛盾,同时,莎罗奔和康定的明正土司也有一些土地纠纷。清政府想乘机翦除后患,便派兵进攻,不料被金川藏兵所败。乾隆十二年(1747)至十四年(1749),清政府连续进兵攻打,终于迫使莎罗奔投降。碑中除述及平定金川事外,还有赞扬清军的长篇古诗附于碑末。可以与《平定两金川告成太学碑》互相参照使用。

平定金川勒铭噶喇依之碑 清乾隆朝石碑。于乾隆四十一年(1776)刻石立碑。乾隆撰文。为"御制碑文四篇"(即《平定金川告成太学碑》、《平定金川勒铭美诺之碑》、《平定金川勒铭勒乌围之碑》、《平定金川勒铭噶喇依之碑》)之一。碑文主要记述平定金川战役中,攻克噶喇依官寨(噶喇依为大金川土司莎罗奔之侄郎卡的官寨所在地)

的经过。其中对清军所用武器、战术，以及郎卡官兵和民众投降的经过等，均有较详细记载。为研究金川战役的重要参考资料。

平定金川勒铭勒乌围之碑 清乾隆朝石碑。于乾隆四十一年(1776)刻石立碑。乾隆撰文。为“御制碑文四篇”之一。碑文记述攻克小金美诺官寨后，清军转攻大金川土司莎罗奔，以及攻克莎罗奔官寨勒乌围的经过。其中对清军的用兵时间、所采用的战术、率兵将领、攻克各要塞山头的日期等均有较详细记载。是了解金川战役的重要参考资料。

平定金川勒铭美诺之碑 清乾隆朝石碑。于乾隆四十一年(1776)刻石立碑。乾隆撰文。为“御制碑文四篇”之一。碑文中较详细记述了大小金川之役的全过程，尤其是攻克美诺官寨的经过，美诺为小金川土司泽旺官寨所在地。为了解金川战役的重要参考资料。

平定两金川告成太学碑 清乾隆朝石碑。碑存北京孔庙(今首都博物馆)。乾隆四十一年(1776)刻石立碑。乾隆撰文。乾隆十四年(1749)，第1次金川战役结束，20年后，莎罗奔侄孙索诺木联合小金川土司反抗清朝，清朝再次发兵攻打大小金川，乾隆四十一年(1776)，索诺木请降，宣告战事结束。该碑文记述了这一历史事件的全过程。为研究金川战役的参考资料。

平定青海告成太学碑 清代石碑。碑存北京孔庙。约于雍正三年(1725)立。雍正元年(1723)，青海厄鲁特蒙古首领罗卜藏丹津裹胁喇嘛叛乱。翌年春，清朝中央政府出兵平定，并随之对青海藏传佛教寺院、僧人管理制度进行了改革。此碑文记述了这次事件的经过和宗教政策。为研究西藏近代史的资料。

平定西藏碑 清代石碑。雍正二年(1724)立于拉萨布达拉宫前，原碑有碑亭。康熙五十九年(1720)，占据西藏的准噶尔军队被全部驱逐，清朝军队暂时管理藏政，并废除第巴，设立噶伦制。翌年，蒙古王、贝勒等奏请建立丰碑，康熙即制此碑文以纪武功。碑文记述了清初达赖与清朝的关系、准噶尔在西藏的罪行、七世达赖坐床、消灭准噶尔在西藏的势力等。

平定西藏纪功碑 清代西藏碑。孟保《西藏碑文》作“前藏布达拉山东崖上第一碑文”。李麟题。康熙五十九年(1720)十一月立。主要记述了康熙五十九年平定准噶尔一事，对七世达赖格桑嘉措坐床及护送经过亦有涉及。可与《平逆将军进藏纪功碑》、《噶尔弼平定西藏碑记》、《储大文拟平定西藏碑》和《平定西藏碑》(康熙)相互参照使用。

平逆将军进藏纪功碑 清代西藏碑。《西藏碑文》作“前藏布达拉山东崖下第一碑文”。碑存西藏拉萨。康熙五十九年(1720)立。平逆将军即延信,为清朝宗室,以平逆将军衔从允禵西征,康熙五十九年奉命率兵护送七世达赖进藏。是年九月十五日,七世达赖在布达拉宫坐床,十月平定准噶尔。本纪功碑文主要记述噶尔弼先率军进藏、延信护送达赖后至拉萨、共同击败准噶尔、善后事宜等。碑末由三级总管前锋营西仑图、总领粮运永泰,以及施世藩、陈志源、戴锦等共同具名。

普陀宗乘之庙碑记 清乾隆朝石碑。碑存承德普陀宗乘之庙。乾隆三十六年(1771)立。碑文为汉、满、蒙、藏四体合璧。乾隆撰文。普陀宗乘之庙是乾隆三十二年(1767)至三十六年(1771)用了5年时间仿西藏布达拉宫建造的。庙宇落成后,有西藏、青海、新疆、漠北、漠南等地的少数民族代表前来承德为乾隆和他的母亲祝寿,说明了全国政权的统一。建造庙宇,一为尊重少数民族宗教信仰,二为皇太后和乾隆本人祝寿。碑文较详细地记述了这一经过。

青海藏传佛教碑文集释·藏汉文本 陈庆英、马林编著。兰州古籍书店1990年出版,32开,540页。本书介绍了青海地区藏传佛教碑文的历史和内容。

清净化城塔记 清代西藏碑。今存北京西黄寺。于乾隆四十七年(1782)刻石立碑。乾隆撰文。乾隆四十五年(1780)六世班禅洛桑益西病逝于北京,清朝为之建塔纪念,并由皇帝撰写碑文。该碑文中记述了六世班禅大师内地宏佛、增进民族团结等事迹,对造塔立碑一事亦有详细记载。

庆宁寺碑记 清乾隆朝石碑。碑存喀尔喀蒙古库伦(现蒙古人民共和国乌兰巴托市庆宁寺)。乾隆二年(1737)立。碑文由翰林院编修万承苍代皇帝拟稿,以乾隆的名义颁布、刻石立碑。庆宁寺为清廷的哲布尊丹巴呼图克图一世建造的陵寝,也是清代喀尔喀蒙古最大的藏传佛教寺院和该地区的佛教中心,于乾隆元年(1736)建造。碑文记述了哲布尊丹巴呼图克图的主要政治业绩和建寺经过。《蒙藏佛教史》(妙舟)中载有此碑文全文。

善因寺碑 清雍正朝石碑。立于内蒙古自治区多伦汇宗寺旁。雍正撰文。善因寺为雍正九年(1731)世宗皇帝敕建,作为内蒙黄教大喇嘛章嘉呼图克图的居住、诵经之所。建筑风格仿藏式寺院。碑文为满汉合璧。额题“善因”。碑文赞扬了章嘉呼图克图精通佛学、道行高超,要求蒙古汗、王、贝勒、贝子、公、台吉等率部众听从章嘉呼图克图的教导,信奉佛法等。

十全记碑 清代西藏石碑。原立碑于拉萨布达拉宫前,今移拉萨龙王潭公园。另外,在北京、承德等地也有此碑。清高宗弘历于乾隆五十七年

(1792)撰文,并刻石立碑。该碑文主要记述了乾隆在位57年间反击廓尔喀入侵西藏和清代前期对西藏宗教的政策,以及平准噶尔、定回部、扫金川等十大武功。

实胜寺碑 清初碑。碑存沈阳实胜寺(俗称皇寺或黄寺),《清太宗实录》中有载。清刚林(国史院大学士)撰文于清崇德三年(1638)。碑文以汉、满、蒙、藏四体书写。刚林撰满文,大学士罗绣锦译汉文,弘文院大学士希福译蒙古文,道木藏古式译藏文。碑文主要记述了大清皇帝迎接西藏僧人于盛京西郊,并听从"有护法,不可无大圣。犹之乎有大圣,不可无护法"的建议,命工部修建实胜寺。并记有寺中的菩萨、佛像、法器和庙宇殿堂情况。

实胜寺碑记 清乾隆朝石碑。今存北京香山石碉群旁之实胜寺内。乾隆十四年(1749)立。乾隆十四年第1次金川之役暂告结束,清军因受重创停止进攻。金川土司利用石碉、险势取胜。此后,乾隆令清军在北京香山一带筑碉训练,为平定金川做准备。同时,仿效皇太极入关前造实胜寺的先例,在碉群旁建实胜寺,并亲撰碑文以为纪念。碑文中主要记述了这一经过。

双忠祠诗碑 清乾隆朝石碑。原存北京崇文门双忠祠。乾隆十六年(1751)刻石立碑。清高宗弘历撰文。双忠即驻藏都统傅清和左都御史拉布敦两人。乾隆十五年(1750)西藏郡王珠尔墨特那木扎勒阴谋叛清,被傅清和拉布敦诱杀。卓呢罗卜藏札什等得知,率众围攻驻藏衙门,将拉布敦乱刀砍死,傅清受重伤自尽。事平后,清政府优恤两人,并封为伯爵,在京建祠哀悼,乾隆赐名为"双忠祠"。碑文对此事作了详细记述,并有诗文赞颂"双忠"的英雄气概等。

唐蕃会盟碑 唐代石碑。亦称"长庆会盟碑"、"甥舅和盟碑"。存拉萨大昭寺前。唐长庆三年(吐蕃彝泰九年,823),吐蕃赞普赤祖德赞(《新唐书》作"可黎可足")为纪念唐蕃会盟而立。碑身为方柱形,上有石帽,碑高4.78米,宽0.95米,厚0.50米。四面均有文字。东面碑阴无汉字,为藏文,刻载唐蕃友好关系简要历史和此次会盟经过、意义。西面碑阴为汉藏两体文字对照,左半藏文横书,右半汉文直书,刻载会盟全文。南、北两侧分别为唐蕃参加会盟官员的名位,均为汉藏文对照。此碑为千余年来汉藏两族人民团结友好的真实记录和信实物证,也是研究吐蕃官制、氏族、语言、宗教的重要史料。

西黄寺碑 清雍正朝石碑。碑存北京西黄寺。雍正元年(1723)立。该碑是在哲布尊丹巴呼图克图、内蒙49旗汗王等的奏请之下,修整西黄寺,为颂扬康熙皇帝功德而立的。碑文中除歌功颂德外,还记述了积资造佛像、修西黄寺为天下祈祷等内容。

写寿班禅圣僧并赞碑 清乾隆朝西藏碑。碑存西黄寺。乾隆四十五年(1780)十一月刻石立碑。清高宗弘历撰文。乾隆四十五年,六世班禅进京,十月患痘,乾隆多次遣医诊视,并写此文为其祈寿。碑文中还赞扬班禅进京传法等事。

须弥福寿之庙碑记 清乾隆朝石碑。碑存承德市须弥福寿之庙。乾隆四十五年(1780)刻石立碑。为汉、满、蒙、藏四体合璧。清高宗弘历撰文。乾隆四十三年(1778),六世班禅通过章嘉呼图克图转奏,准备进京入觐,乾隆认为这是吉祥之事,有利于笼络蒙藏上层人物。于是允其所请,并令依班禅在日喀则所居扎什伦布寺在热河建造一座寺庙,作为班禅来京时的住所。寺庙名"须弥福寿之庙"是扎什伦布寺的汉译。乾隆四十五年(1780),六世班禅到承德庆祝乾隆七十寿辰。碑文对以上各事均有记述。

延寿寺碑 清代碑。延寿寺坐落于内蒙古呼和浩特市,蒙语称为"席勒图召",汉译"舍勒图召",当地俗称"大召"。原为明代所建喇嘛庙,清代席勒图呼图克图重修。康熙于1696年率兵追击噶尔丹,曾驻跸于此,恰值修庙竣工,奏请寺额,故赐名"延寿寺"。康熙四十二年(1703)赐御制碑文立于庙中。碑文为康熙所撰,为汉、满、蒙、藏四体合璧。主要记述了康熙3次亲征噶尔丹的情况。

雍和宫碑 清乾隆朝石碑。碑立于雍和宫天王殿前,分东、西两座碑亭,东为满汉文石碑,西为蒙藏文石碑。乾隆皇帝撰文。雍和宫始建于康熙三十三年(1694),为康熙第四子胤禛的王府,雍正三年(1725)改称今名。乾隆九年(1744)改为喇嘛庙,直属清朝中央政府管辖,额定喇嘛504名。碑文较详细地记述了雍和宫的历史及其改为寺庙的经过。

扎什伦布庙志匾 清乾隆朝匾。今存承德市须弥福寿之庙。乾隆五十八年(1793)刻写立匾。清高宗弘历撰文。匾文由一首五言古诗和长篇释文组成。主要记述了六世班禅圆寂后沙玛尔巴怂恿廓尔喀侵扰西藏边界及抢掠扎什伦布寺财物,以及清廷派军队反击入侵者等。此匾对于研究清代前期的西藏地方史和格鲁派的情况具有一定参考价值。

扎什伦布庙志事匾 清乾隆朝匾。今存承德市须弥福寿之庙。乾隆五十七年(1792)刻写立匾。清高宗弘历撰文。匾文由一首五言古诗和详细注释文组成。注释中首先记述六世班禅进京祝寿,清廷为此建寺以资安禅;其次将六世班禅进京居住黄寺及圆寂北京等作了说明;最后较详地细记述了六世班禅圆寂后的善后事宜、财产分配布施，以及清军反击廓尔喀入侵西藏的原因和经过。此匾对了解清政府的西藏政策、西藏政教矛盾等具有重要参考价值。

昭庙诗碑 清乾隆朝西藏碑。碑存北京香山宗镜大昭之庙内。乾隆四十五年(1780)刻石立碑。清高宗弘历撰文。乾隆四十五年(1780)，六世班禅赴京为乾隆祝寿，清廷在北京静宜园(今香山公园)建宗镜大昭之庙，作为班禅的驻锡之所。建成之日，乾隆撰文纪念。碑文记述了班禅入京一事及建庙缘起。

资福院碑记 清代石碑。今不存。康熙六十年(1721)立。清圣祖玄烨撰。康熙六十大寿时，哲布尊丹巴呼图克图、蒙古各部汗王、贝勒、贝子、台吉等赴京朝见，奏请建造喇嘛寺，以颂扬皇帝功德，并为之祝寿。康熙准奏，命将北京元代所建崇国寺重加修整，并赐名"资福院"，制碑以为纪念。碑文被收入《日下旧闻考》。碑记中首述征讨噶尔丹、平定西藏事，次述"西番香火地崇国寺"整修、赐名等事。

(五)传记

阿底峡传·噶当祖师问道语录 仲顿巴等著。藏文。青海民族出版社1994年6月出版，32开，904页。本书分10章，详细记述了古孟加拉高僧求师修法、功成名就、收徒讲经、来藏弘法等事迹。是研究藏传佛教噶当派教义和藏族文化不可缺少的史料。

俺答汗传 又名《阿勒坦汗传》。达颜恰(俺答汗的义子恰台吉)著，后经人补修。国内仅有蒙文抄本传世。约成书于17世纪初。本书以编年体详述了俺答汗的生平事迹及西藏藏传佛教格鲁派(黄教)在蒙古地区的传播。作者亲眼目睹或亲自参加了俺答汗的许多活动，成书时，俺答汗的夫人三娘子还在世，并掌握实权，故书中所记事迹及史实较为可靠。可补《蒙古黄金史纲》、《明实录》，以及藏文史书之不足，纠正《蒙古源流》中的许多错误。本书中渗透着格鲁派的教义，其写作沿袭了西藏宗教名人(高僧大德)传记的描述方法。为研究明代蒙古史、藏传佛教传入蒙古地区情况及西藏与俺答汗关系等方面的重要史籍。

巴伽活佛 温普林著。西藏人民出版社2000年1月出版，32开，216页。本书记述了巴伽活佛的主要经历。

白若杂纳传 益扎尼博等著。四川民族出版社1995年11月出版，32开，332页。白若杂纳是吐蕃王赤松德赞父子时期的藏族大译师，是藏族最初的出家七人之一。本书共19章，分为两部分：1.《白若杂纳传·大塑像》，亦译作《白若杂纳十六难》，为益扎尼博等著。第1至第6章，记述佛教的诞生和发展，以及佛教在西藏的传播情况。第7章，主要写白若杂纳赴印度学法、学习印度文化、回藏传教、翻译佛经，以及遭到当时奸臣挑拨离间而被流放嘉绒地区遭受劫难等事。2.《白若杂纳传·莲花乐园》，亦译作《莲花喜园》，由空行母益西措杰所发掘，是伏藏。本书简述了白若杂纳的生平。前者为大传，后者为略传。

班禅大师　降边嘉措著。东方出版社1989年出版，32开，290页。作者为当代著名藏学家，跟随十世班禅额尔德尼·确吉坚赞多年，对班禅大师比较了解。本书分10节，记述了十世班禅维护祖国统一、热爱祖国、热爱人民、弘扬佛法、与中国共产党真诚合作、光明磊落的一生。其中对班禅与陈毅的友谊、《七万言书》、铁窗生涯、周总理对班禅的关怀等事记述较详。并附有一至九世班禅的简介和藏传佛教的活佛转世制度。

班禅大师东来十五年大事记　陈文鉴著。南京大法轮书局民国三十七年(1948)十月出版。“中国边疆学会丛书”之一。本书为九世班禅罗桑图丹却吉尼玛赴内地和内蒙等地的大事记。作者自民国十八年(1929)跟随九世班禅大师在内地游历，直到大师圆寂于青海玉树。故对大师的言行、重大事件的处理、行程路站，以及大师维护祖国统一、热爱佛教、热爱众生等情况比较了解。再加上刘家驹和班禅行辕众多人士的补充，有关大师东行的大小事在本书中的记述更为详细。若与刘家驹《班禅大师全集》相互补充阅读，即可了解九世班禅大师东行的全貌。

班禅大师全集　刘家驹编译。班禅堪布会议厅民国三十二年(1943)十月印行。本书分题字、序言、传记、传法、演讲、电文等8部分，详细记述了九世班禅在内地的传法活动及其生平。对九世班禅在内地15年间的各种活动、政治演讲、传法内容、与中央的来往电文等记载尤其详细，是研究九世班禅的重要著作。书首林森、蒋介石、陈立夫等13人的题词亦属珍贵资料。

班禅东来记　沈艾孙等招待班禅同人合编。上海世界书局民国十四年(1925)六月出版。本书主要记述九世班禅大师应孙传芳之请，赴上海、杭州传法的经过。首述西藏史略，次述九世班禅赴上海、杭州两地的日程，以及传法、游览普陀和各地名胜、参观工厂等情况。附有51幅照片和2幅地图。是了解九世班禅在内地活动的重要资料。

班禅额尔德尼传　牙含章著。西藏人民出版社1987年11月出版，32开，386页。本书8章，分别介绍了第一至第十世班禅额尔德尼的生平，其中详细介绍了第四、五、六、七、八、九和十世班禅的情况。通过记述这10位班禅大师的生平，展现了藏族近600年的发展史，并把这段历史分为前后两期：前期，自元末明初到清中期，此时西藏在统一的祖国大家庭中和平发展，虽有两次异族入侵和内部两次叛乱，但基本上为和平发展时期；后期，自清中期至西藏和平解放，比较详细地记述了此时西藏反对英帝国主义入侵、反对一小部分不明大义人士分裂祖国、九世班禅和广大人民维护祖国统一的情况。

班禅额尔德尼传 牙含章著，洛桑平措、丹真珠扎译。藏文。西藏人民出版社 1992 年 9 月出版，32 开，899 页。本书根据西藏人民出版社 1987 年 11 月汉文版同名图书翻译出版。

班禅额尔德尼传 牙含章著，陈观胜、李培茱译。英文。外文出版社 1994 年出版，32 开，415 页。本书根据西藏人民出版社 1987 年 11 月汉文版同名图书翻译出版。

班禅副委员长视察迪庆 中国人民政治协商会议迪庆藏族自治州委员会文史资料委员会编。国际文化出版公司 1992 年出版，32 开，90 页。本书内容分 5 部分：1. 迪庆州各党政部门向班禅副委员长的汇报材料。2. 班禅大师视察迪庆州期间的讲话汇编，共 9 篇。内容涉及如何发展本地农牧业、工业、交通、藏语文等。3. 迪庆人民哀悼十世班禅大师。包括各种悼念活动情况。4. 回忆录。收入迪庆州曾受十世班禅接见的同志的悼念文章。5. 十世班禅简介及云南省和迪庆州的有关文件，以及十世班禅考察组随行人员名单等。

班禅事略 西藏班禅驻京办事处民国二十七年(1938)三月编印。线装铅印本。本书分 15 章，记述了班禅世系、九世班禅罗桑图丹却吉尼玛从降生到金瓶掣签和坐床及到汉蒙两地传法的经过。其中对九世班禅 3 次进京追荐十三世达赖和在汉蒙两地启建 8 次时轮金刚法会及民国政府册封等记载尤详。书首有九世班禅遗嘱及民国政府褒扬班禅全文。

才旦卓玛 胡向泽、成平著。西藏人民出版社 1995 年 7 月出版，32 开，242 页。长篇报告文学。本书描述了藏族著名歌唱家才旦卓玛的生活及其艺术生涯，分“仙女下凡”、名师高徒、领袖与歌唱家、你从雪山走来等 9 部分。

沧海丛书第三辑 张伯桢著。民国二十三年(1934)刻本，4 卷。又有《西藏佛教四种》、西藏社会科学院西藏学汉文献编辑室编辑出版，影印本。本辑为西藏资料专辑。收张伯桢所著《达赖喇嘛传》(卷一)、《班禅额尔德尼传》并附图片 10 幅(卷二)、《西藏大呼毕勒罕考》(卷三)、《西藏圣迹考》(卷四)，并附有荣武佛传法录、荣武佛传、白喇嘛普仁传及其舍利塔铭等。其中对九世班禅大师、安钦活佛、荣武活佛等人在汉地传法的情况等记述较详；对各大活佛世系的记述也有较高参考价值。是研究藏传佛教在内地弘法的重要资料之一。

川甘青藏走廊古部落 （法）石泰安著，耿昇译，王尧校。四川民族出版社1992年12月出版，32开，184页。本书是一部研究甘肃、青海、四川藏族地区古代部落和历史地理的重要著作，曾于1961年由法国大学出版社作为“法国高等中国研究所”丛书第15卷出版。书后附作者石泰安小传及译后记。

达巴桑杰和玛久拉仲传 确吉桑格、刚巴著。藏文。青海民族出版社1992年11月出版，32开，649页。本书记述了达巴桑杰和决鲁教派主要传承者玛久拉仲两位佛教圣者的生平事迹。包括其生卒年代的考证、学经修法、证悟得道、为众生广做善事；达巴桑杰与内地和尚玛哈牙纳辩经、朝拜五台山等。达巴桑杰和玛久拉仲是师徒关系，在藏族地区有着广泛的影响。他们师徒两人联合创立了断行逻辑学说。所谓断行，就是断灭一切自私自利之心，树立一切为了他人之善行，最后达到最高的思想境界。《玛久拉仲传》中对决鲁派创立断行修法的记述尤为详细。

达赖事略 阿旺扎巴等著。民国二十三年（1934）二月印本。本书主要记述历世达赖生平，对十三世达赖的记述较详。

道次师承传 益西坚赞著。西藏人民出版社1990年5月出版，32开，922页。成书于1787年。本书系统地介绍了从佛祖释迦牟尼到格鲁派初期之间的传承法统。

德洛巴和纳若巴传略 仁钦南杰、格日多匝著。青海民族宗教委员会少数民族古籍办公室整理。青海民族出版社1992年10月出版，32开，151页。本书是德洛巴和纳若巴师徒两人的传记，主要记述了两人的生卒年代、习经学法、传教收徒、普度众生，以及纳若巴为拜师历尽千辛万苦终于修得正果的经历。

邓小平传 中共中央文献研究室编。藏文。四川民族出版社2002年出版，32开，249页。据中共中央文献研究室和中央电视台联合创作的大型电视文献纪录片《邓小平》编，全面反映了邓小平同志的光辉业绩和伟大理论，真实再现了邓小平同志的革命生涯和伟人风采。

第三世嘉木样传 堪布·阿旺土登嘉措著。藏文。有拉卜楞寺木刻版。中国藏学出版社1991年10月出版，32开，386页。本书按年代顺序详细记载了第三世嘉木样活佛洛桑土登久美嘉措（1836—1889）大师入寺学法、赴藏辩经、传教收徒，以及重大佛事和政治活动，同时还记载了他同清朝皇帝的关系等重要史实。通过这些记述，可以了解到当时甘肃、青海、四川、西藏等藏族地区的政治、经济和文化等方面的情况。

第十世班禅额尔德尼评传 洛卓吉村编。五洲传播出版社 1998 年 12 月出版，32 开，120 页。本书简要评述了第十世班禅额尔德尼的一生。

第一世嘉木样传 杨复、杨世宏译注。甘肃民族出版社 1994 年 10 月出版，32 开，209 页。第一世嘉木样是格鲁派著名学者，其晚年创建的拉卜楞寺为黄教六大寺院之一。本书按年代顺序记述了他的一生。附第一世嘉木样文集目录。

弟子问道语录 又名《幻书》。鄂·勒巴协绕著。藏文。青海民族出版社 1994 年 7 月出版，32 开，837 页。本书是藏传佛教噶当派鼻祖阿底峡门下师徒秘密传授的教法《噶当书》的一部分，内容为噶当派创立者仲顿巴的传记，以及阿底峡圆寂后仲顿巴创立噶当派的情况汇编。

都琼·多杰若巴自传 都琼·多杰若巴著。藏文。青海民族出版社 1991 年 9 月出版，32 开，344 页。本书分 13 章，为宁玛派高僧自传。内容述及都琼·多杰若巴生于循化县，被遴选为合作寺活佛转世灵童，因其不愿当活佛而毅然决定离开寺院和家乡，云游藏区各地，拜高僧名师修习宁玛派大乘密宗，经过多年潜心修炼，佛法造诣逐渐高深，成为宁玛派重要人物的事迹。

敦珠宁波车访问香港 刘锐之著。香港敦珠精舍香港金刚乘学会 1978 年 7 月出版，32 开，141 页。本书分两部分：第 1 部分介绍了 49 幅塘噶画的内容；第 2 部分主要记述宁玛派高僧敦珠宁波车应香港金刚弟子之请在港传法的过程，包括四灌顶法宝、妥噶示范、高法灌顶等内容。"宁波车"即"仁波切"(活佛)。

多钦则传 多钦则·尼西多吉(1800—1866)著。藏文。四川民族出版社 1997 年 4 月出版，32 开，298 页。作者生于青海果洛。自幼勤奋好学，后成长为一位博学圣人，誉满藏区。曾著书 30 余部，现尚有 10 余部存世。本书包括 3 个部分：第 1 部分，多钦则·尼西多吉自传，其中谈及自己应了空行母的预言，是吉美领巴大师的转世之事；第 2 部分是由多·仁增泽美札巴活佛用《诗镜》中 35 种格律形式的诗歌写成的传记；第 3 部分，祈祷加持词。本书详尽地叙述了多钦则大师一生的丰功伟绩，阅读这本书，给人以轻松愉快的感觉，使人受到鼓励与鞭策。

多仁班智达传：噶锡世家纪实 又名《多仁班智达传·噶锡瓦世系》，简称《多仁班智达传》。丹津班珠尔(又名多仁·丹增班觉)著，汤池安译，郑堆校。原书以抄本传世，全国仅 4 种。有四川民族出版社 1988 年藏文版。中国藏学出版社 1995 年 11 月出版，32 开，656 页。本书根据四川民族出版社藏文版翻译。成书于藏历第十四饶铁马年(1810)。本书是多仁·丹增班觉的自传体传记,主要记述了多仁·丹增班觉本人的从政经历和其父多仁班智达·南杰热旦的从政历史,其次记述了1700年至1806年间噶锡瓦家族(多仁)5代人的经历。其中记录了18世纪西藏的重大政治历史事件,如1720年康济鼐反击准噶尔斗争、多仁班智达家族先后继任噶伦、1750年珠尔默特那木扎勒事变、1751年多仁班智达·南杰热旦任首席噶伦、藏历第十三饶迥铁鼠年(1780)多仁班智达·南杰热旦率军镇压康区三岩地方头人反抗、1788年至1792年藏廓边境纠纷等等。此外,还记载了有关七世达赖喇嘛圆寂、八世达赖喇嘛坐床和圆寂、六世和七世班禅的一些重大事件。作者在记录自己从政的过程中,也记录了一些西藏贵族布施、供养、修寺、刻经、学佛的活动,以及拉萨祈愿大法会、江孜赛马射箭、贵族婚礼、丧葬习俗等藏族的一些风俗习惯。书后附噶锡世系、年代对照、人名地名对照表和月份名称等。本书不但是研究西藏"噶厦地方政府"与清朝中央关系的重要参考书,也为宗教和民俗学提供了宝贵资料。

二十世纪西藏奇僧:人文主义先驱更敦群培大师评传 杜永彬著。中国藏学出版社2000年出版,32开,537页。本书系"发现西藏"书系中的《关于西藏的名僧》。书中介绍了更敦群培的生平事迹,并评述了他在藏族文化和历史上的地位。

番僧部汇考 (清)蒋廷锡等撰。见《古今图书集成·边裔典》卷八十四。本书起自明太祖洪武五年(1372)西藏帝师喃加巴藏卜先遣使朝贡,迄于清康熙二十一年(1682)圆觉等寺藏僧进贡,其中对明清两朝对西藏僧人的赐封等记述较详。本书主要涉及宁玛等派,对格鲁派未作记载。

番僧源流考 佚名撰。有旧抄本和1982年西藏人民出版社铅印本。本书据西藏地区藏、汉文档案和调查资料编写而成,约于道光二十三年(1843)成书。属清代西藏宗教史书。本书记述了达赖喇嘛、班禅额尔德尼、哲卜尊丹巴、彭多所属达隆寺呼图克图、察木多珠古塘加剌、类乌齐呼图克图等大小活佛44支系,并附《金巴瓶掣签之上谕》、《西藏宗教节日单》,其中藏族僧俗生活习惯、文化娱乐和宗教首领承传制度的记述尤为详尽。是研究藏族宗教和历史的重要参考书。

佛境——影响西藏佛教的奇僧 周炜著。光明日报出版社2003年出版,32开,440页。"西藏宗教文化历史丛书"之一。本书以西藏历史上部分比较有影响的赞普、大臣、僧人、摄政王、著名大活佛的事迹为主线,记述了西藏的政治、历史、宗教、政权的发展。

噶丹嘉措传 阿旺降曲索南著。藏文。青海民族出版社 1990 年 12 月出版，32 开，136 页。噶丹嘉措(1607—1677)生于青海省同仁县隆务寺附近，是藏传佛教格鲁派的高僧。本书详尽记述了噶丹嘉措(即黄南隆务寺大活佛夏日仓)出家、就学西藏、拜 30 多位高僧为师等生平事迹。

噶当祖师问道语录 又名《阿底峡传》。仲顿巴等著。藏文。青海民族出版社 1994 年 6 月出版，32 开，900 页。本书是古印度佛学大师阿底峡的亲传弟子仲顿巴·杰瓦迥乃以向阿底峡问道的方式记录下来的著作，主要记述了阿底峡的生平事迹和噶当派的基本教义、教规，以及噶当派十六明点传承师别传等。可参阅《弟子问道语录》。

噶伦传 全称《噶伦传·真言之音》。朵喀夏仲·次仁旺杰(1697—1763)著。藏文。以拉萨铁桥雪康刻本传世。有四川民族出版社 1981 年据刻本出版的铅印本。另有李凤珍汉译本，收入中国社会科学院民族研究所、西藏档案馆合编的《藏文史料文集》(1985 年内部铅印本)。西藏人民出版社 1986 年出版，32 开，67 页。编年体传记。本书是作者继《颇罗鼐传》、《施努达美》、《梵藏辞典》之后的又一部著作，成书于 1763 年，是作者在病榻上完成的。本书以作者的亲身经历较详细地记述了 1727 年阿尔布巴等人发动的卫藏战争的全过程，对作者亲自调解七世达赖喇嘛格桑嘉措与颇罗鼐之间的矛盾、清朝军队护送准噶尔人入藏熬茶布施和朝佛、寻访七世达赖喇嘛灵童过程等记述尤详。是研究 18 世纪藏族历史和藏蒙关系、西藏地方政府与清朝中央政府关系的第一手资料。

肝胆颂 卢克俭著。汉藏文对照本。民族出版社 1997 年出版，32 开，189 页。作者是甘肃省人大主任。本书是作者的回忆录。书中分别回忆了作者与班禅大师、贡唐仓活佛等 6 位少数民族杰出人物一起工作、学习、活动的情况。由习仲勋题写书名，宋照肃作序。附多幅图片。

感念西藏：一个金珠玛米的回忆 凌行正著。解放军文艺出版社 2000 年出版，32 开，348 页。作者在书中回忆了在西藏保卫边疆和与藏族人民共同建设西藏的亲身经历。

岗波哇传 索朗龙智著。青海民族出版社 1993 年 5 月出版，32 开，181 页。本书散韵结合，诗文合璧，生动地描述了 12 世纪噶举派苦修僧岗波哇·索南仁青继承噶举派苦修禅定的传统，不断苦修，最终成功并不辞辛劳教化众生的事迹。

高原科技之星 陈祖鹤等编。西藏人民出版社 1995 年 1 月出版，32 开，267 页。本书辑录了 1992—1993 年间西藏人民广播电台在《高原科技之星》

专题广播节目中播出的记述西藏科技界优秀工作者及其事迹的文章56篇。

高原雪魂孔繁森 郭保林著。山东文艺出版社1995年5月出版，32开，314页。长篇报告文学。本书用大量生动的材料介绍了孔繁森在西藏工作期间的感人事迹，高度赞扬了他不计个人得失，时刻关心群众疾苦的高尚品格。

格西喜饶嘉措传 彭措著。藏文。民族出版社1998年8月出版，32开，298页。本书主要记述了知名爱国宗教人士格西喜饶嘉措在修建多比寺、引导民众声援世界和平事业和抗美援朝等事迹，以及其出生地史志、多比寺史志、纪念堂简况、两位高徒的传记等内容。

工珠·云丹嘉措传 工珠·云丹嘉措(1813—1899)著。藏文。四川民族出版社1997年4月出版，32开，360页。作者生于康区金沙江畔的绒甲拜巴地方，父穹波喇嘛拥宗丹增，母扎西措。工珠大师为康区19世纪著名学者、佛学家，著述颇丰，有《宝库藏》、《教诫藏》、《经传密咒藏》、《所知藏》、《不共秘密藏》等近百部。本书收录了他的自传《摈除三念幻影调驯众生事业富贵莲舞传》和《无宗无派向佛修善无穷智慧宝光什色传》及其亲弟子噶玛·扎西群培著的《文殊遍知语言大师云丹嘉措尊者奇传》等文，主要叙述了工珠大师的生平和他的成就。

贵仓巴·衮布多吉传 桑杰达布、嘉唐巴·德钦道吉编。藏文。青海民族出版社1993年9月出版，32开，422页。贵仓巴·衮布多吉是13世纪噶举派大师，早年投师求佛，尤其推崇达布噶举所传苦修之道。后在名师藏巴加热等上师的传授指导下，苦修几十载，终于功成名就，成为当时噶举派禅道的传承人之一。本书记述了主人公求学、寻师、学道、苦修的曲折经历和故事，具有史学和文学欣赏价值。

果洛宗谱 扎西加措、土却多吉著，青海省民族宗教委员会少数民族古籍办公室整理。藏文。青海民族出版社1992年3月出版，32开，124页。“青海少数民族古籍丛书”之一。本书记述了青海果洛藏区色穹的扎士部族、阿加的直氏部族、阿宝的东氏部族、玛察的噶氏部族、瓦氏部族、达氏部族的历史发展与区域分布等情况。

和平解放西藏五十周年纪念文集 张羽新主编，中国藏学研究中心编。中国藏学出版社1999年出版，32开，249页。本书的收录内容有：1.毛泽东、周恩来、朱德、邓小平等人关于西藏问题的讲话、论述、电报稿等。2.藏军第九代本全体官兵起义电文。3.阿沛·阿旺晋美对和平解放西藏协议签订的回忆。4.李维汉、张经武、张国华等人的纪实或回忆文章。本书资料时间在1949年至1999年之间。

画说世界著名企业家 西藏自治区党委编译处译。藏文。民族出版社1999年出版，32开。该丛书共10本。少儿读物。西藏自治区科委为了贯彻“科教兴国”战略、迎接西部大开发、尽快改变藏文少儿科普读物奇缺的现状而编辑了此套丛书。记述了当代高新科学技术和世界著名企业家艰苦创业之路。

黄正清与五世嘉木样 黄正清口述，师纶记录整理，鲁仓哇·多吉仁钦译。民族出版社1994年4月出版，32开，345页。本书记述了著名藏族民主人士黄正清与其弟甘肃拉卜楞寺大活佛五世嘉木样的生平。

魂归佛国 仁真旺杰著。汉藏文对照本。甘孜州报社1995年出版，32开，88页。本书记述了甘孜州居里寺第三世居里·却吉降措活佛的一生。

活佛的世界——金座大师贡唐仓·丹贝旺旭传 王云峰著。民族出版社1996年4月出版，32开，360页。本书是第六世贡唐仓·丹贝旺旭的传记，记述了贡唐大师70年的弘法历程，真实而生动地再现了神秘而庄严的活佛世界和贡唐仓大师的一生。

吉美领巴自传 仁增·吉美领巴大师(1729—1798)著。藏文。四川民族出版社1997年出版，32开，337页。作者是藏传佛教宁玛派(红教)三大宗师之一。本书共分3章：第1章，拜师修习闻思；第2章，修习成才后为西藏的文化做出贡献；第3章，超脱苦难，寂灭涅槃。本书反映了吉美领巴生活时代的社会状况，同时也介绍了藏族传统宗教学、历史学等，是一部研究西藏历史和宗教的必备资料。

吉祥宝瓶赞 赛仓·罗藏华丹著。民族出版社1993年11月出版，32开，137页。本书以藏族传统诗体形式写成，主要记述和歌颂了青海隆务寺第七世格丹嘉措活佛的生平事迹。

嘉木样呼图克图世系 扎扎编著。甘肃民族出版社1998年出版，32开，446页。本书详细记述了第一世至第六世嘉木样活佛的转世、学习、求法和弘法的历史。作者为了撰写此书长期住在拉卜楞寺搜集资料，并且本书资料只来源于藏文史料。本书是关于嘉木样活佛世系最全面、最具权威性的学术著作。

进军西藏日记 林田著。中国藏学出版社1994年11月出版，32开，529页。本书是作者1950年6月30日至1951年12月30日随军进驻西藏时所写的日记。书中详细记录了作者的所见所闻。内附照片。

拉卜楞活佛世系 扎扎著。甘肃民族出版社2000年出版，32开，469页。拉卜楞寺从1708年建寺至1958年间有大大小小活佛系统89个，其中不包括一些无地位的小活佛。本书主要记述了29个活佛系统共148位活佛的简史。有仲益·毛兰木嘉措(拉卜楞寺嘉木样活佛的秘书)撰写的《拉卜楞寺历史简介》中列入65个活佛世系,罗发西(曾任拉卜楞寺汉文秘书)撰写的《拉卜楞寺概况》中列入89个活佛世系。

拉卜楞寺与黄氏家庭 陈中义主编,甘肃民族研究所、甘肃省藏学研究所编。甘肃民族出版社1995年9月出版,32开,410页。本书介绍了藏传佛教格鲁派六大寺之一的拉卜楞寺的历史、历代嘉木样的生平、四大赛赤世系、扎仓、教育制度、建筑艺术、经济和商贸活动等方面的情况。

喇嘛噶布·强巴图道贡嘎坚赞传 格桑勒协著。藏文。中国藏学出版社1994年10月出版,32开,737页。喇嘛噶布是卓尼车巴沟寺寺主的转世称号。本书记述了第一世喇嘛噶布·强巴图道贡嘎坚赞降生、出家学法、赴藏深造和在藏传法创业的功绩,以及他在内地和蒙古地区的传教活动、修建扎西林寺、传法收徒直至圆寂这一生的主要活动和事迹。通过这些记载可以了解到当时甘、青、川、新等地的政治文化诸方面的情况和汉、满、蒙、藏之间的民族关系史等,具有一定的史料价值和参考价值。

喇嘛教圣人宗喀巴罗桑扎巴传 鲁道夫·卡谢威斯基编著。德国威斯巴登1971年出版,2册。"亚洲研究丛书"卷三十二。本书为第1册;第2册为画册,共收图片607幅,1972年出版。本书根据藏文本《宗喀巴传》和有关史料编辑而成。记述了宗喀巴投师、著书立说和创立格鲁教派等事迹。

朗氏家族 又名《朗氏一函广集》,亦译作《朗氏家族史》。大司徒·绛曲坚赞(1302—1371)等著。西藏人民出版社1986年5月出版,32开,450页。本书以吐蕃最早六氏族之一的朗氏家族为线索,记述了吐蕃王朝崩溃以后分裂时期西藏各地的战争、各地宗教头面人物的活动以及生产情况,其中关于朗氏家族与格萨尔王的关系、帕竹政权的崛起、明朝与西藏的关系等记述较详。是研究当时政治、经济、宗教及朗氏家族史的重要参考资料。

朗朱·晋美彭措和空行母达热德钦杰母传 班玛威色塔义著。藏文。四川民族出版社1997年4月出版,32开,286页。晋美彭措于1944年生于四川色达,被认定为郎朱·威色汝贝多吉活佛的化身,普美彭措先后拜5位道深博学大师为师,学成后闭关潜修,弘法度生。他的空行母达热德钦杰母于1938年生于色达,她的父亲是道行深厚的法师,母亲是颇有才干的空行母,达热德钦杰母自幼耳濡目染,笃信佛法。本传传主两人共同努力,开启了大量伏藏。本书详细记述了晋美彭措和德钦杰母勤奋学法、刻苦修炼、广传佛法的事迹。

李素芝:门巴将军 中央宣传部宣教局、卫生部办公厅、解放军总政治部宣传部宣传局、西藏自治区党委宣传部编。学习出版社2004年出版,32开,332页。本书收录了《他把党的阳光洒进西藏人民的心中》、《我的岗位在西藏》、《西藏就是我们的家》等介绍李素芝生平事迹的20多篇文章。

历代噶玛巴活佛传 噶玛·爱顿丹杰著。以德格八邦寺木刻版传世,印本稀少,十分珍贵,1函。成书于藏历第十五饶迥铁兔年(1891)。本书记述了第一世至第十四世噶玛巴活佛的生平事迹,对元明清3朝与该派的关系和所赐名号、噶玛噶举与云南纳西族木氏土司的关系及噶举派在纳西族地区的传播等记述详细。其中有关噶举派传入云南地区的记述,为其他汉、藏史籍所不载。本书是研究噶玛噶举派的重要参考资料。

历代西藏将领录 黄呈洲主编。新疆人民出版社2001年出版,32开,125页。本书按年代顺序编排,收录了43名由历代中央王朝派驻西藏的将领和西藏本地藏族将领的生平简历。

历代藏族名人传 曾国庆、郭卫平编著。西藏人民出版社1996年9月出版,32开,440页。本书详细叙述了在藏族历史上有过突出贡献的代表人物。对藏族历代名人的出身和父系阐述详细,并注藏文本名,免去译音的分歧。本书博采群书,记述传主的事迹功过,详人所略,为读者提供了丰富的材料。

历代藏族学者小传 杨贵明等编著。中国藏学出版社2000年7月出版,32开,483页。本书简要摘录了部分藏族学者的生平、主要学术成果、宗教活动、收徒传法、著书立说等方面的史料。

丽江木氏宦谱 全称《玉龙山灵脚阳伯那木氏贤子孙大族宦谱》。(明)松等撰。有云南省博物馆和丽江东巴研究所抄本。云南美术出版社2001年出版,16开,152页。明代云南纳西族木氏土知府家谱。土知府木公始修于明正德年间(1506—1521),后时有增益。本书主要记述木氏父子连名世系及其事迹,上自远古,下至清初。其中,宋以前有关纳西族的事迹较简略,且多不可信;元以后的历史记载较为详尽,内容真实,多可补有关史籍之不足。本书对木氏土司进攻中甸、巴塘、芒康等藏族地区的战争、将纳西族迁移藏区的移民统治政策、木增(1587—1646)对藏边诸县的统治、木增信仰噶举派支系噶玛噶举及建庙宇等重要事件均有详细记载。元明以来,云南土官土司之家多有谱牒,本书以详实著称。本书不仅是研究元、明及清初纳西族历史的重要资料，也是研究滇西北藏族的要籍之一。

隆钦绕绛传 喇拉曲珠、曲扎桑波著。四川民族出版社1994年7月出版，32开，232页。本书收录藏传佛教宁玛派学者隆钦绕绛的两部传记，记述各有特点，一部以修法成就为主，另一部以弘法济世为主，可参照阅读。

洛热哇传 谷仓日巴著，青海省民族宗教委员会少数民族古籍办公室整理。青海民族出版社1993年5月出版，32开，113页。本书记述了藏传佛教噶举派的下竹巴支派的创始人洛热哇的诞生、拜师学经、修习佛法等。散韵结合，诗文合璧，以浅显易懂的词语，解析深奥的宗教哲理，赞美青藏高原绮丽如画的自然景色，讽刺和鞭挞社会恶习。本书既有较高的史料价值，又有独特的文学欣赏价值。

玛尔巴译师传 桑吉坚赞（别名查同结布、却吉伦布、后藏疯子等，1452—1507）著。刻本，1函。本书为噶举派创始人玛尔巴的传记。全书共5章，着重记述玛尔巴大师3次赴印度求法和经苦修获得证悟及普度众生的情况。是研究噶举派历史的参考书。

米拉日巴大师集 米拉日巴著，张澄基译。民族出版社2001年1月出版，32开，1291页，上中下3册。本书是《米拉日巴传》、《冈波巴选集》和《冈波巴大师传》的合集。米拉日巴是藏传佛教噶举派创始人玛尔巴祖师的嫡传弟子，是藏传佛教中“实践佛法”的代表人物。他注重实修、苦修，终身未建道场，未集僧众，是一位完全的游方行者。米拉日巴大师把自己的修行经历和弘法传道，采用西藏民间的诗歌形式演唱出来，成为一首扣人心弦、可歌可泣的史诗，更是丰富多彩、千古不朽的教言。冈波巴是米拉日巴大师的主要弟子，既是大比丘学者又是大瑜伽行者，他精通显密，学究三乘，特别是对“大手印”法门的全力弘扬，更是贡献显著。本书内容包括《解脱庄严宝大乘菩提道次第论》、《宝集》、《教言广集零选》等。

米拉日巴传 桑杰坚赞（又名藏宁赫鲁迦·乳毕坚金，1452—1507）著，刘立千译。民族出版社2000年出版，32开，215页。收入《刘立千藏学著译文集》。作者是后藏人，藏传佛教主噶举派重要人物。著有《米拉日巴传》、《米拉日巴道歌》等著作。米拉日巴是西藏佛教葛举派第二代祖师，一生坚韧不拔实修苦修，用道教形式宣传佛教，广收门徒，在西藏人民中有广泛的影响，是西藏佛教史上一位重要的人物。15世纪，僧人桑杰坚赞根据民间传说故事撰成本书。本书叙述了米拉日巴一生的经历，概括世间大行（即未出家前的世间凡俗事迹）和出世间大行（即出家后修道证果的事迹）。本书是研究西藏佛教史的重要参考资料，也是西藏文学名著。

缅怀第十世班禅大师　荣增·嘉雅活佛等著。民族出版社1990年出版，32开，135页。本书收入《班禅大师的少年时代》等6篇回忆文章。作者荣增·嘉雅、牙含章、张定一等长期在班禅大师身边工作，他们以自己的亲眼所见、亲耳所闻的第一手材料，从不同侧面、不同阶段客观地记述了十世班禅大师从被确定为九世班禅大师的转世灵童到举行坐床典礼的过程；记述了自九世班禅与十三世达赖喇嘛失和以后，经过了29年，在中国共产党和中央人民政府领导下，由十四世达赖喇嘛与十世班禅大师从中间调解而恢复了友好的过程；还赞扬了班禅大师爱党、爱国、爱民族、爱佛教的诚挚和执著，以及为祖国统一和民族进步奋斗不息的高贵品质。

尼玛扎西传和道歌及噶·阿旺勒巴传　苏雅巴扎、贡噶丹巴坚赞著。藏文。青海民族出版社1994年4月出版，32开，120页。本书由两部分组成：1.苏雅巴扎所著的《尼玛扎西道歌箴言和传》。全文以律诗格式写成，道歌箴言教育人们待人处世要诚实，遵从伦理道德，多做善事好事。2.贡噶丹巴坚赞所著的《噶·阿旺勒巴传》。全文讲述了活佛噶·阿旺勒巴的生平及其勤奋好学、成为著名学者的经历，并以此勉励人们尤其是青少年从小刻苦学习，养成谦虚、刻苦的学习态度，只有这样方能成就一番事业。

女儿国诞生的活佛：罗桑益世活佛回忆录　罗桑益世活佛口述，马继典记录整理。云南民族出版社1995年10月出版，32开，347页。“女儿国”指云南省宁浪县罗沽湖一带，因这一带的母系氏族传统一直保留到民主改革。罗沽湖一带的居民信奉藏传佛教已有700多年历史，罗沽湖畔的永宁有藏传佛教寺院和苯教小庙，民主改革前人们大都取藏名，着藏装。罗桑益世活佛是永宁摩梭人中较早的一个转世活佛。本书记述了罗桑益世活佛的一生，也反映了永宁总管家族和摩梭人的部分历史变迁。

漂泊中的佛爷——九世班禅内地活动的前前后后　张云著。中国藏学出版社2002年9月出版，32开，146页。“西藏近现代史丛书”之一。主要记述了民国初期九世班禅在“西藏地方政府”等的逼迫下逃往内地，并长期在北京、南京、上海、内蒙古等地进行宗教、政治宣传活动的情况。

平凡而伟大的学者——于道泉　王尧编著。河北教育出版社2001年11月出版，32开，449页。于道泉（1901—1992），山东临淄（今属淄博市）葛家庄人。1924年毕业于山东齐鲁大学，后师从在北京大学担任梵文教授的钢和泰男爵（Baron Alexander Astall-Holstein)学习梵文和藏文，并常驻雍和宫学习藏文、蒙文、满文。此后在国立北平图书馆负责征集藏、蒙、满等民族文字图书，并被中央研究院历史语言研究所聘为助理研究员，在史学大师陈寅恪的直接指导下进行学术研究。1934年赴法国巴黎索邦大学就读，投到巴考(J. Bacot，1890—1967)门下攻读藏文。后来去德国学习德语。1939年转赴英国在伦敦大学教授汉语达十年之久。1949年1月间返回北京，被北京大学聘为东方语文系教授，并成立藏语专业。1950年参与组建中央民族学院藏语言文学专业直到去世。本书分序言、著述、传略、年谱简编、纪念文章、书札选刊等部分，其中的著述部分刊载了于道泉的《第六世达赖喇嘛仓央嘉措情歌》、《达赖喇嘛于根敦珠巴以前之转生》、《乾隆御译衍教经》(藏文原文及满汉译文二体对照，附校勘记)、《译注明成祖遣使召宗喀巴纪事及宗喀巴复成祖书》、《藏文数码代字》等5篇(部)代表作。

颇罗鼐传　朵喀夏仲·才仁旺杰著。原书手抄本藏于拉萨印经院(现藏拉萨档案局)，有拉萨木刻本传世。又有四川民族出版社1981年铅印本。西藏人民出版社2002年出版，32开，455页。成书于1733年。藏族传记体历史、文学著作。本书以颇罗鼐(1689—1747)一生事迹为中心，穿插叙述和硕特蒙古部落进入西藏并掌握政权的过程及清顺治、康熙两朝汉、满、蒙、藏各族在西藏发生的重大事件，其中对康熙五十六年(1717)蒙古准噶尔部策旺阿喇布坦侵扰西藏一事的起因、战乱过程等记述尤详。书中记叙了历史事实，对颇罗鼐维护祖国统一、反对分裂的立场作了充分肯定，辅以遗老口传故事，生动活泼，语言优美，文字流畅。为研究清代藏族历史和文学的珍贵典籍。

颇罗鼐传精要通俗读本　霍康·索朗边巴缩写、注释。西藏人民出版社1998年出版，32开，128页。《颇罗鼐传》的缩写通俗读本。本书将其精要部分以通俗易懂的形式进行缩写、注释，并且把当时西藏历史上所发生的事件作了简明扼要的介绍。

清朝驻藏大臣大事记　贺文宣编著。中国藏学出版社1993年6月出版，32开，537页。本书从《清实录藏族史料》、《卫藏通志》、《大清会典》、《西藏奏疏》等30余种史籍中辑出，收录1709年3月到1911年间的驻藏大臣事迹1370余条，涉及历任正副驻藏大臣，充分表明清朝中央政权对西藏地方全面行使主权的历史事实。本书有王辅仁序，并附历代驻藏大臣一览表。相关史实可参阅刘廷赞《驻藏大臣考》、《清代驻藏大臣沿革考》，丁实存《驻藏大臣考》，曾国庆《清朝驻藏大臣传》。

清代驻藏大臣考　丁实存著。蒙

藏委员会边疆政教制度研究会民国三十一年（1942）印行，32 开，162 页。“边疆政教丛书”之一，并在《边政公论》第Ⅱ期起开始连载。本书着重记述 5 个方面内容：1.驻藏大臣传略。共收雍正五年（1727）至宣统三年（1911）间的 110 名正副驻藏大臣，记其姓名、身世、在藏经营情况及其他政绩。2.西藏政治概述。3.清代对蒙藏的宗教政策。4.驻藏大臣创始起因。5.驻藏大臣职权和评述。本书取材广泛，且多以原始资料为根据，论述详尽，信实可取，并纠正了《大清会典》、《卫藏通志》等书中有关驻藏大臣的一些错误记载。是中外第一部论述西藏驻藏大臣的著作。另近人吴丰培、曾国庆据本书和其他一些史料编写了《清代驻藏大臣传略》一书，1988 年由西藏人民出版社出版。

清代驻藏大臣制度的建立与沿革 吴丰培、曾国庆编。中国藏学出版社 1989 年出版，32 开，171 页。“西藏知识小丛书”之一。本书共分 8 个部分，着重记述了驻藏大臣设置的原因、有关规定、职权和军政措施及驻藏官员的设置等，并附有前藏官员表、后藏官员表、前后藏政治组织系统表、驻藏大臣一览表。“驻藏大臣一览表”对每一任驻藏大臣的姓名、时任职衔、上谕任免期、实际在任卸任期、旗籍、前职衔等记载尤详。

热琼哇传 郭仓热巴著，青海省民族宗教委员会少数民族古籍办公室整理。藏文。青海民族出版社 1992 年 8 月出版，32 开，676 页。本书是噶举派米拉日巴的弟子热琼多吉扎巴的传记，记述了热琼哇的诞生、学经经历、证悟境界、为徒众灌顶加持弘法等内容。

热译师传 热·益西桑格著。藏文。青海民族出版社 1989 年 12 月出版，32 开，345 页。有多种汉译本。本书记述了大译师热·多吉札（1016 年生）一生的事迹。热译师是藏传佛教后弘期翻译家之一，他天资聪慧、学习勤奋，前后两次云游尼泊尔、印度等地，拜高僧名师习经修法，对大乘密宗有很深的研究，晚年翻译了大量佛教经典，对发展藏族文化做出了重大贡献。本书资料翔实，语言优美，不仅是一部好的文学读物，而且对研究藏传佛教和藏族文化也有重要的参考价值。

人民公仆孔繁森 中国藏学出版社编。中国藏学出版社 1995 年 4 月出版，32 开，209 页。纪念文集。本书收录《西藏人民的公仆——孔繁森》等 5 篇长篇通讯和《耿耿忠心照雪山——缅怀孔繁森同志》等 4 篇特约专稿。可参阅郭保林《高原雪魂孔繁森》。

仁增曲尼桑姆传 仁增曲尼桑姆口述，赤烈等人执笔整理。藏文。西藏人民出版社 1997 年 1 月出版，32 开，320 页。本书以生动的事实叙述了宁玛派女活佛休色寺持明大师仁增曲尼桑姆在不平凡的人生道路上拜师、勤奋修行，直至取得成就的感人事迹。本书中涉及众多人物和地名，不仅有助于了解传主的生平，而且有助于了解 19 世纪末 20 世纪初西藏的社会状况。

日琼巴师徒传略 切当·弥觉多吉著。以抄本传世，极为珍贵。现有西藏民族学院 1979 年印行，16 开，48 页，油印本。西藏人民出版社 1991 年出版张新安汉译本，此译本有注释，并附《日琼巴二赴前藏》一文，原文著者阙名，此文记述了日琼巴离别米拉日巴赴前藏传法的经过，文中多道歌。本书中共有日琼巴（安多音译为热琼哇）、穹仑巴、玛吉俄角、祥译师、卓瓦滚布·达热勋仁、强色·索朗坚赞、玛吉仁玛、法王·色吉坚赞、屯夏巴·仁钦嘉措、法王·曲扎巴等 10 人传记，记述了师徒传承的经过、传承的法要、修习的经典等。是了解噶举派前期发展状况的史料和研究日琼巴及藏族文学的参考书之一。

萨班·贡噶坚赞传 仁蚌·阿旺吉扎著。四川民族出版社 1985 年出版，32 开，258 页。本书共 12 章，叙述了萨班·贡噶坚赞的生平事迹，同时记述了元朝时的一些重要历史。

萨迦谱 又名《萨迦世系谱》、《萨迦世系史》，全称《瞻部洲北部执掌佛法之大德具吉祥萨迦派珍贵世系史——满足诸愿之奇异宝库》。成列仁青（全名阿旺·贡噶索南扎巴坚赞贝桑波，又名达钦阿美夏）著。藏文。四川民族出版社 1992 年 3 月出版，32 开，864 页。本书叙述了 1269 年以前萨迦昆氏家族的历史，主要内容分 5 部分：萨迦世系的起源及昆氏家族祖先们的世系；早期昆氏家族居住的地区及其由来和发展过程；萨迦派著名祖师的生平事迹及元朝中央政权和蒙藏民族之间的交往等重大历史事件；萨迦昆氏家族从昆·贡觉杰波至贡噶·罗追坚赞时期之 4 个拉章的史实及其传承；萨迦寺法座及其萨迦寺历任住持历史。本书资料详实，内容全面，是研究萨迦派不可缺少的重要史料。

萨迦世系史续编 全称为《圣主萨迦世系宝精采传记诸事如意宝库之补遗取之不尽之珍宝出世间圆满天成》。贡噶·罗追（即贡噶·洛追）著，王玉平译。西藏人民出版社 1992 年 7 月出版，32 开，483 页。本书记载了 15 世纪至 18 世纪间萨迦教派的主要人物和历史。

萨迦学派名人录 麦波编。藏文。民族出版社 1998 年出版，32 开，338 页。本书辑录了 103 位在萨迦史上做出重大贡献的萨迦派人物的传记，并论述了他们的生平事迹及其为雪域高原辉煌的历史所做出的重大贡献。

桑热嘉措传 刘文璞、刘成刚著。青海人民出版社 1994 年 7 月出版，32 开，187 页。本书记述了当代青海著名藏族民族教育家桑热嘉措的生平事迹，侧重展现了他作为一名民主人士对民族教育事业的发展和民族文化事业的建设所做的奠基工作。

十七世大宝法王 台北噶举佛学会编译。台北市宝鬘印经会1993年出版，32开，24页。文字24页，彩照41幅。本书主要介绍了第十七世噶玛塘噶巴活佛坐床过程并辑录了认定转世活佛的各种文件。书内有第一世至第十五世噶玛巴活佛的精绘塘噶画和第十六世噶玛巴活佛梦中所显现的"蓝黄波浪图"。

十三世达赖喇嘛传 （英）查尔斯·贝尔著，冯其友、何盛秋等译。西藏社会科学院1985年内部发行，32开，404页。"西藏学参考丛书"之七。本书共60章，除记述十三世达赖的生平事迹外，对清末至民国二十一年(1932)间的西藏政治记述较多，对西藏的宗教、文化、民俗等亦有记载。

十世班禅 本书编辑委员会编。藏汉英文对照本。海天出版社1991年5月出版，16开，218页。属画册。本书分九世班禅转世灵童、和平解放西藏、良师益友、少年活佛、佛法入世、一代宗师、东陵"札什南捷"开光盛典等部分，用照片和文字说明生动地展现了十世班禅的生平事迹。

世代忠贞之瓦寺土司 祝世德著。瓦寺宣慰使署民国三十四年(1945)铅印本，32开，23页。本书记述了瓦寺土司世系及其经济状况。

释迦牟尼本生传 又名《如意藤》。白玛却批著。四川民族出版社1991年1月出版，32开，525页。作者为古印度善自在王。本书分108章，描述了释迦牟尼菩萨行的经历。13世纪时，由印度诗人拉喀迷迦罗和藏族著名译师匈顿·多吉坚赞译为藏文，并进行了校订。白玛却批根据藏文诗体本，用通俗易懂的语言改写为白话本。书前有司都·却吉穷乃绘制的有关本书故事情节的塘噶24幅。

释迦牟尼本生传详释 诺章·伍金注释。藏文。民族出版社1994年出版，32开，598页。本书是古印度著名学者善自在王所著，为诗体历史专著，全书共分108品。本书主要描绘了佛祖释加牟尼宿世为佛时行道的经历。13世纪时，由印度诗人拉喀迷迦罗和藏族著名译师匈顿·多吉坚赞合译、校订、刊刻。该书寓意深刻，构思巧妙，文笔精湛，历来为文学家和诗学爱好者所推崇。文中难解的历史典故、名词等，经过诗学家诺章·伍金的详细、通俗的解释，为阅读提供了极大方便。是研究诗学、历史及宗教的重要典籍之一。

释迦牟尼大传 格桑曲吉嘉措著。藏文。有四川民族出版社1991年1月出版的藏文版，32开，525页。青海民族出版社1994年3月出版，16开，

528页。本书是一部迄今为止最完善、最具代表性的佛陀传记佳作。本书把佛陀的一生归纳为12个阶段，即12功德。每个阶段反映了佛陀在这一时期的活动过程，记述详细，资料充实。尤其对佛陀如何立说大藏经一事，叙述得有根有据，令人信服，文字通俗优美，是研究大藏经不可缺少的珍贵资料。

释迦牟尼大传　格桑曲吉嘉措著，达多译。民族出版社2002年3月出版，32开，470页。本书是第一部由藏文古籍翻译为汉文的佛祖释迦牟尼传。译文中对生僻的字词和内容作了适当注释。

释迦传　（日）高山樗牛著，隋树森译。西藏人民出版社1984年4月出版，32开，57页。本书叙述了释迦牟尼佛创立佛教、传播佛法的过程，对佛教基本教义和创立佛法的社会历史背景也有述及。对了解和研究西藏佛教有一定参考价值。

首批进军西藏的女兵们　中共西藏自治区党委员会党史研究室、本书编委会编。西藏人民出版社2004年出版，32开，1130页，上下册。为纪实性革命回忆录。本书收录参加过解放西藏的200多位老同志的回忆文章177篇。所述内容都是女兵们亲身经历的事情。本书从多方面展现了进军西藏的历史事实和女兵们的真情实感，真实、生动地再现了当年进军西藏的女兵们为西藏的和平解放、屯垦戍边、建设新西藏所做出的牺牲和贡献。西藏自治区党委常务副书记、自治区人大常委会主任热地和自治区党委原第一书记阴法唐分别为该书写序。

四世达赖喇嘛云丹嘉措　五世达赖喇嘛著，陈庆英、马连龙译。台北全佛文化事业有限公司1998年出版，32开，189页。在历代达赖喇嘛中，四世达赖是唯一非藏族出身的。他出身蒙古的王族，是当年将“达赖喇嘛”尊号献给三世达赖索南嘉措的俺达汗的曾孙。这一特殊出身使四世达赖在格鲁派的正史上占有很重要的地位，即他是17—20世纪的300多年间蒙古众多格鲁派转世活佛的第一人，由于蒙古各部对藏传佛教格鲁派的信仰，也使得清朝的满族皇室选择了藏传佛教为主要的宗教信仰。四世达赖喇嘛时期正是西藏风云激荡的年代，有关他的事迹资料留传下来的很少，而本书就成为反映四世达赖及其所处时代的西藏政治、宗教、历史等方面情况的非常难得的珍贵资料。

松赞干布与文成公主　周源著。五洲传播出版社1996年12月出版，32开，134页。本书以画册的形式讲述了1300多年前唐朝文成公主离开繁华的都城长安（今陕西西安西北），西行3000多公里，历经千难万险来到雪域高原与吐蕃王松赞干布和亲，开创了唐蕃交好的新时代的故事。

塔秀格顿曲迥嘉措传 洛桑丹巴嘉措、格顿丹巴达杰著。青海省民族宗教委员会少数民族古籍办公室整理。藏文。青海民族出版社 1994 年 2 月出版，32 开，112 页。本书据青海贵德贡巴寺木刻版整理，记述了塔秀格顿曲迥嘉措的成长、拜四世班禅洛桑确吉坚赞等名人为师、苦修佛法、弘扬藏传佛教的过程。并对安多著名寺院如塔尔寺、夏琼寺、佑宁寺、隆务寺、拉加寺和甘肃的拉卜楞寺等寺院的建筑规模、寺内佛像、佛经、佛塔、佛事活动等有较多的描述。是研究青海地区的藏族历史和宗教发展史的珍贵资料。

图观·洛桑却吉尼玛传 贡唐·丹白卓美著、贡却才旦校订。甘肃民族出版社 1992 年 12 月出版，32 开，890 页，上下册。本书记述了佛教大师图纲·洛桑却吉尼玛学佛、苦修、研习、弘法的一生。“图观·洛桑却吉尼玛”亦译“土观·洛桑却吉尼玛”。

西藏的人文主义先驱更敦群培评传 杜永彬著。中国藏学出版社 1999 年 12 月出版，32 开，537 页。中国藏学出版社“发现西藏书系丛书”之一。本书分上中下 3 篇，评述了更敦群培的生平、学术研究及思想研究等。其中重点论述了更敦群培对传统藏学的变革及其学术风格，并将其与同时代的藏族学者进行了比较，认为更敦群培所确立的学术指导思想、治学方法、学风与文风是一种新的“范式”。本书在肯定更敦群培的学术成就和思想成就的同时也客观地指出了其时代局限性。是较为全面、客观的评价。

西藏第九辈班禅事略 西藏班禅驻京办事处著。西藏班禅驻京办事处 1919 年印行，16 开，16 页，线装本。本书介绍了九世班禅的生平事迹。

西藏革命回忆录 西藏人民出版社编辑。西藏人民出版社 1981 年出版，32 开，294 页。本书收入参加过西藏民主改革、平息西藏叛乱战斗的解放军指战员的回忆文章 20 余篇。反映了当年平叛斗争的艰难历程、战斗中的军民关系及反动派的罪行，并歌颂了献身于西藏的各族儿女的英雄事迹。

西藏贵族世家 次仁央宗著。中国藏学出版社 2005 年出版，32 开，275 页。本书记述了 1900 至 1951 年间西藏地方主要贵族的家庭结构、婚姻和经济状况等。

西藏圣者米拉日巴传 桑杰坚赞著，伊万斯·文孜译。该书 1928 年第 1 版，1951 年第 2 版。另有王沂暖、张澄基汉译本。译者为英国牛津神学院学者，著有《引路经》等书。可参见《米拉日巴传》。

西藏王臣记 全名为《天神王臣下降雪域（西藏）陆地事迹要记——圆满时节·青春喜筵之杜鹃歌声》。五世达赖喇嘛著，刘立千译注。西藏人民出版社 1992 年 9 月出版，32 开，342 页。另有民族出版社 1983 年出版的郭和卿汉译本，32 开，190 页；2000 年出版的刘立千汉译本，32 开，356 页。收入《刘立千藏学著译文集》。本书叙述了吐蕃王朝之前的古代史、吐蕃王朝史、元朝时代西藏的萨迦政权和帕木竹巴政权的历史及当时其他的地方势力的历史。附注释和考证、汉藏译名对照表。

西藏王臣记详释 诺章·伍金著。藏文。民族出版社 1993 年 12 月出版，32 开，489 页。本书对五世达赖喇嘛所著《西藏王臣记》作了文句上的详尽解释。

西藏追踪 （英）帕特里克·法兰区著，郑明华译。新疆人民出版社 2000 年出版，32 开，458 页。作者踏着荣赫鹏当年的足迹，寻访历史，采用传记手法，记述了自己的艰辛历程，又追忆和评述了荣赫鹏的一生。荣赫鹏是英帝国主义入侵西藏的急先锋，曾率部“入侵西藏直达拉萨，逼迫西藏签订城下之盟”。“他又是一位运动健将”、“最为世人熟知的是一位探险旅行家”、“他也是位作家、间谍”、“晚年成了一位宣扬藏密的神秘主义者，在生前身后都是个令人好奇的人物”。本书写作形式新颖，内容生动，对有些问题的评价也较为客观公正。作者对东方也有不了解之处和存在某些偏见，读者需客观地、历史地看待这些问题。

夏尔杂·扎西坚赞传 扎敦·格桑丹贝坚赞（1887—1959）著。藏文。中国藏学出版社 1990 年 3 月出版，32 开，446 页。作者是夏尔杂·扎西坚赞（1859—1934）的亲传弟子。本书将苯教晚期“新训派”的杰出代表夏尔杂·扎西坚赞一生的事迹作了详细记述，尤其对他在多康地区闻修精进、传道授业、著书立说、致力于弘扬和发展苯教事业方面记载详尽，对当时许多历史事件和这位大师的思想成因也有记述。为研究近代苯教的要籍之一。

夏玛尔根敦旦增嘉措传 格西扎巴嘉措著。藏文。青海民族出版社 1990 年 7 月出版，32 开，904 页。作者是十三世达赖喇嘛的经师。本书详细介绍了夏玛尔的一生，同时还涉及安多地区的历史、政治、宗教、地理环境、佛教寺院、名人高僧、山水地名等方面内容。

献给高原的爱 中共西藏自治区委员会宣传部、共青团西藏自治区委员会编。西藏人民出版社 1995 年 8 月出版，32 开，193 页。“爱国主义教育丛书”之一。本书介绍了领导干部的楷模孔繁森、西藏人民的好门巴蒋英、扎根西藏的北京人何宗英、政法战线上的尖兵次仁平措等 41 位西藏各条战线上的模范人物的事迹。

雪山名将谭冠三 降边嘉措著。中国藏学出版社 1996 年出版，32 开，

277 页。谭冠三是中国人民解放军的一位将军，参加过二万五千里长征。1950 年奉命率军进藏。本书主要讲述了谭冠三将军在解放西藏和建设西藏过程中的事迹。尤其是将军和他的战友们认真贯彻执行党和毛泽东的治藏方略，提出“长期建藏，边疆为家”的思想，自己做到了也要求所有进藏军人和干部职工做到：热爱西藏，全心全意为西藏人民服务。他将自己的一切无私地献给了西藏。

雪域当代学人 曲江才让主编。中国藏学出版社 1995 年 6 月出版，32 开，374 页。本书介绍了格桑多杰、李承业、赤烈曲扎、黎宗华、央珍等 36 位当代藏族专家学者的治学之道、成才之路和学术成果。

雪域历史人物简介 顿多、旦增曲扎编。藏文。西藏人民出版社 1993 年 12 月出版，32 开，1024 页。本书简要介绍了 700 余名藏族历史名人的生卒年代及其主要贡献，分吐蕃王朝时期、吐蕃王朝分裂时期、萨迦时期、帕竹时期及噶丹颇章时期等 5 个时期。

雪域求法记 邢肃芝口述，张健飞、杨念群执笔。北京三联书店 2003 年出版，32 开，351 页。邢肃芝 1937 年进藏，曾拜多名活佛为师，1945 年成为第一位获得藏传佛教拉然巴格西的汉族僧人。在藏期间，他曾前往藏南转杂日神山，远涉帕里等许多地方。1945 年回重庆时，他随身携带着西藏摄政王达扎带给蒋介石的亲笔信。同年返回西藏，此时他已经是国民政府蒙藏委员会官员、教育部委任的国立拉萨小学校长。本书对邢肃芝在拉萨小学的经历记述尤详，还描写了旧西藏的风土人情、宗教文化、僧人生活、贵族家庭、汉藏关系等。其中书中的旧照片具有一定史料价值。

一代英杰——松赞干布 刘平著。四川民族出版社 1991 年出版，32 开，91 页。属传记体长诗。本书记述了藏王松赞干布迎娶文成公主的全过程。并颂扬藏王的英明和汉藏人民团结友爱、和睦相处的历史。

宇妥·云丹贡布传 觉吾·伦珠扎西、达姆门然巴·洛桑曲扎著。民族出版社 1982 年 9 月出版，32 开，348 页。根据拉萨木刻版整理。本书由《前宇妥·云丹贡布传》（“前宇妥·云丹贡布”也称“老宇妥·云丹贡布”）和《后宇妥·云丹贡布传》（“后宇妥·云丹贡布”，也称“新宇妥·云丹贡布”）两部分组成。前者是 8、9 世纪人，后者是 12 世纪人。书中分别对他们一生各自所从事的藏医事业及其历史性贡献进行了详细记述和评价。

元朝帝师八思巴 陈庆英著。中国藏学出版社 1992 年 6 月出版，32 开，197 页。本书较为全面地介绍了八思巴的一生，包括他的家世、出生和少年时代、结交忽必烈、在大都的生活、首次返回萨迦后的活动、再次到大都、再回萨迦及圆寂等内容。并评述了八思巴的家世、生平及其对藏传佛教的重要贡献和在西藏地方归附元朝中央王朝管辖的过程中所起的重大作用，分别从宗教、政治、文化三方面肯定了八思巴对藏族历史和中国历史发展做出的杰出贡献。

元帝师考 （日）野上俊静、（日）稻叶正就著，邓锐龄译。中国科学院民族研究所1965年2月编印，内部发行，32开，197页。《关于西藏佛教史的十篇资料》附录之二。本书着重记述了元朝15位藏族帝师的产生、事迹考证、姓氏考证和生卒年等。书末附元代帝师译名对照表。

元史·释老传 （明）宋濂撰，王祎总裁，李善长监修，赵埙等16人纂修。属纪传体元代史书。始修于洪武二年（1369），成书于洪武三年（1370），共210卷。本书中有关西藏的记载主要是八思巴与元朝的关系，以及藏僧与元朝的来往等内容。为研究元代藏传佛教的重要史料。

藏传佛教高僧传略 杨贵明、马吉祥编译。青海人民出版社1992年4月出版，32开，396页。本书共介绍了173位高僧，其中前弘期4位、后弘期5位、宁玛派7位、噶当派14位、萨迦派12位、夏鲁派2位、希杰派7位、觉囊派4位、噶举派42位、格鲁派76位。确定高僧的条件是出家受戒、取得格西学位、对弘扬佛法有贡献者。对有争议的人物，异说并存。是一部研究藏学不可缺少的工具书。《中国藏传佛教名僧录》（甘肃人民出版社，1991年版）与本书所收名僧基本相同，可互相参照使用。

藏密大师——玛尔巴传、米拉日巴传、日琼巴传 查同杰布等著。藏文。西藏人民出版社1997年4月出版，32开，459页。本书收录了玛尔巴、米拉日巴、日琼巴3位噶举派佛学大师的传记。“玛尔巴”全名“玛尔巴·曲吉洛追”，他曾先后几次赴尼泊尔、印度拜师学法，得到印度高僧纳若巴、底若巴、弥哲巴等高僧的真传，后在山南洛扎收徒传法，被噶举派尊奉为藏地三祖师之一。米拉日巴系玛尔巴之徒，他除了佛学造诣高深之外，兼善写诗歌。年轻时曾“咒死”仇人，后来忏悔罪孽，改宗佛法。投玛尔巴门下学法，前后经历6年多，终得玛尔巴之全部真传，成为噶举派第二代祖师，是西藏家喻户晓的苦行僧。日琼巴系米拉日巴之徒，得其师米拉日巴的真传，成为噶举派祖师之一。可参阅《米拉日巴大师集》。

藏族翻译史及历代译师传略明鉴 旺堆次仁著。藏文。民族出版社1998年出版，32开，348页。本书比较详细地叙述了藏族的翻译历史和各个时期出现的翻译家的传略，以及翻译在藏族文化发展中所起的作用等。

藏族历代名医略传 强巴赤列著。藏文。民族出版社1990年11月出版，32开，462页。本书通过对吐蕃王朝以来各个时期的医学经典著作、佛教经典、塘噶及各家传记进行整理、考证，得出了120多位藏医名家的生平、师承、医术、医学思想、著述及贡献。对研究藏医史有重要的参考价值。

扎西吉泽传 格桑登巴降泽著。四川民族出版社1988年11月出版，32开，107页。本书作者是夏扎尔·扎西吉泽的亲传弟子，书中根据作者的所见所闻，讲述了扎西吉泽的生平及其思想的成因。

中国藏传佛教名僧录 唐景福编著。甘肃民族出版社1991年6月出版，32开，303页。本书按出生年份先后顺序依次介绍了从8世纪至20世纪期间的120余位藏传佛教高僧的生平事迹与成就。王沂暖作序。

中央驻藏代表张经武 赵慎应著。西藏人民出版社1995年7月出版，32开，194页。本书记述了中央驻藏代表张经武从1951年至1965年期间在西藏的工作、生活等方面的情况。1951年5月，他作为中央人民政府与西藏地方政府和平谈判的主要谈判代表之一，为谈判的成功做出了重要贡献。他几十年如一日的和西藏工委、西藏军区领导一起，团结当地广大群众、上层爱国人士和解放军指战员，宣传、执行、维护协议，加强民族团结、西藏内部团结，维护祖国统一，保卫祖国西南边疆，做出了重大贡献。同时出版的还有《张国华将军在西藏》、《修筑川藏公路亲历记》等共5册。

中原人高原人：献给世界屋脊上的河南儿女 本书编委会编。西藏人民出版社1993年12月出版，32开，581页。通讯、报告文学集。本书记录了在西藏不同历史时期、不同岗位上做出贡献的100位河南籍进藏干部，讴歌了他们无私奉献的精神。

仲顿巴本生传、弟子问道语录 鄂·勒巴协绕等著。藏文。青海民族出版社1994年7月出版，32开，848页。本书共49章，讲述了仲顿巴一生奋斗的经过及其所取得的辉煌业绩。其中穿插许多民间传说和德巴丹波王子的故事。是研究藏传佛教噶当派的宝贵资料。

周恩来与西藏 中共西藏自治区委员会党史办公室编。中国藏学出版社1998年12月出版，32开，549页。是一部研究中共党史、西藏地方史和周恩来思想的史料书。本书是融文献与记事为一体的史料书，共汇集周恩来在建国后的20多年中为西藏的解放和建设所起草、签署的近百份电报、文件和几十份报告、讲话、文章等。

主巴衮勒传 又名《主巴庆嘉妙传》。贡噶勒巴自述，才旺丹增记录整理。抄本，1函4卷。又有西藏人民出版社1992年11月出版，32开，638页。作者是西藏藏传佛教主巴噶举派著名喇嘛。约成书于16世纪初。本书主要记述15世纪时主巴噶举派僧人贡噶勒巴的生平事迹。此人行为怪诞，有"疯僧"之称，书中记述颇富传奇色彩。书后有传主的文章选编。可参见《竹巴衮烈传记》。

专家风云录 徐正余等编。西藏人民出版社1993年7月出版，32开，142页。本书分《西藏自治区优秀专家报告团演讲录》和《西藏自治区优秀专家介绍》两部分。第1部分介绍了有关组建优秀专家事迹报告团到西藏全区巡回报告的情况；第2部分介绍了51位优秀专家的简历和成就。

转世灵童：当代西藏活佛转世生活纪实 晓浩著。团结出版社1994年2月出版，32开，184页。本书介绍了十七世噶玛巴、多吉帕姆、贡巴萨、波米等当代西藏活佛的生活经历。

宗喀巴大师应化因缘集 修慧法师编述。佛学书局1990年出版，32开，264页。本书21章，较详细地介绍了宗喀巴大师的诞生、学经、入藏拜师、受戒、传法、著书立说、创立格鲁派教法、培养弟子及建立三大寺等，对上下密院、昌都、后藏、前藏、安多地区的重要格鲁派寺院亦有记载。有关宗喀巴大师的藏文传记有两本，而本书称得上是介绍宗喀巴大师生平最全面的一部汉文专著，极具参考价值。

宗喀巴大师传 法尊译述。中国藏学出版社1993年10月出版，32开，238页。本书根据藏文版《宗喀巴评传》节译转述，介绍了藏传佛教格鲁派创始人宗喀巴的一生。

宗喀巴大师传 珠杰旺（又名罗桑赤列）著。有拉萨和拉卜楞刻本等，1函。本书是作者根据15世纪克珠·格列白桑所著《宗喀巴小传》和其它资料写成的。全书分3章7节，详细叙述了宗喀巴大师的诞生，剃度为僧去卫藏学习佛法，最后成为能讲说法旨、辩论经义、著书立说、才识出众、德行谨严、心地善良的著名佛学家的经过，以及宗喀巴宗教改革的经过和改革后的情况等。其中还记述了很多其他历史。是一部研究格鲁派形成和15世纪吐蕃社会的重要著述。

宗喀巴评传 王尧、褚俊杰著。南京大学出版社1995年9月出版，32开，244页。本书比较全面地论述了藏传佛教格鲁派创始人宗喀巴大师的生平、哲学、宗教思想和诗歌艺术成就，并概括介绍了其哲学思想的特点及其在密宗修习方面的思想体系。

宗喀巴评传 班班多杰著。京华出版社1995年9月出版，32开，254

页。本书评述了藏传佛教格鲁派创始人宗喀巴的生平、业绩、著作、思想、贡献及其地位。

宗喀巴小传 别名《信徒津梁》，亦称《宗喀巴小传》。克珠·格列白桑著。有拉萨和拉卜楞刻本等，1函。作者是第三代噶丹赤巴，后被追认为第一代班禅额尔德尼。本书简述了宗喀巴大师一生的作为。文字精练，内容真实，是后人珠杰旺创作《宗喀巴大师传》的主要参考书和依据。

(六)风俗

阿坝风情录 达尔基著。西南交通大学出版社1991年1月出版，32开，143页。本书共2辑，第1辑内容主要介绍四川阿坝地区藏族的居住、饮食、服饰、礼仪、生活器具、家庭和称谓、婚姻、丧葬、禁忌、节庆、藏族姓氏、文化艺术及体育娱乐等；第2辑内容包括《布达拉宫与松潘藏族妇女的头饰》、《文成公主与色格寺的藏戏》、《藏族幡旗的来历和含意》、《神秘的原始祭俗——“桑烟”》等传说和故事12篇。书前有王卫的《话说阿坝藏族风情》一文。

当代中国宗教禁忌 朱越得著。民族出版社2001年4月出版，32开，228页。本书分为佛教、道教、伊斯兰教、天主教、基督教5章，分别介绍了这五大宗教的历史概况和各种禁忌，着重阐述了社会各界应该如何正确对待、自觉尊重宗教禁忌，以及维护人际和谐与民族团结的基本准则和一般常识。

祭青海记 汪祖华撰。重庆五洲书局民国三十三年(1944)出版。属民俗志。祭海是青海省一种大典，作者亲身经历致祭青海湖的全过程，并将其写成此书。本书着重记述了祭海仪式的经过、历史渊源，对青海藏蒙等民族的风土人情等亦有较详细的记载。

江源藏俗录 梁钦著。华艺出版社1993年出版，32开，577页。本书主要介绍了甘青藏区的宗教、生活习俗和文化。

茫茫转经路 温普林著。西藏人民出版社2003年出版，32开，287页。作者把《茫茫转经路》、《苦修者的圣地》和《巴伽活佛》编为“风马旗书系丛书”。本书记述了西藏人民的宗教信仰、宗教生活、宗教与人生、宗教与经济等方面的内容，以及对宗教现象的探讨。作者曾先后数十次进藏，对西藏文化的观察和感受十分独特，书中所表达的文化思考以作者特殊的生活经历和修养作为底蕴，为了解西藏和藏族的宗教、历史、文化、民俗等方面提供了新的视角。

青海乡俗 孙考著。青海人民出版社1992年7月第2版，32开，132页。增订本。本书初版于1984年，此次增订新增短文14篇。为记述青海各民族民俗、民情的通俗读物。作者用讲故事的形式述说了青海各族人民长期形成的民间风俗、风情。将每事写成一篇短文，按节令、衣食住行、喜婚丧葬、物产等归类顺次辑成。本书以“情”为主线，以“土”为本色，以“短”为特色，以“美”为追求，情趣盎然，娓娓动听。是人们进一步了解和认识青海的向导，是研究我国社会学、民俗学的材料。

青海藏族风情丛话 仇保燕著。中国旅游出版社1987年12月出版，32开，154页。本书介绍了青海藏族地区人民在服饰、饮食、居住、恋爱、婚姻、丧葬、礼仪、娱乐和宗教信仰等方面的习俗。

山神之地：藏北聂荣牧区民俗考 张宇光、赤桑著。西藏人民出版社1987年7月出版，32开，161页。西藏藏北民俗专著。本书介绍了藏北聂荣地区自古至今的民俗，其中包括部落的传说、部落的抢劫、头人买卖、部落和藏地方政府、牧民之间的关系、帐篷、牧人的一天、歌与劳动、贸易交换、恋爱方式、提亲、订婚、婚礼、出生、死亡和丧葬、过年、赛马、盐的传说等内容。

神性与诗意——拉卜楞藏族民俗审美文化研究 伦珠旺姆、昂巴著。民族出版社2003年出版，32开，211页。本书介绍了拉卜楞地区藏族的宗教信仰、婚姻家庭及丧葬礼仪等内容，并对这些习俗进行了深入分析和研究。

生肖与中国文化 吴裕成著。人民出版社2003年出版，32开，906页。“中国文化新论丛书”之一。本书可作为研究藏族生肖文化的辅助资料。

天葬：藏族丧葬文化 尕藏才旦、格桑本编著。甘肃民族出版社2000年9月出版，32开，174页。本书介绍了藏族的天葬、火葬、塔葬、水葬、土葬及其他葬俗，并探讨了藏族葬俗的演变及文化价值。

西藏风情 龚思雪著。四川民族出版社1985年8月出版，32开，155页。本书介绍了西藏的宗教和文化、地理概况和西藏各民族的生活习俗，并对这些文化、习俗作了理论分析。

西藏民俗 李涛、江红英著。五洲传播出版社2002年出版，32开，123页。本书以图文并茂的形式，主要介绍了西藏的民居、饮食、服饰、婚姻、节庆、信仰、娱乐及丧葬习俗等内容。

西藏民俗文化 陈立明等著。中国藏学出版社2003年出版，32开，378页。本书详细介绍了西藏地区主要的民俗习惯和与民俗相关的藏族文化。

雪域气息的节日文化 尕藏才旦、格桑本编著。甘肃民族出版社2000年9月出版，32开，190页。“雪域藏民族文化博览丛书”之一。本书主要介绍了藏族地区俗人、僧人及僧俗共有的节日。

玉树赛马节：献给玉树藏族自治州成立四十周年 青海玉树藏族自治

州文化局编。文物出版社1991年6月出版，16开，39页。本书以图文并茂的形式介绍了玉树地区赛马活动的历史和现有赛马活动的项目、种类。在青海省玉树藏族自治州无论祭山敬神、迎宾送客、操办婚事等日子，都离不开赛马竞技。玉树藏族自治州人民政府于1990年决定把每年7月25日后的7至10天定为传统赛马节。

藏族节日文化 林继富编著。西藏人民出版社1993年4月出版，32开，154页。民俗专著。本书分8章，较详细地介绍了西藏、青海、甘肃、四川等藏区的藏历新年、宗教节日、赛马节、原始信仰中的节日、农牧业型节日、藏戏节和游乐型节日等。对各种节日的过程叙述详细，并对这些节日的起源、演变和文化价值进行了理论探讨。

中国民俗学概论 田晓岫编著。华夏出版社2003年出版，32开，415页。“民族学教材与研究丛书”之一。本书涉及藏族民俗的理论问题。

中国少数民族风情录 范玉梅、吴碧云等编著。四川民族出版社1987年出版，32开，554页。本书对我国现有55个少数民族的民俗作了介绍，内容包括藏族的婚姻、服饰、饮食、居住、丧葬、节庆、娱乐、礼仪、禁忌等内容。全书文字流畅，简明易懂，为通俗的知识性读物。

十、地理、游记

阿坝地名 本书编写组编印。1987年9月印行,16开,121页。为四川省阿坝藏族自治州地名录。本书分两部分:1.有关阿坝地区地名的历史及文学作品。2.阿坝地区的名胜、风物传说、地名故事及实物的说明和照片。其中大禹传说、树吞石碑、龙石、红军长征留下的文物、古迹及建筑等方面的照片和说明,均为极难得的珍贵资料。附照片300余幅。是了解阿坝历史的重要资料。

阿坝圣山游 达尔基编。民族出版社1998年出版,32开,218页。本书介绍了阿坝藏族自治州圣山崇拜及与之相关的历史、宗教、道德、民俗、自然、环保等内容。本书集文学性、知识性、趣味性、资料性和实用性为一体。

阿里 成卫东著。五洲传播出版社1999年12月出版,32开,76页。本书简要介绍了西藏阿里地区的民俗、风景名胜和地区概况。

艾尔极地西部旅游文化书系 艾尔极地编著。西藏人民出版社、四川美术出版社2003年出版,32开。本书系已经出版的有4册:《带你游西藏》,32开,1.8万字;《带你游布达拉宫》,64开,1.1万字,汉英对照;《带你游大昭寺》,64开,1.1万字,汉英对照;《带你游古格》,32开,4.2万字。本书系全面介绍了西藏的风土人情,是典型的导游手册。

爱我中华 爱我西藏 丹珠昂奔主编。北京师范大学出版社1992年10月出版,32开,240页。本书介绍了西藏的自然环境、民族、历史、风俗、科技、文学、艺术、教育等方面的情况。

暗探西藏 汉译书名又称为《乔装之拉萨》。麦尔克著,黄次书译。译文登载于《蒙藏旬刊》第一卷各期。本书是作者在拉萨期间所见所闻的记录,所记较表面化。

边疆地理调查实录 严德一著。商务印书馆1950年出版,32开,265页。本书着重论述边疆地理和社会实况,其中对云南永宁、中甸(今香格里拉县)、四川木里的藏族社会情况、土司和堪布及总管的权势、藏族人民的生活现状与习俗的介绍较详细。

苍茫古道:挥不去的历史背影 范稳著。云南人民出版社2000年1月出版，32 开，397 页。作者为体验生活和收集资料，沿昔日滇藏茶马古道，由滇西北进入西藏东南部，再经由川藏公路南线进入拉萨。本书着重记述了滇藏结合部藏、纳西、回、白、傈僳、汉等各族人民长久以来在政治、经济、宗教、文化上的相互交融与影响，尤其是对茶马古道两侧藏、纳西两个民族在历史长河中形成相互依存、相互砥砺关系的沧桑历史作了深刻的文化剖析，形象地揭示了一条隐匿在藏东南崇山峻岭和峡谷间的文化积淀深厚的历史走廊。

苍茫西藏 子文(又名刘伟)著。春风文艺出版社 1998 年出版，32 开，286 页。作者曾在西藏人民广播电台、人民日报驻西藏记者站当记者，出版过有关西藏的小说集、通讯报告文学集、长篇纪实文学等。本书记述了作者在西藏的所见所闻和对西藏的感悟，内容包括宗教信仰、道德、民俗生活、自然风景等内容。

朝拜梅里雪山——关于香格里拉王国那座金字塔的雪山 黄豆米著。民族出版社 2003 年出版，32 开，249 页。本书主要介绍了东部藏区(即云南藏区、西藏东部、四川西部地区)的人文地理和藏族文化。

触摸西藏 陈韵鹦著。四川人民出版社 2001 年出版，32 开，214 页。本书介绍了西藏历史、文化、风俗以及西藏旅游经验等内容。

川边游记 徐金源著。北平著者书店民国二十一年(1932)出版，32 开，108 页。作者于民国五年(1916)赴四川省甘孜州石渠县藏区供职，游历西康。该书即为此次游记。本书分 21 编，记述了康区的地理、官制、政治、宗教、文艺、建筑、饮食、服饰、风俗等，并附图 21 幅。是了解石渠县沿革的重要资料之一。

穿越帕米尔高原 副标题为《帕米尔及其附近地区历史、地理、民族英文参考资料汇编》。(英)柯宗等著，吴泽霖译。民族出版社 2004 年出版，32 开，491 页。“社会学人类学译丛”之一。帕米尔高原的部分地区在吐蕃时期曾为吐蕃所占领。本书可作为研究古代吐蕃的辅助资料。

穿越西藏的旅游日记 波纳尔·哈米特著。1894 年初版，1976 年再版。作者于 19 世纪末期从拉达克进入西藏，并穿越卫藏地方到达康藏边境地区。本书即为此次游历的记录。全书篇目按月日记录，有图片 30 幅、地图 1 幅。

闯入世界屋脊的人 (英)彼得·霍普柯克著，向红笳译。西藏人民出版社 1985 年出版，32 开，257 页。作者为《泰晤士报》记者，曾 7 次到中国，著有《丝绸之路的外国魔鬼》等书。本书内容是根据 9 个不同国家的间谍、探险家、传教士等在西藏的各种曲折经历整理而成，从不同侧面反映了自1875年以来的西藏政治、经济、文化、习俗、宗教等情况。附21幅照片。为研究外国侵略西藏问题的参考资料。

从昆仑到喜马拉雅 白辛著。作家出版社1959年10月出版，32开，88页。为旅行日记。作者于1956年底至1958年期间在西藏高原阿里地区拍摄有关自然、山川、风土人情、传说故事等方面的影片，在赴西藏阿里途中和拍片过程中经历了许多坎坷，本书就是记述了这些经历。书中收入《昆仑山》、《冈底斯山》、《喜马拉雅山》和《帕米尔高原历险记》共4篇历险记。其中有赴西藏经新疆南部途中的见闻；最后一篇为附记，主要记述作者在帕米尔高原所遇到的险情及见闻。书中内容均为作者亲身经历和所见所闻，真实而感人，对阿里地区的民风民情、自然风光等均有较详细记述。书首有7幅旅途驻队、山脉等照片。

鞑靼西藏旅行记 （法）古伯察著，耿昇译。中国藏学出版社1991年2月出版，32开，689页。“汉译国外藏学名著丛书”之一。作者是第1个进入西藏的法国人，为法国入华遣使会会士，1841年至1846年间曾游历热河蒙古地区、宁夏、甘肃、西藏、甘孜等地。本书即为此次游历的见闻录。分2卷21章，50余万言。上卷记述蒙古族、满族地区的风土人情，对宗教、社会一般情况亦有记载。下卷记述从甘肃藏区到青海、拉萨、墨竹、昌都、巴塘、康定的沿途见闻。其中对作者停留拉萨两个月间的经历、见闻记述较详。本书于1851年首次用法文在巴黎出版，在不到20年间再版7次，还被译为8种文字，轰动欧洲，在世界范围内也有影响。

迪庆旅游指南 迪庆藏族自治州人民政府编。云南大学出版社1993年7月出版，32开，113页。本书内容分3篇：1.中甸篇。介绍了该县以碧塔海、松赞林寺为主的17个风景点和名胜，以及独特的民俗、节日等。2.德钦篇。介绍了卡瓦噶博、东竹林寺、茨中天主教堂等7个景点。3.维西篇。介绍了达摩祖师洞、寿国寺等8个景点。此外，对中甸、德钦、维西3县的地理、历史、政治、经济等均有介绍。附有主要景点的照片29幅，旅游地图1张。

地理小知识 《刚坚少年报》编辑部编译。藏文。青海民族出版社1994年5月出版，32开，144页。“刚坚少年知识丛书”中的地理知识汇编本。属中小学生读物。本书主要内容有：1.简介中国的地形、地貌、物产等知识，兼而介绍中国31个省、市、自治区的概况。2.介绍了一些世界地理知识。

独行西藏 程树民著。广东旅游出版社2000年出版，32开，138页。本书收录作者有关西藏的游记43篇。

发现西藏 （瑞士）米歇尔·泰勒

著，耿昇译。中国藏学出版社 1999 年出版，32 开，282 页。属探险游记。本书主要介绍了西藏的地理、物产、宗教文化、人民的生活方式等内容。

访康藏高原　杨居人著。作家出版社 1955 年 8 月出版，32 开，162 页。作者于 1953 年访问康藏高原，此书是当年的访问记录。本书记述了当时西藏地区政治、经济、文化、教育、医药卫生、社会生活，以及康藏公路建设等方面的情况。海稜作序。

佛教圣地指南集萃　司徒却吉嘉措等著。藏文。四川民族出版社 1998 年出版，32 开，302 页。本书汇集了著名学者的朝圣游记，如噶妥·司徒却吉嘉措、席维宁波、吉美领巴等人关于风土人情、寺庙菩萨、古迹遗址等的记述。是朝圣观光导游手册，也是研究佛教的资料。

佛教香客在圣地西藏　（俄）崔比科夫著，王献军译。西藏人民出版社 1993 年 3 月出版，32 开，342 页。本书以藏传佛教各大寺院为中心详细地记录了安多藏区和西藏的风土人情、宗教制度、僧侣生活、社会状况等方面的情况。

富饶美丽的青海高原　“青海科技丛书”编辑组编。青海人民出版社 1983 年 10 月第 1 版，1984 年 4 月第 2 版，32 开，135 页。本书共收入介绍青海省自然风光、名胜、资源、植物、动物、珍禽、河流、山峰、森林等方面的文章 37 篇，其中有对闻名中外的青海湖、塔尔寺、鸟岛等名胜古迹的详细介绍。本书通俗易懂，是一本科学性、知识性和趣味性结合得比较好的科学普及读物。每篇文章均附有照片，图文并茂，亦可作为导游手册。

古西藏及其毗邻地区　（英）索斯·金斯米尔著。作者于 20 世纪初深入我国云南、四川、西藏等地，对这些地区各民族的历史、风俗、社会状况等进行了一系列考察和研究。本书即为此次考察的记录。对研究滇川藏交界地区的藏族情况有一定参考价值。

国民政府女密使赴藏纪实　原名《康藏轺征》。刘曼卿著。民族出版社 1998 年出版，32 开，166 页。“民国边疆游记新读丛书”之一。本书根据民国版本《康藏轺征》整理并新补喜饶尼玛序。

河源记　（清）舒兰撰。《小方壶斋舆地丛钞》本。清代青海地理书。康熙四十三年（1704），作者奉使查黄河源头，历时数月。本书记述了沿途的名山大川，尤其对青海的名山河流记载较详。

后藏日喀则　宁世群著。西藏人民出版社 1994 年 8 月出版，32 开，234 页。本书收录了介绍后藏日喀则的历史、宗教、名胜古迹、民族风情及改革开放以来的巨大变化的文章 60 篇，如《日喀则,古老而崭新的名城》、《年楚河一瞥》和《日喀则觅古》等。

荒原古堡西藏古格王国故城探察记 张建林著。四川教育出版社1996年出版,32开,200页。作者于20世纪八九十年代曾多次进藏参加对古格故城的考古调查,本书中所写都是当时调查的第一手资料。本书介绍了阿里古格王朝的历史、古格独特的自然风貌、遗址概况、文化艺术、流派风格、民族交往、战争、古格人的生存状况和生活方式等。附相关图片。

揭开世界屋脊的奥秘 中央人民广播电台科技组编。北京地质出版社1981年12月出版,32开,127页。我国第一部较全面介绍青藏高原的科普读物。1980年5月,由中国等18个国家的80多名科学家组成的科学考察团到青藏高原作科学旅行,中央人民广播电台科学记者随团前往,组编了一系列关于青藏高原独特的地质、地貌、河流、湖泊、生物、气候等方面的科普游记,经增补后编辑成书。本书撰稿人多系长期从事青藏高原科学考察的科学工作者,书中内容真实,具有较强的科学性,较全面地反映了我国近年来对青藏高原科学考察的最新成果。

金川琐记 (清)李心衡撰。清刻本,6卷。李心衡,字巽廷,号汀帆。乾隆年间在四川西昌等地任官,并在任职期间游历川西各地,将所见所闻编成此书。本书记述了部分御制文、新疆风物、金川风土人情等。

近西游副记 王天元著。南京拔提书店民国二十四年(1935)出版,32开,206页。为著者赴川边游记。本书分上中下3篇,上篇记成都至松茂小镇叠溪间的见闻;中篇载茂县等地的寨子、寺院;下篇叙述松潘概况。附录光绪十六年(1890)董湘琴所作《游松潘小唱》和多幅图片。是研究松潘、茂县等地藏族风土人情的参考书。

进藏纪程 (清)王世睿著。乾隆年刻本,又有《小方壶斋舆地丛钞》本,1卷。清代地理志书。王世睿,山东济南人,字道存,康熙进士,曾任上海县知县,有《龙溪草堂集》等著述。雍正十年(1732)奉命前往西藏拉萨。本书记录了王世睿从成都至拉萨之间的程站、疆域、沿途藏族的风土人情及社会状况、物产等。其中对巴塘、理塘设营官等事亦有记述。对研究康藏近代史有一定参考价值。

晋藏小录 (清)徐瀛著。清刻本。有《小方壶斋舆地丛钞》本。清代西藏地理志书。作者于道光四年(1824)受委派赴西藏拉里任粮务员。本书记录了由西康拉里县至拉萨之间的程站、里数、山川、重要村镇、寺院,以及沿途风土人情等,对拉萨的寺院也有述及,但文字和内容都十分简略。

经深峡幽谷走进康藏:一个自然

科学家经伊洛瓦底江到扬子江的游历 (英)赫伯特·斯蒂文斯著,章汝雯、曹霞译。四川民族出版社 2002 年出版,32 开,256 页。“雪域旧旅丛书”之一。本书是英国自然科学家赫伯特·斯蒂文斯在 20 世纪 20 年代考察中国西南边陲时所写的游记,详尽地描述了沿途各地,尤其是藏区奇特的自然风光、民风民情、地理概貌等。

镜头前的西藏:一个摄影记者走西藏的实录写真 成卫东著。湖南文艺出版社 2001 年出版,32 开,372 页。本书记述了作者在西藏藏北无人区、珠穆朗玛峰和雅鲁藏布大峡谷采访的故事。

九寨沟·黄龙风景区导游图 四川民族出版社编。汉英文对照本。四川民族出版社 1988 年出版,32 开,28 页。本书介绍了九寨沟和黄龙风景区。另附有九寨沟景点示意图、黄龙全景示意图,九寨沟和黄龙地区交通图。

九寨沟黄龙寺导游图 成都地图出版社编。成都地图出版社 1993 年 7 月出版,32 开,11 页。本书介绍了四川阿坝州的九寨沟和黄龙寺的情况,并附导游图。

看不见的西藏 凌一鸣著。湖南人民出版社 2003 年出版,32 开,169 页。本书分滇藏篇、川藏篇和新藏篇,共收录作者进藏撰写的游记 29 篇。

康昌考察记 朱契著。桂林大时代书局民国三十一年(1942)出版,32 开,124 页。民国三十年(1941)七月国民政府行政院组织康昌旅行团视察乐西公路、访问边疆民族、调查民情。作者参加该团赴四川西部考察,本书即为该次考察所见所闻的记录。本书对民族文化落后的原因、石达开之死等有较深刻的论述。

康定 高润身、黄启光等编著。中央政治学校附设蒙藏学校民国二十四年(1935)五月印行,32 开,68 页。边疆教育实业考察团西康组乙种报告书。民国二十三年(1934),高润身等 11 人赴康定考察,本书即为此次的调查结果。本书着重记述了当时康定 13 所学校的基本情况,对康定的历史沿革、地理气候、民族、人口、集市、政治组织、宗教、工业、商业、图书馆等亦有记载。附录 32 张照片。有较高参考价值。

康青纪游 陈立峰著。民国三十四年(1945)手稿本,16 开,245 页。本书简述了康区和青海的文化、宗教、政治、经济和风俗习惯。

康藏高原散记 林田著。新疆美术摄影出版社 1954 年 6 月出版,32 开,88 页。本书收录了《进军西藏途中》、《在雅鲁藏布江的日子》和《喜马拉雅山纪行》等 3 篇文章,记述了作者 20 世纪 50 年代初在西藏的所见所闻。

康藏高原上的新城市 四川省甘孜藏族自治州翻译室译。藏汉文对照本。四川民族出版社1956年8月出版,32开,207页。本书收录《西藏高原上的新市镇——扎木》、《甘孜的新面貌》、《祖国边疆的古城——拉萨》和《今日昌都》等4篇文章,反映了康藏高原在城市建设方面的飞速发展。

康藏公路和青藏公路 参见第202页《康藏公路和青藏公路》。

康藏行 谢天沙著。工艺出版社1951年2月出版,32开,105页。本书为作者1941年秋至1942年春游历西康、西藏、青海的藏民居住区域时所作的游记,介绍了康藏地区的物产、生活习惯、宗教、政治制度、山川风景等。后附作者《建立藏区的乳脂工业》一文。潘勤孟作序。

康藏轺征 刘曼卿著。商务印书馆民国二十二年(1933)出版,32开,166页。本书记述了作者民国十八(1929)、二十一年(1932)两次奉命进西藏的经过,以及西藏的政治历史沿革和路程等,对沿途和拉萨的风土人情描述详细,并附有高原风景图片和自成都至拉萨、自云南中甸至拉萨的路程表。其中作者与沿途各地官员、拉萨各界名流的会晤记录较为珍贵。

柯羽操游藏记 柯羽操著,黄庄毅纂辑。民国排印本,《川边季刊》编辑部印行,32开,113页。作者于民国二十一年(1932)冬偕同藏友罗桑步行周游藏区。他们从西康至拉萨、江孜、日喀则、亚东、定日、阿里宗,并越过喜马拉雅山到尼泊尔首都。本书即为此次游历沿途所见所闻的记录,属于近代国内游记中较翔实的一部。曾连载于《川边季刊》、《四川月报》一至九卷各期。

可爱的青海 青海日报社编印。1983年12月内部发行,32开,156页。本书是根据胡耀邦"要宣传青海"的指示编印的。本书首先简明扼要地介绍了青海的历史、自然环境、行政区划、工农业发展速度、国家在青海的重点项目等,而后详细介绍了青海的藏族文学、艺术、藏医、名胜古迹、动植物资源,其中名胜古迹17处、名贵动物25种、植物18种。附50首历代诗人歌咏青海的古诗、古词。可作为青海的导游手册和普及性读物。

叩响雪域高原的门扉:乔治波格尔西藏见闻及托马斯·曼宁拉萨之行纪实 (英)马克姆编著,张皓等译。四川民族出版社、中国社会科学出版社2002年9月出版,32开,545页。"雪域旧旅丛书"之一,该丛书由王启龙主编。本书记述了最早访问西藏的托马斯·曼宁和英国东印度公司派往西藏的乔治波格尔在西藏的见闻。其中对西藏的地理、风土、政教关系和西藏属于中国等描述清楚,但也暴露了帝国主义企图染指西藏的野心。有王尧序。

跨越"世界屋脊"的康藏、青藏公路 人民交通出版社编。人民交通出版社 1955 年 9 月出版，32 开，106 页。本书内容包括：庆祝康藏、青藏公路通车典礼大会的有关文件、贺电，有关部门负责人的谈话，参加筑路的工作人员的回忆文章，有关筑路工程的艰巨情况，公路通车对青海、西藏、西康等地区产生的意义的通讯报道，筑路中涌现的劳动模范的事迹和西藏地区的概况等。另附图片。

昆仑河源考 (清)万斯同撰。清刻本，1 卷。为清代有关黄河源头的典籍。本书先考证了唐书等各种有关黄河之源的典籍中所记之伪真，后又根据清代各种记载较准确地考证出了黄河之源。

拉帮结伙游西藏 朱寅昭著。中国旅游出版社 2004 年出版，32 开，246 页。本书以图文并茂的形式，介绍了作者在西藏自助旅游的经过，以及西藏的一些历史知识。

拉萨 廖东凡著。五洲传播出版社 1999 年 12 月出版，32 开，118 页。本书简要介绍了拉萨的地理、历史、寺院、物产、古迹、人民生活、城市文化，以及民主改革以来在经济、城市建设等方面取得的成就。

拉萨见闻录 朱绣著。本书刊于民国二十三年(1934)七月《开发西北》第二卷 1 期《西藏专号》。作者于民国八年(1919)自甘肃至拉萨，并在拉萨停留数月。本书即作者此次在拉萨的所见所闻记录。朱绣另有《游藏纪行》、《西藏六十年大事记》等书，可与本书相互参照。

拉萨，开放城市；西藏旅行记 韩素音(汉名周光瑚)著。英文。Jonathan · cape 出版社 1977 年出版，32 开，208 页。作者为英籍女作家，生于北京，曾旅居四川，伦敦大学博士，著述有《中国在公元 2001 年》、《早晨的洪流，1893 年至 1953 年毛泽东和中国革命》等。本书主要内容有：1. 旧西藏的回顾和 1959 年的叛乱经过。2. 和平解放以来西藏在各方面的变化。其中较详细地记述了西藏的卫生事业、教育事业、城乡改造等内容。附反映西藏各方面发展变化的 29 张照片。

拉萨新貌 梅朵著。五洲传播出版社 1996 年 12 月出版，32 开，227 页。本书介绍了拉萨的历史、布达拉宫和三大寺等著名寺院的历史、人民生活和城市文化，以及近 20 年来拉萨在政治、经济、文化和城市建设等方面取得的成就。

灵地西藏 熊育群著。时事出版社 2000 年出版，32 开，235 页。属游记。本书作者为《羊城晚报》著名记者，只身前往青藏高原旅行探险，本书是他的探险手记，不仅记录了他在西藏历险的艰辛过程，还表达了他对地域文化和历史人文的思考。附照片。

领事之旅行 台克满著，高上祐

译。连载于《康藏前锋》。作者于民国六年(1917)前后任西康宁静的副领事。同年,康藏交界地段发生草场纠纷,请台克满调解,并于翌年签订协议,停止冲突。本书详细记述了康藏草场纠纷的前因后果和订约的全过程,对宁静至察木多(今西藏昌都)的风土人情和沿途见闻的记述也很详细。草场纠纷在藏区较普遍,本书对康藏交界地区草场纠纷的论述至今仍有一定参考价值。

流浪西藏 阿坚著。中国文联出版社1999年出版,32开,193页。本书收录了作者6次入藏所写的旅行笔记,包括在川藏线、青藏线、新藏线上的经历。

炉藏道里最新考 (清)张其勤撰。清光绪三十三年(1907)铅印本,23页。本书简述了从康区到拉萨的路途和程站。

旅居藏边三十年 (法)古德诺著,杨华明、张镇国译。另转载于《康导月刊》第五卷以后各卷中。本书主要内容有:1.自1624年以来欧洲人探险西藏状况,涉及藏文、文学、医学、汉藏文化关系、教育、藏传佛教、西藏地理、政体及经济等。2.17世纪以来天主教在康藏地区的传教活动。3.西藏物产、气候、民族、家庭生活、风俗习惯、格言诗、格言与家庭生活及川滇边境地理与民族风俗等。本书是介绍西藏历史、政治、经济、文化的通俗读物,内容较全面,尤其对康巴地区的当时情况记述较详。是研究天主教在藏区传播的重要参考资料。

旅康宝鉴 洪裕昆、王业鸿撰。民国印本,连载于《康导月刊》。作者旅居康区24年,曾任西康建省委员会顾问,熟悉西康典故、民情、历史、政治及经济情况。本书主要内容:西康概况;清末至民国二十六年(1937)西康建省的经过,并附有清圣祖御题泸定桥碑文;西康各县沿革;赵尔丰、尹昌衡、张毅、陈遐龄、刘文辉等人执政时的县治;西康全省路线及各县程站里数、替换乌拉情形;在西康风俗中收录了七笔词及诠释等。

旅藏纪行 何思源著。生活·读书·新知三联书店1956年出版,32开,80页。本书简述了西藏的风土人情和著名人物。文词通俗,为普及性读物。

裸奔 (法)司徒夫著。生活·读书·新知三联书店2002年5月出版,32开,240页。本书记述了作者在中国骑车万里行的经历和见闻,其中包括镜头里的中国人、新疆喀什、北京、西藏神山冈仁波齐山、圣湖玛旁雍错湖、喜马拉雅山脉、雅鲁藏布江及澜沧江等内容。

漫游西藏 廖东凡著。西藏人民出版社1998年5月出版,32开,256页。作者曾在西藏工作20余年,能用藏语与百姓谈天说地,曾无数次下乡调查,积累了丰富的各类资料。本书记述了作者在西藏各地所见的民风民情、经济建设和人民生活等内容。作者笔下的西藏真实可信,兼具人文深度及现况资讯的传达,绝非浮光掠影之作。

迷人的西藏 周炜编著。百家出版社 1992 年 1 月出版,32 开,121 页。本书介绍了西藏各地的社会生活、奇特的风俗习惯、民间歌舞、自然风光等。

名家笔下的香格里拉 杨森编。云南人民出版社 1999 年 10 月出版,32 开,409 页。"中国·香格里拉丛书"之一。本书收入描写和记录云南迪庆的社会、政治、历史、文化、风光等方面的散文、游记等 47 篇,作者有著名作家冯牧、李霖灿、白桦等人。

木雅贡嘎 龚伯勋著。巴蜀书社 2004 年出版,32 开,218 页。本书以游记的形式,介绍了木雅地区的人物、寺院、民风、建筑等。

绮丽的风光 独特的资源 西藏自治区那曲地区政协编,贡嘎桑珠译。西藏人民出版社 1997 年 10 月出版,32 开,162 页。本书介绍了藏北草原(那曲)的地理风光、民风民情、自然资源、物产,以及和平解放西藏后草原人民在中国共产党的领导下所发生的翻天覆地的变化。

敲响圣灵鼓:从吐蕃大墓到雅鲁藏布江的探秘 杨志军著。中国青年出版社 2005 年出版,32 开,238 页。杨志军,青海人,现定居青岛。中国作家协会会员,青岛市作家协会副主席。有中长篇小说《海昨天退去》、长篇小说《环湖崩溃》、长篇纪实文学《喜马拉雅之谜》、长篇小说《随心所欲》等。本书为旅行游记作品集,以西藏苯教的宝物、藏传密字的法器圣灵鼓为线索,展开了从吐蕃大墓出发,横穿青藏高原,最终到达雅鲁藏布江的探秘。作者将藏土宗教的神秘、雪域高原的空灵和现代人在行走中的体验巧妙地结合,在行文中将探秘写得充满情趣。

钦定河源纪略 (清)陆锡熊等撰。清刻本,36 卷。乾隆四十七年(1782),侍卫阿弥达奉旨查黄河源头,并绘地图,乾隆据实际地图,考证源头,参订旧文,写河源诗一章,又御制《读宋史河渠志》一篇,以正旧典中的舛误,后令纪昀、陆锡熊等考证史传,写出真实准确的黄河源流,辑成本书。本书中绘制了各种黄河图,并将旧典中的错误记载也附在一旁,便于参考。除河流之外,本书对甘青地区的名胜古迹、物产风土、名山大川等也有记述。

青海地略 (清)马冠群著。刻本。清代青海地理。本书记述了青海历代沿革、青海境内的主要山河和重要城镇,尤其对昆仑山、黄河、青海湖,以及青海的旧城镇地址等考证和记述较详。对研究青海旧城镇等方面有一定参考价值。

青海调查记 （清）康敷镕撰。线装本。属清代有关青海蒙藏的调查报告。作者为丹噶尔厅官员，本书即为其在任时游历青海各地搜集蒙藏情况编写而成。本书着重记述了蒙族各旗和藏族各部的分布和社会生活状况。对研究当时蒙藏居住地方等有一定参考价值。

青海风土记 杨希尧著。新亚细亚学会民国二十三年(1934)出版，32开，86页。民俗志书。本书共分10章，内容有:1.婚姻。记述藏族等民族的嫁娶赘婿、重女轻男、任意婚姻等。2.幼儿教育。3.记述青海各族服饰、饮食。4.各民族的迁徙和帐房。对帐房的布置、帐房内的神龛等室内情况记述详尽。5.男子承担的内外劳动和畜牧方法等。6.藏族等民族的集会和集会种类。7.物产。8.宗教。对黄教、红教、活佛转世、僧服袈裟、僧人骤增等记载较详。9.葬俗。叙述各族的孝思、送葬及教徒葬俗。10.杂记。是研究青海各民族风俗的要籍之一。

青海风物志 青海人民出版社编。青海人民出版社1985年出版，32开，455页。“中国风物志丛书”之一。本书着重介绍了青海省的历史变迁、山川风貌、高原古迹、民族宗教、乡土民俗、物产风味、城镇建设、文化艺术。其中对青海藏族的生活习俗、寺院建筑、宗教信仰等也作了详尽介绍。

青海概览 青人编著。青海民族出版社1992年6月出版，32开，108页。本书以图文并茂的形式简略地介绍了青海的自然概貌和解放以来特别是改革开放以来取得的成就。

青海湖导游图 青海旅行社编制。青海民族出版社1989年6月出版，8开折叠。导游指南。本书介绍了青海湖区风景点路线图及鸟岛、三块石、海心山、日月山、旅行社等的地理位置和沿途食宿方面的概况。

青海湖游记 王浩著。青海人民出版社1979年出版，32开，66页。为通俗读物。本书收入散文作品10篇，较全面地介绍了雄伟的日月山、清秀的倒淌河、引人入胜的鸟岛、海西山、海心山等壮丽风光，以及建设西海的人们的生活、工作情景。

青海旅游资源 张忠孝编著。青海人民出版社1992年3月出版，32开，289页。“青海旅游资源调查与开发研究”课题。本书较系统地介绍了青海的概况、青海的旅游资源（分类、特点、评价）、旅游区划和分区概况，以及青海旅游业的开发研究。是青海省第一部研究旅游资源及其开发问题的著作。

青海省情 本书编委会编。青海人民出版社1986年3月出版，16开，863页。为具有地方特色的大型资料性工具书。本书比较全面地反映了解放以来至1985年间青海藏、回等民族，以及全省各地的经济、社会发展进程，翔实地记录了各经济部门、自治州、地县的经济发展情况。是了解青海各藏族地区经济发展的重要资料。

青海省人文地理志 张其昀、李玉林著。民国二十八年(1939)连载于资源委员会主办月刊第一卷5、6、7期。本书为资源委员会西北调查报告之一种，考察团于民国二十四年(1935)赴青海，历时近两年，对西北地区作了较为详尽的调查。本书记述了青海及其各县的沿革、面积、人口、地理、灾荒、农林牧业、物产、工艺、商贸、城镇与农村、民族、宗教、名胜古迹、盟旗与部落等方面的情况。其中对玉树地区的气候、河流、土壤、草原等记载较详。对研究青海经济及其开发有重要参考价值。

青海西康两省 刘虎如编。商务印书馆民国二十年(1931)出版，32开，86页。本书分11章，着重介绍了青海和西康藏区的地理位置、历史沿革、社会情况、民俗风情等，对柴达木地方的情况和玉树土司等亦有记述。

青海西藏全图 地图。上海新亚舆地学社绘制并出版，民国初年版，彩印一幅。

青海藏族风情丛话 仇保燕著。中国旅游出版社1987年12月出版，32开，154页。作者在青海藏区生活了30年，熟悉藏族的风俗习惯、历史、文化等方面的知识，并对高原文化有着浓厚感情。本书中对服饰、饮食、牧民、婚礼、葬俗、民歌及迎宾礼俗等作了描述。文词精当，内容较详，材料真实可靠，具有知识性强和文学艺术价值较高的特点，与猎奇作品形成鲜明对比。是可读性较强的民族风情读物。

青康藏地图 吴景敖绘制。中华书局民国三十二年(1943)出版，1幅。本书内容包括省会、县治、市镇、乡村、山川河流、关隘、省界、汽车路、大道、沙漠、重要寺院等。

青藏高原上的生灵 (美)乔治·夏勒著，康蔼黎译。华东师范大学出版社2003年出版，32开，333页。本书介绍了青藏高原上特别是西藏藏北羌塘地区的野生动物的生态现状和保护区管理现状。

情缘西藏 冯伟著。中国青年出版社2004年出版，32开，403页。本书是一本自驾车西藏行的指南。作者以自己3次驾车进藏的经历为主线，用大量精美的图片和朴素的文字向读者展示了西藏6个地区及拉萨市的自然风光、名胜古迹、民风民俗和作者惊险的旅行经历，其中还穿插着自驾车经验谈、摄影技巧、旅行提示和藏区小知识等实用的小栏目。

日喀则旅游 本书编委会编。新世界出版社1994年出版，16开，63页。本书介绍了西藏日喀则地区新开发的旅游景点和名胜古迹。

入藏纪行 （日）多田等观（1890—1967）著，钟美珠译。中州古籍出版社1987年出版，32开，89页。“西藏学参考丛书”第2辑。多田等观于1913年由不丹入藏，经十三世达赖喇嘛批准，进拉萨色拉寺为僧达10年之久，熟悉寺院生活和藏情，著述有《西藏大藏经总目录》、《西藏》、《西藏选述佛典目录》、《西藏佛画释迦传》、《藏语文法》等。本书分7章，着重记述了著者会见察瓦提托、拜见十三世达赖喇嘛、寺院经历、在西藏各地的朝拜、藏语语言、西藏建筑、风土人情、矿产资源及西藏佛教和印度的关系等。对西藏学研究有一定参考价值。

三个帝国的会合处 奈特著。有关西藏西部边境及其邻近地区的参考图书。作者于1891年在克什米尔、兴都库什、喀喇昆仑、洪查、拉达克及西藏西部地区游历，本书共32章，即游历沿途所见所闻的记录。附图片54幅，地图1幅。

三省入藏程站记 （清）范寿金编。光绪三十三年（1907）石印本，23页。本书简要介绍了从四川、青海等省进藏的路线、路程和经过的城镇名称。

山南温泉 扎西次仁编著。西藏人民出版社1992年8月出版，32开，71页。本书详细介绍了西藏山南地区的温泉分布状况、自然环境、海拔高度、水量大小等情况，并对温泉水的矿物质成分和温泉浴疗效作了具体说明。

山水之源——西藏普兰风情写真 贾远朝著。民族出版社2000年9月出版，32开，221页。西藏阿里民俗风情专著。普兰位于西藏阿里地区，是海拔最高的县，被称为“世界屋脊的屋脊”。作者于1974年入伍来到阿里高原，曾任新闻干事、宣传科长、中国人民解放军驻西藏普兰部队政治委员等职，上校军衔。在平均海拔4500千米的高原上工作23年之久，冒着生命危险几乎走遍那一方水土的每一个角落，涉足过很多人迹罕见的地方，对当地的风土民情进行了深入的调查研究。本书根据作者多年调查资料写成，介绍了普兰一带的寺院宗教、圣山神湖、民间宗教活动、婚姻家庭、丧葬习俗、民间歌舞等。

深入藏地：徒步西藏十万公里纪实 古子文著。中国社会科学出版社2002年出版，32开，415页。本书真实记录了作者徒步12万公里，从大渡河、金沙江、怒江到雅鲁藏布江，从横断山脉到喜马拉雅，从唐古拉到帕米尔高原，历时4年考察西藏的历程。

神秘的滇藏河流：横断山脉江河流域的人文与植被 （英）沃德著，李金希等译。四川民族出版社、中国社会科学出版社2002年9月出版，32开，545页。“雪域旧旅丛书”之一，该丛书由王启龙主编。本书是英国植物学家在20世纪初对横断山脉河流及植物的考察记录和游记。其中主要介绍了中甸和德钦县，以及与藏区接壤的怒江和澜沧江流域的植物、河流和民族状况。附一些关于云南藏区的珍贵图片。有王尧序。

神奇的阿里文化：中国西藏阿里纪行 杨年华编著。青海人民出版社1995年7月出版，32开，108页。本书分6章，介绍了阿里地区的历史和文化、山川与资源、风俗与人情等情况，包括神秘的阿里文化，桑桑、措勤、改则和革吉，神山、圣湖和三塔，托林寺和古格遗址，阿里岩画和富饶的阿里自然资源等内容。

神奇的九寨沟九日游 张明怀、邱小梅著。气象出版社1994年10月出版，32开，71页。本书以九寨沟为主线，介绍了四川省阿坝州九寨沟、黄龙和甘肃省境内的甘南、拉卜楞寺等地的自然风光。

神山下的胜景 勒安旺堆等著。云南人民出版社1999年10月出版，32开，126页。“中国·香格里拉”丛书之一。本书主要介绍了云南迪庆州境内的雪山、峡谷、河流湖泊、溶洞、森林和古代遗迹等风景名胜。附相关照片。作者为熟悉当地的学者，所述有根有据。

生命在世界屋脊之巅 杨年华著。西藏人民出版社2001年出版，32开，419页。作者在阿里工作十几年，曾深入阿里各地调查、访问、考察那里悠久的文明和灿烂的民族文化。本书以散文、游记的形式，描述了三趾马、普兰巨树化石、日土夏达错旧石器、岩画、托林寺、科加寺、国际班公湖、土林奇观、金丝野牦牛及阿里风俗等内容。

圣土的诱惑 杨年华著。中国文联出版社2002年9月出版，32开，221页。本书介绍了西藏的宗教文化、自然地理、质朴的民风民情，并从哲学、社会学的角度对这些内容进行了探讨。

失落的古格王朝 袁勇编著。陕西师范大学出版社1999年出版，32开，294页。本书比较详细地介绍了西藏阿里古格故城的历史、古格城堡之谜、王宫遗址、佛殿遗址、壁画、地下通道和气势磅礴的扎达土林等。

世界广论 赞波·丹增赤列著。1986年根据木刻本复印，1函。作者曾游历和考察过西藏、印度、尼泊尔等地的山川名胜。为西藏古代地理志。成书于1830年。本书中记载了那些地方的名域村镇、山川河流、寺院佛像、自然资源、物产、民族及宗教信仰等情况。附松巴堪布·益西班觉所著《世界总论》。

世界屋脊的民俗与旅游 孙之龙编。旅游教育出版社1995年出版，32开，187页。本书介绍了西藏的风光、民风民情和高原旅游经验。

世界屋脊上的日光城——拉萨 人民画报社编。新星出版社1995年7月出版，32开，70页。有英、法、日、西班牙、德、阿拉伯、俄等文的不同版本。本书简要介绍了今日拉萨的寺院、城市建设、人民生活等情况。

司徒活佛卫藏游记 司徒·曲吉穷乃著。藏文。四川民族出版社1996年出版，32开，270页。本书以游记形式记述了作者去西藏地区朝圣的经历，其中详细讲述了途经的大小寺院、所做的法事，以及一些观感和所遇到的一些趣事。

四川风物志 四川人民出版社编。四川人民出版社1985年7月出版，32开，587页。本书着重介绍了“天府之国”四川的悠久历史、丰富的物产、名山大川、文物古迹、戏曲民俗，以及四川藏、彝、羌等少数民族的情况。

四川省阿坝藏族自治州阿坝县地名录 阿坝县地名录办公室编印。1985年12月印行，16开，157页。为“四川省地名录丛书”之第204集。本书按县村乡概况、地名、自然地理实体名称、企业事业单位、人工建筑名称、名胜古迹等顺序编写，每项名称和地名均有现用名、藏文、拼音、简释4项，一目了然。附录笔画、拼音检索表和有关地名的文件及编后记，并附县地图1幅，照片17张。

四川省阿坝藏族自治州黑水县地名录 黑水县地名录办公室编印。1986年6月印行，16开，126页。为“四川省地名录丛书”之第199集。本书分县、村、乡、自然地理实体、企事单位、人工建筑、名胜古迹概况和地名两部分。第1部分主要介绍历史沿革、管辖范围、人口、物产等；第2部分为全县地名，均按现用地名、藏文名称、拼音、地名简释4项编排。附拼音和笔画检索表及有关地名文件，并附县地图1幅，照片20张。

四川省阿坝藏族自治州红原县地名录 红原县地名领导小组编印。1986年12月印行，16开，114页，铅印本。为“四川省地名录丛书”之第203集。本书内容有：1.县概况。简介了县的历史沿革、自然地理、经济状况、文教卫生等。2.行政区划和自然村。简介2个区、10个公社（自然村）的情况和各村镇地名。每个地名均按地名名称、藏文、汉语拼音、释义排列。3.自然地理实体。记述主要山川、河流、草原、沼泽等的地名及简况。4.县内主要企事业单位概况。5.人工建筑及其名称。6.革命纪念地和名胜古迹的简况及地名录。7.附录。共收有关编纂地名的文件4篇，地名索引和行政区划顺序表及红军过红原路线图，比例尺为1：500000县地图1幅，照片27张。

四川省阿坝藏族自治州金川县地名录 金川县地名录办公室编印。

1985年12月印行,32开,205页。内部资料。为"四川省地名录丛书"之第206集。本书分县概况、村镇简况、地名、自然实体名称、企事业单位名称、人工建筑名称、名胜古迹名称和风物特产等项,各项均有简介,并按现用名、藏文、拼音、简释排列。附录音序、笔画检索表和有关编制地名录的文件,县地图1幅,照片30张。

四川省阿坝藏族自治州理县地名录 理县地名录编写小组编。四川阿坝州印刷厂1985年12月印,16开,92页。为"四川省地名录丛书"之第196集。该地名录内分6部分:1.理县概况。简介了该县历史沿革、自然条件、经济状况、文教卫生和文物古迹。2.行政区划及自然村。该县共15个自然村。各村均有概况,介绍人口、资源、气候、植物等;概况后为地名,每个地名均有现名、藏文、汉语拼音、地名释义4项内容。3.自然地理实体。简介了该县鹧鸪山、杂谷脑河等该县主要的山川、草场。4.企事业单位。对县内机关、学校、工厂及道班等有简介。5.名胜古迹、桥梁、纪念地、地名。6.附录。收入有编撰地名录的通知、城乡标准地名通告等,并附地名笔画检索表和区划表,以及比例尺为1∶270000的县地图1幅,照片27张。

四川省阿坝藏族自治州马尔康县地名录 马尔康县地名志办公室编印。1982年12月印行,16开,177页。为"四川省地名录丛书"之第195集。书分两篇。上篇为阿坝州重要地名录和州概况及有关文件。下篇是马尔康县的概况、行政区划和自然地理实体、企事业单位、人工建筑、名胜古迹的名称及简述。附有笔画、拼音检索表,藏、汉异名统计表和有关文件,州县地图各1幅,照片40张。地名均按汉文、藏文、汉语拼音、汉文简释排列,重要地名均有简略说明。

四川省阿坝藏族自治州茂汶羌族自治县地名录 茂汶县地名录办公室编印。1983年9月印行,16开,179页。为"四川省地名录丛书"之第189集。本书分简况和地名两部分。前一部分对县、乡、村、自然地理实体、企事业单位、人工建筑、名胜古迹等有简略介绍;后一部分为全县地名,每个地名均按现用地名、藏文名称、拼音、地名简释4项编排。附有拼音、笔画检索表和有关地名文件,县地图1幅,照片23张。

四川省阿坝藏族自治州南坪县地名录 南坪县地名普查领导小组编印。1983年4月内部印行,16开,143页,铅印本。"四川省地名录丛书"之第201集。本书主要内容有:1.介绍该县自然、地理、沿革、经济等内容。2.行政区划和自然村地名。介绍城关区等4个区和19个自然村的概况,地名在后。

每项地名均按地名、藏文、汉语拼音、释义排列。3.自然地理实体。介绍县内山川、湖泊等的名称、位置、地名意义。4.县内企事业单位名称和概况。5.人工建筑。介绍桥梁、水渠、关隘等地名。6.名胜古迹。有九寨沟、白河金丝猴等自然保护区的简介。7.附录。有《南坪县藏汉文地名一览表》、有关编纂地名录的文件、本地名录的索引、行政区划首字音序表、比例尺为1∶300000县地图1幅，照片16张。该县有藏族1万余人，是藏族比较集中的县，其古地名多为藏文。

四川省阿坝藏族自治州壤塘县地名录 壤塘县地名志办公室编印。1985年12月印行，16开，101页。内部资料。为"四川省地名录丛书"之第205集。本书按县况、自然村乡概况、地名、自然地理实体名称、企事业单位名称、人工建筑名称、名胜古迹简介编写，每项名称均有现用名、藏文、拼音、简释4项。重要名胜等有照片。附笔画检索表和有关地名的地方文件，县地图1幅，照片14张。

四川省阿坝藏族自治州若尔盖县地名录 若尔盖县地名领导小组编印。1986年12月印行，16开，153页，铅印本。为"四川省地名录丛书"之第202集。本书主要内容有：1.县况。简介该县历史沿革、地理、农牧业、工交、文教卫生等情况。2.行政区划和自然村。有该县1镇5区16公社（即自然村）的情况简介、地名。每项地名按地名名称、藏文、汉语拼音、释义等项排列。3.自然地理实体。有白龙江、白河和黑河的一般介绍，山、垭口、河、沟、湖、泉、沼泽、草场的分类地名，寺院名称及所在地等。4.该县厂矿、牧场、机关、学校、道班的名称及简介。5.桥梁名称。6.纪念和旅游胜地名称及概况。7.关于编地名录的有关文件和索引。附比例尺为1∶500000县地图1幅，照片26张。

四川省阿坝藏族自治州松潘县地名录 松潘县地名录领导小组编印。1983年12月印行，16开，244页，铅印本。内部资料。为"四川省地名录丛书"之第200集。本书内容有：1.县况。对该县的历史沿革、自然条件、经济概况、文教卫生等作了简介。2.行政区划、自然村。有1镇6区25公社（即自然村）的简况和详细地名。各地名按名称、藏文、汉语拼音、释义排列。3.自然地理实体。有雪宝顶、岷江、涪江、白草河的简况和山、山口、河、山沟、湖泊、泉等的分类地名。4.县内各企事业单位名录及简况。5.桥梁、场馆等人工建筑名称及简况。6.名胜简况及名录。7.各种编地名录的文件及本地名录的索引。附1∶380000县地图1幅，照片30张。

四川省阿坝藏族自治州汶川县

地名录　汶川县地名录编纂组编印。1982年8月内部印行，16开，159页，铅印本。为“四川省地名录丛书”之第197集。本书内容有：1. 县况。简介该县名胜古迹、历史沿革、自然、经济等，并附《汶川县概况》参考资料。2. 区划和自然村。该县共4个区17个公社1个镇，此处的公社与自然村相同。每个区划均有简介，各村地名附后。每项地名均按地名、拼音、释义编排。3. 自然地理实体。对四姑娘山、杂谷脑河等有多种数据的简介。4. 企事业单位名录及县自然保护区、电厂、学校的简介。5. 人工建筑、革命纪念地、名胜古迹概况。6. 附录。有关于汶川县标准地名名称的通告、本名录的索引（笔画），比例尺为1∶250000县地图1幅，照片24张。该县有藏族5516人（1980年统计），占该县人口的6.66%。本地名录中的藏文地名均为汉文音译，未附藏文，实为憾事，如杂古脑河流域和一些村寨均为藏族聚居区，藏文地名不少。

四川省阿坝藏族自治州小金县地名录　小金县地名志办公室编印。1985年12月印行，16开，177页。内部资料。为“四川省地名录丛书”之第207集。本书分县况、区划、自然村乡概况、自然地理实体地名、人工建筑名称、企业单位名称、名胜名称等项。每项地名均按现用地名、藏文名称、汉语拼音、地名注释排列。附县地图1幅，照片20张。

四川藏区　四川省人民政府新闻办公室编。巴蜀书社2003年出版，32开，169页。本书简要介绍了四川境内甘孜、阿坝两州和木里县藏区的地理、物产、城市、宗教、文化和习俗等。

太阳照到西藏：地理讲话　齐武著。新华时事丛刊社1951年6月出版，32开，49页。本书简要介绍了西藏的地理概况以及西藏人民对翻身解放的盼望。

探险生涯亚洲腹地旅行记　（瑞典）斯文·赫定著，李述礼译。民国二十二年（1933）曾以《我的探险生涯》为书名出版。开明书店民国二十三年（1934）出版，32开，633页。原为瑞典文，成书于1924年，有英、德译本，李述礼将其由德文译成汉文。本书分65章，记述作者在1896年至1908年间先后数次进入西藏阿里与日喀则、青海藏区和拉达克的所见所闻，以及探寻雅鲁藏布江、印度河源头等情况，还记载了藏北无人区的情形。

特纳入使后藏记行　全称《出使西藏朝见班禅喇嘛记，包括穿越不丹和西藏部分地方的游记》，又译《出使西藏扎什伦布寺记》。塞缪尔·特纳著。1971年再版。作者于1783年受东印度公司瓦伦·哈斯丁的派遣，前往西藏日喀则访问，返回印度后写下此书。本书内容有：1. 从孟加拉加尔各答到塔什苏墩旅行记。2.从不丹进入西藏的情况。3.孟加拉总督瓦伦·哈斯丁的报告。4.不丹和西藏的植物、矿藏资源。5.四世班禅大师坐床及1783年至1785年的西藏形势。6.1785年至1793年西藏事务的一些情况。并附录清乾隆帝给达赖的敕书等文件,照片13张。本书为200年前的游记,是一部较早记录西藏社会情况的旅行记,有较高参考价值。

蹄上生涯 (美)罗伯特·艾克瓦尔著。1968年出版。作者出生于中国甘肃岷县,父母为传教士,长期留居甘肃一带,他成人后仍在甘肃传教,通藏语,在西藏牧区生活了8年。现在华盛顿大学博物馆工作。著有《甘肃西藏边境的文化关系》、《天涯西藏》、《西藏宗教仪式》等书。本书记述了藏族牧民的牧业生产方式、生活习惯、文化娱乐、产品交换等,是作者8年牧区生活的调查和研究结果。有一定参考价值。

徒步:加德满都到拉萨 曾哲著。云南人民出版社2000年1月出版,32开,336页。本书讲述了作者从中尼公路徒步进藏46天,行程1099千米,进行文化探险考察的活动;记录了沿途的自然风光、风土人情以及徒步之旅中的不凡经历。作者是全程徒步考察中尼公路的第一人。

卫藏图识 (清)马揭、(清)盛绳祖撰。原刻本已残缺,后有抄本和补本。乾隆五十七年(1792)成书。清代西藏志书。本书5卷,前两卷为图考,3、4卷为识略,末卷为"蛮语"。书中根据地图和进藏驿站,较详细记述了西藏各地的山川、风土人情、轶闻趣事,并绘有"番民图"便于检阅。是研究西藏地理、民俗的参考书。

我的探险生涯 又名《探险生涯亚洲腹地旅行记》。(瑞典)斯文·赫定著。孙仲宽据英译本译,丁道衡校。民国二十二年(1933)出版,32开,508页。"西北科学考察团丛刊"之一。英译汉本多1篇1933年斯文·赫定为汉译本所特写的英文长序和汉译。近有多种版本问世。

我们的康藏高原 康荫著。辽宁人民出版社1956年6月出版,32开,84页。本书以游记的形式介绍了康藏高原的地理环境、自然面貌、物产资源和藏族的历史,尤其着重描述了西藏和平解放后的变化和中国人民解放军进藏部队修建康藏公路的事迹。

无护照西藏之行 (英)贝利著,春雨译。西藏社会科学院资料情报研究所1983年编印,32开,249页。西藏研究参考资料之一。作者贝利中校是英国皇家地理学会和苏格兰皇家地理学会的会员,1904年随荣赫鹏所率英军远征队入侵西藏,同年对江孜以西地区进行勘测和考察,此后3年多的时间任英印驻西藏春丕和江孜的贸易代表。

1910年考察印度阿萨姆邦，1912年冬入西藏下察隅勘察地形。1913年他和G. A. 内维尔上尉率勘察队考察、勘测了墨脱地区至加查、错那一线。本书即为此次考察的记录。着重记述了这一地区的地形、山川、物产，对风土人情亦有述及。此次贝利的考察是为英国侵吞我国领土做准备，就是所谓的“麦克马洪线”的资料来源和蓝图。

五百万分之一青海新图 丁文江、翁文灏、曾世英编制。上海申报社民国二十二年（1933）初版，民国二十八年（1939）再版。本图为《申报》60周年纪念发行中国分省新闻内之一幅，内容包含省会、县治、蒙藏要城、市镇、山川河流、关隘、省界、汽车路、大道、井泉、湿地、沙漠及电报局等。此图在当时是绘制最精细、材料真实丰富，而且有高度地形的地图。

西北地理 王金绂著。北京立达书局民国二十一年（1932）出版，32开，260页。本书所述范围包括新疆、青海、宁夏、绥远、甘肃、陕西6省。本书分10篇：1. 序论。2. 历史上的西北，分述6省历史沿革。3. 自然地理，内分气候、地势、山川、湖泊、河流、地质等。4. 产业状况，内分农业、畜牧、矿产、工业、商业、金融等11项。5. 交通状况，内分大路、汽车路、航线、铁路、邮政。6. 人口与民族。7. 宗教、教育、语言文字。8. 人民生活与风俗。9. 西北边防的过去与现状。10. 城镇与考古，对重镇作了较详细介绍。

西北地理 汪公亮著。正中书局民国二十五年（1936）出版，32开，611页。作者为《西北月刊》编辑，对西北问题有较深研究。本书以绥远、宁夏、陕北、甘肃、青海、新疆为主，对蒙古、西藏及塞北各地则述其有关事项。本书分两编：上编论述西北各省的地理概况、各民族分布、物产、交通、人口、边防今昔等。下编记述西北各省的历史沿革，分塞外草原、秦陇、青海高原、新疆及蒙古4部分论述，有关青海省各县概况、人民生活、历史沿革等记述较详。书末附录《西北地理学余谈》、国内外晚近研究西北问题的重要人物及其著作目录。本书对西北各省的经济、历史研究有一定参考价值。

西北漫游记·青海考察记 侯鸿鉴、马鹤天著，陶雪玲点校。甘肃人民出版社2003年出版，32开，203页。“西北行记丛萃”之一，该丛书由胡大浚主编。民国时期游记。《西北漫游记》共17章，分别介绍了作者在陕、甘、宁、青5省游览、视察的经过和各地风情。有图片13张。本书则记录了作者由甘肃兰州沿黄河、湟水至西宁，由西宁至湟源等县的经过，以及途经地区的历史、地貌、风光景色等内容。附地图。

西北随轺记 高良佐著。建国月刊社民国二十五年（1936）出版，32开，

344 页。民国二十四年(1935)春,即邵元冲代表民国政府谒祭黄陵,事毕视察西北各省,作者随行,写成本书。本书共 10 章,分别记述了民族扫墓礼俗、兰州风景文物、河西酒泉之行、敦煌艺术等,并有各地产业、工商的有关统计数据和状况调查,对程站里数、各地沿革和千佛洞状况也有较详细记述。附有反映各地民族风情的照片。

西北行 林鹏侠著。民国二十五年(1936)自印本,32 开,316 页。作者福建莆田人,留美专攻经世之学,到英国学习飞行技术,民国二十一年(1932)归国,随之游历西北各省,第 2 年返回北京,写成此书。本书记述作者在西北各处的所见所闻,其中对青海的宗教、人民生活、风俗习惯等记述较详。附有反映各地各民族的风光、风俗照片可资参考。

西北之地文与人文 王金绂编。商务印书馆民国二十四年(1935)出版,32 开,229 页。本书所述范围为新疆、青海、甘肃、宁夏、陕西、绥远 6 省。主要内容有:1. 西北地势。分高原、丘陵、平原与盆地,叙述地理条件。2. 河流、湖泊、河渠的现状与开发。3. 各区气候与农业及农产品。4. 石油、煤矿、金银等的分布。5. 汽车路、铁路和航空线的未来与现在。6. 各省民族分布、人口、宗教、教育。对各民族教育和宗教的状况作了如实记述,并提出了改进计划。

西部概览丛书·青海 胡永科主编。民族出版社 2000 年 7 月出版,32 开,268 页。本书介绍青海省的自然资源、人文环境、经济和社会各项事业发展情况,阐明青海省在西部开发过程中各种潜在的优势,汇集了有关该省人口、交通、经济发展指数等多方面的最新材料。

西陲亥步 (清)梁份撰。刻本,2 卷。清代西北志书。本书着重记述青海、甘肃等地的道路、山川、要塞、城堡、兵卫、风俗民情等。对研究安多藏族有一定参考价值。

西陲今略 (清)梁份撰。稿本,5 册。成书于清代后期。本书着重记述安多地区的山川险要、部落、游牧,以及有关藏族与内地的来往事件。不失为有一定参考价值的书籍。可与《秦边纪略》参阅。

西康日记 赵一清著。稿本。作者于民国三、四年(1914、1915)任康定县县长兼镇守使署秘书。本书为其在任内时的日记,共 700 余日,20 万言。对民国初年及清末时康定所发生的变化、社会实情,以及陈定三之乱等,记述详细。为研究康定县历史不可缺少的资料之一。

西康省康区北道七县地理交通农林畜牧矿产人民宗教调查报告 梁家湘著。民国三十八年(1949)稿本,50 页。本书为民国年间的调查报告,简要记述了甘孜北部7个县的交通和文化概况。附简略地图。

西康图经 任乃强著。新亚细亚学会民国二十二年(1933)、二十三年(1934)出版,32开,分3册:《境域篇》250页,《民俗篇》348页,《地文篇》208页。有民国年间和西藏古籍出版社出版的版本。本书是我国著名历史地理学家、民族学家、近代藏学研究的先驱任乃强著于20世纪三四十年代之著作。1999年被列入西藏社会科学院"藏事·汉文文献丛书"之一。本书分为境域篇、民俗篇、地文篇3篇。境域篇主要针对当时康、藏界务纠纷及国内对西康有无建省的条件和必要的争论,阐明康藏境域及其历史变迁和西康建省的理论依据和实践途径。此篇出版后,得到学术界的好评,并受到社会的高度重视,被赞誉为"边地最良之新志"。民俗篇因以首次记述了西康民俗文化而著名。对藏族文化作了比较客观、真实的描述,至今仍为宝贵的民俗资料。地文篇则为运用现代地学知识,科学地论述康藏高原地质、地理、气象、水文的著作。作者以深厚的地理学功底和实地考察研究,第1次系统地对西康的山脉、河流走向、分支和古今中外异名作了考证,批驳了谬说,纠正了讹传,并对藏汉地名的规范进行了尝试。

西康札记 任乃强著。新亚细亚学会民国二十三年(1934)出版,32开,110页。本书着重记载西康藏区的风俗习惯,对康区的遗闻趣事也有较详细的记述。是《西康图经》一书的补充。

西南风情记 陈志良编著。上海时代书局1950年出版,32开,186页。本书着重描述了西南各民族的风土人情,其中对康区的多夫制和云南丽江地区噶举派的寺庙、僧人、宗教活动、寺院经济等记述较详。

西南旅行杂写 向尚等著。上海中华书局民国二十六年(1937)出版,32开,320页。本书着重主要描写西南各民族的风土人情,对西康妇女的生活地位、服饰和劳动生产等记述较详。

西行阿里 马丽华著。作家出版社1992年5月出版,32开,225页。本书描述了西藏阿里地区的社会文化风俗,介绍了阿里地区的历史与现状、社会与文化、风俗与人情等。

西域图志 全称《钦定皇舆西域图志》,亦称《皇舆西域图志》。(清)傅恒等奉敕编撰。有乾隆四十七年(1782)武英殿刻本。清代官修地方志书。始撰于乾隆二十一年(1756),初成于乾隆二十七年(1762),乾隆四十七年增纂定为今本,并刊行。本书共52卷,分天章、图考、列表、晷度、疆域、山川、河流、官制、兵防、屯政、贡赋、钱法、学校、封爵、风俗、音乐、服饰、土产、藩属、杂录等门类,记载范围包括当时新疆全部和甘肃嘉峪关以外州县。为研究西域史地及民族文化等的重要参考书。

西域行程记 （明）陈诚、（明）李暹撰。本书罕见，仅有北京图书馆明抄本影印本，1卷。明代西域地理志书。永乐十二年（1414）明吏部侍郎陈诚与中使李暹等奉命出使哈烈（赫拉特，在今阿富汗西北部），于翌年九月返回祖国，写成此书。本书记述了撰者途经17国的山川、人物、风俗等内容。日记体。自肃州（今甘肃酒泉）记起，逐日记载行程及见闻。和《西域番国志》并为研究丝绸之路和中亚史地的重要参考资料。

西藏 房新民著。新知识出版社1954年5月出版，32开，104页。本书简要介绍了西藏的自然、农牧业、自然资源、主要城镇和交通，藏族人民反帝斗争史，西藏和平解放后的新面貌和藏汉民族团结等方面的情况。

西藏 刘曼卿著。商务印书馆民国二十三年（1934）出版，16开，59页。刘家驹所著《西藏》，新亚细亚学会民国二十三年（1934）出版，共分10章。本书分地理、历史、风土等12类，简介西藏的政治、文化等。

西藏 陈冬芹编著，胡浩摄影。广东旅游出版社2001年出版，16开，191页。本书以作者在西藏的旅行经历为基础，为读者提供一个简单、安全、快捷、廉价的旅行方案。书中展示了西藏的人口、宗教、民族、艺术、饮食和特产、藏医学等独特的风土人情。

西藏 张涛、赵嘉编著。中国大百科全书出版社2003年出版，2004年重印，32开，416页。《藏羚羊自助旅行手册》之一。本书介绍了西藏的民族、宗教、文化、风景风情、历史名胜，及其生活习俗、宗教习俗，着重介绍了在高原的吃住行、高原训练、装备、预算等等自助旅行必备的知识和物品。

西藏导游人员培训考试教材·西藏导游解说词 国家旅游局人事劳动教育司、西藏自治区旅游局编。中国旅游出版社2003年出版，32开，389页。本书是西藏自治区旅游局指定的导游培训教材，内容包括西藏概况、寺院历史、寺院建筑、艺术、民族风情等。

西藏导游日记 旺多著，金红梅、白央译。中国藏学出版社1999年10月出版，32开，177页。本书介绍了西藏的自然景观和人文景观，如喜马拉雅山、雅鲁藏布江、玛旁雍措湖、布达拉宫、大昭寺、色拉寺、哲蚌寺、甘丹寺，以及古朴的民俗、藏戏、藏医、节日等。

西藏的地平线 （美）罗伯特·彼·埃克瓦尔著，刘耀华译。西藏人民出版社1992年10月出版，32开，248页。本书记录了作者在藏区生活的几年中的所见所闻，包括藏族的生活、习俗、情感、信仰等方面的轶闻趣事。

西藏的感动——阿里雪山神秘之旅 熊育群著。湖南文艺出版社1999年1月出版，32开，317页。作者继此书之后，又写了《走不完的西藏——雅鲁藏布大峡谷历险记》，从而记述了作者前往西藏最神秘的阿里和墨脱的全部经过。本书共9章，记述了作者从拉萨到阿里的经过及其在阿里的见闻，也道出了作者对西藏的眷恋之情和对现实的一些困惑。

西藏的门户 （英）路易斯著。1894年出版。关于不丹、锡金和西藏东南边境及其邻近地区的参考书。本书共11章，着重记述印度东北边境、不丹和锡金的帕肖克、噶伦堡、佩东、格纳通杰拉山口、甘托克、土伦山口各地风光民情和物产。对研究西藏边境及民风等有一定参考价值。附图片20张，地图1幅。

西藏的诱惑 孙振华著。安徽文艺出版社1998年出版，32开，382页。2002年再版，32开，261页。本书以游记的方式介绍了藏族人民的文化、生活习性和历史遗迹。再版时增加了许多1982年至1987年间在西藏自治区各地拍摄的民俗、风光、建筑、服饰、生产等方面的照片。

西藏的自然和农业 张霈著。中国青年出版社1963年12月出版，32开，36页。本书介绍了西藏高原的气候、草原、森林、农牧资源、牦牛、犏牛、藏羊、青稞、豌豆和小麦等。

西藏地理 杨勤业、郑度编。五洲传播出版社2002年1月出版，32开，147页。本书包括西藏独特的地域、地貌轮廓、气候、冰川与冻土、江河、湖泊、自然景观、自然地理区、自然资源开发利用、环境与自然保护等内容。附图片约100幅，彩色印刷。

西藏地理讲义 曾继仪编。筹边高等学校藏科1950年印行，73页，油印本。本书简述西藏地理知识。

西藏地貌 杨逸畴等著。科学出版社1983年1月出版，32开，238页。本书分8章，比较系统地论述了西藏地貌、冰川与冰缘地貌、岩溶地貌、高原地貌发育历史以及西藏地貌类型。另附有西藏自治区地貌图（1∶2500000）和雅鲁藏布江流域地貌图。

西藏风情 龚思雪著。四川民族出版社1985年出版，32开，155页。本书分4部分，简明扼要地介绍了藏族族源、反帝爱国事迹、西藏宗教文化、待开发的物产、高原风光、生活习惯，以及门巴、珞巴、夏尔巴等民族的一般情况。对西藏是祖国不可分割的一部分论述尤详。

西藏风土志 赤烈曲扎著。西藏人民出版社1982年出版，32开，278页。1983年、2006年再版，32开，254页。本书着重介绍西藏的名胜古迹、风俗习惯、生活方式、礼俗禁忌、传统文艺、重要城镇及宗教信仰等，是一部较全面、真实反映西藏风土人情的知识性读物。附有31幅照片。本书为作者依据大量藏文资料和实地考察材料，经多位藏学家指导之后写成，有较高资料价值。诚如作者所言："往往有些人对她（西藏）毫不了解，凭借着道听途说主观推测，将西藏描写成不毛之地，十分荒凉可怕，对我的故乡产生各种误解。我之所以立志编写这本小册子，用意之一，就是想向这些同志提供一点真实资料。如因此能使这些同志对西藏的某些偏见得到一些纠正，对我将是一种莫大的安慰。"

西藏风物志 顾笃庆、汪孝若、曲吉建才等编著。西藏人民出版社 1985 年出版，32 开，193 页。1999 年再版，32 开，170 页。2005 年再版，32 开，182 页。"中国风物志丛书"之一。本书中着重介绍了西藏自治区的地理、历史、文化、名胜、古迹、风情、资源、民俗、宗教等。其编写特点是对那些为人所熟知的内容写得简略扼要，而对那些鲜为人知的内容则力求详尽。所引资料真实准确，具有一定资料价值。附 47 幅彩图。

西藏高原旅行记 邵长辛著。通俗读物出版社 1956 年 1 月出版，32 开，54 页。通讯集。本书记述了西藏地方的风土人情、经济和文化情况，介绍了汉藏族人民的团结，特别是人民解放军和藏族人民的亲密关系。

西藏归程记 又名《由藏归程记》。（清）林俊撰。汇抄本，编入《小方壶斋舆地丛钞》。作者江苏人，字西崖。乾隆三十六年（1771）随军进攻大小金川，乾隆五十六年（1791）又从福康安进西藏，征讨廓尔喀。负责运送军粮，并捐银建桥，在反击侵略者战役中立下战功。本书记述撰者自拉萨至康定沿途的见闻，文字典雅扼要。吴丰培编《川藏游踪汇编》中录有此文。另有心禅撰《西藏归程记》，古今游记汇抄本，记述作于民国二年（1913）自西藏返回内地途中的所见所闻。

西藏记 （意）菲利普·菲利皮编著。1937 年出版。本书收录了 1625—1721 年在西藏的耶稣教会、1712—1733 年德西迪里写的西藏历史概略和耶稣教会会士西藏布道旅行记、有关西藏的报导和旅行路线等传记和游记。是了解西方传教士在西藏活动的参考书之一。

西藏记述 （清）张海撰。振绮堂本，1 卷。作者为浙江人，曾任四川荣经县县尉，雍正十二年（1734）赴藏，翌年返回，作此书。本书着重记述了西藏的历史沿革和拉萨的政治组织、宗教状况，对西藏的风土民情也有记载。

西藏纪闻 （清）郑光祖辑。刻本。《舟车所至》有录，近有抽印本。本书所记以地域为主，分列台站、物产、山川、寺庙、粮台等，并附各地人物图。

西藏纪行 朱绣撰。民国抽印线装本。曾在民国二十一年（1932）十一月《新青海》第一卷起登载。作者于民国八年(1919)奉命入藏,前去与达赖联络感情,在拉萨停留数月,达成一项协议:川藏两军停止战争,暂以雅砻江为界,川藏两军没有大总统和达赖喇嘛的命令不准越过停战线,等候中、英、藏3方特派全权代表在拉萨或察木多高议解决。本书除记述达成协议的经过外,尚有一些沿途见闻。

西藏见闻 蔡贤盛著。青海人民出版社1981年5月出版,32开,283页。作者为新闻工作者,在西藏工作近16年(1978年以前),出于工作之便几乎遍游西藏各地名胜、有特点的山村、哨所、森林、湖泊等,结识了农民、牧民、军人、干部、僧人,其中有藏、珞巴、门巴、僜人、汉等各民族的许多人士。本书通过对各界人物的采访、参观农牧业基地、深入村寨、与旧西藏人民生活的对比,记述了西藏人民在共产党的英明领导下,从农奴制社会一跃进入社会主义社会,在政治、经济、文化、生活、风俗习惯等各个方面所发生的巨大变化。本书分6章:1.介绍了拉萨地区的发展变化,对布达拉宫等名胜也有简介。2.通过川藏公路沿线的采访,介绍了从康区至林芝等地的各行各业的变化、古代遗址、重要城镇等。3.介绍日喀则地区的名山大川、古代重镇、英雄城堡、藏戏艺术等。4.记述拉萨至羌塘草原沿途地区的电站、风俗、农牧业、珍贵植物等。5.以泽当为主,介绍这一地区的古代藏王墓群、农业生产情况。6.对门巴、珞巴、僜人等民族的生活、风俗、特产、地域等作了叙述。书末附《美丽富饶的阿里高原》、《在古格王国宫城的遗址上》两文。本书成书于"文化大革命"结束之后不久,故行文中尚存一些夸大的言词,除此之外的内容还是真实的。

西藏拉萨 德吉·卓嘎主编。汉英文对照本。中国旅游出版社2002年出版,32开,95页。本书是导游手册,主要内容包括导游须知、西藏概况、寺院历史、寺院建筑、艺术、民族风情等。

西藏旅行记 (英)艾伦·温宁顿著。1957年出版。作者于1950年要求赴西藏旅行、考察,1955年被批准成行。1955年夏秋之际由川康公路进藏,其目的是要澄清所谓"西藏的秘密"。本书概述了作者进藏沿途的所见所闻。作者是和平解放西藏后第一个进藏的外国人。他还对凉山的彝族进行了调查,写成《凉山的奴隶》一书。

西藏旅行记 (日)河口慧海著。东京博文馆明治三十七年(1904)出版。台湾台北市马可孛罗文化社2003年出版吴继文译本,32开,18339页,2册,并收入《探险与旅行经典文库》。本书上册主要记述西藏简史、地理、程站、风俗习惯、僧侣及寺院等,下册着重叙述西藏的各种生活习惯、等级制度等。是了解西藏早期社会的外国作品,曾轰动一时。

西藏旅游 吉格·其美多吉著。五洲传播出版社2000年5月出版，32开，87页。本书中较全面系统地介绍了西藏的自然风光、河川地貌、高山峡谷、高原气候、地热喷射、野生动植物，以及旅游资源、旅游常识和旅游设施等内容。

西藏旅游：揭开神秘的面纱 李海瑞著。五洲传播出版社1995年7月出版，32开，35页。本书主要简要介绍了西藏的自然风光、文化传统、著名的寺院和景点以及旅游业的发展情况。

西藏旅游全书 杨辉麟编著。四川人民出版社2003年出版，32开，515页。本书介绍了西藏的市县乡镇、风情民俗、寺院造像、古迹遗址、山河湖泉、生物特产等各个方面的情况。

西藏旅游探险手册 贺中、庄严编著。西藏人民出版社2001年出版，32开，395页。本书简要介绍了西藏各地区的自然、宗教、文化及民俗风貌，以及赴藏旅游常识等。

西藏旅游指南 杜飞豹编著。中国旅游出版社2000年出版，32开，162页。为西藏旅游手册。本书介绍了西藏旅游须知、西藏自治区概况、重点风景名胜、重点文物保护单位、自然保护区和西藏传统文化知识等内容。

西藏旅游指南 洛布桑编著。藏文。西藏人民出版社1998年4月出版，32开，243页。本书以大量的珍贵资料，介绍了西藏地区的名胜古迹、神山圣湖、山川河流，以及每个旅游景点的分布情况、名称和来源。同时较详细地介绍了西藏各地的风土人情和节日文化。

西藏秘境——走向中国的最西部 徐平著。知识出版社2001年出版，32开，404页。本书记述了1999年夏作者在西藏阿里地区偏僻、闭塞、自然条件恶劣的楚鲁松杰乡的所见所闻，其中包括民风民情、边民的生存状况、不同的追求和特有的文化。

西藏秘行 （日）河口慧海著，孙沈清译。新疆人民出版社1998年出版，32开，346页。作者于1897年进藏求法，是第1位进入西藏的日本人。他曾在印度学习藏语，适应高原气候，并隐瞒了日本人的身份冒充汉地僧侣进藏，历尽艰辛到了拉萨，在西藏生活3年。这期间，他学习佛学，给人治病，接触过一些高僧要员，后由于外国人身份的暴露不得已悄悄地离开了西藏。本书记录了西藏高原的自然风光、风土人情、神话传说等。

西藏墨脱的诱惑：神秘奇险的高原边地之旅 金辉著。东方出版社1995年9月出版，32开，220页。本书介绍了西藏墨脱的地理、山川、物产、民族、民俗、生产等内容。

西藏鸟瞰 范亚平、郝景春编著。

汉英文对照本。陕西人民出版社1992年11月出版，32开，417页。本书对西藏的自然景观、历史、宗教、文化和风土人情等进行了详细的描述。是西藏旅游必不可少的导游手册。

西藏奇遇 （德）海因利奇·哈雷著，袁上朴译，马连龙校。西藏人民出版社1986年出版，32开，372页。作者为德国著名登山运动员，又是奥林匹克滑雪冠军，正当他在攀登喜马拉雅山时，第二次世界大战爆发，他被英军拘留于印度战俘营，1944年逃离战俘营，进入西藏，1950年离开拉萨回德国。本书为作者在藏期间所见所闻的记录。其中有许多其他书不载的情况和趣闻，如拉萨贵族喜欢摄影和拍电影、拉萨市区规划、为十四世达赖喇嘛建电影馆、藏军状况等。是了解西藏拉萨贵族生活、社会状况的重要资料之一。

西藏情况 黄奋生著。上海地图出版社1954年5月出版，32开，131页。通俗读物。本书分10章，简要介绍了西藏自治区、西康地区（原为省建制）和青海省的一般情况，并叙述了西藏社会、经济、政治、宗教、习俗、历史和和平解放等问题。

西藏日记 （清）允礼撰。稿本，2卷。被收入“边疆丛书”甲集之四，禹贡学会民国二十六年（1937）排印本，2卷，26页。作者是清圣祖第十七子，雍正十二年（1734）奉命赴藏，顺便巡阅沿途各省驻防及绿营官兵，雍正十三年（1735）返回北京。本书专记进藏沿途的见闻和拉萨的社会状况、历史沿革、宗教现状等。文字典雅，引证精确，为研究清代藏族史的参考资料。

西藏散记 马吉星著。辽宁人民出版社1956年9月出版，32开，46页。本书根据作者在西藏高原上的所见所闻，记述了西藏的气候、生物等方面的情况，以及修筑青藏公路的解放军战士的事迹。

西藏山南概况 本书编写组编。西藏人民出版社1995年8月出版，32开，118页。本书用大量翔实的资料展示了西藏山南地区的历史概貌、风土人情和改革开放以来的巨大成就等。

西藏探险记 （印度）斯瓦米·普拉纳万安达著。1939年出版。作者为印度加尔各答大学牧师、加尔各答地理学会会员，于1937—1938年间进入西藏西部，即阿里地区的冈底斯、玛旁、兰嘎两湖等地，进行考察活动，本书即为此次活动的记录。本书主要内容有：1.记述玛旁湖的冰期和融化时间，以及周围地区植被、矿藏、人民生活、宗教信仰、风俗习惯、劳作等。2.关于布拉马普特拉河、苏特里杰河（即象泉河）、印度河和卡尔纳利河的源流、到源头的道路等。是全面记述玛旁湖及其地区民风的较早著作，有一定参考价值。

西藏通览 （日）山县初男著。民

国二年(1913)刻本,陆军部印行,16开,183页。西藏地理志书。本书记述了西藏的地理状况、河流、山脉,以及政治和宗教文化等内容。

西藏图考 (清)黄沛翘辑。清刻本,8卷。有光绪十二年(1883)刻本和1983年西藏人民出版社铅印《西招图略·西藏图考》合订本。清代西藏地理志书。黄沛翘,字寿菩,于光绪十年(1884)入藏。成书于光绪十二年(1886)五月。本书是根据《皇朝一统志寰宇记四夷考》、《新唐书·吐蕃传》、《旧唐书·吐蕃传》、《明史西域乌斯藏传》、《西藏志》、《西招图略》、《西域闻见录》、《卫藏图识》等书绘制的西藏地理图,并附注说明。卷首有序、例言、宸章;卷一为西藏全图、沿边图、西招原图、乍丫图,均附说明;卷二为西藏源流考、续审隘篇等;卷三为西藏程站考,附诗;卷四为诸路程站、附考;卷五为城池、山川、公署、庙宇、古迹、土产汇考等;卷六为藏事续考;卷七、八为文艺考,附奏议、外夷考。本书记述了西藏历史、地理、政治、经济、文化、风俗、语言等,为研究藏族史的重要资料。

西藏50年·旅游卷 胡海燕、陈波著。民族出版社2001年出版,32开,248页。"西藏50年丛书"之一。本书全面反映了西藏和平解放50年来其旅游活动、旅游资源、旅游产品的开发及旅游生态环境的保护等多个话题,其中也包括了西藏旅游政策等方面。

西藏50年·生态卷 徐凤翔著。民族出版社2001年5月出版,32开,215页。"西藏50年丛书"之一。本书共10章,分别介绍了西藏自治区生态环境的历史、生态特点、高原冰雪生态系统、灌丛草地生态系统、高原湖泊生态系统、高原森林生态系统、高原生态分区以及西藏50年来的生态环境的变化与20世纪的研究特点等问题。

西藏西部和英属印度边境 (英)查尔斯·谢润著。1906年出版,50年后再版时改书名为《西藏西部和印度边境》。本书1册,内分17章,着重对拉吉斯部落、圣地传说、波蒂亚人概况、西藏和印度及不丹的宗教、不丹婚俗、西藏丧葬祭祀、西藏商道、西藏阿里行政机构、普兰官员与僧侣、羌叶马市场和象泉河谷、西藏西部至不丹西部习俗等内容的记述。附照片175张,地图5幅。为研究藏边藏族的参考要籍之一。

西藏小常识 单毓年著。清末刻本,32开,111页。本书简述西藏的宗教、文化、经济和社会生活。

西藏行知书 曹凤英著。广东旅游出版社2004年1月出版,32开,300页。本书介绍了:1.西藏的原始宗教苯教、藏传佛教、寺院、古迹、服饰、藏历、节庆、礼仪、禁忌、丧葬、藏医。2.新藏路、青藏路、川藏路、滇藏路、中尼公路等。

西藏巡边记 (清)松筠撰。有《小方壶斋舆地丛钞》本和《古今游记丛钞》本。作者于乾隆五十九年(1794)受工部尚书兼都统,任驻藏大臣,留藏5年。本书记载乾隆六十年(1795)四月作者巡察藏边之事。本书中的程站部分亦载于《卫藏通志》卷四,但字句稍有不同;在《西藏图考》卷八中也有记载,仅有详略之分,内容大致相同。本书中对西藏各地间的程站、里数、山川、要塞、重镇、地名等记载较详。

西藏游记 李佳俊著。西藏人民出版社1980年出版,32开,193页。作者长期在西藏从事文化工作,遍访各地,写有不少作品。本书收入其有影响的散文、游记19篇,它们分别对藏族的历史、文化、宗教、汉藏人民的友谊、雪域风情等作了描述。本书思路开阔,构思奇巧,文字清新。

西藏游记 (日)青木文教著,唐开斌译。商务印书馆民国二十年(1931)出版。本书着重记述了西藏的历史、风土人情、西藏与内地的关系、西藏古碑、印度和西藏交界处的风光等,尤其对藏传佛教的产生和发展作了详尽记述。另有姚祝萱编《西藏游记》一种,上海中华书局民国十四年(1925)版。汇编于《新游记汇刊》。主要记述西藏的概况、宗教和婚葬礼俗等内容。

西藏征旅记 (日)苦田一次著。东京教育图书株式会社昭和十七年(1928)出版。本书着重描述了西藏社会、各地里程、扎什伦布寺、西藏都市、神秘的僧院等。

西藏之旅 安才旦编著。广东旅游出版社2005年出版,32开,251页。西藏旅游手册。本书具体介绍了:1.西藏各地的旅游路线、旅游景点、旅游种类、交通方式。2.藏民族的衣食住行和风俗习惯。3.主要民间和宗教节日、内容、意义等。附录有大量图片。

西藏之写真 (英)麦克唐纳著,郑宝善译。民国二十四年(1935)作者自刊,32开,244页。作者精通藏文、印度文、尼泊尔文等,在西藏20余年,熟悉藏情,并与十三世达赖喇嘛和九世班禅有交情。本书主要章节分为疆域及边界、史略、政治、宗教、喇嘛之神论、僧徒、人民、妇女、婚嫁、产育、丧葬典礼、服制、饮食、医药及治疗、咒文与获符、刑律与罪犯、祝节与祭节、币制、商业、城市、文字、戏剧与戏子等,简要记述了西藏的政治、历史、经济、文化、宗教、民俗、医疗等内容。

西藏自然地理 张荣祖、郑度、杨勤业等著,中国科学院青藏高原综合科学考察队编。科学出版社1982年6月出版,32开,178页。本书对西藏自治区及其邻近区域自然地理的基本特征、组成自然地理环境的各个要素(地形、气候、河流、湖泊、土壤、植物和动物)进行了全面描述,对西藏进行了比较全面系统的综合自然区划，并作了分区描述。

西藏自治区地理 徐华鑫编著。西藏人民出版社1986年12月初版，32开，226页。1992年再版，32开，243页。"中国地理丛书"之一。本书内容有：1.西藏自治区各自然地理要素，如地形、气候、河流、湖泊、冰川与冻土、土壤、植被和动物的概貌和基本特征。2.30多年来西藏工矿交通、农林牧业、商业贸易和旅游等方面的生产特点和建设成就。对西藏经济区的划分、重要城镇以及主要的文化历史遗迹也作了说明。是一部全面、系统的西藏地理志书。

西藏自治区地图 中国地图出版社编制。中国地图出版社1995年3月出版，1幅，彩色，30cm×45cm。本地图的比例尺为：1∶4500000，并附有拉萨市区地图和日喀则市区地图。

西藏自治区地图册 西藏自治区测绘局编制。中国地图出版社1996年7月出版，32开，166页，地图规格为21cm×25cm。另有3个版本：1.2005年7月成都地图出版社编著并出版，32开，105页，彩色，地图规格为21cm×15cm。2.郜向荣编辑，高秀静等编绘，王维拉、陈萍、李侠撰写文字，张伟群等审校，中国地图出版社1995年7月出版，32开，166页，彩色，地图规格为219cm×13cm。3.尹嘉珉主编，中国地图出版社编制，中国地图出版社2005年8月出版，32开，151页，彩色，地图规格为21cm×15cm。本书由中国政区图、西藏自治区图、拉萨市区图、各市县图组成，并有文字介绍。

西藏自治区交通图 西藏自治区测绘局编制。成都地图出版社1990年12月出版，1幅，地图规格58厘米×93厘米，比例尺为1∶2200000。

西藏自治区经济地理 孙尚志主编。新华出版社1994年9月出版，32开，293页。本书全面评述分析了西藏的农业、畜牧业、林业、工业、交通运输业、旅游业等各产业部门的结构状况和地域分布特征，指出了各主要经济区域的地域差异和重点发展方向。

西藏自治区志·旅游志 西藏自治区旅游局编。西藏人民出版社2004年出版，32开，398页。本书真实地记述了西藏旅游自然资源、人文资源和旅游经济的发展过程。是了解西藏旅游历史的主要著作。

西招图略 （清）松筠撰。道光二十七年（1847）重刻本。有1982年西藏人民出版社铅印《西招图略·西藏图考》合订本，32开，281页。清代西藏地理志书。成书于嘉庆三年（1798）。本书分安边、抚藩、戒怒、遏欲、抑强、除苛、厉俗、慎刑、绥远、怀来、成才、述事、审隘、量敌、合操、行操、练兵、申律、制师、驭众、坚阵、世奇、倡勇、谨胜、善始、持志、防微、守正等 28 项，分别叙述治理西藏的有关事项，涉及达赖、班禅及属下噶布伦、僧俗、营官、头人等。并载有关于藏族部落、户口、宗教派系源流、民族关系、风俗习惯等方面的内容。本书为研究西藏地理、兵制和民族关系等方面的重要资料。

西招图略·西藏图考 吴丰培校订。西藏人民出版社 1982 年出版，32 开，281 页。《西藏研究》编辑部所编《西藏研究丛刊》之一。本书是松筠著《西招图略》和黄沛翘著《西藏图考》两书的合刊本，附吴丰培《西招图略序》及程凤翔《喀木西南解说辨异》、《杂瑜地理》两文。全书目次编排有序，点校认真，极便查阅和引用。

西征记 （清）毛振宣撰。《小方壶斋舆地丛钞》本，亦载于《西藏图考》卷八艺文考中。毛振宁，四川成都人，曾任云南阿迷州知州。因西藏噶隆阿尔布巴等争权，杀害贝子康济鼐，雍正五年(1727)十一月吏部尚书查郎阿率川陕滇兵进讨，毛振宁被委派为运送粮饷官员，前往察木多。清军未至拉萨，颇罗鼐由后藏发兵平息了乱党。本书较详细地记述了这次事件的全过程、进藏运粮的情形、沿途的风土人情等。

喜马拉雅的朝圣者 戴维·斯内尔格罗夫著。1961 年出版。作者曾在伦敦大学东方和非洲研究学院学习藏文，对佛学有一定造诣，著有《喜马拉雅的佛教》等书。1956 年，他以夏尔巴人为向导，穿越 1000 多英里的山区，翻越 15 座高 17000 英尺的山口，进入西藏南部，对西藏宗教进行历时 7 个月的实地调查研究。本书即为此次调查之记录。附有寺院、风光等照片 85 张，地图 9 幅。另有印度达塔尔所著《喜马拉雅的朝圣者》一书，1961 年在印度出版主要记述喜马拉雅山区的民族、宗教信仰(印度教、佛教、耆那教)、西藏部分边境的状况。

喜马拉雅山 芦村禾著。新知识出版社 1956 年 11 月出版，32 开，34 页。本书介绍了喜马拉雅山的形成、山峰、气候、动植物以及居民等方面的知识。

喜马拉雅寻觅 李坚尚著。山东画报出版社 1999 年出版，32 开，279 页。“中国边疆探察丛书”之一。自 1976 年起作者先后 6 次赴藏作民族学考察，最长的一次为 19 个月，足迹遍及喜马拉雅山东段的墨脱、米林、隆子和错那等地的珞巴、门巴、藏等民族村落。本书是作者于 1980 年在喜马拉雅东段广大山地考察后写的著作，它介绍了墨脱、米林、隆子和错那等地的山川、婚姻家庭、宗教习俗、社会结构、道德观念和历史珍闻。

仙境风情 史义著。云南人民出版社 1999 年 10 月出版，32 开，158 页。“中国·香格里拉丛书”之一。本书主要介绍云南迪庆州境内的民族服饰、民居建筑、民间歌舞和饮食习俗等内容。附相关照片。作者为熟悉当地的学者，所述有根有据。

现代西藏 法尊法师著。汉藏教理院民国二十六年(1937)印行，16 开，147 页。又有成都东方书社 1943 年出版，16 开，190 页。作者为当代佛学大师，精通藏文，曾于民国初年两次入藏，学法近 10 年，对藏传佛教有深入研究，对西藏社会等亦有广泛了解。本书论述了 10 个内容：1. 作者两次入藏的经过和目的。2. 西藏地理概况。3. 西藏宗教史及噶当、萨迦、噶举等教派史。4. 西藏民族的信仰、家庭等。5. 物产、商业、交通。6. 政治、军事和财政等。7. 宗教教育和文化。8. 达赖与班禅的关系、地位。9. 西藏对中央和英国的态度。10. 治理西藏的意见。附有图片多幅。为研究西藏的要籍之一。

香格里拉文化地图 高星著。陕西师范大学出版社 2004 年出版，32 开，203 页。“读行天下：香格里拉丛书”。作者于 2003 年随北京多位摄影家赴云南香格里拉观光旅游，本书记录了此次旅游对香格里拉宗教、民俗、风景名胜和藏族人民生活的记录。

小方壶斋舆地丛钞 (清)王锡祺辑。有清光绪年刻本和杭州古籍书店据光绪本的影印本(1985 年 11 月)，共 20 册。地理丛书。本书的清代地理著作，包括地理总论、各省形势、旅行纪程山水游记、风土物产等，尤以边疆地理为重，兼及少数民族风俗习惯和生活方式。其中第 3 册所涉及的 74 种书中有关西藏的就有 30 余种，另有欧美各国见闻。大多为作者亲身经历，内容较为翔实，是研究清代藏族及各边地少数民族的重要参考资料。

新省区 傅角今撰。商务印书馆民国二十三年(1934)出版，16 开，56 页。被列为民国时期《小学生文库·地理类》之一。本书记述热河、察哈尔、绥远、宁夏、青海、西康 6 省的沿革、地势、气候、物产、主要城镇等。

宣抚康南日记 曾言枢著。稿本。作者于民国二十六年(1937)任国民党陆军第二十四军一三八师步兵二旅旅长时，奉命宣抚西康南部的理化(理塘)、稻城、定乡(乡城)、得荣、巴安(巴塘)、义敦等县。本书中除将宣抚经过作简明扼要的记述外，对军事、政治、民情、风俗、山川和程站等亦有记述。

雪域高原的璀璨明珠——林芝 普布多吉编著。西藏人民出版社 2002 年出版，32 开，134 页。本书介绍了林芝的基本情况、旅游景点、民俗风情、传统节日等。附各类图片。

雪域鸿影 汤己生著。西藏人民出版社 1993 年 4 月出版，32 开，296 页。本书收录作者的 70 余篇通讯，内容包括西藏的改革开放及其成就，各行各业的先进人物和先进事迹，西藏高原的独特风光和名胜等。

雪域旧旅丛书 王启龙等编。中国社会科学出版社、四川民族出版社2002年出版，32开，1套5册。大型丛书。本书包括：1.《在西藏高原的狩猎与旅游》是20世纪20年代英国地质学家亨利·海登及探险家西泽·考森等人到西藏腹地旅游所写的游记。书中详细地记录了其游历路线的地形地貌、自然气候、野生动物的生长、植被随海拔和气候的变化而变化的情况，并对所到之处西藏特有的风土人情也有描述。2.《神秘的滇藏河流》，20世纪初英国植物学家F.金敦·沃德先生对横断山脉河流及古物的考察游记。作者文笔优美、眼光开阔，第一次向世人介绍了这一地区的水文地理、植物概貌、风土人情、逸闻趣事。尤其对少数民族的民俗进行了详细的描写，生动感人。该书不仅因其植物学考察具有科学文献价值，且作为游记，较早地向世界揭开了这片土地的神秘面纱。3.《经深峡幽谷走进康藏》，20世纪20年代英国自然科学家赫伯特·斯蒂文斯考察中国西南边陲时所写的一部刺激和艰险的游记。描写了考察沿途各地，尤其是藏区奇特的自然风光、民风民情、地理概貌、动植物分布状况等，对我们了解当时社会风貌具有重要的参考价值。4.《扣响雪域高原的门扉》记述了英国东印度公司派往西藏的乔治·波格尔，以及另一位最早访问西藏的英国人托马斯·曼宁在西藏的见闻。波格尔的记述中充满了对东印度公司第一任总督黑斯廷斯侵略扩张政策的颂扬。由于对中国文化以及中国人民了解甚少，他们的记述中存在不少错误和偏颇之词。书中对西藏的地理、风土人情、政教关系有较为具体的描述，帝国主义侵略分子在事实面前不得不承认西藏是我国神圣不可分割的领土，另一方面也暴露了西方列强，尤其是英殖民主义者意欲染指我国西藏政权事务，干涉我国内政的野心。5.《藏人言藏》，作者是英国人孔贝，曾长期在中国康定居住。书中描述了20世纪初，我国藏区民俗、宗教、文化、教育等，对我们了解当时的社会风貌尤其是当时西方人眼中的藏族社会很有参考价值。

雪域燃情：揭开西藏的神秘面纱 李松晨著。中国社会出版社1999年出版，32开，161页。李松晨，河南范县人，当代中国出版社社长。著有《新闻的生命及改革》、《王震的少年时代》等。本书收录了作者于1986年7月中旬至8月初赴西藏考察的25篇游记，主要描写了藏族同胞的友谊和雪域风土人情的生活片断。

雪域圣迹导游——山南 群培著。藏文。民族出版社1996年出版，32开，219页。“雪域圣迹导游丛书”之一。本书介绍了位于山南地区的西藏第一座宫殿、第一座寺庙、第一代藏王、第一块农田,以及藏王墓等120多处名胜古迹。

雪域屋脊——神秘西藏 张向东撰文,刘文敏摄影。广东省地图出版社1999年出版,32开,62页。张向东,羊城晚报记者。刘文敏,中国三峡出版社社长。本书以图文并茂的形式介绍了西藏的自然地理、历史名胜、自然风光、风土人情、宗教信仰、风俗习惯等。

雪域西藏小百科知识 中国青藏高原研究会编。气象出版社1992年12月出版,32开,99页。本书简要介绍了西藏地理、资源、经济、历史、文化和宗教等各方面的情况。

寻找陌生的西藏 彭见明著。云南人民出版社2000年出版,32开,207页。本书收录了作者在西藏旅游期间所写的游记29多篇。

雅鲁藏布江传 李坚尚、郭翠琴著。河北大学出版社2002年出版,32开,394页。本书介绍了雅鲁藏布江的历史渊源、人与文化、喇嘛与皇帝、江边臣民、神山圣水、人生长河、雪域三宝殿等内容。

一八七三年十至十二月到锡金和西藏边境访问的报告 约翰·韦尔·埃德加著。成书于1874年1月。1969年被收入"喜玛拉雅丛书"出版。作者曾任印度大吉岭代理长官,于1873年冬从大吉岭出发到锡金和我国西藏边境访问。本书即此次边境之行的记录,着重叙述了锡金的一般情况和西藏边境的实况,以及沿途程站路线。本书是较早涉及西藏边境问题的著述,加之为著者所亲身经历,有一定参考价值。

一个人的墨脱 王强著。四川人民出版社2003年出版,32开,189页。墨脱是西藏自治区林芝专区的一个县,1990年以前没有公路。本书主要介绍了墨脱县的自然风光和风土人情。

彝藏禁区行 (法)多隆著,辛玉、周梦子、叶红译。新疆人民出版社2001年出版,32开,262页。游记。"亚洲探险之旅丛书"之一。本书记述了在四川藏区和彝族地区旅游时的所见所闻。

印藏行 周海萍著。民国版,并连载于《康导月刊》第五卷9至12期。作者为抗战时期随军记者。因曾在上海与喜饶嘉措大师有过一段交往,得知西藏许多奇特文化,便决心去西藏。当他随军到缅甸后,缅甸沦陷,他便同远征军退至印度,由印入藏,经喜马拉雅山,历尽种种惊险和奇遇,终到拉萨。本书即此次自印入藏的沿途见闻、亲身经历的记录。

用镜头亲吻西藏 刘元举著。中国文联出版社2003年10月出版,32开,198页。本书介绍了作者在西藏拍摄的经过,内容包括西藏自然、寺院、藏北草原、布达拉宫、日喀则、过米拉山口、人物肖像、旋转的西藏、永远的八角街等。图文并茂。

跃进中的西北 赵敏求著。新中国文化出版社民国三十年(1941)出版，32开，192页。作者于民国二十八年(1939)至二十九年(1940)赴西北的陕西、甘肃、宁夏、青海、绥远、河南6省考察，写成此书。本书着重记述了沿途所见风景名胜、人民生活、风俗，以及作者对各地见闻的感想、议论、描写和抒情。而其中的《塔尔亲顶礼》、《黄河逐浪记》、《踏破贺兰山缺》、《宁绥风霜》等篇可作散文欣赏。

云南边地问题研究 云南昆华教育馆民国二十二年(1933)编印，32开，944页，2册。本书论述了云南边疆民族的政治、经济、文化情况，其中对中甸藏族的僧侣、土司、经济生活、风俗、语言等有较详细介绍，对丽江县噶举派的势力等亦有论述。

云南迪庆——香格里拉揭秘 齐扎拉著。云南人民出版社2002年7月出版，32开，174页。"中国·香格里拉丛书"之一。本书根据詹姆斯·希尔顿著《失去的地平线》一书中关于藏区的有关描述，从民族文化、地理环境、风俗习惯、宗教信仰和语言等方面，论证了《失去的地平线》中外国飞行员所讲述的"香格里拉"就在三江并流、多民族居住、多种宗教信仰自由、各族人民和平和睦相处的云南迪庆这一事实。认为"香格里拉"4字是中甸藏语"sems kyi nyi zla"，即"心中的日月"，并根据中甸方言作了论证。附相关照片。作者为熟悉当地的学者，所述有根有据。

云南——神奇之旅·中甸旅游指南 勒安旺堆、和丽萍编著。云南人民出版社1996年5月出版，32开，125页。本书主要介绍了中甸和德钦县的30多个风景名胜点，并有游览线路、交通、旅游服务设施、土特产、民族风情的介绍。

在康藏高原上 王大纯著。中国青年出版社1954年7月出版，32开，52页。西藏宣告和平解放以后不久，中央人民政府派科学考察队到康藏高原考察。这个科学考察队在两年多的时间里，步行1万多公里，发现几十种矿藏和其他一些资源。本书是其中几位队员根据亲身经历所写的。主要介绍了这一时期西藏人民生活的变化和康藏高原的自然面貌。

在世界屋脊旅行:中国西藏旅游 西藏自治区旅游局、中国旅游出版社编。中国旅游出版社1994年2月出版，16开，186页。本书以翔实的图片资料和简明的文字介绍了西藏的拉萨、山南、林芝、昌都、阿里等地的风光，并简单介绍了西藏的民间传统节日、旅游服务设施等方面的情况。

在西藏高原的狩猎与旅游 (英)亨利·海登、(英)西泽·考森著，周国炎、邵鸿译。四川民族出版社、中国社会科学出版社 2002 年出版，32 开，286 页。西藏地质探险日志。“雪域旧旅丛书”之一。本书是 20 世纪 20 年代英国地质学家到西藏腹地旅游所写的游记，详细地记录了作者游历的路线所经地区的地形地貌、自然气候、野生动物等情况。

藏北草原 人民画报社编。新星出版社 1995 年 10 月出版，16 开，10 页。本书简要介绍了西藏那曲地区的自然景观和生活习俗情况。

藏边采风记 葛赤峰著。商务印书馆民国三十一年(1942)出版，32 开，110 页。作者于民国二十八年(1939)参加教育部西北巡回施教队，自甘肃兰州至夏河、青海同德、果洛三部、四川阿坝三部等地区，考察藏族教育、风土人情、人民生活。本书即此次历时 10 个月的考察记录。其中对甘肃、青海、四川 3 省交界地区的藏族风土记述较详，对居住在该地区的蒙古族也有部分记述。

藏地牛皮书 一直著。中国青年出版社 2002 年出版，32 开，422 页。自助旅游手册。本书作者以亲身经历记述了我国藏地独特而又神秘的风土民情、风景名胜、宗教文化和交通食宿。涉及地域包括青海、西藏、云南、四川与甘肃。作者极力宣扬一种行走文化，呼唤保护野生动物，保护自然环境，关注弱势群体的生活方式，推行一种全新的生活理念。附有大量图片、线描图和手绘地图。

藏羚羊自助游——西藏 张涛、赵嘉著。中国大百科全书出版社 2003 年 9 月出版，32 开，408 页。旅游手册。本书介绍了西藏的名胜古迹、旅游路线、必备物品、注意事项等，并对信息变化较频繁的川藏公路和藏北无人区的现况作了大量调察。附有彩色折页西藏旅行交通图。

藏行纪程 (清)杜昌丁撰。《昭代丛书》本、《古今游记丛钞》本，1 卷。清代地理志书。康熙五十九年(1720)冬，云贵总督蒋陈锡奉命率兵进藏，配合各路大军前去征讨西藏策零敦多布之乱。本书作者随蒋由云南赴藏，行至西康洛隆宗后返回云南。本书主要记述从昆明至剑川、丽江至中甸和阿敦子(今云南德钦县)、阿敦子至洛隆宗的沿途路线和程站名称，对滇藏边地的气候、道路险关及民族情形亦有记载。由滇至康藏的道路历来记载较少，本书在清代为最早记述，被研究康藏问题者引用较多，有较高参考价值。

藏輶随记 陶思曾撰。清宣统三年(1911)竖排印本，119 页。清代西藏游记。光绪三十四年(1908)三月二十日中英签订《中英修订藏印通商章程》后，清廷又派官员赴藏，本书作者即为随员之一。本书起自光绪三十四年

(1908)六月，至宣统元年(1909)七月止，主要记述了当时西藏的政治概况、英军侵藏后所遗留下的破坏情况、各种条约中的界线问题与实地测量结果、西藏亚东关税进出口货物价值总表、著名雪山高度、西藏边界民情等。为研究西藏近代历史、经济、地理等方面的重要参考书。

藏族地区行政区划简说 陈庆英、冯智著。五洲传播出版社1995年12月出版，32开，47页。本书介绍了元、明、清、民国时期藏族地区行政区划的形成和演变历史，以及当今西藏自治区、甘肃、青海、四川、云南等省的藏族自治州、自治县的行政区划，并指出藏族是中国大家庭中不可分割的成员之一。

震撼诗魂的记忆 朱林编。西藏人民出版社2001年出版，32开，218页。游记。"画说西藏"系列图书之一。本书以图文并茂的形式讲述了作者的高原之旅及其对高原的认识、理解，以及西藏的人文景观、历史遗迹、圣湖神山、民俗风情、宗教文化和藏医药等。

中国柴达木 索南加措、余佐臣主编。青海人民出版社1992年9月出版，32开，163页。本书通俗、简明、生动地介绍了柴达木盆地的演变、工业发展、城市建设、农业资源、畜牧业资源、矿产资源、渔业资源、水力资源、能源资源、旅游资源及交通、风土人情等，读者可以从中领略到柴达木的现状和发展前景。

中国的青藏高原 郑度等编著。科学出版社1985年12月出版，32开，267页。本书介绍了青藏高原的各地理要素的基本特征，由古海到世界屋脊的沧桑巨变，民族的分布，工、农业生产的特点、成就。

中国的西北角 长江著。天津大公报出版部民国二十六年(1937)出版，民国二十七年(1938)再版，32开，354页。游记。本书对松潘藏族的村寨、民房建筑、生产劳动和昌盘寨藏族的社会状态等作了较细致描述。

中国九寨沟:世界自然遗产 泽仁顿珠主编，九寨沟管理局、中国旅游出版社编。中国旅游出版社1994年7月出版，16开，129页。本书以图文并茂的形式介绍了九寨沟神奇的自然景观、民族风情和服务设施。

中国少数民族分布图集 中国地图出版社编。中国地图出版社2002年出版，16开，352页。最新中国少数民族分布图集。本书以图文并茂的形式介绍了我国56个民族的人口分布、环境资源、族源历史、宗教信仰、语言文字、风俗习惯、经济发展等概况。

中国西藏旅游图 西藏自治区测绘局编制。成都地图出版社1995年1月出版，规格为52cm×76cm。本地图比例为1∶1000000，附彩图和文字说明。

中华民族的摇篮——长江与黄河 拉加才让编译。藏文。青海民族出版社 1990 年 6 月出版，32 开，150 页。本书介绍长江与黄河。首先从长江、黄河的源头开始，顺流而下，逐段介绍长江、黄河的千姿百态以及长江、黄河流域的山水风光、风土人情、历史文化和古往今来的变迁发展等。

珠穆朗玛峰 江荻著。商务印书馆 1974 年出版，32 开，64 页。西藏地理知识读物。本书分 4 章，主要内容有：珠穆朗玛峰的位置、地势和发现，西藏高原从苍茫大海上升的运动及喜马拉雅古海的盛衰，珠穆朗玛峰地区的气候、山势、冰川、生物，喜玛拉雅山、珠穆朗玛峰和西藏高原的农业、农作物概况。附有青藏高原形成示意图、喜玛拉雅古海生物、珠穆朗玛峰地区自然带分析图、冰川分布图、动植物图等。

竺国纪游 又名《西藏纪游》。（清）周蔼联撰。清道光十二年（1832）颂诗堂藏本。又民国二年（1913）江安傅氏活字版本、石印本，4 卷 2 册。又文海出版社有限公司 1977 年出版，32 开，280 页。周蔼联，于乾隆五十六年（1791）进四川康定，又赴西藏，在西藏 8 个月。回内地后，于嘉庆六年（1801）根据在藏日记整理成此书。清代西藏志书。本书着重记述了西藏的地理、气候、历史沿革、古迹、饮食、服饰、建筑、物产、礼节、丧葬习俗、器具、寺院、宗教仪轨、“噶厦”职官、刑法、占卜、藏医、游戏、语言文字、藏文历法、交通等，并在一些风俗介绍之后附有部分风土诗。书末对西藏的政治作了分析和提出了部分见解。

追寻生命的灯：与九十九位藏民的心灵对话 李路阳著。团结出版社 2003 年出版，32 开，332 页。游记。作者 1994 年赴藏考察，记述见闻，编成本书。本书以图文并茂的形式通过真实的故事讲述了西藏的风土人情和藏民的内心世界、高原的博大和外来人对西藏的理解及藏民族对新事物的向往和对传统生活的留恋。

自由自在游西藏 一番著。人民交通出版社 2003 年 4 月出版，32 开，188 页。旅游手册。本书介绍了西藏神奇壮美的高原风光、雄踞雪域的宫殿寺庙、质朴清新的民俗风情。

走不完的西藏——雅鲁藏布大峡谷历险记 熊育群著。湖南文艺出版社 1999 年 9 月出版，32 开，220 页。本书 9 章，分别记述了作者和几位在拉萨相识的“探险者”在西藏墨脱、雅鲁藏布江大峡谷、藏东和滇西北地区的旅游经过。其中主要讲述作者等人在墨脱旅途中遇到的许多惊险，比如因塌方而要徒步走过险要的悬崖、泥地沼泽，以及在原始森林中经受蚂蟥袭击和受冻挨饿等，经历了无数艰难终于完成了西藏之行。本书除讲述旅途的所见所闻之外,也介绍了作者对西藏现况的一些认识。附有20多张墨脱等地的照片。

走进康巴 陈焕仁编著。巴蜀书社2004年出版,32开,224页。本书收录作者在改革开放后赴康巴地区旅游的游记20多篇,分别介绍了康巴地区的自然风光和民族风情。

走进旅游圣地——阿坝 李崇禧、王雨顺主编,九寨沟藏羌艺术研究院编。四川美术出版社2000年出版,16开,140页。本书介绍了四川境内藏族地区的自然景观和人文景观,其中对九寨沟、黄龙、四姑娘山、卧龙自然保护区等作了详细介绍。

最近之青海 青海省政府民政厅编。新亚细亚学会民国二十三年(1934)出版,32开,398页。青海各县社会调查报告。本书主要内容有:1.政务设施。记述各县建置、吏治、公安、地方自治、水利社会事业、垦殖等,并对各县的财政、教育、建设、司法作了细致记述,全省警政的沿革、组织、警区、警官、训练的记述亦较详细。2.民族、宗教和风俗。记述了各县、各民族的人口数,汉、回、蒙、土、藏等民族的宗教信仰和风俗习惯,以及宁玛、格鲁、噶举等派的寺院实况等。附各种风俗、风光照片68张,地图10幅。对研究青海各县历史等方面有一定参考价值。

作家镜头:西藏的故事 张维选编。云南人民出版社2000年出版,32开,220页。摄影集。本书是作者赴西藏采风的作品。

十一、自然科学

（一）总论

柴达木之最 诺日仁青编。青海人民出版社 1993 年 10 月出版，36 开，131 页。普及性的小资料图书。本书主要介绍青海省柴达木之最，其中又分成全国之最和青海之最两辑，字数不多，材料翔实，读后会使读者对著名柴达木的矿产资源、农牧建设、文化教育有所了解，是一本实用性的资料用书。

川康建设特辑 西南联大川康科学考察团编。中华自然科学社民国三十一年（1942）印行，32 开，86 页。西南联大川康科学考察团展览会特刊。民国三十年（1941）夏，西南联大 11 人组成“川康科学考察团”赴四川西康调查，并将调查资料展览后编辑成册，即为本书。本书主要介绍了甘孜藏区的自然环境和一些民风民情。

川西边事辑览 谢培筠编。重庆新民书局民国二十四年（1935）印，16 开，116 页。本书共分 8 篇：1. 理番森林及禾木厂器。2. 松潘、理番、茂县、懋功、抚边、绥靖 6 地的金矿调查。3. 松潘等 6 县的药材调查。4. 理番等 4 县的地理状况及各县土司情形。5. 松潘县概况，分 15 项记述。6. 论经营草地。7. 视察松潘日记。8. 屯区交通记。为研究康区经济的参考书之一。

进藏卫生指南 李维民、贾万年主编。军事医学科学出版社 1997 年出版，32 开，262 页。本书介绍了进入青藏高原前需要准备的物品、身体健康检查，以及进入高原后的注意事项、自我救助方法等。

青藏高原环境与发展系列丛书 洛桑·灵智多杰主编。青藏高原环境与发展课题已被列入国家科委重点科研项目，也是中国藏学研究的重点科研项目之一，其内容涉及高原可持续发展的目标及对策、传统产业的改革和发展、优势资源的保护与开发、高原经济结构的构件、交通能源建设、科技教育发展、高原环境变迁和气候变化及其影响、生态保护和环境修复、沙漠化治理、野生动植物保护、人口与环境、高原文化、宗教与生态环境等方面，是跨地区、跨领域、多学科、全方位的系统工程。其目的是在充分尊重高原各民族人民发展要求和发展权力的前提下，从高原环境特点、环境价值及其对当地、对中华民族未来发展的特殊意义出发，处理好环境与发展的辨证关系，实现经济社会和生态环境的综合发展。本丛书已出版的有《青藏高原环境与发展概论》（洛桑·灵智多杰主编，中国藏学出版社1996年出版，32开，302页）、《高原人口与环境承载力》（王天津著，中国藏学出版社1998年出版，32开，320页）、《青藏高原的交通与发展》（杨武等著，中国藏学出版社1999年出版，32开，223页）、《青藏高原产业布局》（张可云著，中国藏学出版社1997年出版，32开，318页）、《青藏高原的冰川与生态环境》（秦大河等，中国藏学出版社1999年出版，32开，227页）。

青藏民族工艺美术　马建设编著。青海人民出版社1999年2月出版，32开，270页。本书分3部分，叙述了自史前、古代至当代的藏族金工、雕塑、织绣、服饰、陶瓷、皮革等类工艺美术的发展历史和艺术特色，图文并茂，分类清楚，叙述细致，具有一定学术价值。附各类工艺品的彩图57幅。

西北地区水资源配置生态环境建设和可持续发展战略研究：生态环境卷　本书副标题为《西北地区生态环境建设区域配置与生态环境需水量研究》。刘昌明主编。科学出版社2004年出版，16开，320页。本书重点论述西北地区生态环境建设区域内的配置与生态环境所需水量等问题。

西北地区水资源配置生态环境建设和可持续发展战略研究：土地荒漠化卷　本书副标题为《西北地区土地荒漠化与水土资源利用研究》。石玉林主编。科学出版社2004年出版，16开，444页。本书主要论述了西北地区土地荒漠化的根源和如何解决水土资源的保护、利用等问题。

西北地区水资源配置生态环境建设和可持续发展战略研究：综合卷　钱正英主编。科学出版社2004年出版，16开，499页。本书论述了西北地区生态和可持续性发展的政策、科学依据等。

西康交通概要　蒙藏学校边疆实业考察团西康组编。中央政治学校附设蒙藏学校民国二十四年（1935）印行，32开，136页。本书分两篇：上篇为南京至康定的交通；下篇为西康交通概要，记载了成都至康定形势图、程站表、日程表、西康陆路交通工具、费用、陆路交通形势图、西康南北路线系统和电信交通，并附12幅照片。

西康科学考察团报告书　朱炳海、曾昭伦等编著。中华自然科学社民国三十年（1941）印行，32开，168页。民国二十八年（1939）七月，以曾昭伦为首的12人组成中华自然科学社西康科学考察团，对西康的地理、气象、农林、畜牧、药材、工业、资源等进行各种科学考察，并对西康藏族社会、人民生活、宗教情况、民族风情等也作了调查。本书即是此次考察的记录。书中对有关森林危机、水力资源、矿产分布、植物病害、开发资源计划等方面的论述尤为详尽,至今仍有一定参考价值,是研究西康地区经济建设的重要参考书。

西康物产志 洪裕昆著。稿本。作者字师汤,号坦园,湖北江夏人。清末附生,受知于四川巡警道贺纶夔,文才出众,曾任四川铜币局局长、冕山分县县佐。民国后,任炉城民政厅厅长、警长、康定县知事、西康省顾问等职。在康区30年,对该地区情况有一定了解。本书记述了西康省的高原牧区、高山、河谷、平原等不同位置不同地区的各种物产。文笔优美流畅,融知识性与文学性于一体。

西康物产志 康定西康经济研究所编。民国印本,32开。本书记述西康各县物产情况。

西康之神秘水道 (英)瓦特著,杨庆鹏译。蒙藏委员会民国二十二年(1933)印,32开,300页。《边政丛书》第一种。又有南天书局1987年出版杨图南编译,32开,300页。收入《亚洲民族考古丛刊》。本书分21章,记述作者1913年2月赴康区的调查结果,对康区的地形地质、气候、人种来源、人民生活、动植物、江河等有详尽描述,尤其对高原植物记载较详。作者为植物学家,书中所载均依专业要求写成,对地形、江河、动植物的记述真实可信,故本书称得上是一部有科学价值的著作,对发展康区经济建设有一定参考价值。

西藏产业论 俞允贵、文德明、金巴杨培著。中国藏学出版社1994年出版,32开,327页。"西藏经济研究丛书"之一。本书记述了西藏古代产业的历史、政治制度、产业结构,以及社会主义条件下的产业现状、未来西藏产业的发展前景等。有热地序。

西藏水利产业论 白涛主编。中国藏学出版社1996年出版,32开,338页。"西藏经济研究丛书"之一。本书分4章,主要论述了西藏水利产业的概况和未来发展规划等。

藏族古代技术文明及民族技术交流的研究 王工著,中国科学院自然科学史研究所编。1988年印行,16开,126页,油印本。作者喜爱藏族文化,曾两次进藏,足迹遍及甘孜、昌都、卫藏、青海等藏区,收集了大量有关藏族古代技术的资料,在此基础上经过考究写成本书。本书分11章,分别论述了发现藏族工艺技术百科全书《常用制艺宝瓶》的过程及其内容、制陶工艺技术的现代研究、皮囊的发现与研究、制革术中的科学原理、藏酒酿造术、藏族技术的体系与特征、技术交流与发展、藏族传统工艺技术发展停滞的原因等。附文献索引。本书对藏族的硼砂工艺、制革、酿酒等传统技术与现代科学相结合的研究,实属首创,为研究藏族传统技术的重要著作。

藏族科技 罗绒著。巴蜀书社2003年出版,32开,203页。本书比较全面地介绍了藏族历史上的各类科技的发展及其特点。附彩图。

(二)地质

阿坝藏族羌族自治州地震灾害与对策研究 徐吉延主编,阿坝藏族羌族自治州地震局编。地震出版社1991年11月出版,32开,151页。本书介绍了四川省阿坝地区的自然环境、地震活动概况、地震地质特征和地震区划分,提出了减灾的综合对策。

百科知识荟萃 杨本加编著。藏文。青海民族出版社1993年12月出版,32开,208页。本书将中国之最和世界之最的各科知识汇集后选择了其中一部分,主要涉及中国和世界各国的社会科学、自然科学、历史、地理、天文、历算、建筑、动物、植物、文化、体育和藏民族文化等方面的知识。

川康滇铜矿纪要 冯景兰著。民国三十一年(1942)出版,32开,216页。本书着重记述了川康滇3省交界地段的铜矿分布、储藏量等,对其他地区的铜矿亦有记录。本书获民国政府教育部31年度学术审定三等奖。

甘宁青三省矿业调查 张人鉴著。民国二十二年(1933)印本,32开,169页。本书着重记述了甘肃、宁夏、青海3省的各种矿产资源分布、现有开矿厂数、冶炼工厂实况、改建交通计划、扩大矿冶实业计划等。

横断山区温泉志 佟伟、章铭陶主编,中国科学院青藏高原综合科学考察队编。科学出版社1994年10月出版,16开,326页。本书分横断山区温泉志和横断山区水热活动特征、能量资源初步评估两部分,对横断山区及其邻近地区的1036个温泉进行了介绍和研究。

拉萨地磁台地磁观测报告 拉萨地磁台编。地震出版社1993年出版,32开,78页。本书是拉萨地磁台每年的观测结果,包括磁偏角、水平强度、基本线值、时均值、日变幅等内容。

青海可可西里及邻区地质概论:1∶50万青海可可西里及邻区地质图说明书 张以茀、郑健康著。地质出版社1994年7月出版,32开,177页。本书是1∶50万青海可可西里及邻区地质图说明书。书中系统介绍了青海可可西里及昆仑—唐古拉地区地层、岩浆层、构造以及矿产构成征候和组合特点,提出特提斯是由石炭—早二叠世裂谷期形成的裂陷槽经过晚二叠世闭合期后演化成内陆海盆地的论断。

青藏高原的冰川与生态环境 秦大河等著。中国藏学出版社1999年3

月出版，32 开，227 页。“青藏高原环境与发展系列丛书”之一。本书共 9 章，主要介绍：青藏高原的冰雪资源、冰川研究及现代冰川的基本特征；青藏高原现代冰川与环境的关系，尤其是现代冰川对气候的近期变化与环境气候变迁的影响；分析青藏高原冰川与人类的关系、冰雪资源与农林牧业发展的关系、青藏高原冰川旅游资源开发现状和开发前景；冰雪灾害及其预防对策等。

青藏高原地区文集・青海专辑 地质矿产部青藏高原地质文集编委会编。北京地质出版社 1984 年 2 月出版，32 开，268 页。本书共收入 21 篇论文，其中构造 8 篇，以板块、多旋回和地质力学理论对青海省地质构造进行了论述，提出了一些新观点；地层古生物 8 篇，以二叠、三叠和侏罗系为主，侧重于生物地层方面的研究，发表了一些新属和新种；矿物岩 4 篇，对蛇绿混杂岩和花岗岩成因等进行了讨论；高原冻土 1 篇。为青藏高原地质学要籍之一。

青藏高原地质构造 常承法等著。科学出版社 1982 年 6 月出版，32 开，91 页。本书根据历年考察成果，系统分析了青藏高原构造演化历史。根据地壳性质的根本差别（陆壳还是洋壳）、基底硬结年代、沉积盖层的特征和生物地理的资料，以及主要造山作用的年代、岩浆活动的时代和性质，将青藏高原进行了构造分区，并逐一叙述了各构造单元的演化历史。

青藏自然地理资料・地文部分 徐近之编著。科学出版社 1960 年 1 月出版，32 开，92 页。本书搜集了解放前有关西藏、青海、西康等地区的中外文地文资料进行了编辑整理，内容分地势概况、山脉、河流、湖泊、冰川以及关于地形发育和一些存在的问题，并附有插图 79 幅。为研究青藏高原地文的重要参考资料。

四川及西康地质志附图 谭锡畴、李春昱著。实业部地质调查所民国二十年（1931）印行，16 开，46 页。本书共收入 37 幅二十万分之一着色地质图、1 幅二万分之一自流井地图和 1 幅地质剖面图。其中有关西康的地图资源十分珍贵。为民国初期较详细的地质志和地图。

四川西藏地震等烈度线图资料汇编 本书编辑组编。成都地图出版社 1994 年 1 月出版，16 开，190 页。本书分四川和西藏两个部分，收录了四川和西藏 15 世纪以来地震等烈度线图。

四维动态成矿理论的探索与实践：以西藏罗布莎铬铁矿区为例 李德威、李先福著。中国地质大学出版社 1993 年 9 月出版，32 开，88 页。本书以西藏罗布莎铬铁矿为例，分析了大陆构造样式及其动力学机制，探讨了陆间伸展海盆中蛇绿岩的特征和成因，系统阐述了四维动态成矿分析的基本原理和研究思路。

西康测前纪录 又名《经纬度测量及地图作法》。谭锡畴、李春昱著。实业部地质调查所民国二十年(1931)印行。本书为《西康东部地质矿产志略》之附录,重点记述西康的河流、道路及作者绘制的地图等。

西康东部地质矿产志略 谭锡畴、李春昱著。民国二十年(1931)出版,16开,68页,铅印本。转载于《康藏前锋》(1934年36—80期)。本书分地质、矿产和结论3篇,介绍康定、九龙、雅江、理塘、瞻化、甘孜、铲霍、道孚、丹巴等县的地质概况、矿产资源及其价值,尤其对矿床生成原理、聚集方法和分布情形记述详细,并附有地质、地层剖面和金矿地图共3幅。

西康省地质调查汇报 西康地质调查所编印。民国三十一年(1942)印行,32开,369页。本书主要收入西康省各县的有关地质调查报告、标本等。

西藏冰川 中国科学院青藏高原综合科学考察队、中国科学院兰州冰川冻土研究所等编。科学出版社1986年10月出版,16开,328页。"青藏高原科学考察丛书"之一。本书系统地论述了高原上冰川发育的条件、特征、分布和近期变化规律,对各地古冰川遗迹、冰期划分、古冰川发育与高原隆起关系等问题进行了研究,阐述了西藏海洋性冰川和大陆性冰川的水文特征、地质地貌作用和沉积特点。附西藏及其邻近地区现代冰川分布图等图表。

西藏察隅当雄大地震 西藏自治区科学技术委员会、国家地震局科技监测司编。西藏人民出版社1988年5月出版,32开,166页。本书系西藏1950年察隅8.6级地震野外现场考察的总结。本书共7章:第1章简介震区的自然地理概况和前人对这两次大地震研究的成果,第2章全面介绍和描述了大震的烈度分布并估算了宏观参数,第3章讨论了震前的地震活动及其宏观异常现象,第4章阐述了两次地震的地面破坏现象和地震形变带展布特征,第5章讨论了两次地震的发震构造及其孕震过程,第6章分析了这两次地震的断裂新活动特征,第7章分析了地震地质背景。书后有《震害简表》等4个附录。谢毓寿作序。

西藏察隅当雄大地震资料图片集 西藏自治区科学技术委员会、国家地震局科技监测司编。成都地图出版社1989年12月出版,32开,98页。本书收录图片15幅、照片256幅,是1950年、1951年和1952年西藏察隅8.6级和当雄8.0级、7.5级3次地震的野外考察成果。书中介绍了这3次地震的基本参数、烈度分布、震害特点、余震活动和地质构造条件,形象地再现了震区各类房屋、建筑物的破坏和地面出现的山崩、滑坡、泥石流及形变破裂带等情况。

西藏地热 中国科学院青藏高原综合科学考察队、北京大学地质系等编。科学出版社1981年3月出版，32开，170页。本书分10章，从世界上比较罕见的水热爆炸和间歇性喷泉入手，分析了200多个重要水热活动区泉水(部分为钻孔水)的地球化学特点，水热蚀变和水热成矿作用，探讨了地热活动和西藏盐湖某些物质成分的成因联系，从而提出了西藏地壳内部分地段存在近代岩浆活动的可能性，并通过某些水热区硫同位素的初步分析验证了这一推论。为了评价重要热田的开发潜力，作者还进行了天然热流量的测算，并用地球化学温标估算了水热系统的地下温度。后两章以新生代的火山活动和板块构造的观点解释了西藏高原强烈水热活动的成因。附《西藏水热活动区总表》和《西藏水热活动区化学分析总表》。

西藏地震史料汇编(第一册) 西藏自治区科学技术委员会、档案馆编译。西藏人民出版社1982年8月出版，32开，583页。本书采取编年体例收录了从642年至1980年间有关西藏地震档案史料。

西藏地震史料汇编(第二册) 西藏自治区科学技术委员会、档案馆编译。西藏人民出版社1982年8月出版，32开，586页。1950年8月15日墨脱大地震专辑。本书所收600余件史料绝大部分译自原西藏地方政府藏文档案和著名藏文古籍。

西藏高原石油地质 付孝悦、张修富著。石油工业出版社2005年出版，32开，178页。本书介绍了西藏自治区藏北海相羌塘盆地石油地质特征及其油气勘探的情况。

西藏龙木错—双湖古特提斯缝合带研究 李才等著。地质出版社1995年4月出版，32开，131页。本书从多个方面对龙木错—双湖板块缝合带作为古特提斯阶段两大陆界线意义进行了论证，并对青藏高原诸条板块缝合带和微板块进行了建造和演化序列分析。王鸿桢作序。

西藏纳木措地区第四纪环境演变 朱大岗等著。地质出版社2004年出版，16开，330页。本书作者以翔实的第4纪地质、地貌、冰川等资料为依据，综合运用各种地质、遥感、测年等方法，对藏北高原腹地纳木措地区晚更新世湖泊沉静化、冰期划分、藏北高原大湖变迁等方面进行了系统的分析，建立了该区湖相地层的标准剖面，推测出在藏北高原存在一个晚更新世古大湖。

西藏羌塘盆地地质演化与油气远景评价 王成善等著。地质出版社2001年出版，16开，249页。本书利用沉积学、地层学、构造地质学和石油地质学等学科的新研究方法和手段，采用

GPS和RS等新技术，研究了藏北高原地质演化，发现了迄今为止青藏高原最古老的基底，再次确认了晚古生代裂谷作用的存在，对羌塘含油气盆地进行了全面系统的评价。

西藏上地幔橄榄岩及铬铁矿石结构构造图册 倪心垣等著。中国地质大学出版社1992年10月出版，32开，101页。本书展示了在上地幔条件下塑性变形结构和地壳条件下脆性变形结构的特点和区别，揭示了上地幔橄榄岩与铬铁矿的成因、成矿地质环境的相关因素。本书汇集了142幅各类显微照片和标本照片，并有简单的文字说明。

西藏特提斯演化晚期生物古海洋事件 赵文金、万晓樵著。地质出版社2003年出版，32开，116页。本书对西藏南部晚白垩世以来海相地层的研究，以生物事件为突破口，全面论述了晚中生代以来西藏特提斯演化过程中所发生的3个重大生物古海洋事件的特征及机制，并进一步阐明了白垩纪中期以来古海洋的变化、古气候的变迁以及古构造格局的演变。

西藏温泉志 佟伟等著。科学出版社2000年出版，16开，300页。本书介绍了西藏自治区主要的天然温泉点和温泉含有的矿物质。

西藏羊八井地热田 西藏羊八井地热田编委会(西藏自治区地质矿产局地质地热大队)编。西藏人民出版社1988年3月出版，32开，139页。本书通过数百幅彩色照片重点介绍了西藏自治区当雄县的羊八井地热田的地质、地貌、地热显示和热储资源特征，及其勘察、开发和利用现状，同时展现了勘察中的羊应乡热田、那曲热田、拉多岗热区和与之相邻的地热资源远景区的状况。

西藏玉龙斑岩铜(钼)矿带地质 唐仁鲤等著。地质出版社1995年6月出版，32开，320页。本书详尽描述了中国目前最大的斑岩铜(钼)矿带——西藏玉龙斑岩铜(钼)矿带的区域地质背景、区域地球物理与化学特征，以及含矿斑岩的各学科分类等问题，对目前斑岩铜矿床的许多前沿问题进行了探讨，并把玉龙矿带的斑岩铜矿床与世界斑岩铜矿床进行了对比。

西藏中部地区活动断层 国家地震局地质研究所编著。地震出版社1992年12月出版，16开，229页。本书分6章对西藏中部地区的活动断层、地震地表破裂的考察与研究工作作了一个全面总结。

西藏诸水篇 (清)齐召南著。《水道提纲》本、《小方壶舆地丛钞》本。作者字次风，浙江天台人，号瑗台，晚号息园。雍正末年副贡，乾隆初中举，受庶吉士，官至礼部侍郎。对地理及水道有研究，据郦道元《水经注》著《水道提纲》,本书为其中的一部。清代西藏地理志。本书记述了雅鲁藏布江、冈布藏布河、朋出藏布河、冈噶江 4 水的正流和支流,对其他河流、湖泊未作记载。

西藏自治区曲松县罗布莎铬铁矿成矿预测 李紫金等著。中国地质大学出版社 1993 年 12 月出版,32 开,125 页。研究报告。本书介绍了作者在已完成的大量勘察工作的基础上运用当代新的成矿和预测理论、测试手段、计算机技术和成矿预测方法,综合全面地研究了罗布莎岩体铬铁矿成矿地质构造条件、矿物特征和成矿预测综合指标,划定了一批不同类别的矿区,估算了不同级别的资源量等内容。

星球考察记 孙怀川著,索南才让、扎西嘉洛、黄秀措毛译。藏文。青海民族出版社 1992 年 8 月出版,32 开,236 页。青少年科技读物。本书以科幻的笔法、回忆录的形式,根据目前掌握的资料,通俗地讲述了有关月亮、太阳、水星、金星、火星、木星、土星、天王星、海王星、冥王星,以及恒星世界的起源、演变、现状、结构和运动规律等丰富的天文知识。

雪域黄金:西藏黄金的历史地理 任新建著。巴蜀书社 2003 年出版,32 开,230 页。本书对藏区黄金资源的历史地理进行了全面的清理,以史为鉴,探讨藏区特殊历史背景和人文因素对黄金开发的各种影响。

月球存有液态 平措旺杰著,土登彭措译。藏文。民族出版社 1997 年 3 月出版,32 开,274 页。本书是探索月球等有关星体上存有液态的哲学科学专著。作者运用《辩证法新探》中已经总结出来的基本原理并结合现代天文学有关星体现状的最新资料,通过辩证地分析、从哲学的角度论证并作出了任何星体包括月球在内都存有液态的结论,为我国哲学科学的发展填补了空白。

藏东花岗岩类及其成矿作用 王增等著。西南交通大学出版社 1995 年 8 月出版,32 开,150 页。本书划分了藏东地区的构造单元和花岗岩带,并首次确定了该地区加里东期花岗岩类的存在;同时从花岗岩类的地球化学特征入手,把该地区的花岗岩类划分出 4 种成因类型。

藏金矿物质 杜光树等著。西南交通大学出版社 1993 年 3 月出版,32 开,177 页。本书全面系统地论述了西藏金矿的成矿条件、产出特征和分布规律,提出了金矿成因分类和成矿区(带)的划分方案及成矿远景分析与预测。刘宝君作序。

(三)农牧业

迪庆藏族自治州水利志 迪庆藏族自治州水利水电局编印。1994 年 1

月印行，16 开，236 页。内部资料。本书分 4 章，分别记述了迪庆州的地质地貌、气候、水文、河流、湖泊、冰川、水资源、自然灾害、水利工程、电力(电站、电网、电力管理)、水电机构、大事记(唐代至 1993 年间的水利、水电、气候事件)、水电歌谣、援藏记事等。是目前记述迪庆州水利水电事业较科学、较完整的第一部著作，具有很高的学术和使用价值。

青海农业大事记 青海省农林厅编。青海民族出版社 1993 年 5 月出版，32 开，160 页。本书记事上限至公元前 5 世纪，下限至 1990 年。本书中本着“详今略古、详今略后、详独略同”的原则，采用编年体和纪事本末体相结合的志书体例，记述了青海农业发展中的大事、要事和新事。共收入 1089 个条目。

西北畜牧业 柳超著。新知识出版社 1955 年 1 月出版，32 开，88 页，铅印竖排本。本书对西北少数民族人民的牧业生产、牧民生活作了简明扼要的介绍，其中包括青海、甘肃的藏族 60 余万人。作者通过揭露民主改革前统治阶级剥削牧民的事实，赞美了获得翻身解放的牧民在社会主义道路上走向富裕的新生活。

西藏菜地土壤 拉萨市农业区划队编著。江苏科学技术出版社 1990 年 8 月出版，16 开，41 页。本书介绍了拉萨土壤调查工作的概况、拉萨菜地的土壤类型、土壤的性质和肥力状况、土壤的改良等。

西藏草原 中国科学院青藏高原综合科学考察队编。科学出版社 1992 年 3 月出版，16 开，146 页。本书阐述了西藏草原类型的基本特点及分布规律，对草原资源进行了综合评价，结合西藏草原畜牧业的生产特点进行了草原区划，并针对西藏草原的开发与利用、培育与建设等问题提出了建议。

西藏的自然和农牧业 张霈编写。中国青年出版社 1963 年出版，32 开，36 页。“地理小丛书”之一。本书简述了西藏高原的地形、气候、草原、森林、农牧业资源，以及牦牛、犏牛、藏羊、青稞、碗豆、小麦等青藏高原的主要家畜和农作物。书中附有 10 余幅照片。本书中文字浅显易懂，为中小学生的较好读物。

西藏林芝地区农业气候资源分析及区划 林芝地区气象台、林芝地区科学技术委员会编著。气象出版社 1993 年 3 月出版，16 开，106 页。本书对西藏林芝地区的自然地理，光能、热能、水分等资源，农业气候和各种农作物作了详细的介绍。

西藏麦类作物丰产模式栽培 王远禄等编著。中国农业科技出版社 1995 年 12 月出版，16 开，220 页。本书介绍了西藏麦类作物丰产模式栽培技术、技术规程、主要技术文献等内容。

西藏农业可持续发展研究 次顿、王清先等编。西藏人民出版社2001年出版，32开，251页。本书对西藏农业可持续发展模式分别从可持续发展的宏观背景、资源基础条件、整体性和区域结构、若干重大对策、种植业、畜牧业、农牧结合、林业、水利、乡镇企业、资源利用与环境建设等方面进行了论述。

西藏农作物病害防治图鉴 孔常兴主编。中国农业出版社2000年出版，16开，157页。本书分别论述了西藏农作物中的麦类病害、豆类病害、瓜类病害、绿叶蔬菜病害等93种主要病害，介绍了各种病害的田间发病症状、病原菌形态特征、发病条件、防治方法等。

西藏山南土壤 西藏山南地区土地资源调查队编著。中国农业科学技术出版社1993年1月出版，32开，330页。本书详细介绍了西藏山南地区土壤的基本情况。

西藏山南土种志 西藏山南地区土地资源调查队编著。中国农业科学技术出版社1993年3月出版，32开，264页。本书系统地介绍了西藏山南地区68个土种的归属、分布、面积、理化性状、典型剖面和生产性能，同时提出了有针对性的开发利用和改土培肥措施。

西藏蔬菜栽培技术 李顺凯编著。中国农业科学技术出版社1992年2月出版，32开，258页。本书介绍了适合拉萨气候条件生长的主要蔬菜的生物学特征、栽培方式、品种特性和栽培技术等方面的内容。

西藏土壤元素背景值及其分布特征 成延鏊、田均良主编。科学出版社1993年12月出版，16开，149页。本书重点介绍了铜、铅、锌、汞、钴、锰等13种元素在西藏各种环境土壤中的背景值分布特征及其主要影响因素，探讨了元素背景值的综合分区等。

西藏鱼类及其资源 西藏自治区水产局主编。中国农业出版社1995年7月出版，16开，162页。本书对西藏自然地理概况、西藏鱼类研究简史、西藏鱼类区系及动物地理学进行了分析和介绍，并且重点对西藏地区所产的71种和亚种鱼类逐一作了较为详细的论述。

西藏自治区土壤资源 西藏自治区土地管理局编著。科学出版社1994年10月出版，16开，722页。本书主要内容有：1.西藏土壤的形成条件、成土过程、分类和分布规律。2.西藏土壤的理化性状、养分状况和合理施肥。3.西藏土壤资源的构成特点和现状等问题。

西藏自治区土种志 西藏自治区土地管理局编著。科学出版社1994年10月出版，16开，317页。本书是《西藏自治区土壤资源》的姊妹篇，介绍了西藏土壤的形成条件、理化性状、土壤资源的构成特点等内容。

中国西藏大麦遗传资源 马得泉编著。中国农业出版社2000年出版，32开，312页。本书介绍了西藏大麦资源及其发展前景。

(四)动植物

川西藏东地区地层与古生物(第一册) 四川省地质局区域地质调查队、中国科学院南京地质古生物研究所编。四川人民出版社1982年6月出版，16开，341页。本书对川西藏东地区包括震旦系、寒武系、奥陶系、志留系、泥盆系、石炭系、二叠系、三叠系、侏罗—白垩系、第3系的地层进行了全面的分析综合，分别建立了各断代地层的地层区划与分层系统，并与国内外同期地层进行了对比。同时也对各个地质时期的岩相、古地理进行了探讨。附英文摘要和主要参考文献。

川西藏东地区地层与古生物(第二册) 四川省地质局区域地质调查队、中国科学院南京地质古生物研究所编。四川人民出版社1982年7月出版，16开，322页。本书汇编了关于川西藏东地区古植物与部分古无脊椎动物研究成果的学术论文13篇，文中涉及的古植物有钙藻、孢粉和大植物门类，涉及的古无脊椎动物有孔虫、海绵、水螅、苔藓虫、层孔虫、三叶虫、叶肢介和笔石门类。各篇论文不仅对化石进行了描述，还论述了各生物群的面貌、特征、地理分布及其所在地层的地质年代等相关问题。附照片和图表。

川西藏东地区地层与古生物(第三册) 四川省地质局区域地质调查队、中国科学院南京地质古生物研究所编。四川人民出版社1985年2月出版，16开，249页。本书收入描述川西、藏东、滇西北的古无脊椎动物化石，包括菊石、瓣腮类、腹足类和腕足类的学术论文4篇，即《横断山脉地区晚古生代及中生代菊石》和《藏东、川西、滇西北等地瓣鳃类化石》、《藏川滇边界腹足类化石》、《青藏高原东部晚古生代和三叠纪腕足动物化石》。附化石图80幅及图表。为研究藏东地区的古生物、地质学的重要参考书。

大渡河上游森林之概况及其开发之刍议 朱惠方著。民国三十一年(1942)出版，又转载于《全国农林试验研究报告辑要》。本书主要记述康区泸定和汉源一带的森林分布、森林植被分类、森林面积、损林状况，以及如何开发森林资源和设立林管所、各种林木工厂、育林区等内容。本书以实地调查资料为根据来研究森林的开发和利用，论述较科学，有一定参考价值。

甘孜藏族自治州林业志 甘孜藏族自治州林业志组编。四川辞书出版社1994年10月出版，16开，323页。本书全面系统地对四川省甘孜林区1910年至1990年间的森林资源、森林保护、林业生产、森林工业、林业多种经营、林业科技与教育等方面的情况作了介绍。

横断山区昆虫 陈世骧主编，中国科学院青藏高原综合科学考察队编。科学出版社1992年8月出版，16开，865页，第1册；1993年7月出版，16开，682页(866页—1547页)，第2册。本书是1981年至1984年横断山区昆虫区系考察和研究的总结，收录了4758种昆虫。

横断山区维管植物 王文采主编，中国科学院青藏高原综合科学考察队编。科学出版社1991年1月出版，16开，1363页，上册；科学出版社1994年4月出版，16开，2608页，下册。本书是编者对横断山区植物区系考察的成果总结。

南迦巴瓦峰地区生物 李渤生主编，中国科学院登山科学考察队中国科学院植物研究所编。科学出版社1995年11月出版，16开，315页。本书收入"登山科学考察丛书"。本书总结了中国科学院登山科学考察队生物组1982—1984年西藏南迦巴瓦峰地区生物区系的考察研究，分门别类地对南峰地区的动植物生态环境进行了论述，并比较分析了南峰地区与邻近地区各类生物区系之间的关系，还对南峰地区生物的起源进行了探讨。

农田有害生物的防除 徐培河主编。青海人民出版社1989年11月出版，16开，116页。本书分为农作物害虫、农作物病害、农田杂草和农田鼠害等4章。着重阐述了青海高原农田的主要有害生物类群，记述了其形态特征或症状特点，介绍了它们的生活习性和发生规律，进而提出了当前行之有效的防除方法。为了便于读者识别每种病、虫、草、鼠等，书中皆将其绘制成图，图文并茂。本书各章分别由研究员、副研究员或高级讲师编写，具有一定的学术水平和使用价值，是适合农业技术干部、农民技术员及和群众使用的工具书。

青海经济动物志 中国科学院西北高原生物研究所编著。青海人民出版社1989年12月出版，16开，735页。本书分总论、鱼篇、两栖爬行篇、鸟篇、兽篇5部分，每篇分纲、目、科、属、种，详细记述了青海的经济鱼类55种、两栖类9种，爬行类7种、鸟类192种、兽类103种。其中有些种类(如家麻雀)为青海省第1次记录，有些种类(如矮岩羊、藏鸦、斑头秋沙鸦等)为国内首次记述。

青藏高原的蝗虫 印象初著。科学出版社1984年9月出版，16开，287页。本书记述了青藏高原的蝗虫88

属、200种(亚种),包括13新属、51新种(新亚种),隶属3总科、8科、29亚种。并且书中强调了感觉器官、发音器官、听觉器官和运动器官等特征,以此建立了新的蝗虫分类系统,拟定了11新亚种。书中对种作了简要的记述,对青藏高原蝗虫的地理区划和蝗虫类在高原上的适应性也有论述。书后有参考文献、外文摘要、中文索引和学名索引。附照片及图。

青藏高原鱼类　武云飞、吴翠珍著。四川科学技术出版社1992年7月出版,16开,599页。本书分别对青藏高原的水域、水生生物、鱼类、鱼类系统分类、地理分类及经济意义进行了简单介绍。

西藏阿里地区动植物考察报告　青海省生物研究所编。科学出版社1979年4月出版,16开,227页。本书收录了关于西藏阿里地区药用植物、植被、摇蚊、蝗虫、兽类区系等情况的考察报告11篇。附照片及图表。

西藏阿里古生物　杨遵仪等著。中国地质大学出版社1990年出版,16开,380页。本书除简介阿里地质背景外,主要对奥陶纪至第3纪的古生物化石进行了详细研究,并论及地层时代、古生物地理区系、青藏高原陆块的拼接与隆起等问题。重点记述了蜓及有孔虫、放射虫、珊瑚、腕足类、双壳类、菊石、箭石、三叶虫和三趾马等100多个新属种。书后有外文节译、拉丁文汉文属种索引和图58幅。附照片及图表。

西藏哺乳类　中国科学院青藏高原综合科学考察队编(冯祚建等著,王申裕等绘图)。科学出版社1986年10月出版,16开,423页。“青藏高原科学考察丛书”之一。本书总论部分介绍了西藏哺乳动物的区系组成概貌、垂直分布、地理区划以及区系的历史发展和演变等,同时对动物资源的现状与保护问题进行了讨论。各论部分论述了126种(包括107个亚种)哺乳动物的形态特征、地理分布、分类和生态等。书后有汉名索引,学名索引,汉名、学名和藏名对照。附图及表。

西藏大型经济真菌　卯晓岚、蒋长坪、欧珠次旺著。北京科学技术出版社1993年10月出版,16开,651页。本书系统地介绍了西藏地区的大型经济真菌45科、175属、588种。其中食用菌415种,包括目前能够栽培的或利用菌丝发酵增减的55种;药用真菌238种,包括抗癌的168种;毒菌135种;树木的外生菌根菌188种;引起树木和木材腐朽和病害的123种。每个种有中文名称、别名、拉丁学名、重要异名及外形和显微形态图,部分有彩图。本书可供食用菌、药用真菌科技人员,医药、卫生防疫、土产、农林牧业部门的人员,大专院校生物系师生,生物科学研究人员和菌种选育工作者参考使用。

西藏的珍稀动物 宋立鑫等编著。湖南师范大学出版社1993年1月出版，32开，155页。本书介绍了生活在西藏的约40种兽类和20余种禽类珍稀动物，分珍稀兽类和珍稀鸟类两部分。

西藏地衣 魏江春等著。科学出版社1986年4月出版，16开，130页。"青藏高原科学考察丛书"之一。本书记述了西藏（以西藏南部为主）所产地衣计194种，分隶于53属、25科、2个类群。此外，作者还根据现有资料从生物地理角度对西藏地衣区系进行了初步分析，对喜马拉雅山脉的隆起给地衣区系组成所带来的影响提出了初步看法。书后有拉丁名及英文索引和中名索引。附彩照及图。

西藏高原森林生态研究 徐凤翔等著。辽宁大学出版社1995年6月出版，16开，308页。本书是西藏高原生态研究专集之一，收录了25篇关于西藏高原森林生态的论文。

西藏古生物（第一册） 中国科学院青藏高原综合考察队、中国科学院古脊椎动物与古人类研究所编。科学出版社1980年5月出版，16开，106页。"青藏高原科学考察丛书"之一。本书收录了有关古哺乳动物、上新世地层、石器时代文化、孢粉分析和古环境研究的论文和报告9篇。作者从各种不同的学科对西藏高原新生代晚期地层，特别是上新纪的划分、对比和沉积环境等方面的问题作了研究讨论，根据对发现的三趾马动物群的分析，论述了青藏高原隆起的时间和上升高度。附照片及图表。

西藏古生物（第二册） 中国科学院青藏高原综合考察队、中国科学院南京地质古生物研究所合编。科学出版社1981年4月出版，16开，354页。"青藏高原科学考察丛书"之一。本书介绍了中国科学院南京地质古生物研究所1980年以前考察藏区古生物的情况。附图84页。

西藏古生物（第三册） 中国科学院青藏高原综合科学考察队编。科学出版社1981年4月出版，16开，254页，图84页。"青藏高原科学考察丛书"之一。本书辑录了关于古无脊椎动物类、苔藓虫、层孔虫、腕足类、鹦鹉螺、菊石、三叶虫、叶肢介、昆虫和甲壳类等方面的论文13篇。共描述化石270个余属、亚属，440余个种、亚种（其中18个新属、新亚属，约130个新种、新亚种），对生物区系、化石的地层意义进行了探讨。附照片及图表。

西藏古生物（第四册） 中国科学院青藏高原综合科学考察队编。科学出版社1982年5月出版，16开，348页。"青藏高原科学考察丛书"之一。本书辑录了关于古无脊椎动物的论文17篇。其中有关晚古生代及中生代有孔虫、放射虫的4篇，有关古生代及中生代珊瑚、千孔虫、海绵、水螅等腔肠动物的7篇，有关棘皮动物海百合的1篇，有关软体动物腹足类、双壳类、箭石等的4篇，有关节肢动物介形类的1篇。共描述化石368属562种，附化石图136幅，对生物区系、化石的地层意义进行了探讨。附照片及图表。

西藏古生物(第五册) 中国科学院青藏高原综合科学考察队编。科学出版社1982年5月出版，16开，240页。“青藏高原科学考察丛书”之一。本书辑录了有关西藏北部、东部二叠纪和三叠纪植物、藏南第3纪植物、藏北藏东藏南三叠纪和第3纪的孢粉组合、轮藻和钙藻以及海生古植物的论文10篇。共描述化石331种(其中78个新种)，对生物区系、化石的地层意义等都作了不同程度的探讨。附照片及图表。

西藏古生物论文集:喜马拉雅岩石圈构造演化 中国地质科学院编。地质出版社1988年7月出版，16开，513页。本书收录的13篇论文，主要是依据中法合作喜马拉雅地质考察队于1980年至1982年对西藏广大地区古生物进行多学科综合考察的成果整理而成的。本书所描述的化石，多是西藏地区首次发现，特别是该区晚侏罗纪及早白垩纪巴列姆期菊石群、拉萨地区二叠纪菊石群、奥陶纪牙形石及晚二叠世牙形石、石炭纪中疑源类以及晚上新世—早更新世硅藻等的新发现，为解决泥盆、石炭系，二叠、三叠系，侏罗、白垩系等界线和详细划分地层等方面提供了有力的证据;并通过冷水型和温水型动物群的研究，对喜马拉雅板块缝合线的研究提供了重要的依据。每篇论文均有英文摘要及主要参考文献。附照片及图表。

西藏海相中生代腹足类 王惠基、杨胜秋著。上海科学技术文献出版社1992年6月出版，32开，76页。本书详细记述了西藏中生代海相腹足类化石的种类和研究成果。

西藏昆虫(第一册) 中国科学院青藏高原综合科学考察队编(陈世骧等著)。科学出版社1981年10月出版，16开，600页。“青藏高原科学考察丛书”之一。本书包括15目、92科、513属、955种，其中有18个新属和261个新种。书后有中名索引、学名索引、新属索引和新种索引。附图及表。

西藏昆虫(第二册) 中国科学院青藏高原综合科学考察队编(陈世骧等著)。科学出版社1982年4月出版，16开，508页。“青藏高原科学考察丛书”之一。本书包括6目、89科、663属、1387种，有2个新属和139个新种。第1、第2册中所引新种约占1949年以来中国发表的昆虫新种数的四分之一。书后有中名索引，学名索引，新属、新亚属索引，新种、新亚种索引。附图及表。

西藏昆虫图册:鳞翅目(第一册) 张大镛等编。西藏人民出版社1986年4月出版,16开,142页。本书收录了西藏蛾类昆虫17个科、500种,介绍了蛾类的概况,对17科的形态分类特征也有简述。附中名索引和学名索引。

西藏两栖爬行动物 胡淑琴主编,中国科学院青藏高原综合科学考察队编。科学出版社1987年12月出版,16开,153页。"青藏高原科学考察丛书"之一。本书记述西藏两栖、爬行动物种(亚种)。其中两栖动物44种,分隶11属、7科、2目;爬行动物54种,分隶31属、7科、2目。作者根据考察的结果对西藏的两栖、爬行动物的区系组成成分提出了初步的区系分析,各论部分记述了各科、属特征,对每一个种介绍了其鉴别特征、生态习性、地理分布等。书后附有中名索引和拉丁名索引。附图及表。

西藏南迦巴瓦峰地区昆虫 中国科学院登山科学考察队编。科学出版社1988年6月出版,16开,621页。"青藏高原科学考察丛书"之一。本书是对西藏南迦巴瓦峰地区昆虫考察所采到的标本进行鉴定研究的总结。记载了昆虫纲19目、197科、1170属、1982种,以及蜱螨目1科、4属、5种,共计20目、198科、1174属、1987种,其中有8个新属、145个新种或新亚种。附中名索引、学名索引、新属索引和新种索引。

西藏南迦巴瓦峰地区维管束植物区系 倪志诚、程树志编著。北京科学技术出版社1992年7月出版,16开,239页。本书主要依据中国科学院登山科学考察队于1982年至1983年在西藏墨脱进行的考察资料整理而成。本书介绍了该地区维管束植物区系的基本特征、地理成分分析、区系的形成和演化等方面的情况。

西藏鸟类志 郑作新等著。科学出版社1983年7月出版,16开,353页。"青藏高原科学考察丛书"之一。本书包括西藏鸟类473种,另98亚种,分隶于19目、57科,其中包括2个新亚种、8个种和50个亚种的西藏自治区新记录,以及2个种和27个亚种的国内新记录。对所列种类均按实物标本及野外观察的实况,记述它们的鉴别特征、生态、经济意义等,并在此研究的基础上,进一步讨论了其分类问题。总论部分除把所有种类及其采集资料和区系成分等列为总表外,还对鸟类区进行了初步分析,对资源种类提出开发利用的建议。书后有中外索引和学名索引。附图及表。

西藏山南地区昆虫图册 薛迪社、王保中编著。西藏人民出版社1989年4月出版,16开,166页。本书简要描述了鳞翅目、鞘翅目、双翅目、膜翅目、直翅目、蜻蜓目等6目、40科、388

种昆虫的外部形态特征和区域分布情况。书后有中名索引和学名索引。

西藏水生无脊椎动物 中国科学院青藏高原综合科学考察队编(蒋燮治等著)。科学出版社 1983 年 3 月出版,16 开,492 页。“青藏高原科学考察丛书”之一。本书分 4 部分,介绍了在西藏地区发现的原生动物 458 种、轮虫 208 种、鳃足类 59 种。对国内尚无中文资料的和首次介绍的种类都进行了分类特征的描述。书后有中名索引和拉丁名索引。附图及表。

西藏苔藓植物志 中国科学院青藏高原综合科学考察队编。科学出版社 1985 年 1 月出版,16 开,581 页。“青藏高原科学考察丛书”之一。本书记述了西藏高原的苔藓植物 62 科、254 属、754 种,对各科、属、种的名称、形态特征、产地及分布等都有记载。另外,除有分属、分种检索表外,绝大部分种类均附有植株全貌图及形态特征比较解剖图。书后有苔藓学名索引。

西藏夜蛾志 陈一心等编著。河南科学技术出版社 1991 年 1 月出版,16 开,409 页。本书分概论和各论两部分,概论部分论述了夜蛾的分类系统、地理分布、生理学特性、综合治理和形态特征等,各论部分记述了西藏已知的夜蛾 215 属、543 种。附有亚科、属、种的检索表。书后有参考文献、中名索引和学名索引。附彩照及图。

西藏藻类 中国科学院青藏高原综合科学考察队编著。科学出版社 1992 年 10 月出版,16 开,509 页。本书收录了西藏各地生长的 1026 种藻类,结合西藏各地特殊的自然条件、丰富的生态环境分析了其组成。

西藏真菌 中国科学院青藏高原综合科学考察队编。科学出版社 1983 年 12 月出版,16 开,226 页。“青藏高原科学考察丛书”之一。本书是对科学考察中获得的大量真菌标本和资料经过整理和鉴定写成的。共列 76 科、271 属、800 余种。书中附有西藏地区的酵母菌、青霉菌、曲霉菌、镰刀菌和有关作物病原真菌的目录。书末有真菌学名索引。附彩照及图表。

西藏珍稀野生动物野外识别手册 刘务农主编。中国林业出版社 1994 年 6 月出版,32 开,137 页。本书收录了生活在西藏的 129 种珍稀野生动物的彩色图片,并配有说明性文字。

西藏植被 中国科学院植物研究所等编。科学出版社 1988 年 7 月出版,16 开,589 页。“青藏高原科学考察丛书”之一。本书分 16 章,叙述和探讨了西藏植被考察研究简史、植被生长发育的生态环境条件、植被发生演变的历史、植被的区系成分特征、建群植物的生态生活型、植被类型及其特征、植被的生态地理分布规律、植被分区和植被的改造利用等问题。书末附西藏野生资源植物特性一览表，植物中名、拉丁名对照表，西藏植被图和西藏植物区划图各1幅，彩照，图表。

西藏植物志(第一卷) 吴征镒主编。科学出版社1983年3月出版，16开，791页。“青藏高原科学考察丛书”之一。本书记载了西藏产的蕨类植物44科、126属、470种，裸子植物7科、16属、44种，被子植物从三白草科到石竹科共25科、102属、368种。对科、属、种的名称、形态、产地、分布等均作了记述，并附有部分种类的形态图。附录有《西藏蕨类植物孢子形态描述》一文及中名索引、拉丁名索引、照片及图表。

西藏植物志(第二卷) 吴征镒主编。科学出版社1985年1月出版，16开，956页。“青藏高原科学考察丛书”之一。本书记载了西藏产的被子植物从睡莲到豆科共21种、232属、1332种。对科、属、种的名称、形态、产地、分布等均作了记述，并附有部分种类的形态图。书后有中名索引和拉丁名索引。

西藏植物志(第三卷) 吴征镒主编。科学出版社1986年11月出版，16开，1047页。“青藏高原科学考察丛书”之一。本书记载了西藏产的酢酱草科、芸香科、苦木科、龙胆科等67科植物。对科、属、种的名称、形态、产地、分布等均作了记述，并附有形态图。书后有中名索引和拉丁名索引。

西藏植物志(第四卷) 李秉滔等著。科学出版社1985年2月出版，16开，1021页。“青藏高原科学考察丛书”之一。本书记载从夹竹桃科、萝藦科、旋花科、紫草科到菊科等21种植物。每科有种、属检索表，对科、属、种的名称、形态、产地、分布等均作了记述，并附有部分种类的形态图。书后有中名索引及拉丁名索引。附图及表。

西藏植物志(第五卷) 吴征镒主编。科学出版社1987年9月出版，16开，955页。“青藏高原科学考察丛书”之一。本书记载了被子植物从香蒲科到兰科共22科、264属、912种。对科、属、种的名称、形态、产地、分布等均作了记述，部分种类有形态图。书末《西藏植物区系的起源及其演化》一文是《西藏植物志》全书的结论。附西藏植物名称及中名索引、拉丁名索引、图及表。

西藏中部的植被 张经炜等著，中国科学院西藏综合科学考察队编。科学出版社1966年6月出版，16开，71页。本书记述了西藏中部的自然条件、植物分布、植被的主要类型及水平分布规律和垂直分布规律，并对植被的区划和利用作了论述和探讨。附照片及图表。

西藏中、新生代石珊瑚 廖卫华、夏金宝著。科学出版社1994年8月出版，32开，252页。本书系统地描述了221种西藏中生代和新生代早期的石珊瑚化石，建立了上三叠统至始新统的11个化石组合，并探讨了西藏石珊瑚的生物地理区系。

西藏侏罗、白垩、第三纪生物地层　徐钰林等著。中国地质大学出版社1989年3月出版，16开，147页。本书共3章，分别系统地介绍了西藏侏罗纪、白垩纪、海相第3纪的地层特征和生物特征。书中汇集了大量的地层剖面和古生物化石资料。书后有英文摘要。

西藏自然保护区　刘务林编著。西藏人民出版社1987年9月出版，32开，138页；1993年5月第2版，32开，245页。本书共9章，分别记述了西藏自然保护区建立的经过，并详细介绍了墨脱自然保护区、波密岗乡自然保护区、聂拉木樟木自然保护区、吉隆江林自然保护区、察隅自然保护区和尼洋河畔的古树稀木等，对保护区内的自然资源、景观、动植物也作了记述。附西藏自然保护区现状表、森林和野生动物类型自然保护区管理办法、国家重点保护野生植物在西藏的种(属)、国家和西藏自然保护区重点保护野生动物名录。

养牛学　邱怀编著。畜牧兽医图书出版社1957年出版第1册，32开，212页；1958年出版第2册，32开，236页。又1961年陕西人民出版社出版邱怀、王福兆合编的《养牛学》修订本，32开，445页。本书介绍了牛的生物学特性、品种、体形外貌鉴定、繁殖，还有动物营养基础和牛的饲料资源及其利用等内容。其中也介绍了西藏牦牛的体格、生理特性等内容。

中国牦牛寄生虫图鉴(附牛羊线虫寄生阶段的幼虫)　刘文道编著，靳家声审校。青海人民出版社1993年9月出版，16开，133页。本书主要记载中国青藏高原牦牛体内的111种寄生虫，分隶于4门、7纲、13目、31科、50属。用分类名录简表作了系统介绍，然后依次突出鉴别特征，对每个种的形态作了简明扼要的描述。本书还专题记述了牛羊呼吸道和胃肠道线虫寄生阶段幼虫属的鉴别问题。本书图文并茂，是寄生虫种鉴定的重要工具书，可供畜牧兽医，寄生虫学科研、教学人员和其他有关人员参考，也可作为寄生虫学培训教材。

中国牦牛学　本书编写委员会编。四川科学技术出版社1989年出版，16开，339页。本书内容包括中国青藏高原牦牛的发展沿革，中国各地牦牛生产区的生态特性和牦牛的生物学特性，中国牦牛的体质外貌、生产性能、饲牧管理和饲草饲料、繁殖、改良及疾病防治等。是世界上第一本介绍牦牛的科学专著，也是了解青藏高原牦牛的重要著作。

中国西部动物志　李慨士等编译。商务印书馆民国二十三年(1934)

出版，32开，111页。商务印书馆的“百科小丛书”之一。本书收录梭厄比所著《陕甘动物》、威尔逊所著《西康和四川的鸟兽》、辛树帜编译的《西藏的鸟兽》3篇。川康部分系依据威尔逊的著述摘译，载有鸟类、食草类动物和食肉类动物。西藏部分为辛树帜编译，分6章：1.野牦牛和畜养牦牛及其分布。2.羚羊研究。3.西藏小羚羊的分布及研究。4.藏獒。5.西藏雉及我国22种雉的分布。6.汉斯顿对西藏动物的研究。为研究藏区动物的重要参考书。

中国西藏的自然保护区 西藏自治区人民政府新闻办公室编。五洲传播出版社2003年出版，32开，127页。本书介绍了西藏自治区的自然条件状况、自然保护区建设和管理、自然保护区发展目标和实施规划的主要措施，以及自然保护区概述等内容。

中国西藏山川植被 徐凤翔摄影、编著。江苏科学技术出版社1993年7月出版，16开，253页。画册。本书展现了西藏各个地区风格各异的自然风貌、河流湖泊、植物分布和自然资源，分地貌、山体、森林、江河等10个部分。

（五）气象科学

当代西藏的气象事业 马添龙主编。气象出版社1989年12月出版，32开，67页。本书展现了西藏气象事业的创建、巩固、发展的历程，总结了30余年来的经验教训，展望了当代西藏气象事业。

青藏高原大气低频变化的研究 章基嘉等著。气象出版社1991年10月出版，16开，109页。本书比较全面系统地介绍了青藏高原30—50天周期大气低频振荡的观测事实、动力诊断、数值试验和预报结果等方面的内容。

青藏高原及其邻近地区几类天气系统的研究 罗四维等著。气象出版社1992年10月出版，16开，205页。本书系统介绍了夏季青藏高原低涡、西南低涡、寒潮和寒潮高压等内容。

青藏高原气候 戴加洗主编。气象出版社1990年7月出版，32开，356页。本书介绍了青藏高原的自然地理、太阳辐射和大气环流的概况，高原天气系统的具体情况，风压、风能、太阳能、大气污染等应用气候问题。

青藏高原气象学 叶笃正等著。科学出版社1979年2月出版，32开，278页。本书对青藏高原及其邻近地区的气象学进行了系统论述。其主要内容有：1.对青藏高原地区的地面大气系统冷热源作了计算分析。2.论述青藏高原地区的气候学，揭示了该地区的主要气候事实。3.论述了高原地区的天气学、大气环流等问题。

青藏高原天气学 乔全明、张雅

高编著。气象出版社 1994 年 9 月出版，32 开，251 页。本书全面系统地介绍了青藏高原天气学的基本事实、理论基础，以及青藏高原特殊天气系统的形成、性质和结构、主要活动规律及其对中国东部天气的影响等。

青藏自然地理资料·气候部分 徐近之编著。科学出版社 1959 年 2 月出版，16 开，36 页。本书论述了青藏高原的气压与风、温度、降水量、湿度与云量，以及世界第 1 高峰珠穆朗玛峰地区的气候。附有图表。为研究青藏高原气候的重要资料。

西宁的四季物候 刘更喜、田玉英编著。青海人民出版社 1993 年 11 月出版，32 开，92 页。本书分前言和 5 个部分，搜集了 45 种园林植物的 2500 多个物候数据、5200 多个气象数据，为西宁物候季节的划分和物候历的编制提供了较为可靠的科学依据。四季物候或物候季节，是物候研究的一个重要内容，在指导农林生产、园林绿化、预报农时、防御自然灾害等方面有着极其重要的作用。多年来，青海高原一直缺乏物候观测资料，本书的出版是一项重要科研成果，达到了国内同行的先进水平，填补了国内在这一学术领域的空白，具有很高的实用价值。

西藏高原霜冻气候特征及预报方法研究 杜军著。气象出版社 2005 年出版，32 开，140 页。本书是根据西藏自治区科技厅 2002 年重点科研项目《西藏农业气候资源综合区划》课题的农业气象灾害区划研究成果编写而成的专著。本书共分 4 章，讲述了西藏气象概况，初、终霜日的统计分析，霜冻预报方法，霜冻的防御对策和措施等。

西藏高原与今古气候之研究 吕炯著。民国三十年(1941)出版。本书着重对西藏高原古今气候变化作多方面的研究，论述较全面、科学，本书对研究高原气象有一定参考价值。曾获民国政府教育部 31 年度学术审定二等奖。

西藏气象知识 西藏自治区气象局编写。西藏人民出版社 1974 年 3 月出版，32 开，50 页。本书介绍了西藏各地的气候情况、高原气候特点、西藏高原灾害天气对农牧业生产的影响及预防措施。

(六)历法

布敦历算汇编 布敦·仁钦主著，夏吾才让整理。甘肃民族出版社 1992 年 7 月出版，32 开，387 页。本书收录了 5 篇关于藏历历算学方面的论文。

2003 年藏历历书 中央民族大学藏医研究所编。藏文。民族出版社 2002 年出版，32 开，120 页。本书是中央民族大学藏医研究所编著的公元

2003年藏历历书，即日历手册，适用于各界人士。从2003年起，民族出版社每年出版1册，内容基本一致。

佛历年鉴及五明论略述 芒堆鲁竹嘉措、达堆占都旺布著。藏文。西藏人民出版社1988年10月出版，32开，343页。本书根据手抄本整理，主要依照萨迦班智达等萨迦派大师所著的教历著作和其他历史著作整理而成，详尽论述了萨迦派佛历观，并以此为根据详细记述了佛教在印度和西藏的发展历史、佛家弟子的传承年代及诸圣迹的创建等情况。

汉历论 桑珠嘉措著。藏文。西藏人民出版社1987年出版，32开，183页。作者为天文历算学专家。本书论述了汉族历法对西藏时宪历推算日月食的影响。

教历·明日 茫妥龙主著。清刻本，1函。成书于1566年。本书以萨班机萨青·扎巴坚赞所著历算为基础，并吸取了多种教历和名人传记的精华写成。书中记述了从释迦牟尼佛诞生至15世纪中叶的印藏佛教的流传情况、学者和成就者、国王和大臣的功绩，以及16世纪以前的许多历史事件。书后附有达堆·扎堆旺波所著《西藏文化发展史》。

历算白莲口传心要 普巴伦珠嘉措等著。藏文。民族出版社1986年出版，32开，350页。15世纪历算学名著。本书中有仓穷曲扎嘉措、普巴伦珠嘉措、克珠诺桑嘉措即普巴学派3位创始人合著的有关历算学原理方面的名著。版本稀少，具有很高的学术价值。

历算论典·圆月论 直工·曲吉坚赞(1793—?)著。藏文。西藏人民出版社1986年出版，32开，253页。本书写于1824年，主要论述了时轮系浦派的历算理论和计算实践、方法，并结合了楚派的算法和一些汉历的内容。原书为手写本，字迹清楚，书法秀丽。复印本与原件相同，还可作为研究书法之用。

历算文殊喜悦供云 西日群培著。甘肃民族出版社1989年12月出版，32开，225页。本书是以藏传时宪历测算日月食的公式和数据为主的历算学著作。才旦夏茸作序。

日光解释金质本 原名《历算要诀日光论金本释》。达玛西仁著。藏文。西藏人民出版社1983年11月出版，32开，442页。本书是作者对藏传时轮历名著《日光论》所作的详细注释。天文历算是藏族文化的重要组成部分。它是藏民族的祖先在长期的生产生活实践中创造出来，并在此基础上吸收了国内外其他民族的相关科学成果发展起来的。历史悠久、文献丰富，有着鲜明的民族特色，在我国众多的民族天文历算中，藏历算是比较先进的一种。直到现在，藏族仍逐年编制自己的历书，并对雪域高原地区的农牧业生产活动起着重要的作用。

日光论 达莫师利著。藏文。西藏人民出版社1990年6月出版,32开,186页。天文历算学名著。成书于1714年。本书叙述了历算的运算方式等基本知识。

三十年藏历 英巴著。藏文。四川民族出版社1993年9月出版,32开,371页。本书是藏历第十七丁卯周铁羊年(1991)至土鼠年(2020)共30年的藏历、公历和农历的对照日历。

时轮历精要补编 西藏天文星算学会编。西藏人民出版社1985年出版,32开,192页。《时轮历精要》是学习历算的入门教材,详细介绍了历算的基本理论、计算方法、不同流派等内容。本书对该书进行了补充、诠释。

西藏的天文历算 黄明信著。青海人民出版社2002年出版,32开,256页。"藏学文库"之一。作者1938年毕业于清华大学历史系,上世纪40年代在拉卜楞寺学习藏传佛教文化8年,对藏族天文历算造诣较深。本书介绍和分析了藏历的特点、藏历属于何种历法、与农历公历有何区别、藏历理论、藏历计算法、藏历的科学性和局限性等内容。

西藏星算天象基本知识 西藏拉萨市藏医院《藏历》编辑室编。藏文。西藏人民出版社1978年出版,32开,49页。本书介绍了季节区别、九曜运行、月的盈亏、节气变化以及十二宫等星算天象基本知识。

云南少数民族天文历法研究 李维宝、李海樱著。云南科学技术出版社2000年出版,32开,201页。本书对藏族历法作了简单介绍。

藏传历算学百科全书 西藏自治区历算学百科全书编写组编著。藏文。四川民族出版社1997年12月出版,16开,409页,5册。本书分别记述了历算学史、星算学、韵律占卜术、常用表格,并详细介绍了日月星辰、五行、预测天候等内容。书中既有古代历算学的丰富成果,又有现代最新技术的推算方法。

藏历的原理与实践 黄明信、陈久金译著。藏汉文对照本。民族出版社1987年8月出版,32开,725页。本书主要内容有:1.《时轮历精要》(商卓特·桑热著)及其注释。此书是学习历算的入门著作。2.《汉历心要》(马杨·索巴嘉参著)。此书根据汉历写成。本书中的注释、演算、实例,以及现代天文学对藏历的研究,都可作为学习藏历的重要参考资料。

藏历漫谈 黄明信著。中国藏学出版社1994年12月出版,32开,128页。本书用通俗的语言介绍了有关藏历的各方面知识,包括物候历、时轮历、藏传时宪历等。

藏历水羊—火鸡年气象历书（2003—2017） 塔尔寺藏医院编。青海人民出版社2002年出版，1/32开（9厘米×26.5厘米），664页。传统藏历历书。

藏历土虎年历书 西藏藏医星算研究所编。四川民族出版社1997年出版，1/32开（9厘米×26厘米），193页。传统藏历历书。由西藏藏医星算研究所编的历书每年出版1册，内容、规格基本一致。

藏历运算大全 桑珠嘉措著。中国藏学出版社1990年4月出版，16开，上册649页、下册670页。作者为著名藏族历算家。本书全面论述了藏历各派的理论体系及运算规则，并在这些理论基础之上，根据多年实践经验，以理论与实践相结合的原则，吸收15世纪浦巴·伦珠嘉措的《白莲亲教》和17世纪土观曲吉尼玛的《智者珍藏篇》等藏族历算著作中的精华，提出了新的理论体系，同时对传统的运算公式作了严密的修正。附表。

藏族历算原理 阿旺贡桑著。藏文。民族出版社1998年出版，32开，368页。本书以精深的理论和详尽的计算图表阐述了藏族历算的原理，总结了古老而深奥的传统藏族星算和历法的精华。

藏族木狗年气象历书 洛桑格勒编著。藏文。青海民族出版社1993年10月出版，32开，168页。本书内容有：1.全年总说，即历代王朝年代叙述。2.木狗年生命宫预测对照表。3.日月食预报。4.吉祥日。5.分月概说，即逐月的太阳入宫和节气时刻等。6.逐日历注，即五星运动情况和重日、缺日、藏历节气等。7.根据九曜的方位及其相互关系进行长期天气预报等。本书对青藏高原农牧业生产活动起着重大的指导作用，是广大农牧民的常用书。

藏族五行根论 米悟擦·旦增朗杰著。民族出版社2004年出版，32开，289页。本书介绍了五行算中的八卦、年月日辰、九宫、丧算、合婚、本命年、流年等的计算方法，并对五行算的理论和实践进行了全面细致的分析和研究。

怎样看藏历 才旺拉姆著。藏文。四川民族出版社1997年出版，32开，160页。本书分两部分：1.介绍了藏历的产生、发展、简便算法、五行在藏历中的运用，以及“嘎孜”和“拉孜”源流。2.剖析“拉孜”的传人、发展和推测，以及阴阳学说之中的朴素辩证法。附有大学者局·迷旁对藏历的有关论述。

智者生悦论 布敦·仁钦主著。西藏人民出版社1986年12月出版，32开，268页。藏历时轮历早期著作。成书于1327年。本书论述了日、月、五星和罗睺运转的周期，日月食发生的规律，行星的运转方位。作者对其他历算学理论中的谬误也进行了批驳和纠正。

（七）其他

百科知识趣闻 《刚坚少年报》编辑部编译。藏文。青海民族出版社1994年5月出版，32开，204页。“刚坚少年知识丛书”中的百科知识汇编本。所选文章均曾在《刚坚少年报》刊载。本书包括奇闻怪事、自然知识、生理常识、世界各地、社会知识、现代武器、生活、体育、生物等方面的知识。

百塔尺度经 嘉木样协巴著。今藏拉卜楞寺。本书中记载100种佛塔的尺度规格。

尺度经·善慧修饰明灯 克主丹增著。刻本。今藏拉卜楞寺。

尺度经仪轨花鬘 措扎·丹巴坚参著。刻本。今藏拉卜楞寺。

尺度经源流宝镜 佚名撰。刻本。今藏拉卜楞寺。

动脑筋信箱之四·天文、历算、物理化学常识问答 卓玛吉、喇海永等译，武汉人民广播电台少年儿童节目组编。藏文。青海民族出版社1989年2月出版，32开，158页。全套共8册，青海民族出版社选译成5册。本书是湖北省人民出版社出版的“自然科学常识问答丛书”之一。本丛书以问答形式对数学、物理、化学、天文、气象、地理、生物、生理卫生等方面的知识进行深入浅出、通俗易懂的解释，集科学性、趣味性和知识性于一体。本书介绍天文历算、物理化学方面的常识。

动脑筋信箱之五·生物、生理卫生常识问题 卓玛吉、喇海永等译，武汉人民广播电台少年儿童节目组编。藏文。青海民族出版社1990年6月出版，32开，119页。本书主要介绍生物、生理卫生方面的常识。

二百零一种工艺学大疏 佚名撰。刻本。今藏拉卜楞寺。

佛塔建筑校释甘露 阿果·纳牟桑著。刻本。今藏拉卜楞寺。

佛像佛经佛塔尺度经·注释花鬘 松巴·益喜班觉著。刻本。今藏拉卜楞寺。

佛像优美造型视镜 楚称扎西著。刻本。今藏拉卜楞寺。

高原藏族生态文化 南文渊著。甘肃民族出版社2002年出版，32开，153页。“雪域藏民族文化博览丛书”之一。本书讲述了高原严酷的自然环境和脆弱的生态使得灾害频发，令赖以生存的人类由敬畏自然到祈求神灵护佑，最后终于找到了与之和谐相处的方式。同时介绍了藏传佛教关于生命与环境的学说和高原人类的自然禁忌与自然保护法，以及与之相适应的游牧方式与农耕文化等内容。

各种工艺学技巧·变化之药引 佚名撰。刻本。今藏拉卜楞寺。

各种实用尺度经明释 荣妥·罗桑丹曲坚赞著。刻本。今藏拉卜楞寺。

各种坛场尺度经 佚名撰。刻本。今藏拉卜楞寺。

工艺学广释·如意宝藏 多居仁波且撰。刻本。今藏拉卜楞寺。

工艺学密宗宝藏大疏 曲英多丹多杰著。刻本。今藏拉卜楞寺。

工艺学明镜 贝丹洛哲桑布著。刻本。今藏拉卜楞寺。

工艺学显密经籍明镜 佚名撰。刻本。今藏拉卜楞寺。

工艺学之天文历算品 隆朵喇嘛著。刻本。今藏拉卜楞寺。

航空的奥秘 程不时等编,明久译。藏文。民族出版社1998年出版,32开,89页。本书介绍了飞机等航空技术的发展历程。

绘画和佛像建造卷函·稀有游艺 土观·曲吉尼玛著。刻本。今藏拉卜楞寺。

科学之谜——海洋世界 阿多杰编译。藏文。民族出版社1996年出版,32开,129页,4册。本书分别介绍了海洋中的主要矿藏、有关海洋的地理基本常识、海洋生物的基本常识,以及人类探索、利用海洋的过程。

漫游新科技世界 西藏自治区党委编译处译。藏文。新蕾出版社1999年出版,10本。少儿读物。西藏自治区科委为了贯彻科教兴国战略、迎接西部大开发和尽快改变藏文少儿科普读物奇缺的现状而编辑了此套丛书。

密宗坛城释品笔录 喜饶嘉措著。刻本。今藏拉卜楞寺。

奇妙的电子仪器 明久编译。藏文。民族出版社1995年出版,32开,123页。本书介绍了摄像机、电子眼等的发明与作用。

青海科学技术志 青海省科技史志办公室编。青海人民出版社1993年8月出版,16开,702页。本书是全面记述青海科学技术(包括各专业)发展和现状的大型资料性著述,是青海省科技战线的一项基础建设。本书分概述和专志两部分。概述部分记述不同时期科技情况形成的整体概念,从纵向反映青海科技发展的历程和现状,通过叙述结合展现科技发展的特点和优势,总结科技发展的规律。专志部分共分35章,兼顾青海科技的全貌、学科、行业的关系。其中前6章记述青海科技发展的全貌,包括科技机构、科技队伍、科技群众团体、科技管理、科技服务及基础和应用科学研究;后29章则记述青海主要行业科技的发展与现状,包括农林牧各业科技、工业各行业科技,以及邮电、广播电视、城镇建设、测绘、地震、教育文化体育、医药卫生、公安科技等。书中有大事记,题词4幅,彩色照片71幅,插图6幅,表56个。附录有青海省历年获奖科技成果、青海省重大科技政策等。本书中对青海省藏族的各种古代科技、藏医学等也作了详细介绍。

青藏苍茫——青藏高原科学考察50年 马丽华著。生活·读书·新知三联书店1999年9月出版,32开,452页。本书共15章,分别介绍了对青藏高原的科学考察过程,对其中的部分领域,如地球物理、地质、生物、青藏高原的隆起与环境等进行了详尽的描述,并对横断山、喀喇昆仑山脉、雅鲁藏布大峡谷、珠穆朗玛等区域的科学考察作了重点阐述。是一本了解青藏高原科学考察历程的科普读物。

青藏高原腹地:可可西里综合科学考察 可可西里综合科学考察队编。上海科学技术出版社1994年10月出版,16开,108页。本书精选了200余幅照片,全面、生动地反映了青海省可可西里地区的地质、地理概貌和生物的多样性。

三本尊坛场簿录·雅言珠宝 佚名撰。刻本。今藏拉卜楞寺。

生活中的为什么 李成文译。藏文。青海民族出版社1993年10月出版,32开,136页。本书从《生活中的为什么》一书中选出123个条目译成藏文,内容包括生命的奥秘、祝您健康、饮食问题、日常用品、身边常识等5类,讲的全是人们日常生活中应当了解的知识和需要掌握的本领。

时轮尺度经 克珠格勒贝桑著。刻本。今藏拉卜楞寺。本书论述房屋建筑、家具制作、绘制佛像等内容。

实用牧业科技手册 才项太编译。藏文。民族出版社1995年出版,32开,260页。本书介绍了牧业生产方面的实用、简易的科技知识,包括6个方面的内容:兽医知识、草场建设与保护、饲料加工与使用、太阳能电器的维修、牲畜的冬春季养护和畜牧产业开发。

使用建筑学廿篋 久美帕巴著。刻本。今藏拉卜楞寺。

四川藏族住宅 叶启燊著。四川民族出版社1992年1月出版,16开,173页。本书记述了四川西部高山地区的藏族人民根据当地自然环境和社会风俗等创造出的各种类型的住宅建筑。除一般的民居外,还包括了土司、头人、寺庙喇嘛、喇嘛上层和活佛等的住宅。

坛场尺度经必读·太阳宝镜 佚名撰。刻本。今藏拉卜楞寺。

西藏阿里地区文物抢救保护工程报告 王辉、彭措朗杰编著。科学出版社2002年出版,16开,177页。本书记录了对西藏阿里地区的古格、塔林、寺院、壁画等方面的文物抢救保护工作。附图表、图版30页。

西藏2000年专门人才预测与规划 西藏自治区人才预测与规划领导小组办公室编。西藏人民出版社1994

年5月出版,16开,526页。本书分为专门人才和干部现状调查、专门人才需求预测、专门人才培养规划等3部分,书后有《西藏自治区专门人才和干部现状调查实施方案》等附录。

西藏公路交通史 西藏自治区公路交通史志编写委员会编。人民交通出版社1999年出版,32开,643页。本书记述了1950年到1995年西藏公路的发展经过。全面展示了藏汉人民和进藏人民解放军、工程技术人员,在修筑川藏、青藏、新藏、中尼等举世闻名的公路和在西藏各项公路交通事业中所创造的英雄业绩,科学地概括和总结了在高原上发展公路交通的经验,道出了西藏地区公路交通创建发展的艰难历程及其重要的战略地位,展示了交通建设工程的艰巨、技术的特殊,是一部英雄创业史,也是具有高原、边疆、民族区域特色的行业史。

西藏古近代交通史 西藏自治区交通厅、西藏社会科学院编。人民交通出版社2001年出版,32开,280页。"中国公路交通史丛书"之一。本书系统地总结了西藏古近代交通的状况、发展历程,揭示了高原地区道路交通运输的开拓、发展和运作的客观规律,对发展当代西藏的交通事业起到回顾既往、借鉴历史、探索规律、策励将来的作用。

西藏建筑的历史文化 杨嘉铭、赵心愚、杨环著。青海人民出版社2003年出版,32开,336页。本书对藏族建筑的历史分期进行了初步分析,同时还介绍了各个历史时期的重要建筑。对藏族建筑的基本类型、藏族建筑的技术与工艺、藏族建筑与自然环境、外来建筑文化对藏族建筑的影响及藏族建筑文化在国内的传播等专题进行了探讨。

西藏科技人才 徐正余主编。西藏人民出版社1992年3月出版,32开,134页。本书系统地介绍了西藏社会、经济、科技的简要发展历史,西藏科技人才的成长与作用、流向和结构与分布等问题。

西藏科技文摘:1991—1992 徐正余等摘编。西藏人民出版社1994年3月出版,32开,250页。本书辑录了有关西藏的经济、文化、科学、教育、天文学、自动化技术、计算机技术等各方面的428篇论文摘要。

西藏科技志 徐正余主编。西藏人民出版社1995年10月出版,16开,401页。本书包括农业、畜牧业、水利、林业、工业等内容,较为系统、全面地反映了西藏自治区境内各行业的重大科学技术活动及其对经济社会生活所产生的影响。

西藏民居 陈履生编著。人民美术出版社1995年5月出版,32开,138页。本书选编了有关西藏民居的117幅照片。

西藏自治区电力工业志 本书编

委会编。民族出版社 1995 年 7 月出版，16 开，278 页。本书记述了西藏电力工业的起始、发展和现状，内容包括概述、发电资源、电力建设、发电、科技与教育、管理、大事记等。

西藏自治区科学技术成果汇编：1979—1991 李哲等编。西藏人民出版社 1993 年 5 月出版，32 开，148 页。本书收录了 198 项西藏自治区 1979 年至 1991 年间获自治区级以上奖励的重大科技成果，包括农业、医药、卫生、工业技术、交通运输、生物科学、新技术、新产品开发等领域。

信的故事 明久译。藏文。民族出版社 1987 年出版，32 开。本书主要介绍了信的投递及邮政业的发展情况。

影像仪轨庄严明镜 佚名撰。刻本。今藏拉卜楞寺。

灾异志——雹、霜、虫灾篇 西藏历史档案馆等编。中国藏学出版社 1990 年 10 月出版，32 开，120 页。本书收录 1794 年至 1958 年间西藏地方雹、霜、虫灾档案 115 件。这些档案不但是研究高原自然规律的基本资料，同时也为高原合理发展农牧业生产、开发自然资源提供了可靠的依据。

灾异志——水灾篇 西藏历史档案馆、西藏社会科学院、西藏农牧科学院、中国科学院地理研究所编译。本书以藏汉两种文字同时出版。中国藏学出版社 1990 年 1 月出版，32 开，133 页。本书为雪康·土登屈玛等所编“西藏地方历史档案丛书”第 2 卷。本书共收 101 件关于对水灾的记述档案，记事起自藏历第十三饶迥水猪年(1803)，迄于藏历第十六饶迥土猪年(1959)，历时 156 年。有关水灾的档案并非对西藏 100 多年灾情的详细记录，但这 100 多件档案也反映了较大水灾的真实情况，同时在档案中还涉及农牧民生活、税赋、灾害之后的善后工作及规章制度等问题，亦可作为社会学的参考史料。

灾异志——雪灾篇 西藏历史档案馆、西藏社会科学院、西藏农牧科学院、西藏气象局、中国科学院地理研究所编译。藏文。本书以藏汉两种文字同时出版，藏文版基本上对原稿未作改动，以忠实原文。西藏人民出版社 1985 年 7 月出版，32 开，180 页。为“西藏地方历史档案丛书”第 1 卷。本书共收录雪灾档案 50 余件，10 万余言。记事起自藏历第十四饶迥木猴年(1824)，迄于藏历第十六饶迥火鸡年(1957)，历时 133 年，其间西藏地方所发生的重大雪灾基本记录在案。这些关于雪灾的报告中，除载有灾情外，还涉及一些政治、经济、文化、宗教、民俗、地丁钱粮、徭役差赋等方面的资料。本书附录有《未收入正文的雪灾》和注释索引。书首目录有英译文。藏文旧档案中存在较多的缩减字、术语，所以它还是一份研究藏语的好资料。

藏餐菜谱 西藏自治区旅游局编。五洲传播出版社2003年出版，32开，100页。本书收入虫草羊排、人参果米饭、土豆炖牦牛肉、虫草鸡、松茸虫草、吉祥如意等100种藏族菜谱。

藏食菜谱 次仁曲培著。西藏人民出版社1993年9月出版，32开，63页。本书介绍了60余种具有独特藏族风味菜肴的配料及制作方法。附12幅图片。

藏族实用工艺宝箧 巨·米旁嘉样南杰嘉措著。藏文。青海民族出版社1993年12月出版，32开，96页。本书是清代科技论著，也是展现藏族科技成果的典范著作。本书对藏香、砚墨、书法、绘画、冶炼、缝纫、刺绣、造纸、油漆、颜料、洗染、雕刻、泥塑、木器与石器等的制作和工艺技术的研究，具有独特的理论见解和丰富的实践经验。这些工艺技术广泛运用于房屋建筑、家具制造、绘制佛像及日用品的加工工业，反映了藏族传统工艺的发展水平，至今仍有一定的科技借鉴价值和实用价值。

制作金刚鬘各种线条仪轨 喜饶嘉措著。刻本。今藏拉卜楞寺。

中国古建筑文化之旅：西藏 杨谷生、甄化著。知识产权出版社2003年出版，32开，58页。本书主要介绍了西藏部分古建筑的特色、历史沿革及有关的民间传说，每个建筑均配有大量图片和简要说明。

中国西藏邮政邮票史 刘原等编著。西藏人民出版社1995年4月出版，32开，186页。本书以大量史料论述了西藏邮驿、邮政、邮票的发生、发展历史，介绍了一些鲜为人知的史实，论证了西藏与祖国的密切关系，揭示了帝国主义企图侵略西藏的铁证及其强行在西藏办邮政的轨迹。

走进电话王国 明久编译。藏文。民族出版社1983年出版，32开，69页。本书以连环画的形式介绍了电话机、电话的发展历程。

十二、藏医、藏药

病愈——四种对治续　吐蕃时期医书，以抄本传世。

病愈罨、罨浴、涂擦疗法续　吐蕃时期医书，以抄本传世。

常见病治疗手册　慈智木嘉措著。藏文。甘肃民族出版社1994年5月出版，32开，256页。本书主要介绍了各种常见病的病因、症状、诊断、治疗方法等。

常用藏药采集手册　洛桑多吉著。藏文。四川民族出版社1995年2月出版，32开，95页。本书用表格形式简单介绍了250余种藏医草药植物的名称、味、性质、采集方式等。

常用藏药手册　洛桑罗布编。藏文。西藏人民出版社1990年7月出版，32开，90页。本书共收入常用藏药280余种，简要地介绍了每种藏药的味、性、功能、用法等。

"赤脚医生"藏药配方新编：献给西藏自治区成立十周年　拉萨市藏医院编。藏文。西藏人民出版社1975年8月出版，32开，289页。本书将常见的疾病分为39种类型，简明扼要地介绍了藏医治疗这些疾病的常用配方，说明了药物的味、性、功能、用量等。

大宝伏藏——医学篇　本书是从工珠·云丹嘉措所编《大宝伏藏》中摘选出来的。藏文。四川民族出版社1998年出版，32开，268页。本书中共有46篇医著，其中有不少属于秘密传授的医学著作，是一部珍贵的藏医著作。

迪庆藏药　杨竟生、初称江措编。云南民族出版社1989年1月出版，32开，上册238页、下册527页。本书收录了矿物类、动物类、孢子植物类、木本种子植物类、草本种子植物类等5类藏药，共598个品种。对每种藏药分别介绍其别名、效用、来源、成分与药理等。有《关于藏药的几点说明》、《藏医专用病名词释》等4个附录，并且书末附藏文药名索引、汉文药名索引和天然药物名索引等3个索引。

帝玛·丹增彭措医著选集　帝玛·丹增彭措著，玉树藏族自治州藏医院搜集、整理。藏文。青海民族出版社1994年5月出版，16开，748页。本书作者是18世纪人，一生攻读医学，精于医道。除有医学著作百余种外，还有佛学、声韵、工艺、历算等方面的著作。本书从其医著中精选61篇有理论研究深度、有临床实践经验的关于疾病诊断、治疗、药方配制等方面的重要文章，这些文章能给藏医工作者很多借鉴。文字简练，通俗易懂。

敦煌本吐蕃医学文献精要 罗秉芬编。藏文。民族出版社2002年出版，32开，320页。本书主要收录了敦煌出土的藏文医学著作，并有部分敦煌藏文医学文书和一些有关敦煌藏医学的论文。

二秘诀医典注释格言金饰 宿喀·罗追杰波编著。木刻本。

发展中国家的眼保健 （美）查波著。藏文。民族出版社1996年出版，32开，126页。本书针对发展中国家由于经济生活和所处环境条件等原因比较普遍存在眼科常见病例，如青光眼、白内障等眼科病的特征和病因等进行深入分析和研究，用通俗易懂的语言介绍了预防和诊治的方法。

甘露本草明镜 嘎玛群培编著。藏文。西藏人民出版社1993年9月出版，16开，770页。本书对藏医药用原料进行了全面而细致的介绍。藏医药用原料分为植物药材、矿物药材和动物药材3种。

甘露要义秘密诀窍续 宇妥·云丹贡布编撰。以刻本传世。

甘南藏族自治州藏医志 甘南藏族自治州卫生局《藏医志》编纂委员会编纂。藏文。甘肃民族出版社1993年7月出版，32开，238页。本书讲述了藏医药学在甘南州的传播和发展情况，以及甘南地区的医疗机构、藏医药科研工作、藏医人物等。

高原肺结核诊断图谱 张华耀主编。西藏人民出版社1992年8月出版，16开，118页。本书以图片形式介绍了西藏地区肺结核病人的X光片和病理改变征象近百种，并以细菌学检查、X线诊断及鉴别诊断3部分加以论述。

高原肺科病例分析 陈铁男主编。西藏人民出版社1995年5月出版，32开，568页。本书是作者根据其临床经验并在参考大量医学文献的基础上编写而成的。分为病例分析、专题讲座、论文汇编、尸解病例4部分。

高原实用外科学 黄建端等主编。西藏人民出版社1992年8月出版，16开，953页。本书对外科常见病、多发病及其诊断、治疗、手术方法等方面都作了比较全面的阐述。

国王神术紫册 宇妥·云丹贡布整理。以刻本传世。吐蕃时期医书。

国王神文光 宇妥·云丹贡布整理。以刻本传世。吐蕃时期医书。

鸡狗曜 以抄本传世。吐蕃时期医书，译自汉文。

晶珠本草 又名《药物学广论》或

《无垢晶串》(藏名《知麦协称》或《协称》)。帝玛·丹增彭措著,罗达尚等整理。藏文。民族出版社 1986 年 1 月出版,32 开,569 页。又有上海科学技术出版社 1986 年 12 月出版罗达尚汉译本,16 开,200 页。藏药分类词典。成书于 1840 年。本书根据四川省德格木刻本翻译,分上下两部,上部为歌诀之部,下部为解释之部。本书将藏药分为 13 类,共收藏药 2294 种。对每种药物的生长环境、分布、性味、功能、用法、用量等都进行了详细记述,并对历代藏文药典所载药物作了订正,为集藏药之大成,是研究藏药必读的经典著作。

兰琉璃 又名《蓝琉璃》。德斯·桑杰甲措著。藏文。西藏人民出版社 1982 年 3 月出版,32 开,1468 页。成书于 17 世纪。本书根据四川德格木刻版原版整理,是对藏医经典著作《医学四续》所作的注释。

麦干教诫 藏曼益西桑波著。以刻本传世。

美味幻镜 以抄本传世。吐蕃时期医书。

迷旁医著 迷旁(又名局·迷旁、局·米旁)著。藏文。四川民族出版社 1992 年 5 月出版,32 开,705 页。本书收录了《本续布棋·无忧宝树》、《脉经与小便经注疏》、《诀窍集要及实践指点》和《药方·甘露精华》等 8 篇医著。

明密记录 以抄本传世。吐蕃时期医书。

菩提树下的藏医学和蒙古医学 苏诺著。民族出版社 2001 年 10 月出版,32 开,201 页。作者从人文科学的角度详述了西藏医学和蒙古医学的渊源,深刻剖析了它们的科学内涵与文化内涵,进而介绍了它们在当代国内外医学领域的重要地位。

气、肝脏、休养口诀 以抄本传世。吐蕃时期医书。

青海高原本草概要 邹寒雁、高承仁、高连元主编。青海民族出版社 1993 年 10 月出版,32 开,369 页。青海高原地理复杂,海拔差异大,植物及中草药资源品种多、品质优良。本书在进行大量实地调查的基础上,简明扼要地介绍了分布于青海高原的 1620 种中草药。对每种药物分别说明其种名、别名、拉丁学名、分布地区、药用部位、性味、功用和主治,部分品种还介绍其有效成分和最新研究成果。书后附有中文及拉丁文索引,便于读者了解青海高原所产的中草药品种及功用,以利于中药资源的开发利用。

青藏高原疾病知识手册 杜智敏主编。青海人民出版社 1994 年 2 月出版,32 开,140 页。本书论述了青藏高原的自然地理和医学地理特点、自然环境对人体的影响、高原疾病及常见病、高原常见创伤及其处理等问题。

青藏高原药物图鉴 青海省生物

研究所、同仁县隆务诊疗所编。藏文。青海人民出版社根据汉文本翻译出版，32 开，1972 年 12 月出版，第 1 册 452 页；1978 年 11 月出版，第 2 册 406 页；1975 年 9 月出版，第 3 册 169 页。本书包括：1. 第 1 册共收载植物类药物 153 种，原植物 184 种。所收药物按藏文字母顺序排列。每种药物介绍藏文名称、译音和品级，并按原植物采集加工、性味功用等项分别叙述。书后附载藏药方剂 116 个和附方中部分药物名称的汉藏对照表等 5 个附录。2. 第 2 册收录植物类药物 156 种，原植物 194 种。编辑体例同第 1 册。书后附有藏药解剖资料等。3. 第 3 册收载药用动物 77 种，包括兽类 33 种、鸟类 31 种、爬行类 3 种、两栖类 1 种、鱼类 4 种和昆虫类 5 种。书前有行文中所用鸟兽形态名词，书后附藏药方剂 77 个等 5 个附录。

青藏药用矿物　邢振国等编。青海人民出版社 1985 年 9 月出版，32 开，129 页。本书收录青藏高原较为常见的药用矿物及其化合物 70 余种，并按化学成分将其分为自然元素、硫化物、卤化物、氧化物、碳酸盐、硅酸盐、硫酸盐等 8 类分别加以叙述。每种矿物都列有矿物名称、药名、组成成分、结晶形态、物理性质、成因及产状、鉴定特征、产地、炮制方法、性味功用、用法用量、附方等项目。

SARS　民族出版社编译。藏文。民族出版社 2003 年 8 月出版，32 开，216 页。又有用蒙古、维吾尔、哈萨克、朝鲜等民族文字编成的版本。免费赠送给民族地区。本书汇集了权威部门的最新资料，介绍了预防、治疗和控制"非典"的指导原则和实用方法，还推荐了专家的意见，收录了防治"非典"的有关通知及相关法规、条例。

三种精深　宇妥・云丹贡布编撰。以刻本传世。

三种珍贵藏药秘方　德格县藏医院编。藏文。四川民族出版社 1981 年 9 月出版，32 开，115 页。本书结合藏医理论，对冷冻水银、章觉和八金八素等 3 种名贵藏药的药理作了介绍。

神术书寿世经　宇妥・云丹贡布整理。以刻本传世。吐蕃时期医书。

生理卫生知识问答　米玛旺堆编译。藏文。民族出版社 1993 年出版，32 开，218 页。本书以问答形式对人类的身体结构及各种器官的功能，各种常见病的发病原因、预防措施、应急措施等作了比较通俗易懂的介绍。本书为广大中小学生和农牧民读者所使用的科普读物。

实践甘露滴　白桑嘉措著。藏文。民族出版社 1996 年 2 月出版，32 开，590 页。本书详细介绍了有毒药剂的独特配方及其独特药物炮制法。

四部医典　又名《医学四续》。宇妥・元丹贡布著。藏文。西藏人民出版社1982年3月出版，16开，669页。另有人民卫生出版社1983年10月出版李永年译、谢佐校的汉译本，16开，461页。藏医学的经典著作。成书于8世纪末。本书是因为该书由4部分组成而得名。这四部分是根本医典、论说医典、秘诀医典和后续医典。根本医典共6章，主要介绍人体生理、病理、诊断及治疗的一般知识；论说医典共31章，介绍人体解剖构造、疾病发生的原因、卫生保健、药物性能、诊断方法和治疗原则；秘诀医典共92章，主要介绍临床各科疾病的诊断和具体治疗方法；后续医典共28章，主要介绍诊断方法（如尿诊、脉诊）、各种方剂的配合及其功用和外治疗法等。《四部医典》木刻本有七八种，而对其所作的注释著作大致有30多部，如《四部医典注疏》、《四部医典释难》、《四部医典根本注释》、《四部医典释难·除暗明灯》、《四部医典·续部注释》等。

四部医典名词注释　朗日旦达著。藏文。民族出版社1986年7月出版，32开，521页。本书对藏医巨著《四部医典》中的疑难名词逐章逐节作了详细注释。

四部医典释难诃子丽鬘　丹达巴木刻本。

四部医典系列挂图全集　王镭、强巴赤列编译、注释。西藏人民出版社1986年7月出版，16开，499页。本书以彩色连续图画形式，系统描绘了藏医学的基本理论、人体的解剖构造及生理功能、疾病的病因、病理、诊断方法、卫生保健知识等内容。

四部医典形象论集　钦绕诺布等编著。藏文。民族出版社1987年3月出版，16开，547页。本书以图解形式，结合作者本人的临床经验，对《四部医典》作了详细论述。钦饶诺布论述了《根本部》和《论说部》，强巴赤烈论述了《后续部》，协珠嘉措论述了《秘诀部》。

四部医典要注　扎西著。藏文。西藏人民出版社1998年出版，32开，636页。本书主要论述了人体的解剖结构和生理功能、疾病的起因及症状、诊断方法及治疗原则、药物的种类和性味及用法、行医道德及守则等内容。

四部医典注疏·祖先遗教　宿喀·洛追杰波、塔莫·洛桑曲扎著。藏文。中国藏学出版社1990年10月出版，16开，上册728页、下册782页。《四部医典》自8世纪成书以来，流传极广，后世各家纷纷根据自己的临床经验不断为其作注，本书为众多注释本中影响较大的一部。《四部医典》由根本医典、论说医典、秘诀医典和后续医典4部分组成，其中根本医典共6章，主要介绍人体生理、病理、诊断及治疗的一般知识；论说医典共31章，介绍人体解剖构造、疾病发生的原因、卫生保健、药物性能、诊断方法和治疗原则；秘诀医典共92

章，主要介绍临床各科疾病的诊断和具体治疗方法；后续医典共 28 章，主要介绍诊断方法（如尿诊、脉诊），各种方剂的配合及其功用，以及外治疗法等。

四部医典总则本集新注 尼玛次仁著。藏文。西藏人民出版社 1982 年 3 月出版，32 开，155 页。本书作者依据宿喀·洛追杰波的《祖先言教》和第司·桑杰嘉措（又译作德斯·桑杰甲措）的《兰琉璃》，并参照其他医学经典，对《四部医典》中的《本续》作了详细的注解。

松巴医著集 松巴·益西班觉著，斗嘎整理。青海民族出版社 1994 年 12 月出版，32 开，608 页。本书收录了作者的 5 部医学论著，内容涉及藏医诀窍、药物配方、药物识别及临床应用等方面。

塔葬尸身药物处理之如意珍宝 曼拉顿珠著。刻木。今藏拉卜楞寺。

无畏武器 宇妥·云丹贡布整理。以刻本传世。吐蕃时期医书。

西藏常用中草药 西藏自治区革命委员会卫生局等编。藏文。西藏人民出版社 1971 年 12 月出版，64 开，911 页。本书介绍了中草药的一般知识及西藏地区的常用中草药 367 种。书后附防治常见病、多发病的简易处方。

西藏传统养生体育文化 丁玲辉著。西藏人民出版社 2001 年初版，32 开，205 页。2005 年再版。本书从发掘和弘扬西藏优秀民族传统文化精华的目的出发，总结吸收了大量的藏医文献典籍、藏族史料、藏族体育文献及国内有关学者编著的养生文献，结合现代养生体育教育实践和现代养生学研究成果，力求反映西藏优秀民族文化的特色和西藏传统养生体育的理论和方法，使读者对西藏传统养生体育既有一个深刻、全面的印象，又能从中获得简便实用的养生健身方法。

西藏传统医学概述 蔡景峰编著。中国藏学出版社 1992 年 5 月出版，32 开，143 页。本书简要介绍了藏族医学的历史、理论体系、诊断方法、治疗方法、著名的藏医专家和医著等。

西藏健身法精汇 木雅贡布编著。藏文。民族出版社 2002 年出版，32 开，124 页。本书是从各种藏文典籍中选编出来的藏族传统健身方法文集。

西藏旅游保健手册 叶如陵、肖和平译著。藏文。科学普及出版社 1992 年 10 月出版，32 开，51 页。本书根据 1990 年西藏人民出版社出版的《高原保健指南》一书改编而成。

西藏卫生四十年 西藏自治区卫生厅编。四川科学技术出版社 1991 年出版，16 开，251 页。本书分 4 篇：1. 卫生事业发展概况。记述了 1951 年以来西藏西医医疗事业、卫生防疫、西医教育、妇幼卫生等方面的发展，对藏医药物的发展也有记载。2. 记述了山南地区40年卫生工作全貌。3.卫生大事记(1950—1990)。4.卫生事业回忆录。收录了40位在西藏卫生战线工作数十年的同志的回忆录。并在书首附100余张珍贵的历史照片。本书系统、全面记述了民主改革以来西藏的卫生事业,是了解当代西藏卫生事业的重要著作。

西藏医学 日琼仁颇且·甲拜衮桑著,蔡景峰译。西藏人民出版社1986年10月出版,32开,511页。作者出身于拉萨,对佛学、医学有较高造诣,还谙熟英语。1959年出国,侨居锡金,在甘托克的那姆加尔藏学研究所工作,后被英国伦敦威尔康医史博物馆授予名誉会员称号。本书原为作者用英文写的著作,分两部分:第1部分介绍西藏医学的历史及病理、诊断、治疗、方剂、药性、针灸、外科手术等方面的知识,第2部分为西藏"医圣"宇妥·云丹贡布的传记。由于宇妥·云丹贡布在古代藏医史上所占的重要位置,因而第2部分又等于是一部早期的藏医学史。附术语解释。

西藏医学史 王镭著。译林出版社、香港地平线出版社1991年出版,32开,315页。本书介绍了藏医、藏药的形成和发展过程。

下泻部续 以抄本传世。吐蕃时期医书。

小便法则·清凉月续 以抄本传世。吐蕃时期医书。

新编藏医学 桑旦著。藏文。西藏人民出版社2004年出版,16开,378页。本书以《四部医典》为依据,以临床实践和医学理论相结合的方式,对人体的病理病因、饮食起居及药物治疗等方面进行了详细的叙述,是学习和研究藏医学的珍贵资料。本书于1979年和1985年先后两次印刷,这次应广大读者的要求修订重版。附55幅人体解剖图。

新编藏医学 西藏拉萨藏医院医学研究所编。藏文。西藏人民出版社1985年9月出版,32开,593页。藏医学校教材。本书以《释续》、《诀窍续》、《后续》、《补充》等藏族传统医学书籍为基础,结合实践经验和近代医学知识编写而成。其内容包括生理学、病理学、诊断学、药物学及外科治疗等基础知识和各种不同疾病的诊治方法。

续补遗宝匣 以刻本传世。吐蕃时期医书。

雪域医学·大海津梁 贡却坚赞著。藏文。民族出版社1996年6月出版,32开,187页。本书分7章,以《四部医典》为理论依据,叙述了藏医简史、基本概念、诊断方法、治疗手段及一般常用药物的配制方法,简明易懂。

雪域愿望树 李晓林著。中国藏学出版社2003年出版,32开,299页。作者用5年多的时间走遍西藏及其他藏区,走访藏医大师和民间藏医等,以了解藏医学，并用调查结果介绍了藏医藏药的起源与发展、历代藏医大师、藏医学的动人故事、藏医的贡献、藏医走向世界等内容。具有较强的史料性、知识性和可读性。附80幅照片。

验方利见　宇妥·云丹贡布编撰。以刻本传世。

药王经　宇妥·云丹贡布整理。以刻本传世。吐蕃时期医书。

医诀补遗释难　阿旺桑杰白尚著。青海民族出版社1993年9月出版，32开，114页。本书是藏医学经典《医学四续》中诀窍部分的补充注释。

医术珍珠串　宇妥·云丹贡布编撰。以刻本传世。

医学概论·吠琉璃镜·宴仙喜筵　又名《四部医典蓝琉璃》。第司·桑杰嘉措著。甘肃民族出版社1982年出版，32开，573页。又有西藏人民出版社1982年据拉萨雪版整理出版，32开，1468页，上、下册。本书全面论述了藏医藏药的历史、理论、图鉴等内容。是清代著名的藏医著作。

月尘　宇妥·云丹贡布整理。以刻本传世。吐蕃时期医书。

月王药诊　佚名撰。有德格藏文木刻版。民族出版社1985年出版，32开，319页。本书113章，主要内容有：1.医学理论方面：人体生理构造。讲述脑髓的构造、形状、大小及骨骼、四肢、脊椎、肌肉和五脏六腑；生理机能部分讲述隆、赤巴、培根三大因素对生理、病理的作用；疾病部分阐明内外因素对人体的作用；疾病分类部分归纳为寒性病与热性病两大类；诊断部分提出望、闻、切的诊断法；治疗方法部分总结出内外两治法。2.药学方面，记载了1000多种单药、方剂，以及散剂、膏剂、汤剂、泻下剂、催吐剂、舒脉剂、酥油药剂等10余种剂型。书中所记载的780种药物，其中有相当一部分是青藏高原的特产，是藏医独家所用之药。此外，对食物的营养疗法、食物和药物中毒预防等也作了记述。此书作者至今尚无定论，或传为天竺龙树菩萨所著，或传为汉地五台山文殊菩萨所授之中医著作传入印度，再由印度传入藏区。从本书内容考察，并非单纯的中医或印度医书，而是包含中医、印度医学内容且以藏医内容为主的综合性医学著作。本书是现存最早的古代藏医药著作之一，对研究藏医学的起源、藏医理论等有着重要的参考价值。

藏传佛教养生之道　任修瑾主编。甘肃文化出版社2005年初版，16开，228页。2006年再版。本书介绍了藏传佛教的藏密养生祛病法（喇嘛长寿的秘诀、喇嘛的养生理念、藏传佛教的养生修炼方法）、藏密发声养生法（养生之道、养身要诀、养生祛病法、病人自己疗养法、调气摄心法、摩擦强身法12则、如何劝导蔬食）、藏密发声养生法

(六字大明咒修法仪轨、六字真言发声法、六字真言变音发声法、根本音发声法、六字真言法要、白普仁喇嘛传六字大明简法、六字大明咒圆明观法、六字真言观光、藏密大乘养生治病秘法)、藏密禅修养生法、大金刚亥母拳养生法、藏密拙火定养生法、藏传佛教医学养生和瑜伽养生保健法。

藏兽医常用诊疗法手册 威色纳科著。藏文。四川民族出版社 2002 年出版,32 开,219 页。本书包括藏兽医的诊断、治疗和常用药物等 3 个方面,着重介绍了实用诊疗技术和常用的药物。

藏西医家庭医疗手册 洛桑多吉著。藏文。西藏人民出版社 1995 年出版,32 开,213 页。农牧民医药手册。本书根据西藏的具体情况,以通俗易懂的语言和问答的形式,介绍了如何预防、判断、治疗常见病、疑难病和多发病,还有一些急救知识。

藏药标准 西藏、青海、四川、甘肃、云南、新疆卫生局编。青海人民出版社出版,32 开,1979 年 2 月出版,第 1 册,203 页;1979 年 12 月出版,第 2 册,496 页。本书分正文与附录两个部分。正文中共收载藏药材 174 种,藏药成方制剂 290 种。每种药材均介绍其性状、制作方法、性味、功能与主治、用法与用量、贮藏方式,每种成方制剂均包括处方、制法、性状、检查方法、功能与主治、用法与用量、规格、贮藏方式。附录包括藏药材加工炮制通则、藏成药制剂通则、藏医疾病名称简释。书后有药材及成方名称汉语拼音索引、药材拉丁文名称索引和动植物学名索引。

藏药晶镜本草 嘎务多吉著,昌都地区藏医院编。藏文。民族出版社 1995 年 8 月出版,16 开,455 页。本书对藏医用的各类矿物和动植物原料的名称、产地、形色、功效、性质、识别方法和加工方法等作了详细的介绍。

藏药学与方剂 桑旦编。藏文。青海民族出版社 1987 年 6 月出版,16 开,166 页。中等藏医专科学校藏医试用教材。本书中的藏药学主要收入藏医学、藏药学的基本理论、基本知识、基本技能及相关知识;方剂学主要内容包括方剂与方剂学的定义,汤剂、散剂、丸剂等剂型的组方原则及分类、用药意义、配方特点及主治功效等基本知识。

藏药志 中国科学院西北高原生物研究所主编。青海人民出版社 1991 年 11 月出版,32 开,670 页。本书共收录常用藏药 431 种,其中植物药 287 种、动物药 91 种、矿物药 53 种;原植物(动物、矿物)共计 1152 种。对每种药物首载藏文名称,并注汉文译音,然后分述考证、原植物(动物、矿物)、药材采集加工、性味功用等项。附有植物药材解剖及粉末鉴定、主要参考文献、中文名索引、拉丁学名索引。

藏药治疗胃病法 西藏拉萨藏医院编。藏文。西藏人民出版社 1974 年 12 月出版，32 开，47 页。本书根据藏医理论对几种胃溃疡病的症状和诊治方法作了详细的介绍。书末附有数例胃溃疡病患者的病例及其治疗过程和方法。

藏医保健学 桑旦编。藏文。青海民族出版社 1987 年 6 月出版，16 开，100 页。本书介绍了藏医传统的人体保健知识。

藏医常用验方荟萃 丹增顿珠著。民族出版社 1993 年 12 月出版，32 开，443 页。本书收录了 1384 条治疗 130 种疾病的藏医验方，对每种疾病的治疗开列有汤、散、丸 3 种处方。所列处方用药尽量避免使用珍稀药料，具有配方简明、极少重复的特点。

藏医常用药配方 扎西著。藏文。西藏人民出版社 1995 年 10 月出版，32 开，305 页。本书收录了 260 种藏医常用配方，对每种配方的药量、性质、功能等作了详细说明。

藏医妇科学、藏医儿科学、藏医神志病学 昂翁降措等编。藏文。青海民族出版社 1987 年第 9 版，32 开，103 页。中等藏医专科学校藏医试用教材。本书阐述了藏医妇科学、藏医儿科学、藏医神志病学的基本原理、诊断和治疗方法等。

藏医根本医典详释 楞本嘉著。藏文。甘肃民族出版社 1995 年 10 月出版，32 开，317 页。本书对《医学四续》中的第一部《根本医典》作了详细注释。

藏医火灸疗法 星全章、艾措千、端智才让编。民族出版社 2000 年 10 月出版，32 开，230 页。民族出版社同时出版了本书的藏文版。藏医火灸疗法是藏医中的一种独特的治疗方法，最早见于“敦煌本吐蕃藏医文献”，《四部医典》和《月王药诊》等藏医经典中亦有论述。长期以来，藏医界在这一疗法上积累了丰富的理论体系和实践经验。本书在传统藏医经典关于火灸疗法论述的基础上进行了研究和集中，系统地介绍了这种疗法。本书共分 3 章，即总论、火灸穴位和灸疗临床经验举例。有较高的医学研究价值。

藏医解剖学论述 扎西著。藏文。西藏人民出版社 1994 年 8 月出版，32 开，132 页。本书是作者根据传统藏医理论，结合现代医学方法对藏医中的人体生理结构及解剖学名词术语作了论述。

藏医金方集锦 图巴才让、贡却陈来编。藏文。甘肃民族出版社 1992 年 8 月出版，32 开，305 页。本书选录 324 个药方，这些药方选自《医学四续》的诀窍续和后续部分，以及《药方精华宝鬘》等藏医学经典。

藏医精要 阿尼·哈咱、向·初

称江初合编著，马世林、王振华译编。藏汉文对照本。云南民族出版社 1991 年 12 月出版，32 开，106 页。本书是根据藏医理论，结合医疗实践写成的具有临床实用价值的通俗易懂的藏医著作。为云南藏区出版的第 2 部藏医著作。

藏医临床 X 线诊断学 仁增多吉著。藏文。民族出版社 1998 年 9 月出版，32 开，377 页。本书是根据现代医学和藏医学的临床经验编写而成，填补了藏医 X 线诊断依据。

藏医临床札记 云丹嘉措编著。藏文。有手抄本和四川德格木刻本。青海人民出版社 1976 年 4 月出版，32 开，402 页。作者是清代著名藏医。本书分上下两篇，上篇《临床经验论要》论述了 110 种常见病的诊断和治疗，下篇《临床经验美饰》则主要论述药理。

藏医论述部释疑 洛桑年扎著。藏文。民族出版社 1989 年 7 月出版，32 开，472 页。作者是西藏藏医院的藏医。本书对《四部医典》中的《论说部》作了详尽的注释，同时对其疑难点和分歧较大的问题作了多方论证。

藏医秘诀实践汇编·利安宝穗 康仓·珠嘉著，阿吾·嘎洛整理。藏文。青海民族出版社 1994 年 6 月出版，16 开，568 页。本书分 92 章，有 24 个独立成章的藏医秘诀。它以《四部医典》等藏医经典为依据，对藏医理论、临床经验等作了详尽的阐释；并介绍了经多年实践研究发现的 34 例新病，对治疗这些疾病提出了独到的见解。是研究青藏高原药物、高原疾病和藏族传统医学的珍贵资料，也是藏医工作者和藏医研究者的必读之物。

藏医内科学 优宁编。藏文。青海民族出版社 1987 年 9 月出版，16 开，238 页。中等藏医专科学校藏医试用教材。本书阐述了藏医内科学的定义、性质及范围、疾病发病学要点、疾病状学要点、疾病治疗学要点等。

藏医热病疫病学 桑旦编。藏文。青海民族出版社 1987 年 4 月出版，16 开，59 页。中等藏医专科学校藏医试用教材。本书简要阐述了藏医热病疫病学的定义和疾病症状及疾病治疗方法。

藏医人体结构论 土登平措著。藏文。民族出版社 1999 年出版，32 开，203 页。本书主要内容有：1. 人体结构及其形成过程、成长。2. 经络和气的原理及其功能，以及营养的吸收、消化过程。3. 死亡的征兆、产生梦的 3 种因素、人体生病的原因和各种疾病的区别。4. 疾病恶化和消除的原因、特点和功能等问题。

藏医人体学、藏医病机学 桑旦编。藏文。青海民族出版社 1987 年 8 月出版，16 开，233 页。中等藏医专科学校藏医试用教材。本书主要内容包括：1. 藏医人体学。主要根据《四部医典》之《人体解剖图》，阐明传统的藏医人体原理，介绍人体胚胎发育概要，细胞、组织、器官的形态结构及其功能等。2.藏医病机学。全面概述了病机的基本理论和基本知识。

藏医如意大全　杜兹居美著。藏文。甘肃民族出版社1989年3月出版，32开，320页。本书写于藏历第十饶迥（公元16世纪）。作者以藏医《四部医典》，特别是以其中的《诀窍部》理论为依据，吸收前人的成果并结合自身的经验写成此书。本书对各种疾病加以详细分类，并论述了其治疗方法。

藏医十万舍利　宿喀·娘尼多杰著，楞布加等整理。藏文。甘肃民族出版社1993年8月出版，32开，854页。本书对《医学四续》作了详释。

藏医十一条总义　宇妥·云丹贡布著，范公保校订。藏文。甘肃民族出版社1994年6月出版，32开，215页。本书讲述了藏医方面的11条总义，包括脉道、便尿、热病、个别热病、寒病、个别寒病、中毒病、疮伤和其他方面。

藏医学通史　蔡景峰著。青海人民出版社2002年出版，32开，214页。作者于1958年从事中国医学史研究，1975年起专攻中国少数民族医学史，重点研究藏医学史。本书系统介绍了藏医学的历史、藏医理论、主要医学著作、著名藏医、炮制方法等内容。

藏医学消化功能治疗法　洛桑罗布编。藏文。西藏人民出版社1991年6月出版，32开，31页。本书主要介绍藏医学中的消化功能治疗法。

藏医药学的继承和发展　郑堆著。五洲传播出版社1997年1月出版，32开，27页。本书主要介绍新中国成立以来对藏医学的保护、继承和发展状况。

藏医药研究荟萃　本书编委会编。藏文。民族出版社1997年出版，32开，389页。本书是一部反映藏医药最新科研和学术成果的专著，共收论文61篇，内容包括藏医历史、理论、临床、护理及其教学、科研、药材资源的开发与保护和藏医药现代化等。

藏医医诀补遗　第司·桑杰嘉措著。藏文。青海民族出版社1991年11月出版，32开，667页。清代藏医名著。本书分132章，专门论述各种疾病的诊断和治疗，集百家医学之精髓，融临床学、病理学、药物学为一体，对藏医学理论、临床经验、药物性能、用药原则及热性病、寒性病、龙（气）病、赤巴（胆、病）培根（涎）病等的治疗作了详尽的阐释，并对古典医著《四部医典》进行了全面的解释，被称作《四部医典》的标准注释本。其中对《四部医典》中的《诀窍部》作了补遗，对100余种疾病的病因和治疗方法作了论述。是研究青藏高原药物、生物、高原性疾病和藏族传统医学的珍贵资料，也是蒙藏医药人员和藏医研究者、爱好者必读的藏医药典籍。

《藏医医诀补遗》释难·钥匙 阿旺桑杰白桑著。藏文。青海民族出版社1993年9月出版，32开，116页。清代藏医医学著作。本书为《藏医医诀补遗》一书的注疏，详细注释了第司·桑杰嘉措的医学名著《藏医医诀补遗》中的药物配方要点和疑难部分。是研究藏医药物配方必不可少的珍贵资料。

藏医医诀难点精析 藏曼·意喜桑布著，范公保整理。藏文。甘肃民族出版社1995年9月出版，32开，114页。本书是一本口诀形式的小册子，讲述了脉诊等13种诊断方法和各种疾病的病因、治疗方法。

藏医医疗宝藏 智华坚赞著，慈智木嘉措、仲格加整理。藏文。甘肃民族出版社1993年3月出版，32开，224页。本书根据医学经典中的药方、密宗经典中的咒语和医学界著名学者的心得与临床经验等整理而成。

藏医诊断学 桑旦编著。藏文。青海民族出版社1987年10月出版，32开，97页。本书论述了有关藏医诊断理论及其实践。

藏医诊治论文选 云旦嘉措编著。藏文。民族出版社1988年3月出版，32开，423页。本书选收了钦饶罗布等几位藏医名家撰写的藏医诊治论文9篇。这些论文分别就诊治法则、方剂、药物调制与应用、疾病起因等问题进行了论述。

藏医知识 土登彭措著。藏文。四川民族出版社2003年出版，32开，223页。本书系统地介绍了藏医的发展史、藏医对人体的解释、藏医对人体保护所采取的方法等。是一部医学专业的普及读物。

藏医治疗学 藏医外治学 桑旦编著。藏文。青海民族出版社1987年5月出版，16开，129页。中等藏医专科学校藏医试用教材。本书阐述了藏医治疗学的起源、定义、饮食、起居、药物治疗等内容。

藏族医学发展史 供秋仁青著。藏文。甘肃民族出版社1992年8月出版，32开，320页。本书记录了藏医学的发展历史，重点介绍了历史上藏医学各流派的产生、发展和传承，以及藏医学在安多等边远地区的传播。

藏族医学史 格桑陈来著。藏文。中国藏学出版社1997年1月出版，32开，48页。本书共分6部分，分别论述原始时期、吐蕃早期、吐蕃中期、割据时期、萨迦帕竹时期、噶丹颇章等6个发展时期的藏医史。

诊药二元要诀 以刻本传世。明代医书。

直指体腔秘分 以抄本传世。吐蕃时期医书。

治疗秘法量门 以抄本传世。吐蕃时期医书。

中国的藏医 强巴赤列著。中国藏学出版社1996年5月出版，24开，162页。作者是著名藏医，出版过有关藏医和历算的论著21部、论文80余篇，为国家级专家。本书简要介绍了古代藏医学科的形成和发展、藏医九圣的历史并论证《四部医典》为西藏本地的典籍、12世纪后的藏医药发展概况、强苏两派对《四部医典》发展的贡献、五世达赖喇嘛和第司时期藏医药的发展概况、多康南北地区藏医药发展概况、直康两派对藏医发展的贡献、13世纪达赖喇嘛时期藏医药的情况、和平解放以后藏医药取得的重大成就、藏医的基本理论等。

中国医学百科全书:藏医分卷 本书编写委员会编著。西藏人民出版社1991年2月出版，16开，上册554页、下册547页。上册以藏医基础理论部分作为重点，从藏医发展史、人体结构、病情变化等12个方面作了详细介绍;下册以藏医临床实践部分作为重点，对各类疾病(分为8个部分)及其诊治方法(分为15个部分)作了详细介绍。本书是广大藏医工作者必备的工具书。

中国藏医学 蔡景峰主编。科学出版社1996年10月出版，32开，462页。本书分为藏医学和藏药学两部分，分别介绍了藏医学和藏药学的历史、理论体系、藏药资源及藏药的制剂和炮制法等。

总药王经 以抄本传世。吐蕃时期医书。

祖先口述 卡切达瓦恩噶著，《藏医药经典文献集成》编委会编。民族出版社2005年出版，32开，2088页，上下册。《藏医药经典文献集成》之一。本书上册《八支精要释难·月光》，是对吐蕃时期藏医《八支精要》一书的详细注释;下册《医学诀窍部注释》，是对《四部医典·诀窍部》的注释。

十三、综合

(一)工具书

苯教大藏经目录 仁增更珠扎巴著。藏文。中国藏学出版社1993年12月出版,32开,370页。本书为国内正式出版的第一部苯教大藏经目录,书中比较全面地收录了主要的苯教教法、仪轨、传承、祈祷文、常诵经文、历史、历法、艺术等方面的典籍,并用许多篇幅记述了苯教的起源、兴衰及其教义等方面的情况。

苯教文献解题目录 凯尊·噶美编著,东洋文库西藏研究委员会编印。1977年印行。本书共收入苯教文献百余种,并作了较详细的题解。为研究苯教的工具书之一。

德格版大藏经丹珠尔总目 全称《藏译一切智者日亲教义论疏全集·永布法施奇源·普蔽盛世福云·精采史话·涨潮新月》,又名《德格论疏部总目录》或《德格丹珠尔目录》。大校勘家楚称仁钦编纂。德格印经院清代刻本,1函。成书于1743年。本书共分8章。第1章,佛教的起源及释迦牟尼佛传法、弟子结集佛经等。第2章,述说护教诸贤的生平事迹。第3章,佛教大法。第4章,总述论疏部的结集和主要内容。第5、6章,记述刊刻丹珠尔部的经过。第7章,正式目录,共分赞颂集、般若、中观、经、唯识、俱舍、律、本生传、书信、因明、声明、医学、杂类、目录、旧密、了义、大悲、长寿仪轨等类目。第8章,回向菩提,叙述造印佛经等的功德。为研究藏文大藏经刻印史和佛学的重要著作。

德格版大藏经甘珠尔总目录 全称《佛说藏译原本全集·智者愉悦·睡莲盛开新藤》,又名《德格佛说部总目录》或《德格甘珠尔目录》。司徒·噶玛·却吉囊瓦编纂。德格印经院清代刻本,1函。成书于1733年。本书的内容共分5章。第1章,章记述释迦佛初转法轮至圆寂后的历次结集,其中对佛在菩提树下觉悟成道后招徒传法、3次大转法轮、历次结集的地区和主持者等内容作了较详叙述。第2章,梵藏佛教史,着重叙述了佛教在印度和藏区的传播及发展过程。第3章,刻板经过,记述德格版甘珠尔的收集、对勘、刻板付梓的全过程。第4章,正式目录,分为般若、宝积经、经藏、律、般若杂部、尼陀罗经6部分。第5章，编书缘起功德回向，叙述编目的经过等。是了解藏文大藏经刻印历史、研究佛学的重要著作。

德格印经院藏版细目 西饶降称等编译。藏文。民族出版社2003年出版，32开，295页。本书介绍了藏区最著名的印经院——德格印经院所收藏和刊印的藏文典籍细目。书前有德格印经院的介绍。有较高的参考价值。

德格印经院目录大全——伏藏类细目(二) 德格印经院、甘孜州编译局编。藏文。中国藏学出版社2000年4月出版，16开，700页。本书采用现代编目手段分类编写而成。本书的最大特点是除采用传统编目方法外，还对篇名、要目、章节、内容及原版页数、行数等均作了详细摘编。内容丰富，编目细致。

德格印经院目录大全——文集类细目(一) 德格印经院、甘孜州编译局编。藏文。中国藏学出版社1994年10月出版，16开，679页。四川德格印经院是中国藏族地区木刻版库规模最大、藏文书版最多的一个，至今已有250多年历史。全院所藏书版有217000块。本书是德格印经院所藏木刻经版的详细子目的第1册，收入3部文集，即《嘛呢全集》、《隆钦饶绛巴全集》、《吉迈林巴全集》的细目。

甘肃省所存西藏和藏事档案史料目录：1412—1949 甘肃省档案馆和中国藏学研究中心合编。中国藏学出版社1997年出版，16开，541页。本书是甘肃省档案馆所收藏的有关藏族历史的各类档案资料的目录。

康定民族师专图书馆民族文献目录 康定民族师专图书馆编。1991年10月印行，16开，25页，油印本。本书收入该馆1986年9月至1990年有关中国少数民族社会、历史、政治、经济、文化、艺术、宗教、风俗等方面的书目。其中部分书目为藏文文献，译为汉文收录时均有标记。本书按“中图法”分类，并按《普通图书著录规则》著录。

旁塘目录、声明要领二卷 西藏博物馆编。藏文。民族出版社2003年出版，32开，210页。本书由两部古文献组成，《旁塘目录》是吐蕃赞普赤德松赞时期所编制的西藏第一部藏译佛经的目录；《声明要领二卷》是吐蕃赞普赤德松赞时期修订的藏译佛教名词术语词典。

清代边疆满文档案目录 中国第一历史档案馆、中国人民大学清史研究所、中国社会科学院中国边疆史地研究中心编。广西师范大学出版社1999年出版，16开，12册。本书收录12万余条目，共计900万字。第1册，盛京卷。第2册，吉林、黑龙江卷。第3册，内蒙古卷。第4、第5册，乌里雅苏台卷。第6至第11册，新疆卷。第12册，沿海各省及西藏卷。

青海地方史报刊资料索引(1870—1989) 李树玫、王志善编。青海人民出版社1992年1月出版,32开,224页。本书收录1870年至1989年100多年间国内出版发行的290多种报刊,搜集了有关青海地方史的论文资料篇目4000多条,按照历史、民族、历史人物、考古文物等分类编排。

青海省档案馆所存西藏和藏事档案史料目录 中国藏学研究中心、青海省档案馆编。中国藏学出版社2002年11月出版,16开,968页。本书所辑档案文献主要是青海省档案馆所存清代和民国时期产生的历史档案史料,共辑条目15354条,其中清代5272条、民国时期10082条。

青康藏高原及毗连地区西文文献目录 徐近之编。科学出版社1958年7月出版,16开,462页。又有中国藏学出版社据此书再版。本书收录了1958年以前的有关西藏、青海及西康的西文著作,共计5000多种。本书分3篇:首篇为分类目录,中篇为著者目录,末篇为俄文书目。为研究藏学的重要工具书之一。

四川省所存西藏和藏事档案史料目录 四川省档案馆、中国藏学研究中心编。中国藏学出版社2000年12月出版,16开,326页。本书是四川省档案馆、甘孜藏族自治州档案馆、阿坝藏族羌族自治州档案馆以及康定、德格、巴塘、马尔康、木里等县档案馆所藏1949年以前档案文献的目录。这些档案资料的时间起于明洪武二十一年(1388),迄于民国三十八年(1949)。共辑条目4559条,其中明代4条、清代1448条、民国3107条。主要内容包括政治、经济、统计、田赋、沿革、乌拉机构的设置、军事、司法治安、民族、宗教、文教卫生、外事等。

我国少数民族的原始、奴隶、封建农奴社会情况资料索引 民族文化宫图书馆编印。1961年1月内部印行,16开,226页,油印本。本书根据民族文化宫图书馆、中央民族学院图书馆和中国科学院民族研究所资料室所藏有关我国少数民族资料编成的,截止时间为1960年6月底。本书收黎族、傈僳族、彝族、藏族等14个民族的资料索引。其中有关藏族部分的共100页,分西藏地区、四川地区、甘肃地区、青海地区和云南地区资料,每个地区又分解放前和解放后资料两类。每条索引著录较详,凡论文和书中的目录、大小标题等均在书名下列出,极便检索。本书中藏族的资料占了一半,其中尤以民国时期的资料居多,清代和解放后的次之。为藏学研究者不可缺少的工具书之一。但本书发行量不大,且为油印,仅北京地区图书馆有藏。

沃德在喜马拉雅山东部和西藏

东南河谷地区旅行考察著作提要 (德)施瓦因弗里·乌尔里克主编。1975年出版。沃德全名弗朗西斯·金登·沃德,英国大英博物馆自然史部植物学家,于1909年至1957年间先后在喜马拉雅山区、印度东北边境、我国西藏边境及其他地区旅行24次,1949年以前还到过我国华西、云南、甘肃、西藏东南河谷地区。著述有《在西藏的路上》等24种和撰文709篇,其中关于西藏的专著5种、文章报道等50余篇。本书主要介绍沃德的历次探险日程、东喜马拉雅山西与藏东南河谷简介、沃德的图书和论文目录、旅行路线、旅途所见山川等。

西北文物展览会目录 开发西北协会编印。民国二十七年(1938)印行,16开,220页。本书分摄影、物产、宗教、风俗、古物、币制、图书等项,各项中都有关于西藏的资料,十分珍贵。

西北五省(区)考古学文献目录 楼宇栋、谢端琚、赵生琛、赵信编。青海人民出版社1989年2月出版,32开,366页。本书为关于陕西、甘肃、宁夏、青海、新疆5省区考古学方面的工具书,内容以考古学文献为主,兼收少量与考古学有关的历史地理、名胜古迹、游记等资料。所收文献的发表时间为1900年至1986年,共计87年。本书收文献达7000余条,基本上反映了这段时间西北地区在考古学方面的进展和成就。本书编排以时代为序,各时代内分类编排,重要的遗址、墓葬和遗物另立标题,每个条目均标明篇名、作者、出版时间等情况。是关于陕西、甘肃、宁夏、青海、新疆5省区考古学方面的工具书。

雪域名著名词精典注释 拉卜楞卓玛加著。藏文。西藏人民出版社1997年1月出版,32开,519页。本书主要介绍了藏区历代名人及其优秀作品,并且对作品中的典故作了详细的注释。通过本书可以了解藏区历代名人的身世和当时藏区社会历史。具有较高的学术价值和研究价值。

《新唐书吐蕃传笺证》索引 王辅仁、常凤玄、苏晋仁等编著,中央民族学院历史系民族志教研室编印。1964年1月印行,油印本。本书是为方便阅读王忠著《新唐书吐蕃传笺证》而编的,内容包括人名、地名、书名和部分藏族专有名词,并附有藏文原文。是研究吐蕃史不可缺少的工具书之一。

1765—1947年的英国和西藏 朱莉·马歇尔编。1977年出版。编著在搜集资料时,得到了澳大利亚的8个图书馆、英国有关图书馆等15个单位、法国国家图书馆、印度国家图书馆、香港中文大学图书馆及阿拉斯太尔·兰姆博士的支持和帮助。本书共收入有关中印边界的西文图书资料2874种,并作了注释。此书被列为澳大利亚拉特罗布大学图书馆出版物第十号。是研究中印边界问题的重要参考书。

在中国收集的藏文图书、报纸要目　约瑟夫·科尔马斯(汉名高马)编著。1978年出版。作者毕业于捷克布拉格大学东方语系,通汉语。1957年至1959年曾到中央民族学院学习藏语文,从事藏学研究。著述有《布拉格收藏的德格藏文书》、《布拉格东方研究所图书书馆藏藏文手抄本和木刻本书目》等。本书共收关于藏族语言、文学的文章、译著等191种,其中包括藏文字帖、藏文文法、字典、图书和青海藏文报等。

藏汉对照西藏大藏经总目录　黄显铭编译。藏汉文对照本。青海民族出版社1993年12月出版,32开,297页。本书取材于日本的《西藏大藏经总目录》,在其基础上作了一部分拾遗补阙工作。本书有3722部的书名及其相关资料。长期以来,藏汉大藏经在国内外闻名遐迩,是祖国灿烂的文化遗产之一,但没有一部完整的藏汉对照大藏经目录。本书对大藏经的研究工作有重要参考价值。

藏文典籍目录——文集类子目(1—3)　按藏文语法书名应当译为《民族图书馆文集目录·知识宝库》。民族图书馆编。藏汉对照本。四川民族出版社1984年出版,16开,520页,第1册;民族出版社1989年出版,16开,621页,第2册;民族出版社,1997年出版,16开,604页,第3册。本书收录180余部文集的目录,并附其作者的简历。

藏文论文目录索引　赤·山夫旦编。藏文。中国藏学出版社1993年12月出版,32开,715页。本书收录了1979年至1989年间全国各种藏文期刊刊载的藏学论文840余篇,内容涉及藏学各个领域,按学科分类编排。每篇论文列出其篇名、作者、期刊名称、出版日期和内容提要。

藏学报刊汇志　徐丽华著。中国藏学出版社2003年6月出版,32开,368页。为"教育部人文社会科学百所重点研究基地中央民族大学中国少数民族研究中心丛书"之一。本书收入1907年至2000年12月之间创办的有关藏学方面的各类报纸和杂志共计700余种,其中有不少极其珍贵的报刊,如:《藏文白话报》、《边政月刊》、《屯殖》、《边事月刊》、《西陲宣化使公署月刊》、《戍声周报》、《新西康》、《西康青年》、《边政导报》、《康声报》等,这些报刊有的是孤本,有的只有两三本,收藏在国内几个图书馆,长期无人问津,其重要的史料价值得不到利用。本书将上述报刊公之于众,为藏学研究提供了重要史料。本书对这些民国时期的报纸、杂志的创办过程、刊物的特点、开设的栏目作了介绍,并对部分重要刊物的创刊时间、社会影响、历史地位、学术价值、重要文章和论文等作了较细致的介绍、考证和论述，具有一定学术价值。部分刊物还附有书影，有利于读者参考和进一步研究。本书作者将100多年来的有关藏学的报纸和杂志搜集起来加以研究并编纂成册，总结了100多年来藏学的发展、进步、繁荣过程。在藏学界来说，这项工作具有开创意义。书中有《报刊名称音序总目》、《报刊名音序分省区目录》、《1949年前报刊目次》、《1949年后报刊目次》，便于查找和检索。是藏学工作者和新闻工作者不可缺少的参考工具书。

藏学文献目录题记 西藏社会科学院西藏学汉文文献编辑室编印。1986年内部流通，2册。本书收入300余种有关藏学的汉文书目，书目后附有序或后记或前言，缺著者、稽核等项。书中还收录了数篇有关《西藏志》著者的考证文章，并附《藏译显乘论典略目》。所收书日以民主改革以前的居多，近期出版的以译著为主。

藏族宗教文献资料目录索引 西南民族学院图书馆文献情报室编印。1990年6月内部印行，16开，38页，油印本。本书分宗教总论、宗教政策、宗教教派、宗教活动、宗教人物、宗教文化艺术、宫殿寺庙等7部分。资料源于国内出版的图书和报刊，收录时间上起1900年，下至1989年12月。著录项目有书或篇名项、责任者项和出版项。格式依国家标准GB3792.1—85著录，同一类目的条目依汉语拼音音序排列，书末附书（篇）名汉语拼音音序索引。为研究藏传佛教的重要工具书之一。

中国第二历史档案馆所存西藏和藏事档案目录 中国第二历史档案馆、中国藏学研究中心编。中国藏学出版社2000年10月出版，16开，1871页，上下册。本书辑录了中国第二历史档案馆所存西藏和藏事档案的目录，条目共25827个，时间从清末光绪十五年（1889）12月起至1949年12月止。中国第二历史档案馆是典藏民国时期中央政府及其所属各部院档案的国家级档案馆，其中珍藏有民国中央政府及其所属部院等机关与西藏地方政府、达赖喇嘛、班禅额尔德尼以及四川、西康、青海、甘肃、云南等省份来往的、内容十分丰富的档案史料。本书条目按省区划分，内容包括：1. 西藏地区。包括西藏地区的政治、经济、政策、法规、农牧业概况、人口调查、户籍与行政区划管理，民国政府推进西藏教育计划措施及实施情况、创办报纸和刊物及推广识字运动的情况、医疗卫生、藏传佛教的政策等。2. 西康地区（含川西北藏区。民国时期指川西甘孜、西藏昌都等地区）。包括西康省政府筹建和成立前后的工作情况、中央政府治理西康的政策、西康省的社会状况和司法制度及民间社团等内容。3. 青海地区。包括青海省参众两院议员选举（含藏族候选人）情况、开发青海的意见、社会调查、青藏战争及青藏会议、玉树二十五族、藏军冲突、土司制度、红军长征过藏区等。4.甘肃地区。拉卜楞地区政教活动、藏民代表团赴重庆致敬、甘肃藏区的政治和交通及文化、土司争牧纠纷、边境冲突及藏哈(萨克)民族间的冲突等。5.云南地区。包括云南省政府关于当地土司状况的调查、处理土司头人仇杀事件、土司活动情况、金沙江西岸藏区政治和军事情况等内容。附有分类索引。

中国第一历史档案馆所存西藏和藏事档案目录(汉文部分) 中国第一历史档案馆、中国藏学研究中心编。中国藏学出版社2000年10月出版,16开,1054页。本书辑录中国第一历史档案馆所存西藏和藏事档案的汉文目录部分,共17213条,时间起于康熙十一年(1672),迄于宣统三年(1911),分别属于内阁、军机处、宫中、内务府、宗人府、吏部、礼部、兵部、工部、外务部、学部、农工商部、民政部、邮传部、会议政务处、巡警部、醇亲王府、理藩部、赵尔巽等19个全宗档案。本书按全宗体例原则编辑。首先以档案全宗为单位依次进行编排,全宗内档案条目原则上按时间顺序排列,档案条目较多者(内阁、军机处、宫中、内务府四个全宗),则先按档案文种分别编排,文种下再按时间顺序排列。本书主要内容:1.在西藏及其他藏区发生的重大事件。如清军入藏平定准噶尔之乱,罗卜藏丹津叛乱及清军防范事件,珠尔默特那木扎勒事件,金川事件,瞻对事件,郭罗克问题,巴塘事件,张荫棠、联豫办理藏务专案,抵制赵尔丰进藏及川军入藏专案等。2.有关解决民族纠纷事宜。如汉藏交界地区纠纷、云南藏族和怒族纠纷、查办博窝事件、藏族与其他民族及部落的纠纷案等。3.有关政教事务。如有关驻藏大臣及历世达赖、班禅、西藏僧俗官员的任免、封赠及奖惩方面的档案,有关达赖、班禅朝贡等礼仪方面的档案,关于喇嘛、寺庙事务方面的档案,有关西藏驻军及军事方面的档案,有关西藏财政、经费及税务方面的档案,有关西藏及藏族文化教育方面的档案,有关西藏法律词讼方面的文书等等。4.有关涉外事件。如廓尔喀侵藏事件,英国侵略西藏事件,以及办理各国人员来藏游历、传教及交往事宜等。这些档案是反映和记载清朝治理西藏及藏区施政活动最真实可靠的记录,是清朝中央对西藏地方行使主权管辖的历史明证,也是研究西藏历史、西藏地方与中央政府关系史的第一手资料。

中国第一历史档案馆所存西藏和藏事档案目录(满、藏文部分) 李鹏年、吴元丰编。中国藏学出版社1999年12月出版,16开,773页。本书系中国藏学出版社推出的“全国藏学档案史料目录丛书(1949年以前部分)”之一。

本书辑录中国第一历史档案馆所存西藏和藏事档案目录(汉文部分)。清朝政府在治理西藏和处理藏事活动中,形成了大量文书档案,其中有不少是藏文档案。中国第一历史档案馆保存的藏文档案有300余件,主要是历世达赖喇嘛、班禅额尔德尼、人活佛及王公、噶伦土司等的奏书、呈文等文书原件。本书共辑13334个条目,其中满文13040,藏文294,分别属于内阁、军机处、内务府、宫中朱批和理藩院档等全宗和类目。内容包括:西藏和藏区发生的重大事件,政教官员任免调补、奖惩抚恤,宗教事务和礼仪活动,西藏地方军政事务;涉外事件等等。本书由中国第一历史档案馆、中国藏学研究中心合作完成。

中国少数民族民间文学作品目录索引 中央民族学院图书馆编印。1979年4月内部印行,16开,369页,油印本。本书是从新中国成立以来至1977年国内主要报刊(汉文)和各民族地区报刊(汉文)及中央民族学院图书馆馆藏有关资料中整理编辑而成,共收五十几个民族的民间文学作品目录5600余条。体例按民族划分。有关藏族的内容有史诗、叙事诗、歌谣、神话传说、故事、寓言、格言、谚语、谜语等,共900余条。是研究少数民族民间文学的重要工具书之一。

中国少数民族文学论文、作品索引 陈好林、徐丽华等编。中国社会科学院少数民族文学研究所图书资料室1989年出版,32开,316页;1990年出版,32开,271页;1991年出版,32开,28页;1992年出版,32开,182页。1993年起改书名为《中国少数民族文学论文、作品要目索引》。本书收录国内省级以上公开发表的中国少数民族文学论文和作品,少数民族地区的报刊则不限于省级。民族文字均译为汉文收录。本索引所收条目,除总论部分以外,其他条目均按民族分类,作家作品依作者的族属,论文和民间文学作品依作品内容的族属,同一民族的条目均按体裁分类,其顺序为:论文、作家作品(诗歌、小说、散文、其他)、民间文学作品和新书目录。每一条目中的内容均按篇名、作者、报刊名称、卷期(年月)顺序著录,检索极为方便。藏族类中另分“格萨尔王传研究”一栏。为研究少数民族文学最重要的工具书,为国内外最具权威性的索引。

中国少数民族作家作者文学作品目录索引 中央民族学院图书馆编印。1979年3月内部印行,16开,340页,油印本。本书根据新中国成立以来至1977年国内主要报刊(汉文版)和民族地区一些报刊(汉文版)及中央民族学院图书馆馆藏有关资料,收录了五十几个少数民族的2100多名作家、作者的作品目录,共5000余条。编制体例按族别、姓氏笔画、体裁、日期排例，便于检索各民族作者及其作品。为研究建国以来至“文化大革命”结束时期各少数民族作家作者文学作品的重要工具书之一。

中国藏学论文资料索引(1996—2004) 永青巴姆编。中国藏学出版社2005年8月出版，16开，303页。本书是刘洪记、孙雨志所编《中国藏学研究论文资料索引1872—1995》的续集。本书类目：政治、法律，社会、经济，历史；人文地理、地质矿产，生态、环保，宗教、哲学，文学，艺术，语言文字，文化，教育，体育，民俗；文物考古，医药卫生，科技、灾异，书评、书讯，动态和附录。在每类之下又分别列出通论等多种细目，一目了然，便于检索。

中国藏学研究论文资料索引(1872—1995) 刘洪记、孙雨志编。中国藏学出版社1999年12月出版，16开，783页。本书收录1872年至1995年间国内各种报刊志上刊载的有关藏学的论文和资料目录26000余条，涉及报刊500余种，其中包括藏文刊物10余种，同时还收录有45种100余册藏学论文集论文目录和香港、台湾藏学论文目录1000余条。本书按年代分4编：第一编，1872—1949年。第二编，1950—1979年。第三编，1980—1990年。第四编，1991—1995年。条目分为政治、经济、历史、人文地理、宗教、文学、艺术、语言文字、文化、教育、体育、风俗习惯、文物与考古、人物、藏区其他民族、医药卫生、敦煌藏文文书研究、科技灾异、动态、书评史料目录20个大类。本书的分类原则：1. 1949年以前关于政治事件、政治形势的记述与研究文章均归入历史类，解放后的归入政治类。2. 对上述19大类中不包括的社会学、社会调查、妇女问题等社会内容的文章均归入政治类，人口学归入经济类。3. 对于学科交叉难以确切归类者则根据内容主次或先后进行归类，此种条目多入各大类中的通论类。4. 有关旅游方面的文章到20世纪90年代才逐渐出现，因篇数较少而未单独分类，统一归入经济大类中的通论类。本书内容广泛，信息量大，查找方便，是藏学工作者必备的工具书。

卓尼版论疏部佛书总目录 又名《翻译善逝教义论疏部全集目录·如意珠鬘》。衮钦吉美旺波编著。以卓尼寺木刻版传世。作者是藏族佛学家。成书于藏历第十三饶迴水蛇年(1773)。本书是有关藏历第十二饶迴铁猪年(1731)在卓尼地方所刻藏文大藏经的总目录。为研究藏文大藏经的重要参考书。

当代中国民族语言学家 照那斯图、李恒朴主编。青海人民出版社1989年8月出版，32开，578页。《中国少数民族作家传略》的姊妹篇。本书共收录当代中国大陆的民族语言学家176位。每一位除立其传记以外，还详列了其有关民族语言方面的论著、译著目录。通过本书，可以窥见我国近几十年来民族语言学科发展的重要成就和民族语言学群星的概貌。

当代藏族文学作者名录 中央民族学院图书馆编。1981年7月内部印行，16开，40页，铅印本。本书分为：1.用藏文写作的作者。共收百余人，但作者均只有名字和代表作篇名、出处，无本人介绍。以汉文著录。2.用汉文写作的作者。其中分创作者、民间文学工作者和文学评论者3部分。共收200余名作者，亦只录人名、作品和出处。个别人写出所在省区。作品收录范围是全国报刊、地方报刊，时限为1952年起至1980年止。本书所收录的人名未按笔顺或音序排列，且无索引，不便检索，此为其之不足之处。

迪庆年鉴(1994) 本书编委会编。云南年鉴杂志社1994年12月出版，16开，370页。本书内容分大事记、概况、政治、经济、文化、教育、科研、卫生、体育、社会、附录等，收录了1991年至1993年间云南省迪庆藏族自治州所发生的各项重大事件，其中经济方面的材料较为丰富。附图60余幅。图片反映了各项事业的发展变化及风景名胜等。为云南藏区第1本年鉴。

迪庆州委工作大事记(1978—1993) 迪庆藏族自治州党委党史征集研究室编印。1996年印行，32开，153页。《中共迪庆地方党史资料》之一。本书较详细地记载了迪庆藏族自治州州委1978年至1993年间所发生的各类重大事件。

东噶藏学大辞典 东噶·洛桑赤列著。藏文。中国藏学出版社2004年4月出版，16开，2572页。本书是国家“九五”出版规划重点项目、中国藏学研究中心重点科研课题。作者是我国著名藏族学者，生前曾任中央民族大学和西藏大学教授、中国藏学研究中心副总干事。他长期从事教学和科研工作，具有深厚的藏族传统文化底蕴，对藏学有深入的研究，学术成果丰硕，为挖掘、整理和弘扬藏族文化做出了重大贡献，在国内外藏学界产生了积极的影响。作者从上个世纪60年代开始陆续搜集资料，摘录词条。1988年中国藏学研究中心将本书列入重点科研计划，经过作者数十年的辛勤劳动并在各方面人士关心支持下终于完稿。本书有词目1.4万余条，共计280万字，主要收录以下几个方面的藏学词汇：历史人物与历史事件，历代中央王朝与西藏地方政府之间的关系，古代法律，地方政府机构及专用公文，名胜古迹和重点寺庙，民俗与宗教，基础知识等。词汇丰富，内容解释翔实，分类科学合理，便于检索使用，是一部较全面的百科全书性质的藏学辞书。

汉藏对照机关企事业单位名称 青海省少数民族语文工作办公室编译。青海民族出版社1989年1月出版，32开，138页。本书收2600多个机关单位名称。对于规范和统一机关单位名称的翻译有积极作用。

康藏大事纪年 张云侠编，王辅仁校注。重庆出版社1986年5月出版，32开，394页。“川边历史资料丛书”之一。本书是据《唐书》、《资治通鉴》、《宋史》、《元史》、《明史》、《清实录》、《清史稿》、《卫藏通志》、《西藏通览》、《驻藏大臣考》、《达赖喇嘛传》等21种汉文史料辑录、汇编而成，以纪年形式记述藏族历史的史料书。记事起自唐，迄于1951年西藏和平解放。其体例采用公元纪年并结合内地王朝年代顺序叙事。内容着重于政治和宗教方面，也涉及经济等方面，对重要人物、事件、地名等有注释。有李安宅的序，王辅仁的校注后记。

历史年代简表 旺杰著。藏文。民族出版社1997年7月出版，64开，180页。本书是公元纪年与藏族历史纪年的对照表。

青海教育年鉴 马玉麟主编。青海民族出版社1992年12月出版，32开，250页。本书根据国家教委编纂《教育年鉴》的有关指示精神，以《关于建国以来党的若干历史问题的决议》和中共十一届三中全会以来确定的路线为指导，全面而系统地回顾和总结了建国以来青海省教育事业的主要成就和基本经验，同时记述了各藏族自治州的教育状况和基本数据等内容。

西藏大事辑录1949—1985 西藏农牧学院马列教研室和西藏自治区党校理论研究室合编。西藏党校编辑部1986年内部印行，32开，545页。本书内容包括西藏的政治、经济、文化、教育、科技等。其编辑体例以年系事，按年月日顺序排列。本书记事始于1949年7月8日，终于1985年12月28日，历时36年。本书资料来源于北京和其他地方的图书馆、有关单位和个人，收集渠道广，信息丰富，编写体例科学，文字归纳整理亦十分精当。

西藏大事记 郭兹文编。民族出版社1959年出版，32开，72页。本书收入1949年7月8日至1959年4月28日间有关西藏的重大事件，并附录《中央人民政府和西藏地方政府关于和平解放西藏办法的协议》、《西藏自治区筹备委员会组织简则》、《中印关于中国西藏地方和印度之间的通商和交通协定》、《中尼保持友好关系以及关于中国西藏地方和尼泊尔之间的通商和交通的协定》等8篇重要资料。

西藏大事记 李国清、高延祥等编。西藏人民出版社1984年出版，32开，101页。本书编入自1949年10月

1日至1981年5月30日间西藏政治、经济、文化等方面所发生的重要事件。内容较全面、系统,为研究当代西藏的参考资料。

西藏历史年表 段克兴、胡东柱、朱解琳编。西北民族学院研究室1980年10月内部印行,16开,49页。本书共收入《吐蕃王朝世系表》、《吐蕃王朝分裂后的诸王世系表》、《萨迦法王统治时期世系表》、《帕莫竹巴法王统治时期世系表》、《噶玛巴统治时期表》和《噶丹颇章统治时期达赖世系表》等6表;《班禅世系表》、《固始汗世系表》、《明末以来历任藏王及摄政一览表》、《清代历任驻藏大臣一览表》、《原西藏地方政府组织系统表》、《班禅额尔德尼政教组织系统表》、《西藏三大寺组织系统表》、《塔尔寺组织系统表》、《拉卜楞寺组织系统表》、《藏地著名寺院一览表》、《汉藏甲子对照表》等11表。最后为《西藏大事记》,记事起自公元前4世纪,迄于1951年。本书的17个表均为汉藏合璧。可与1988年中国藏学研究中心内部刊印《西藏历史年表》参阅。

西藏历史年表 彭措才仁编著。藏文。民族出版社1987年2月出版,32开,238页。大事年表。本书以年表形式简明记述了从公元前126年西藏第1代赞普到1956年西藏自治区筹备委员会正式成立这2000多年时间里西藏发生的重要历史事件。是了解和研究西藏历史的重要参考资料。

西藏社会经济统计年鉴1989 西藏自治区统计局编。中国统计出版社1989年10月出版,16开,580页。本书是西藏自治区公开出版发行的第一部年鉴。本书包括3大部分:西藏风土、社会与经济发展综述,国民经济和社会发展统计资料,西藏经济大事记。全书通过图片、统计表和简要的文字,全面系统地介绍了西藏的地理环境、自然资源、风物特产,以及西藏实行民主改革后,特别是1979年改革开放以来经济、社会事业发展的状况。统计资料部分,主要记载的是1959年至1988年西藏经济与社会发展状况的资料和各地市1988年经济和社会各方面的统计数据,部分指标列有1952年至1958年全区统计数字。附彩照及图表。

西藏社会经济统计年鉴1990 西藏自治区统计局编。中国统计出版社1990年10月出版,16开,510页。本书内容包括:1.专文收录1987年7月西藏自治区第五届人民代表大会第2次会议通过的《政府工作报告》、《关于1989年国民经济和经济发展计划草案的报告》、《关于西藏自治区1988年财政决算和1989年财政预算草案的报告》等6个文件。2.1989年西藏自治区各地市地区经济与社会发展概况。3.文化教育。4.驻藏部队30年。5.国民经济和社会发展统计资料。6.拉萨市国民经济主要指标。7.全国及各省、市、自治区统计资料。8.大事记。附录有《西藏自治区第三次科学技术进步奖获奖项目》、彩照及图表。

西藏手册 (德)赫尔穆特·霍夫曼主编,斯坦利·佛赖依、土顿诺布、杨和晋等编。1975年出版。关于西藏的综合性工具书。本书主要内容有:1.西藏地理环境。2.藏语与其他语言的关系。3.藏文和转写。4.西藏历史资料。5.简明史。6.当前西藏的政治结构。7.西藏宗教及其各种活动。8.传统的西藏社会和经济结构。9.西藏文学。10.西藏宗教艺术。11.西藏大事年表。

西藏统计年鉴1993 西藏自治区统计局编。中国统计出版社1993年8月出版,16开,466页。本书全面系统地记载了西藏自治区1992年经济、科技和社会发展情况,包括专文、统计资料、各县主要统计指标、全国及各省市自治区统计资料和社会经济大事记等5方面内容。

西藏统计年鉴1994 西藏自治区统计局编。中国统计出版社1994年9月出版,16开,426页。本书主要记载1993年西藏社会经济发展状况。

西藏统计年鉴1995 西藏自治区统计局编。中国统计出版社1995年9月出版,16开,329页。本书主要记载1994年西藏社会经济发展状况。

西藏统计年鉴2000 西藏自治区统计局编。中国统计出版社2000年7月出版,16开,401页。本书收录了1999年西藏的经济和社会发展等各方面的统计数据,以及建国以来各个主要时期的一些主要统计数据。本书内容分为:1.行政区划和自然资源。2.综合。3.人口。4.从业人员和职工工资。5.固定资产投资。6.财政。7.物价指数。8.人民生活。9.农业。10.工业。11.建筑业。12.运输和邮电。13.国内贸易。14.对外经济贸易和旅游。15.金融和保险。16.教育、科技和文化。17.卫生、体育。18.各县(区、市)主要统计资料。19.全国各省(区、市)统计资料。书末附主要统计指标解释。

西藏统计年鉴2001 西藏自治区统计局编。中国统计出版社2000年出版,16开,460页。本书收录了2000年西藏的经济和社会发展等各方面的统计数据,以及建国以来各个主要时期的一些主要统计数据。

西藏统计年鉴2002 西藏自治区统计局编。中国统计出版社2002年7月出版,16开,445页。本书收录了2001年西藏的经济和社会发展等各方面的统计数据,以及西藏和平解放以来各个主要时期的主要统计数据。本书主要章节有:行政区划和自然资源、综合、人口、从业人员和职工工资、固定资产投资、财政、物价、人民生活、农业、工业、建筑业、运输和邮电业、国内贸易、对外经济贸易和旅游、金融和保险、教育科技和文化、体育、卫生、环保、各县市主要统计指标和全国各省(区、市)统计资料。

西藏统计年鉴 2003 西藏自治区统计局编。中国统计出版社 2003 年出版,16 开,324 页。本书收录了 2002 年西藏的经济和社会发展等各方面的主要统计数据。

西藏统计年鉴 2004 西藏自治区统计局编。中国统计出版社 2004 年出版,16 开,398 页。本书主要收录了西藏自治区 2003 年经济发展的基本情况和主要统计数据。

西藏统计年鉴 2005 西藏自治区统计局编。中国统计出版社 2005 年出版,16 开,416 页。本书主要收录了西藏自治区 2004 年经济发展的基本情况和主要统计数据。

藏文识字手册 参见第 136 页《藏文识字手册》。

藏族历史人物年代手册 黄明信、谢淑婧著。藏汉文对照本。民族出版社 2000 年 12 月出版,32 开,298 页。本书中收录了 1000 多名重要历史人物的生年、卒年、主要功绩、重要著作的年代,其名字按藏文字母顺序编排。一人数名、数人同名的也都作为参见条分别列入藏文拼音字母的各个部分,并附上其地名、教派名、族名、职位名等加以区别。

藏族史大事年表 不著编印者。1963 年 6 月印行,16 开,22 页,油印本。本书记事始自公元 569 年,终于 1949 年 10 月。内容较简。公元纪年后均附帝王年号。

中国共产党西藏历史大事记 中国共产党西藏自治区委员会党史研究室编。中共党史出版社 2005 年出版,32 开,共 2 卷,第 1 卷 526 页,第 2 卷 566 页。本书是中国共产党地方组织大事记系列之一。本书详细记录了 1949 年至 2004 年间中国共产党在西藏的各项工作和成就。

中国民族文化大观:藏族、门巴族、珞巴族 关东升主编。中国大百科全书出版社 1995 年出版,16 开,665 页。本书主要介绍了藏族、门巴族、珞巴族的历史、社会形态、政治法律、经济、风俗习惯、新闻出版、宗教信仰、历法、建筑、名胜、文化交流等内容。本书对每一条目都作了详细介绍和论述,学术性较强,是了解西藏各民族文化的大型工具书。

词藻集 青海民族出版社整理。藏文。有拉萨、德格等刻本。青海人民出版社 1983 年 8 月出版,32 开,157 页。本书原作者是印度学者其美森格,后经夏鲁大译师切军桑波(1444—1527)根据旧译本整理成书,是一部一义多词的同义词典。

儿童正字新编 西藏人民出版社

编。藏文。西藏人民出版社 1978 年 12 月出版，32 开，22 页。本书选录藏文最常用的一些字，将其放在易读易记的句子中加以讲解，使初学者能正确拼写并了解其字义。

法相名数　龙智博编著。民族出版社 1988 年 4 月出版，32 开，322 页。本书主要收录佛学中观论、现观庄严论、律经、论藏以及新旧续部中的各种誓愿、显密宗仪轨、装饰、用具等方面的名数。另外，还收录藏族天文历算、历史、地理等方面的部分名数，共 1530 余条。是藏学研究和阅读藏文典籍的必备工具书。

梵藏汉对照词典　安世兴编著。民族出版社 1991 年 4 月出版，32 开，961 页。本书选词主要依据策仁旺杰编纂的《常用藏梵词典・神奇宝珠项链》，并汇集了《翻译名义集》、《声明要领二卷》等十五六种典籍的精华。

甘露藏　（印度）齐麦僧格著，西藏译师曲迥桑波译。本书是一部一义多名的同义字典，分高等类、地面类、城市类、山类、森林药物类、动物类、人类、国王类等 15 类。

格西曲札藏文辞典　格西曲吉札巴著。汉藏文对照本。民族出版社 1957 年 12 月出版，16 开，971 页。本书编于 1946 年，1949 年刻版印刷。全书收录大小五明的名词术语、词藻、古字及日常用语等约 26000 条。汉译文比较准确，除佛教典籍中所用的术语沿用已有传统译法外，其他词条尽量做到通俗易懂。

古藏文词典　安世兴编著。藏汉文对照。中国藏学出版社 2001 年 7 月出版，32 开，678 页。本书收录 1 万多词条，资料来源于敦煌古藏文资料、《丁香帐》、《藏汉大辞典》、*Tibetan Literary Texts and Documents Concerning Chinese Turkestan* 和《关于新疆的藏文文献集》等。词条按藏文字母顺序编排，有藏汉文注释。附录藏文拼音检字索引。

汉嘉绒词典　黄良荣著。民族出版社 2002 年 3 月出版，32 开，696 页。本书为中国社会科学院民族研究所主编的"少数民族词典丛书"之一。本书是汉文和嘉绒语对照的双语词典，收词条 20000 余，包括部分现代汉语借词，对嘉绒语词条的义项进行了详尽分析。本书的问世，填补了嘉绒语词典出版的空白。

汉藏辞典　黎丹著。民国二十七年稿本。作者字雨民，湖南湘潭人。清末曾办甘肃高等学堂，民国七年（1918）任西宁道官员，与藏民交往。曾与约 10 余名志士设立藏文研究社，学习和研究藏文藏语等。民国二十二年（1933）后，约文人数人自青海赴拉萨，留居数载。著有《藏汉小字典》、《翻译名义集》、《汉藏大字典》、《西藏文法》等书。本书是在以上各书基础上编纂而成的。

汉藏对照成语 民族出版社编译。汉藏文对照本。民族出版社1980年6月出版，64开，966页。本书共分两部分。第一部分是汉藏对照成语，按汉语拼音字母顺序排列，收录汉译藏成语（包括谚语、熟语、典故、固定词组）6200多条；第二部分是藏汉对照成语，以藏文字母顺序排列，收录藏语成语（包括固定词组、熟语、短语、连绵词）2500余条。

汉藏对照词典 西藏人民出版社、民族出版社、青海民族出版社、甘肃民族出版社、四川民族出版社、云南民族出版社协作编纂组编。民族出版社1991年出版，16开，1448页；2002年、2003年出版补充修订本，16开，1771页。本书是在《汉藏对照词汇》的基础上编纂而成的，共收词目80000余条，以现代汉语为主。词条除一般词语外，还收有一些常用文言词语、成语、谚语、名言警句、方言词汇，以及各学科的常用词。所收词语相当一部分出自藏文的翻译出版物。是汉文译成藏文必不可少的工具书。

汉藏对照词汇 民族出版社编译出版。1976年10月出版，32开，1420页。本书共收词目46000余条，词目内容以社会科学方面的词语为主，适当选收工农业生产用语、科学技术术语、部分生活用语、成语、谚语和宗教用语。在此书的基础上，西藏人民出版社、民族出版社等6家出版社合作，增加内容，编为《汉藏对照词典》。

汉藏合璧分解名义大集 青海藏文研究社编。青海省政府民国二十一年（1932）印行，16开，644页，4册。本书是依据黎丹《翻译名义集》扩充编成的。是一部汉藏翻译的中型工具书。

汉藏新词汇 民族出版社编。汉藏文对照本。民族出版社出版，32开。本书是1949年新中国成立后根据当时的需要而收集编纂的第一部汉藏对照词汇类工具书。本书以汉文新词术语和常用词为主。共两集。第一集，1954年5月出版，176页。收汉藏常用词2000余条。词汇来源于各地的出版物。第二集，1955年9月出版，237页。词汇全部收自《中华人民共和国宪法》等第一届全国人民代表大会第1次会议通过的9个基本文件。每条对照词后面都附有标明其出处的符号。除正文外，书后还附有一部分地名、人名、国名及职别等的译音。

汉藏译名大辞典 张煦等编。西陲文化院民国二十九年（1940）出版。中型专业工具书。本书根据《四体合璧文鉴》、《翻译名义集》、《五译辑要》、《西域同文志》、《藏汉药师千佛名》等辞书编辑而成。是民主改革前有较大参考价值的工具书。

汉藏英对照常用词手册 张连生

编著。汉藏文对照本。中国社会科学出版社 1981 年 10 月出版，64 开，478 页。本书共收词目 3684 条，内容是在汉文版《普通话三千常用词表》的基础上补充了藏语常用词，并以汉、藏、英 3 种文字编辑而成的。所收词条按词类编排，意义相近的词排在一起。附汉语词笔画索引、汉语词汉语拼音索引和藏语词索引。

汉藏语汇 张煦等编。西陲文化院民国二十七年(1938)印行。中型工具书。本书系依据多种英藏字典增删加工而成。用汉文查藏文，有详细检索目录。

汉藏字典 李葭亭著。西陲文化院出民国二十七年(1938)印行。作者字伯华，河北丰润人，北京大学毕业，谙熟藏文藏语，民国二十九年(1940)去世。生前编著、译著有《西藏佛教史》、《汉藏对照大乘法相名词小辞典》等。中型工具书。本书收字词数万，是在《四体合璧》、《五体清文鉴》、《五义集要》、《翻译名义集》、《西域同文志》等书的基础上加以增删编著而成。

简明词藻善说之金钥 丹增坚赞著。西藏人民出版社 1988 年根据木刻本出版，32 开，168 页。中型词藻辞书。成书于 18 世纪后期。本书具有分类细致、繁简适当、语词通顺易记、不拘泥于梵文格式且符合藏语文实际等特点。

摄义释文 毛尔盖·桑木旦著。藏文。民族出版社 1995 年 7 月出版，32 开，150 页。本书经过对诸多《俱舍论》注疏的梳理和概括，对《俱舍论》一书作了详细注释。具有较高的参考价值和学术价值。

同音字辨认 西沙·罗哲嘉措著。藏文。青海民族出版社 1994 年 5 月第 2 版，32 开，88 页，修订本。本书是一部辩认字词的工具书，主要特点是：将同音字列于一处，然后分别解释，词句优美，词意准确，文字简练，朗朗上口，易于记忆，也是一本很好的教科书。

五凤苑汉藏字典 高凤西编著。12 卷 6 册，甘肃临潭县新城西大街维遐印局民国三十年(1941)七月石印本。作者甘肃临潭县人，曾任卓尼司令部文书，学习藏文 20 余载，译著甚多。本书取材于藏文《大藏经》，并在参考中外数部藏文字典及有关书籍的基础上编制而成。内容较系统，注解亦详细，在当时颇有影响。

西番馆来文 明成祖朱棣敕撰，不著撰人姓氏。汉藏文对照本。以明清旧抄本传世，今有日本国东洋文库藏本、柯劭忞氏藏本、英国博物馆藏本等。明代西藏奏书。成书于明代。《西番馆来文》乃从《西番馆杂字、来文》析出。本书共 30 封奏文，每封奏文只有 30—50 字，内容均为西藏僧人、法王、国师等按期向明朝所进贡的物品清单和明朝所赐物品清单，以及要求袭替官职和感恩之语。其中有“西番大国师札失坚参”、“大乘法王南渴扎失坚参藏卜”、“四川长河西鱼通宁远等处军民宣慰使司土官扎巴”、“乌斯藏阐化王坚参巴藏卜”、“大宝法王端竹”等人的奏文。1970年，日本松香堂出版西田龙雄所著《西番馆译语研究》一书，收录《西番馆杂字》、《西番馆译语来文》、《西番译语》、《西番馆译语》4种，以原文（汉文）、拉丁文转写（藏文）、日文译文，全文录出，并介绍各种版本、收藏情况，对译文、藏文、语音等进行分析研究，有较高学术水平，可参照。

西番馆杂字 明成祖朱棣敕撰。不著撰人姓氏。汉藏文对照本。有日本东洋文库藏本，英国博物馆藏本等。明代西藏辞书。成书于明代。本书从《西番馆杂字、来文》中析出。有广、略两种版本。广者设20类：天文、地理、时令、人物、身体、宫室、器用、饮食、衣服、声色、经部、文史、方隅、花木、鸟兽、珍宝、香药、数目、人事、通用，共740个字词。略者设16类：天文、地理、时令、人物、身体、器用、饮食、衣服、声色、经部、文史、花木、鸟兽、珍宝、香药、数目，共224个字词。本书分上、中、下3行，上行藏文黑体，中行汉文，下行为汉文音译。是研究古代藏语、语音、方言的重要史料。

西番译语 不著撰人。藏汉文对照本。清乾隆五十九年（1794）石门马氏大西山房龙威秘书刻本，为《龙威秘书》9集之第4、第5册，《荒外奇书》6种之一。本书为词汇分类辞典，内设天文、地理、时令、人物、身体、宫室、器用、饮食、声色、文史、方隅、花木、鸟兽、珍宝、香药、数目、人事等门类，共103页，约790个字词。藏文在上，汉文在下；藏文为黑体，书法极差，有些字难以辨认。每一字词均有音译，记录了当时藏文的发音，是古藏语语音学研究的重要史科，有较高史料价值，为研究古藏语发音不可缺少的参考依据。

西域尔雅 （清）王初桐编著。国学图书馆民国八年（1919）出版石印本，民国十八年（1929）出版线装影印本。成书于嘉庆元年（1796）。清代多种民族语词汇集。本书共收词13000余条，都是从《西域同文志》、《西域图识》、《西域闻见录》等书中选出，按《尔雅》分篇的体例作19篇汇类释义。对蒙古、哈萨克、维吾尔、柯尔克孜、藏等不同民族语言的词头均有汉字对音，并用汉文说明语种和释义。为研究西域民族语言文字的重要资料。

西域同文志 全称《钦定西域同文志》。傅恒（1720—1769）等奉敕编撰。满、汉、蒙、藏、托忒蒙古、维吾尔文6种文字对照本。以刻本传世，24卷。成书于乾隆二十八年（1763）。为人名地名辞书。傅恒是清代大学士。本书卷首附乾隆《御制西域同文志序》和傅恒等人的告成奉表。全书内容按地区编排，主要包括新疆（为天山南北两路）、青海和西藏地区的地名、山名、水名及各地上层人物名、官名、高僧大德名。每一名称均用6种文字标明，注有汉字“三合切音”，并用汉文注释其语源、含义、转音、地方沿革、地理位置、人物世系和简历等内容。为研究中国西域地区地理、历史、少数民族语言文字的重要参考书。

贤者喜闻 仁蚌·阿旺吉扎著。西藏人民出版社1983年出版，32开，438页。本书是一部偈颂体的分类词藻饰词典，共收词目1325条，分为善趣（天界）、地上、地下、综合等4大类。

现代藏语藏英辞典 （美）梅尔文·戈尔茨坦主编，才仁多告、扎西、丘登·戈尔茨坦、杨和晋、央金等编。1975年出版。“喜马拉雅丛书”第二辑第九种。中型辞书。本书共收入现代藏语词目40000余条，书首有藏语构词法和藏语语法说明。是一部实用性很强的现代藏语词汇工具书。

新编藏汉小辞典 杨质夫编。青海藏文研究社民国二十一年（1932）出版，2册。本书收词5000条，以实用词汇为主，佛学术语较少。汉、藏文检索方便。

新编藏文字典 本书编写组编著。藏文。青海民族出版社1979年6月出版，32开，887页。有1989年6月根据原版出版的64开缩印本，由山木旦主编。本书是为中学和小学高年级学生编写的学习藏语文的工具书，收入常用单字、单词（包括单音节的和多音节的）、原始词约6800个，后成词约500条。本书吸收了口语中部分有生命力的词汇。字词释义浅显易懂。单字、单词一般都注明了词性，动词的分类较为细致。书中结合字词释义，还扼要地讲解了藏文文法基础知识。

异名集 傅湘编。藏文。西藏人民出版社1986年6月出版，32开，212页。本书按藏文字母顺序编排，收入藏文“异名”3300条。

语灯论详释 贝康译师著，丹增坚赞注释，贡桑南杰补注。藏文。民族出版社1989年10月出版，32开，539页。《语灯论》原文著于16世纪，是藏文辞书中较为著名的一部，历来有诸多的译本。本书是根据丹增坚赞的注释和其他多种《语灯论释文》，由贡桑南杰对《语灯论》本颂所作的注释。

御制同文韵统 简称《同文韵统》。允禄（康熙十六子）奉乾隆皇帝之命监纂，由章嘉呼图克图（名若自多吉，为章嘉三世，1717—?）纂修，刘统勋（1720—1804）等汇纂。刻本，共6卷。成书于乾隆十五年（1750）。本书是用满汉两种文字翻译并拼写梵文和藏文经咒的文字学音韵学著作。卷首附乾隆《御制同文韵统序》和允禄等人的奏本。主要内容包括梵文字母谱、梵文音韵翻切配合字谱、西番字母配合字谱、梵藏文阴阳字谱、大藏经典字母同异考、华梵字母合譬谱。各卷前后均有说明和诠释。其中卷一和卷六为全书主要部分。卷一中所增10余个满文新字母，以解决满文字母之不足。卷六用梵文字母、藏文字母、满文十二字头同"三十六字母"及等韵"四呼"作比较对照，说明字音的原理。在反切的改良、字母和等呼的论述方面，对研究音韵学有较高价值。

御制五体清文鉴 清代官修。满、藏、蒙、维、汉5种文字对照本。大型分类辞书。成书于乾隆年间。现存精写本。民族出版社1957年据写本影印出版。原写本共6函36册，收词18000余条，按卷、部、类、则编排。本书分正编和补编两部分。藏文注有满文切音对音。其内容丰富，篇幅浩瀚，为中国民族辞书史上的巨著，具有史料价值和实用价值。1990年，青海民族出版社出版从该书中辑录出的《御制五体清文鉴·汉藏文鉴专辑》。

御制五体清文鉴·汉藏文鉴专辑 古文义、马宏武、冯迎福摘编。汉藏文对照本。青海民族出版社1990年5月出版，32开，648页。本书是根据民族出版社1957年11月影印出版的《御制五体清文鉴》摘编而成，原书成书于清乾隆年间（1736—1795），是一部满、藏、蒙、维、汉5种文字对照的大型分类辞书。此次出版订正了原书汉藏文中古时通用而现已不常用的生僻字和明显的错字，将原书第3册末尾的"补编"部分按其分类纳入正文，删去原书中的"函卷部"和"分则"等标题，把藏汉对照改排为汉藏对照，采用简化字。本书分229类，共收约12600字、词。

藏汉词典 西北民族学院藏文教研组编。甘肃人民出版社1981年10月出版，32开，968页。本书共收词目25400余条，词目按藏文字母顺序排列，注释以汉文为主。

藏汉词对勘 张煦等编。汉藏文对照本。西陲文化院民国二十七年（1938）印行。小型辞书。本书依据英人贝尔《西藏语法》中的会话部分和其他资料汇编而成。收300句会话，每句藏文都有汉译文和字意。

藏汉词汇 才旦夏茸著，青海人民出版社译。青海人民出版社出版，16开，1955年12月出版，上册602页；1957年6月出版，下册357页。本书是一部小型的藏汉对照词汇工具书，按藏文字母顺序排列，由正编、补编、释难3个部分组成。上册包括正编和补编，其中补编为藏文动词时态表；下册是对疑难字词的详细解释。

藏汉大辞典 张怡荪主编。藏汉文对照本。民族出版社1985年7月出版，16开，3294页，上、中、下3册。又有1993年12月出版的32开单册和上下册缩印本。本书是一部百科综合性藏汉双解辞书，全书共收词目53000余条。内容包括政治、哲学、宗教、历史、地理、经济、文学、藏历、藏医、藏药，以及藻饰词、官厅术语、藏族地区习俗、手工生产、器用服饰、工艺建筑、赋税差徭、租赁借贷行话等。其中佛学词汇收集较为系统。注释文字为藏汉文对照。附民俗、建筑等照片多幅。

藏汉对照常用词汇 西藏民族学院预科藏文教研组编。藏汉文对照本。四川民族出版社1980年6月出版，32开，941页。本书选录藏语基本词汇约3000条，派生词语约25000条。所收词目，包括词、词组、成语、谚语等，以基本词为主；根据藏文字母顺序，按同音类别排列，藏汉文互译。附《藏文查字表》。

藏汉对照常用合称词词典 贺文宣、窦存琦编。青海民族出版社1987年8月出版，32开，899页。本书是全国藏文辞书中最权威的一种。本书共收录古典藏文著作中约定俗成的并含一定数字的合称词语2113条。内容包括政治、经济、教育、文学、艺术、语言、文字、历史、宗教、医学、天文等方面。其排序按所含数字的大小依次分部排列，第35字部以后的词条合为一部。

藏汉对照拉萨口语词典 于道泉主编，傅家璋编，土丹旺布校订。藏汉文对照本。民族出版社1983年10月出版，32开，1077页。本书收词29000余条。书中以藏文正字为主要词目，附有藏语口语拼音；词目后标有拉萨话拉丁注音。

藏汉双解常用藏族谚语词典 高炳辰编译，多吉杰博校订。甘肃民族出版社1993年出版，32开，569页。本书共收词3300多条，30多万字。主要特点有：内涵丰富，较全面反映了藏族谚语的内容；释文采用藏汉文，简明扼要，通俗易懂；对难词难句和典故均有较详说明；译文方面，保持了藏族谚语的民族风格和语言特点，条目翻译基本为直译；一些语义相同或相近的汉族谚语，作为语言对比，在有关条目的译文中作了引用介绍，对加深理解和灵活应用藏族谚语很有裨益。是了解、学习和研究藏族谚语的重要工具书之一，对民俗学研究者也有一定的参考价值。

藏缅语族语言词汇 黄布凡主编。中央民族学院出版社1992年12月出版，16开，724页。本书分词汇和语音两部分。词汇为主要部分，汇编了40种(加方言共51种)藏缅语族的常用词1822条。每条均有汉义、英译、拉丁转写或国际音标注音。词汇按词类并兼顾意义排列，对词义有差异者作了一定注释。语音部分简介了各有关语言(方言)点的音位系统和各语言的分布、使用人数、方言划分、有无文字等情况。

本书中有关藏语部分收入了藏文正字即书面语、拉萨方言、巴塘方言、夏河方言、阿力克方言，其简介有藏文拼音结构转写、拉萨话音位系统、巴塘话音位系统、夏河话音位系统、嘉绒语音位系统及方言分布。附汉语和英语词语序检索及藏缅语族语音词汇数据库简介。本书为藏缅语族大型词书，为进行汉藏语系语言的历史研究提供了必不可少的资料，是研究中国少数民族语言的重要参考书之一。

藏文辞典　索郎降村著。藏文。西藏人民出版社 1980 年 5 月出版，1990 年 12 月出版修订本，32 开，911 页。本书是一部以词语为主的通俗藏文辞典，收录藏文常用词 15000 余条，词条依照藏文字母顺序排列。所收词目包括成语、谚语、生活用语、异名词语和部分古词语。是一部适合中小学生和具有同等水平的较理想的工具书。

藏文动词词典　李永昌编。藏文。民族出版社 1988 年 5 月出版，32 开，641 页。本书是从《藏汉大辞典》中选藏文动词时态而编成的词书。共收动词词目 2730 条，其中主条（现在时）1630 条，副条（过去时、未来时、命令态及异体字）1100 条；词目按照藏文字母音序排列。每条动词除词解外还附有例句。是准确使用藏文动词时态的必备工具书。

藏文—拉丁文词典　（法）弗朗索瓦·玛利、（意）阿斯科利·古瑟普编。作者于 1706 年抵达拉萨，并在拉萨编辑本书。本书手稿已佚失，未能正式出版。意大利神父法诺弟多米尼科于 1709 年到拉萨，以《藏文—拉丁文词典》为基础于 1712 年编辑完成《藏拉词典》。《藏拉词典》的部分手稿今存巴黎国家图书馆，共 41 页，规格为 22.5 厘米×35.5 厘米，羊皮封面。前 4 页为《如何认识和朗读大西藏或博坦德书籍的藏文字母和文字》，其余 37 页是词典正文，共收 2538 条，有拉丁文注音和解释。《藏拉词典》是迄今所知第一部欧洲人编纂的藏文词典，虽未正式出版，但对后世藏族文化在欧洲的传播有很大作用。

藏文缩略语词典　贡保旺杰著。藏文。四川民族出版社 1988 年 4 月出版，32 开，562 页。本书根据《正字学》、《总称释义之海洋》、《总称释义》和《圣言宝藏》等著作编纂而成。

藏文缩写字典　安世兴编。四川民族出版社 1994 年 9 月出版，32 开，226 页。本书收录手写体的藏文缩写词目 2000 余条，按藏文字母顺序排列。

藏文正字　格西季美当取编。藏文。民族出版社 1956 年 11 月出版，32 开，150 页。本书第 1 版书名为《藏文字汇》，1956 年再版时更名为《藏文正字》，再版时由喜绕嘉措做了校订，并附校后记。样坚绕白嘉措著。藏文。甘肃民族出版社 1981 年 6 月出版,32 开,49 页。小型常用词汇工具书。

藏文正字法 桑热嘉措编。藏文。青海民族出版社 1982 年 8 月出版,32 开,73 页。本书是按藏文字母音序编排,用格律诗形式写成的藏文正字词汇。

藏文字典 同此书名的字典有 3 种:1. 法人古德诺著《藏文字典》,1934 年在香港出版。作者久居西藏芒康县盐井法国教堂,通中、英、藏、法等语,有《旅居藏边三十年》等著述。2. 英人查理·贝尔著《藏文字典》,1918 年成书。作者还有《英藏字典》等多种有关西藏的著述。3. 英人达斯著《藏文字典》。

藏文字汇 格西季美当取编。藏文。民族出版社 1954 年 3 月根据甘南藏族自治州兜率法轮寺木刻版整理出版,32 开,145 页。1956 年再版时更名为《藏文正字》,且由喜饶嘉措作了校订,并附校后记。本书中收录几千个藏文基本字根,并用基本字根组成的词、复合词或短语来表明其用法,对少数较难的词加有简短的解释。

藏意词典 (法)本纳·毕迪德郎斯科·奥拉济奥编。作者于 1716 年抵拉萨,1754 年离藏,精通藏语文和佛学。本书为藏文和意大利文双向检索词典,收 35000 个条目。有 3 种稿本:1. 规格 31×16.5 厘米,382 页,38 行。2. 规格 27×20 厘米,850 多页。3. 规格 34×19 厘米,430 页。其中部分稿本内容为多人参与编写的抄本。本书是根据《藏文—拉丁文词典》编写的,是迄今所知第二部由欧洲人编纂的词典。

藏英词典 斯罗埃塔、约舒亚·马舒曼、威廉·加勒等人编。印度加尔各答的塞兰姆堡印刷所 1826 年印行,516 页。本书根据《藏意词典》编写,共收 27000 个条目。附录藏文文法概述和本书编写情况等。本书比匈牙利藏学家乔玛所编的《藏英词典》早 7 年。

藏英汉对照小词典 哲伦·旺多编。民族出版社 1994 年 10 月出版,32 开,182 页。本书收录藏族日常生活词汇、宗教词汇以及历史书籍中的词汇条目共 2000 余条,按藏文字母顺序排列。

藏语成语集 马进武编。藏汉文对照本。青海民族出版社 1985 年 6 月出版,32 开,415 页。本书共辑录藏语成语 1800 余条,按藏文字母顺序编排条目。附录《汉译成语条目索引》。

藏语敬语词典 索朗多吉等编译。藏文。民族出版社 2005 年 12 月出版,32 开,419 页。本书收录藏语敬语词汇 5500 多条。

藏语象雄语辞典 尼玛扎巴著。1965 年在印度出版。作者为印度德里苯教协会成员,也是西藏的苯教活佛。本书内容为:1. 象雄语与藏语词汇对照。2. 佛教年表。3. 佛历状况。4. 九世大师出现的情况表。5. 象雄及其周围的地图 2 幅。为研究象雄语的重要工具书之一。

藏族大辞典 丹珠昂奔等主编。甘肃人民出版社 2003 年出版，16 开，1130 页。本书是在《藏族传统文化辞典》基础上经过补充完善编辑而成。共收条目 4400 余个，按汉语拼音顺序排列，有藏文条目。附大事记。

藻饰词汇 普珠著。藏文。西藏人民出版社 1997 年 5 月出版，32 开，370 页。本书主要收录了语言、文学、宗教等多方面的藻饰词汇共 18000 余条，实词异名按藏文字母顺序分部排列。是一本藏学研究者、写作爱好者及翻译工作者的必备工具书。

藻饰词论·智者耳饰 仁布·阿旺久札著，刘大林注译。藏文。民族出版社 1985 年 11 月根据西藏拉萨雪印经院木刻本注译出版，32 开，784 页。本书是一部偈颂体藻饰词分类词典。分为善趣（天界）、地上、地下、综合等 4 大类。本书除偈颂体原文部分外，还附有按藏文字母音序编排的藏汉合璧藻饰词部分。另附有藏汉对照四季名藻饰词、藏历月份名藻饰词、日期名藻饰词、七曜名藻饰词、二十八宿名藻饰词、数字名藻饰词、藏历公历中国历史纪年表等。

正字初学 阿尊良迺巴著。藏文。四川民族出版社 1958 年 7 月出版，32 开，49 页。藏文常用字字典。

正字法及其注释 白康著，丹增坚赞注。藏文。西藏人民出版社 1980 年 5 月根据四川德格木刻整理出版，32 开，191 页。藏文常用字字典。本书由正文和注释两部分组成。正文成书于 16 世纪，后人丹增坚赞作注。本书与《正字学详解》为同一书，作者“华康”（安多语音）就是“白康”（拉萨语音）。

正字歌诀 萨班·贡噶坚赞著。藏文。青海民族出版社 1980 年 4 月出版，32 开，27 页。藏文常用字字典。本书用简明易懂、顺口易记的语句介绍了藏文字母拼写、词语等方面的基础知识。

正字学 桑热嘉措著。藏文。青海人民出版社筹备处 1954 年 3 月印行，同年 4 月印行修订版，32 开，58 页。本书按照藏文字母音序排列，汇集部分藏文常用字。

正字学详解 又名《语灯论》。华康著，旦增坚赞注。藏文。青海民族出版社 1957 年 11 月出版，32 开，163 页。成书于 1538 年，是藏族地区流传最广的一部著名藏文正字辞书。旦增坚赞曾对《语灯论》作了详尽的解释。

智者语饰——藏文字词概述 阿旺丹达著。民族出版社 1980 年 9 月根据青海塔尔寺刻版整理出版，32 开，43 页。藏文常用字词辞书。本书对藏语文的字、词、句等作了简明的论述。

常用藏文数学词典 宁武甲主

编。藏文。中国藏学出版社1999年12月出版,32开,773页。数学专用词典。本书收录了算术、初等代数、平面几何、立体几何、平面三角、平面解析几何、空间解析几何、高等代数、数学分析等方面的词目,以及一些藏传天文历算方面的词目,共计3300余条。释义采用翻译与解说相结合的方式,基本上做到既规范准确又通俗易懂。

佛教大辞典 任继愈主编。江苏古籍出版社2002年出版,16开,1478页。本书收录了大量与藏传佛教相关的内容。

佛学词典 王沂暖主编。青海民族出版社1992年7月出版,16开,915页。本书收词12000条,资料来源于《藏汉大辞典》、《青史》、《红史》、《格西曲札藏文辞典》等。

汉藏对照词典:医学 顿珠编著,西藏自治区藏语文工作指导委员会办公室审订。西藏人民出版社1994年1月出版,32开,445页。本书以西医词汇为主,收录11000条西医学、中医学、藏医学教科书中有关人体解剖生理、病理、药理、临床治疗等方面的常用医学词条。

汉藏集论词汇 张煦等编。汉藏文对照本。西陲文化院民国二十七年(1938)出版。佛学工具书。本书主要收入藏译本和汉译本中的佛教专门术语。为研究藏传佛教的重要辞典之一。

汉藏双解经济辞典 高瑞等编。藏文。民族出版社1997年12月出版,32开,679页。本书词目按汉字笔画顺序编排,内容包括政治经济学、国民经济计划管理、农业经济、工业经济、商业经济、对外贸易、交通运输、邮电、财政、财务会议、金融、统计及世界经济等13大类,共收词目6000余条。

汉藏英对照化学词汇 青海师范大学理科藏文教材编译组编译。青海民族出版社1994年12月出版,16开,188页。"汉藏英对照科技词汇丛书"之一。本书根据自然科学名词审定委员会首批公布的汉文词汇编译而成,分无机化学和有机化学两部分,共收词目5100条。

汉藏英对照物理学词汇 青海师范大学理科藏文教材编译组编译。青海民族出版社1994年12月出版,16开,209页。"汉藏英对照科技词汇丛书"之一。本书根据自然科学名词审定委员会首批公布的汉文词汇编译而成,分力学、热学、电磁学、光学和原子物理学5部分,共收录4000多条词目。

汉藏藏汉美术词典 丹巴绕旦、阿旺晋美编著。西藏人民出版社1998年出版,32开,390页。本书收词2000余条,分汉藏、藏汉词汇两大部分,其中中国美术与西方美术部分内容用汉藏文编排,而藏传美术部分则用藏汉文编排,便于使用。词汇内容包括:一般知识、中国美术部分(陶器、青铜器、壁画、雕塑、流派、画家、绘画作品、画论、书法、书法家、篆刻、技法、材料、工艺美术)、外国美术部分(建筑、雕塑、版画、流派、画家、雕塑家、绘画作品、美术陈列馆、技法)、藏族美术部分(一般知识、画家、画论、唐卡壁画作品、重要作品收藏之寺庙、宗教美术词汇、雕塑家、流派)等,词汇解释通俗、易懂、翔实。

民族词典 陈永龄主编,本书编委会编。上海辞书出版社 1987 年出版,32 开,1370 页。中型专科词典。本书共收词目 9000 多条,内容包括民族政策、民族史、民族语言、宗教、风俗等。其中有关藏族宗教、历史、民俗、军事等方面的条目均为有代表性的,但收录范围不广。本书注重政治性、科学性、知识性、稳定性和简明性的统一。是民族工作者必备的工具书。

青藏高原兽医用药材汉藏对照词汇 青海民族事务委员会语言文字办公室编。汉藏文对照本。民族出版社 1997 年 10 月出版,32 开,480 页。本书是一部以青藏高原常用的兽医用动植物药类为主的小型综合性汉藏对照词典。总收词 7000 余条,收词范围主要是动植物类,并兼收了主词目的异名、别名、植物名等作为参见条。

生物学汉藏对照词典 琼次仁、罗布编译。西藏人民出版社 1992 年 2 月出版,32 开,263 页。全国藏文教材审定委员会审定。本书是根据藏区民族中学、师专藏文理科教学的实际需要而编写的,收有植物学、微生物学、生物化学、分子生物学、生态学、遗传学等方面的专业词汇 5000 多条。

西方哲学辞典 仲布·次让多吉著。藏文。民族出版社 1995 年 5 月出版,32 开,260 页。本书是一部介绍西方哲学的藏文工具书,其内容包括哲学类、其他学科类、名词部分、哲学家、哲学派别、名著类、哲学史、英汉藏哲学名词对照等 8 大类。

西藏历史文化辞典 王尧、陈庆英主编。西藏人民出版社、浙江人民出版社 1998 年 6 月出版,16 开,436 页。国家“九五”重点图书出版规划项目。本书共收词目 790 条,历史图片 144 幅。本书内容以历史文化为重点,同时兼顾藏族宗教、艺术、文学、天文、医学和民俗等领域;涉及的地域以西藏自治区为主,并兼顾青海、甘肃、四川、云南各省藏区以及北京、河北、陕西、浙江等地与西藏历史文化相关的内容。所收词条基本反映了近年来在藏学各科研究中所取得的最新成果。词条内容考证严密,行文言之有据,凡存疑者诸说并存。多数词目附有相应的藏文原文(拉丁文转写)或与其相关的梵文、巴利文转写。历史纪年统一用公元纪年。人名、地名在尊重约定俗成的提法的前提下,力求统一。附有《西藏历史文化大事年表》、《吐蕃王朝赞普世系和历辈达赖》、《班禅世系表》等16种。本书内容系统、全面，资料翔实，是一部全面而系统地反映藏学研究重要成果的学术性专业辞典。

西藏史地常用名词释义 刘家驹著。印本，并载于《中国边疆》。本书分宗教、政治、经济、社会、人名、地名6类，有600余条目。词目多系音译，注释详明。

雪域历代名人辞典 郭须·扎巴军乃、嘉娃·罗桑开珠编著。藏文。甘肃人民出版社1992年12月出版，32开，1929页。本书收录政治、经济、文化、教育、科技、医学、藏传佛教、苯教等方面的著名人物2000余人，时间上限为公元前417年，下限为1965年（西藏自治区成立）。人名按藏文字母顺序排列。

藏汉对照丹珠尔佛学分类词典 民族出版社编。民族出版社1992年12月出版，32开，382页。本书收有9000多词条。词目是从藏文大藏经《甘珠尔》中选编出来的。

藏汉佛学词典 《藏汉大词典》编写组编写。四川民族出版社1993年出版，32开，2087页，上下册。本书收录佛学术语、法相名数、典籍名称、"人天佛"名、寺庙名称、佛物法器等6个方面的词目10272条。词目主要来源于《藏汉大词典》。

藏汉佛学词典 王沂暖主编，西北民族学院民族研究所编。青海民族出版社1986年8月出版，32开，534页。本书共收词条3781条，内容主要包括藏传佛教教义、著名高僧大德、寺院圣迹、法器、部分著名佛学著作等。词条和释文均为藏汉合璧，以藏文字母顺序排列，查阅方便。本书是在《藏汉大辞典》基础上编写的。本书以汉文注释为主，对能用藏文注释的词条注释了藏文。

藏汉历算学词典 《藏汉大词典》编写组编。藏汉文对照本。四川民族出版社1985年9月出版，32开，236页。本书以藏族历算术语为主，兼收少量占算术语，历算中又以时轮历为主，选收部分时宪历中有代表性的术语。藏传时轮历主要根据浦派的解释，词条为藏文，加汉文译名。本书分总类，宇宙构造，计量单位，年代学，3种日，日、月的运动，日、月、食，五星的运动，节气、时刻、历注、异名、占星术，时宪历术语等类编排。附《基本数据比较表》、《藏文字母顺序索引》和《汉文笔画顺序索引》。

藏汉医学词典 《藏汉大词典》编写组编。四川民族出版社1994年3月出版，32开，522页。本书是根据北京民族出版社1985年版《藏汉大词典》中的医学词语选编而成。

藏文动植物词典 衮波等编。藏

文。四川民族出版社1996年出版，32开，241页。本书主要以《辞海》（生物分册）的词目为基础，并收录了《五体清文鉴》、《藏汉大词典》、《汉藏对照词典》、《汉藏词典》、《汉藏名义集》、《汉藏对照数学、物理、化学、生物、生理卫生名词术语》等辞书中的有关条目，共收词目7714条，其中个别条目是新译的，绝大部分都有固有的藏语对应名称。按汉语拼音顺序编排。附藏文字母顺序检索表。

藏医辞典 旺堆编。藏文。民族出版社1982年12月出版，32开，725页。本书是一部新型的藏医辞典，正文按藏文字母顺序排列，所收词汇全部收自《四部医典》等藏医经典和《八支吾义总集》、《月王药诊》等医学典籍。除单词外，还对其他疑点作了引证和注疏。附人体和藏医治疗器械名称的图解。十世班禅大师作序。

藏医数词词典 尼玛次仁编。藏文。四川民族出版社1998年出版，32开，325页。本书前言论述了藏医著作的研究概况，书中有关医学、历算的各类数词均来源于各类藏医著作，每一个条目都有详细注释。是一部藏医学专业词典。

藏族传统文化辞典 谢启晃等主编。甘肃人民出版社1993年12月出版，32开，842页。本书收录关于西藏、青海、四川、甘肃、云南各藏区传统文化的条目3190余条，按照笔画数编排。

宗教词典 任继愈主编，本书编辑委员会编。上海辞书出版社1981年出版，32开，1343页。中型专科词典。本书共收词目6710条，内容包括古代宗教、佛教（包括藏传佛教）、基督教（包括天主教、东正教、新教）、伊斯兰教、道教、中国部分少数民族宗教、中国民间宗教、其他宗教（包括犹太教、琐罗亚斯德教、摩尼教、印度教、耆那教、锡克教、神道教等）等10类。其中有关藏传佛教和苯教的条目有200余条。书首有笔画检字表，书末附有外文译名对照表、汉语拼音索引、分类词目索引等。为研究宗教问题的重要参考工具书。

总称释义 全名《出于显密经典之法门·智者喜宴》。官却·金迈旺布著。藏文。青海民族出版社1983年9月根据木刻版整理出版，1992年8月再版，64开，183页。本书收集了成组、成套的佛学词汇工具书，所收条目来源于佛教显密经典。

（二）社会科学论文集

白马藏人族属问题讨论集 四川省民族研究所编印。1980年内部印行，16开，151页，铅印本。《民族研究丛刊》之二。本书共收1952年至1979年间有关白马藏人的调查报告、探讨文章、资料19篇，书首摘录费孝通的《关于我国民族的识别问题》一文。10余篇文章中,有的根据汉文史料和实地调查结果认为“白马藏人”应为“氐族”,有的认为他们是羌族支系,有的则认为是藏族。其中,以持“氐族”论居多,但持这种观点的人,对各藏区的风俗、服饰、居室、宗教、文字等欠全方位对比研究,仅根据部分汉史、当地人的自愿申报来确定其为“氐人”或“氐族”,论据不充分。1990年以来,在白马藏人地区人们发现了大批藏文写卷,其收藏者中有识其字、能解意的老人。这些写卷的内容、书法、古词等方面的材料可证明写卷当是300—400年前的文献。据有关专家调查,收藏者均是以父传子的形式保存写卷、解读内容。藏族著名学者桑木旦、赞拉阿旺等人对白马藏人的宗教、语言、风俗、服饰、居民生活方式、历史文献作了详细调查和研究,认为白马藏人就是藏族。近年来随着白马藏人地区的藏文写卷及有关材料的被发现,为“白马藏人就是藏族”的观点提供了更加有力的证明。本书中认为白马人为氐族的文章、材料中,其材料、研究方法等有史料价值和参考价值。是研究四川白马藏人的重要材料。

边疆问题论文集 高长柱编著。正中书局民国三十七年(1948)出版,32开,495页。本书分4部分:1.西藏问题。包括西藏政治制度、宗教及其势力分布、清代在西藏的政治设施、西藏军备今昔、经济、文化和对外关系等。2.西康问题。论述康区的社会现况、人民生活、政治及风俗等。3.甘南拉卜楞地区社会近况,有户口、经济、政治、教育、宗教、习俗等内容。4.青海问题。详细论述了青海藏族的分布、佛教与藏族风俗、玉树二十五族的社会现况等。

当代西藏文艺论集 张治维著。民族出版社1995年8月出版,32开,277页。本书收录有《论西藏民族艺术研究的思路》、《略论西藏民族传统文化的特点》、《关于西藏文化发展战略的思考》、《让西藏文学之花开得更艳丽》等20余篇论文和讲话稿。

当代藏学研究的几个理论问题 拉巴平措、格勒主编。中国藏学出版社2002年出版,32开,455页。“藏学前沿问题研究丛书”之一。本书收录论文16篇,内容为西藏的历史、宗教、经济发展、农业发展、语言、书评等。

当代中国西藏人口 国务院人口普查办公室、西藏自治区人口普查办公室编。中国藏学出版社1992年11月出版,32开,562页。本书汇编了“首届中国藏族人口科学讨论会”的论文40余篇,包括西藏藏族人口和四川、青海、云南、甘肃藏族人口两部分内容。

邓少琴西南民族史地论集 邓少琴著。巴蜀书社2001年出版,32开,上册570页、下册565页。本书中收入有关康巴等地藏族史地方面的多篇论文。

端智嘉全集 端智嘉著。藏文。民族出版社 1997 年 10 月出版，32 开。本书共分 6 卷：第 1 卷，诗歌集，收 20 首诗歌；第 2 卷，小说集，收 15 篇，25 万字；第 3 卷，论文集，收 15 篇，25 万字；第 4 卷，译作集，收 12 篇，30 万字；第 5 卷，名著诠释集，收 7 部，30 万字；第 6 卷，散文书信及其他，收 19 篇，20 万字。本书为作者所有著述文章，包括尚未公开发表的部分文稿。

敦煌吐蕃文书论文集 王尧、陈践编。四川民族出版社 1988 年 4 月出版，32 开，423 页。本书共收入 16 篇论文、20 篇译文，其中部分文章曾载于有关藏学刊物。本书为作者近 10 年间的研究成果，涉及吐蕃时期的宗教、社会经济、民族关系、语言文字、占卜、伦理道德、兽医、驯马等方面的内容。这项研究成果当属当代敦煌吐蕃文书研究方面的突出者。附 423 页藏文原文，便于研究者直接阅读原件。本论文集和《敦煌本吐蕃历史文书》、《敦煌吐蕃文献选》、《敦煌本藏文文献》3 书，实际上已成为研究敦煌吐蕃文献的系列著作。

风雨西藏情 陈家琎著。中国藏学出版社 2000 出版，32 开，487 页。个人文集。本书内容涉及解放军守边建藏、军民鱼水情、西藏社会新貌、藏族传统文化、自然风情、民族关系等，真实地记录了西藏社会各个方面的历史变革。

高校藏语文教学改革论文集（一） 山夫旦主编，西北民族学院藏语系、西北民族学院西北藏学研究所编。藏文。民族出版社 2001 年出版，16 开，211 页。本书是“面向 21 世纪高校藏语文专业教学改革研讨会”论文集，收入多识、山夫旦等学者的藏文论文 16 篇和道吉仁钦等人的汉文论文 13 篇。

耕耘与收获：藏文《格萨尔》精选本出版评论集 民族出版社藏文室编著。民族出版社 2001 年 12 月出版，16 开，245 页。本书是有关评论《藏文〈格萨尔〉精选本》的论文集。

关于西藏问题文选（第一辑） 人民日报社编印。1959 年印行，32 开，75 页。本书汇编了 1949 年至 1959 年间的各种有关西藏的文件和资料，以及研究西藏社会问题的文章。

光辉的历程 西藏自治区政协文史资料委员会编写。民族出版社 1996 年出版，32 开，350 页。本书是纪念西藏自治区政协成立 40 周年、西藏民主改革 40 周年的纪念册。本书收录 51 篇文章，内容分政协成立 40 周年、民主改革 40 周年和专题性文章 3 种：1. 西藏政协 40 年来的工作经验成就、理论探讨和对未来的展望。2. 民主改革 40 年来农牧业、经贸、科教、文艺、交通、建筑 、医药、体育等诸方面的历史性变化和民主改革的历史意义。3. 在抗灾救灾、重建家园等方面的情况。本书所记均为作者“亲历、亲见、亲闻”之事，是西藏人民艰苦奋斗40年的真实写照。

国外敦煌吐蕃文书研究选译 中国敦煌吐鲁番学会主编。甘肃人民出版社1992年10月出版，32开，399页。本书收录《吐蕃的鸟卜》、《景教和摩尼教在吐蕃》、《生死轮回史》、《干支纪年法在吐蕃的应用》、《列宁格勒东方研究院所藏敦煌吐蕃文献》等12篇译文。

国外敦煌吐蕃文书研究选译 中国敦煌吐鲁番学会编。甘肃人民出版社1992年出版，32开，399页。本书收录了《吐蕃鸟卜》、《景教和摩尼教在吐蕃》、《8世纪吐蕃官员呈文》等20多篇敦煌吐蕃文献研究的论文。

国外藏学研究译文集(第一辑) 沈卫荣等编选。西藏人民出版社1986年10月出版，32开，369页。本书是有关藏学的译文集，内收《西藏古代史研究》、《吐蕃统治的敦煌》、《吐蕃在中亚的活动》、《释：七—九世纪吐蕃帝国的行政单位》、《白居易致吐蕃当局书》、《吐蕃与宁、蒙的关系》、《松巴堪布〈青海史〉译注》、《西藏艺术》、《一九四九年以前的拉萨"街谣"》等12篇译文。

国外藏学研究译文集(第二辑) 史卫民等编。西藏人民出版社1987年3月出版，32开，373页。本书是译文集，内收《吐蕃王朝政治史》、《公元九世纪前半叶吐蕃王朝之"千户"考释》、《吐蕃编年史辨析》、《有关吐蕃僧诤会的藏文文书》、《"四天子理论"在吐蕃的传播》、《西藏古代史研究》(连载二)、《拉达克石刻录》、《八思巴上师遗著考释》、《元朝统治下的西藏人》、《元代藏族政治家——桑哥》、《五世噶玛巴以及西藏和明初的关系要略》、《〈苯教史〉选译》(二)、《老工夹布仪礼考》、《藏医——理论与实践》等15篇译文。

国外藏学研究译文集(第三辑) 沈卫荣等编。西藏人民出版社1987年6月出版，32开，385页。本书是译文集，内收《敦煌藏文写本综述》、《〈敦煌吐蕃文献选〉第二辑序言及注记》、《新发现的吐蕃僧诤会汉文档案写本》、《忽必烈可汗的第一任西藏总督》、《天喇嘛益西沃的〈文告〉》、《论五世达赖喇嘛的地位——其册文和封号的浅释》、《书评》、《〈西藏的鬼怪和神灵〉再版导言》、《西藏的鬼怪和神灵—比较宗教学研究》、《七、八世纪希腊医学传入吐蕃考述》、《西藏医脉学诊断》、《西藏的妇女地位》、《珠穆朗玛峰的名称问题》、《古典藏文 Rgod-G-yun 考》、《乌瑞著作编年目录》等18篇译文。

国外藏学研究译文集(第四辑) 王尧主编，耿昇等译。西藏人民出版社1988年8月出版，32开，394页。本书是译文集，内收《〈汉藏史集〉初释》、《关于西藏萨满教的几点注释》、《西藏的苯教》、《敦煌吐蕃文书中有关苯教仪轨的故事》、《载乌玛保及其他"赞"系神魔》、《"钥匙"中有关孔子对话的记述》、《西藏的三组女神》、《西藏的金矿》等 8 篇译文。书前有译者的话，书后附《国外藏学研究译文集》第一至第四辑总目。

国外藏学研究译文集（第五辑） 王尧主编。西藏人民出版社 1989 年 8 月出版，32 开，558 页。本书是译文集，内收《赞普天神之子达磨及其后裔的王统世系述略》、《新疆发现的吐蕃文书中记载的吐蕃军队》、《有关公元 751 年以前中亚史的藏文史料概述》、《藏人使用汉族甲子纪年法的早期例证》、《西藏苯教徒的丧葬仪式》、《巴黎吉美博物馆藏叙述敦巴·辛饶生平的唐卡》、《西藏的占卜术》、《西藏的战神》、《“黑头矮人”出世》、《西藏〈甘珠尔〉（佛语部）历史释》、《丽江版的藏文〈甘珠尔〉》、《论预言文献——“绛布”》、《藏医学基础》、《笺注〈卫藏圣迹志〉》等 14 篇译文。

国外藏学研究译文集（第六辑） 王尧主编。西藏人民出版社 1989 年 10 月出版，32 开，570 页。本书是译文集，内收《吐蕃国号与羊同位置考》、《〈吐蕃王统纪年〉中一个源自〈史记〉的段落》、《〈苯教九乘〉导论》、《〈王统世系明鉴〉的作者和成书年代》、《香巴噶举：一支鲜为人知的藏传佛教宗派》、《于阗语中的藏文借词和藏语中的于阗文借词》、《论西藏宗教音乐的起源》、《西藏的宗教舞蹈“羌姆”向中亚的传播》、《五世达赖喇嘛的肖像》、《西藏的牦牛与西方的施行家和自然科学家》、《意大利藏学家杜齐的生平及其著述》、《塔尔寺纪实》、《西藏护法的神的分类、形貌和标志》、《西藏的天气咒师及其仪式》、《巴尔蒂斯坦简介》等 18 篇译文。

国外藏学研究译文集（第七辑） 王尧主编。西藏人民出版社 1990 年 10 月出版，32 开，309 页。本书是译文集，收录了《古藏族中的一个语义群》、《几条关于藏文词汇的笔记》、《关于克主杰的地方语和方言的研究》、《704—705 年的吐蕃王位继承》、《吐蕃历史地名聂尼塔波考释》、《唐蕃会盟考》、《〈奈巴教法史〉考》、《达摩多罗考》、《古代吐蕃和于阗的一种特殊密教论述法》、《藏传佛教的发展》、《西藏的神灵和鬼怪》、《农奴及其流动性——对西藏传统社会中“人役税”制度的考察》、《有关吐蕃佛教起源的传说》等 15 篇译文。

和平解放西藏五十周年纪念文集 张羽新主编。中国藏学出版社 2001 年出版，32 开，387 页。本书收录有关西藏和平解放的纪念文章和论文。

纪念理查森西藏研究论文集 迈克尔·阿里斯等编。1980 年在英国出版。理查森即休·爱德华·理查森（又译理查逊或黎吉生），英国人，在西藏 14 年，1950 年离开西藏。理查森关于西藏的论著较多。本书是 1979 年在中津大学举行的西藏研究国际学术讨论会的论文汇编，收入论文 45 篇，书首有阿里斯写的序言和理查森为自己的著作写的提纲。论文内容有关于民间文学的调查和研究、藏医原理与实践、铸造技术、建筑研究、人口调查、宗教和历史等。是一部价值较高的藏学参考书。

纪念乔玛学术讨论会文集　匈牙利科学院编。1978年出版。本书是首届纪念乔玛学术讨论会(1976年9月24日至30日在匈牙利召开)的论文汇编,收入有关藏学、蒙古学等方面的论文41篇,其中有藏学界知名人士的大作,如:格札·贝思伦法尔维的《乔玛在拉达克》、比肖夫的《莲花生是一本传记吗?》、张琨的《印—藏语比较语言学中藏语的作用》、海西希的《作为救世主的格萨尔汗》等。

近代藏事研究　喜饶尼玛著。西藏人民出版社、上海书店出版社2000年7月出版,32开,391页。本书收入作者近20年来对近代西藏社会历史研究所撰写的具有代表性的论文31篇和17个附录,书中通过《民国初年拉萨动乱及中央与西藏地方的关系》、《民国时期的西藏地位刍议》、《略谈藏族人民对祖国抗日战争的贡献》等论著,把近代西藏社会的历史发展作了比较全面的论述,具有较高的学术价值与现实意义。

拉萨藏学讨论会文选　西藏人民出版社编。西藏人民出版社1987年4月出版,32开,419页。本书辑录1985年8月在拉萨召开的藏学讨论会的部分论文和资料,内收《聂尺赞布本是蕃人》、《西藏本教祖师辛饶弥沃且的一生》、《北京法海寺藏族助缘僧人考》、《江孜法王的家族与白居寺的兴建》、《论康区的政教联盟制度》、《浅谈西藏佛教噶居派的特点》、《文学的民族特点与藏族文学》、《藏族文学与藏学研究》、《藏族文化的构成》、《论〈仓央嘉措命运之歌〉的诗史性》等18篇论文。书前有拉巴平措的代序《遵守宪法规定的原则,实行学术自由——拉萨藏学讨论会的启示》一文,书后有《西藏藏学会章程》、《致全区藏学工作者的倡议书》等15篇附录。

李安宅、于式玉藏学文论选　李安宅、于式玉著。中国藏学出版社2002年9月出版,32开,568页。“现代中国藏学文库”之一。李安宅、于式玉都是我国著名的社会学家、民族学家,也是首开我国藏学研究先河的前辈学者,他们一生的学术著作颇多,在国内外学术界影响重大。

李安宅藏学文论选　李安宅著。中国藏学出版社1992年6月出版,32开,309页。本书收录作者于1944年秋至1945年春在西藏进行的半年实地调查的研究报告及其在20世纪40年代撰写的12篇有关藏传佛教的论文。

理论思考与探索　白玛朗杰著。西藏人民出版社1995年1月出版,32开,248页。本书收录了38篇论文,其中包括《社会主义是西藏人民走向繁荣发展的必由之路》、《只有祖国统一西藏才能富强》和《立足西藏条件加快建设步伐》等。

刘立千藏学著译文集·杂集 刘立千著。民族出版社2000年6月出版，32开，222页。作者于1910年生于四川省德阳县，1932年到康定教书，1936年出任根桑泽臣活佛随行助手和翻译，开始涉足藏学领域。1944年出任成都华西协和大学边疆研究所副研究员，正式从事藏学研究。从1946年开始便致力于西藏文史和佛学典籍的翻译和介绍。1949年随18军进藏，在西藏军区编委会从事编译。1956年到北京，先后在翻译局和民族出版社担任藏文室领导职务。“文化大革命”期间受到批判。1979年落实政策后经过自己10年的艰苦努力，将过去数十年陆续出版过的300余万字的译著重译并加以注释。本书收入其重要研究论文10篇，其中包括《吐蕃赞普生卒年代重考》、《西藏密宗漫谈——破瓦法》及译文“《噶厦印谱》”等。内容涉及藏族历史、宗教文学等方面。

论西藏政教合一制度 东嘎·洛桑赤列著，陈庆英译。中国藏学出版社2001年8月出版，32开，180页。本书收入《论西藏政教合一制度》和《藏文文献目录学》，附陈庆英编著《西藏政教历史大事纪年》。

民族研究文集 郎维伟、袁晓文主编。巴蜀书社2000年4月出版，32开，530页。本书为四川省民族研究所建所35周年的纪念论文专辑，收入《四川藏区个体私营经济发展研究》、《从民国时期达赖、班禅的转世看中央政府对西藏主权的行使》、《康区土司制度的由来和发展》、《藏传佛教寺院教育与藏民族的发展进步》、《喇嘛教与藏族人口》、《张怡荪教授与〈藏汉大辞典〉》、《藏族古籍文献整理览胜》、《藏族棋艺研究》、《论藏族民间婚丧禁忌》等论文14篇。本书内容涉及四川境内许多民族，涵盖了民族理论、民族问题、民族学、民族史、民族经济、民族人口、民族宗教、民族语文、民族文化及某个单一民族学等领域。本书记录了四川省民族工作研究者们探索科学的坚实足迹，以及开展田野调查的辛劳与汗水。

民族与社会发展 马戎著。民族出版社2001年3月出版，32开，355页。本书收入作者从社会人类学的角度论述民族的定义、民族意识的产生、各民族间通婚、少数民族教育与双语教学、边区开发中的民族研究、藏族的一妻多夫婚姻、美国社会发展中种族与少数民族问题等方面的论文11篇。

民族语文翻译研究论文集 本书编辑组编。民族出版社1987年2月出版，32开，323页。本书共收论文24篇，内容包括民族语文翻译历史、民族语文翻译通论和民族语文翻译专论等。其中有关藏文翻译历史等方面的论文，比较全面叙述了藏文翻译的沿革、发展，以及技巧等内容。

民族语文研究情报资料集(1—4) 中国社会科学院民族研究所语言室编印。1983年印行。本书主要刊载国外有关民族语文研究的理论、方法和学派的综述，有关专著和期刊的介绍，国外有关研究机构，学术活动和主要学者的介绍。本书共收译文53篇、人物介绍10篇、书刊简介4篇、学术会议简况4篇，其内容涉及拉萨话元音的和谐、西藏口语中的动词、藏语中的敬词和其他民族的语言研究。

民族语言教学探讨资料 西北民族学院研究所编印。1981年内部发行，32开，179页。本书汇集了西北民族学院民族语言教学和科研的成果7篇，主要论述了少数民族学生学习汉语普通话的语音变读和语言对应规律问题，汉藏翻译中否定概念的表达，汉蒙翻译中动词时、态、体的对应规律等。

尼泊尔和西藏的语言、文学、宗教论文集 (英)布赖恩·霍顿·霍奇森(1800—1894)著，萨默尔斯编。1857年在加尔各答出版，1874年经勘误、补编在伦敦再版，1972年在荷兰重印，1册。本书共收入19篇论文，内容有两部分：1.西藏和尼泊尔的语言、文字和宗教。其中附有藏文书面语、口语，以及夏尔巴语、珞巴语、雷布查语等的比较表。2.关于喜马拉雅山的自然地理、喜马拉雅山中的原始民族、西藏北部的民族和西番等内容。具有一定学术价值。

评论智者喜颜 格桑益西著。藏文。西藏人民出版社1995年7月出版，32开，282页。本书收录10篇文学评论文章，内容涉及对藏族古典文学名著的评析、对当代作家创作的评论及对发展藏族文学评论事业的探讨。

青海地方民族史研究文选 青海民族学院民族研究所编印。第1辑，1985年出版，32开，384页，收论文31篇；第2辑，1985年出版，32开，226页，收论文14篇。第3辑，1986年出版，32开，339页，收论文18篇。为该所“民族研究丛书”之一。本书主要收入青海民族学院民族研究所成员自1979年至1982年所撰写的各种论文，其中有关藏族历史、宗教、文化、经济等方面的论文较多，是研究青海藏族的重要参考资料。

青海省资源·区划·发展论文集 青海省地理研究所、青海省农牧业综合区划研究所合编。青海人民出版社1992年12月出版，16开，496页。本书汇集了资源及其开发利用、地理与环境、区划、农村能源、定量分析研究、发展等方面的优秀论文77篇。

青藏高原的古代文明 汤惠生

著。三秦出版社2003年出版，32开，541页。本书是作者研究青藏高原的古代文明的论文集，包括《青藏高原的旧石器与细石器》、《岩画的时代分析》、《藏传佛教寺院艺术》、《藏族巨石文化论》、《昆仑山神话与萨满教宇宙观》等文章。

任乃强民族研究文集 任乃强（1894—1989）著。北京民族出版社1990年出版，32开，566页。任乃强，字筱庄，是四川南充人，著名历史地理学家、民族学家，近代藏学研究先驱之一。先后发表专著20余部，论文和考察报告70余篇。本书收入有关西康、西藏和古羌人的研究论文28篇，42万字，涉及西藏历史、地理、地名、文化交流、藏族族源、羌族文化等内容，其中对西康藏区的论述最为详尽。是研究康藏的参考著作。

仁青扎西藏学研究文集 仁青扎西著。天津古籍出版社1989年出版，32开，469页。仁青扎西，青海省化隆县（藏语称为“巴燕”）人。本书收入论文13篇，主要论述了元代西藏与元朝中央的关系，其中有关元朝帝师制度、元代管理吐蕃的中央机构宣政院、西平王府今地考、元代中央王朝中的藏族宰相桑哥等方面的论文。有较高参考价值。

深圳的今天是西藏的明天 陈泽水主编。西藏人民出版社1995年8月出版，32开，205页。本书是西藏中青年干部培训班于1995年4月7日至23日在深圳考察学习的文章汇编，收录了《我看西藏与深圳的三点差距》、《西藏要大胆地借鉴深圳经验》等30篇文章。

世界佛学苑汉藏教理院开学纪念特刊 汉藏教理院编。民国二十一年（1932）印行。本书分纪事、文件、附录等部分，记载汉藏教理院的成立经过、院规等。附《般若波罗密多心经释题》、《菩提道次第论略颂及摄颂》、《西藏问题》等论文11篇。

同一旗帜下 西藏自治区党委宣传部理论处选编。西藏人民出版社1995年7月出版，32开，245页。本书收录全区学习“邓小平同志建设有中国特色社会主义理论和重大现实问题研讨会”的入选论文25篇。

文论总汇：评论集 吉明著。藏文。青海民族出版社1993年10月出版，32开，499页。本书是文学评论集，收录了作者近年在藏文文学刊物上正式发表的文学评论方面的文章21篇。

西北 戴季陶、马鹤天等著。新亚细亚学会民国二十年（1931）出版。本书为研究西北经济开发问题的论文集，共收论文15篇，主要内容有：1.通过救济西北，开发西北经济，复兴中国文化。2.关于开发西北的步骤和方法。3.蒙新青藏经济和交通及其建设。4.青海蒙藏各族人民的生活与现状及历史。

5.西北牧业的发展与开发。6.西北林业建设与垦荒事业等。对西北经济研究有一定参考价值。

西陲古地与羌藏文化 李文实著。青海人民出版社2001年出版,32开,454页。作者为顾颉刚先生的学生。本书收入论文24篇,内容涵盖了西部地区的历史地理和民族文化领域,其中对青海地区的古地名考证尤为重要,如《黄河九曲新考》、《西陲古地释名》等均为具有极高学术价值的论文。

西南地区民间文化论文选 塔热·次仁玉珍主编。西藏人民出版社1995年7月出版,32开,329页。本书是"第5届西南地区民间文化研讨会暨民协工作年会"的论文选编,收有《纳西文化和藏文化渊源关系探幽》、《区域学与藏学——藏学也是一种文化现象》、《试论西藏传统民俗中的神灵祭祀》、《西藏石刻文化学导论》等32篇论文。

西藏产业政策研究 肖怀远主编。中国藏学出版社1994年出版,32开,364页。"西藏经济研究丛书"之一。本书收入旺姆、俞允贵、白涛、西藏经济研究中心课题组等个人和课题组关于西藏产业政策、稳定农牧业发展、技术教育等方面的论文33篇。

西藏的今天和昨天 苏文民编。北京周报社1984年4月出版,32开,89页。本书辑录了《北京周报》记者团赴西藏采访后在《北京周报》上发表的10篇文章,其中有《江孜的变化》、《重获宗教自由》、《再访西藏》、《史坛轶事》等。这些文章从宗教、政治、历史、文化、经济等方面描述了西藏的具体变化。

西藏发展问题评论 丁穷夫著。西藏人民出版社1993年9月出版,32开,261页。本书收录了60余篇关于西藏发展问题的文章,其中包括《面对改革大潮我们怎么办》、《反向思维中的西藏大趋势》和《西藏发展商品经济的出路》等文章。

西藏封建农奴制研究论文选 吴从众著。中国藏学出版社1991年8月出版,32开,565页。本书共收录有关西藏封建农奴制研究论文和译文共30多篇。所收论文作者均为这个学术领域的专家,论文代表了30年来我国对西藏封建农奴制的研究水平。其内容涉及西藏封建农奴制度的产生和发展、西藏领主庄园的型态和管理制度、农奴制度下的人权、政教合一制度、封建法律、寺院的封建特权和剥削、民主改革前西藏的婚姻与家庭、西藏从封建农奴社会向社会主义社会过渡等。附《西藏农村的结构与差税制度》和《西藏庄园的周转——活佛转世制度下的土地与政治》两篇译文。本书是为中国藏学研究中心、西藏社会科学院、中国社会科学院民族研究所联合开展对西藏封建农奴制研究提供的参考资料,也是对这一问题研究动态的小结。

西藏经济问题论文选 西藏自治区党校理论研究室编印。1985 年内部印行，32 开，278 页。本书收入 1984 年西藏自治区党委宣传部、经济计划委员会联合召开的“西藏首次经济理论研讨会”上的论文和调查报告 22 篇，内容涉及西藏经济史、民主改革以来的经济发展问题、拨乱反正后的经济工作及发展西藏经济的措施和存在的困难等。为制订西藏经济政策和建设计划等方面的参考资料。

西藏巨变 西藏自治区政协文史资料研究委员会编，朗杰卓噶等译。藏文。民族出版社 1995 年 8 月出版，32 开，699 页。本书是《西藏巨变：纪念西藏自治区成立 30 周年专辑》的藏译本。

西藏巨变：纪念西藏自治区成立三十周年专辑 西藏自治区政协文史资料研究委员会编。民族出版社 1995 年 7 月出版，32 开，389 页。本书收录了 45 篇文章，记述了作者解放西藏、建设西藏的亲身经历，反映了西藏自治区成立 30 周年来各项事业所取得的成就。

西藏民族问题论文选 高廷祥等编。西藏人民出版社 1985 年出版，32 开，343 页。“庆祝西藏自治区成立 20 周年丛书”之一。本书收录 1965 年至 1985 年间有关西藏民族工作、民族问题、经济、文化、宗教、统战工作等方面的重要文章、论文共 30 篇，反映了这一时期西藏民族工作的方方面面，是研究西藏民族问题、经济建设方面的参考书之一。

西藏七百年 本书编委会编。五洲传播出版社 2001 年 3 月出版，32 开，1319 页。西藏地方史文集。本书收集了十几位藏学家和历史学家的近百篇论文。文章论述了元、明、清 3 朝及民国时期中央政府是如何管理西藏的，如军政机构、户籍管理、经济政策，以及对该地区发生的具体事件的研究，如达赖、班禅圆寂、坐床、抗英斗争、《二十九条》、金瓶掣签、蒙藏委员会、《十七条协议》等。按论文涉及的年代编排，即元代—新中国成立—西藏和平解放。

西藏社会发展述略 郭冠忠著。西藏人民出版社 1999 年出版，32 开，216 页。本书收入作者关于西藏问题研究的代表件论文 15 篇，其中有《论西藏封建庄园的经营管理》、《1959 年 3 月 8 日“西藏独立运动”的真相》、《论西藏的人权和主权》等文章。

西藏社科论文选 西藏自治区党委宣传部理论处选编。西藏人民出版社 1991 年 1 月出版，32 开，375 页。本书是为纪念西藏和平解放 40 周年而选编的，共收论文 43 篇，其中有《西藏农牧区经济改革与发展的若干思考》、《达赖喇嘛论》、《“两个离不开”是我国民族关系中的一个实质性问题》、《论藏族人民对祖国的卓越贡献》、《藏史研究发展的回顾》、《藏族大学生民族观宗教观的调查与思考》等。书前有丹增序。

西藏实践与理论探索 李维伦著。西藏人民出版社1990年10月出版，32开，159页。本书收录作者发表在报刊上的论文24篇，包括《初级阶段的理论在西藏的特殊表现》、《略论西藏民族问题的长期性》、《试论社会主义经济的计划性和商品性》、《为开创新闻报导工作的新局面而努力》等，内容涉及政治、经济、民族、宗教、新闻、文艺等各方面。

西藏史研究论文选 《庆祝西藏自治区成立20周年丛书》编辑委员会编。西藏人民出版社1984年8月出版，32开，494页。“庆祝西藏自治区成立20周年丛书”之一。本书共收28篇论文，其内容以古代史和近代史为主。有关考古的有《西藏昌都卡若新石器时代遗址的发掘及其相关问题》、《西藏塔工林芝村发现的古人类遗骸》，文中概括了对遗址的研究结果；韦刚的《藏族族源探索》，对“羌藏同源”和“藏印同源”说进行了驳斥，并以多种历史文献为据，提出“藏族源于雅鲁藏布江流域”的论断；王静如、陈庆英、王尧、黄颢等对吐蕃的社会性质、官制、碑文等作了论述；王森、王忠、韩儒林、王辅仁、邓锐龄、柳升祺、吴丰培、牙含章、李凤珍等论述了元代以来中央管理西藏地方的政策、驻藏官员的职权等内容；此外，还有关于茶马贸易、农奴制度分析、外国入侵西藏等方面的论文。附《高原儿女的光辉历程，民族政策的伟大胜利》，概述了西藏和平解放30年来的发展变化。

西藏文史考信集 王尧著。中国藏学出版社1994年12月出版，32开，391页。本书收录《藏戏和藏戏故事》、《阿底峡大师事迹述略》等23篇关于藏学的论文。

西藏文艺评论选(1965—1986) 李佳俊编选。西藏人民出版社1985年出版，32开，445页。本书是西藏文艺工作者对藏族文学艺术的评论，收入关于藏文学理论、藏文古典文学、民间文学、藏戏、民间歌舞等方面的研究、调查、评论文章共43篇。本书是西藏自治区第一部文艺论集，展现了民主改革以来西藏在文学艺术领域取得的成就和发展情况。

西藏学、蒙古学论文集 瓦尔特·海西希著，鲁道夫·卡谢夫斯基等编。1973年出版。编者为著名蒙古学者，1941年至1946年在我国内蒙古地区，二战后任波恩大学教授，主持“格丁根亚洲研究丛书”、“亚洲研究丛书”、《中亚研究》的出版工作。著有《蒙古的宗教》等书。本书共收12篇有关民间宗教的蒙藏文本、藏文莲花生传说、帕当巴的借词、论郭维多利亚和阿尔伯特博物馆所藏两种古藏文菩提金刚经手抄本及其他经文、欧洲博物馆藏蒙藏物质文化、《西藏百科全书》中关于西藏东部婚俗的说明等论文。

西藏研究论文选 赤列道杰选编。西藏人民出版社 1985 年 6 月出版，32 开，514 页。本书选收 1978 年至 1985 年间的藏学研究论文共 18 篇，其内容涉及历史、文学、医学、宗教等领域。

西藏自治区领导班子思想作风建设理论研讨会文集 西藏自治区党委组织部、西藏自治区党校编。西藏人民出版社 1994 年 10 月出版，32 开，495 页。本书收录西藏自治区领导班子思想作风建设理论研讨会上的论文 65 篇，这些论文对社会主义建设过程中如何坚持和发扬党的优良传统作风、增强党内的团结和统一、加强党风廉政建设、密切党群关系等问题进行了深入探讨。

雪域文苑笔耕录 耿予方著。民族出版社 2000 年 8 月出版，32 开，1396 页，上下册。本书记录了作者在藏族文化领域跋涉 50 年，持续笔耕的一串真实脚印。主要有 4 个方面的内容：1. 关于藏族代表性作家、作品介绍。2. 关于在青藏高原所见所闻有感而发的诗歌，展示一个汉族知识分子志愿献身西藏建设事业的心路历程。3. 叙事抒情的散文。4. 一组藏文作品的汉译稿。

杨侯第民族工作与人类学论集 杨侯第著。民族出版社 2001 年 7 月出版，32 开，220 页。本书收入作者关于民族工作和人类学研究方面的论文 19 篇，作为纪念中国人类学 100 周年的献礼。

一切从西藏实际出发论文集 西藏自治区党委宣传部等主编。西藏人民出版社 1988 年出版，32 开，339 页。从 1986 年 4 月 10 日至 1987 年 10 月 26 日，在西藏自治区开展了一场主题为“一切从西藏实际出发”的讨论。在此期间，西藏的报纸、电台、电视台刊载播发了各类文章近 300 篇，本书从其中选编了有代表性的论文 63 篇。附“一切从西藏实际出发”讨论文章索引。

于式玉藏区考察文集 于式玉著。中国藏学出版社 1990 年出版，32 开，258 页。于式玉，女，汉族，于民国二十七年(1938)到拉卜楞寺学习藏语、藏文，并从事藏族民情风俗及宗教的调查、研究。在藏区多年，著有大量关于藏族文学、宗教和民俗的文章。本书收入 20 篇。

云南藏学研究论文集 和建华、张东平编。云南民族出版社 1995 年 4 月出版，32 开，447 页。本书收录关于云南藏学研究的 20 余篇藏、汉文论文，是云南藏学界的部分研究成果。其中《吐蕃铁索桥考》是第 1 篇根据大量藏文和汉文史料进行全面考证的论文，具有较高学术价值。

藏事论文选:宗教集 中国社会科学院民族研究所图书室、西藏社会科学院汉文文献编辑室合辑。西藏人民出版社1985年8月出版,32开,703页,上下册。本书共收录74篇论文,内容涉及宗教源流、宗教教义、宗教人物、僧侣和寺院、宗教活动、宗教问题与边疆政治等6部分内容。这些论文辑自清代末年至1949年新中国成立前夕的《东方杂志》、《佛学丛报》、《国闻周报》、《新中华》、《边疆通讯》、《康藏研究月刊》等28种报刊。

藏学论文集 恰白·次旦平措、东嘎·洛桑赤列等著。西藏人民出版社1987年6月出版,32开,584页。本书选编了1986年拉萨藏学研讨会的重点论文6篇,内容涉及藏族的历史、宗教、文化、医学、教育等各个领域。

藏学论文集硕士论文选(一) 卓玛太等著。藏文。中国藏学出版社1991年5月出版,16开,395页。本书是近年来我国培养的藏族硕士研究生的藏文毕业论文选集。本书收有《论藏族古代文学中的善恶观》、《诗歌释疑》、《藏文文学体裁分类初探》、《藏族因明学入门》等论文。

藏学论文集硕士论文选(二) 洛周等著。藏文。中国藏学出版社1991年5月出版,16开,429页。本卷收入《论声明学理论与藏文文法的关系》、《论梵文对古代藏文学的影响》、《论藏族古代民间文学》、《谈藏族谜语的起源与发展及其特点》、《藏文的起源与发展刍议》、《吠陀经与藏族诗歌的关系》等论文。

藏学论文集硕士论文选(三) 华家克等著。藏文。中国藏学出版社1992年11月出版,16开,508页。本书收录《夏嘎巴及其作品研究》、《更登群培和他的诗歌》、《藏族古代文体概说》、《论因类学的基本规律》、《本生经对藏族文学艺术的影响》、《藏族民间故事源流与其中的佛教观念》、《梵文文法概论》、《试论神话与文学的关系》等8篇论文。

藏学论文集硕士论文选(四) 贡却、兰却加等著。藏文。中国藏学出版社1995年7月出版,16开,421页。本书收录了《简析吐蕃王朝时期萌发封建的社会现象问题》、《略论〈诗镜论〉对藏族文学发展的影响》、《论量学理论的正量心识与非正量心识理论的概念问题》、《关于划定藏族文学的基本标准界限问题》、《藏族诗歌艺术特点》等8篇论文。

藏学论文集硕士论文选(五) 嘎贡等著。中国藏学出版社2000年1月出版,16开,372页。本书收录关于藏医、语言学、古藏文、诗词学、佛教哲学等方面的6篇论文,供藏学研究者和高等院校师生进一步了解和探索相关藏学研究领域的新近研究动态和成果的学术参考资料，具有一定的学术意义和参考价值。

藏学研究 中央民族学院藏学研究所编。天津古籍出版社1990年12月出版，32开，378页。论文集。本书收录《清朝确认仓央加措为六世达赖喇嘛之历史经过》、《六世班禅大师东来旅途纪要》、《章嘉·若必多吉年谱》、《清代驻藏大臣职权之我见》、《八世达赖喇嘛姜白加措》、《1907年英俄〈西藏协定〉的修订》、《西藏阿沛贵族庄园的户口册》、《川西苯教调查报告》、《佛教在藏区传播和发展的历史缘由》、《藏传佛教学经僧考取学位简析》、《陈寅恪先生对我国藏学研究的贡献》、《藏族文化与现代化》、《一部珍贵的藏文史籍——〈萨迦世系史〉》、《略谈藏族的姓氏》、《试析〈传〉中的谚语》、《西藏民间体育运动浅探》、《西藏的各种工艺》、《甘南蒙古族习俗浅议》等有关西藏历史、宗教、文化的论文21篇。附《藏学研究文集》第1至第5集总目录。

藏学研究论丛 青海民族学院藏语系编。民族出版社1998年7月出版，32开，209页。本书收入青海民院藏语系教师用藏汉两种文字撰写的论文16篇。

藏学研究论丛 西藏人民出版社编辑出版，从1989年8月开始出版，每年出版一辑，均为32开。所收论文均有一定代表性，内容涉及古今藏族政治、历史、经济、文化、艺术、宗教等方方面面。

藏学研究论丛(第一辑) 西藏人民出版社编。西藏人民出版社1989年5月出版，32开，292页。西藏人民出版社将涉及西藏的政治、经济、社会、历史、宗教、语言、民俗、生活等社会科学各个领域的论文编辑成为一部在国内较有影响的专门刊载藏学研究论文的丛书。本书辑录《康藏与中原地区早期交往试探》、《从敦煌藏文P.T.999号写卷看吐蕃史的几个问题》、《释明代梵、藏、汉文〈法被图〉》、《论明时河洮岷地位与洮岷三杰》、《清朝治理青海藏区方略论》、《试论十八世纪中叶西藏地方行政体制的改革》、《关于评价第巴·桑结嘉措与噶尔丹和拉藏汗的关系》、《关于评价第巴·桑结嘉措之争议存疑》、《试论辛亥西藏起义》、《格萨尔与岭》、《西藏佛教建筑的审美价值》、《西藏宗教文化的历史选择》、《论〈颇罗鼐传〉的文学性》、《历史上的拉卜楞寺》、《论冕宁县庙顶藏族的原始宗教》、《甘肃夏河地区藏族的丧葬习俗》、《1729—1953年甘孜藏人口研究》等论文17篇。

藏学研究论丛(第二辑) 拉巴平措主编。西藏人民出版社1990年8月出版，32开，755页。本书辑录《吐蕃远古氏族“恰”“穆”研究敦煌古藏文写卷P.T.126II解读》、《长庆会盟准备阶段的重要文献——读白居易〈与吐蕃宰相钵阐布敕书〉》、《十八世纪藏传佛教高僧——松巴堪布·益西班觉》、《民国时期中央政府驻藏职官刍议》、《略论历史上川西北地区的藏汉贸易》、《藏族文化史上的偏见辨析》、《佛苯融合——藏密及其艺术》、《试论西藏的寺院教育》、《也谈活佛转世》、《藏学研究主要论文简介》、《研究生毕业论文简介》、《敦煌本吐蕃医学卷子中的疗法初探》、《书面藏语名词构词法浅析》等38篇论文。

藏学研究论丛(第三辑) 《藏学研究论丛》编委会编。西藏人民出版社1991年3月出版,32开,355页。本书收录《唐蕃使者之研究》、《从敦煌出土帐簿文书看吐蕃王朝的经济制度》、《对吐蕃时期医学若干重大问题的探讨》、《吐蕃文化略述》、《唐蕃交聘使臣事迹丛考》、《唐、吐蕃、大食政治关系史》、《浅谈吐蕃奴隶制时期的盟誓》、《〈两唐书·吐蕃传〉唐蕃会盟补证》、《唐蕃会盟及其仪式》、《关于吐蕃史上两个问题的考证》、《古代藏族的祖先崇拜及其仪式》、《试论在蕃唐人与吐蕃的发展》、《吐蕃社会科技述评》、《吐蕃王朝时期一部重要的伦理学文献》、《吐蕃时期西藏石刻文化探微》、《藏学研究论文摘编》等17篇文章。

藏学研究文集:献给西藏自治区成立二十周年 中央民族学院藏族研究所编。民族出版社1985年8月出版,32开,301页。本书是为纪念西藏自治区成立20周年编写的论文集。本书收入的纪念性文章和藏学研究论文共26篇,主要由北京和地方有关部门及专家撰写。其中包括《民族区域自治政策在西藏的胜利》、《中央民族学院的敦煌、吐鲁番学研究》、《维护祖国统一和民族团结的四世班禅罗桑曲结》、《元代管理吐蕃的中央机构宣政院》、《唐代汉藏文化交流》、《从〈卡勒瓦拉〉看〈格萨尔王传〉》、《祖国的西南重地——西藏》、《西藏佛教及教派简介》等。

藏学研究文选:祝贺王森先生从事藏学研究工作五十周年 罗炤等编著。西藏人民出版社1989年8月出版,32开,350页。本书辑录《因明及玄奘的传译》、《藏传因明的一个特点——试论因明与内明混同的根源》、《西藏佛教密宗本尊金刚橛的来历——伯希和藏文手卷44号译记》、《西藏佛教及其教派问题管见》、《吐蕃的王权与官制考略》、《浅析清代驻藏大臣的设置》等21篇论文。

藏语文研究论文集 聪博编。藏文。民族出版社1999年出版,32开,329页。藏语语言研究论文专集。本书收入50多篇有关藏语言的论文,内容涉及藏语口语的统一化、语言分类、方言、语法、术语规范等问题。

藏语研究文论 胡坦著。中国藏学出版社2002年12月出版,32开,743页。“现代中国藏学文库”之一。本书为作者研究藏族语言文字的论文选集，分通论、语音、词汇、语法、附录等部分。

藏族妇女文论 拉毛措著。青海人民出版社 2004 年出版，32 开，198 页。藏族妇女的研究论文集。本书收入《藏族妇女历史透视》、《藏族妇女的宗教信仰方式及特点》、《藏族妇女的平等权利及其法律保障》等论文 15 篇，后附《藏族部落习惯法中有关藏族婚姻的法规条文》、《藏族古代法典中有关婚姻家庭的条文规定》等文。

藏族历史宗教研究（第一辑） 陈庆英主编。中国藏学出版社 1996 年 8 月出版，32 开，496 页。本书收录中国藏学研究中心历史宗教研究所研究人员的汉藏文研究论文 13 篇。汉文论文 9 篇：《元代乌思藏十三万户新探》、《明代丽江木氏土司与西藏噶举派关系述略》、《清初第五辈达赖喇嘛进京及受封经过》、《雍和宫杂论》、《作为哲学家的宗喀巴和宗喀巴的中观哲学》、《江孜法王与白居寺的创立》、《略论古印度梵语文化对藏族传统文化的影响》、《试论藏传佛教寺院组织的形成及其历史地位与作用》、《意大利的藏学研究及藏传佛教》。藏文论文 4 篇：《论玉树贝沟大日如来庙吐蕃摩崖造像及石刻》、《藏传因明学的产生、发展及主要典籍》、《浅析拉布寺的产生与发展过程》、《论达垅噶举派的源流及其传承世系》。

藏族史论文集 本书编辑组编。四川民族出版社 1988 年 1 月出版，32 开，534 页。本书为 1985 年 10 月在成都召开的首届藏族历史学术讨论会论文选编，共收录《藏汉文化交流的历史丰碑——纪念元代初藏汉文化合作 700 周年》、《1978—1985 年国外关于藏族历史研究情况》、《西藏考古综述》、《清代驻藏大臣浅探》、《敦煌吐蕃佛教的特点》、《略谈藏族人民对祖国抗日战争的贡献》等论文 38 篇。

藏族文化散论 丹珠昂奔著。中国友谊出版公司 1993 年 12 月出版，32 开，288 页。本书收录《西藏史前文化研究中的几个问题》、《藏族文化的构成》、《藏族文化与审美》、《藏族文化与现代化》、《藏区寺院的社会功能及其改造》等论文 19 篇。

藏族文学研究 佟锦华著。中国藏学出版社 1992 年 6 月第 1 版，32 开，427 页；2002 年出版第 2 版，32 开，440 页，并被收入“现代中国藏学文库”。本书共收录 20 篇有关藏族古典文学的论文。作者对藏族古典诗歌、格言、小说、神话传说、传记文学、戏剧等的分析、评论、研究，贴近生活，具有强烈的现实性和时代感，并且十分注重文化交流和民族团结。《藏族古代作家文学与藏传佛教的关系》一文中提出的关于宗教对文学影响的“两面性”和藏族古代作家文学审美价值“二重性”研究，是对藏族文学发展规律的科学揭示，也是对藏族文学研究的创造性贡献。为研究藏族文学的重要参考著作。

藏族学生作文选 扎西卓玛编。藏文。西藏人民出版社1984年2月出版，32开，95页。本书收入西藏地区中小学学生的优秀作文26篇。这些作文生动形象地描述了学生们丰富多彩的校内外生活，从中也可以看出藏族学生用本民族语言写作的能力。

藏族学术讨论会论文集 中国西南民族研究学会《藏族学术讨论会论文集》编辑组编。西藏人民出版社1984年9月出版，32开，662页。本书是1983年7月在西藏拉萨召开的全国藏族学术讨论会的部分论文汇编，共选载了《达赖喇嘛和〈达赖喇嘛传〉》、《论西藏地方政权的历史变迁》、《古藏文文献中所见奴隶的社会地位与历史作用》、《关于吐蕃史研究》、《从〈西番馆来文〉看明朝对藏区的管理》、《藏文化对纳西文化的影响》、《略述吐蕃文化对西夏的影响》、《西藏佛教的基本特点及其主要影响》、《论藏族苯教的神》、《西藏佛教寺院上层僧侣的特权》、《试论宗教对蒙古族古代文学的影响》、《胚胎学简史及藏医对胚胎学的贡献》、《藏传时宪历源流述略》、《西藏自治区人口问题初析》、《论藏语的语法体系》等论文35篇，内容涉及历史、宗教、藏医、历算、文学艺术、语言、人口问题等领域。书前有马曜序。

藏族哲学思想史论集 佟德富、班班多杰编。民族出版社1991年7月出版，32开，248页。本书收入有关藏族哲学思想的起源、发展等方面的论文15篇，编者序1篇。其中探讨藏传佛教哲学的有《从佛教与苯教的比较看佛苯的相互渗透与影响》、《米拉日巴道歌佛教哲学思想初探》、《浅谈藏传佛教哲学量论》等4篇，以《萨迦格言》研究政治、论理、哲学问题的有4篇，还有从古代宇宙观、建筑艺术等方面论述藏族哲学思想、朴素的唯物论的文章。本书为第一部藏族哲学思想史的论文集，所收论文均有较高理论水平和代表性。

中国藏学研究论文集 胡坦主编。中国藏学出版社1991年1月出版，32开，444页。本书收入曾发表于《中国藏学》的汉文论文11篇，内容涉及西藏的政治、法律、历史、地理、宗教、社会风俗等，反映了中国藏学研究领域中的部分新成果。

中国藏学研究中心学术论文集 大丹增主编。藏文。中国藏学出版社1996年5月出版，32开，723页，上下册。本书收录了中国藏学研究中心科研人员从近10年间公开发表的学术论文中精选出的30篇文章，内容涉及藏民族的历史、宗教、文化、教育、文字等领域。

中央民族学院学术论文集·民族语文 中央民族学院科研处编。中央民族学院出版社1980年出版，32开，336页。本书共收论文15篇，主要对藏语、彝语、壮语、维吾尔语等几种少数民族语言作了探讨。

祝启源藏学研究文集 本书编委会编。中国藏学出版社2002年9月出版，32开，376页。“现代中国藏学文库”之一。本书收录祝启源的论文21篇，其中研究宋代唃厮啰政权的11篇，研究明代藏族史的1篇，研究现代藏族史和西藏地方与中央政府关系史的5篇，研究中国民族史、汉藏关系史和西藏问题的综合性论文4篇。

（三）古代文集

阿嘉经师·洛桑顿珠文集 阿嘉经师·洛桑顿珠（又名央坚噶威洛珠，1740—1827）著。藏文。塔尔寺刻本，2函，51种。

阿嘉·洛桑丹白坚赞文集 阿嘉·洛桑丹白坚赞（1708—1768）著。藏文。刻本，1函，36种。作者是二世阿嘉活佛。

阿嘉珠米·丹贝坚赞文集 阿嘉珠米·丹贝坚赞（又名阿嘉珠米·丹贝坚赞、二世阿嘉·洛桑丹贝坚赞）著。藏文。拉萨刻本，3函，18种；北京刻本，1函，36种。

阿库·喜饶嘉措文集 阿库·喜饶嘉措（1803—?）著。藏文。刻本，7函，110种。

阿拉·吉美桑丹文集 阿拉·吉美桑丹（1814—1881）著。藏文。刻本，2函，82种。

阿莽班智达·恭却坚赞文集 阿莽班智达·恭却坚赞（又名阿莽·恭却坚赞，1764—1853）著。藏文。刻本，12函，128种。作者的姓名按“dpal mang”应译为“白莽”，但历史上译为“阿莽”，代表作有《拉卜楞寺法嗣志》（307叶）、《经庄严论释》（188叶）、《菩提道次第直观导释》（161叶）。

阿琼活佛·阿旺千饶文集 阿琼活佛·阿旺千饶（又名将央丹增旺杰）著。藏文。刻本，1函，35种。作者为18世纪下半叶人。

阿旺将央洛卓文集 阿旺将央洛卓著。藏文。刻本，4函，54种。作者为17世纪中叶人。

阿旺金巴崔成文集 阿旺金巴崔成（又名拉其·衮桑却吉坚赞，生于19世纪中叶）著。藏文。刻本，2函，31种。

阿旺土登嘉措文集 阿旺土登嘉措（又名将央丹增，1836—1889）著。藏文。刻本，4函，32种。

八世班禅丹贝旺秋文集 八世班禅丹贝旺秋（1854—1882）著。藏文。刻本，3函，36种。

八世达赖降白嘉措文集 八世达赖降白嘉措（1758—1804）著。藏文。

刻本,1 函,13 种。

巴索·阿旺衮却尼玛文集 巴索·阿旺衮却尼玛(1653—1707)著。藏文。写本,1 函,18 种。作者的代表作为《阿旺衮却尼玛传》(209 叶)。

巴卧·祖拉成瓦文集 巴卧·祖拉成瓦(1504—1566)著。藏文。刻本,2 函,写本,1 函,共 3 函,39 种。作者初名不详,受沙弥戒时取名米旁·曲吉杰布,29 岁时取名祖拉成瓦。

坝索·阿旺却吉旺秋文集 坝索·阿旺却吉旺秋(1606—1652)著。藏文。写本,2 函,52 种。

坝索·拉旺却吉坚赞文集 坝索·拉旺却吉坚赞(1573—1605)著。藏文。刻本,1 函,28 种。

白追·吉美曲旺文集 白追·吉美曲旺(又名乌坚吉美曲旺,1808—1887)著。藏文。刻本,6 函,124 种。其著述大都不署真名,常署以"野犬巴格"(khyi rgan dpal dge)、"褴褛僧"(a bu hral po)、"闲散僧"(a bu lhod po)、"野犬僧"(khyi tgan a bu)等名。

班钦·德勒尼玛文集 班钦·德勒尼玛著。藏文。刻本,1 函,4 种。作者为 16 世纪中叶人。

班钦·洛卓勒桑文集 班钦·洛卓勒桑著。藏文。刻本,1 函,3 种。作者为 16 世纪人。

班钦·桑波扎西文集 班钦·桑波扎西(1410—1479)著。藏文。旧写本,1 函,40 种。

班钦·索南扎巴文集 班钦·索南扎巴(1478—1554)著。藏文。刻本,6 函,22 种。其代表作有《现观庄严论疏·精要明灯》(211 叶)。

邦隆·洛桑图杰文集 邦隆·洛桑图杰(生于 18 世纪末)著。藏文。写本,1 函,36 种。

比巴米旁·阿旺达瓦文集 比巴米旁·阿旺达瓦(1767—?)著。藏文。刻本,3 函,33 种。

博东·雀勒囊杰文集 博东·雀勒囊杰(又名博东班钦、博东巴、雀勒囊杰、吉美扎巴、雄鲁·崩察杰巴,1376—1451)著。藏文。刻本,137 函,千余种,部分以写本流传,部分以刻本传世。民族宫图书馆藏旧写本 5 函,旧刻本 1 函。作者是藏区历史上最富盛名、著述最丰之学者。作者受居士戒时取名桑杰坚赞,受沙弥戒时取名曲吉坚赞。

布顿土色·扎策巴文集 布顿土色·扎策巴(1318—1388)著。藏文。刻本,2 函,52 种。

布顿文集 布顿(全名布顿·仁钦主,又名布顿喀切,1290—1364)著。藏文。1364 年抄本,k 函至 sh 函共 27 函。北京民族宫藏有写本、刻本各 1 套。本书由布顿的弟子扎策巴·仁青南杰(skra tshad pa)搜集编纂,并编制有《目录·大宝钥》。此抄本经过布顿大师亲自审校。拉萨雪刻本,k 函至 s

函共 28 函，其中 k 函至 l 函共 26 函为布顿文集，sh 函和 s 函共 2 函是扎策巴的著述。此刻本于 1917 年开工，1920 年刻毕，由龙崩格西·喜饶嘉措(klu vbum lha rams pa dge shes)遵十三世达赖喇嘛之命校勘。夏鲁·洛色丹琼认为：布顿著述“密宗类 218 篇，显宗类 25 篇，共通明处 55 篇，共计 298 篇”。古相·扎巴坚赞之子衮噶顿主曾遵布顿大师之命，从工于缮写者中招募书法优秀之士，抄写完成《丹珠尔》。这部夏鲁寺《丹珠尔》抄本经布顿大师校订。布顿大师还校订了纳塘寺《丹珠尔》，他删除其中重复篇目，新增 1000 余篇，共搜集 3392 篇，编制出《目录·如意摩尼自在王鬘》(dkar chag yid bzhin nor bu sbang gi rgyal povi phreng ba)。

才旦夏茸文集(卷二、卷三) 才旦夏茸著。藏文。青海民族出版社 1990 年 7 月出版，32 开，788 页。本书是对《菩提道次第广论》的详细注释。主要从名义、文义和意义 3 个方面对每个字、词和每句话以作者对哲理所悟的慧识来加以阐释，在解释大千世界中的天文、地理、社会、人伦、历史、文化和科学等时笔触阔远、所见精辟，对藏族文化的小五明和大五明的介绍也十分详细，资料丰富，可读性强。是研究哲学和藏族其他文化的重要资料。

才旦夏茸文集(卷四) 才旦夏茸著。藏文。青海民族出版社 1992 年 2 月出版，32 开，787 页。本书共分 3 个部分：密宗部分、箴言部分和历史部分。密宗部分是对《密宗大纲——无上瑜加部》的补遗。作者首先运用通俗的手法，解释了密宗知识，使人便于领会密宗究竟系何物。其次讲解了醒人警世的箴言。最后论述佛教第二次兴盛的发起人——拉钦·贡巴饶塞的功绩，以及西藏三僧和十士的情况。

才旦夏茸文集(卷五) 才旦夏茸著。藏文。青海民族出版社 1992 年 7 月出版，32 开，493 页。本书集中了作者的各种零散文稿。其中有论述藏族建筑技术方面的建筑史话，对藏族的整个建筑历史作了深刻的解剖和透视；对释迦牟尼哲学思想的精华——《毗奈耶撮要》作了深入细致的勘注；作者与研究生和大学生的谈话，精辟深邃，颇具新意。

藏巴堪钦·益西班觉文集 藏巴堪钦·益西班觉(1714—1783)著。藏文。刻本，1 函，3 种。

策门林·阿旺崔称文集 策门林·阿旺崔称(1712—1791)著。藏文。刻本，2 函，15 种。

察哈尔格西·洛桑崔称文集 察哈尔格西·洛桑崔称(1740—1810)著。藏文。刻本，11 函，232 种。

赤青·丹巴饶介文集 赤青·丹巴饶介(1759—1815)著。藏文。刻本，

2函,35种。

赤追·洛桑坚赞森格文集 赤追·洛桑坚赞森格(1757—1849)著。藏文。刻本,7函,151种。

达波堪青·阿旺扎巴文集 达波堪青·阿旺扎巴著。藏文。刻本,3函,38种。作者为15世纪人,代表作有《菩提道次第论释难笔记》(165叶)。

达磨格迪·衮桑索南文集 达磨格迪·衮桑索南(生于19世纪初)著。藏文。德格刻本,3函,14种。

达那·根顿洛桑文集 达那·根顿洛桑著。藏文。刻本,1函,4种。作者为16世纪初人。

达普巴·洛桑当曲坚赞文集 达普巴·洛桑当曲坚赞(1607—1689?)著。藏文。写本,1函,3种。

达普噶旺·洛桑却吉旺秋文集 达普噶旺·洛桑却吉旺秋(又名噶吉旺波、洛桑却吉旺秋、噶旺·却吉旺秋,1765—1792)著。藏文。写本,8函,296种。作者法名洛桑丹增旺秋。

达普·降白丹贝卧主文集 达普·降白丹贝卧主(又名达普·班玛白杂,1876—1922)著。藏文。刻本,2函,18种。

达普·洛桑丹贝坚赞文集 达普·洛桑丹贝坚赞(又名洛卓嘉措,1714—1762)著。藏文。写本,3函,60种。

达扎·阿旺洛桑丹白坚赞文集 达扎·阿旺洛桑丹白坚赞(1811—1848)著。藏文。写本,1函,30种。作者为第九世达扎活佛。

达札·益西丹白衮波文集 达札·益西丹白衮波(1760—1810)著。藏文。刻本,2函,50种。

大扎·阿旺松饶图朵文集 大扎·阿旺松饶图朵(1874—1952)著。藏文。刻本,2函,23种。作者的比丘全名是阿旺松饶图朵丹贝坚赞。

丹达拉让巴文集 丹达拉让巴(又名阿拉普·阿旺丹达拉让巴,1759—约1840)著。藏文。塔尔寺刻本,2函,36种。

德赤·将央土登尼玛文集 德赤·将央土登尼玛(1779—1862)著。藏文。刻本,5函,118种。

德莫·阿旺格勒坚赞文集 德莫·阿旺格勒坚赞著。藏文。写本,1函,29种。作者为16世纪人,投师五世达赖。

德钦活佛·曲佩嘉措文集 德钦活佛·曲佩嘉措著。藏文。刻本,2函,22种。

第七十代甘丹赤巴·阿旺曲培文集 第七十代甘丹赤巴·阿旺曲培(1760—1839)著。藏文。刻本,1函,33种。作者的名字在藏文中有"dgav ldan khri thog bdun cu pa · a dbang chos vphel"和"dgav ldan gser khri bdun cu pa · a dbang chos vphel"两种写法,译为汉文却只有1种。

第斯·桑杰嘉措文集 第斯·桑杰嘉措(1653—1705)著。藏文。刻本,14 函,25 种。其代表作有:医学方面《四部医典注释·蓝琉璃》(拉萨版共 2 函,第 1 函 298 叶,第 2 函 769 叶),历史方面《格鲁派史·黄琉璃》(419 叶)、《五世达赖喇嘛传》(共 3 函分别为:360 叶、385 叶、383 叶)和《六世达赖喇嘛传》(1 函 514 叶),历法方面《白琉璃》(639 叶)、《除锈》(473 叶)等。

东敦喇嘛曲达文集 东敦喇嘛曲达著。藏文。刻本,1 函,27 种。作者为 19 世纪人。

东嘎洛桑赤列选集 东嘎·洛桑赤列著。藏文。中国藏学出版社 1998 年 12 月出版,32 开,632 页。作者是著名的藏学家,国家级专家。为缅怀这位令人尊敬的专家、师长,让更多的人读到他的著作,中国藏学研究中心编缉了本书。本书收入《论西藏政教合一制度》等论文共 21 篇,内容涉及历史、宗教、语言文字、文化、教育、出版、目录学等学科。这些论文部分是已在书刊上发表的专著,部分是在国内外藏学学术讨论会上宣读的论文,还有一部分是中央民族大学和西藏大学编写的教材或是一些藏文古典名著撰写的内容简介或作者简历等。这些论文受到学术界的重视和广大读者的好评。

笃补巴·喜饶坚赞文集 笃补巴·喜饶坚赞(又名喜饶衮[mgon],1292—1361)著。藏文。刻本,7 函,74 种,3289 叶(双面为 6578 页)。写本,1 函,3 种。今藏民族宫。

杜增·白丹桑波文集 杜增·白丹桑波(1402—?)著。藏文。刻本,1 函,1 种。其代表作有《密集十七章注疏》。

杜增·扎巴坚赞文集 杜增·扎巴坚赞(1374—1434)著。藏文。刻本,2 函,9 种。

多吉杰博文选 多吉杰博著。藏文。中国藏学出版社 1992 年 12 月出版,32 开,600 页。本书收入藏语语法学、词法学、诗歌的格律和修辞学等有关藏族文化的论著 11 篇。

多罗那它全集 多罗那它(又名多罗那它·衮噶宁波、斯觉多杰[sri gcod]、衮噶玛奴[ma nus],1575—1634)著。藏文。刻本(有多种版本),17 函。其著作者灌顶类《灌顶总示讲释》等,时轮类《吉祥时轮修行法生起次第广论》等,密集类有《吉祥密集修行法》等,注疏类有《菩提行愿经广释》、《忏悔经注释》等,觉囊派他空见类有《他空中观庄严论》、《他空心要》等,是其重要著作。本书版本有:西藏贡塘寺版,共 13 函,220 种,6002 叶,今藏中国民族图书馆;外蒙古库仑版,今藏青海塔尔寺;中壤塘藏哇寺写本,共 22 函,372 种,12378 叶。各种版本的种数有出入,就是版次不同的同一种版本其种数也有出入，如：中国民族图书馆藏噶丹彭措林寺版，实有17函，278种（篇），7958叶，比夏鲁日主活佛所编目录记载的数量多，多出的部分可能是后人补入的。噶丹彭措林寺版之后出版的版本都比噶版的种数多，说明该派学者在不断收集多罗那它作品并补入全集，使之齐全。壤塘寺印本，共22函，372种，12378叶。其中k函至dz函，应当是首次出版的全集部分，19函，263种，11001叶。而最后的w函、zh函、z函，共89种，1377叶，是后人搜集整理之后加上的零散杂集。噶丹彭措林寺（原达丹丹曲林寺 rtag brtan）1694年刻本，长42厘米、宽7厘米，每面7行或6行，272种，7850叶。有夏鲁日主活佛编的《多罗那它全集目录明鉴》。此外，根据有关记载尚有几种版本，但目前未见实物。

多智旦贝尼玛选集 果洛州编译局编。藏文。青海民族出版社1993年11月出版，32开，390页。“多智旦贝尼玛”即拉萨音的“顿主丹贝尼玛”。本书收录7部作品，其中“总持论”对佛教术语“总持”的概念、含义、价值及其修持方法等作了初步探讨和论述；“伏藏论”对藏传佛教伏藏经的特点、分类及其产生和发展过程进行了深层次的研究，提出了自己独特的见解；“道歌集”主要抒发了作者的思想感情；在“颂词集”中作者触景生情，通过对雪域山河日月、风土人情的赞美，表达了诗人对美好理想的向往和追求；“寓言小说”是作者继承藏族传统寓言小说的创作特点，以牧区日常生活现象为题材，通过通俗易懂的语言写出来的寓言体小说，对生活中的不道德行为和社会丑恶现象进行了讽刺和批判。

诶喇嘛·阿旺格勒白桑文集 诶喇嘛·阿旺格勒白桑著。藏文。刻本，1函，7种。作者为19世纪初人。

二世达赖格顿嘉措文集 二世达赖格顿嘉措（1475—1542）著。藏文。刻本，3函，44种。

噶菊·阿旺扎西文集 噶菊·阿旺扎西（1678—1738）著。藏文。刻本，1函，7种。

噶玛巴八世·弥觉多杰文集 噶玛巴八世·弥觉多杰（1507—1554）著。藏文。写本，28函、印本25函（写本藏于哲蚌寺、布达拉宫、民族文化宫。其中哲蚌寺12函，有两种写本，一种有字母书签，一种没有；民族文化宫13函，改革开放后返藏。印本是根据写本整理而成的。根据《红帽系五世活佛文集》载，八世噶玛巴活佛著作有30函，目前尚缺5函），268种。作者为八世噶玛巴活佛，受大乘解脱戒（theg chen so thar gyi sdom pa）时取名曲吉扎巴白桑波。

噶玛巴二世·噶马巴希文集 噶玛巴二世·噶马巴希（1204—1283）著。

藏文。刻本,1 函。

噶玛巴九世·旺秋多杰文集 噶玛巴九世·旺秋多杰(1556—1603)著。藏文。刻本,3 函。

噶玛巴七世·曲扎嘉措文集 噶玛巴七世·曲扎嘉措(1454—1506)著。藏文。刻本,2 函。

噶玛巴三世·让迥多杰文集 噶玛巴三世·让迥多杰(1284—1339)著。藏文。刻本,2 函,写本,1 函,共 3 函,6 种。

噶玛巴十二世·强曲多杰文集 噶玛巴十二世·强曲多杰(1702—1732)著。藏文。写本,1 函。

噶玛巴十六世·仁贝多杰文集 噶玛巴十六世·仁贝多杰著。藏文。写本,1 函。

噶玛巴十三世·都杜多杰文集 噶玛巴十三世·都杜多杰(1733—1797)著。藏文。刻本,4 函。

噶玛巴十世·曲影多杰文集 噶玛巴十世·曲影多杰(1604—1674)著。藏文。刻本,1 函。

噶玛巴十四世·特却多杰文集 噶玛巴十四世·特却多杰(1797—1868)著。藏文。刻本,2 函。

噶玛巴十五世·卡恰多杰文集 噶玛巴十五世·卡恰多杰(1871—1922)著。刻本,10 函。

噶玛巴十一世·益喜多杰文集 噶玛巴十一世·益喜多杰(1677—1701)著。藏文。刻本,1 函。

噶玛巴五世·德兴协巴文集 噶玛巴五世·德兴协巴(1384—1415)著。藏文。刻本,2 函。

噶玛巴一世·杜松乾巴文集 噶玛巴一世·杜松乾巴(1110—1193)著。藏文。刻本,5 函。

噶钦·南喀多吉文集 噶钦·南喀多吉著。藏文。写本,1 函,4 种。作者为 16 世纪末人。

甘珠尔巴·洛桑崔称文集 甘珠尔巴·洛桑崔称(又名额尔德尼·麦尔根法王)著。藏文。刻本,6 函,172 种。作者为 18 世纪人。

格迪·洛桑赤勒文集 格迪·洛桑赤勒(1849—1905)著。藏文。刻本,13 函(ka 函至 na 函为 12 函,ai 为 1 函。《布达拉宫目录》缺其中 na 函,《藏文典籍目录》缺 ai 函,两目录互补,可成足本),304 种。

格乌仓·降白枚浪文集 格乌仓·降白枚浪(1750—1817)著。藏文。刻本,2 函,23 种。

工布·益西尊珠文集 工布·益西尊珠(又名帕果喇嘛,1716—1816)著。藏文。刻本,1 函,16 种。

贡唐·丹贝仲美文集(1—4) 贡唐·丹贝仲美著。藏文。民族出版社 2002 年出版,32 开,4 册(第 1 册 512 页,第 2 册 612 页,第 3 册 489 页,第 4 册 530 页)。作者是一位学贯三藏五明、法德高洁、知识渊博的大德高僧，他一生除致力于佛学教育外，还勤于著述，且著述颇丰，其作品共有11函约500万字，包括人物传记、诗歌、史志、随笔杂文、教诫、格言、佛教典籍注疏、密宗修法仪轨等，内容涵盖大小五明及显密两宗。这些作品中最具代表性的是反映宗喀巴推行宗教改革、创立藏传佛教格鲁派事迹的《赞词·胜义》（第一卷）、《贡唐教诫》、《水树格言》（第十一卷）等。后两部作品是藏族文学史上的代表作，广为流传，脍炙人口。

贡唐·恭却丹白卓麦文集 贡唐·恭却丹白卓麦（又名贡唐·丹白卓麦，1762—1823）著。藏文。有拉萨和拉卜楞寺刻本，12函，160余种。

贡唐·洛卓嘉措文集 贡唐·洛卓嘉措（1851—1930）著。藏文。刻本，10函，57种。

贡珠·云丹嘉措文集 贡珠·云丹嘉措（又名班玛噶吉旺秋、噶旺·洛卓它耶、洛卓它耶，1813—1899）著。藏文。八邦寺刻本，96函（其中《宝库藏》60函、《教诫藏经传密咒藏》17函、《所知藏》3函、《不共秘密藏》和文集10函、《秘籍藏》和医著6函），1200多种。

古格永增·洛桑丹增文集 古格永增·洛桑丹增（又名古格经师·洛桑丹增，1748—1813）著。藏文。刻本，5函，68种。

古若·坚赞桑波文集 古若·坚赞桑波（1383—1450）著。藏文。刻本，1函，5种。其代表作有《中观原句注疏》1种。

桂仓巴·贡布多杰文集 桂仓巴·贡布多杰（1189—1258）著。藏文。写本，4函，104种。

衮千·吉美旺波文集 衮千·吉美旺波（1728—1791）著。藏文。刻本，12函，77种。其代表作有《六世班禅传》（2函，355叶、291叶）和《中观论注释》（242叶）。

衮却吉美饶杰文集 衮却吉美饶杰著。藏文。刻本，2函（第2函的ka函至ja函共8种已佚），50种。作者出生于19世纪末。

郭窝饶降巴·索南森格文集 郭窝饶降巴·索南森格（又名堪钦郭让巴·索南森格，1429—1489）著。藏文。德格刻本，13函，68种。

国锡法王·洛桑伦珠文集 国锡法王·洛桑伦珠（又名格贝多杰）著。藏文。刻本，2函，3种。作者为18世纪人，著有《吉祥大威德金刚生圆次第论》（200叶）、《大密金刚乘论》（308叶）。

果芒·丹巴曲佩文集 果芒·丹巴曲佩（1840—1907）著。藏文。刻本，2函，38种。

华瑞·饶布色文集 华瑞·饶布色（原名洛桑饶布色，1840—1912）著。藏文。中国藏学出版社1991年10月出版，32 开，802 页。善知识华瑞·饶布色是近代史上著名学者。曾经于青海塔尔寺参加四部大论辩经活动。十三世达赖喇嘛途经塔尔寺驻锡期间，向他学习过妙音声明论、诗镜及韵律学等。本书收录其著作 33 种，这些作品除对显密大论的疏释外，还有对摄类论、因理论的探讨及与菊·弥庞大师之间的答辩书札，其中的观点尤为精辟。

霍堆·南喀贝文集 霍堆·南喀贝（1373—1447）著。藏文。刻本，1 函，1 种。

霍钦·益西嘉措文集 霍钦·益西嘉措著。藏文。刻本，1 函，1 种。作者为 17 世纪人。

基雪夏仲·阿旺单增赤勒文集 基雪夏仲·阿旺单增赤勒著。藏文。刻本，1 函，30 种。作者为 17 世纪人。

基雪夏仲·单增洛桑嘉措文集 基雪夏仲·单增洛桑嘉措著。藏文。写本，1 函，38 种。作者为 16 世纪人。

吉美·当曲嘉措文集 吉美·当曲嘉措（1898—?）著。藏文。刻本，15 函，77 种。

吉苏·洛桑金巴文集 吉苏·洛桑金巴（又名吉苏永增·洛桑金巴，1821—约 1892）著。藏文。刻本，2 函，60 种。

嘉噶·喜饶坚赞文集 嘉噶·喜饶坚赞（1436—1482）著。藏文。泥金写本，1 函，5 种。

嘉木样·阿旺尊珠文集 嘉木样·阿旺尊珠（全名嘉木样协巴·阿旺尊珠，1648—1721）著。藏文。刻本，15 函，142 种。活佛世系人们习惯简称为“嘉木样”活佛世系，作者为第一世嘉木样活佛，其代表作有《吉祥怖畏金刚法源·胜出三界悉地宝藏》（417 叶）、《入中论探讨篇·普显教理深义具缘津梁》（442 叶）等。

嘉绒·崔称尼玛文集 嘉绒·崔称尼玛（又名嘉绒格西·崔称尼玛）著。藏文。刻本，1 函，7 种。作者为 19 世纪人。

贾曹杰全集 贾曹杰著。藏文。刻本，8 函。

贾色·妥美桑布文集 贾色·妥美桑布（1295—1369）著。藏文。刻本，1 函，写本，3 函，共 4 函，9 种。作者受沙弥戒时取名桑布贝。

贾色·云丹卫文集 贾色·云丹卫著。藏文。写本，1 函，1 种。作者为 14 世纪末叶人。

贾瓦样衮巴·坚赞贝文集 贾瓦样衮巴·坚赞贝（1213—1258）著。藏文。写本，1 函，1 种。

尖阿·洛卓坚赞文集 尖阿·洛卓坚赞（1402—1471）著。藏文。刻本，3 函，58 种。其代表作有《大乘修心注疏》（149 叶）。

江郊赤苏·千饶云丹文集 江郊赤苏·千饶云丹（?—约 1915）著。藏文。1 函,7 种。作者为甘丹寺八十八代法台,“赤苏”即“卸任法台”。

江隆班智达·阿旺洛桑丹巴坚赞文集 江隆班智达·阿旺洛桑丹巴坚赞(1770—1845)著。藏文。刻本,7 函,148 种。

将央图丹嘉措文集 将央图丹嘉措(1866—?)著。藏文。刻本,2 函,105 种。

降巴·囊杰扎巴桑波文集 降巴·囊杰扎巴桑波(1395—1475)著。藏文。旧写本,4 函,41 种。

降杰波·索南饶丹传 降杰波·索南饶丹著。藏文。八邦寺刻本,1 函。本书是研究纳西族宗教、历史的重要文献,长期遗失,至今未见面世。

降央丹贝尼玛文集 降央丹贝尼玛(1686—?)著。藏文。刻本,3 函,30 种。

降央德瓦多杰文集 降央德瓦多杰(又名洛桑降白嘉措、曼殊师利萨木扎[manyadzu shri sa mu tra]、苏喀班扎[su kha badzra]、菩苏古·降央德威多杰[bhu su ku],1682—?)著。藏文。雪巴康刻本,1 函,30 种。

降央钦则旺波文集 降央钦则旺波(全名降央钦则旺波·衮噶丹白坚赞贝桑波,1820—1892)著。藏文。刻本,13 函,298 种。又有根据原版整理复印的 k 函到 y 函共 24 函本。又有四川民族出版社 1989 年铅印本,32 开,530 页。主要内容有:传入西藏的新旧密乘发展状况,宁玛、萨迦、噶举、夏鲁、香巴、格鲁等派源流,佛本生传、卫藏圣迹、高僧传略、古今高僧大德颂和断行者祈祷文注疏等。是了解、研究藏传佛教发展史的珍贵著作。

杰·吉美赤勒嘉措文集 杰·吉美赤勒嘉措(1833—1903)著。藏文。刻本,6 函,108 种。

杰堪钦·扎巴坚赞文集 杰堪钦·扎巴坚赞(又名却阔杰堪布·扎巴坚赞[却阔杰 chos vkhor rgyal 为寺院名]、杰堪布·扎巴坚赞,1762—约 1836)著。藏文。拉卜楞寺刻本,6 函,92 种。其代表作有《入菩萨行论注疏》(261 叶)。

杰勒巴·群觉让将央噶维洛卓文集 杰勒巴·群觉让将央噶维洛卓(1429—1503)著。藏文。刻本,2 函,13 种。

杰·门浪白瓦文集 杰·门浪白瓦(1414—1491)著。藏文。刻本,1 函,3 种。其代表作有《因明论二卷注疏》(137 叶)。

杰旺曲杰·洛桑赤勒南杰文集 杰旺曲杰·洛桑赤勒南杰著。藏文。刻本,4 函,190 种。作者为 19 世纪初人。

杰·喜饶森格文集 杰·喜饶森格(1383—1445)著。藏文。刻本,2 函,5 种。

杰夏玛·格敦单增嘉措文集 杰

夏玛·格敦单增嘉措(1852—1912)著。藏文。刻本,9 函,58 种。

九世班禅却吉尼玛文集 九世班禅却吉尼玛(1883—1937)著。藏文。刻本,4 函(缺首函,应有 5 函),241 种。

居青·衮噶顿主文集 居青·衮噶顿主(1419—1486)著。藏文。刻本,1 函,6 种。其代表作有《续部密集十七卷注疏》(105 叶)。

居青·金巴贝桑文集 居青·金巴贝桑著。藏文。刻本,1 函,1 种。其代表作有 1445 年成书的《密集注释·明灯》(263 叶)。

居青·尊珠帕文集 居青·尊珠帕著。藏文。旧写本,1 函,2 种。作者为 14 世纪人,代表作有《续部密集注疏》(359 叶)。

菊米旁·将央囊杰嘉措文集 菊米旁·将央囊杰嘉措(1846—1912)著。藏文。刻本(此版由噶妥·司徒和贾曹活佛编制目录和校勘。德格印经院、八邦寺、竹庆寺和民族文化宫图书馆有藏),32 函,828 种。

觉囊巴·衮噶卓却文集 觉囊巴·衮噶卓却(又名觉囊喇嘛·衮噶卓却,1507—1575)著。藏文。写本,5 函,今中国民族图书馆藏写本为 4 函 81 种。作者的密宗法名为白协觉囊巴·达百多杰(dpal zhe sdang rnam par dag pavi rdo rje)。

觉热·阿旺丹增赤勒文集 觉热·阿旺丹增赤勒(1748—?)著。藏文。刻本,2 函,24 种。

喀尔喀·阿旺白丹文集 喀尔喀·阿旺白丹(1806—?)著。藏文。刻本,3 函,14 种。

喀尔喀·当慈多杰文集 喀尔喀·当慈多杰(又名扎热·当慈多杰扎巴,1781—1855)著。藏文。刻本,16 函(其中秘籍 1 函),335 种。

喀尔喀堪布·阿旺洛桑克珠文集 喀尔喀堪布·阿旺洛桑克珠(1779—1837)著。藏文。刻本,3 函(原有 5 函,存 ki、gi、ci3 函,其中 khi 函、ngi 函失传),91 种。

喀尔喀却杰·阿旺多吉文集 喀尔喀却杰·阿旺多吉著。藏文。刻本,1 函,6 种。作者为 17 世纪人。

喀准囊巴·洛桑单增文集 喀准囊巴·洛桑单增(又名恰格喇嘛·洛桑单增[khya dge bla ma blo bzang bstan vdzin],1730—1795)著。藏文。刻本,1 函,19 种。

卡尔多·索巴嘉措文集 卡尔多·索巴嘉措(又名洛桑恭琼,1672—?)著。藏文。刻本,1 函,11 种。

堪布·桑珠单增文集 堪布·桑珠单增著。藏文。刻本,1 函,1 种。作者为 19 世纪人。

堪钦·根敦嘉措文集 堪钦·根敦嘉措(1679—1765)著。藏文。刻本,3 函,4 种。其代表作有《摄类论嘉言》

(219 叶)、《堪钦·根敦嘉措传》(466叶)。

堪钦·脱美嘉措文集 堪钦·脱美嘉措著。藏文。刻本,2 函,47 种。作者为 18 世纪人。

康嘎·楚称格桑选集 康嘎·楚称格桑著。藏文。中国藏学出版社 1999 年 1 月出版,32 开,893 页,精装本。本书收录了作者的《前弘期历史年代考》和《印度佛教史》两部具有代表性的专著。前著对吐蕃王朝崩溃前的藏族历史年代只得了科学的论证,后著则用大量的藏文和其呛文字史料对佛教的发展兴衰作了全面的论述。具有较高学术价值。

克珠塔续瓦·格顿却迥文集 克珠塔续瓦·格顿却迥(1810—1884)著。藏文。刻本,1 函,30 种。

克主·格勒丹巴达杰文集 克主·格勒丹巴达杰(1493—1569)著。藏文。刻本,5 函,28 种。其代表作有《律经根本要义注释》(217 叶)。

克主·金巴达杰文集 克主·金巴达杰(1558—?)著。藏文。刻本,共 2 函,13 种。作者是甘丹寺将孜院图书管理员。

克主·诺桑嘉措文集 克主·诺桑嘉措(1423—1513)著。藏文。刻本,3 函,15 种。其代表作有《时轮内外它三明·无垢光饰》(319 叶)和《密集生起次第明鉴》(180 叶)。

克主·桑杰益西文集 克主·桑杰益西(1525—1590)著。藏文。刻本,1 函,34 种。

拉热·洛桑迥乃文集 拉热·洛桑迥乃著。藏文。刻本,1 函,33 种。作者为 18 世纪人。

拉孜·益西却佩文集 拉孜·益西却佩(1798—1870)著。藏文。刻本,1 函,45 种。

拉尊·洛桑单增坚赞文集 拉尊·洛桑单增坚赞(1639—1692?)著。藏文。刻本,4 函,74 种。

拉尊·洛桑诺布喜饶文集 拉尊·洛桑诺布喜饶(1677—?)著。藏文。刻本,6 函(原有 7 函,第 1 函 ka 失传),296 种。

拉尊·图朵尼玛文集 拉尊·图朵尼玛著。藏文。刻本,1 函,66 种。作者为 18 世纪人。

拉尊·窝擦贤攀文集 拉尊·窝擦贤攀(又名拉尊·桑杰嘉措)著。藏文。刻本,3 函,41 种。作者为 19 世纪末人。

喇嘛祥·尊珠扎巴文集 喇嘛祥·尊珠扎巴(1123—1193)著。藏文。写本,5 函,157 种。

勒隆·洛桑赤勒文集 勒隆·洛桑赤勒(1697—?)著。刻本,8 函,347 种。

勒青·衮噶坚赞文集 勒青·衮噶坚赞著。藏文。刻本,1 函,10 种。

其代表作有1505年成书的《噶当派史》(412叶)。

林追·洛桑隆朵单增赤勒文集 林追·洛桑隆朵单增赤勒(1850—1902)著。藏文。刻本,1函,18种。

六世班禅洛桑贝丹益西文集 六世班禅洛桑贝丹益西(1738—1780)著。藏文。刻本,9函,133种。

龙崩格西·喜饶嘉措文集 龙崩格西·喜饶嘉措(又名拉让巴格西·喜饶嘉措、龙崩·喜饶嘉措、阿库·喜饶嘉措,1884—1968)著。藏文。刻本,2函,9种。

隆堆仲益·党曲亚佩文集 隆堆仲益·党曲亚佩(生于18世纪中叶)著。藏文。刻本,1函,3种。

隆朵·阿旺洛桑文集 隆朵·阿旺洛桑(全名隆朵喇嘛·阿旺洛桑,1719—1795)著。藏文。3函,31种。有拉萨功德林刻本和北京刻本,此两种版本页码不一致。

隆钦饶绛巴·直美威色文集 隆钦饶绛巴·直美威色(1308—1363)著。藏文。刻本,6函,141种(原有253种)。

罗桑华尔丹文集 罗桑华尔丹著。藏文。中国藏学出版社1990年10月出版,32开,上册591页、中册559页、下册598页。本书收入了《祭祀颂词》、《密教大纲》等论述。作者在佛教理论、诗学、历算学等世俗文化方面都有很高的造诣。

洛桑丹巴曲佩文集 洛桑丹巴曲佩(又名吹习巴·噶旺,生于19世纪中叶)著。藏文。刻本,3函,31种。

洛桑敦丹文集 洛桑敦丹著。藏文。刻本,1函,13种。

洛桑嘉措珍文集 洛桑嘉措珍(又或卓尼喇嘛仁波切,1870—1932?)著。藏文。刻本,1函,9种。

洛桑饶色文集 洛桑饶色(又名措迥·若白洛卓)著。藏文。刻本,1函,34种。作者为19世纪人。

洛窝堪钦·索南伦珠文集 洛窝堪钦·索南伦珠(又名萨迦喇嘛·索南伦珠勒白迥乃,1441—1525)著。藏文。写本,4函,德格刻板2函,共351种。

洛追·阿旺钦饶丹贝旺秋文集 洛追·阿旺钦饶丹贝旺秋(又名涌增·洛巴珠古,生于19世纪末)著。藏文。写本,1函,54种。

玛尼全集 松赞干布著。藏文。有拉萨、德格等多种刻本。青海民族出版社1990年出版,16开长条本,上下两卷合并出版。上卷包括《大悲观千佛大史》、《佛说大乘庄严宝箧经》、《千手千眼观自在菩萨广大圆满无碍大悲心陀罗尼》、《法王松赞干布传》、《吉登旺秀太子本生》、《松赞干布王二十一行》、《大慈悲修习法》、《注释分支注释总纲要》,下卷是松赞干布对亲属大臣们讲的各种教诫以及《誓愿阐微》、《国王夫妇隐逝》、《对臣民的遗训》等。本书还收集了不少古代藏族地区流传的神话和传说，如猕猴同岩魔女结合繁衍成藏族的神话、聂赤赞普的传说、直贡赞普的传说、大臣噶尔到长安迎娶文成公主及唐王几试婚使、修建大昭寺的传说等。每个故事有一个中心内容，并在其中穿插很多小的传说和神话。

曼康巴·阿旺曲佩文集 曼康巴·阿旺曲佩(1635—1707)著。藏文。刻本，2函，3种。

曼木达瓦·图登格勒嘉措全集 曼木达瓦·图登格勒嘉措(1844—1904)著。藏文。刻本，21函，199种(篇)，约8000叶。其著作分《现观庄严论本释总义大疏》等类7函、《吉祥时轮大灌顶》等时轮灌顶方面3函，密集、修法、颂赞、祈祷等方面11函。

曼热瓦·洛桑南杰文集 曼热瓦·洛桑南杰(生于19世纪中叶)著。藏文。写本，1函，26种。

芒妥·鲁珠嘉措文集 芒妥·鲁珠嘉措(原名鲁杰洛布，1523—?)著。藏文。旧写本，1函，7种。

木雅·洛卓仁钦文集 木雅·洛卓仁钦(又名木雅朵丹·洛卓仁钦、麻色·洛卓仁钦、麻色朵丹[出身于麻朵氏]，1386—?)著。藏文。写本，1函，26种。

南卡诺布选集 南卡诺布著。藏文。中国藏学出版社1994年出版，32开，700页。本书收入意大利籍著名藏族学者南卡诺布的部分论述，其中包括《论藏象关系》、《藏族族源及文字小考》、《川康牧区行》、《本教·故事·谜语考》等七篇专著和文章，是作者近年来研究藏族古代历史、宗教、文化等方面的重要成果。其中《本教·故事·谜语考》一文是吐蕃时期及以前古代藏族的文化研究方面有独到见解的论述。《川康牧区行》是作者亲自深入藏区的调查资料，从社会学的角度将牧区的社会结构、民族部落、生活方式、宗教信仰、婚姻习俗和喜好禁忌等方面作了深入研究。

念敦·班觉伦珠文集 念敦·班觉伦珠(1427—1514)著。藏文。刻本，1函，1种。其代表作为《了不了义论·精要明灯》(299叶)。

欧曲·阿旺多杰文集 欧曲·阿旺多杰(1720—1803)著。藏文。刻本，1函，12种。

欧曲·喇嘛却桑文集 欧曲·喇嘛却桑(又名欧曲·达摩巴，1772—1851)著。藏文。刻本，6函，185种。作者法名洛桑次仁扎。

欧曲·央金珠白多杰文集 欧曲·央金珠白多杰(又名央金珠白多杰、洛桑曲佩，1809—1887)著。藏文。刻本，3函，72种。

帕邦喀·杰尊强巴单增赤勒文集 帕邦喀·杰尊强巴单增赤勒

(1878—1941)著。藏文。刻本,12 函,136 种。作者剃度出家时起名为阿旺饶丹,受戒时起名强巴单增赤勒嘉措。

帕木竹巴·多吉杰波文集 帕木竹巴·多吉杰波(1110—1170)著。藏文。写本,4 函,182 种。

埔堆珠古·洛桑益西丹白坚赞文集 埔堆珠古·洛桑益西丹白坚赞(又名埔堆巴·洛桑益西丹白坚赞,生于 19 世纪末)著。藏文。刻本,1 函,21 种。

普觉·阿旺强巴文集 普觉·阿旺强巴(1682—1762)著。藏文。刻本,3 函,49 种。其代表作有《四大寺院及上下密院建立缘起》(62 叶)。

普觉·强巴嘉措文集 普觉·强巴嘉措(1825—1901)著。藏文。刻本,2 函,44 种。

七世班禅丹贝尼玛文集 七世班禅丹贝尼玛(1782—1853)著。藏文。刻本,7 函,131 种。

七世达赖格桑嘉措文集 七世达赖格桑嘉措(1708—1757)著。藏文。刻本,8 函,184 种。

恰白·次旦平措选集 恰白·次旦平措著。藏文。中国藏学出版社 1993 年 10 月出版,32 开,867 页。作者是当代著名藏族学者。本书收录了作者写于各个时期的学术论文 24 篇、文学作品 8 篇。

恰格·洛卓嘉措文集 恰格·洛卓嘉措(1644—1740)著。刻本,1 函,16 种。

强巴赤列选集 强巴赤列著。藏文。中国藏学出版社 1995 年 7 月出版,32 开,800 页。本书收录 30 多篇论著,内容包括藏族医学的产生及发展史、藏医名家小传、藏医学的各种图解、藏医对人类医学的贡献、藏医的传统道德和藏医名著《四部医典》挂图等。

强林班钦·索囊囊杰文集 强林班钦·索囊囊杰(1400—1475)著。藏文。刻本,1 函,2 种。作者受沙弥戒时取名索囊囊杰,成名后被称为强巴林巴·索囊囊杰和强林班钦·索囊囊杰。

切巴甲噶瓦·降白珠贝多杰文集 切巴甲噶瓦·降白珠贝多杰(1839—1895)著。藏文。刻本,1 函,19 种。

钦则威色·晋美林巴文集 钦则威色·晋美林巴(1729—1789)著。藏文。刻本,9 函,150 余种。

琼楚强·巴扎西文集 琼楚强·巴扎西著。藏文。刻本,1 函,3 种。作者为 15 世纪人。

曲杰·阿旺洛桑顿珠文集 曲杰·阿旺洛桑顿珠著。藏文。刻本,8 函,207 种。作者为 19 世纪人。

曲桑·益西嘉措文集 曲桑·益西嘉措(1789—1856)著。藏文。刻本,2 函,10 种。

却杰·洛桑席瓦文集 却杰·洛

桑席瓦著。藏文。刻本，1 函，20 种。作者为 17 世纪末人。

却西·阿旺协主丹贝尼玛文集 却西·阿旺协主丹贝尼玛（1787—1859）著。藏文。刻本，1 函，62 种。

却西·强曲丹贝卓麦文集 却西·强曲丹贝卓麦（又名赤钦却西·洛桑强曲丹贝卓麦，1861—1935）著。藏文。刻本，5 函，115 种。作者为塔尔寺 71 代法台。

饶强巴·阿旺土登文集 饶强巴·阿旺土登著。藏文。刻本，2 函，91 种。作者为 19 世纪人。

仁达瓦·讯努洛卓文集 仁达瓦·讯努洛卓（1349—1412）著。藏文。写本，约 10 函，以旧写本散存民间，今中国民族图书馆藏其中 1 函 24 种。

绒敦·歇恰衮日文集 绒敦·歇恰衮日（幼名喜饶威色，又名绒敦·玛瓦森格，1367—1449）著。藏文。德格刻本 4 函、旧抄本 1 函，共 10 种。作者比丘戒名释迦坚赞。

绒塔·洛桑当曲嘉措文集 绒塔·洛桑当曲嘉措（1865—?）著。藏文。刻本，4 函，136 种。

绒塔·洛桑曲觉伦珠文集 绒塔·洛桑曲觉伦珠（1857—1901）著。藏文。刻本，2 函，87 种。

绒译师文集 绒译师·法贤著。藏文。四川民族出版社 1997 年出版，16 开，560 页。本书是一部反映西藏历史和宗教的文集，由三部木刻版本整理而成。作者 11 世纪生于后藏纪绒地方，一生著作甚丰，计有 60 余部。本书分为 26 章，主要讲述佛教理论、佛教历史和佛教知识。这部典籍濒于绝版，十分珍贵，被古今学者视为珍宝。

萨迦·阿旺贡噶仁钦文集 萨迦·阿旺贡噶仁钦（又名降央阿旺衮噶仁钦，1517—1584）著。藏文。写本，3 函，今存 2 函 49 种。

萨迦·阿旺曲扎文集 萨迦·阿旺曲扎（1572—1641）著。藏文。写本，10 函，散存民间，今中国民族图书馆藏写本 3 函，刻本 1 函，共 40 种。

萨迦·八思巴洛卓坚赞文集 萨迦·八思巴洛卓坚赞（1235—1280）著。藏文。德格刻本，3 函，232 种。

萨迦丛书 全称《藏族十明学大文库，吉祥萨迦传承文论》。贡噶桑布主编。藏文。民族出版社、青海民族出版社出版，32 开，20 册。本书由部分萨迦派学者的代表性著作汇编而成。第 1 册为《本生传》，2003 年出版，429 页，收入降样罗德旺布的《释迦牟尼传》。第 2 册为《文法和文字》，2003 年出版，440 页，收入萨班·贡噶坚赞、曲炯桑布、索南孜莫等人有关语言文字方面的 17 篇论著。第 3 册为《工巧明》，2003 年出版，上册 293 页，收入初成仁钦、喜饶桑布等关于建筑、美术、工艺等方面的论著多部。第 4 册为《辞藻》，2003 年出版,340页,收入萨班·贡噶坚赞的《辞藻本注》。第5册为《诗镜》,2003年出版,553页,收入班钦·释迦曲丹、仁蚌·阿旺吉扎等人的诗镜论著6篇。第6册为《戏剧》,2004年出版,606页,收入萨班·贡噶坚赞的《乐论》和《智者入门》、阿美贡噶索南的《五明之乐论》及索南伦主的《智者入门之幻镜》。第7册为《天文历算》,2004年出版,上册326页、下册550页,收入扎巴坚赞等学者关于历算方面的论著多部。第8册为《声明学》,2004年出版,上册482页、下册319页,收入萨桑玛第班智达的《声明学·噶拉巴》。第9册为《医学》,2004年出版,619页,收入章第瓦·贝丹嘉措的《章第医术》和恰多衮布的《医术宝鬘》2部医学著作。第10册为《宗教源流》,2004年出版,606页,收入东仓译师·喜饶仁钦的《宗派源流》和卫巴·罗色最白森格的《宗教源流库》两书。第11册为《菩提道次第》,2004年出版,605页,收入萨班·贡噶坚赞的《菩提道次第论》。第12册为《三律仪》,2004年出版,上册425页、下册508页,收入索南僧格、阿旺曲扎等人关于三律仪方面的论著6篇。第13册为《中观》,2003年出版,515页,收入仁达瓦·玄农洛卓的《论说中观论之明灯》。第14册为《现观庄严论》,2004年出版,上册466页、下册390页,收入亚敦·桑杰贝和郭让·索南僧格的《现观庄严论详释》。第15册为《律部》,2003年出版,450页,收入降样贡噶曲桑的《律论宝藏》。第16册为《因明》,2004年出版,700页,收入萨班·贡噶坚赞的《因明宝库》。第17册为《俱舍论》,2004年出版,671页,收入青琼·洛桑扎本的《佛法俱舍论·善言海》。第18册为《密宗集》,2004年出版,556页,收入索南孜莫著、贡噶坚赞注疏的《密续总释》和扎巴坚赞的《喜金刚密续》等多部。第19册为《密注》,2004年出版,497页,收入降样罗德旺布的《密注·金刚意饰》。第20册为《道果法》,2004年出版,上册387页、下册392页,收入萨钦·贡噶宁波的《道果法详释》。

萨迦·贡噶坚赞文集 萨迦·贡噶坚赞(又名白丹顿主,1182—1251)著。藏文。德格刻本,3函,107种。

萨迦·衮噶洛卓文集 萨迦·衮噶洛卓(幼名阿旺衮噶索南·扎巴洛卓、阿旺衮噶洛卓索南·丹白坚赞,1729—1783)著。藏文。写本,30函,大部分散传民间,今中国民族图书馆藏其中5函387种。

萨迦·衮噶宁波文集 萨迦·衮噶宁波(1092—1158)著。藏文。德格刻本,2函,63种。

萨迦喇嘛·索南坚赞文集 萨迦喇嘛·索南坚赞(1312—1375)著。藏文。写本,8函,今存6函,42种。

萨迦·索南孜莫文集 萨迦·索

南孜莫(又名昆·觉色孜莫,1142—1182)著。藏文。德格刻本,3 函,47 种。

萨迦译师·降央衮噶索南文集 萨迦译师·降央衮噶索南(1485—1533)著。藏文。写本,1 函,76 种。作者的居士戒名为多杰嘉索扎西坚赞白桑波(brgya sog),沙弥戒名为降央衮噶索南扎巴坚赞。

萨迦·扎巴坚赞文集 萨迦·扎巴坚赞(1147—1216)著。藏文。德格刻本,4 函,166 种。

三世赤江·洛桑益西单增嘉措文集 三世赤江·洛桑益西单增嘉措著。藏文。刻本,1 函,8 种。

三世达赖索南嘉措文集 三世达赖索南嘉措(1543—1588)著。藏文。刻本,1 函,42 种。

色阿堪苏·南喀丹迥文集 色阿堪苏·南喀丹迥(1799—?)著。藏文。刻本,2 函,21 种。

色朵·洛桑崔称嘉措文集 色朵·洛桑崔称嘉措(又名洛桑土丹嘉措、洛桑崔称曲扎,1845—1915)著。藏文。刻本,10 函(传为 13 函,今存 ka 函至 tha 函,共 10 函),204 种。

色恭·阿旺崔成敦丹文集 色恭·阿旺崔成敦丹(俗名益西巴尔,1856—1918)著。藏文。刻本,1 函,15 种。

色介·强巴云丹文集 色介·强巴云丹(生于 17 世纪末)著。藏文。刻本,1 函,3 种。

色曼堪索·扎巴克主文集 色曼堪索·扎巴克主著。藏文。刻本,1 函,21 种。作者为 18 世纪人。

色切罕东·强巴格桑文集 色切罕东·强巴格桑(又名衮噶角,?—1944)著。藏文。刻本,1 函,4 种。罕东,青海旧地名罕东卫,今已不用。

色热杰尊·曲吉坚赞文集 色热杰尊·曲吉坚赞(1469—1544)著。藏文。刻本,7 函,34 种。其代表作有《现观庄严论疏·金鬘贤者项饰》(164 叶)和《防止对甚深空性邪分别论·除邪明灯》(137 叶)。

森钦·洛桑丹增班觉文集 森钦·洛桑丹增班觉(1784—?)著。藏文。刻本,1 函,31 种。

十三世达赖图丹嘉措文集 十三世达赖图丹嘉措(1876—1933)著。藏文。刻本,7 函,51 种。

十世达扎·阿旺白丹却吉坚赞文集 十世达扎·阿旺白丹却吉坚赞(1850—1886)著。藏文。刻本,1 函,16 种。

司康·洛桑丹增文集 司康·洛桑丹增(1780—1848)著。藏文。刻本,1 函,15 种。

司徒·曲吉迥乃文集 司徒·曲吉迥乃(初名衮波松,1699—1774)著。藏文。刻本,30 函(今存 14 函),72 种。作者受出家戒时取名噶玛·丹白尼切祖拉曲吉囊瓦。

四世班禅洛桑曲吉坚赞文集 四世班禅洛桑曲吉坚赞（1567—1662）著。藏文。刻本，5 函，237 种。

松巴·益西班觉文集 松巴·益西班觉（1704—1788）著。藏文。有拉卜楞寺和内蒙古黄泉寺刻本，8 函，61 种。其代表作有《印藏汉蒙古等地正法源流史·如意宝树》（417 叶）、《法行略摄·贤劫解脱道》（405 叶）等。

塔波拉杰·索囊仁钦文集 塔波拉杰·索囊仁钦（幼名达玛札，又名塔波·索囊仁钦、塔波·达瓦旋努，1079—1153）著。藏文。刻本，2 函，39 种。

特窝活佛·益西土丹嘉措文集 特窝活佛·益西土丹嘉措（1806—1846）著。藏文。刻本，1 函，4 种。

土观·洛桑却吉尼玛文集 土观·洛桑却吉尼玛（又名土观·却吉尼玛，1737—1802）著。藏文。刻本，10 函，321 种。其代表作有《善说宗派源流》（255 叶）。

吞云·将央赤勒文集 吞云·将央赤勒（生于 19 世纪初）著。藏文。刻本，9 函。作者 1871 年撰《益西顿珠上师传》（4 叶）。

脱云·益西顿珠丹贝坚赞文集 脱云·益西顿珠丹贝坚赞（1792—1855）著。藏文。刻本，2 函，78 种。

闻·杰司·格桑土丹吉美嘉措文集 闻·杰司·格桑土丹吉美嘉措（1743—1811）著。藏文。刻本，3 函，33 种。

闻·杰司·吉美益西扎巴文集 闻·杰司·吉美益西扎巴（1696—1750）著。藏文。刻本，1 函，28 种。其代表作为《纳塘寺、热振寺、强巴林寺及属寺志》（38 叶）。

闻萨·洛桑顿主文集 闻萨·洛桑顿主（1506—1556）著。藏文。刻本，2 函，63 种。

窝尔钦·衮噶桑布文集 窝尔钦·衮噶桑布（1382—1456）著。藏文。德格刻本，4 函，17 种。

窝尔钦·衮却伦珠文集 窝尔钦·衮却伦珠（1497—1504）著。藏文。德格刻本 1 函、写本 1 函，共 32 种。

窝瑞·洛桑隆仁嘉措文集 窝瑞·洛桑隆仁嘉措（1805—1888）著。藏文。刻本，3 函，66 种。

窝若夏仲·洛桑丹贝坚赞文集 窝若夏仲·洛桑丹贝坚赞（1819—?）著。藏文。刻本，2 函，64 种。

五世班禅洛桑益西文集 五世班禅洛桑益西（1663—1737）著。藏文。刻本，4 函，25 种。

五世达赖罗桑嘉措文集 五世达赖罗桑嘉措（1617—1682）著。藏文。刻本，27 函，364 种。

锡图·洛桑丹贝尼玛文集 锡图·洛桑丹贝尼玛（又名喇木，1689—约

1772)著。藏文。刻本,2 函(著述 10 多函,今仅存 ga 函和 nga 函),56 种。

夏·格丹嘉措文集 夏·格丹嘉措(1607—1677)著。藏文。刻本,5 函,56 种。

夏鲁·洛色丹迥文集 夏鲁·洛色丹迥(1804—1867)著。藏文。刻本,1 函,34 种。

夏玛·格顿丹增嘉措文集 夏玛·格顿丹增嘉措(1825—1912)著。藏文。刻本,3 函,42 种。

夏玛四世·曲扎益西文集 夏玛四世·曲扎益西(1453—1524)著。藏文。泥金写本,12 函,255 种。

夏玛五世·恭却言拉文集 夏玛五世·恭却言拉(1525—1583)著。藏文。写本,3 函(今存 k 函),38 种。

夏尼达·洛卓坚赞文集 夏尼达·洛卓坚赞著。藏文。刻本,1 函,5 种。作者为 15 世纪人。

夏仲曲杰·阿旺次仁文集 夏仲曲杰·阿旺次仁(又名瓦根扎,?—约 1792)著。藏文。刻本,14 函(《布达拉宫目录》缺其中 ka 函和 kha 函,《藏文典籍目录》缺 da 函和 pa 函,两目录互补,可成足本),259 种。

象敦·丹巴嘉措文集 象敦·丹巴嘉措(1825—?)著。藏文。刻本,4 函,69 种。

象雄·曲旺扎巴文集 象雄·曲旺扎巴著。藏文。旧写本,1 函,16 种。作者为 14 世纪人。

协达甘珠尔活佛·格桑丹增赤勒文集 协达甘珠尔活佛·格桑丹增赤勒著。刻本,1 函,34 种。

许钦·粗成嘉措文集 许钦·粗成嘉措(幼名达珍松,1697—1774)著。藏文。德格刻本,10 函,148 种。作者居士戒名衮噶索囊,沙弥戒名粗成嘉措,因其为德格版《丹珠尔》、《萨迦五祖文集》等许多大型图书和各教派名人文集校勘而得名“大审校”(zhu chen)。

雪·顿月克主文集 雪·顿月克主(1671—1737)著。藏文。刻本,1 函,34 种。

雅杵·桑杰白文集 雅杵·桑杰白(1350—1414)著。藏文。德格刻本,8 函,14 种。

雅德班钦·尊珠达杰文集 雅德班钦·尊珠达杰(1299—1378)著。藏文。写本,1 函,22 种(原有 170 余种,大都失传,今仅存 22 种)。

一世班禅克主杰文集 一世班禅克主杰(1385—1438)著。藏文。刻本,12 函,82 种。

一世达赖格顿主巴文集 一世达赖格顿主巴(1391—1474)著。藏文。刻本,5 函,24 种。

永增·洛桑丹增坚赞文集 永增·洛桑丹增坚赞著。藏文。写本,2 函,30 种。作者为 19 世纪人。

永增·益西坚赞文集 永增·益

西坚赞(1713—1793)著。藏文。刻本,18函,169种。其代表作有《本生三十四事释义·大乘明灯》(388叶)、《大乘修心讲义·善慧心宝》(408叶)、《菩提道次第师承史》(498叶)等。

永增仲孜·洛桑崔称文集 永增仲孜·洛桑崔称(1745—1800)著。藏文。刻本,1函,12种。

泽曼珠古·洛桑白丹单增雅杰文集 泽曼珠古·洛桑白丹单增雅杰著。藏文。刻本,1函,1种。

扎底格西·仁青顿珠文集 扎底格西·仁青顿珠著。藏文。写本(有布达拉宫和北京民族宫两种写本,内容有增),1函,10种。作者为18世纪人,代表作有《藏文文法三十颂注释》(33叶)、《音势论注释》(9叶),对藏文文法的发展有贡献,还为后世研究三十颂和音势论提供了丰富的资料。

扎噶·洛桑白丹单增念扎文集 扎噶·洛桑白丹单增念扎(1809—?)著。藏文。刻本,9函,105种。

扎塘·洛桑却吉尼玛文集 扎塘·洛桑却吉尼玛(1763—1821)著。藏文。刻本,2函,55种。

扎雅朵丹·将央洛卓文集 扎雅朵丹·将央洛卓(初名顿珠次仁,1888—1941)著。藏文。刻本,1函,6种。作者剃度名阿旺益西,法名将央洛卓。

扎雅·洛桑赤勒文集 扎雅·洛桑赤勒(1642—1708)著。藏文。刻本,5函,34种。作者被人们习惯上称为“扎雅班智达”,蒙古人,有《大德洛桑赤勒受甚深广博正法之闻法录·明镜》等拉萨版3函,共1238叶,北京版3函,共940叶。

扎雅·洛桑丹巴文集 扎雅·洛桑丹巴(1683—1739)著。藏文。刻本,1函,18种。

章嘉·阿旺洛桑却丹文集 章嘉·阿旺洛桑却丹(1642—1714)著。藏文。刻本,5函,59种。

章嘉·若白多杰文集 章嘉·若白多杰(全名章嘉·若白多杰益西丹贝卓美,1717—1786)著。藏文。刻本(有北京和拉卜楞寺刻本),8函,200种。其代表作《洛桑格桑嘉措传》(558叶)、《宗派建立论》(436叶)、《藏文正字学》(203叶)等。

哲霍康萨·洛桑崔成文集 哲霍康萨·洛桑崔成(1848—?)著。藏文。刻本,3函,24种。

哲洛林格西·阿旺曲主文集 哲洛林格西·阿旺曲主(又名丹玛东沛,1889—1949)著。藏文。刻本,1函,2种。

哲木雅堪追·洛桑格丹文集 哲木雅堪追·洛桑格丹著。藏文。刻本,2函,30种。作者哲木雅堪追·洛桑格丹之“哲”代表哲蚌寺,“木雅”即康区木雅地区,“堪追”是“堪布和珠古(活佛)”的缩写。为19世纪人。

仲钦喀觉巴·囊喀坚赞文集 仲钦喀觉巴·囊喀坚赞(1370—1433)著。藏文。写本,1函,24种。

竹巴·白玛噶波文集 竹巴·白玛噶波(初名杰旺伦珠,因病改名堆勒囊杰,后又取名达巴坚赞,1527—1592)著。藏文。刻本,10函(k函至th函)。作者受居士戒和萨戒时名为菊美阿旺诺布。

竹巴·衮噶列巴文集 竹巴·衮噶列巴(小名策旺杰波,1455—1528)著。藏文。刻本,1函,4种。作者受沙弥戒时取名衮噶列巴班觉桑波。

竹杰旺·衮噶班觉文集 竹杰旺·衮噶班觉(幼名杰旺见桑,1428—1476)著。藏文。刻本,1函,20种。作者受沙弥戒时取名衮噶班觉。

竹康·格勒坚赞文集 竹康·格勒坚赞(1641—1713)著。藏文。刻本,1函,1种。其代表作有《了不了义论注释明鉴》(311叶)。

主康·洛桑崔称文集 主康·洛桑崔称(生于18世纪末)著。藏文。刻本,1函,49种。

主旺·降贝嘉措文集 主旺·降贝嘉措(17世纪末—1741)著。藏文。刻本,1函,30种。

卓尼·扎巴协珠文集 卓尼·扎巴协珠(1675—1849)著。藏文。刻本,11函,224种。

宗喀巴全集 宗喀巴(1357—1419)著。藏文。刻本(有雪版、拉卜楞版、库仑版等),18函,201种。

尊巴·洛桑年扎文集 尊巴·洛桑年扎(生于19世纪初)著。藏文。写本,1函,2种。

尊巴·洛桑饶丹文集 尊巴·洛桑饶丹(1676—1745)著。藏文。刻本,1函,35种。

(四)自然科学论文集

横断山系新构造研究 陈富斌主编。成都地图出版社1992年9月出版,16开,128页。本书收录了10篇横断山系新构造研究专题论文,系统地论述了该地区以及涉及青藏高原和中国新构造的基本问题。

南迦巴瓦峰登山综合科学考察 杨逸畴等主编,中国科学院登山科学考察队编。科学出版社1993年1月出版,16开,137页。本书收录了19篇论文,全面系统地反映了各专业的科学考察成果,披露了一批关于南迦巴瓦峰研究的新资料和新成果。

青藏高原冰川气候与环境:1989年中日青藏高原冰川考察研究 姚檀栋等著。科学出版社1993年1月出版,16开,147页。本书收录了19篇论文,内容涉及冰芯记录、冰雪化学、冰川温度、气象、气候、水文和冰川变化等。

青藏高原地质论文集:三江论文专辑 地质矿产部《青藏高原地质论文集》编委会编。地质出版社 1991 年 12 月出版,16 开,285 页。本书主要介绍了横断山造山带有色金属及贵金属矿产的最新研究成果,并介绍了该区锡矿和金矿研究的新进展和提出了一些新观点。

青藏高原地质文集——地层·古生物(2) 地质矿产部青藏高原地质文集编委会编。地质出版社 1983 年 4 月出版,16 开,388 页。本书收录 16 篇论文,对不同地区的地层层序、沉积建造、生物群特征进行了详细论述和描述,划分了地层区。尤其是对西藏北部湖区地台型古生代地层的发现进行首次系统的报道,为青藏高原地质构造特征及其形成演化的研究提供了新的基础性资料。

青藏高原地质文集——地层·古生物(3) 地质矿产部青藏高原地质文集编委会编。地质出版社 1983 年 5 月出版,16 开,319 页。本书收录 19 论文,对不同地区的地层层序、沉积建造和古生物群进行了论述,填补了地质研究的若干空白。

青藏高原地质文集——构造地质·地质力学(1) 地质矿产部青藏高原地质文集编委会编。地质出版社 1982 年 7 月出版,32 开,375 页。本书收录 25 篇论文,较系统地阐述了有关青藏高原及其周边的地质构造特征、构造体系的划分和各主要板块缝合线的地质构造特征,并以历史分析法、板块构造理论或地质力学理论,结合地球物理研究成果,深入地探讨了青藏高原的形成、深化和隆升机理等。

青藏高原及其邻区地球物理地质译文集 王绍舟、张立敏主编。科学技术文献出版社 1982 年 4 月出版,32 开,213 页。本书收录国外有关青藏高原地球物理和地质的研究论文 26 篇,内容包括天然地震、人工地震、重力、地热、古地磁、地球动力、地质和综合评论等 8 个方面。

青藏高原气象科学实验文集(一) 本书编辑组编。科学出版社 1984 年 3 月出版,32 开,280 页。1979 年 5 月至 8 月中国气象科学工作者在青藏高原地区进行了第一次青藏高原气象科学实验。本书收录了这次科学考察的成果,共收录有关青藏高原辐射特征、行星尺度环流季节变化、青藏高原天气系统及其动力学和热力学影响等方面的研究论文 30 篇。

青藏高原气象科学实验文集(二) 本书编辑组编。科学出版社 1984 年 3 月出版,32 开,280 页。本书收录了有关青藏高原辐射和地面热状况、亚洲季风振荡、北半球大气环流的季节性变化、南北半球环流的相互作用、高原低涡的分析研究及其回波特征、高原动力影响的数值试验，以及高原热力混合层特征等方面的研究论文30篇。

青藏高原形成演化、环境变迁与生态系统研究 青藏项目专家委员会编。科学出版社1996年8月出版，16开，378页。本书收录了41篇"八五"国家攀登计划"青藏高原形成演化、环境变迁与生态系统研究"项目1994年学术年会的论文，内容包括冰芯分析、天然剖面研究、湖泊沉积分析、环境变迁综合研究等。

青藏高原与全球变化研讨会论文集:青藏高原资源、环境、发展 中国青藏高原研究会编。气象出版社1995年5月出版，16开，285页。本书收录论文36篇，深入地探讨了青藏高原与古环境和全球变化的关系、青藏高原现代环境的特点和发展趋势等，还提出了高原生态系统对全球变化的响应模式。

三十年文集(1961—1991) 曾宪荣主编，西藏自治区卫生防疫站编。新华出版社1991年7月出版，32开，597页。本书是西藏自治区卫生防疫站建站30周年的纪念论文集，收录了全站卫生防疫和科技人员发表的论文125篇，内容分卫生学调查、流行病学、地方病、结核病和检验等5部分。

西藏地球物理文集:喜马拉雅岩石圈构造演化 地质科学院主编。地质出版社1990年2月出版，32开，206页。本书共收录15篇论文，集中介绍了中法喜马拉雅地质联合考察的试验地震、地磁差分、大地热流及古地磁成果。书前有李廷栋序。本书为青藏高原地球物理研究提供了大量信息。

西藏林业论文集 曾维礼、刘务林主编。西藏人民出版社1994年4月出版，16开，264页。本书收录了关于林业管理、林木虫害、经济林木、兽类研究、自然保护等方面的58篇文章和论文。

藏医论文集 扎西次仁著。藏文。西藏人民出版社1994年9月出版，32开，284页。本书收录了作者自1986年以来在各种学术刊物上发表的8篇藏医学论文。

中国青藏高原研究会第一届学术研讨会论文选:青藏高原资源、环境、发展 中国青藏高原研究会编。科学出版社1992年7月出版，16开，319页。本书收录了有关藏学、高原开发战略、资源开发与保护、能源、环境、自然灾害、生物学、地理学等各方面的45篇论文。

中国西藏高温地热开发利用国际研讨会论文选 任湘等主编，中国能源研究会地热专业委员会、西藏自治区地热开发公司编。地质出版社1993年12月出版，16开，242页。本书收录1992年8月在拉萨召开的"中国西藏高温地热开发利用国际研讨会”上发表的35篇论文，反映了中国地热工作者多年来在西藏高温地热勘探、开发和利用等领域中取得的最新科研成果及最新技术。

中国藏族地区科技发展与现状

张定邦主编，本书编委会编。青海人民出版社1993年2月出版，32开，373页。本书收录了国家下达“全国藏族地区科技政策与科技管理研究”课题后，在有关单位调查研究、撰写论文的基础上，从1991年7月在西宁召开的“全国藏族地区科技政策与科技管理研讨会”上选编出《藏族地区科技管理历史沿革与现状》、《青海藏族地区科技人才培养的远景设想》、《试论我国藏族地区科技进步与发展工农牧业生产的关系与对策》、《藏族地区科技进步政策初探》等26篇文章。这些论文反映了青藏高原从古到今科技发展的概貌，也是我国藏族地区科技管理的“乡土教材”，写出了全国藏族地区古代科技管理的历史、近现代的沿革与现状，并提出了加强藏族地区科技管理的7个框架型方案等。

藏族人名表

A

阿底峡
阿多杰
阿果·纳牟桑
阿嘉·洛桑丹白坚赞
阿嘉经师·洛桑顿珠(阿嘉经师·洛桑东主)
阿嘉珠米·丹贝坚赞
阿库·喜饶嘉措(喜饶嘉措)
阿拉·吉美桑丹(阿拉·晋美桑丹)
阿来
阿里·阿玛坚参(阿里·阿玛坚赞)
阿里·班禅·白玛旺杰(阿里·班禅·班玛旺杰)
阿罗·普布多吉
阿芒·贡确坚参(阿芒·贡确坚参活佛)
阿莽班智达·恭却坚赞(阿莽班智达·贡却坚赞)
阿尼·哈咱
阿穷穆扎
阿琼活佛·阿旺千饶
阿旺
阿旺·却太尔
阿旺丹达(阿旺旦达)
阿旺贡桑
阿旺将央洛卓(阿旺绛央洛卓、阿旺绛央洛追)
阿旺降曲索南
阿旺金巴崔成(阿旺金巴次称)
阿旺晋美(阿旺吉美)
阿旺克村
阿旺罗桑
阿旺洛珠扎巴
阿旺平措
阿旺钦饶
阿旺桑杰白桑(阿旺桑杰白尚)
阿旺土登嘉措
阿旺扎巴
阿吾·嘎洛
艾措千
爱智
昂巴
昂亲多杰(昂钦多杰、昂钦多吉)
昂翁降措

B

巴格·桑旦平措
巴玛扎西
巴如加洛
巴桑
巴色仓
拔塞囊(巴色朗)
八世班禅丹贝旺秋
八世达赖降白嘉措
巴索·阿旺衮却尼玛
巴索·拉旺曲吉坚赞(第五代巴索曲杰活佛、坝索·拉旺却吉坚赞)
巴卧·祖拉成瓦(巴俄·祖拉成哇)
巴珠·吉美却吉旺波(巴竹·吉美却旺、白追·吉美曲旺)
芭·丹杰桑布
坝索·阿旺却吉旺秋

C

次旺仁钦
次旺扎西
聪博
措程仁钦
措那巴·西热桑布
措如·才郎(措如·次郎)
措扎·丹巴坚参

D

达波堪青·阿旺扎巴
达仓宗巴·班觉桑布
达察·次旺杰
达堆占都旺布
达多
达尔基
达拉玉仲
达龙·阿旺朗杰
达玛仁钦
达玛西仁
达磨格迪·衮桑索南
达莫师利
达姆门然巴·洛桑曲扎
达那·根顿洛桑
达普巴
达普巴·洛桑当曲坚赞
达普噶旺·洛桑却吉旺秋
达普·降白丹贝卧主
达普·洛桑丹贝坚赞
达哇才仁
达娃(达瓦、达哇)
达瓦桑杜
达扎·阿旺洛桑丹白坚赞
达札·益西丹白衮波
大司徒·绛曲坚赞(大司徒·绛曲坚参)
大扎·阿旺松饶图朵
丹巴嘉措
丹巴绕旦
丹巴亚尔杰(丹巴饶杰)
丹白尼玛
丹贝卓美
丹达拉让巴
丹津班珠尔
丹迥·冉纳班杂
丹曲
丹确嘉
丹增
丹增顿珠
丹增嘉措
丹增坚赞(旦增坚参)
丹增平措(旦增平措)
丹增桑布
丹珠昂奔
旦白尖参
旦增久美
旦增曲扎
旦正才让
旦正加
旦志
道吉仁钦
道周
得荣·泽仁邓珠
德赤·将央土登尼玛
德格·格桑旺堆
德吉(德茜、德谢)
德吉草
德吉卓玛
德莫·阿旺格勒坚赞
德钦活佛·曲佩嘉措
德庆卓嘎
德谢·谢绕森格
底吾·觉色
底吾玛尔
帝玛·丹增彭措(帝玛尔·丹增彭措、杜玛格西、杜玛格西·丹增彭措)
第七十代甘丹赤巴·阿旺曲培
第斯·桑结嘉措(德斯·桑杰甲措、第司·桑结嘉措、第悉·桑结嘉措、第司·桑杰加措)

E

F

G

噶玛巴十六世·卡恰多杰
噶玛巴十六世·仁贝多杰
噶玛巴十三世·都杜多杰
噶玛巴十世·曲影多杰
噶玛巴十四世·特却多杰
噶玛巴十一世·益喜多杰
噶玛巴·旺曲多吉
噶玛巴五世·德兴协巴(德银协巴)
噶玛巴一世·杜松乾巴(噶玛巴·杜松虔巴、都松钦巴)
噶玛坚参
噶玛洽美
噶钦·南喀多吉
噶庆·洛桑彭措
尕藏
尕藏才旦
尕藏当周
尕藏加
干木滚
甘珠尔巴·洛桑崔称
刚巴
高瑞
格迪·洛桑赤勒
格顿丹巴达杰
格勒
格勒朗杰
格尼索朗
格口草
格日多匝
格日尖参
格桑
格桑本
格桑陈来
格桑登巴降泽
格桑嘉措
格桑居冕
格桑勒协
格桑培杰
格桑曲吉嘉措(格桑确吉嘉措)
格桑曲批
格桑央京
格桑益西
格桑泽仁
格桑卓噶
格卫旺波
格乌仓·降白枚浪
格西多杰觉拔
格西季美当取
格西曲吉札巴
格西·益西旺久
格西扎巴嘉措
根登罗卓
根秋登子
根桑泽程
更登
更登三木旦
更登扎西
更堆培杰
更敦群培(根敦群培)
更嘎才旦
工布·益西尊珠
工珠·云丹嘉措(贡珠·云丹嘉措)
恭秋伦竹
贡保杰
贡保旺杰
贡保扎西
贡布扎巴
贡噶(贡噶活佛、贡噶·夏珠却吉森格、噶玛·夏珠却吉森格、贡嘎)
贡噶·罗追
贡噶丹巴坚赞
贡噶顿珠
贡噶勒巴
贡噶桑布主
贡觉旦增
供秋仁青
贡却
贡却才旦
贡却陈来
贡却坚赞
贡桑南杰
贡松巴登
贡唐·丹白卓美(贡唐·丹贝仲美、贡唐·恭却丹白卓麦)
贡唐·洛卓嘉措(贡唐·罗哲嘉措)
古格永增·洛桑丹增

H

J

降央德瓦多杰（洛桑降白嘉措、曼殊师利萨木扎、苏喀班扎、菩苏古·降央德威多杰）
降央钦则（降央钦则旺波、钦泽旺布、班玛维色多阿林巴、丁阔钦则、宗萨钦则）
绛阳·洛德旺波（绛阳·洛迭旺波）
降样洛德旺布
角巴东主
杰·吉美赤勒嘉措
杰·门浪白瓦
杰·喜饶森格
杰擦·达麻仁青（杰擦·达玛仁青）
杰堪钦·扎巴坚赞（却阔杰堪布·扎巴坚赞、杰堪布·扎巴坚赞）
杰勒巴·群觉让将央噶维洛卓
杰色
杰旺曲杰·洛桑赤勒南杰
杰夏玛·格敦单增嘉措
金巴杨培
金果次平
金迈
晋美（吉美、吉明）
晋美赤列威色
晋美旺布
炯丹·日比热直
迥丹日热
九世班禅却吉尼玛
久多
久美
久美丹曲嘉措（久美旦切嘉措）
久美帕巴
久美彭措
久明柔白多吉（固始噶居巴·洛桑泽培）
居·格桑
居美·白玛朗杰
居迷旁（居迷旁·降阳朗杰嘉措、居米旁·嘉央朗杰嘉措、局迷旁·降样南杰嘉措、局迷旁·绛阳朗杰嘉措、菊米旁·将央囊杰嘉措、巨·米旁嘉样南杰嘉措、迷旁）
居青·衮噶顿主
居青·金巴贝桑
居青·尊珠帕
觉顿·仁钦扎西
觉乃·洛桑丹珠
觉囊巴·衮噶卓却（觉囊喇嘛·衮噶卓却）
觉热·阿旺丹增赤勒
觉若巴本·贡确丹增
觉吾·伦珠扎西

K

喀尔喀·阿旺白丹
喀尔喀·当慈多杰
喀尔喀堪布·阿旺洛桑克珠
喀尔喀却杰·阿旺多吉
喀准囊巴·洛桑单增
卡尔多·索巴嘉措
卡普南卡坚赞
凯尊·噶美
堪布·阿旺土登嘉措
堪布·白泽（白责、贝责、白孜）
堪布·才南木
堪布贡白
堪布·桑珠单增
堪钦·根敦嘉措
堪钦·索朗伦珠
堪钦·脱美嘉措
看召本
康仓·珠嘉
康嘎·楚称格桑
康追·丹增曲吉尼玛
克珠（克主）
克珠·格列白桑（格勒贝桑、克主·格列白桑、克朱杰、一世班禅克主杰）
克珠·农桑嘉措
克珠群佩
克珠塔续瓦·格顿却迥
克主·格勒丹巴达杰
克主·金巴达杰

L

洛桑格登
洛桑格勒
洛桑嘉措珍
洛桑罗布
洛桑年扎
洛桑曲扎
洛桑饶色
洛色绛曲益希
洛窝堪钦·索南伦珠（萨迦喇嘛·索南伦珠勒白迥乃）
洛周
洛珠加措
洛追·阿旺钦饶丹贝旺秋（涌增洛巴珠古）
洛卓吉村

M

麦波
曼康巴·阿旺曲佩
曼拉顿珠
曼木达瓦·图登格勒嘉措
曼热瓦·洛桑南杰
芒堆鲁竹嘉措
芒妥·鲁珠嘉措
茫妥龙主
毛尔盖·桑木旦
梅朵
门拉顿珠
弥勒
迷旁·格列朗杰
米拉日巴
米玛
米玛旺堆
米南活佛
明久
牟尼霞萨
木雅贡布
木雅·洛卓仁钦（木雅朵丹·洛卓仁钦、麻色·洛卓仁钦、麻色朵丹，出身于麻朵氏）

N

南卡（南喀）
南喀诺布（南卡诺布）
囊南多吉
尼玛
尼玛次仁（尼玛泽仁）
尼玛让夏
尼玛太
尼玛扎巴
尼玛卓玛
年乃亥·哇热
念敦·班觉伦珠
娘·尼玛维色（娘·尼玛韦色）
宁吾加
诺尔德
诺杰朗巴·旺堆次仁
诺那呼图克图
诺日仁青
诺悟更志
诺月仁青
诺章·伍坚（诺章·伍金、诺章吴坚）

O

P

Q

确吉桑格(确吉森格)
却杰·洛桑席瓦
却西·阿旺协主丹贝尼玛
却西·强曲丹贝卓麦(赤钦却西·洛桑强曲丹贝卓麦)
群培
群培达杰
群培多杰

R

饶阶巴桑
饶强巴·阿旺土登
热·益西桑格
热贡·多吉卡
仁蚌·阿旺吉扎
仁蚌巴·阿旺久扎(仁布·阿旺久札)
仁达瓦·讯努洛卓
仁钦贝
仁钦南杰
仁青白桑
仁青朗加
仁青桑波
仁青扎西
仁增多吉
仁增更珠扎巴(仁增衮卓札巴、仁真贡卓札巴)
仁增·吉美岭巴
仁增曲尼桑姆
仁真朗加
仁真旺杰
日贡·多吉卡
日琼仁颇且·甲拜衮桑
绒敦·歇恰衮日(绒顿西恰贡色、绒顿玛威旺波·西恰衮司、绒敦·玛瓦森格、绒丹·西夏根仁)
绒塔·洛桑当曲嘉措
绒塔·洛桑曲觉伦珠
绒译师·法贤
荣妥·罗桑丹曲坚赞
荣增·嘉雅活佛
若白坎尖

S

萨班·贡噶坚赞(萨班·贡嘎坚赞、萨班·贡噶江村、萨迦班智达·贡噶坚赞、萨迦班智达·衮噶坚赞、萨班·贡噶坚赞、白丹顿主)
萨迦·阿旺衮噶仁钦(降央阿旺衮噶仁钦)
萨迦·阿旺曲扎
萨迦·八思巴洛卓坚赞
萨迦·衮噶洛卓(阿旺衮噶索南·扎巴洛卓、阿旺衮噶洛卓索南·丹白坚赞)
萨迦·衮噶宁波
萨迦呼图克图智悲光
萨迦喇嘛·索南坚赞
萨迦·索南孜莫(昆·觉色孜莫)
萨迦译师·降央衮噶索南(多杰嘉索扎西坚赞白桑波、降央衮噶索南扎巴坚赞)
萨迦·扎巴坚赞
赛仓·洛桑贝丹(赛仓·罗藏华丹、赛仓·洛桑华丹)
三世赤江·洛桑益西单增嘉
三世达赖索南嘉措
桑达多吉
桑旦
桑旦多杰
桑德
桑吉才让
桑吉坚赞(查同结布、却吉伦布、后藏疯子)
桑杰
桑杰达布
桑杰坚赞

桑洛次仁
桑热嘉措
桑珠嘉措
色阿堪苏·南喀丹迥
色波
色多尔·多吉坚才
色朵·罗桑初称嘉措(米旁札央协白多杰、色朵呼图克图达钦额尔德尼诺门汗)
色朵·洛桑崔称嘉措(洛桑土丹嘉措、洛桑崔称曲扎)
色恭·阿旺崔成敦丹(益西巴尔)
色介·强巴云丹
色曼堪索·扎巴克主
色切罕东·强巴格桑(衮噶角)
色热杰尊·曲吉坚赞
森钦·洛桑丹增班觉
山夫旦
十三世达赖图丹嘉措
十世达扎·阿旺白丹却吉坚赞
释迦洛卓
司康·洛桑丹增
司徒·曲吉迥乃(司徒·曲吉穷乃、司徒·却吉穷乃、色都·却吉穷乃、嘎玛司都、衮波松,噶玛·丹白尼切祖拉曲吉囊瓦)
司徒却吉嘉措
斯那农布
四世班禅洛桑曲吉坚赞
松巴·益西班觉(松巴·益喜班觉)
松赞干布
苏雅巴扎
宿喀·罗追杰波(宿喀·洛追杰波)
宿喀·娘尼多吉
索帮太尖措
索次
索黛(索代)
索甲仁波切
索朗
索朗多吉
索朗嘉措
索郎降村
索朗龙智
索朗旺堆
索南
索南本
索南才让
索南达杰
索南航旦
索南加
索南加措
索南扎巴
索南孜莫

T

塔波拉杰·索囊仁钦(达玛札、塔波·索囊仁钦、塔波·达瓦旋努)
塔布拉杰(索南仁青、岗布巴)
塔布拉杰·索南仁青
塔莫·洛桑曲扎
塔热·次仁玉珍
汤洛
塘丁·才旺多吉
特窝活佛·益西土丹嘉措
图巴才让
土丹确吉扎巴
土丹旺布
土登格勒嘉措
土登吉美
土登尼玛校
土登彭措
土登曲吉扎巴
土登旺布
土登维色旦白尼玛
土观·罗桑却吉尼玛(土观·洛桑却吉尼玛)
土弥桑布札(图弥三菩札、吞米·桑布扎、土弥桑布扎)
土却多吉
土司登松泽仁

吐登利嘛
吞云・将央赤勒
脱云・益西顿珠丹贝坚赞
瓦芒・班智达・衮却坚参
万果
万科
万玛多杰
旺堆
旺堆次仁
旺杰
旺久旦次
巍巴・嘉央扎巴
卫巴・木彭达瓦
闻・杰司・格桑土丹吉美嘉措
闻・杰司・吉美益西扎巴
闻萨・洛桑顿主
窝尔钦・衮噶桑布
窝尔钦・衮却伦珠
窝瑞・洛桑隆仁嘉措
窝若夏仲・洛桑丹贝坚赞
五世班禅洛桑益西
五世达赖罗桑嘉措

X

西绕多吉
西日群培
西沙・罗哲嘉措
锡图・洛桑丹贝尼玛(喇木)
喜饶单增
喜饶嘉措
喜饶朗达
喜饶尼玛
喜瓦拉(寂天)
夏察・扎西坚
夏格巴
夏・格丹嘉措
夏鲁・洛色丹迥
夏玛・格顿丹增嘉措
夏玛四世・曲扎益西
夏玛五世・恭却言拉
夏尼达・洛卓坚赞
夏日东・洛桑遐智嘉木措
夏吾才让
夏智嘉措
夏仲曲杰・阿旺次仁(瓦根扎)
显・奎诸
向・初称江初
象敦・丹巴嘉措
象雄・曲旺扎巴
协达甘珠尔活佛・格桑丹增赤勒
谢钦・晋美白玛朗杰
许钦・粗成嘉措(达珍松、衮噶索囊、粗成嘉措)
雪・顿月克主
雪康
雪康・索南达杰
雪康・索朗塔杰
雪康・土登屈玛
循努洛珠

Y

雅杵・桑杰白
雅楚・桑杰拜
雅德班钦・尊珠达杰
央坚热白多吉(央金珠白多杰、央坚朱白多吉、央金珠白多吉)
央金阿旺
杨本加
样坚绕白嘉措
一世班禅克主杰
一世达赖格顿主巴(根敦珠巴、根顿主巴)

伊丹才让
译师雄·多杰坚赞(匈·多杰坚赞)
益西措杰
益西单增(益西丹增)
益西德
益西坚赞
益西旺姆
益西喜饶
益扎尼博
英巴
永增·罗桑白丹
永增·洛桑丹增坚赞
永增·益西坚赞
永增仲孜·洛桑崔称
勇珠
宇妥·云丹贡布(宇妥·元丹贡布、宇妥·云丹公保)
玉梅
元旦
云丹嘉措(工珠·云丹嘉措)

Z

赞波·丹增赤列
泽曼珠古·洛桑白丹单增雅杰
泽仁尼玛
曾达·布图尔尕
扎嘎
扎巴
扎巴贡觉
扎巴杰参(罗卓八巴)
扎底格西·仁青顿珠
扎敦·格桑丹贝坚赞
扎噶·洛桑白丹单增念扎
扎加
扎降
扎拉·达娃桑布
扎塘·洛桑却吉尼玛
扎旺
扎西班丹(扎西班典)
扎西次登
扎西次仁
扎西达杰(扎西达吉)
扎西达娃(扎西达哇、扎西达瓦)
扎西东主(扎西顿珠)
扎西加措(扎西嘉措)
扎西嘉洛
扎西江才(扎西坚赞、扎西杰参)
扎西拉旦
扎西罗布(扎西洛布、扎西诺布)
扎西平措(扎西彭措)
扎西旺堆(扎西旺顿)
扎西旺久(扎西旺秋)
扎西卓玛
扎雅朵丹·将央洛卓(顿珠次仁、阿旺益西、将央洛卓)
扎雅·洛桑赤勒(扎雅班智达)
扎雅·洛桑丹巴
扎扎
札噶瓦(喜饶多杰)
札贡巴·丹巴饶杰
章戈·尼玛
章嘉·阿旺洛桑却丹
章嘉·若白多吉章(嘉·若白多杰、章嘉·若白多杰益西丹贝卓美、章嘉·乳毕多杰、章嘉·若必多吉)
章杰增巴
哲霍康萨·洛桑崔成
哲伦·旺多
哲洛林格西·阿旺曲主(丹玛东沛)
哲木雅堪追·洛桑格丹
郑堆
直工·曲吉坚赞
智华坚赞
仲布·次仁多吉(仲布·次仁多杰、仲布·才让多吉)
仲顿巴
仲格加
仲钦喀觉巴·囊喀坚赞

周华
洲塔
珠杰旺(罗桑赤列)
竹巴·白玛噶波(竹巴·白马噶波、杰旺伦珠、堆勒囊杰、达巴坚赞)
竹巴·衮噶列巴(策旺杰波、衮噶列巴班觉桑波)
竹杰旺·衮噶班觉(杰旺贝桑、衮噶班觉)
竹康·格勒坚赞
竹青堪布·贡桑贝丹(贡桑曲扎)
竹庆堪布晋美·云丹贡布
主康·洛桑崔称
主旺·降贝嘉措
卓玛吉
卓玛太
卓尼·扎巴协珠
卓扎多基
宗喀巴(宗喀巴·罗桑扎巴、宗喀巴·罗桑札巴)
宗者拉杰
尊巴·崔称仁青
尊巴郭雄
尊巴·洛桑年扎
尊巴·洛桑饶丹

书名异名表

B

巴协:拔协
百智论:般若百论
布顿佛教史:佛教史大宝藏论;善逝教法史

C

出世法言·莲苑歌舞:莲苑歌舞

D

大乘庄严经论:庄严经论
大圆满法悟境精义加行导引·普贤上师言教:普贤上师言教
德格版大藏经丹珠尔总目:藏译一切智者日亲教义论疏全集·永布法施奇源·普蔽盛世福云·精采史话·涨潮新月;德格论疏部总目录;德格丹珠尔目录
德格版大藏经甘珠尔总目录:佛说藏译原本全集智者愉悦睡莲盛开新藤;德格佛说部总目录;德格甘珠尔目录
德格丹珠尔目录:藏译一切智者日亲教义论疏全集·永布法施奇源·普蔽盛世福云·精采史话·涨潮新月
德格甘珠尔目录:佛说藏译原本全集·智者愉悦;睡莲盛开新藤
底吾宗教源流:底吾史记;大佛教源流·佛幢·弟吾觉色之作
顿悟大乘正理诀叙:顿悟大乘正理诀

G

噶当六书:噶当派六部大论;噶当六书论;噶当六论
噶伦传:噶伦传·真言之音
岗波哇传:岗波哇·索南仁青传
格鲁派教法史——黄琉璃宝鉴:第司·黄琉璃;黄琉璃
功德藏·根本注疏:功德宝藏·欢喜霖雨
国王修身论:王侯美德论

J

集法句经:因缘品;法集要颂经
集菩萨学论:大乘集菩萨学论;集学论
教派广论:宗轮详论·最极详明论述自他请宗甚深妙义普贤刹日教理大海能满众愿
金鬘疏:般若波罗密多教授论现观庄严本注详解金鬘疏
究竟一乘宝性论注:宝性论注疏
旧续目录:旧译密乘经集宝志·赡部全洲庄严
俱舍论注释:阿毗达摩俱舍论注疏

L

朗氏家族:朗氏一函广集;朗氏家族史
龙钦教史:隆钦教史
洛绒史籍:达察教法源流

M

蒙古佛教史:蒙古佛教源流
密宗道次第广论:胜遍主大金刚持道次第开显一切密要论;密宗道次第

P

菩萨地:菩萨地论;大乘十地;大乘菩萨十地

Q

七宝藏论:隆钦七藏

R

日光解释金质本:历算要诀日光论金本释
如意藤:菩萨本生如意藤
入菩萨行论:入行论
入菩萨行论注疏:入行论注疏

S

萨迦世系史续编:圣主萨迦世系宝精采传记诸事如意宝库之补遗取之不尽之珍宝出世间圆满天成
释迦牟尼赞:殊胜赞及胜天赞
司都文法详解:司都文法大疏;司都文法;藏文文法根本颂色多氏大疏;色都文法详解
四部医典:医学四续
松巴佛教史:印藏汉蒙佛教史·如意宝树;如意宝树

T

塔尔寺志:佛塔弥勒寺志·梵天妙音
土观宗派源流:讲述一切宗派源流和教义善说晶镜史;土观教法史;宗教源流史

W

卫藏圣地:卫藏道场胜迹志
文殊别名释义:文殊名释注

X

西康测前纪录:经纬度测量及地图作法
西藏的观世音:吐蕃赞普松赞干布传——遗训金鬘;松赞干布遗训;大悲观世音菩萨别记——遗训净金;柱间史——松赞干布遗训;柱间史
西藏奏稿:景纹驻藏奏稿
现观庄严论注疏:般若波罗蜜多教言·现观庄严论
勋努达美的故事:青年达美的故事;迅努达美的故事;旋努达美传——一位王子的故事;勋努达美——无敌青年传奇

Y

益世格言:养生篇;众生养育滴
因明七论入门:因明七论入门除暗论;七部量理概论
佑宁寺志:佑宁寺志·智者悦心之使者、郭隆弥勒洲寺志;郭隆寺志

Z

藏文字性配法:音势论释难
章嘉教派论:教派建立·能仁圣教妙高庄严;宗教流派论;章嘉教派论
正理宝藏注释:正理宝藏注解·七论明灯
正理滴论注:善说藏正理滴论注
直贡法嗣:了义佛法心要怙主大直贡传承法源;直贡噶举派源流
智慧树:修身论智慧树
智者启蒙:智者入门
中甸源流:略论中甸地方暨寺院胜迹源流·明慧项鬘饰
竹巴教史:竹巴宗派源流
主巴衮勒传:主巴庆嘉妙传
卓尼版论疏部佛书总目录:翻译善逝教义论疏部全集目录·如意珠鬘
自性大圆满道支分三律仪论:三律仪抉择论
总称释义:出于显密经典之法门·智者喜宴

书名音序索引

A

B

C

D

E

F

G

H

J

K

L

M

N

O

P

Q

R

S

T

W

X

Y

Z

后　记

本书非学术著作，仅仅是一个藏学文献比较集中的资料汇编而已。在多年的编写和搜集资料工作中，尽管作出了努力，但由于时间和本人的学识所限，其中一定存在诸如资料不全、分类不当、文词不精等问题，祈望界内同人海涵。

此书的编写工作历时多年，在编写过程中得到民族出版社、青海民族出版社、甘肃民族出版社、云南民族出版社、四川民族出版社、西藏人民出版社、青海人民出版社、甘肃人民出版社、中国藏学出版社、西藏古籍出版社、《中国西藏》杂志社、中央民族大学图书馆流通部、国家图书馆、中国民族图书馆等单位的支持，在此表示衷心感谢，并致扎西德勒！

在此还要感谢广西师范大学出版社的领导和本书编辑雷回兴、肖爱景同志，因为有了他们的支持和认真细致的编辑，此书才得以如期面世。

徐丽华

2008 年 12 月 28 日于魏公村

编者简介

杰当·西饶江措，亦名徐丽华、阿达小八。云南人，生在丽江大研镇，长在香格里拉的中心镇。1978 年 11 月毕业于中央民族大学藏语言文学专业，后多次进修学习。主要著述有《西藏佛教探秘》(即《西藏佛教概论》)、《藏学报刊汇志》等。